黑龙江历史文化研究工程项目（01ZD1301）

达斡尔族通史

景 爱◎主编

人民出版社

策划编辑:孙兴民
责任编辑:孙兴民　孙　逸
封面设计:徐　晖
责任校对:张　彦

图书在版编目(CIP)数据

达斡尔族通史/景爱 主编;谷文双等 著. —北京:人民出版社,2022.5
ISBN 978 - 7 - 01 - 019159 - 1

Ⅰ.①达… Ⅱ.①景… ②谷… Ⅲ.①达斡尔族-民族历史-中国 Ⅳ.①K282.2

中国版本图书馆 CIP 数据核字(2021)第 144208 号

达斡尔族通史

DAWOER ZU TONGSHI

景　爱　主编

人民出版社 出版发行
(100706　北京市东城区隆福寺街 99 号)

保定市北方胶印有限公司印刷　新华书店经销

2022 年 5 月第 1 版　2022 年 5 月北京第 1 次印刷
开本:710 毫米×1000 毫米 1/16　印张:53.5
字数:762 千字

ISBN 978 - 7 - 01 - 019159 - 1　定价:198.00 元

邮购地址 100706　北京市东城区隆福寺街 99 号
人民东方图书销售中心　电话 (010)65250042　65289539

《达斡尔族通史》序一

由于工作的关系，我认识了不少知名的专家学者，景爱先生就是其中之一。我刚从北京市调到国家文物局工作时，听到许多人讲景先生治学严谨，学术水平高，著作等身。后来我读了他撰写的著作，才知道他果然名不虚传。迄今为止，他已出版了30多种著作，有关于沙漠的，有关于长城的，有关于辽金史的。其中有的书被列入国家规划中的科学著作，有的获得奖项，说明他的著作获得了社会的认可和好评。

2017年12月29日，在故宫博物院建福宫举行了他主编的《辽金西夏研究》一书的首发式，到场的专家学者都给以好评，中国社会科学网及时地予以报道。一个月以后，景先生给我寄来《达斡尔族通史》的校样，内有前言、目录和正文若干章，告诉我说此书很快就要与读者见面，请我写上若干语作为序言。

我阅读以后，增加了许多新知识，备受启发。中国自古以来就是多民族国家，其中有汉族，也有少数民族。民族不分大小，都是中华民族的重要组成部分，一个也不能少。中国光辉灿烂的文化，包含有少数民族文化。

根据景爱先生的研究，达斡尔族是辽朝契丹的后裔，达斡尔族的始祖名叫库列儿。辽朝灭亡以后，以库列儿为首的一支契丹人北迁到根河以北，在山区以狩猎为生。这里有一座山，以前称库列儿山，就是以契丹酋长库列儿得名。库列儿的子孙曾为蒙古人效劳，受到蒙古皇帝的重视，为他们加官封爵。到了元朝末年、明朝初年，他们失去了蒙古这个靠山，惧怕明朝的征讨再次北迁，他们进入外贝加尔地区，栖息于雅布洛诺夫山下，这时他们改名为达斡尔，雅布洛诺夫山的一段被称作达斡尔山。由于人口不断增多，有一部分达斡尔人向东北迁移，到达黑龙江北居住生活。因此，俄国人将达斡尔居住地区，称作达斡里亚。到了17世纪中叶，沙皇俄国东渐，破坏了达斡尔安宁的生活，他们被迫迁移到嫩江流城，后来部分人迁往呼伦贝尔和新疆。

达斡尔人长于骑射，在反抗俄国骚扰、雅克萨战争和讨伐新疆叛乱的战斗中，英勇顽强，立下赫赫战功，有近百人当了将军、都统和总管。由于达斡尔没有本民族文字，其历史零散的见于满文、汉文、俄罗斯文记载，其研究难度比较大。受社会条件的限制，以前出版的达斡尔历史著作篇幅短小，难以表现全貌。

有鉴于此，景爱先生广泛搜集国内外资料，出版了《达斡尔族论著提要》（2015年），在此基础上撰写《达斡尔族通史》。学术界对这种做法给以充分肯定和很高评价，说明景爱先生深得治学之道。虽然多花费了许多精力和时间，却有利于《达斡尔族通史》的撰写。《提要》有3篇序言，都指出了景爱先生治学严谨、科学。

据校样目录，《达斡尔族通史》有800多页，字数约在70—80万字左右。达斡尔族全国人口只有13.2万人，是少数民族中人口较少的民族。此书能在著名的人民出版社出版，反映出社会各界对景爱先生著作的重视，寄以厚望，将成为达斡尔族历史研究里程碑式的著作。

景爱先生老当益壮，承担重要的科研课题，主持巨著《达斡尔族通史》的撰写，被评为优秀课题。这种惊人的毅力、锲而不舍的精神，体现了习近平总书记所提倡的完全彻底"为人民做学向的理想"，显示了崇高的思想境界，作为后学应当向景爱先生表示崇高敬意。祝景爱先生健康长寿，为实现中华民族的百年梦想，做出更大的成就和贡献。

2018年2月
作者为文化部党组成员，
故宫博物院院长。

《达斡尔族通史》序二

1979 年，我初识景爱，当时他正在中国社会科学院攻读硕士研究生，师从国内外知名的辽金史专家陈述先生。那时的景爱学习刻苦勤奋，笔耕不辍，在辽金史、东北地方史研究方面，已显露才华，撰写了一批具有学术价值的论文，赢得了陈述先生的赞赏。

景爱先生学识渊博，志趣广泛，在历史学、考古学、民族学等研究领域，都有开拓性的专著问世。如：经过实地考古调查写成的《金上京》，积十年之功编撰的《金代官印》，以及不畏艰险深入塔克拉玛干沙漠取得的科考成果《尼雅之谜》等，均获得了全国优秀图书等奖项，得到了学术界的一致好评。景爱先生出版图书的精品率，着实让人钦佩。这部即将出版的《达斡尔族通史》，同样是一部值得期待的力作。

景爱的导师陈述先生是研究达斡尔历史的名家，他也鼓励他的学生在研究达斡尔历史方面多下功夫。他一直想撰写一部全面阐述达斡尔族历史的专著，但因某些原因而未能如愿。景爱主编的这部《达斡尔族通史》，正是继承了陈先生的遗志。

研究任何历史问题，都应该能在前人研究的基础上有所前进，有所提高。否则其研究就没有什么意义。要超越前人，就先要了解前人的研究成果。景爱正是这样做的。他在动笔撰写《达斡尔族通史》之前，就查阅了大量有关达斡尔历史的论著，并逐一加以分析和评论，辨明其立论和论据的正确与谬误，并将他对其中 115 种具有代表性论著的评论结集为《达斡尔族论著提要》，由人民出版社出版。所以他对前人研究达斡尔历史的成果，哪些是精华，哪些是糟粕，哪些问题已经研究得比较深入，哪些问题尚待进一步充实完善，都了如指掌。所以才使得这部《达斡尔族通史》能在批判地继承前人研究成果的基础上，继续前进，开拓创新。

研究历史问题，还必须掌握充足的原始资料，没有丰富的原始资料，是难以写出超越前人的学术著作的。本书作者十分注意原始资料的搜集和利用，除了清朝历朝实录、《清代中俄关系档案选编》外，还参阅了黑龙江省档案馆所藏的黑龙江将军衙门、黑龙江副都统衙门、黑龙江省公署、黑龙江道尹公署等的档案，以及郝建恒等人从俄文翻译过来的《历史文献补编——十七世纪中俄关系文件选译》。通过对这些档案的利用，不但使本书的内容更加丰富，还补充了前人研究的不足，纠正了前人研究的一些错误，提出了自己的一些新见解。例如本书第二编，其所以能够超越前人的研究成果，就是作者充分利用中俄档案资料的缘故。

《达斡尔族通史》，洋洋近 80 万言，详细地阐述了从古代到当代达斡尔族形成、发展的全部历史，是一部前所未有的巨著。具有内容丰富、体系完整、观点鲜明、论证充分的显著特点，是我国第一部最全面、最系统、最完整的达斡尔族历史专著，代表了国内研究的最高水平，有很高的学术价值和社会意义。在这里，我衷心地向作者表示祝贺。

作者为中国社会科学院荣誉学部委员，中国边疆史地研究中心（今边疆史地研究所）原主任、资深研究员。

《达斡尔族通史》序三

　　我和景爱都是中国社会科学院研究生院首届毕业生，号称"黄埔一期"。我们同在辽金史一代宗师陈述教授门下受业三年。此前他曾在吉林大学、北京大学读书，在黑龙江从事考古研究。他天资聪颖，勤奋好学，善于应用辩证唯物主义、历史唯物主义指导，调查研究，综合分析，勤于积累，基础知识深厚。因而在读研究生期间他发表了许多论文，有的还编为专集，其中有两篇是在《历史研究》上发表的，深受陈述导师的器重。

　　陈先生第一期培养了5名研究生，毕业以后工作分配各异，有的当教师，大多从事专业研究工作，我从事边疆研究，只有景爱始终专于辽金史研究，研究成果丰富，《金代官印》（线装2函10册）被评为全国优秀美术图书，很不容易。

　　学术研究重视学术思想的传承，景爱传承了陈先生的学术思想，对社会贡献很大。例如，他创办了《辽金西夏研究》系列丛书，又如主持《达斡尔族通史》撰写，都是为了完成陈先生的遗愿。

　　陈先生健在之日，常说辽金与西夏大体上处于同一时期，彼此关系密切。在很长时间内，西夏从属于辽朝，彼此是舅甥之国，辽朝灭亡之际，天祚帝一度想逃往西夏。金朝原先也是辽朝的属部，强大以后灭亡了辽朝，金初沿用了辽朝的南北面体制。由于辽金西夏关系密切，陈先生提出辽金与西夏要一并研究，这是很正确的。不过陈先生健在之时，由于种种原因"一并研究"未能实现。

为了实现陈先生的宿愿，景爱产生了编辑出版《辽金西夏研究》系列的构想，用以实现辽金与西夏的一并研究，他在接受祝立业先生的采访时，说的非常清楚（见《辽金西夏研究 2014—2015》第 212 页）。此书从 2009 年始办，迄今已出版 6 卷，累计达 280 余万字，在国内外学术界都产生了广泛的影响，被视为辽金西夏史研究案头必备的工具书。2017 年 12 月 29 日，在故宫博物院建乐宫我出席了这次《辽金西夏研究》首发式，会后中国社会科学网很快进行报道，可以看出各界人士对景爱的业绩给予充分的肯定和评价。

《达斡尔族通史》的撰写，是为了完成陈述先生的未竟之业。20 世纪 50 年代初，陈先生应邀参加了达斡尔族的研究，确定达斡尔是否为独立的民族。为此他撰写了数篇论文，还有两部书稿，题为《达呼尔史论证（草稿）》《达斡尔史稿》（见《达斡尔族论著提要》第 38—41 页）。从 "稿" 字可知，都是属于未定之作，而且篇幅短小，容量有限。因此，在 2011 年陈述先生百年华诞座谈会上，提出了撰写《达斡尔族通史》。此后景爱组织人力，寻找经费，启动了该书的写作。此书的写作，其实是为了怀念陈述先生，续补达斡尔族历史研究。

《达斡尔族通史》的写作，搜集了国内外重要文献，在陈述先生研究的基础上有所创新、有所前进。例如，前人多认为达斡尔来自契丹大贺氏，本书提出这种说法无据，因为在遥辇氏兴起以后，大贺氏已分崩离析不存在了。在遥辇氏初期，三耶律中保存留有大贺氏之名，以示尊崇。阿保机建国以后，所尊崇的内族只有遥辇九帐、三父房和国舅三族了。关于契丹转变为达斡尔的地点，前人均未提及。本书考证此事发生在契丹库列儿子孙北迁到外贝加尔以后，那里有一座山称达斡尔山，证明了达斡尔族在这里长期居住。达斡尔山是雅布洛诺夫山的一部分，后来达斡尔族由此向东北迁移，到达了黑龙江北岸和精奇里江（结雅河）沿岸。达斡尔语有古蒙古语成分，本书指出这是达斡尔与布里亚特蒙古长期接触的结果。达斡尔族是契丹族的后裔，达斡尔族的发展历史与契丹族的关系密切，但契丹历史不等于达斡尔族的历史。达斡尔族历史的发展，对本民族和祖国的贡献,有其相应的道路轨迹。这些,在景爱主编的《达斡尔通史》中均予以正本清源、清晰详尽的论证和引人入胜的表述。是一部立足历史、重在创新的力作。凡此种种都说明,本书的撰写不是重新组合资料,而是对资料进行深入分析研究的结晶。

作为景爱的同学,我为《达斡尔族通史》的出版感到无比的高兴和自豪,祝愿他继续努力,为实现中国富强的百年梦想,取得新的成就。

2018 年 2 月 8 日

作者为中国社会科学院边疆史地研究中心原研究部主任、资深研究员,《中国古代疆域史》主编。

实事求是撰真实历史

殚精竭虑成一家之言

戊戌年元月吴元丰

《达斡尔族通史》满汉文题词

作者为中国第一历史档案馆资深研究员、副巡视员，

中国民族语文翻译委员会副主任。

9

目　录

第一编　达斡尔族的由来

第二编　黑龙江北时期的达斡尔族

第四编　民国时代的达斡尔族

第五编　新中国成立以后的达斡尔族

第六编　达斡尔族的社会生活

Table of Contents

Part Ⅲ   The Daur in the Qing Dynasty

Part Ⅳ　The Republican Time

前　言

达斡尔是中华民族大家庭中的一员，人数较少，在全国范围内只有 13 万余人，居 56 个民族的第 31 位。新中国建立以前，达斡尔族的历史研究比较薄弱。

1949 年新中国建立以后，出于少数民族区域自治的需要，国家从正规科研院所中抽调了一批知名的专家学者，从事少数民族的甄别。当时在中央民族学院（今中央民族大学）执教的陈述、傅乐焕应邀研究达斡尔族的族属。

民国年间盛行一种说法：达斡尔是蒙古的一部分，与成吉思汗家族有关。陈述先生撰文论证，达斡尔是契丹后裔；傅乐焕指出，达斡尔是独立的民族。这些研究，为后来达斡尔的民族识别和认定，奠定了基础。

按照斯大林的论证，语言是确定民族五要素中的第一项，也是最重要的一项。俄国学者很早就指出，达斡尔语中有蒙古语成分。陈述先生指出：达斡尔语和蒙古语相同的往往和契丹语也同，即三者相同；另有一部分是达斡尔语和契丹语同，却和蒙古语不同的。陈述先生否定了达斡尔语是蒙古语的意见。

就语言学而言，阿尔泰语系蒙古语族有蒙古语支和达斡尔语支，语支的不同决定了语言的不同。有些人缺乏语言学知识，认为语族相同的就是同一个民族。将语族与民族相等同，是造成达斡尔族即蒙古族的主要原因。这种学术性错误，曾盛行一时，至今仍有一定的影响，其危害十分广泛。

为了甄别少数民族，国家曾组织少数民族社会历史调查。达斡尔有民族语言，没有民族文字，然而民族传说却非常丰富。有些达斡尔居民认为，调查组是为了解决民族起源而来的，纷纷提出大量的民族起源传说，给调查人员留下了极为深刻的印象。受此影响，有些研究人员常常自觉不自觉地以传说为依据来研究达斡尔的起源，这种做法至今仍可以见到，它违背了历史研究的基本原则。传说可以在一定程度上印证历史，然而传说不能代替历史。

历史资料的匮乏，给达斡尔族历史研究造成了许多困难，《清实录》散见一些关于达斡尔族的记载，是非常重要的资料。然而《清实录》未出版以前，能够接触到《清实录》的人很少。满文档案中也有关于达斡尔族的记载，可以补充《清实录》之缺，然而不通满文的人却无法阅读。随着满文档案的不断翻译出版，人们才从中发现了极为重要的资料。例如《清实录》记载康熙六年（1667）有"打虎儿"，以前学者均认为达斡尔之名始见于此。然而在内国史院满文档案中，顺治五年（1648）就出现达呼尔贡貂之记事，比《清实录》早19年。

俄国官廷档案中，有大批哥萨克军官写给沙皇的报告，详细记录了17世纪中叶达斡尔人农业种植和社会组织，非常重要。潘克拉托娃主编的《苏联通史》和苏联科学院主编的《苏联大百科全书》二书曾援引了报告的文字，受到中国学界高度重视。中国社会科学院近代史研究所在撰写《沙俄侵华史》时，曾援引苏联学者的引文。黑龙江省哲学社会科学研究所（黑龙江省社会科学院的前身）。从大英博物馆找到了俄国档案集《历史文献补编》，加以翻译出版，成为研究达斡尔族早期史的重要原始资料。还有苏联阿穆尔州地志博物馆文集，记录了达斡尔族从前居住的城堡村落，扩大了研究人员的视野，可以与《历史文献补编》并读，相互补充。

前人对达斡尔族的历史，曾做过许多研究，既有成绩也有不足和缺点。这些不足和缺点，除个人因素以外，在很大程度上是由于资料不足所造成的，是受时代局限的结果。在《达斡尔族论著提要》（人民出版社

2015 年版）一书中，对此已有评论，这里不再赘述。

《达斡尔族通史》是在前人的基础上撰写的。对前人的研究成果，我们采取实事求是的态度。凡是经得住历史考验的正确结论，我们都予以采纳接受；凡属于不准确的，甚至是错误的结论，我们都加以拒绝。学术研究要与时俱进，不能墨守成规，必须开拓进取。对于分歧比较大的学术问题，我们择善而从之，或弃而新之，或改弦更张。对前人论证不完备的地方，适当予以补充完善。通史与论文体例不同，有些重要问题无法展开充分论证，俟另撰专文述之。

所谓"通史"系对简史、史纲、史略而言，在内容上要详细一些。然而又不能巨细皆备，要突出重点，因为"通史"不是百科全书。"通史"所记述的是历史发展的真实过程，各种资料都应以此为重心。只有这样才能鉴古明今，为现实服务。《达斡尔族通史》也是如此。

《达斡尔族通史》是集体撰述，多人共同执笔。行文风格允许存异，然而必须坚持实事求是的原则和唯物史观，在这一点上大家是一致的。只有用事实说话，才能取得正确的结论。要发扬学术民主，听取不同的见解，我们欢迎同行专家学者提出批评意见。

这部《达斡尔族通史》的撰写，只是达斡尔族历史研究中的一滴水，达斡尔族历史研究范围很大，犹如大海。我们欢迎能有更新的达斡尔族历史著作问世。学术研究只有起点，而没有终点，后浪推前浪，宛如百川归大海，知识的海洋永远不会被填满。

第一编

达斡尔族的由来

第一章 关于达斡尔族的名称

族名是一个民族的符号、标志和其徽记，族名具有唯一性，不同的民族有不同的名称。族名起源于古代的图腾，不同的氏族有不同的图腾。族名蕴藏有本族的历史记忆，是由本族自己命名，此外还有邻族所命的他称。对于达斡尔族来说，既有自称，又有他称，自称、他称同时存在。族名具有时代特点，被打上深深的历史烙印。通过族名的研究探索，有助于加深对达斡尔族历史的认识和了解。

第一节 蒙古文献所记的名称

蒙古是达斡尔的邻族。自明代以来，达斡尔长期被蒙古管辖，因此，在蒙古文献中对达斡尔有所记载。

作者佚名，大约撰于 17 世纪初年的蒙文史书《诸汗源流黄金史纲》（又称《蒙古源流史纲》，今人称《蒙古黄金史纲》）有如下的记载：

> 图扪扎萨克图汗。汗尊信噶尔嘛喇佛教，政教并行。掠明边。朱尔漆惑、纳里古惑、搭吉古尔咸纳贡服焉。①

---

① 朱风、贾敬颜译：《蒙古黄金史纲》，内蒙古大学出版社 2014 年版，第 121 页。

类似的记载又见于清康熙元年（1662）鄂尔多斯洪台吉萨囊彻吉用蒙文撰述的《诸汗源流宝贝史纲》（简称《蒙古源流》）。文称：

> 图们台吉……天下称扎萨克图合罕，至其大国于太平，征赋于珠尔齐特、额里古特、达吉忽尔三部，使人民乐业。[1]

前文中之朱尔漆忒即后文中之珠尔齐特，前文中之纳里古忒即后文之额里古特，前文之搭吉古尔即后文之达吉忽尔。这两种蒙古文献，都有许多不同抄本，抄本的内容和文字不完全相同，系抄录者文化修养不同所致。在翻译成汉语时，出于同样之原因，用字也不完全相同。其译文所存在的文字差异，即由此而产生，是不足为怪的。不过前后二文用字之读音，大体是一致的。

现代学者认为，朱尔漆忒（珠尔齐特）指女真，女真本名"朱里真"，蒙语作"朱里扯特"或"朱尔漆特""珠尔齐特"。"额里古特""纳里古忒"，王国维认为是卫拉，似不确，应指鄂温克。"搭吉古尔""达吉忽尔"，张尔田认为是西藏，大误，其实是指达斡尔。"搭吉古尔""达吉忽尔"是在图们台吉当政时出现的，图们台吉又称土蛮汗，出自孛儿只斤氏，系达赉孙库登汗长子，生于嘉靖十八年（1539），嘉靖三十七年（1558）即位，死于万历二十年（1592）。其38岁时（1576），"聚六万之众，宣布大政"，称扎萨克图汗，最为强大，故有向黑龙江沿岸女真、鄂温克、达斡尔征赋举动。图们台吉38岁时，为明万历四年、公元1576年。因此，图们台吉向达斡尔等族征赋，应是始于万历四年，公元1576年。达斡尔之族名，是在明万历四年始见于记载的。其见于记载之年，并不是达斡尔之名产生之年，其族名最初出现之时间要早得多，很可能在明朝初年。当时达斡尔已迁移到黑龙江以北，与布里亚特、鄂温克、鄂伦春、女真毗邻而居，彼此往来是不可避免的。要与邻族交往，必须要有固定族名。于是，达斡尔的族名应运而生。达斡尔族名的出现，是与邻族交往的

---

[1] 道润梯步（戈瓦）译：《蒙古源流》卷6，内蒙古人民出版社1980年版，第289页。

必然结果。

第二节　俄国文献所记的名称

俄国本是欧洲国家。1547 年，伊凡四世自称沙皇，效仿古罗马皇帝凯撒向外扩张，吞并了喀山汗国、阿斯特拉汗国，征服了西伯利亚汗国，并继续东扩，沙皇哥萨克在黑龙江上遇到的土著居民主要是达斡尔、鄂温克和鄂伦春。特别是耕种土地、盛产粮食的达斡尔，引起了俄国沙皇的高度重视，在俄国当时的文献中多有记载。1638 年，哥萨克头领马·佩尔菲利耶夫从维季姆河当地鄂温克人口中听到达斡尔的名字。这是俄国人最早听说达斡尔的存在。随着俄国人的不断扩张，关于达斡尔的记载渐多。1846—1875 年编辑出版的《历史文献补编——十七世纪中俄关系文件选译》一书中，有多次记载。

勒拿斯克督军彼得·戈洛文和马特维·格列博夫，在 1641 年 9 月以前向沙皇的报告中，提到达斡尔。称："沿维季姆河上行，可到达斡尔酋长巴托加等的住地……从巴托加酋长住地沿维季姆河两岸有许多使马的达斡尔人。他们使用的武器为弓箭。他们有自己的语言，与雅库特语和通古斯语不一样。"又称："在石勒喀河沿岸居住着许多从事耕作的达斡尔，他们所种庄稼种类比俄国人多，一直到石勒喀河河口都有庄稼。"① 说明在 17 世纪 40 年代，俄国人就知道了黑龙江上游石勒喀河、勒拿河上游维季姆河居住有达斡尔人，并与达斡尔人有了直接的接触，知道了达斡尔的语言和生活方式。

俄国文献中的"达斡尔"，俄文作 Даур，这与汉语拼音字母"达斡尔""达呼尔"（Dawur/Dahur）是一致的。

这件俄国文献成文的时间，早于蒙古文献《蒙古源流》，晚于《蒙古黄金史纲》。证明在 17 世纪 40 年代以前，"达斡尔"这个族名在黑龙江以北地区相当流行了。

---

① 郝建恒等译：《历史文献补编——十七世纪中俄关系文件选译》，商务印书馆 1989 年版，第 1—2 页。

第三节　清朝档案所见的名称

清朝档案主要有两种，一是满文档案，二是汉文《清实录》。满文档案卷帙很多，译成汉文者，只是其中的一部分，还有大量的满文档案尚未译成汉文。满文档案多次提到达斡尔，其中时代最早的一件，是顺治五年（1648）六月记载："达呼尔七村贡貂皮二百六十一"。顺治六年（1649）十月份，又有："达呼尔乌鲁孙村初始投顺之村主巴木布赍""达呼尔齐查噶尔村楚勒杜坎""达呼尔乌拉尔济村昂齐乌尔"等记载。① 说明当时的朝廷对达斡尔已相当熟悉了。此前的档案是否也有达斡尔的记载，由于满文档案未能全部译出，难以知晓，将来或许会有新的发现。

《清实录》关于达斡尔的记载，出现比较晚。最早的记载见于康熙六年（1667），是年六月记事有："理藩院题：查打虎儿有一千一百余口，未编佐领。应照例酌量编为十一佐领。"② 文中的"打虎儿"为达斡尔之误称，这种称谓一直延续到后代。不过"打虎儿"的读音，与达呼尔、达斡尔是一致的，属于同音异书。

综观上述记载，达斡尔族名称是在明代出现的。从《蒙古源流》的记述，可知是明神宗万历四年（1576）初见于文献记载，其他记载均晚于此。达斡尔族名称最初出现的时间，还要早一些，很有可能在明朝初年就出现了。这时的达斡尔已经迁移到黑龙江以北，与邻族的交往促进成了族名的出现，是社会需要的产物。

---

① 中国第一历史档案馆编：《清初内国史院满文档案译编》，光明日报出版社1989年版，中册第477页，下册第44—45页。

② 《清圣祖实录》卷22，康熙六年六月甲戌朔。

第四节 达斡尔族的异称

在汉文文献中，达斡尔族还有许多异称，今举例说明于次。

1. 达呼尔。达呼尔在文献中出现次数很多。最初见于乾隆皇帝钦定的《辽史国语解》，还见于《八旗满洲氏族通谱》《清史馆大臣传》《清文献通考》，何秋涛《朔方备乘》，阿桂《满洲源流考》，黄维翰《黑水先民传》《呼兰府志》《清史稿》，金梁《黑龙江通志纲要》诸书。

2. 达瑚尔。见魏源《圣武记》、黄维翰《黑水先民传》。

3. 达胡尔。见《吉林旧闻录》。

4. 达翰尔。见阿勒坦噶塔《达翰尔蒙古考》。

5. 达古尔。见何维荣《达古尔蒙古嫩流志》。

6. 打虎儿。见《清圣祖实录》，何秋涛《朔方备乘》，西清《黑龙江外记》。

7. 达呼里。见方式济《龙沙纪略》，黄维翰《黑水先民传》《黑龙江志稿》。

8. 达虎哩。见何秋涛《朔方备乘》。

9. 打虎力。见程廷恒、张家璠《呼伦贝尔志略》。

10. 鞑虎力。见《东三省古迹遗闻》。

11. 打狐里。见何秋涛《朔方备乘》，西清《黑龙江外记》。

12. 打狐狸。见曹廷杰《东三省舆地图说》，程廷恒和张家璠《呼伦贝尔志略》。

13. 打户。见《索伦纪略》。

14. 打鬼力。见池尻登《达斡尔族》。

15. 大乌里。见池尻登《达斡尔族》。

为什么汉文中的达斡尔族有如此多的异名呢？其中必有原因。

"达斡尔"的标准读音，达斡尔人士有不同的意见。恩和巴图认为，

"达斡尔"的读音的 daor，见其编著的《达汉小词典》①；欧南·乌珠尔认为，"达斡尔"的读音是 dawur 或 daʙour，② 其说虽不尽相同，然而却有一点是相同的，即词尾的音符都是"r"，其所对应的汉字为"尔""儿"或"里""力"等同音字。因此，"达呼尔""达呼里""打虎力""打虎儿"，都属于同音异译。由于达斡尔语译成汉字时，没有标准化规范化正字法，翻译者往往根据自己的理解和需要，来选用对应的汉字音译，有些达斡尔词语在汉语中甚至没有相同的词语。于是就出现了译字因人而异，无法统一的现象。

达斡尔是弱小的民族，居住在偏远地区，生活环境比较封闭，与外族接触比较少，语言沟通比较贫乏，加上经济文化滞后，不太受外界的重视，外人对他们的称谓不太认真，很随便，也是达斡尔族称混乱的重要原因。由于达斡尔人勇武好斗，长于射猎，于是被外族人称作"打虎儿""打虎力""打狐狸""打鬼力"等等。这些都属于误称，未必是刻意的贬低丑化。"打虎力""打鬼力"是说达斡尔人有力气，能够勇于打虎、打鬼，不妨说是对达斡尔族的称赞和褒奖，不宜说是什么蔑称。

中华人民共和国成立以后，根据本族人的意愿，经过专家学者的论证，将其族名规范为"达斡尔"。1954 年提出建议，1956 年由国务院正式颁布，废除了历史上遗留下来的种种不同的族称。使达斡尔成为法定的独立民族，是中国五十六个民族之一，与其他民族一样，并列于中国民族之林。

---

① 《达汉小词典》，内蒙古人民出版社，1983 年版。

② 欧南·乌珠尔：《达斡尔的名称及其来源》，《达斡尔源于契丹论》，中国社会科学出版社 2011 年版，第 52—60 页。

第五节 "达斡尔"释义

族名"达斡尔"之义为何？它传达了什么历史信息？这是人们很关注的问题，前人在这方面做出了很大的努力，提出了种种不同的说法，然而未能圆满地解决这个问题，仍需要进一步深入研究探讨。

一、大胡人之说

这个说法是孟定恭最先提出来的。他说："所谓达呼尔或达虎里者，契丹盛时，中国人以其关外东胡人尊称大胡人。于是本族人亦以大胡人自称。"①

所谓"中国人"系指中原汉族人。契丹强盛时，与中原北宋对峙，"中国人"应指北宋境内汉族人。北宋屈服于契丹，纳贡献礼，极力尊崇，讳言忌语，不敢冒犯契丹之尊，岂敢称呼契丹为"大胡人"？这是断断不可能的事情。民间或许有称契丹为胡人者，然而局限于地方，不会传到境外，更不会为契丹人接受。"胡人"不是褒义词，达斡尔人是不会接受的，更不能依据外族人的称谓，将本族称作"大胡人"。达斡尔为"大胡人"之说，属于望文生义。

恩和巴图发挥了"大胡人"的观点，进一步加以论证。他认为"达呼尔"应作 dahor，其中 hor 来源于藏语，藏语称土族/蒙古族为 hor（霍尔）。"达斡尔族同蒙古族、土族一样是蒙古语族，被称为 hor 是不足为怪的。"②在这里恩氏显然是把语族当成民族了。其实蒙古语族包含有蒙古语支、达呼尔语支和土族东乡语支，各自成为独立的民族。③按照恩氏的说法，

---

① 孟定恭：《布特哈志略》，《辽海丛书》，辽沈书社 1985 年缩印本，第 4 册第 2480 页下栏。
② 恩和巴图：《"达斡尔"词源探析》，《达斡尔族研究》，内蒙古大学出版社 2000 年版，第 64 页。
③ 欧南·乌珠尔：《有关达斡尔语的系属》，《达斡尔源于契丹论》，中国社会科学出版社 2011 年版，第 111—114 页。

他是把达斡尔当成蒙古族了，这是不对的。

恩氏又提出："'大胡尔'或'大胡'，清代作'达呼尔'。自古以来中国各民族都喜欢用'大'字称呼自己的民族和国家，如大元、大清等。古代的达斡尔人也称自己为'大胡人'，这不是不可能的。"① 用大元、大清之例来证明达斡尔自称为"大胡人"，是很不恰当的。因为"大元""大清"是国名，不是族名。达斡尔从未建立国家，按照此例是不能称作"大胡""大胡尔"的。

恩氏关于达斡尔即"大胡人""大胡尔"的论证，缺乏可信的证据，属于牵强附会，是不能成立的。

二、故址说

钦同普首倡此说。他在《达斡尔族志稿》中提出，达斡尔之源系与蒙古同种，对于达斡尔族名之义，他的看法是：

> "达"，系满族、索伦、达斡尔均以"原"谓之"达"，"斡尔"，系达语"所位"也，"居处"也，即"原居处"之谓也。若达斡尔古时游牧于额尔古纳、根得尔布尔及鄂嫩河等处，后徙西喇木伦之哈喇木伦河，又避兵归居鄂嫩河，因改称达斡尔族，亦属近理。其达斡尔、达虎力等名词，则译者所误，未可以为原名。惟翁吉喇惕族者，元初贵族，且据盛大势力，其原居住地额尔古纳之苦烈儿温都儿……然翁吉喇惕之后裔，究为何部，不知其实，殊为遗憾。②

钦同普是达斡尔人，熟悉本族语言。他认为"达斡尔"为原居处，是有一定道理的。不过他又认为"达斡尔""达虎力"是译音所误，不是原

---

① 恩和巴图：《"达斡尔"词源探析》，《达斡尔族研究》内蒙古大学出版社 2000 年版，第70 页。
② 钦同普：《达斡尔民族志稿》，《达斡尔资料集》第 2 集，民族出版社 1998 年版，第 189—190 页。

名，则造成前后矛盾，不能自圆其说。这是他主张达斡尔与蒙古同种的必然结果。

日本学者池尻登也持此说，他在所著的《达斡尔族》一书中写道："据说土语 da 是'从前'，wer 是'位置'，即'自古居于故土的人'的意思。"① 池尻登之书成于 1943 年，晚于钦同普《达斡尔族志稿》，不过所附的参考文献中，有阿勒坦噶塔的《达斡尔蒙古考》，却没有钦同普的《达斡尔族志稿》，说明他可能没有见过钦同普之书。不过池尻登精通汉语，长期在布西（莫力达瓦）从事教育工作，深入民间调查研究，对"土语"（达斡尔语）比较熟悉，故其说法是比较可信的，据此达斡尔民间可能有此说法。

三、长国长宫说

这是吴维荣提出的一种说法，他考证说：

"达古尔"的词义是什么呢？"达"应释为头目、领导者、首长……"达"还有原来、本来之意……"古尔"一词，与达斡尔语"古荣"谐音，是国家之意……"达古尔"一词就是"长国"或"原来国"的意思。长国即宗主国，与古汉语的"上国"一词相近……

"达斡尔"的"达"字仍以"长"解释，"斡尔"在达斡尔语中有两个含义：一是宫廷或宫殿之意……二是座位或位置之意。因此，"达斡尔"就是"长宫"或原来长座位置之意。"长宫"就是长国的宫殿。族称"达古尔"，即原上国宫廷之人。②

此说证据不足。古尔 gur 与古荣 gurong 读音不同，岂能以谐音为由将

① ［日］池尻登：《达斡尔族》，奥登挂译，《达斡尔资料集》第 2 集，民族出版社 1998 年版，第 242 页。
② 吴维荣：《达斡尔族源于契丹的论证》，《达斡尔源于契丹论》，中国社会科学出版社 2011 年版，第 78 页。

它们等同？将 dagur（达古尔）释为长国、长宫，纯属牵强附会，没有人会采纳这样说法的。

四、以山得名说

1858 年（咸丰八年），恩格斯在美国《纽约每日论坛报》发表了一篇题为《波斯与中国》的文章，文中提到："正当英法两国的海陆军向香港调集的时候，西伯利亚边防的哥萨克部队却缓慢地，然而继续不断地把自己的驻屯地由达斡尔山移向黑龙江岸。"[①]

《苏联大百科全书》第 13 卷有达呼尔山脉（Даурскиихреоет）条目。所谓达呼尔山即雅布洛诺夫山，斜亘于外贝加尔，自西南向东北走向，与斯塔诺夫山（外兴安岭）相连接。其西侧有勒拿河上游维季姆河，东侧有黑龙江上游石勒喀河。山体不太高大，山上有森林，山下有草场，宜猎宜牧宜农，居住有布里亚特、鄂温克、鄂伦春等少数民族。达斡尔北迁以后，首先在此居住了许久，后来有部分居民向东迁移，到达了结雅河、布列亚河。由于达斡尔人在此居住生活很长时间，于是就有了达斡尔山的称呼。到了 17 世纪以后，达斡尔山成为当地民间的俗称，流传很广，故而恩格斯的文章提到了达呼尔山。此事反映出，达斡尔人在当时是很有影响的民族。

根据这条材料有人提出，这斡尔可能起因于达呼尔山，以达呼尔山为号[②]。这种说法是有一定道理的。不过是以山名族？还是以族名山？尚需深入研究。

此外，还有人提出达斡尔为种田之意，达斡尔为伴随投降之意，达斡尔意为萨哈尔察（黑貂）等说。这些解释都牵强附会，缺乏证据，没有被学术界所重视，故而不加详细介绍了。

---

① 《马克思恩格斯选集》第二卷，人民出版社 1972 年版，第 21 页。
② 卜林：《鲜卑——室韦与达斡尔的起源》，《黑龙江民族丛刊》1985 年第 1 期。又见卜林：《达斡尔的"哈勒"和"莫昆"》，《达斡尔资料集》第 2 集，民族出版社 1998 年版，第 679 页。

第二章　关于达斡尔起源的误说

关于达斡尔族的起源，自清代以来不断有人研究，提出了许多不同的说法。受历史条件的限制，囿于闻见，未能深入研究论证，所得出的结论与事实出入太大。只有达斡尔源于契丹之说，证据充分，论证深刻，被国内外越来越多的人所认同，现在已成为主流见解，亦得到达斡尔族人士的赞成。

这里先介绍各种误说，然后分析达斡尔起源于契丹之证据。

第一节　达斡尔源于黑水国说

清道光二十七年（1847），花灵阿（又作华灵阿、华凌阿）撰《达斡尔索伦源流考》。原书为满文，后由敖瑞永译为汉文，并加注释。收入乐志德主编《达斡尔资料集》第 2 集，正文加注释合计约 21000 字。译者缺乏历史知识，其注释问题很多，如将新旧《唐书》中的"长史"，擅自改为"长吏"，把女真说成是唐代流鬼之后，都是错误的。[①]

花灵阿自序称，此文是参照民间老者之传述和他自己整理之资料作成的。可能是由于接触的史书有限，对达斡尔历史的记述问题甚多。他提出："黑水国即达斡尔索伦的根源，渤海国为金国的根源，他们原来就是

① 景爱：《达斡尔族论著提要》，人民出版社 2015 年版，第 11—13 页。

两个国家。"① 这种说法严重失实。官修《金史》明确记载，粟末靺鞨建渤海国，黑水靺鞨建金国。作者大概没有读过《金史》，故有此误。本文又称："黑水国在金国以前，在黑龙江地方曾成为一个国家。"这种说法也是不正确的。唐代设有黑水州、黑水府，属于地方机构，不能称作"黑水国"。本文又称："唐朝时代有过黑水国，长者之传述达斡尔索伦有过主，以及黑龙江地区残存着很多城村古址，以这三种事实来考证，则达斡尔索伦在古代就有它的一个国家。"这显然是根据萨吉哈勒迪汗的民间传说所得到的误识，是不能成立的。黑水国是不存在，萨吉哈勒迪汗是传说中的人物，黑龙江残存的城村古址时代很复杂，不一定是达斡尔人所建（本人在黑龙江从事考古工作多年，对此非常清楚）。所谓达斡尔曾建立国家之说，完全是子虚乌有。黑水靺鞨与达斡尔居住地不同、时代不同，语言也不同，将达斡尔说成是来源于黑水国，属于移花接木，是不能成立的。

花灵阿曾任布特哈佐领，属于达斡尔上层人士，在本族中拥有很高地位和影响。故而他提出的达斡尔来源于"黑水国"的误说，在民间产生了一定的影响。同治十年（1871），清廷派员到布特哈调查时，族人自称是女真后裔。② 20 世纪 50 年代，学者赴其地调查时，民间人仍称是"黑水国"后人。③ 甚至晚近的达斡尔学者仍然相信"黑水国"的传说，认为达斡尔"被包括在北部黑水靺鞨之中，并将它称作'黑水国'。"④ 反映出达斡尔源于"黑水国"误说，在个别达斡尔人中，还存在一定的影响。将达斡尔称作"黑水国"的后人，不仅违背了历史事实，而且也是认错了祖宗，是对先人的大不敬。

---

① 《达斡尔资料集》第 1 集，民族出版社 1996 年版，第 5 页。
② 傅乐焕：《关于达呼尔的民族成分识别问题》，《辽史丛考》，中华书局 1980 年版，第 334 页。
③ 《达斡尔族社会历史调查》，民族出版社 2009 年版，第 26 页。
④ 图和巴图：《关于〈黑水国的传说〉和相关的几个问题》，《达斡尔研究》第 9 辑，内蒙古教育出版社 2008 年版，第 112 页。

第二节　达斡尔为蒙古后人说

这种说法是民国初年出现的。在清代达斡尔人南征北战，为戍守边疆做出了巨大贡献，官至将军、都统、副都统和总管者近百人，这是达斡尔人引以自豪的。清朝灭亡以后，民国提出汉、满、蒙、回、藏五族共和，达斡尔不在其列。达斡尔上层知识分子失去了政治靠山，认为政治无望。于是，金鹤年、钦同普、阿勒坦噶塔等人企图将达斡尔纳入蒙古族籍，以求得政治出路。为了制造舆论，他们编制了《达斡尔蒙古之歌》，编著了《达斡尔蒙古考》。[①]《达斡尔蒙古考》的作者为阿勒坦噶塔，他冒充蒙古人考入沈阳蒙旗师范学校和北平师范大学，对蒙古怀有感激之情，撰写了《达斡尔蒙古考》，于1933年由奉天关东印书馆出版。[②]

此书抄录了一些历史资料加以重新组合，以论证达斡尔为蒙古人的一支为宗旨，其中曲解史实、自相矛盾、不能自圆其说的记述很多。今举例说明于此。

其一，他认为达斡尔为元初塔塔儿之遗部，塔塔儿为达斡尔之渊源。为了达到此目的，他把达斡尔改称达塔儿，使达斡尔与塔塔儿读音相近，证明二者是同一民族。这种篡改文字的做法，就是篡改历史，是史学研究所不允许的行为。阿勒坦噶塔胆大妄为，肆行其道，证明他不属于史学家。

其二，他认定达斡尔民间传说中的萨吉哈尔迪汗，就是成吉思汗长弟搠只哈儿大王（即哈萨儿）。萨吉哈尔迪汗被他称作达斡尔的始祖，于是，哈萨儿便成为达斡尔的祖先，达斡尔变成了哈萨儿的后人。这种将传说中的人物拟为哈萨儿大王，显然是不能令人相信的。

---

① 傅乐焕：《关于达斡尔的民族成分识别问题》，《辽史丛考》，中华书局1980年版，第362—364页。

② 王咏曦：《阿勒坦噶塔小传》，见王氏《北方渔猎民族研究》，天津社会科学出版社2012年版，第283—287页。

其三，又称："考鬼力赤部众游牧之区，即达斡尔明季故居之地，故有鞑靼之称号，即达斡尔之略称，即达怛达塔儿之复号也。"明代达斡尔在黑龙江左岸居住，鬼力赤是瓦剌部人，并不属于鞑靼。其驻地在宁夏、甘肃边外，曾一度东进，驻于克鲁伦河上中游，不久被杀。鬼力赤牧地与达斡尔驻地并不在同一个地方。将明代鞑靼说成是达斡尔（达塔儿）的略称或复号，是没有根据没有道理的。

其四，其文既称达斡尔为塔塔儿之后，又称是搠只哈尔（哈萨儿）之后人，却又称："白鞑靼容貌稍细，为人恭谨而孝云。审与达斡尔之礼貌相似……达斡尔蒙古乃白达塔儿之遗部矣。"[①] 白鞑靼又称阴山鞑靼，即汪古部，出于沙陀，乃突厥人种（见王国维《鞑靼考》），其实白鞑靼与达斡尔一点关系也没有。

若此，本文一会儿称达斡尔为塔塔儿部后裔，一会儿说是搠只哈尔后人，一会儿又说是白鞑靼遗部。其前后不一，自相矛盾，不像是学术论著，而是一部生吞活剥的大杂烩。其每一说法均无证据，纯属蛊惑人心，妄说而已，都是不能成立的，毫无学术价值可言。

阿勒坦噶塔提出的达斡尔源于蒙古说，在达斡尔上层人士中产生了广泛的影响，此后仍不断有人著文宣传这种思想。例如何维荣（1909—1951）撰《达古尔蒙古嫩流志》，将达斡尔改称"达古尔"，称："今之喀尔喀、科尔沁、达古尔等，均为蒙古部中同一祖先所遗者。然此种新部名，乃由近时得知其称。惟达古尔部，乃由元朝之'达如花赤'所讹为达古尔，为自由民。故今日之达古尔蒙古，乃蒙古开辟祖先巴塔赤军之第十六代孙海都之第三子抄真干儿帖该之六子后裔。"[②] 何氏所称之"达如花赤"，可能是指"达鲁花赤"（darugaei）即监治长官而言。海都（Qaidu）为成吉思汗六世祖，何氏将达斡尔之祖先由搠只哈儿（萨哈尔）上推至溯只哈尔之六世祖，尤为荒诞无据，不能成立。有阿勇者，著文称古代蒙古人常指北方不同地区、不同部落或民族，"达斡尔就是其中之一"。其依据

---

① 阿勒坦噶塔：《达斡尔蒙古考》，《达斡尔资料集》第2集，民族出版社1989年版，第23页。
② 《达斡尔资料集》第2集，民族出版社1998年版，第128页。

是达斡尔语保留了十二三世纪古蒙古语，达斡尔语与蒙古语同属于一个语系和语族，是起源于原始的蒙古语。① 语言只是确定民族族属的一部分条件，不能只依语言相同相似即确认为是同一民族；语族之下还有语支，达斡尔语、蒙古语分属于两个不同语支，这个问题早在 20 世纪 50 年代初，就由中国科学院语言研究所搞明白了，其论文发表于《语言研究》1954 年 3 月。本文作者囿于闻见，不明白这个道理，竟认为同一语族即为同一民族，显然是错误的。

达斡尔源于蒙古说是错误的，这种说法是在特殊的历史条件下产生的，反映出了一部分达斡尔上层人士在政治上缺乏自信心，妄图依附蒙古以求进的不正常心态，有少数人确实当官为宦从中获得了好处。不过 1949 年新中国建立以后，实现了民族平等原则，在这种情况下族人觉醒了，有不少人撰文批判"达斡尔蒙古说"，指出"该说纯属 20 世纪 30 年代出于政治需要的产物"（吴维荣语）；《达斡尔蒙古考》导引达斡尔人民误入歧途（欧南·乌珠尔语）。②

第三节　朱学渊的种种误说

朱学渊自称在某师范院校攻读物理学，当了十余年中学教师，后移民美国，在某实验室工作。在物理学上似无成就，"弃学经商"，"肇于偶然"，转向人文学研究，撰有《中国北方诸族的源流》一书。③

朱氏自称，他是用比较语言学研究中国北方民族源流。将文献中互不相干的族名、人名和地名嫁接在一起，只要读音相近、字形相近，便断定它们有亲缘关系，成为同一民族。于是将时代不同、地域不同的民族或部

---

① 阿勇：《关于达斡尔族族源问题》，《达斡尔资料集》第 2 集，民族出版社 1998 年版，第 385—386 页。

② 见《达斡尔源于契丹论》，中国社会科学出版社 2010 年版，第 76、105 页。

③ 朱学渊：《中国北方民族的源流》，华东师范大学出版社 2010 年版。本节所引朱氏言论均见此。

落 "拉郎配"，硬说它们是同一民族。他自诩这是 "实证化" 研究方法，远超前人，将语言学大师高本汉、顾颉刚、王力等人贬低为 "朽儒" "一堆垃圾"，是 "钻在垃圾里'掏来掏去''倒来倒去'或'叨来叨去的人'"，"从而让学术思想从此再止步五百年"。朱氏之狂妄自大由此可知。其实，朱氏的文化修养很低，书中充满了 "可能" "大概" "设想" "猜测" "似应" "或出于" 之类不确定的推断，在此基础上阐述错误观点。

例如，他认为匈牙利人来源于东北古代鞑靼人，提出鞑靼人中乙力支、倪属利稽、实地稽、乞四比羽、舍利乞乞仲像，"可能是姓氏尾缀和官称"，利用他们与匈牙利姓氏相比较，得出匈牙利姓氏与鞑靼相同的结论。其实，上述均是人名，不是姓氏名，不存在尾缀；舍利是官称，乞乞仲像是人名，官称在前、人名在后是中国的惯例，朱氏却把它搞颠倒了。让人看了觉得好笑。用这种错误的理解来证明匈牙利人源于鞑靼，岂能令人相信？

朱氏又提出："取代'大贺氏'的'遥辇氏'，不难看出就是耶律氏，亦即是通古斯系的'挹娄氏'。" 其实，契丹由古八部经大贺氏八部、遥辇氏八部过渡到耶律氏建国，这在《辽史》中有明确记载。朱氏竟把遥辇氏说成是耶律氏，公然篡改史书。大贺氏、遥辇氏、耶律氏都是氏族之名，挹娄是民族之名，朱氏对此无知，竟把耶律氏与挹娄族等同，铸成大错。契丹为东胡鲜卑之后，与肃慎挹娄族系一点关系也没有，朱氏对此历史一无所知。

朱氏上述错误论断，与他对《辽史》记载的错误理解有关。他说："奥衍女直、乙典女直、讹仆括、匿讫唐古、窈爪、梅只、梅古悉、大箴孤、小箴孤、楮特都是通古斯部落。" 这些部名见于《辽史·营卫志》之圣宗三十四部，其中奥衍女直、乙典女直属女真人，匿讫唐古、梅古悉部属西夏人，窈爪部、梅只部、讹仆括部属奚人，大箴孤、小箴孤、楮特三部属契丹人，《营卫志》文中有明确交代。他们都是辽朝的属部，而朱氏却误以为他们都是通古斯部落，得出了耶律氏源于挹娄氏的错误结论。

在达斡尔族源问题上，朱氏的说法就更为离奇，更加错误了。他公然称："大夏和大宛都是吐火罗和睹货罗的别译"；"大宛是达斡尔，大夏是达呼，吐火罗是达斡尔"；并说这"应该是非常合理的结论"。这种说法荒谬至极，没有任何根据可言。

"达斡尔"的标准读音为 dawur，译成汉字为达斡尔、达呼尔，此外还有若干译名，属于同音异字。由于汉语中同音字特别多，译者采用不同的同音字，自然会出现不同的译法。清代和民国年间，多采用"达呼尔"三字，偶用"达斡尔"。20 世纪 50 年代，根据本族人的意愿和专家学者的论证，规范化的族名用汉字"达斡尔"表示。

朱氏将"达斡尔"族一分为三：达斡、达呼、达斡尔，这本来就是不科学的。况且对族名的解释，又失之无据，是达斡尔人所不能接受的。

"达斡""达呼"属于同音异字，为什么要分别与"大宛""大夏"相对应解释？大宛 dawan 与达斡 dawu 不同音，大夏 daxia 与达呼 dawu 读音也不同，何以将它们等同起来？吐火罗 tuhuoluo 与达斡尔 dawur 的读音相差更远了，何以称达斡尔就是吐火罗？自称用比较语言学研究民族源流的朱氏，何以对此无知？

其实，民族源流的研究，是不能停留在族名同异的层面上，而是要从历史发展中寻找各族的联系。王国维撰《鞑靼考》，证明唐代之鞑靼即辽代之阻卜；又撰《萌古考》，证明元明之萌古（蒙古）即前代之鞑靼、阻卜。其名称虽异，其实却为同族。[1]

大宛、大夏是在西汉时代出现的，见于《汉书·西域传》。他们都居住在中亚地区。大宛在费尔干纳盆地，产汗血马。大夏在阿姆河上游至印度河流域，希腊文献称大夏为巴克特里亚。吐火罗曾建国，在南北朝时见于记载，唐代仍存，《新唐书》记载吐火罗"居葱岭西，乌浒河之南，古大夏地。"[2] 达斡尔之名始见于明代万历年间，居住在远东黑龙江流域，与

---

① 《鞑靼考》见《观堂集林》卷 14，中华书局 1959 年影印版，第 634—686 页；《萌古考》，见同书卷 15，第 687—711 页。

② 《新唐书》卷 221《西域下》，中华书局校点本，第 6252 页。

大宛、大夏、吐火罗相距数万里之遥。达呼尔晚于大宛、大夏近 2000 年，晚于吐火罗 1000 余年，与大宛、大夏和吐火罗一点关系也没有，不可能成为达斡尔。不知朱学渊以何为据，来证明大宛、大夏、吐火罗就是达斡尔族？很显然，朱氏在这里是在编造超越时空的神话，用大胆的想象来代替历史事实。

朱氏诡称：古代的屠各、屠何、杂豀刺、赌货逻、吐火罗音变以后，就成了达斡尔。至于音变的机制如何？是什么原因引起的音变？朱氏都没有说明，显然他是无法说明的。族名的音变不等于民族实体的改变，这是很明白的道理。大宛、大夏、吐火罗早在达斡尔族出现以前早已消失，魂飞烟灭，是作者在想象中把他们变成了达斡尔族。这种手法很容易被识破，只能蒙蔽无知的群众而已。

第四节　达斡尔源于黄帝子孙说

郭克兴最早提出达斡尔系出华夏，本中国神明之裔，见《达斡尔纪略》。恩和巴图受朱学渊影响，他在《"达斡尔"就是"大夏"》一文中论证："达斡尔源自上古时期黄河流域的夏部落。'夏'字在这里读作 Hu'呼'或 Hur'呼尔'，在达斡尔语里义为'人'或'部族'。'达斡尔'就是先秦文献中的'大夏'（读作 daHu 或 daHur）。"又称："《康熙词典》（按：应作《康熙字典》）所标'夏'字的第六读'互'（Hu），达斡尔语里正好是'人'的意思。也就是说用达斡尔语去理解这个字的话，'夏'（读作 hu'互'）就是人。"[1]

外族人不通达斡尔语，对恩和巴图（达斡尔人）所说的"夏"字和达斡尔语的对应关系可能不太清楚，难置可否。然而达斡尔族学者却撰文指出，恩氏所说是不可能的。例如，达斡尔族学者孟志东指出："据我所知，

---

① 恩和巴图：《"达斡尔"就是"大夏"》（谈达斡尔族族名及其源流），《达斡尔族研究》第 8 辑，内蒙古大学出版社 2005 年版，第 130、155 页。

没有一个达斡尔人将'人'称曰'Hur'的";又指出,在恩和巴图编著的《达汉小词典》、由他审定的《达汉词典》里,Hur被释为种子、精子、卵子,没有人、人们之义,与他在本文中释Hur为人、人们,显然是矛盾的;并进一步指出:"可以肯定地说,从达斡尔语里是找不到义为'部族'的'Hur'这个词的。显而易见,给'Hur'一词的含义所作的如上解释,都是穿凿附会之言。"①可知,恩和巴图之言是杜撰的、虚构的,不可以相信的。

孟志东又指出,《康熙字典》对"夏"字的注释,确实有"胡故切、音互"之语;然而对"夏"字字义的解释,"不存在'人'之义"。《辞源》也没有将"夏"字释为"人"。《中华大字典》引《说文》,只是注明"夏"为"中国之人也"。"中国之人"与"人"所指的范围不同,有宽狭之别,"人"不能与"中国之人"划等号。②恩和巴图在本文中又提出,达斡尔族民间广泛流传的英雄人物萨吉勒帝汗,就是《魏书·序纪》所提到的北魏先祖始均帝。"萨吉勒帝汗"一般都写作"萨吉尔迪汗"(见傅乐焕《关于达斡尔民族成分识别问题》和《关于萨吉尔迪汗和根特木耳的资料》二文)。在《魏书·序纪》"始均"二字之后本无"帝"字。恩氏为了让读者相信萨吉勒迪汗与始均为同一个人,竟然将萨吉尔迪汗改作"萨吉勒帝汗",将"始均"改作"始均帝"。这种公然篡改史书的做法,违反了学术规则,是很不正当、很不严肃的,属于学术研究中的弄虚作假。

《魏书·序纪》记载,"始均入仕尧世,逐女魃于弱水之北,民赖其勤,帝舜嘉之,命为田祖……而始均之裔,不交南夏,是以载籍无闻焉。"③

北魏拓跋氏爱慕中华文明,孝文帝将都城由平城(大同)迁至洛阳,

---

① 孟志东:《对于达斡尔族族源"大夏说"的质疑》,《达斡尔族研究》第10辑,2011年版,第9页。
② 孟志东:《对于达斡尔族族源"大夏说"的质疑》,《达斡尔族研究》第10辑,2011年版,第9页。
③ 《魏书》卷1《序纪》,中华书局校点本,第1页。

强制改鲜卑姓为汉姓，禁用鲜卑语、鲜卑旧服，达到融入汉族的目的。因此，在《魏书》修撰时，尽量体现拓跋鲜卑历史很古，便于成为黄帝子孙的宗旨，故将始均写为尧舜时代人。恩和巴图将传说中的萨吉尔迪汗说成是始均的目的，是将达斡尔的起源提前到黄帝时代，成为"黄帝之子昌意之后"。在此基础上，提出："达呼尔（大 Hur）或达斡尔（大 or）人，是'大夏'（大 Hur）人的后裔，是炎黄子孙，是中华民族的缔造者之一"；又称什么"夏部族语言，是达斡尔族的祖语"，"中国的文字甲骨文可能是华夏各族的祖先共同创造的，达斡尔人有可能是它的初创者之一。"① 这种无据的不实之言，无人敢相信。

恩和巴图以历史传说为据，来论证达斡尔的历史，是很不科学的。传说的内容经过了许多人的加工和润色，很难确定其时代。关于萨吉尔迪汗的传说，在 20 世纪 50 年代初年，傅乐焕见过 30 多个不同的版本，据他审视以后所得出的结论是："原来传说中没有明确说出萨吉尔迪汗存在的时代，就各种说法结合来看，他是明代至清初的人可能性比较大一些。有的传说中具体地指出某时代某个人，那都是有人有意附会上去的。"② 达斡尔族学者赛音塔娜指出："关于萨吉哈尔迪汗南征北战的遗迹很多……可惜的是，由于这些遗迹比较分散，分布较广，遗迹之间又缺乏历史的连续性，使我们很难找到萨吉哈尔迪汗个人历史活动的脉络。"③ 她所说的遗迹，是传说中的遗迹，其真实性如何？很难确定。因此，将萨吉哈尔迪汗肯定为北魏的始均是缺乏证据的。其实《魏书》中的始均是"始君"的谐音，也是传说中的人物，是《魏书》作者魏收杜撰的人物，其生活在尧舜时代，命为田祖，都是不可信的。从前引《魏书》"载籍无闻焉"，可以透露出其不可信的信息。恩和氏称达斡尔为大夏，来自中原，然而《魏书·序纪》称始均"不交南夏"，恰恰说明始均与中原大夏无关，否定了拓跋鲜卑来自中原。大兴安岭嘎仙洞鲜卑石室铭刻的发现，证明了拓跋鲜卑发

① 恩和巴图：《"达斡尔"就是"大夏"》，《达斡尔族研究》第 8 辑，内蒙古大学出版社 2005 年版，第 156 页。
② 傅乐焕：《辽史丛考》，中华书局 1984 年版，第 333 页。
③ 赛音塔娜、托娅：《达斡尔族文学史略》，见《达斡尔资料集》第 4 集，第 1242 页。

源于大兴安岭北端，同时也证明了《魏书·序纪》中关于始均的记载是不可信的。将萨吉哈尔迪汗认定为始均，那就更加不可信了。

恩和巴图此文提出的说法，遭到了许多达斡尔族学者的批驳。孟志东撰《对于达斡尔族族源"大夏说"的质疑》①，巴图宝音撰的《谬误甚多的奇论》，② 孟宪满撰的《"达斡尔"不是"大夏"》③，从不同的角度指出恩和巴图"达斡尔为大夏说"是不能成立的。

第五节　达斡尔源于蒙古化的通古斯说

这种说法是苏联学者提出的，见于《苏联大百科全书》第 2 版第 13 卷。该书"达斡尔"条目称：

> 达斡尔（达呼尔）——中华人民共和国民族。生活在内蒙古自治区与中国东北黑龙江省。达斡尔确切人数不详，接近或超过 20 万人。有种假设，达斡尔人是蒙古化的通古斯人，一部分有可能是契丹后裔。达斡尔语属蒙古语族。④

所谓通古斯人指鄂温克人，在清初达斡尔、鄂温克通称索伦。"蒙古化的通古斯人"很不确切，正确的说法达斡尔是契丹后裔。此条目依据的资料，一是阿·伊万诺夫斯基《索伦语与达斡尔语教范》（1894），二是叶·扎尔金德《契丹人与他们的民族联系》（1948），均系陈旧的资料，反映了 19 世纪和 20 世纪前半叶的研究水平。其主要依据是："达斡尔语属蒙

---

① 孟志东：《对于达斡尔族族源"大夏说"的质疑》，《达斡尔族研究》第 10 辑，2011 年。又撰《一篇充满疑团的论文》，《达斡尔论坛》（下），内蒙古文化出版社 2009 年版，第 335—342 页。

② 《达斡尔论坛》（下），内蒙古文化出版社 2009 年版，第 335—342 页。

③ 《达斡尔论坛》（下），内蒙古文化出版社 2009 年版，第 343—344 页。

④ ［苏］勃·韦坚斯基主编：《苏联大百科全书》第 2 版，第 13 卷第 401 页，（苏联）国家科学出版社 1952 年版。

古语族"。

达斡尔语中存在早期蒙古语的原因，前人研究很不充分，现在研究很清楚了。所谓早期蒙古语即13—14世纪蒙古语，即未突厥化的蒙古语，又称原蒙古语，它比较多的保留于布里亚特蒙古（森林蒙古）。达斡尔曾长期与布里亚特蒙古毗邻而居，在社会交往中接受了布里亚特语，达斡尔语保留有早期蒙古语即由于此种缘故。后世学者对这种现象失察，竟认为达斡尔源于蒙古，与史实不符；苏联学者认为达斡尔是蒙古化了的通古斯人，也是错误的。

在阿尔泰语系下有许多语族，如蒙古语族、通古斯-满语族，语族又分为若干语支，蒙古语族又分为蒙古语支、契丹-达斡尔语支，蒙古语支与契丹-达斡尔语支是两个不同的语支。因此，语族相同的民族不一定属于同一民族，语族与民族是两个不同的概念，语族不等于民族。此前有许多历史学家不明白这个道理，误认为语族相同的民族都是同一民族。苏联历史学家也有这种错误，《苏联大百科全书》第2版对达斡尔的解释便是如此。[①]

---

① 参见本书第七编第一章第一节达斡尔语的系属，第706—710页。

第三章　达斡尔是契丹后裔

第一节　达斡尔源于契丹的有关记载

达斡尔族是契丹后裔，早在清代就已提出来，乾隆年间敕修《辽史国语解》，将大贺氏改为达呼尔。大贺氏为契丹部落酋长，达呼尔即大贺氏，证明达呼尔（达斡尔）是契丹人后裔。这个说法在清代和民国年间被广为采纳，其中也包括有达呼尔族学者。例如：

黄维翰《黑水先民传》："达呼里，一作达呼尔，又讹为打虎儿，本契丹贵族。辽亡，徙黑龙江北境，与索伦部杂居于精奇里江。"

《黑龙江志稿》："达呼尔，一作达呼里，又讹为打虎儿，契丹贵族。辽亡，徙黑龙江北境，与索伦部杂居于精奇里江。"

郭克兴《黑龙江乡土录》："唐时，契丹君长为大贺氏……现在黑龙江各地方之达呼尔皆大贺之音转。"

孟定恭《布特哈志略》："达呼尔或达虎里者……契丹之君号，因之曰大贺氏。至清注籍，以致音转字误也。"

魏毓兰《龙城旧闻》："达斡尔本契丹种，辽亡，徙黑龙江北境，为打牲部落。"

官撰《近世达呼尔和索伦民族史稿》："达呼尔系辽国皇族后裔，天祚之时，迁至黑龙江北格尔必奇河一带居住。"

《民国瑷珲县志》："达呼尔，本契丹种。辽亡，徙黑龙江北境，为打牲部落。"

陈鸿漠《布特哈志略序》："孟君镜双，辽裔名族，即今呼为达胡尔人也。"

鸟居龙藏《东北亚洲搜访记》："多尔人（按：达呼尔之异译）昔为契丹，即辽之子孙……即契丹之遗种。"

扎尔金特《契丹及其族属》："达呼尔人是居住于大辽国境内的契丹后裔……"。

上述清代和民国年间的 10 种著作，都一致认为达斡尔族为辽代契丹后裔，说明当时学术界认定契丹是达斡尔的祖先，达斡尔是契丹的后人。他们的这种认识不是偶然的，除了受乾隆《辽史国语解》的影响以外，也与相关的文献记载有关。只是受社会历史条件的局限，未能进行深入的论证，故而产生了种种的异说。时到今日，许多人仍停留在清代和民国年间的认识水平上，现在应当对此问题进行深入的科学论证。

第二节　达斡尔源于契丹的证据

现在学术界绝大多数学者都认为，达斡尔族是契丹后裔。那么证据何在？自 20 世纪 50 年代以来，以陈述先生为代表的许多专家学者，展开了深入研究探索，越来越多的事实证明达斡尔来源于契丹说是可以成立的。

语言是确定民族关系的重要证据。语言是人类社会交际的工具，是在长期历史过程中产生和形成的，具有很强的稳定性。不过语言随社会的发展而变化，这是由于语言内部的矛盾运动所引起的，亦与同外族的密切接触有关。汉语从文言向口语的演变，就是很好的证明。其他民族语言也是如此。"实际上语言在发展的过程中，往往是尽可能地保留旧有的语言成分，再拿新的成分去补充它，使语言的基本要素得以扩张改进。"[1]

---

① 高名凯：《普通语言学》上册，东方出版社 1954 年版，第 63 页。

现代达斡尔语中，既包含有契丹语成分，又包括有蒙古语的成分。"不过达斡尔语和蒙古语相同的往往和契丹语相同，即三者相同，另有一部分是达斡尔语和契丹语同，却和蒙古语不同的。现存的契丹语材料不够丰富，但这些材料以及相关的事实，都直接否定了达斡尔不源于契丹的说法。"[①] 这是陈述先生在 20 世纪 50 年代提出的论断，非常正确。沿此思路，后来孟志东从《辽史》《契丹国志》《燕北杂记》《新五代史》等书中找到 24 个契丹词汇，与达斡尔语、蒙古语相比较研究，所得到的结论是："契丹语与达斡尔语相同或相近的，要多于蒙古语。"又从契丹小字中找到 22 个词汇，与达斡尔语、蒙古语比较研究，所得到的结论是："有的词是契丹语、达斡尔语、蒙古语三者相同或相近。而与蒙古语不相同的契丹语，则与达斡尔语相同。"[②]

达斡尔族是契丹后裔，保留有契丹语词是必然的。由于达斡尔与邻族蒙古接触甚多，也受到蒙古语的一定影响。不过达斡尔语中的契丹语要比蒙古语多，证明达斡尔族来源于契丹，不是来源于蒙古。那种认为达斡尔族来源于蒙古的说法在语言方面证据不足，是难以成立的。

以前有些学者特别强调达斡尔语属于蒙古语说，有人称："达斡尔语与蒙古语同属于一个语系和语族，是起源于蒙古语。"[③] 或称："达语属于阿尔泰语系蒙古语族语言这一点，是 1956 年调查，经专家学者们研究肯定的。说明达语和蒙语之间的共同点是相当大的。"[④] 其实，达语与蒙语属于同一语系（阿尔泰语系）同一语族（蒙古语族）不是 1956 年才明确的，中国科学院语言研究所在 1954 年就得出结论，提出蒙古语族分为蒙古语支、达呼尔语支和土族语、东乡语支。[⑤] 有人认为，只要语族相同，就是同一个民族。这是一种误识，其实语族和民族不是一回事，语族下面还有语支，民族与语支有关。

---

① 陈述：《试论达斡尔的族源问题》，《民族研究》1959 年第 8 期。
② 孟志东：《契丹与达斡尔语的关系》，《达斡尔源于契丹论》，中国社会科学出版社 2011 年版，第 160—172 页。
③ 阿勇：《关于达斡尔族族源问题》，《内蒙古社会科学》1984 年第 3 期。
④ 巴拉荣嘎：《对达斡尔族称及族源问题的看法》，《内蒙古社会科学》1993 年第 3 期。
⑤ 《中国语文》1954 年第 3 期。

对达斡尔语深入研究以后，有人提出：达斡尔语"不是纵的蒙古语的地方分支而是一个独立的语言……比起同语族的蒙古语有显著的差别，在蒙古诸语言中，还是占有比较特殊的地位。这主要由于达斡尔人，很早以来与其他同语族的蒙古语集团分隔开来，在不同的地域，在经济、文化生活方面很少来往，更没受过什么旧蒙语的所谓统一语的影响，而是沿着只一条单独独立发展道路长期发展的结果。"[①]

云南契丹后裔的语言，为研究契丹语、达斡尔语提供了新资料。通过契丹后裔语、达斡尔语、蒙古语的对比研究，发现契丹后裔语和达斡尔语有亲缘关系，可以确定契丹语属于蒙古语语族中的契丹语支，包括在这个语支中的除契丹语以外，还有达斡尔语和元代云南契丹后裔语。

特别值得注意的是，有些契丹语词在达斡语中有所保留，而在蒙古语中很难见到。例如：

在契丹语中，"兴盛"用耶鲁盌表示，见《辽史·国语解》。在达斡尔语中，"兴盛"yenaew，在蒙语中作 hogjihu。契丹语中"繁衍"用"蒲速盌"表示，在达斡尔语中，则作 pusuw，在蒙语中作 urejihu。契丹语中"辅佐"用"阿鲁盌"表示，在达斡尔语中，则作 aixilw，蒙古语作 tusalahu。契丹语中"百"用"爪"表示，达斡尔语作 jao，蒙古语作 jagu。契丹语中"母亲"用"么"表示，达斡尔语作 mee，蒙古语作 eji。契丹语中"大力士"用"沙里"表示，达斡尔语作 sair，蒙古语作 ahurgu。契丹语中"猎鹰"用"稍瓦"表示，达斡尔语作 xuwaa，蒙古语作 abayihargagai。契丹语中"铁"用"曷术"表示，达斡尔语作 wuwaa，蒙古语作 tumur。[②] 上述诸例表明，"兴盛""繁衍""辅佐""百""母亲""大力士""猎鹰"属于阿尔泰语系蒙古语族契丹语支，其语词读音相同是必然的。蒙古族的语言属于阿尔泰语系蒙古语族蒙古语支，与达斡尔语既有相同的因素，又有不同的因素，这是合乎语言发展演变规律的。

《黑龙江外记》称"达斡尔语多类蒙古"，是有道理的，因为达斡尔语

---

① 孟志东：《云南契丹后裔研究》，中国社会科学出版社 1995 年版，第 138 页。

② 孟志东：《达斡尔族源于契丹论》，中国社会科学出版社 2001 年版，第 161 页。

与蒙古语同属于蒙古语族，自然有其相同相似的一面，然而二者还有不同的一面，西清没有指出。后人不察，竟认为"达斡尔语言与蒙古语言无甚异"，这是不对的。

语言学家的研究表明，"语言的本质是语法构造和基本词汇，这两种东西的演变是很缓慢的，所以语言的演变也是缓慢的。"① 按此理论，达斡尔语中保留有契丹语词，属于正常的现象。

语法结构的演变，比词汇的演变还要缓慢，是语言中最稳定最保守的一面。词尾的粘接是阿尔泰语系蒙古语族的普遍性特点。契丹语序与达斡尔语序相同。契丹人将"鸟宿池中树，僧敲月下门"，读作："水底里树上老鸦坐，月明里和尚门子打。"汉语中"巴图没有说"，在达斡尔语中读作"巴图说没有"；汉语中"我看见虎、豹、象"，在达斡尔语中读作"我虎豹象看见"。② 这种语序与契丹语序是完全相同的，与汉语语序有很大差别。恐怕达斡尔语序（契丹语序）今后也不会有什么改变，很可能会永远保留下去。语言是人们社会交流的一种工具，只要使用这种语言的人们感到很通畅，容易达到思想交流的目的，没有什么不便，自然就会代代相承。

在达斡尔社会生活中，保留有很多契丹特有的生活方式和风俗习惯，为判定达斡尔与契丹的关系提供了重要证据。其中最为重要者，有以下数事：

1. 凿冰取鱼

凿冰取鱼，《辽史》有记载，每年冬春季节，皇帝到鸭子河上渔猎，"卓帐冰上，凿冰取鱼。"③ 其做法是："设毡庐于河冰之上，密掩其门，凿冰为窍，举火照之，鱼尽来凑，即垂钓（钩）竿，罕有失者。"④ 这种凿冰钩鱼的方法，是契丹人的创造，不见于古代其他民族。凿冰钩鱼的方法，在达斡尔人中相当普遍，民国年间达斡尔的歌谣有："穿作冰眼兮，下冬

---

① 高名凯：《普通语言学》上册，（上海）东方出版社1954年版，第62页。
② 仲素纯：《达斡尔语简志》，民族出版社1982年版，第84—85页。
③ 《辽史》卷32，《营卫志中》，中华书局校点本，第373页。
④ （宋）宋绶：《契丹风俗》，转引自《五代宋金元人边疆行记十三种疏证稿》，中华书局2004年版，第117页。

网，持备钩插兮，捕鱼尾。"①"穿作冰眼"就是"凿冰"，"钩插"就是钩鱼的工具。与辽代凿冰钩鱼的方法完全相同，所不同的是将辽代皇帝以凿冰钩鱼为娱乐活动，达斡尔把它扩大到了民间，变成了全民性的生产活动。

2. 泼水求雨

水是生命之源，久旱不下雨，庄稼、牧草都会枯萎死亡。因此，古代遇到干旱便会用种种方法祈求上苍降雨。不过辽代契丹人的求雨方法有些特殊，众人以水相泼，便可以达到降雨的目的。辽穆宗应历十二年（962）夏五月，"以旱，命左右以水相沃，倾之，果雨"；应历十七年（967）夏四月，"射柳祈雨，复以水沃群臣"②。朝廷祈雨要举行仪式，"择吉日行瑟瑟仪以祈雨"。先射柳，然后"以水沃之"③。"祈雨射柳之仪，遥辇苏可汗制"④。

苏可汗为唐朝人，说明用射柳水沃求雨的方法，在唐代就出现了。用水沃（泼水）的方法求雨，在古代极为少见。与契丹相邻的女真人、蒙古人，都没有这种求雨方式。达斡尔人则保留了这种求雨的方式。"夏季天旱时，常集众求雨，一般是先由巴格奇焚香祝拜，再用桶盆取水，彼此互相沃泼"⑤。

3. 制作高轮车

契丹和奚族（库莫奚）原先是一个民族，后来一分为二变成了两个兄弟民族。他们最初都居住在西拉木伦河、老哈河流域的草原地区，多蒿草沼泽，行走不便。为了适应这种地理环境，他们制作了高轮车，可以在高低不平的草地上沼泽中移动，非常方便，因此，中原内地人称之为奚车或契丹车。在契丹墓葬的壁画上，常常可以看到契丹车，其车轮之高大，可以高到驭者胸前。由于车轮高大，车体很高，一般是用高头大马牵引。

---

① 孟定恭：《布特哈志略》歌谣，《辽海丛书》辽海书社缩印本，第 4 册 2502 页下栏。
② 《辽史》卷 6《穆宗上》，中华书局校点本，第 77 页；卷 7《穆宗下》，第 84 页。
③ 《辽史》卷 49《礼志一》，中华书局校点本，第 835 页。
④ 《辽史》卷 116《国语解》，中华书局校点本，第 1537 页。
⑤ 陈述：《试论达斡尔的族源问题》，《民族研究》1959 年第 8 期。

达斡尔善于制作高轮车，由于适合在草地行走，被汉族人称作"草上飞"，俗称"勒勒车"（"勒勒"是驭者呼唤"牲畜"行走的声音）。在清代达斡尔人的高轮车相当有名，是新巴尔虎左旗寿宁寺（甘珠尔庙）大集市上畅销的产品。

4. 驯鹰狩猎

契丹重视驯鹰狩猎，所驯之鹰为"海东青"。"海东青"体小而矫健，是一种猛禽，善于捕捉天鹅。冬春季节辽朝皇帝在鸭子河狩猎时，亲自放纵"海东青"捕获天鹅取乐，体现了契丹人勇武好斗的民族精神。辽朝廷设有鹰坊，专门管理"海东青"的捕捉和驯练。皇帝在鸭子河狩猎时，由鹰坊进"海东青"，"授皇帝放之……皇帝得头鹅，荐庙……举乐"[1]。

猎鹰驯鹰放鹰，是达斡尔人的传统爱好，用猎鹰捕捉野鸡（雉）、野兔，一天可达数十只。其目的不在于猎物多少，主要是出于乐趣，这与契丹皇帝纵鹰"海东青"取乐的性质完全相同。

5. 杀牲祭祀

契丹崇信萨满教，萨满祭祀时必须屠杀青牛白马以尽礼。皇帝亲征要举行祭祀，由萨满分别祭祀先帝、道路和军旅三神，"刑青牛白马以祭天地"。[2]

达斡尔萨满举行重大的祭祀活动（如斡米南祭祀）时，必须宰杀牲畜。所用的牲畜为红公牛、白公羊，[3] 显然是沿袭了契丹人刑青牛、白马的旧俗。只是由于红牛多、黑牛少，故而改用红牛来代替黑牛；马的价值高又很昂贵，故用白羊代替白马。这是受客观条件的限制，采用了变通的办法，其性质和实质并未改变。

凿冰钩鱼、泼水求雨、制作高轮车、驯鹰狩猎、刑青（黑）牛白马献礼，是辽代契丹人特有的生活方式，很少见于古代其他民族。达斡尔人继承了契丹人特有的生活方式（略有变通），证明达斡尔确实是契丹的后裔。

---

① 《辽史》卷 32《营卫志中》，中华书局校点本，第 374 页。
② 《辽史》卷 51《礼志三》，中华书局校点本，第 845 页。
③ 丁石床、赛音塔娜：《达斡尔族萨满文化遗存调查》，民族出版社 2011 年版，第 279 页图 7-33、图 7-34，第 84 页图 7-41、图 7-42。

第三节 达斡尔与大贺氏无关

今学术界多认为达斡尔族为契丹族之后裔，是正确无疑的。不过自清代以来，即有人称达斡尔来源于契丹大贺氏，则证据不足，恐难以成立。

达呼尔源于大贺氏之说，是清乾隆年间敕修《辽金元三史国语解》提出的。辽、金二朝是契丹、女真少数民族所建，契丹语、女真语被尊称为国语。元朝撰修《辽史》《金史》，书中使用许多契丹、女真语言，给读者造成了许多不便，故辽、金二史均附有《国语解》，加以注释解说。《辽国语解》称："辽之初兴，与奚、室韦密迩，土俗言语大概近俚。至太祖、太宗，奄有朔方，其治虽参用汉法，而先世奇首、遥辇之制尚多存者。子孙相继，亦遵守而不易。故史之所载，官制、宫卫、部族、地理，率以国语为之称号。不有注释以辨之，则世何从而知，后何从而考哉。今即本史参互研究，撰次《辽国语解》以附其后，庶几读者无龃龉之患云。"①《金国语解》称："《金史》所载本国之语，得诸重译，而可解者何可缺焉。若其臣行之小字，或以贱，或以疾，犹有古人尚质之风，不可文也。国姓为某，汉姓为某，后魏孝文以来已有之矣。存诸篇终，以备考索。"②

不过《辽国语解》只有 199 条，《金国语解》只有 101 条，后人犹感不足。清高宗弘历皇帝读辽、金二史，亦有同感，遂提出在《辽国语解》《金国语解》基础上扩大范围，增加条目，重修《辽史国语解》《金史国语解》。《元史》未附《国语解》，亦一并加以补修《元史国语解》。三史语解合称《辽金元三史国语解》。

元代所修的《辽国语解》《金国语解》，是采用《纪》《传》《志》《表》互相印证的方法。清高宗弘历敕修的《国语解》，则侧重于语言的互证，用索伦语注释契丹语，用满语注释女真语，这种方法虽然有一定的道

① 《辽史》卷 116《国语解》，中华书局校点本，第 1533 页。
② 《金史》卷末《国语解》，中华书局校点本，第 2891 页。

理，然而索伦语不完全同于契丹语，满语也不完全同于女真语。这是由于语言随社会的发展而变化，例如满语只有百分之七十与女真语相同。在证据不足的情况下，出现了种种臆测，为后世学者所诟病。

《辽史》之《营卫志》《世表》记载，唐代时有大贺氏，为契丹八部之长，实本自《旧唐书·北狄传》契丹一目。乾隆年间敕修《辽史国语解》时，根据《八旗氏族通谱》中有达呼尔氏，认为其语音与大贺氏相近，遂将达呼尔氏遽改为大贺氏。于是，后来有的学者便从此为据，认为达斡尔是大贺氏的后人。其实这种说法缺乏证据，是不能成立的。

大贺氏一语，初见于《旧唐书》之《北狄传》，称："契丹，居潢水之南，黄龙之北，鲜卑之故地……其君长姓大贺氏。胜兵四万三千人，分为八部。"①

当时，契丹尚处于部落联盟时期。所谓"君长"是指部落联盟长而言，不是一国之君。大贺氏只是契丹某部中的一个氏族的名称，故史书称它为"姓"，即姓氏。大贺氏不是人名。

唐朝初年，契丹归服。其君长先后有咄罗、摩会、窟哥，窟哥被赐姓李氏，称李窟哥。此后的君长依次为阿卜固、李尽忠、失活、娑固、郁于、咄于、邵固，均为李窟哥之后人。在此期间，大贺氏八部对唐朝叛服不常，与突厥、奚时有战争，大贺氏八部内部产生了争权夺势的斗争，邵固被其手下可突于所杀，大贺氏八部联盟走向衰落，为遥辇氏八部联盟所取代，其时间为开元二十三年，即公元 135 年。

自此以后，大贺氏八部分崩离析，不复存在了。遥辇氏十部（迭剌、乙室、品、楮特、乌隗、突吕不、捏剌、突举、右大、左大）中，已不见大贺氏八部之名，即证明了这一点。在遥辇氏初期，三耶律中尚保留有大贺氏之名，以示尊崇。可是到了阿保机建国以后，所尊崇的内族中只有遥辇九帐、横帐三父房和国舅三族了。②说明此时大贺氏君长一族，已完全消失殆尽了。著名辽金史专家舒焚指出："大贺氏部落在遥辇氏时期不断

---

① 《旧唐书》卷 199 下《北狄传·契丹》，中华书局校点本，第 5349 页。
② 《辽史》卷 33《营卫志下》，中华书局校点本，第 383—384 页。

衰落下去，终于消失。"① 这是很正确的结论。

在辽建国以前的遥辇时代，即唐朝后期，大贺氏即已衰落消失，到了辽建国以后，自然得不到朝廷的承认。达斡尔是辽朝灭亡以后出现的，其最早的族名搭吉古尔或达吉忽尔，是在明朝万历四年（1576）始见记载的，② 达呼尔则是在清朝顺治、康熙年间才出现的。③ 达呼尔、达斡尔族名的出现，要比大贺氏晚千年以上，二者之间找不出任何史实上相关的证据来，若说达斡尔之族名为大贺氏对音，达斡尔族来源于契丹大贺氏，显然是牵强附会，找不出史实上的证据，不足为信。

---

① 舒焚：《辽史稿》，湖北人民出版社 1984 年 3 月版，第 266 页。
② 《蒙古源流》卷 6，道润梯步译校，内蒙古人民出版社 1989 年版，第 289 页。
③ 《清初内国史院满文档案译编》中册，光明日报出版社 1989 年版，第 477 页；《清圣祖实录》卷 22，康熙六年六月甲戌。

第四章　从契丹到达斡尔的演变

达斡尔是由契丹演变而来。这种演变经历了数百年之久，辽、金、元三朝的兴废，引起了契丹人从呼伦贝尔向黑龙江流域的迁移，成为契丹演变为达斡尔的直接原因。

第一节　辽初契丹人的北上

契丹原住地在西拉木伦河、老哈河两河流域，在公元 10 世纪初年契丹崛起之际，为了扩大势力曾向呼伦贝尔用兵，攻打室韦、于厥，征服了黑车子室韦、小黄室韦和乌古、敌烈诸部，其后设立了西北路招讨司、乌古敌烈统军司加以镇抚。这些官府的长官均为契丹贵族，曾任羽厥里节度使的耶律延宁（946—985），在任内"威极北之疆境，押汩掠之失围"[①]。羽厥里即乌古、于厥，汩指达怛，属于室韦（失韦）之一部，源于蒙古室韦。耶律延宁管辖之地达"极北之疆境"，应是到达了外贝加尔和黑龙江中游地区。辽朝在黑龙江流域被征服的部落中设有官员进行管理，这些官员称作闼林、挞兰、达览、挞揽、挞领，皆为同音异字，系掌管北部边疆事务的地方官员。[②] 既然设置有边官，必然有家眷和士兵随从，他们可能

---

① 向南辑：《辽代石刻文编》，河北教育出版社 1995 年版，第 85 页。
② 陈述：《契丹政治史稿》，人民出版社 1986 年版，第 182 页。

是最早在黑龙江流域定居的契丹人。宋朝文人余靖《武溪集》称契丹东北"有挞领相公，掌黑水等边事"，黑水指黑龙江，证明辽代在黑龙江沿岸的少数民族中设有官府，派驻有契丹官员。"达领（领读作廪）相公"应是达领一官的尊称、美称。

当时，黑龙江地区的少数民族很多，多属于室韦各部和靺鞨各部，他们的后裔有布里亚特蒙古（居住在俄国境内）、鄂温克、鄂伦春。鄂温克、鄂伦春同源，被西方学术界称作通古斯人。相比较而言，契丹人比室韦、靺鞨各部更先进一些。契丹的到来，对这些民族和契丹本身都产生了广泛的影响，特别是在语言和风俗方面，各族间相互交流是不可避免的，出现了相互了解和认同，彼此相互融合是大势所趋，契丹也会发生一定的变化。

第二节　金初库列儿率部北迁

辽朝未建立以前，在呼伦湖、贝尔湖和哈拉哈河流域居住有乌古部，在乌古部以西克鲁伦河下游居住有迪烈部。迪烈又作敌烈。乌古又作乌古里、乌虎里、于厥、羽厥、于谐里、于骨里（古代"乌""于"读音相同），由于他们的居住地相毗连，故《辽史》常常将二者合称为乌古迪烈或乌古敌烈。乌古迪烈占据水草丰美的呼伦贝尔草原，以放牧为生，势力比较强大。因此，耶律阿保机在遥辇氏晚期曾率兵攻打乌古迪烈，将其降服，驱逐到额尔古纳河和石勒喀河沿岸，然后将居住在西拉木伦河、老哈河故地的五院部六院部契丹三石烈人迁到乌古迪烈原住地从事耕种。乌古迪烈不愿意离开自己的家园，常常举行反抗斗争，试图收复呼伦贝尔旧地。于是辽朝沿根河、额尔古纳河向西南方向修建了一条长 700 千米的边壕，被后人误称为金源边堡、兀术长城或金长城。这道辽边壕遗址至今犹存，在边壕上修筑了许多城堡，成为戍守边壕的屯兵之所，在离边壕比较远的地方则修筑了比较大的州城，如内蒙古陈巴尔虎旗海拉尔河右岸的通化州城（俗称浩特陶海古城），满洲里东北额尔古纳河东岸有静边城，蒙古国东方省克鲁伦河北岸木伦河口有皮被河城等等。① 这些城池用于防御乌古迪烈的侵扰，史称："（静边城）本契丹二十部族水草地，北邻羽厥，每入为盗，建城，置兵千余骑防之。"②

辽代戍守边壕防御乌古迪烈南下的契丹军队，被称作"迪烈纠"。迪烈纠是指为防御乌古迪烈而组建的军队，它是辽代契丹军队的劲旅，以战斗力强而著名，又称黑军，以契丹人崇尚黑色而得名。辽亡后，有一名叫库列儿（又作苦烈儿）的迪烈纠将领，不愿意接受金朝的统治，"誓不食金粟，率部落远徙穷朔，以复仇为志"③。那么，库列儿是何许人也？由于在史书中没有库列儿的传记，其事迹鲜为人知，不过元代文人许谦《白云集》、黄溍《黄华文集》和《元史》在记述库列儿子孙的事迹时，却提到了库列儿。

《白云集》卷1《总管黑军石抹公行状》称："公讳库禄满，姓石抹氏……公四世祖库列儿。"④ 可知库列儿为石抹氏，石抹氏即辽代后族萧氏，在金灭辽以后，强令萧氏改为石抹氏，"石抹"在女真语中为低贱之意，用这种办法丑化辽朝后族萧氏。库列儿率族众北迁，很可能与金朝强令改姓有关。

《黄华文集》卷27《沿海副万户石抹公神道碑》称："公讳明里帖木儿，别名继祖，字伯善，迪烈纠人……曰库烈而（儿）者，于公为六世祖。"⑤《元史》卷188《石抹宜孙传》："石抹宜孙字申之，其先辽之迪烈纠人。五世祖曰也先。"⑥ "迪烈纠"为"迪烈纠"之误，也先又作也鲜，《元史》有传，又误作石抹阿辛，《元史》称也先为库列儿之孙。⑦ 由此可知库列儿出于迪烈纠，从库列儿率部北迁来看，他应是迪烈纠的首领。

---

① 景爱：《关于呼伦贝尔古边壕的时代》，《社会科学战线》1982年第1期；《关于呼伦贝尔边壕的探索》，《历史地理》第3辑，上海人民出版社1983年版，第189—202页。

② 《辽史》卷37《地理志一》，中华书局校点本，第451页。

③ 许谦：《白云集》，中华书局1981年第1版，第9—10页。

④ 许谦：《白云集》，中华书局1981年新1版，第9—10页。

⑤ 黄溍：《黄华文集》，丛书集成初编卷27，第4页下。

⑥ 《元史》，中华书局校点本，第4309页。

⑦ 《元史》卷150《石抹也先传》，中华书局校点本，第541页，同书卷152有《石抹阿辛传》。

元代人称库列儿"率部远徙穷朔",那么是迁徙到何处?《沿海上副万户石抹公神道碑》记载,库列儿之孙也鲜(即也先),拒绝了金主"招为奚部长"之命,"遂邂去之北野山射狐鼠以食,誓不食金粟。"① 所谓"北野山",就是库列儿北徙之山。屠寄主编《黑龙江舆图》一书,在额尔古纳河右岸支流根河以北,标注有"库列业尔山",并加注释说:"即《元史》库列儿温都儿"。② 在《呼伦贝尔图说》中,有"库列业尔""库列儿温都儿"等山名,皆系蒙古语。其实,库列业尔、库列儿是音同字异,用汉语记录少数民族语的地名,常常会出现音同字异的现象。"库列业尔"就是"库列儿","库列儿温都儿"现在称作黑山头山。库列儿北徙以后,最初就居住在黑山头山附近,由于库列儿的部众在此山下居住了很长时间,故而当地居民就用库列儿的名字来称呼此山。这个山名在元代就已出现了,后来有汉族人进入此地居住,由于山石呈现黑色,故而又称黑山头山。

黑山头山位于根河、得尔布干河、哈乌鲁河汇入额尔古纳河的沼泽地上,根河以北山岭起伏,森林密布,属于大兴安岭北端。森林中栖息有许多獐狍野鹿,以狩猎为生的鄂温克人仍居住于此山区,称敖鲁古雅乡。在辽代时,这里野生的禽兽比现在要丰富得多。库列儿率领部下到根河以北山区居住生活,正是看到了这里适于射猎和采集,可以提供丰富的食物资源。由于这里属于偏远的山区,古代交通十分不便,有利于防御金朝的侦查和征讨,是一处比较安全的地方。这种地理上的有利条件,使库列儿率领的契丹移民,在这里前后生活了数百年之久。

在额尔古纳河左岸,即俄国人所称的外贝加尔地区,有雅布洛诺夫山,还有石勒喀河,也在"北野山"的范围内。这里自古以来就是狩猎民族居住的地区,布里亚特蒙古人就是这里的土著居民,古称"林木中百姓"。库列儿率众北徙时,有一部分部民会进入外贝加尔地区。古代额尔古纳河可以通航,清咸丰元年(1851),敖拉·昌兴巡边,就是乘船在额尔古纳河中航行,直达石勒喀河会合口。辽金时代额尔古纳河的水量比清

① 黄潜:《黄华文集》,丛书集成初编卷27,第5页上。
② (清)屠寄:《黑龙江舆图》,光绪二十五年刻本,第36页。

代大得多，乘船渡江往来不会有什么困难；在冬天河水结冰之际，滑冰渡过额尔古纳河会更加方便。清末、民国初年，有许多白俄越过额尔古纳河来到中国额尔古纳右旗（今称额尔古纳市）定居生活，便是很好的例证。

北迁到根河以北大兴安岭和外贝加尔的契丹移民，在这里居住了数百年之久，其间人口的自然增殖是不可避免的，随着人口的增多，人们会不断地迁移，到达黑龙江上中游和精奇黑江沿岸，成为这里的新居民。

第三节　明初契丹移民的北迁

到了明朝初年，居住在"北野山"的契丹移民继续北迁。这次北迁与明朝向呼伦贝尔用兵，扫荡元朝残余势力的战争有关。

金朝灭亡辽朝以后，许多契丹贵族对金朝采取不合作态度，他们积蓄力量，试图推翻金朝政权，恢复辽朝的统治，被称作复国运动。天会十年（1122），耶律余睹谋反。正隆五年（1160），耶律窝斡参与耶律撒八叛金称帝。崇庆元年（1212）耶律留哥起义称辽王。贞祐二年（1214），斫答、比涉儿、扎刺儿背离金朝廷。耶律留哥和研答、比涉儿等人投向成吉思汗，联手共同伐金。

在"北野山"居住的库列儿部众，对于成吉思汗的崛起十分欣喜，认为向金朝报仇雪恨的机会到来了。库列儿之孙石抹也先"闻太祖起朔方，匹马来归……太祖悦，命从太师、国王木华黎取东京"。也先不费一矢即诈取东京，"得地数千里，户十万八千，兵十万，资粮器械山积……定城邑三十二"。后来死于攻打蠡城的战斗中。也先所率兵卒"皆猛士，衣黑为号，故曰黑军"。由于在伐金战争中战功赫赫，卓有贡献，故被成吉思汗授御史大夫，领北京达鲁花赤。[①]

也先死后，其子查剌、其孙库禄满均袭为御史大夫，领黑军，在南征的战争中，每战均"以黑军为前列"，冲锋在前，论功，黑军为最。因此，

---

① 《元史》卷150《石抹也先传》，中华书局校点本，第3541页。

元太宗授查剌为真定路兼北京路达鲁花赤。[1] 也先之孙库禄满，被元世祖忽必烈褒奖，赐全虎符、授总管。也先之曾孙良辅（又名明里帖木儿）被元世祖赐全虎符、万户、招讨使、沿海上万户府副万户、昭毅大将军。在元成宗大德七年（1303），"以门功备宿卫事……悉括黑军，以卫东宫。"然而由于某些宗戚贵臣的反对而未能实现。从中可以看出元朝皇帝对库列儿一族后人的高度重视和信任。[2] 石抹良辅之长子名叫石抹宜孙，管江浙行省行枢密院判官，曾参与镇压方国珍起义军并平定福建民众起义有功，升为江浙行省参知政事、中奉大夫，死后赠"推诚宣力效节功臣、集贤大学士、荣禄大夫、上柱国，追封越国公，谥忠愍。"[3]

库列儿及其子孙以复国为志，最初是不与金朝合作；后来为成吉思汗效劳，南征北战，伐金灭宋；元朝末年则帮助蒙古统治者镇压人民起义。他们成为元朝的忠臣良将，其命运与元朝廷紧密地联系在一起。正是由于这种关系，元末明初改朝换代之政治变动，对他们产生了很大的震动和影响，是可想而知的。

至正二十八年（1368），朱元璋的农民起义军攻占元大都。元顺帝妥欢贴睦尔逃亡应昌（在今内蒙古克什克腾旗），不久死于此。太子爱猷识理达腊即位，史称北元。爱猷识理达腊病死以后，其子脱古思帖木儿即位，率残部驻捕鱼儿海（今贝尔湖）一带。洪武二十一年（1388），明太祖朱元璋派大将军蓝玉率大军15万征讨，取得重大胜利，脱古思帖木儿与太子天保奴仅数十骑逃脱，其次子地保奴和妃公主以下百余人被俘。[4] 脱古思帖木儿逃到土拉河（在蒙古国）以后，被也速迭儿所杀。也速迭儿曾驻兵斡难河休养生息，明朝侦知此事以后，于洪武二十五年（1392），派北平都指挥使周兴前去讨伐，在斡难河（今鄂嫩河）打败了也速迭儿。[5] 也速迭儿死后，鬼力赤和本雅失里先后称汗，本雅失里驻兵胪胸河（克鲁

① 《元史》卷152《石抹阿辛传》（石抹阿辛即石抹也先），中华书局校点本，第603页。
② （元）黄溍：《黄华文集》卷27《沿海上副万户石抹公神道碑》，丛书集成初编，第4页。
③ 《元史》卷188《石抹宜孙传》，中华书局校点本，第4309—4310页。
④ 《明史》卷132《蓝玉传》，中华书局校点本，第3865页。
⑤ 《明太祖实录》卷220。

伦河)。为了彻底消灭本雅失里残余势力，永乐八年（1410），明成祖下诏亲征，到达阔连海子（呼伦湖）、斡难河（鄂嫩河），大败本雅失里残部。事后在擒胡山勒铭纪念："瀚海为铎，天山为锷，一扫胡尘，永清沙漠。"①此外，还"命都督薛禄祭祀斡难河山川，赐名玄冥河"②。

自洪武至永乐，明朝多次用兵呼伦贝尔和鄂嫩河，规模很大，还有皇帝亲征，取得极大胜利，并在此基础上设立了斡难河卫、乞塔河卫、坚河卫和海剌儿千户所等等卫所。斡难河卫、乞塔河卫在外贝加尔，海剌尔千户所在今海拉尔河沿岸，坚河卫在根河沿岸。这些战争和设立卫所等事，对于居住在"北野山"的契丹遗民，必然引起很大震动。由于他们忠心耿耿地为元朝蒙古统治卖命，自然会想到明朝的建立对他们很不利，说不定在什么时候会受到株连。为了自身的安全考虑，最好的出路是离开这里，进一步向北迁徙。于是，这批契丹遗民向贝加尔湖和黑龙江上游集体迁移。其迁移的时间应在明太祖洪武年间或更早一些，不会晚于明成祖永乐年间。这是因为斡难河卫设于永乐四年（1406），乞塔河卫设于永乐六年（1408），海剌儿千户所设于永乐三年（1405），坚河卫设于永乐三年（1405），契丹遗民应是在这些卫所设立之前，分批北迁。坚河卫，亦即根河卫，是设在根河沿岸，这里是库列儿部契丹遗民的重要居住地，其北迁显然不会晚到设立坚河卫以后。除此以外还有另一可能，契丹遗民与元朝廷利害相关，对于元朝的存亡很重视、很关心。当朱元璋农民起义军占领元大都以后，他们看到元朝大势已去，联想到他们自己的命运也会出现问题，有兔死狐悲之感。走为上策，逃之夭夭，或可以免除灾难。因此，在元朝灭亡不久，他们可能就开始北迁了。契丹遗民的迁徙，不会是大队人马同行，因为目标越显著就可能越不安全，容易引起明朝的注意，而化整为零、以氏族为单位，分散迁移目标小些，车船等交通工具也易于解决。应是以家族或氏族为单位，分期分批地进行北迁。文献并没有他们迁移的有关文字记载，可能正是与此种情形有关。

---

① 《明太宗实录》卷69。
② 《明太宗实录》卷70，《皇明大政论》卷7。

第四节　契丹遗民改称达斡尔

在"北野山"居住时期的库列儿部众，金代和元代仍沿用辽代的旧称。我们从元代许谦《白云集》、黄溍《黄华文集》以及明朝初年纂修的《元史》中，可以发现将库列儿的子孙都称作石抹氏，将他们部下的军队称作黑军。石抹氏即辽代后族萧氏的改称，黑军是沿用了辽代的旧称。说明元代朝廷仍认为他们是契丹人，石抹氏自然也认为自己是契丹遗民。

达斡尔族名的出现在明代，萨囊彻辰编写的《蒙古源流》出现了达吉忽尔（又译作达奇鄂尔）的记载。原文是：

> 图们台吉己亥年生。岁次戊午，年二十岁即位。岁次丙子，年三十八岁时……聚六万之众，宣布大政……称扎萨克图合罕，致其大国于太平，征赋于珠尔齐特、额里古特、达吉忽尔三部，使人民乐业。在位三十五年，岁次壬辰，年五十四岁崩。①

文中的"珠尔齐特"为女真，"额里古特"为鄂温克，"达吉忽尔"或译"搭吉古尔""达奇鄂尔"，指达呼尔、达斡尔。

图们台吉即土蛮罕（1539—1592），戊午年（嘉靖三十七年，1558）即位，壬辰年（万历二十年，1592）逝世。他38岁宣布大政，向达斡尔等三部征赋，这一年为1576年，万历四年。说明在万历以前隆庆（1567—1572）或嘉靖年间（1522—1566），达吉忽尔之名可能即已经出现了。只是未见文献记载，不为当时人所知。若此，则达吉忽尔（达奇鄂尔、搭吉古尔）作为族名，其出现时间不会晚于公元16世纪中期。从时间上来看，这时的契丹遗民已迁到外贝加尔和黑龙江上游地区，并在新地区居住了百年左右。

---

① 《蒙古源流》卷6，道润梯步译校，内蒙古人民出版社1980年1版，第289页。

　　这时的契丹遗民为什么放弃了契丹称号，改用新的达吉忽尔（即达斡尔）呢？这应当与新居住地的环境有密切的关系。早期的契丹人是以狩猎为生，其古老的谣谚有："夏时向阳时，冬时向阴时。使我射猎，猪鹿多得。"① 证明起初是以射猎猪鹿为生。后来走出山林以游牧为生，再后来学会了农业耕种。辽末金初，契丹遗民迁移到"北野山"，这里适于狩猎，不宜于耕种，因此，他们又回归到狩猎为生。明初契丹遗民再次北迁，其定居之地最初为达呼尔山，即今雅布洛诺夫山（或译雅布洛诺威岭），在贝加尔湖东岸。达呼尔山之名，最早见于恩格斯的笔下，他在《波斯与中国》一文中称："正当英法两国的海陆军向香港调集的时候，西伯利亚边防的哥萨克部队却缓慢地、然而继续不断地把自己的驻屯地由达呼尔山移向黑龙江岸。"② 恩格斯此文写于 1858 年 8 月 31 日至 9 月 3 日，发表于 1858 年 9 月 20 日和 25 日《纽约每日论坛报》，说明这时达呼尔山在西方国家流传很广泛，其最初出现的时间还要早得多，是通过哥萨克之口传到西方。达斡尔山（雅布洛诺夫山）东北接外兴安岭（斯塔诺夫山脉），由东北向西南走向，其西为贝加尔湖，其东为石勒喀河、额尔古纳河和黑龙江（俄国称阿穆尔河）。这里森林密布，禽兽很多，自古以来就是狩猎民族活动的场所。契丹人民到此以后也是以狩猎为生，他们人数多，文化水平高，不像鄂温克、鄂伦春那样流动不定，而是定居狩猎、放牧兼营农业耕种，给俄国人留下了深刻的印象，将他们居住地区称作"达呼里亚"。最初的"达呼里亚"仅指达呼尔山（雅布洛诺夫山两侧）和贝加尔湖沿岸地区，后来由于他们向四周迁移，又出现了"东达呼里亚"（黑龙江上游）和"南达呼里亚"（又称尼布楚达呼利亚、色楞格达呼里亚），再后来东达呼里亚向东延伸到布列亚河（牛满江），泛将整个达呼尔人居住地都称作"达呼里亚"。

　　那么，达呼尔山和达呼尔族之间有何关系，谁在先、谁在后？

　　此事史无明文记载，我们不妨仔细分析。最早到达"达呼尔山"的契丹人，可能是辽朝初年到贝加尔湖戍边的人，辽朝末年库列儿北迁之际，

---

① 《新五代史》卷 72《四裔附录第一》，中华书局校点本，第 888 页。
② 《马克思恩格斯选集》第 2 卷，人民出版社 1972 年版，第 21 页。

可能又有少量契丹人到达这里。明朝初年契丹遗民北迁到此，应属于第三拨了。他们见到了早年到达这里的契丹人，由于语言相通，这里山区的环境与以前居住的山区十分相近，有如回到了久别的家园。有人提出，"达呼尔"（达斡尔）在达呼尔语中，具有"旧居""原来国"之意，[①] 如果确实如此的话，那么，与上述情景应是相合的，是契丹遗民在新的居住地所取的族名。或许辽初、辽末最早到达这里的契丹人已将雅布洛诺夫山称作"达呼尔山"了，元末明初的契丹遗民沿用了以前的称号，以达呼尔山为号，称作达呼尔人。卜林即主张这一说法。[②]

达呼尔（达斡尔）族与达呼尔山之间有密切的关系，由于资料不足，无法作详细的说明，然而达呼尔（达斡尔）之族名是在公元 16 世纪前期出现的，应当是没有什么无疑问的。

附：库列儿家族小史

库列儿，又作苦列儿。姓萧氏，为辽代后族。系辽代戍边乣军将领。"乣"为契丹字，乣军（后世误作纠军）为契丹劲旅，又称黑军（契丹尚黑，以黑为贵）。辽亡以后，金廷强令萧氏改为石抹氏，在女真语中，"石抹"为低贱之意。元朝许谦称："闵宗国沦亡，誓不食金粟，率部落远徙穷朔，以复仇为志。"[③] 所谓"穷朔"指根河以北、额尔古纳河东西两岸的山区。所谓"不食金粟"，是指不任金朝官吏，不与金朝合作，意欲恢复辽朝。

库列儿寿长，年九十而卒。据记载："年九十，夜得疾，命家人候日出则以报，及旦，沐浴拜日而卒。"[④] 契丹人尚东，以东向拜日为礼。"沐浴拜日而卒"，反映出库列尔是一位很有文化修养的贵族人士。

库列儿有子名脱罗华察耳，"承先志，亦不仕。"所谓承先志就是继承了库列儿"不食金粟"的遗志。脱罗华察耳事迹不详。

脱罗华察耳有二子，长曰瞻德纳，次曰也先。也先少年时曾问其父脱

<hr>

① 吴维荣：《达斡尔源于契丹的论证》，《达斡尔源于契丹论》，中国社会科学出版社 2011 年版，第 28 页。

② 卜林：《鲜卑—室韦与达斡尔族起源》，《黑龙江民族丛刊》1985 年第 1 期。

③ （元）许谦：《总管黑军石抹公行状》，《白云集》，中华书局 1981 年第 1 版，第 10 页。

④ 《元史》卷 150《石抹也先传》，中华书局校点本，第 3541 页。

罗华察耳：为何不出仕做官？其父即将复仇复国之志告之，也先"慨然曰：儿必复之。"后来，金朝皇帝"闻甚材武多智，召其为奚部长，固辞费获"，乃推荐其兄膽德纳接受此官，"以全其宗"。也先则逃到"北野山，射狐鼠以食"①。膽德纳后来弃金朝官投奔成吉思汗，曾任别失八里（今新疆奇台县境）达鲁花赤，其孙亦刺马丹为辽阳行省左丞，其曾孙仓赤为湖广行省平章政事。

也先只身匹马投向成吉思汗，从木华黎攻打东京辽阳。他用计诈取东京，"不费一矢，得地数千里"。又攻取北京（今内蒙古宁城县大宁城）。以功授御史大夫，领北京达鲁花赤，其私养的敢死士兵号称"黑军"。也先生子4人，名查刺、咸锡、博罗、侃。长子查刺"袭御史大夫，领黑军"。从木华黎南征，"长驱汴京"。1233年，随同木华黎长子塔思征讨蒲鲜万奴于南京城（今吉林省延吉城子山古城），捷足先登，元太宗"嘉其功，授真定、北京两路达鲁花赤"。咸锡之子名叫度刺，随元军攻打攀城，战死。②

查刺之子库禄满，袭御史大夫之职，总管黑军，善于统兵打仗。"每临阵，喜先卒伍"。曾云："我尝闻汉伏波将军，誓以马革裹尸，真丈夫也。"中统三年（1262），在征讨李坛之叛时，济南"城上矢石如注，公不肯避，中飞石卒……时年四十有一。"库禄满娶蒙古女子为妻，生子二人，长子嗣职，次儿丰县尹。③

库禄满长子名石抹良辅，字伯善，别名继祖，又名明里帖木儿。曾率领黑军参加灭亡宋朝的战争，事后论功行赏，赐金虎符，历蔡州弩军万户、黄州招讨使、沿海上万户府副万户。累阶昭毅大将军。大德七年（1303），"以门功入备宿卫事"。武宗即位以后，当时仁宗（武宗之弟）为皇太子，武宗曾命石抹良辅"悉括黑军，以卫东宫"，说明对他高度信任、重视。后来命他统沿海军分镇浙江台州，皇庆元年（1312），又移镇婺、处二州。在此任上，他关心民众疾苦，深得民众的称赞。两浙旧盐法积弊甚多，于官于民皆不利。他与转运司共同整治，官收税，民得利。为官廉洁，不积

---

① （元）黄华：《沿海上副万户石抹公神道碑》，见《黄华文集》丛书集成初编卷27，第5页。
② 《元史》卷150《石抹也先传》，中华书局校点本，第3543页。
③ （元）许谦：《总管黑军石抹公行状》，《白云集》，中华书局1981年北京新1版，第10页。

资产，死后其家仅存遗书数千卷、房宅一处而已。

石抹良辅天资颖悟，勤于学习。"自经传子史，下至名法、纵横，天文、地理、数术、方技、异教、外书，靡所不通。"以雅歌赋诗为娱，撰有《抱膝轩吟》，其诗清新高古，有作者风（黄华语）。① 他娶妻蒙吉弘古刺氏，弘吉刺氏是元代后族。成吉思汗生前有旨："弘吉刺氏生女以为后，生男尚公主。"与弘吉刺氏联姻，说明石抹良辅与蒙古贵族关系密切。

库列儿子孙本以武艺见长，勇于打仗闻名。石抹良辅文武兼治，实是难得的人才。由此开始，库列儿的门风有所改变。石抹良辅自号北野兀者，"北野"即北野山，是库列儿始迁之地，以此号示他没有忘掉祖先之恩，这是意味深长的怀念。

石抹良辅有五子三女，五子为宜孙、文孙、德孙、厚孙、哈刺。

石抹宜孙虽为长子，却不是嫡子。他是借嫡弟厚孙荫，袭父职，为沿海上副万户，厚孙应是弘吉刺氏所生。

石抹宜孙生活的时代是元朝末年，即元惠宗妥欢贴睦尔时期。当时发生了红巾军农民起义，元朝统治处于风雨飘摇之中。黄岩人海盗方国珍，乘机参加农民起义。至正十一年（1531），江浙行省"徽宜孙守温州，宜孙即起任其事"。他平定了处州的起义军，"以功升浙东宣慰副使"，并于处州修建城池以防敌。处州为山区，农民起义军拒守山险，抗击官兵。宜孙采纳了江浙儒学副提举刘基之谋，"或筹以兵，或诱以计"，将山区起义消灭。于是，他以战功升为同金行枢密院事。不久，朱元璋起义军南下攻取兰溪，逼近婺州。当时，他的生母住在婺州，为了保证生母的安全，曾亲至婺州与朱元璋大军接战，却大败而归。不过元朝正在用人之际，元朝升宜孙为江浙行省参知政事，阶中奉大夫。

至正十九年（1359），朱元璋起义军占领处州，宜孙被迫率数十骑向福建撤退。不过他对处州怀有深情，不愿意离开处州，称"死亦为处州鬼耳"。回归到处州庆元县以后，为乱兵所害。由于石抹宜孙忠诚于元朝，对元朝有一定的贡献，元朝延追赠他为"推诚宣力效节功臣、集贤大学

---

① 黄华：《沿海上副万户石抹公神道碑》，《黄华文集》丛书集成初编卷27。

士、荣禄大夫、上柱国，追封越国公，谥忠愍。"① 石抹宜孙死后第九年，即至正二十八年（1368），朱元璋攻入元大都，元朝灭亡了。石抹宜孙是最后为蒙古效力的库列儿子孙。

通观库列儿家族史，不难看出库列儿家族与元朝是同命运、共始终的。它帮助蒙古灭金灭宋，最后随着元朝的灭亡而被迫北迁。库列儿家族就是达斡尔的祖先，库列儿是达斡尔的始祖。库列儿出生于契丹后族萧氏，有人称达斡尔出于契丹皇族，与史实不符。库列儿部下，可能会有外族人，最后都融入达斡尔族中。因此，契丹是达斡尔的主源，不是唯一的来源，也有他族加入。

库列儿世系表

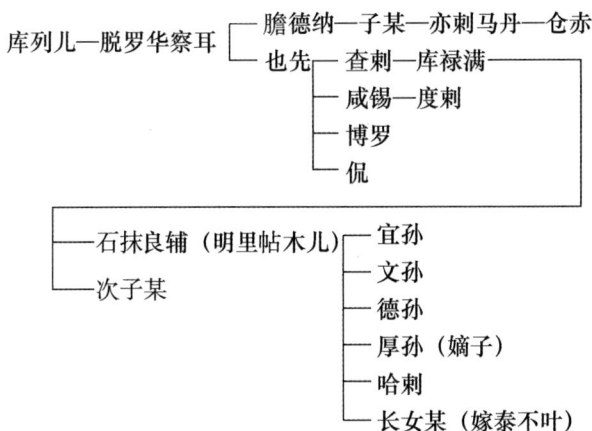

自辽末金初到元末，库列儿共传七代。表内所列共21人，均见于文献所载。未出仕，不见记载者，可能还会有一些。

---

① 《元史》卷188《石抹宜孙传》，中华书局校点本，第4309—4311页。

第二编

黑龙江北时期的达斡尔族

第五章　达斡尔的分布

在公元 17 世纪中叶以前，即明末清初时期，黑龙江以北、外兴安岭以南，西起贝加尔湖，东到精奇里江、牛满江的广大地区，都居住有达斡尔人。俄国人称上述地区为"达呼里亚"，即达斡尔地区。

第一节　外贝加尔的达斡尔

外贝加尔是以贝加尔湖得名。在中国古代典籍中，称贝加尔湖为北海。《汉书·苏武传》记载，苏武出使匈奴，守节不降，"乃徙武北海上无人处，使牧羝"，匈奴派李陵两次至北海上与苏武言事。[①] 此北海史家均认为即今贝加尔湖，由于地处北方边远处，故称北海。贝加尔湖是世界最深（1620 米）、水量最大（23 亿立方米）、注入河流最多（336 条）、面积最大（3.15 万平方千米）和见于记载最早（西汉时代）的淡水湖，因而成为地理坐标。俄国将贝加尔湖以西称内贝加尔或西贝尔加尔，贝加尔湖以东称外贝加尔或东贝加尔，这是以欧洲为中心的说法，犹如近东、中东和远东之说。

外贝加尔为山区，其地势是南高北低，有一山两河纵贯其间。一山为雅布洛诺夫山，自西南向东北走向，东北与斯塔诺夫山（外兴安岭）相连

---

① 《汉书》卷 54《苏武传》，中华书局校点本，第 2459—2469 页。

接。雅布洛诺夫山的东西两侧，各有一条大河，山之东为石勒喀河，山之西为维季姆河，各有支流若干。这些河流由于地势的关系，均由南向北流，维季姆河为勒拿河上游，石勒喀河为黑龙江（俄国称阿穆尔河）上游。在公元17世纪中叶以前，"俄国人称石勒喀河为阿穆尔河，而达斡尔人和通古斯人则称该河为石勒喀河，而不称阿穆尔河"①。阿穆尔河是当地土著达斡尔、鄂温克（通古斯）的称谓，俄国人是从达斡尔、鄂温克人那里接受了阿穆尔河的说法。② 达斡尔人和鄂温克人只称黑龙江为阿穆尔河，而俄国人将石勒喀河也称作阿穆尔河，这在当时（17世纪中叶以前）是有所不同的。雅布洛诺夫山间，有自然形成的许多隘口，成为维季姆河与石勒喀河之间的天然通道，可供行人和车马往来。

一、维季姆河沿岸的达斡尔人

维季姆河发源于雅布洛诺夫山西麓，贝加尔湖东岸，赤塔市附近，屈曲东北流，在克列斯托瓦亚附近注入勒拿河，全长1000余千米。维季姆河沿岸是通古斯（鄂温克）和不纳税的通古斯（鄂伦春）居住的重要地区，同时还居住有达斡尔人。

1637年，马·佩尔菲利耶夫溯维季姆河上行，1638年到达齐帕河，从鄂温克人口中得知卡尔加河口居住着达斡尔酋长巴托加。③ 这是俄国人第一次听到达斡尔的名字。1641年，彼·戈洛文给沙皇的奏疏说："沿维季姆河上行，可到达斡尔酋长巴托加等的住地……巴托加住在维季姆河的卡尔加河河口，他的乌卢斯都在（同）一个地方，帐篷都用圆木搭建。巴托加酋长那里有各种牲畜，貂皮也很多……从巴托加酋长住地沿维季姆河上行到亚拉夫尼亚湖，在维季姆河两岸有许多使马的达斡尔人。他们使用的

---

① 郝建恒等译：《历史文献补编——十七世纪中俄关系文件选译》，商务印书馆1989年版，第46页。

② 高颖：《阿穆尔考》，《辽宁大学学报》1980年第3期。

③ ［苏］诺维科夫—达斡尔斯基：《俄国人对阿穆尔的发现和边区开发的开端》，《阿穆尔州地志博物馆与方志学论丛》，黑龙江人民出版社1978年版，第29页。

武器为弓箭。他们有自己的语言，与雅库特语和通古斯语不一样……从巴托加住处经连水陆路前往石勒喀河需走三天半。"①

卡尔加河，今仍其名，俄文作 КарГа，是维季姆河右岸中游支流。在赤塔省北部，维季姆河有一段河流（属于中游河段），现在是布里亚特蒙古自治共和国与赤塔省的自然分界线。从巴托加酋长住地卡尔加河口上行，大体上属于维季姆河的中上游地区，直达赤塔市。

由此可知，维季姆河的中上游，即今布里亚特蒙古自治共和国的大部分和赤塔省的西部，在公元 17 世纪中叶以前，是达斡尔人的重要居住地区。除巴托加酋长所属的氏族以外，可能还有别的氏族，只是文献漏记了。

这里是山区，山多地少，适于狩猎和饲养牲畜，故"有各种牲畜，貂皮也很多"。只有河边冲积地可以种植，其食用的粮食大概是从石勒喀河那里，用貂皮交换而来的。因地制宜是许多民族奉行的基本原则，达斡尔人也是如此。

二、石勒喀河流域的达斡尔人

石勒喀河流域的达斡尔人比较多。根据俄文文献记载，这里有以下 4 处达斡尔氏族。

1. 以拉夫凯为酋长的氏族

在俄文文献中，拉夫凯又作拉德凯、拉夫卡伊，是记音不同所致，其实是同一个人。1641 年，彼·戈洛文致沙皇的奏疏中首次提到拉德凯："在石勒喀河沿岸，居住着许多从事耕作的达斡尔人。他们所种庄稼比俄国人多，一直到石勒河河口都有庄稼。陛下，在拉德凯酋长住地的石勒喀河河畔，乌拉河河口有一座乌卢斯……在石勒喀河河畔，拉德凯和其他酋长所属各乌卢斯都种庄稼，种燕麦、大麦和其他作物，他们将粮食卖给住

---

① 郝建恒等译：《历史文献补编——十七世纪中俄关系文件选译》，商务印书馆 1989 年版，第 1—2 页。

在维季姆河畔的巴托加和其他酋长。"① 由此可知，在维季姆河沿岸，除巴托加酋长以外，还有若干酋长，只是这些酋长的名字没有被记录下来而已。

1646年6月，瓦·波雅尔科夫在回答雅克茨克督军询问时说："在石勒喀河畔有许多定居的庄稼人，那里住着拉夫凯酋长，他手下约有30人。"②

1647年5月27日，瓦·波雅尔科夫在答问时说："在乌伊（拉）河口居住着达斡尔人。拉夫凯酋长及其乌卢斯人即居此地。他的大兄弟舒尔加涅伊，住在其上沿石勒喀河上行的地方。他的二弟古尔季盖则住在其下沿石勒喀下行的地方。他们兄弟三人彼此相距不远，兄弟三人的住地彼此相连。"③

由此可知，拉夫凯（拉德凯）酋长住在石勒喀河上乌伊（拉）河的入口，其上沿住着大弟舒尔加涅伊，其下沿住着二弟古尔季盖，他们三人的住地乌卢斯是连成一片的。拉夫凯与大弟、二弟应是分开单独居住，不住在一起，说明其大弟、二弟是别有乌卢斯的酋长。

拉夫凯酋长手下有30人，而另一处记载，达斡尔酋长多普特乌尔说"拉夫凯酋长乌卢斯有300人"，④ 与此不同。按：拉夫凯的乌卢斯有30人是可信的，多普特乌尔酋长的乌卢斯也是30人；如果将拉夫凯的大弟、二弟以及受其管辖或影响的其他氏族也包括在内的整个氏族集团（即联合体）在内，说有300人是可能的。

2. 以奇帕为酋长的氏族

1652年5月22日，通古斯人妇女达曼奇亚在回答俄国新军役人员波·沃洛季梅罗夫等人的询问时说："拉夫凯寨位于石勒喀上的乌拉河河口，从拉夫凯寨顺石勒喀河而下至奇帕酋长处，需走2日。拉夫凯寨和奇

① 郝建恒等译：《历史文献补编——十七世纪中俄关系文件选译》，商务印书馆1989年版，第2页。

② 郝建恒等译：《历史文献补编——十七世纪中俄关系文件选译》，商务印书馆1989年版，第7页。

③ 郝建恒等译：《历史文献补编——十七世纪中俄关系文件选译》，商务印书馆1989年版，第24页。

④ 郝建恒等译：《历史文献补编——十七世纪中俄关系文件选译》，商务印书馆1989年版，第9页。

帕寨皆位于石勒河河畔。"① 据此记载，拉夫凯寨下沿是其二弟古尔季盖的住地乌卢斯，在古尔盖季下沿有奇帕酋长的住地乌卢斯，从拉夫凯驻地到奇帕驻地的距离为 2 日行程，当时是以船行为便，船顺流而下，一日行程约 40—50 千米，两日行程大约在 80—100 千米左右。

拉夫凯酋长住在乌拉河河口，乌拉河在何处？石勒喀河上源有二，左源为鄂嫩河，右源为音果达河，以鄂嫩河为主源，在俄国赤塔省"五一镇"附近以下称石勒喀河。其中游左岸支流有涅尔琴河（尼布楚河）和不详名字的二河流，它们依次由南向北分布，乌拉河应是距石勒喀河河口最近的那条支流，即在乌斯季—切尔娜雅镇注入石勒喀河的支流，② 由此河口到石勒喀河河口，长约 260 千米。拉夫德、舒尔加涅伊、古尔季盖和奇帕 4 酋长的城寨、乌卢斯，应当在此长 260 千米范围内求之。换言之，达斡尔人的居住地是在石勒喀河中下游，即俄国赤塔省东部。另外，在石勒喀河以东，还有一条与它大体平行走向的嘎吉穆尔河，为额尔古纳河左岸支流，与石勒喀河相距只有 40 千米左右，地形相同，可耕可猎，也应是石勒喀河流域达斡尔居住区的一部分。换言之，俄国赤塔省的东部地区，在公元 17 世纪中叶以前是达斡尔人的重要居住区。这一地区是俄国人所称"达呼里亚"的南部，又称"南达呼里亚"。中东铁路俄国境内有一个火车站，至今仍称达呼里亚（Даурия），也证明了这一点。

第二节　结雅河流域的达斡尔

结雅河在索伦语（鄂温克语、鄂伦春语）中称作"直河"或"吉河"，即黄水的意思。在满语、达斡尔语中作精奇里江，也是黄河之意。俄国人将"直河"音译为结雅河，"结雅"急读即为"直"之音。故俄国

---

① 郝建恒等译：《历史文献补编——十七世纪中俄关系文件选译》，商务印书馆 1989 年版，第 46 页。

② ［苏］АТПАССССР：《苏联地图》，莫斯科 1956 年版，第 58—59 页。

文献从公元17世纪至今，一直将精奇里江称作结雅河。结雅河发源于外兴安岭，俄国人称之为斯塔诺夫岭。其上源有西林穆丹河（俄国称谢列姆扎河）和布良塔河，布良塔河是17世纪俄国人进入黑龙江之重要孔道。结雅河沿岸为肥沃之冲积平原，达斡尔人、女真人多在此耕种为业，城寨、乌卢斯比石勒喀河沿岸要多一些，是达斡尔人居住最集中的地区。额驸巴尔达齐即居住于此。

1. 乌姆列坎河上的达斡尔人

1646年6月，俄国文献记载，结雅河上游有两条布良塔河，都是从右侧流入结雅河。在第二条布良塔河以后，又有乌尔河、乌姆列坎河从右侧流入结雅河。在布良塔河和乌尔河沿岸都没有城寨和乌卢斯，只有使鹿的通古斯人（鄂伦春）和饲养牲畜的通古斯人（鄂温克）。

"从乌尔河到乌姆列坎河走了三天，乌姆列坎河也是从右侧流入结雅河，该河两岸没有人烟，只有在乌姆列坎河河口，居住着种地的达斡尔人，达斡尔酋长多普特乌尔及其族众15人居住在这里，他们都是种地人。"[1]乌姆列坎河是一条在地图上未做标注的小河，该河沿岸无人烟，只是在河口处始有人烟，这是结雅河上最偏北的达斡尔村落，族众只有15人，说明它是一个比较小的氏族。

2. 别布拉氏族

1646年6月，瓦·波雅尔科夫在其阿尔丹河附近的冬营地，召集了达斡尔酋长多普特乌尔等人询问事情，博坎乡的达斡尔酋长别布拉"在回答询问时说：我们氏族有100人之多。"[2]他住在博坎乡，应是西林穆迪河上某处。

3. 多西舍洛冈氏族众

别布拉在回答询问时称："舍洛冈族众有300人，他们的头人是多西。多西在西林穆迪河河口筑有一寨，取名莫尔德基季奇。住在那里的有40名

---

① 郝建恒等译：《历史文献补编——十七世纪中俄关系文件选译》，商务印书馆1989年版，第8页。

② 郝建恒等译：《历史文献补编——十七世纪中俄关系文件选译》，商务印书馆1989年版，第10页。

图尔昌氏族人、30 名叶热贡氏族人。在西林穆迪河畔还住着 30 名种地的通古斯人—杜兰氏族人。"①

由此看来，多西酋长实力雄厚，他既是舍洛冈氏族酋长，又监管图尔昌氏族、叶热贡氏族人、别布拉氏族和通古斯—杜兰氏族，形成了很大的氏族群体。氏族发展不平衡，弱小的氏族有依附于强大氏族现象的发生，这是意味深长的，是进入原始社会末期的有力证明。

4. 戈古尔乡氏族

1646 年 6 月俄国文献称："从西林穆迪河到戈古尔库尔加河航行三昼夜，戈古尔库尔加河从左侧向下流入结雅河，在该河河口的结雅河畔为戈古尔人乡，在该乡有一达斡尔寨，寨中有两名酋长——奥穆特和洛姆博。他们寨中的乌卢斯人有 200 人，都是从事耕作、饲养牲畜的定居户，他们那里盛产粮食，以貂皮向汗纳贡。"② 当时尚没有地方乡村行政机构，所谓"乡"是指比较大的城寨乌卢斯而言。这个乌卢斯有 200 人，确实是一个强大的氏族。这个氏族有两名平行的酋长，或是便于氏族管理的需要而设，各有分工，各行其是；或是两个氏族联合的结果，与多西酋长一人监管若干氏族颇为相似。

5. 申基乡氏族

1646 年 6 月俄国文献又称："在戈古尔人对面，结雅河对岸为申基乡，该乡有 100 人，也是从事耕作的达斡尔人。"③ 申基乡与戈古尔乡一在河左（东）、一在河右（西），彼此相邻。戈古尔乡是以戈古尔河得名，申基乡也会以地理得名，其意难知其详。由于该乌卢斯人口比较多，故被俄国人称作申基乡。

6. 巴尔达齐堡寨乌卢斯

1646 年 6 月俄国文献又称："从戈古尔人那里到托摩诃，乘船航行一

---

① 郝建恒等译：《历史文献补编——十七世纪中俄关系文件选译》，商务印书馆 1989 年版，第 10 页。

② 郝建恒等译：《历史文献补编——十七世纪中俄关系文件选译》，商务印书馆 1989 年版，第 12 页。

③ 郝建恒等译：《历史文献补编——十七世纪中俄关系文件选译》，商务印书馆 1989 年版，第 13 页。

昼夜。托摩诃顺流而下，从左侧流入结雅河，沿河两岸居住着许多种地的达斡尔人和通古斯人。从托摩诃到达斡尔酋长巴尔达齐驻地，航行一昼夜。从戈古尔人那里到巴尔达齐驻地，沿结雅河两岸居住着从事耕作的达斡尔人，他们都是巴尔达齐乌卢斯人。巴尔达齐筑有堡寨，寨中同他住在一起的有 100 名乌卢斯的种地人。从巴尔达齐的堡寨到石勒喀河（按：指黑龙江）航行一昼夜。巴尔达齐的所有人众都是从事耕作的达斡尔人，巴尔达齐以貂皮向汗纳贡。"①

据《清太宗实录》记载，巴尔达齐原是塞布奇屯人。② 塞布奇又作色布齐，是以色布奇峰得名。敖拉·常兴巡边诗（舞春）称："金哈拉原籍精奇里江……沿那西勒木迪河而溯，气象万千如临仙境……巍巍矗立的色布齐峰上，传说曾有神仙清闲游玩。"③ 据此，敖拉·常兴（达斡尔人，1809—1885 年）认为金氏族原居色布齐山峰之下，西勒木迪河（西林穆迪河）之滨，这里是其始居之地。至巴尔达齐显贵以后，带领族人迁居结雅河畔筑城堡而居。其城堡故址，格·诺维科夫认为是阿穆尔州伊凡诺夫区之七湖城址，位于七湖村北 2 千米旧河床左岸，城内面积约一万平方米，外有土墙、壕沟，北墙设门，城内有半地穴房屋遗迹，还有 42 个大深坑。④ 此城当是巴尔达齐被招为额驸以后所建，崇德三年（1638）有额驸巴尔达齐"偕所尚公主归"⑤ 的记载，巴尔达齐修筑城堡与此有关，其建筑的时间当在崇德三年（1638）前后。城堡规模之大，非一般酋长的城寨可比，其修建需花费很长时间。崇德五年（1640）三月，巴尔达齐自称："惟我多科屯人，未曾附逆。"⑥ 说明他所属的多科屯人没有参加博穆博果尔的叛清活动。多科屯是从属于巴尔达齐的氏族村落，由于受其影响比较

① 郝建恒等译：《历史文献补编——十七世纪中俄关系文件选译》，商务印书馆 1989 年版，第 13 页。

② 《清太宗实录》卷 23，天聪九年六月壬午。

③ 《达斡尔族社会历史调查》修订本，民族出版社 2009 年版，第 39—40 页。

④ ［苏］诺维科夫—达斡尔斯基等：《阿穆尔州地志博物馆与方志学会论丛》，黑龙江人民出版社 1978 年版，第 79—81 页。

⑤ 《清太宗实录》卷 41，崇德三年五月丁卯。

⑥ 《清太宗实录》卷 51，崇德五年三月己丑。按：巴尔达齐又称："其小兀喇各处兵，皆往助博穆博果尔。"小兀喇指结雅河，结雅河上除多科屯以外，其他诸屯均帮助博穆博果尔抗清。

深的缘故，没有"附逆"。当巴尔达齐从色布齐南迁之际，可能会有许多族人随同迁移，也可能会有一部分族人留居故地。多科屯显然是随同他南迁的亲近族属。由于巴尔达齐具有额驸的显贵头衔，有些疏远的族人可能也心甘情愿地接受他的保护，故而俄文文献记载：沿结雅河两岸居住的达斡尔人，"他们都是巴尔达齐乌卢斯人"。换言之，在巴尔达齐属下，会有许多氏族人，其中可能会有异姓达斡尔人为其种地。

7. 郭博勒氏族

又作郭贝勒、果贝尔，是达斡尔的强宗大族。《布特哈达斡尔族勤勇公阿那保纪恩录》称："臣名阿那保，是达斡尔族郭贝勒氏人。始祖沙尔虎达，世居黑龙江郭贝勒阿彦地方，即精奇里江东岸，布丹河北郭贝勒屯，原写郭贝尔或果贝尔。"① 据此，郭博勒氏原居精奇里江东岸、布丹河北郭贝勒阿彦。"阿彦"在达斡尔语中指湖泊沼泽湿地而言，"郭贝勒阿彦"本是地名，后来变成氏族之名。

8. 奥尔佩尔氏族

1652 年 8 月，叶·哈巴罗夫给雅克茨克督军德·弗兰茨别科夫的报告称："我们从班布莱城到结雅河河口……那里从左面流入的这条大河叫结雅河。在该河河畔有一座城，城中住着达斡尔酋长奥尔佩尔和许多达斡尔人。"② 此城在结雅河下游河口附近，也是一个氏族居地。

9. 得都尔氏族

得都尔又作德都勒、德都尔，《盛京吉林黑龙江战迹标注图》将得都尔屯标注在精奇里江左岸支流倍屯河之南，倍屯河是与托摩河（托木河）平行走向的一条小河。这里是德都勒氏的原住地，黑龙江省旧有德都县（今改称五大连池市），其县名即源于此。该族人南迁以后，将新居住之地命名为德都勒，后省称德都，成为县名。

---

① 《达斡尔族社会历史调查》修订本，民族出版社 2009 年版，第 31 页。
② 郝建恒等译：《历史文献补编——十七世纪中俄关系文件选译》，商务印书馆 1989 年版，第 62 页。

第三节　黑龙江沿岸的达斡尔

1. 阿尔巴西氏族（雅克萨敖拉氏）

1852 年 8 月，叶·哈巴罗夫呈雅克茨克督军的报告中称："我们派几名异族人到各城游说达斡尔酋长达萨乌尔、班布莱、希尔基涅伊和阿尔巴西，我们在阿尔巴津城抓了几名达斡尔奴仆，我们打发一名汉子同他们一起去，命令这些奴仆说服达斡尔诸酋长归顺我们的君主。"① "哈巴罗夫采取的第一个行动，是攻打属于达斡尔酋长阿尔巴西的设防坚固的城池……此城根据达斡尔酋长阿尔巴西的名字，命名为阿尔巴津，此名一直沿用至今。"②

阿尔巴津城原名雅克萨城，据清朝人何秋涛的记载，该城为博穆博果尔属人所建，索额图称"雅克萨系达浯尔总管贝勒尔故墟。"③《敖拉·常兴巡边记》称："此城原是达斡尔部敖拉氏族人原籍，后来离散了，留在城里的称雅克萨族人，迁到山里的称敖拉氏族；住到河边的是多锦氏族。"④ 若此，阿尔巴西应为贝勒尔同族人。贝勒尔之名，见于《清圣祖实录》，在雅克萨战争中曾出色完成了侦查俄国人的雅克萨城防，生擒罗刹七人的任务。⑤ "雅克萨"出于满语，指"坍塌的河湾"而言。其故址为俄国阿穆尔州阿尔巴津诺镇，与额穆尔隔江相对。

2. 达萨乌尔氏族

1652 年 8 月，叶·哈巴罗夫的报告又称："驶离该阿尔巴津城，船行

---

① 郝建恒等译：《历史文献补编——十七世纪中俄关系文件选译》，商务印书馆 1989 年版，第 61 页。

② ［苏］诺维科夫—达斡尔斯基等：《阿穆尔州地志博物馆与方志学会论丛》，黑龙江人民出版社 1978 年版，第 141 页。

③ （清）何秋涛：《平定罗刹方略》。

④ 《四平师院学报》1983 年第 1 期；又见《敖拉昌兴诗文研究集》，内蒙古文化出版社 1992 年版，第 22 页。

⑤ 《清圣祖实录》卷 120，康熙二十四年四月戊戌。

二日，于第二天驶抵达萨乌尔酋长的城寨。"① 据俄国人的调查，达萨乌尔城寨故址为今俄国阿穆尔州别伊顿诺沃村所在地。②

3. 桂古达尔氏族

1652 年 8 月，叶·哈巴罗夫的报告又称："我们乘勒拿河的平底木船驶往桂古达尔城，日落时抵达该城城下。桂古达尔，另外两名与他同行的酋长、乌卢斯的博格达人以及所有男子都冲着我们跑到岸边，不让我们靠岸。"③ 桂古达尔城寨又称戈尔达尔寨或古古达尔寨，在别伊顿诺夫村以下沿黑龙江岸 50—60 千米处。

4. 班布莱氏族

1852 年 8 月，叶·哈巴罗夫的报告又称，他们离开桂古达尔城寨以后，"挑选了马匹，装上船带走，离开城以后，船行二日到达班布莱酋长的城寨。我们来到该城，进入班布莱酋长的乌卢斯，该城也空无一人，全都跑走了。"④ 班布莱城寨，现在俄国人称作"小库丘古尔城遗址"，在布拉戈维申斯克区马尔科沃村北 2000 米处，跟黑龙江岸只有 15 米，城寨内有两个平台，四周有护城壕。⑤ 城内平台与军事瞭望有关。

5. 科科列依氏族

1852 年 8 月，叶·哈巴罗夫在报告中又称："从班布莱城出发，沿河而下……船行一日，便碰上一座乌卢斯……从这里到结雅河口航行 2 天 1 夜，那里，在结雅河河口对面，在另一侧，往右走，是科科列依的乌卢斯"；又称过了图隆恰城寨以后，"在左面，在结雅河河口稍往下一点的地方，是科科列依酋长的乌卢斯，共有 24 座帐篷"；"由此往下，经过两座

① 郝建恒等译：《历史文献补编——十七世纪中俄关系文件选译》，商务印书馆 1989 年版，第 59 页。

② ［苏］诺维科夫—达斡尔斯基等：《阿穆尔州地志博物馆与方志学会论丛》，黑龙江人民出版社 1978 年版，第 57 页。

③ 郝建恒等译：《历史文献补编——十七世纪中俄关系文件选译》，商务印书馆 1989 年版，第 59 页。

④ 郝建恒等译：《历史文献补编——十七世纪中俄关系文件选译》，商务印书馆 1989 年版，第 59 页。

⑤ ［苏］诺维科夫—达斡尔斯基等：《阿穆尔州地志博物馆与方志学会论丛》，黑龙江人民出版社 1978 年版，第 57 页。

离此不远的乌卢斯，便到达城寨"①。哈巴罗夫之船是顺黑龙江而下，河口指结雅河口，"河口对面"是指黑龙江右岸；过了图隆恰城寨以后，又称"在右面"，说明科科列依的城寨乌卢斯，都在黑龙江右岸某地，是濒江而建，濒江而居。

6. 图隆恰氏族

1652 年 8 月，叶·哈巴罗夫在报告中又称，从初见的科科列依乌卢斯开始，"驶过三座挨着的乌卢斯，再往下是一座固若金汤的城寨，这座城是整个达斡尔地方共同修建的。该城寨里住着图隆恰酋长，他是博格达酋长巴尔达齐的女婿。另外还住着托尔加酋长和奥姆捷伊兄弟两人。"② 图隆恰酋长是这座城寨的主人，托尔加、奥姆捷伊是客人，他们另有城寨。由于图隆恰是额驸巴尔达齐的女婿，故而巴尔达齐利用其地位和影响，调动了其他氏族（如托尔加、奥姆捷伊兄弟二人的氏族）参与修建，号称"整个达斡尔共同修建的"。图隆恰城寨与科科列依城寨乌卢斯相邻，也是在黑龙江右岸。有人称康熙年间瑷珲城便在于此。

7. 托尔加和奥姆捷伊氏族

1652 年 8 月，叶·哈巴罗夫在报告中又称："在该结雅河河口往下一点的地方，是科科列伊酋长的乌卢斯，共有 24 座帐篷，但已空无一人……由此往下，经过两座离此不远的乌卢斯，便到达城寨……达斡尔酋长及其人众的财产都在城里……在该城下面一箭之遥的地方，有一座大乌卢斯。达斡尔酋长及其人众全都在该乌卢斯宴饮。"③ 这座城寨乌卢斯为托尔加、奥姆捷伊兄弟二人的居住之所，图隆恰及其兄弟是来此做客饮宴。

8. 额苏里氏族

在《盛京吉林黑龙江战迹标注图》中，见有额苏里屯，在黑龙江东岸

---

① 郝建恒等译：《历史文献补编——十七世纪中俄关系文件选译》，商务印书馆 1989 年版，第 62 页。

② 郝建恒等译：《历史文献补编——十七世纪中俄关系文件选译》，商务印书馆 1989 年版，第 62 页。

③ 郝建恒等译：《历史文献补编——十七世纪中俄关系文件选译》，商务印书馆 1989 年版，第 63 页。

（此段黑龙江自北向南流）。在清朝发动雅克萨战争以前，康熙皇帝提出在额苏里之地设立贮存粮秣场所，以备战时之需。其故址在俄国阿穆尔州布拉戈维申斯克区谢尔盖耶夫卡村。据俄国人实地调查，其遗址有土城墙和护城壕，居住址可见灰烬和木炭。该遗址距黑龙江岸边只有 10 余米，显然是为了便于装卸粮秣和船舶停泊。① 据达斡尔人士研究，鄂斯尔氏原居于此。

9. 乌鲁苏氏族

乌鲁苏氏族又作乌鲁苏穆丹，"穆丹"为河湾之意。《盛京吉林黑龙江战迹标注图》将乌鲁苏屯标注在黑龙江河湾内。据俄国人调查，其故址在阿穆尔州库马尔斯克区科尔萨克沃村萨莫顿半岛北部，见有城墙、护城壕，面积 1225 平方米。城内、城外均有大深坑若干。俄国人称之为萨莫顿古城。② 达斡尔人士认为，吴鲁苏穆丹城为孟尔丁氏族原住地。

10. 铎陈城的达斡尔

铎陈城见于《清太宗实录》崇德五年（1640）三月己丑记事，称征讨博穆博果尔之时，"有铎陈、阿萨津、雅克萨、多金四木城人，拒敌不降"③。《盛京吉林黑龙江战迹标注图》将铎陈标注在黑龙江东岸（这段黑龙江北南流），其城南有鄂诺河自东北向西南流，注入黑龙江。有人将鄂诺河译为鄂嫩河，称之为小鄂嫩河，是不准确的，应予以纠正。达斡尔人士认为，铎陈城与达斡尔有关。

11. 多金城达斡尔

多金城又作多锦城。《盛京吉林黑龙江战迹注图》将多铎城标注在黑龙江右岸平库河口之东，即今呼玛县盘古河口之东。《达斡尔敖拉氏家谱总序》称："原多金地方人敖拉氏，为东国德笃勒屯主，称号曰安古拉，率其九子清朝崇德年间归附于盛京。"④ 当时清都盛京（今沈阳），归附盛

---

① ［苏］诺维科夫—达斡尔斯基等：《阿穆尔州地志博物馆与方志学会论丛》，黑龙江人民出版社 1978 年版，第 12 页。

② ［苏］诺维科夫—达斡尔斯基等：《阿穆尔州地志博物馆与方志学会论丛》，黑龙江人民出版社 1978 年版，第 11 页。

③ 《清太宗实录》卷 51，崇德五年三月己丑。

④ 此家谱为满文，存于黑龙江省博物馆。

京即归附清朝。"德笃勒"即德都勒、得都尔，在结雅河左岸支倍屯河（见得都尔氏族）。与多金地方相差甚远，疑此序言记载有误，非此则敖拉氏或许由倍屯河迁至多金地方。尚需深入研究。

12. 阿萨津达斡尔

阿萨津又作阿撒津，同音异字。《盛京吉林黑龙江战迹标注图》标注于黑龙江左岸，与右岸的乌库尔城隔江相对。有人认为，达斡尔鄂嫩氏居住于此，有一莫昆以阿协津为号，阿协津即阿萨津。[①] 这种说法是把鄂诺河误译为鄂嫩河（小鄂嫩河）所致。

13. 兀库尔达斡尔

兀库尔又作乌库尔，乌库尔城见于《盛京吉林黑龙江战迹标注图》，标注于黑龙江右岸乌库尔河东，即今呼玛县绥安站附近，或认为达斡尔人居此建城。

第四节　达斡尔居住地特点

具有明确居住地的达斡尔人，按居住地域为：

外贝加尔 5 处；

精奇里江（结雅河）流域 9 处；

黑龙江中游沿岸 13 处。

三者合计为 27 处。除此以外，还有若干具体地址不明的达斡尔居住地。《清太宗实录》天崇九年六月壬午记载有阿里岱屯、克殷屯、榆尔根屯、海轮屯、固浓屯、昆都轮屯、吴蓝屯；顺治六年内国史院满文档案中，记载有齐查嘎尔村、乌拉尔济村、延陈村。[②] 这些村屯以达斡尔人居多，或许还有外族人。如果将这些居住地点难以确定的村屯统计在内，则

① 卜林：《达斡尔族的"哈勒"和"莫昆"》，《达斡尔资料集》第 2 集，民族出版社 1998 年版，第 677 页。

② 中国第一历史档案馆编：《清初内国史院满文档案译编》，光明日报出版社 1989 年版，第 44—45 页。

有 37 处之多。未见于记载者，可能还会有一些已无法统计说明。

就上述居住地明确的达斡尔人而言，其居住地西起外贝加尔维季姆河、石勒喀河，中经黑龙江中游北、南两岸，东到源于外兴安岭的精奇里江（结雅河）流域，都有达斡尔人的分布。其中精奇里江流域达斡尔人最为稠密，也是达斡尔人经济文化发展水平最高的地方。额驸巴尔达齐在这里出现，不是偶然的。人杰地灵，此之谓也。

达斡尔人的居住地，是以氏族为单位。所谓酋长就是氏族长，村长、屯长都是氏族长。这些氏族约有 30 个左右，通常一个氏族即为一姓。然而南迁以后的达斡尔姓氏，最多只有 20 个左右。这种现象说明，达斡尔在发展过程中，有些弱小的氏族可能消亡了，有些氏族可能合并了。在人类发展历史上，这是很正常的想象。姓氏的减少和族众的增多壮大并不完全一致，达斡尔姓氏减少了，人口却增多了，即证明了这一点。

第六章　达斡尔的邻族

在公元 16—17 世纪，从贝加尔湖到黑龙江上中游，即俄国人所称的"达呼里亚"地区，除了达斡尔以外，见于文献记载还有许多别种民族。其中比较重要的有：布里亚特（俄国文献作布拉特）、鄂伦春（俄国文献称不纳税的通古斯）、鄂温克（俄国文献称通古斯、雅库特）、女真（俄国文献称久切尔）和蒙古等许多民族。这些民族除蒙古以外，其社会发展水平相差无几，大体上都处于原始社会末期，出现了贫富差别，形成了若干大小不同的氏族或氏族集团。

这些民族彼此毗邻，交错而居。由于其生活方式有一定的差别，有的民族以狩猎为生，有的民族以畜牧为生，有的民族以耕种为生，各民族之间互通有无，以物易物，是不可避免的。除了物质交换以外，彼此在生活习俗上也有一定的交流。这种现象对达斡尔产生了一定的影响。因此，达斡尔与相邻民族的关系，成为研究达斡尔早期历史不可或缺的重要内容。在汉文史料、满文档案中，有关这方面的记载非常稀少，故而有关早期民族关系的研究，只限于诸族与清朝的研究，不胜其烦；而有关黑龙江以北各族间相互关系的研究，却很不充分，或明或暗，甚至出现了误断。有鉴于此，必须对达斡尔与其邻族的关系进行比较全面系统的研究。达斡尔与邻族的关系，不仅影响了当时的达斡尔社会，而且对后来达斡尔社会的发展，也产生了深远的影响。

第一节　布里亚特族

布里亚特的全称是布里亚特蒙古族，简称为布里亚特族，主要居住在今俄国外贝加尔地区。"十月革命"以后，建立了布里亚特蒙古族自治共和国，首府为乌兰乌德。其境域主要在贝加尔湖以东，少部分在贝加尔湖以南和以北。在我国内蒙古呼伦贝尔市，也居住少量的布里亚特族，以鄂温克族自治旗居多。布里亚特有自己的语言，不过与蒙古国的蒙古语有些不同，具有早期蒙古语的特点，对达斡尔语有一定的影响。

一、布里亚特的由来

布里亚特原来本是古代蒙古的一部分，也是蒙古室韦的后人。最初是以森林狩猎为生，被称作"林木中百姓"。据史书记载，成吉思汗的祖先原是在额尔古涅·昆大森林中居住，后来走出了森林西迁，来到了斡难河（鄂嫩河）源的不儿罕山（肯特山）前住下，开始游牧生活。刺施德《史集》①《蒙古秘史》②，对此事都有所记载。此事发生在公元 9 世纪。当时在额尔古纳河流域大森林中的蒙古部落很多，故有三十姓达怛之称，各部落居住地相当分散，虽然有大部分部落走出了森林，西迁到蒙古草原，即今蒙古国境内；不过还有不少蒙古部落仍然留居在原地生活，这部分蒙古部落被称作"森林中蒙古"。布里亚特蒙古就是"森林中蒙古"的后人。

1207 年，成吉思汗派拙赤去征伐"林木中百姓"，征伐的对象包括有斡亦剌惕部、不里牙惕部、巴儿浑部、兀儿速惕部、合卜合纳思部、康合思部、秃巴思部，他们都属于"森林中蒙古"，此外还有不剌合臣、克列

---

① 《史集》第一卷第一分册，商务印书馆 1983 年版，第 250—255 页。
② ［蒙古］策·达木丁苏荣编：《蒙古秘史》，谢再善译，中华书局 1956 年版，第 233—234 页。

木臣等等部落。"森林中蒙古"居住在贝加尔湖沿岸森林地区，从事狩猎为生，他们虽然向拙赤投降、贡献白马黑貂，纳入蒙古管辖范围，然而并没有走出森林，仍然居住于大森林中。这种局面从 12—13 世纪到 16—17世纪，一直没有什么太大的改变，只是社会生活有了一定的进步，有些部落由狩猎转变为畜牧和耕种。

二、布里亚特的分布

17 世纪布里亚特人的居住地，和现代布里亚特蒙古自治共和国的地域是大体一致的。在贝加尔湖东南，即乌达河、谢列嘎河流域，是布里亚特人的重要居住区，形成了乌切尔氏族集团、奥伊兰克氏族集团。布里亚特蒙古的首府乌兰乌德，便位于乌达河上，说明至今乌达河沿岸仍是布里亚特人的中心地区。

贝加尔湖南端，色愣格河下游和鄂嫩河、石勒喀河流域，布里亚特人比较集中，被称作"大布拉特人"。这个地方接近蒙古草原，适于放牧，受蒙古人影响比较深，以游牧为生。在贝加尔湖北端安加拉河流域，勒拿河上游维季姆河，贝加尔湖中奥尔杭岛，都居住有布里亚特人，他们是以畜牧为主，兼耕种、狩猎，种植黍和荞麦等生长期短的农作物。

俄国文献记载，1641 年 9 月，彼·戈洛文给沙皇的报告也提到了布拉特人。"在维季姆河上游连水陆路后面的石勒喀河河畔，居住着布拉特人，……他们那里盛产各种谷物。通古斯人一般在拉马河畔的布拉特人处度过秋天，他们在那里将貂皮卖给布拉特人。"[①]

彼·戈洛文称石勒喀河有布拉特人，布拉特人即布里亚特人。石勒喀河是达斡尔酋长拉夫凯、奇帕、伊尔杰加等人的居住地，在俄文文献中有多处记载（详见本编第一章达斡尔的分布）。布里亚特人与达斡尔人共同居住在石勒喀河上，他们之间的接触交往是不可避免的。

----

① 郝建恒等译：《历史文献补编——十七世纪中俄关系文件选译》，商务印书馆 1989 年版，第 4 页。

三、布里亚特语对达斡尔的影响

有人著文称，在现代达斡尔语中，发现有《蒙古秘史》词汇，而这些词汇在蒙古语中早已消失。涉及到的词汇有名词、副词、人名、地名；还有词音改变引起的词汇，在名词、副词中有所保留，认为这种现象"证明了达斡尔语在 13 世纪时，就是活着的语言"。① 这种语言现象很重要，需要进行仔细分析，不能遽下结论。

邻族在语言上的相互影响是常见的现象，直到今日仍常见外语借词即证明了这一点。这种现象产生的原因，必须进行历史的分析，不能轻易下结论。如果现代达斡尔语中确有《蒙古秘史》词汇的话，应当找出这些词汇是在什么时代被达斡尔语所吸收的，所采纳吸收的社会历史背景如何。仔细审视达斡尔与蒙古交往的历史，发现《蒙古秘史》的蒙古语，即 12—13 世纪的蒙古语，是通过布里亚特蒙古语流传到达斡尔人中，成为达斡尔语中的一部分。

早在 20 世纪 50 年代初，苏联学者就指出："布里亚特人祖先的语言，具有了 13 至 14 世纪蒙古北部诸部落的语言所固有的特征……这一点表现在语言的发展上。当喀尔喀语（蒙古人民共和国蒙古人的语言）已与 13 至 14 世纪统一的蒙古语有很大差别时，在布里亚特语的各种方言的基本词汇中，却仍然保存了 13 至 14 世纪蒙古语文献所特有的，而现在在其他蒙古语中已看不到的许多词。"② 《蒙古秘史》成书时代，有 1228、1240、1252、1264 等不同的说法，都在公元 13 世纪。《蒙古秘史》保留有 13 世纪蒙古语词汇，是很自然的。在布里亚特语中，保留 13 世纪的蒙古语，是有深刻原因的。

蒙古学者道布，对蒙古语的发展演变曾有过研究。他指出，蒙古西迁

---

① 阿尔达扎布：《在达斡尔语中使用着而在现代蒙古语中已消失了的〈蒙古秘史〉词汇》，《达斡尔族研究》，内蒙古大学出版社 2000 年版，第 162—181 页。

② ［苏］符·库德里亚夫采夫等：《布里亚特蒙古史》，中国社会科学院民族研究所 1978 年印本，第 50 页。

到蒙古草原（今蒙古国）以后，其语言发生了很大变化。蒙古草原是突厥、回鹘的居住地，所使用的是突厥语。蒙古人迁到这里以后，其语言经历了突厥化的演变。1204 年，成吉思汗西征乃蛮，用回鹘字母书写蒙古语，称作回鹘式蒙古文，具有回鹘文规则，此事对蒙古语言会产生一定的影响。①

另一位蒙古学者亦邻真（林沉）指出，蒙古西迁以前的语言，为"原蒙古语"，即室韦·达怛语。蒙古西迁以后，其语言中增加了突厥语词汇，与"原蒙古语"有了很大的变化。现代蒙古语是由突厥化了的蒙古语发展演变而来，其中还有西藏语成分。在接受藏传佛教以后，藏语也进入蒙古语中。②

布里亚特蒙古语属于"原蒙古语"，亦即古蒙古语，没有受到突厥化的影响，与已经突厥化了的蒙古语是不同的。布里亚特语中有些词汇与《蒙古秘史》相同，其原因即在于此。达斡尔曾在石勒喀河、维季姆河一带居住了很长时间，他们与当地的布里亚特蒙古有过长期接触，在相互交往中接受了布里亚特蒙古语，而布里亚特蒙古语恰是"原蒙古语"，其中许多词汇与《蒙古秘史》相同。故而在现代达斡尔语中，发现了《蒙古秘史》的词汇，是不足为怪的，它不能证明今日的达斡尔语在 13 世纪时是"活着的语言"，因为当时达斡尔尚未出现。

第二节　鄂温克族

一、关于族名

明末清初，鄂温克被称作索伦。清天聪八年（明崇祯七年，1634 年）五月，有"索伦部长京古齐、巴尔达齐"等率 35 人来朝。索伦之名见于记载，以此为早。

---

① 道布：《回鹘式蒙古文研究》，《蒙古语言文学》1981 年第 2 期。
② 亦邻真：《中国北方民族与蒙古族源》，《中国蒙古史学会成立大会纪念集刊》，1979 年呼和浩特内部版，第 71 页。

索伦为何义？后人有诸多不同解释。清代学者西清称："世居于黑龙江人，不问部族概称索伦，黑龙江人居之不疑，亦雅喜以索伦自号。说者谓索伦骁勇闻天下，假其名足以自壮，此论得之。"① "概称"即泛称，后人皆称索伦不是一族之专称，其实包括有达斡尔、鄂温克、鄂伦春等等许多族群在内。索伦之义应为骁勇、勇敢之士。后世学者据此又进行了发挥和引申，称索伦又为圆木柱子、先锋、射手，与原义稍有不合，实出于推断之言，未得其实。索伦之名出自满语，是清朝廷对黑龙江北诸族的一种赞誉，他们多以狩猎为生，勇往直前，故而称赞他们是骁勇之士，这是很自然的事情。崇德五年（1640）将鄂伦春识别出来，顺治五年（1648）将达斡尔识别出来。最后索伦变成了鄂温克的专称。故而清朝末年和民国年间曾有索伦旗的建置，索伦旗之名一直保留到中华人民共和国建立以后，直到1957年才将索伦旗改为鄂温克族自治旗。

俄国学者对索伦之义别有解释。居住在松花江黑龙江下游的赫哲人，有时自称为"下江人""下游人"，于是提出居住在黑龙江上中游的索伦之意为"居住在河上游的人"。② 这种说法完全出于推断，没有文献可据，是不可能成立的。黑龙江上游还有布拉特（布里亚特）、蒙古、女真，何以断定黑龙江上游之人必定是索伦？

有的学者认为："'索伦'这一名称，是由较为先进的达斡尔人对一部分鄂温克人的称呼——'洪苦鲁索伦'而来，意思是'山林中生活的人们'。"③ 实际上"洪苦鲁索伦"出自鄂温克语，不是达斡尔语，意思是：在有流沙疏树山坡上生活的鄂温克人。④ 可能作者行文有笔误所致，因为索伦与鄂温克具有不同的含意。

鄂温克是该族的自称。最初人们将"鄂温克"视为林中人、树中人。鄂温克人将西伯利亚的大森林，包括兴安岭、列拿河（勒拿河）、阿玛扎

---

① 西清：《黑龙江外记》卷3，黑龙江人民出版社1984年版，第28页。

② ［俄］波列伏依：《久切尔问题》，《民族史译文集》第1辑，吉林省社会科学院苏联研究室1983年内部版，第110页。

③ 吕光天：《论黑龙江流域上中游各族与明清两朝的历史关系》，《社会科学战线》1981年第2期。

④ 《鄂温克族简史》修订本，民族出版社2009年版，第4页。

尔等地区的大山林，都叫"俄奇登"（大山林），居住在大山林中的人们，都叫"鄂文基"，"鄂文基"就是林中人、树中人。[①] 不过现代的鄂温克学者，对其族名又有了新的解释，认为鄂温克之意是"从高山密林走下来的人"或"从山林走向平原的人"。[②] 这种新的解释，与鄂温克人后来生活方式的改变有关，恐非原意。在鄂温克人内部，还有不同的称谓。如将生活在流沙疏林山坡上的族人称作"洪苦鲁"，将在某地居住时间很长的族众称作"特克"（这是针对流动性的居民而言）。"洪苦鲁""特克"是族内称呼，不能视作族名。族名具有唯一性，只能称作鄂温克。

在俄国境内也有鄂温克人，称作雅库特，是以雅克茨克河得名。

雅库特一名是俄国学者史禄国（S. M. 希罗科罗夫）在《北通古斯的社会组织》一书中提出的，不过有的学者提出质疑："把这一名加给鄂温克实属误解。俄国境内之雅库特人，操突厥语族语言，与鄂温克语言、族属迥异。"[③]

外国学者又把鄂温克称作通古斯。通古斯一名最初仅指鄂温克人而言，后来被引入语言学，泛指操用通古斯语的许多语言，包括满语在内，故又称通古斯—满语族。"通古斯"一词，据说来自俄国西伯利亚的通古斯克河。有一部分鄂温克人曾居住于此，故被称作通古斯人。

二、鄂温克的起源

关于鄂温克的起源，有多种不同说法。有人根据安加拉河、勒拿河的考古发现，提出鄂温克的祖先起源于贝加尔湖流域。对这种说法，列宾早有驳斥："贝加尔湖地方的古墓中发掘出来的人类，同现代通古斯族之间在人类学类型上，不存在一致性"；"贝加尔湖地方格拉斯克沃期遗迹的发掘搞清楚

---

① 全国人大民委：《使用驯鹿的鄂温克人的社会情况调查报告》。
② 朝克：《中国鄂温克族》，宁夏人民出版社 2013 年版，第 61 页。
③ 陈永龄主编：《民族词典》，上海辞书出版社 1987 年版，第 1957 页；高路加：《中国北方民族史》，内蒙古文化出版社 1994 年版，第 158 页。

了的衣服样式，不只是通古斯的特征，在其他民族集团中也能见到。"[①] 因此，鄂温克起源于贝加尔湖之说，在人类学、考古学上缺乏可靠的直接证据，是不能成立的。

还有一种说法，提出鄂温克起源于北室韦、钵室韦，其依据是：北室韦、钵室韦的居住地与后来的鄂温克相同，室韦人以狩猎为生，食肉衣皮，住桦皮屋，"骑木而行"（指滑雪板），捕貂为业，也与鄂温克相同。[②] 实际上在外贝加尔和黑龙江上游地区，许多民族的生活方式都是如此，鄂伦春的生活方式与鄂温克相同，只据此将鄂温克说成是室韦的后人，显然是不科学的、不准确的，也是不能成立的。

实际上鄂温克、鄂伦春都是靺鞨之后，属于北通古斯语族之列。室韦的语言和奚、契丹的语言相同，属于蒙古语族，蒙古起源于蒙兀室韦即证明了这一点。西清说："索伦语多类满洲，达斡尔语多类蒙古。"[③] 西清属于满洲贵族，熟悉满语。他于嘉庆年间到齐齐哈尔教书，接触到了达斡尔和索伦许多人士。这时的索伦仅指鄂温克而言，他说索伦（鄂温克）语多类满洲是可信的。证明鄂温克语属于北通古斯语，与室韦语无关。

法国学者克拉普罗特认为某些通古斯部落源于如者室韦，如者又作"俞折""俞械"，见新旧《唐书》《通典》和《贾耽〈道里记〉》。如者室韦即辽代的羽厥部，其居住地在契丹之北，又称羽厥律、于厥、乌古，有人认为乌古即乌素古，其居住地在俱轮泊（呼伦湖）西南，属于东胡系统、蒙古语族。因此，将通古斯部落说成源于室韦是不妥的。

黑龙江流域是北通古斯语族即肃慎、挹娄、勿吉、靺鞨、女真的原住地，在这个流域的各族（鄂温克、鄂伦春、赫哲）都是肃慎的后人。由于这里多山林、纬度高、气候寒冷，生长期短，土著居民多以狩猎为生，很少有耕种，在此基础上出现穴居或兽皮搭屋、以驯鹿驮物、乘雪橇而行、以兽皮为衣的相同生活方式。由于属于同一语族，语言彼此相同，鄂温克

---

① 孙进己：《东北民族源流》，黑龙江人民出版社 1987 年版，第 229 页。
② 吕光天：《谈鄂温克族的来源》，《民族团结》1962 年 5、6 期合刊。
③ 西清：《黑龙江外记》卷 6，黑龙江人民出版社 1984 年版，第 60 页。

与鄂伦春语言沟通几乎无障碍。唐代靺鞨强大起来，建立了渤海国，后来又建立了金朝。与此同时，他们又向四处扩张，其势力到达了外贝加尔地区。在石勒喀河沿岸乌斯季—切尔纳、卢任卡和维持奇克山发掘的古城房地中，发现了形制接近于靺鞨的陶片、铁刀、冶铁炉渣和猪、马的骨骼以及磨光的距骨（俗称嘎拉哈）。A·奥克拉德尼科夫据此做出结论说："在公元第一千纪，阿穆尔的某个从事农业和畜牧业的靺鞨部落，沿石勒喀河迁徙到上游。在这里，他们以氏族群落密集地生活在一起，以便随时准备防御任何危险。"[①] 公元第一千纪，正是中原五代时期，各个割据政权都忙于厮杀征战，无暇顾及北方各民族，靺鞨乘此机会扩大势力，其一部分人西迁到达了外贝加尔。因此，外贝加尔的考古发现，不能证明鄂温克发源于此，只能证明靺鞨人从黑龙江迁移到外贝加尔，并在这里长期居住下来。其后人便是鄂温克和鄂伦春。

陈述先生明确指出："鄂温克和靺鞨的语义完全相同：即住在森林中的人们。因此可以看出鄂温克人是源于靺鞨的。"[②] 干志耿、孙秀仁也说："鄂温克应以靺鞨为基础，吸收了北部室韦和鞠部落成分，而北部室韦与靺鞨又均属通古斯族系统。"[③]（按北部室韦不属通古斯族系统）

三、鄂温克的分布

明末清初，在俄国文献中鄂温克被称作雅库特或通古斯。1641年9月以前，彼·戈洛文奏疏称，俄国军役人员马克西姆卡过了维季姆河在穆亚河河口向70多名通古斯人征收貂皮，又记载石勒喀河支流吉尔河沿岸住有雅库特人和通古斯人，"他们通古斯人的住地在安加拉河河畔"，"在安加拉河沿岸居住通古斯人：金季吉尔和其他通古斯氏族"；"通古斯人有时也来恰西河和奇丘伊河猎捕野兽"；在舍列金斯克乡抓到了两三名通古斯贵

① ［苏］伊·阿谢耶夫等人著：《中世纪时代外贝加尔的游牧民族》，《东北亚考古资料译文集》俄罗斯专号，北方文物杂志社1996年版，第86—87页。
② 陈玉书：《略论鄂温克族的来源问题》，《民族团结》1962年5、6期合刊。
③ 干志耿、孙秀仁：《黑龙江古代民族史纲》，黑龙江人民出版社1987年版，第467页。

人，俄国人见到通古斯人在头上佩戴银环首饰。[①] 安加拉河为叶尼塞河上游，在贝加尔湖西北。前人称勒拿河支流温多河是使鹿部鄂温克的北境，是不准确的，其实叶尼塞河上游也是鄂温克的居住地区。勒拿河和叶尼塞河上游的鄂温克祖先靺鞨人很早就到达这里定居下来，雅库特的称号就是鄂温克的先人留下来的，属于突厥语，应与回纥的东散有关。840年，黠戛斯攻灭回纥以后，回纥人逃散，有一部分逃到室韦七姓（室韦七部），藏身于山林之中。回纥是游牧民族，长于射猎，唐太宗贞观年间曾向唐朝岁贡貂皮。[②] 回纥使用突厥语，突厥语的雅库特河就是由此而来。鄂温克的别称"雅库特"，是由于居住在雅库河畔而得名。叶尼塞河和勒拿河上游的鄂温克，被布里亚特蒙古称作"喀木尼堪"，被清朝称作"使鹿部""索伦别部"，有氏族十余个，见于记载的氏族酋长有叶雷、舍尔特库、巴古奈、土古奈等人。[③]

在结雅河沿岸也有鄂温克人。俄国文献记载，"乌尔河也是从右侧流入结雅河，该河两岸居住饲养牲畜的通古斯人—巴尔吉尔人。"又称："在西林穆迪河畔还住着30名种地的通古斯人—杜兰氏族。"[④] 这种饲养牲畜、种地的通古斯人，就是鄂温克人。乌尔河、西林穆迪河都是结雅河上游支流，发源于外兴安岭，有大森林，适于狩猎活动。这里的鄂温克人初以狩猎为生，后来学会了饲养牲畜和耕种土地，他们是鄂温克人比较先进的氏族。

在外贝加尔石勒喀河沿岸，也居住有鄂温克人，称作"纳米雅儿"或"旧纳米雅儿"，简称"纳妹他"。这部分人初以狩猎为生，后来转向饲养牲畜，以马为多，可能是受蒙古影响所致，被清朝称作"使马部"，以便于同"使鹿部"相区别。使马部有个著名的氏族酋长根特木耳，反侧于清朝和俄国之间。其遗族现在一部分在俄国境内，一部分在内蒙古陈巴尔虎

---

① 郝建恒等译：《历史文献补编——十七世纪中俄关系文件选译》，商务印书馆1989年版，第1、2—3页。

② 《新唐书》卷217上《回纥上》，中华书局校点本，第6113页。

③ 《清太宗实录》卷35，崇德二年五月癸未。

④ 郝建恒等译：《历史文献补编——十七世纪中俄关系文件选译》，商务印书馆1989年版，第10页。

旗和额尔古纳市（旧称额尔古纳右旗）。

在黑龙江上中游沿岸，鄂温克比较多，以农耕为主，兼营家畜饲养和狩猎。这部分人被清朝称作索伦本部，其著名的酋长博穆博果尔因贡貂有功屡受赏赐，与额驸巴尔达齐同为黑龙江北著名的少数民族人物，后来因故叛清，为清朝廷所诛杀。

四、鄂温克与达斡尔之关系

鄂温克与达斡尔居住地相邻，彼此接触来往颇多。鄂温克常常用貂皮换取达斡尔的粮食和其他物品。鄂温克人的耕种受到邻族影响，达斡尔长于耕种，对鄂温克从狩猎转向农耕会产生一定的启示。鄂温克有些姓氏与达斡尔相同，例如杜兰氏就是达斡尔的著名姓氏，这种共同的姓氏反映出二族间有共同的经济文化生活，与二族间频繁的世代通婚有关。彼此都认为是一家人，自然会采用相同的姓氏。

在政治方面，鄂温克、达斡尔二族之间的关系尤为明显。崇德年间清朝与鄂温克、达斡尔之间发生的索伦战争，是由于清朝讨伐博穆博果尔所引起的。然而达斡尔的各氏族却自发地站在博穆博果尔一边，共同抗击清军，他们认为，对鄂温克博穆博果尔的讨伐就是对达斡尔的讨伐，于是本能的与鄂温克共同抗战，只有巴尔达齐限于清朝皇室额驸的身份作壁上观。这种民族利益至上的观念，是导致鄂温克、达斡尔二族在政治上团结一致的主要原因。现代达斡尔学者多持褒博抑巴的态度，反映出部分达斡尔人对此事件的认识恐有偏颇，其实博穆博果尔不是达斡尔人，这种认识是值得深思的。用唇亡齿寒、生死与共来形容当时鄂温克与达斡尔二族之间的亲密关系，恐不为过。

第三节　鄂伦春族

一、关于族名

鄂伦春是本族的自称。在明末清初，鄂伦春族名一度混在索伦之中。

后来随着接触的增多，清朝发现鄂伦春是一个独立的民族。最初称作"鄂尔吞"，见于清太宗崇德五年（1640）。康熙二十二年（1683）记作"俄罗春"，康熙二十九年（1690）才记作"鄂伦春"。①"鄂尔吞""鄂罗春""鄂伦春"属于同音异字，含意相同，自"鄂伦春"的说法出现以后，"鄂伦春"成为该族的固定专称，一直沿用到现在没有改变。

至于鄂伦春族名的含意，却有两种不同的解释。第一种解释为，"鄂伦"指的是驯鹿，驯鹿是可以驯化的野鹿，学名叫驼鹿，又称堪达罕，民间俗称"四不像"，是北方苔原地带常见的鹿科动物。容易驯化，驯化以后可以用之驮物，亦可用于坐骑。"鄂伦春无马，多鹿，乘载与马无异，庐帐所在皆有之。用罢任去，招之即来"；②"四不像，亦鹿类，俄伦春役之如牛马，有事哨之即来，舐以盐则去，部人赖之"；"堪达汉，鹿类，背上、项下，仿佛骆驼"③。鄂伦春之尾字"春"，又可以写作"千""浅""沁"，在鄂伦春语中指"人"或"人群"，"鄂伦春"意指驯鹿人或养鹿人。

另有一种解释，谓鄂伦春语称山岭为"鄂尔"，"春"为人，鄂伦春是指在山岭上生活的人。④近年又有人提出，鄂伦春语称山岭为"奥要"，在满—通古斯语中，"鄂伦春"意为"住在山岭上的人们"。⑤狩猎活动离不开山林，是以森林为家园，故以前外族称鄂伦春为"栖林人"，讹作"麒麟人"。将鄂伦春释作在山岭上生活的人，也是合乎事实和情理的。对鄂伦春族名含意的两种不同解释并不矛盾，可以相互补充，相辅相成。不妨将上述两种不同的解释融合为一体，将鄂伦春释为"居住在山岭上的驯鹿人"，可能更为圆满贴切，不必各执一词，各争短长。

有一部分鄂温克人也是居住在山林中以狩猎为生，出行时用驯鹿驮物和坐骑。他们的生活方式与鄂伦春人完全相同。因此，这部分鄂温克人也称为鄂伦春人。还有一种现象，鄂伦春人与鄂温克人相遇时，彼此都自称

---

① 《清太宗实录》卷 51，崇德五年三月己丑；《清圣祖实录》卷 112，康熙二十二年九月丁巳；《清圣祖实录》卷 149，康熙二十九年十月壬戌。

② （清）方式济：《龙沙纪略》，《齐齐哈尔史籍》，黑龙江人民出版 2005 年版，第 18 页。

③ 西清：《黑龙江外记》卷 8，黑龙江人民出版 1984 年版，第 91、90 页。

④ 陈玉书：《关于鄂伦春的来源》，《文史哲》1962 年第 4 期。

⑤ 关小云、王再祥编著：《中国鄂伦春族》，宁夏人民出版社 2012 年版，第 4 页。

为鄂温克人。这种现象来自 1957 年 11 月的调查资料，如果调查材料属实的话，则反映出鄂伦春与鄂温克以前是同一个民族，后来虽然分成为二族，然而却是你中有我，我中有你，彼此相互认同，没有你我之分。后来采取自愿为原则，无论是加入鄂伦春族、或加入鄂温克族，国家都给以承认，只是以后不能再改变了。这种类似的现象，在我国西南少数民族地区也存在。例如云南契丹后裔"本人"的族称就此较混乱，当地不少土著居民自称为"本人"，而真正的"本人"大部分自报为布朗、瓦、德昂、彝、基诺等民族。① 反映出契丹后裔与当地少数民族在历史上曾存在极为密切的关系。

二、鄂伦春的起源

鄂伦春与鄂温克同源，都来源于北通古斯语系，为肃慎、挹娄、勿吉、靺鞨的后人，是黑水靺鞨之后。唐代黑水靺鞨强大以后，有数十部之多，向四处扩散迁移，有的部落到达了外贝加尔地区。《旧唐书》称靺鞨"东至于海，西接突厥"②。唐代突厥势力强大，向东扩大到外贝加尔地区，例如骨利干部就居住在贝加尔湖沿岸，突厥文《厥特勤碑》中有"三姓骨利干人"的记载。③ 靺鞨势力与突厥势力在外贝加尔相接触是不可避免的。考古资料表明："东外贝加尔、阿穆尔河上游和蒙古东北部，可能是亲靺鞨文化形成的地区。"④ 也证明了靺鞨的势力到达了外贝加尔地区。

唐代到达外贝加尔地区的黑水靺鞨，应是鄂伦春、鄂温克的共同祖先。他们到达外贝加尔以后，发现这里苔原驼鹿数量丰富，便于猎取和饲养，于是很快在此停下了脚步，长期居住下来。唐代外贝加尔地区有驼鹿，在文献中是有记载的。《新唐书》称骨利干"产良马，首似橐它，筋骨壮大，日中驰数百里"；又称鞠部"有木无草、地多苔，无羊马，人橇

---

① 郝露萍等：《云南"本人"的红细胞血型分布及其与契丹人血缘关系的探讨》，《人类学学报》14 卷 3 册，1995 年 8 月。
② 《旧唐书》卷 199 下《北狄传》，中华书局校点本第 5358 页；又见《新唐书》卷 219《北狄传》，中华书局接点本，第 6179 页。
③ 林干：《突厥史》附《厥特勤碑》耿世民译文，内蒙古人民出版社 1988 年版，第 256 页。
④ 《东北亚考古资料译文集》俄罗斯专号，北方文物杂志社 1996 年版，第 160 页。

鹿若牛马、惟食苔，俗以驾车。"① 文中的良马属于误称，实指驼鹿，"㺄鹿若牛马"是说驼鹿可以饲养有如牛马。证明唐代外贝加尔地区已经出现了驯化的驼鹿，与后来鄂伦春，鄂温克饲养驼鹿是一致的，这是古代饲养驼鹿最早的记载。鄂伦春、鄂温克的先人们，由以前的射猎改为饲养驼鹿，他们"以鹿皮为衣，聚木作屋，尊卑共居"，正是今日所见鄂伦春、鄂温克的生活方式。说明鄂伦春、鄂温克人的历史，可以追溯到唐代。

鄂伦春、鄂温克不仅生活方式和居住地相同，而且其语言相通，口语交流顺畅，说明其语言相同，同属于通古斯北语支，并非偶然。因为他们原来都是黑水靺鞨，在后来的发展过程中分成为两个不同的民族，其分离的时间，陈述先生提出是发生在明代，这是可信的。从俄国 17 世纪文献中，可以发现这时鄂伦春与鄂温克已分为两个不同的民族。1641 年，彼·戈洛文给沙皇奏疏称："吉尔河从左侧流入石勒喀河，在吉尔河沿岸居住着雅库特人和通古斯人。"② 雅库特指的雅库特鄂温克人，与之并列的通古斯人显然不会是鄂温克人，而应当是鄂伦春人。在俄国文献中，多将鄂伦春称作"不纳税的通古斯人"，由于鄂伦春居住在高山之上的大森林中，长年追逐野兽，行踪不定，俄国人没有办法找到他们，无法强征貂皮为实物税，故而称他们为"不纳税的通古斯人"，以便与纳税的鄂温克人相区别。虽然鄂温克人有一部分也在高山密林中以狩猎为生，"不纳税的通古斯人"也应当包括这部分鄂温克人在内，不过就"不纳税的通古斯人"人数来讲，是以鄂伦春人占多数，故可以说"不纳税的通古斯人"主要是鄂伦春人。俄国文献又把鄂伦春人称作是"使鹿的通古斯人"。1646 年 6 月，瓦·波雅尔科夫在西林穆迪河上游，见到了"许多使鹿的通古斯人—毕拉尔人，他们分氏族而居"③。鄂温克有一部分也使用驼鹿，被清朝廷称作使鹿部，"使鹿的通古斯人"也应当包括这部分鄂温克人，不过俄国人这里

---

① 《新唐书》卷 217 下《回鹘下》，中华书局校点本，第 6144、6146 页。
② 郝建恒等译：《历史文献补编——十七世纪中俄关系文件选译》，商务印书馆 1989 年版，第 2—3 页。
③ 郝建恒等译：《历史文献补编——十七世纪中俄关系文件选译》，商务印书馆 1989 年版，第 8 页。

所提到的"使鹿的通古斯人",却是指鄂伦春人,因为毕拉尔是鄂伦春著名的大部落,吕光天对此有深入的研究。

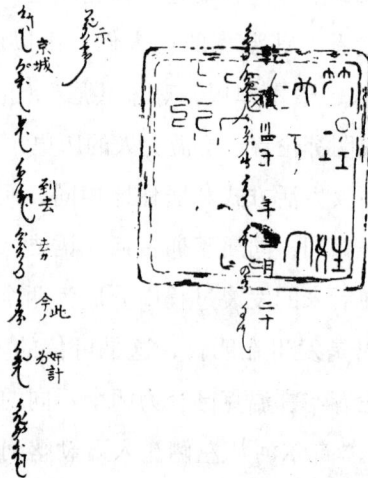

图 2-1　一七七五年三姓副都统给库页岛姓长的谕令

（采自间宫林藏:《东鞑纪行》）

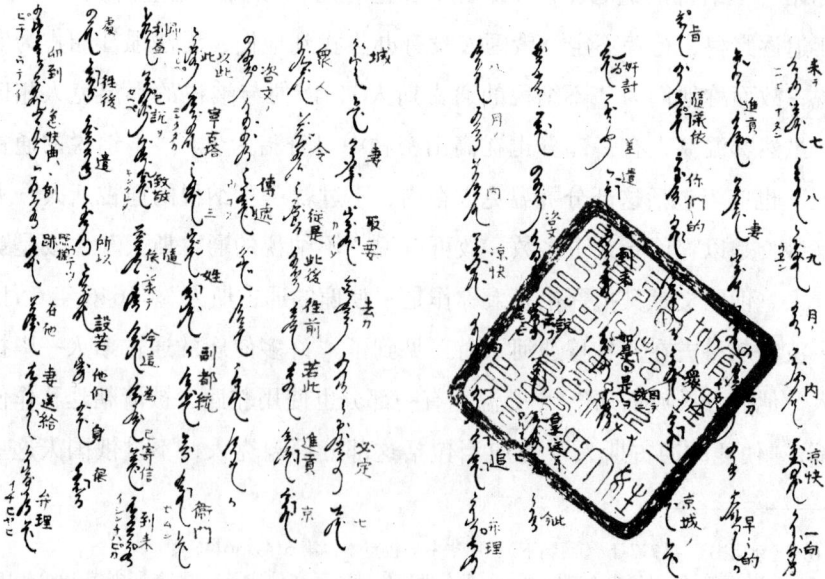

图 2-2　一七七五年三姓副都统给库页岛姓长的谕令

（采自间宫林藏:《东鞑纪行》）

三、鄂伦春与达斡尔的关系

鄂伦春与达斡尔的生活方式不同，鄂伦春是以狩猎为生，善于猎取野兽；达斡尔是以农耕为主，兼营家畜饲养和狩猎。生活方式的不同，引起了彼此之间的产品交换，互通有无，各取所需，是不可避免的事情。达斡尔粮食丰富，自食有余，于是用粮食换取鄂伦春的貂皮，用于向清朝贡貂。达斡尔多居住在适宜耕种的河流沿岸，距山林地区比较远，虽然他们能狩猎捕貂，却比较困难，鄂伦春居住在大森林中，捕貂比较容易。因此，达斡尔用粮食换取鄂伦春的貂皮，对双方都是有好处的。粮食不易保存，即使放在地窖中，时间长了也会发霉变质，不能长期保存。用多余的粮食换貂皮，不失为一种良策。达斡尔头人巴尔达齐向朝廷贡貂，一次可达数百，甚至逾千，除本族猎取以外，还有一部分来自鄂伦春。

达斡尔头人向朝廷贡貂，所得到的赏赐品为大量的银首饰，还有各种服装和衣料。这些赏赐品对于鄂伦春人来说，具有很大的吸引力，于是变成了达斡尔换取鄂伦春貂皮的另一种商品。据俄国文献记载，通古斯人佩带银环，披着斗篷，用红布做大褂，在衣服上缝缀有小块绸缎。"通古斯人说，这些银首饰和衣服以及绸缎料子，他们是用貂皮从达斡尔人那里购买的。"① 这里所说的通古斯人，是泛指鄂伦春人、鄂温克人而言，他们是用实物交换的方式所得到的。这种实物交换，为鄂伦春、鄂温克的貂皮找到了出路，在客观上推动了鄂伦春和鄂温克狩猎业的发展。

达斡尔与鄂伦春、鄂温克之间的实物贸易，还有更深刻的作用，为清朝廷与鄂伦春、鄂温克之间的来往起了中介作用。鄂伦春、鄂温克在享用来自清朝华美用品的同时，他们自然会感受到清朝的富强和伟大，增强了他们向往清朝的思想感情，扩大了清朝的影响。换言之，就是沟通了清朝与鄂伦春等少数民族的联系。

---

① 郝建恒等译：《历史文献补编——十七世纪中俄关系文件选译》，商务印书馆1989年版，第24页。

自天聪七年（1633）、天聪八年（1634）费扬古、满代、巴尔达齐等人贡貂以后，每年贡貂的人数逐年增多，即证明了这一点。这些贡貂之人，自然以达斡尔人居多，其中也会有鄂伦春人、鄂温克人在内，而且鄂伦春贡貂人数不会太少，清朝廷最先从索伦部中将鄂伦春识别出来，不是偶然的，是鄂伦春人多次贡貂，与清朝廷频繁接触的结果。

第四节　女真族

女真是古老民族，直接起源于黑水靺鞨，辽代女真散居于白山黑水之间，有七十二部落，各部落的社会发展很不平衡，故有生女真、熟女真之区别。生女真中的完颜部社会发展比较快，在定居于阿什河以后很快强大起来，统一了生女真各部，建立了金朝。不过居住在黑龙江以北和濒临日本海的女真人，仍然相当落后，被称作野人女真。后金建立以后，曾多次征讨东海渥集部、东海瓦尔喀部、东海虎尔哈部，他们都属于野人女真。虎尔哈部又称萨哈连部，有一部分居住在黑龙江中游，"萨哈连"指黑貂，萨哈连部是以其地产貂得名。有人认为，索伦部内包含有萨哈连人（即女真人）。[①] 这种说法是有一定道理的。

一、女真人的分布

明代在黑龙江地区设有奴儿干都司，下辖许多卫所，有些卫是在黑龙江中游沿岸建立的。恰好是在女真人居住地区。

1. 木河卫

木河又作墨河、漠河、谟河，是黑龙江右岸一条小支流，今称漠河，在今黑龙江省漠河县境内。木河卫设置于明英宗正统（1436—1449）以

---

① 蒋秀松：《清初的呼尔哈部》，《社会科学战线》1981年第1期。

后，直到嘉靖四十二年（1563）之际，还向明朝提出"袭职"的请求。①

2. 卜鲁丹河卫

卜鲁丹河又作巴尔达河、巴尔坦河，出自蒙古语，意为有虎的地方。乾隆元年《盛京通志》作布尔马岱河，源出外兴安岭，东南流，注入黑龙江。明永乐五年（1407），置卜鲁丹河卫，是由女真野人头目管秃等人的奏请而设。② 卜鲁丹河卫西南后来修建有雅克萨城，雅克萨城最初是鄂温克人卓氏的住地，后来归属达斡尔酋长阿尔巴西，今俄国名为阿尔巴津。卜鲁丹河今名波罗穆丹河。

3. 塔哈卫

以塔哈河得名。塔哈河又作他哈河，是呼玛尔河（又作胡玛尔河）支流，"塔哈"出于蒙古语，意为马铁掌。塔哈卫置于嘉靖年间（1522—1566），万历三十七年（1609）仍请求"袭职"。

4. 出万山卫

出万山又称察哈山、察罕山，在蒙古语中为白色之山、白山。是由于山穴中冒出黄白色的烟气而得名。正统以后，在此设卫。出万山卫在雅克萨城以东的黑龙江边。

5. 额克卫

额克卫又作额尔克卫，是以额勒克尔山得名，该山在墨尔根城东北 195里。额克卫设于嘉靖年间，嘉靖四十三年（1564）还请求明朝"袭职"。

6. 古里河卫

古里河又作固里河、葛萎河、吉鲁河、呼急流河，是精奇里江右岸支流，俄国今称吉柳伊河。古里河卫是女真人牙失答奏置，其设置的时间有永乐七年（1409）、永乐十三年（1415）两种不同的记载。达斡尔酋长多普狄乌尔，在此地居住。

7. 阿剌山卫

阿剌山又作阿尔拉山、阿剌勒山，阿剌山卫是永乐五年（1407）女真

---

① 《满文老档》太祖 175。
② 《明太宗实录》卷 48，永乐五年三月乙亥。

野人头目巴思答木、咬纳等人奏置。[①] 阿剌山卫在精奇里江右岸、黑龙江左岸。今俄国什马诺夫斯克以北。

8. 脱木河卫

脱木河又作托摩河，俄语今称托姆河，为精奇里江左岸支流。"脱木"在满语（女真语）中为栖息的意思。永乐四年（1406）八月设立。[②]

9. 土鲁亭山卫

土鲁亭山又作图哪那岭、图勒哩山，今称图腊纳山。是永乐四年（1406）根据女真人咬哈等请求即置。女真人咬纳、阿剌哈、额勒孙在此任官吏。

以上九卫都在黑龙江中游和精奇里江沿岸，其所在之地多居住有女真人，木河卫、卜鲁丹河卫、塔哈卫、古里河卫、阿剌山卫、土鲁亭山卫等，是女真人奏置的，说明这里女真人甚多。到了明末清初，这里的女真人没有什么变动。在俄国文献中，对女真人也有一些记载。

此外，在精奇里江沿岸还有博和里屯，又作博和哩屯、博勒里屯。[③]《盛京吉林黑龙江战迹标注图》将博勒里屯标注在德笃勒屯西北、倍屯河北岸，在今俄国结雅河左岸、谢雷舍夫以西 50 余千米处。[④] 此博和里应与辽代五国部中的剖阿里有关，五国部为女真五大部落，故博和里屯应为女真人聚居之地。

在俄国文献中有"久切尔"一族，久切尔即女真。元代蒙古语称女真为"朱理真"，其复数为"主儿扯惕"，[⑤]"久切尔"来自蒙古语"主儿扯惕"。俄国人比较早地接触到了蒙古人，他们从蒙古人那里知道了女真族，故而称女真为"久切尔"。

俄国文献记载，1646 年 6 月，石勒喀河"博坝乡的达斡尔酋长别希拉和久切尔酋长奇涅加也来到冬营"，回答瓦·波雅尔科夫的询问。他们向

① 《明太宗实录》卷 48。
② 《明太宗实录》卷 45。
③ 《清太宗实录》卷 51，崇德五年三月己丑。
④ 谭其骧主编：《中国历史地图集》第 8 册，第 11—15 页。
⑤ 韩儒林：《女真译名考》，《穹庐集》，上海人民出版社 1982 年版，第 466—474 页。

瓦·波雅尔科夫介绍了石勒喀河的交通和物产。又记载："从结雅河口起，沿石勒喀河到松加里河，许多从事耕作的、定居的久切尔人分氏族而居……久切尔有自己的语言，但没有久切尔语通译。瓦西里派遣十人长伊列伊卡·叶尔莫林带领 25 名军役人员和渔猎人去探听……许多久切尔人集合起来，偷袭伊列伊卡及其同伙，将其全部打死，只有两名死里逃生。"[①]这里所提到的石勒喀河是指黑龙江，可知在结雅河口以下到松花江口，居住有许多久切尔人即女真人，他们从事定居农业。这里的女真人与博和里的女真人相距不远，他们都是以氏族部落形式生活，属于野人女真的一部分。其生活地区与达斡尔相同，彼此相邻，交错而居。

二、女真与达斡尔的关系

结雅河和黑龙江沿岸的女真人，是当地的土著居民，由来很久。在阿穆尔州境内，发现了许多金代的遗址，其中包括有墓葬、村落，出土了大量金代典型的器物，如铁铧、铁镐、双刃剪刀、铜戒指、残陶器。[②]说明早在金代结雅河和黑龙江中游沿岸就有女真人在此耕种为生。因此，明末清初仍有女真部落在此耕种，并非偶然。女真是典型的农业民族，女真人善骑马，然而却不是骑马游牧民族，有不少人将女真说成是骑马游牧民族，完全是一种误解，应当予以纠正。女真人长期从事耕种，积累了丰富的种植技术、种植方法，为达斡尔提供了借鉴。

达斡尔的祖先从呼伦贝尔到达黑龙江以后，最初仍是以狩猎为生，渔猎占有重要地位。据丁石庆研究，达斡尔语言中有关渔猎的词汇特别丰富，反映出曾长期从事渔猎生活。然而狩猎、渔猎所获得的食物是相当有限的，而且也是不稳定的，难以维持居民不断增长的需要，许多民族都是从狩猎走向耕种，达斡尔也是如此。当达斡尔从石勒喀河、维季姆河扩大

---

① 《历史文献补编——十七世纪中俄关系文件选译》，商务印书馆 1989 年版，第 9—10、13 页。

② ［苏］诺维科夫—达斡尔斯基：《阿穆尔州考古图资料》，见《阿穆尔州地志博物馆与方志学会论丛》，黑龙江人民出版社 1978 年版，第 64—99 页。

到结雅河、布列亚河以后，发现这里的土地非常肥沃，有不少女真人在此耕种为生，得以丰衣足食。于是，他们逐渐由狩猎渔猎转向耕种，最后是以农耕为主，狩猎渔猎降为次要地位。

女真不仅启发了达斡尔的农业耕种，而且最初的种子、耕牛很可能是女真人提供的，有偿借用是最为可行的办法。达斡尔不会采矿冶铁，而女真在建国以前就掌握了开矿冶铁技术，哈尔滨市阿城区小岭发现的矿井和冶铁炉就是证明。达斡尔在黑龙江北耕种用的铁犁铧，应是来自邻族女真。达斡尔的农业种植技术方法，受到女真的影响，而后又超过了当地的女真人，获得了丰富的粮食。

第五节　科尔沁蒙古

一、科尔沁蒙古的兴起

1368 年 7 月，元顺帝退出元大都，逃向北方草原，标志着元朝灭亡。此后其子孙在草原上仍维持其统治，史称北元。北元寿命不长，很快分裂为鞑靼、瓦剌两个集团。鞑靼是成吉思汗嫡系，瓦剌为斡亦剌之后，非嫡系。鞑靼与瓦剌相互争雄，分别割据蒙古草原的东部和西部，各自称汗。鞑靼以正统自居，其末代察哈尔林丹汗在位时期，鞑靼已分裂为许多部，科尔沁部即是其一。科尔沁又作廓儿沁、好儿趁、嫩科尔沁，是成吉思汗长弟哈萨尔（又作合撒儿）十四世孙奎蒙古塔斯哈喇后裔，居住地在内蒙古东部。由于不属于成吉思汗嫡系，屡受林丹汗的压迫和讨伐，被迫向努尔哈赤投靠，取得后金的保护。为了团结科尔沁蒙古，后金频频与之通婚，或娶科尔沁女子为后妃，或嫁皇室女子为科尔沁王妃。科尔沁成为蒙古诸部中地位最高的一部。从地域上来说，科尔沁蒙古是距后金最近的蒙古人。在政治上，二者的关系最为密切。

在后金时代，科尔沁蒙古的台吉（太子的音译）奥巴（？—1632 年）

居住的城池，称"格勒珠尔根城"，又被称作"汗城"，是台吉世居之地，与达斡尔关系密切，到达斡尔征收赋税的官吏由这里派出，达斡尔的人质居住于此地。"汗城"的具体位置，没有明确记载，有搞清楚的必要。

"格勒珠尔根城"可能出自蒙古语或其他少数民族语，据说是古城的意思，古城显然是指前代城池而言。奥巴致后金信里说："嫩江水滨所居科尔沁贝勒"。[①] 俄国文献也记载："在博格达城稍往下，有一大川名嫩江。"[②] 博格达城即科尔沁台吉所属之城。说明科尔沁蒙古首领奥巴，是居住在嫩江之滨。嫩江是一条大河，长达 1370 千米。那么，奥巴所居住的格勒珠尔根城在嫩江的何处呢？祁韵士有如下记载："时，察哈尔林丹汗纠喀尔喀掠其地，奥巴遣使来告急。上亲往援……先驰至农安塔地，林丹汗已围奥巴所居格勒珠尔根城数日，城守坚，不克。闻我师至，仓皇遁。围遂解。"[③] 农安塔是农安城郊辽塔，至今仍存。农安位于伊通河之滨，伊通河为第二松花江支流。后金军队北上，经农安沿伊通河第二松花江下行，可以到达第二松花江与嫩江会后处，转入嫩江。奥巴所居住的格勒珠尔根城，当在会合口上行嫩江之滨。在嫩江南岸，有一座规模甚大的古城，名叫塔虎城，周长 5213 米，城墙夯筑，高 5—6.5 米，基宽 20—25 米，墙顶宽 1.5—2 米，有角楼、马面，城门外筑有瓮城，城墙外挖有两道护城河，防御能力非常强，是一座辽金古城。由于古城防守坚固，城内可以屯驻大量士兵和粮草，故而林丹汗围城数日，却无法攻克。这里水草丰美，后来成为前郭尔罗斯的牧场。由此观之，塔虎城就是科尔沁蒙古奥巴所驻的格勒珠尔根城。

二、蒙古人的征赋和交易

早在明朝万历年间，当图们台吉（即土蛮罕，1539—1592）执政时，

---

① （清）祁韵士：《皇朝藩部要略》卷 1。道光十九年筠渌山房刻本，第 5 页上。

② 郝建恒等译：《历史文献补编——十七世纪中俄关系文件选译》，商务印书馆 1989 年版，第 38 页。

③ （清）祁韵士：《皇朝藩部要略》卷 1。道光十九年筠渌山房刻本，第 5 页下。

蒙古势力强大，曾强制征赋于珠尔齐特、额里古特、达吉忽尔三部。① 珠尔齐特指女真，额里古特指鄂温克，达吉忽尔又译作达奇鄂尔、搭吉古尔，指达斡尔。自此以后，科尔沁蒙古不断地向达斡尔征收实物赋，主要是貂皮和其他珍贵毛皮。

俄国文献曾记载了蒙古人在黑龙江北的活动情况。"在拉夫凯酋长驻地以上，住着3个蒙古王公，他们在石勒喀河畔游牧。其中一个王公有乌卢斯人众300名，而其余两个王公各有部众100名。拉夫凯的粮食盈仓，他把粮食用船运到上述蒙古王公驻地，卖给他们，换取牲畜。"② 这是一种以物易物的贸易活动，蒙古人换得的粮食，可以供牧民食用，也可以用作牲畜的饲料。蒙古人把购买貂皮，看作是交易的主要对象。俄国文献又记载："沙马吉尔氏族的通古斯人托普库尼、达斡尔酋长别布拉和久切尔酋长奇涅加在回答询问时都说：汗所居城池是用圆木造的，四周围以土墙……他们以貂皮向汗纳贡，并以貂皮在汗那里购买银器、绸缎、棉布、铜器和锡器。汗对给他输贡的氏族，向每族索取一人做人质，因此在汗那里羁留着许多氏族的人质。他在向他们征收貂贡以后，便把貂皮运往中国换取银器、铜器、绸缎和棉布。"③ 据此可知，蒙古汗（即科尔沁蒙古台吉）与达斡尔各族的貂皮交易具有强制性，用羁留人质的手段强迫交易，蒙古汗再用这些交易来的貂皮，向清朝皇帝贡献，换取皇帝赏赐的银器、铜器、丝绸和棉布。在这个过程中，貂皮成为最重要的商品，用貂皮沟通了达斡尔与蒙古汗和清朝皇帝的关系，其重要性由此可知。

貂皮交易的强迫性，还表现在蒙古汗用军事征讨给达斡尔施加压力。"对不向汗纳贡，也不同汗交易的达斡尔人，汗派其部众到结雅河和石勒喀河进行征讨。每年出征三次，每次来时人烟滚滚，约有一千、二千、三

---

① 《蒙古源流》，道润梯步译校本，内蒙古人民出版社1980年版，第289页。

② 郝建恒等译：《历史文献补编——十七世纪中俄关系文件选译》，商务印书馆1989年版，第9页。

③ 郝建恒等译：《历史文献补编——十七世纪中俄关系文件选译》，商务印书馆1989年版，第10页。

千之众。"① 蒙古汗住在何处？俄国文献也有记载："博格达住在草原，他们那里没有任何木柴，煮东西烧的是马粪。"② 又记载说：博格达城"很大，是土城，有许多塔楼。城内有商铺，出售各色各样的带花纹的布匹。在博格达城稍往下，有一大川名嫩江"③。"博格达"是对蒙古汗的一种称谓。博格达城下有嫩江，此城即格勒珠尔根城，再次证明了格勒珠尔根城在嫩江之滨的塔虎城。

格勒珠尔根城是在郭尔罗斯草原上，没有木柴，只能用牛马粪为烧饭的燃料。由于该城范围很大，有许多居民，故而有各种商业店铺从事经营。据此可知，到黑龙江北向达斡尔各族征赋通商的蒙古人，就是科尔沁部的蒙古官员。

《清实录》对科尔沁蒙古向达斡尔强征实物赋税之事，也有记载。天聪八年（1634）记事称："往科尔沁国调兵之伊拜还。奏言科尔沁国噶尔珠塞特尔、海赖、布颜代、白谷垒、塞布垒等，各率本部落人民，托言往征北方索伦部落，取贡赋自给……于是上遣户部承政英俄尔岱、举人敦多惠还盛京。谕留守和硕贝勒济尔哈朗：可令索伦部落来朝头目巴尔达齐速还国，恐致噶尔珠塞特尔等，袭取其地，宜详加训谕而遣之。又遣巴克什希福及伊拜，往谕科尔沁土谢国济农等曰：法律所载，叛者必诛。尔科尔沁贝勒，若获噶尔珠塞特尔等，欲诛则诛之；若不诛，而欲以之为奴者，听。"④

天聪年间，包括达斡尔在内的黑龙江北各族，开始投附清朝廷，各部落纷纷贡貂。噶尔珠塞特尔等人欲擅自向索伦各族征赋，所征自然应是貂皮等物。这种做法会损害清朝廷的利益，自然清朝廷不能熟视无睹，设法加以干涉阻止，提出对噶尔珠塞特尔等人严加惩处，或诛杀，或贬之

---

① 郝建恒等译：《历史文献补编——十七世纪中俄关系文件选译》，商务印书馆 1989 年版，第 10 页。

② 郝建恒等译：《历史文献补编——十七世纪中俄关系文件选译》，商务印书馆 1989 年版，第 47 页。

③ 郝建恒等译：《历史文献补编——十七世纪中俄关系文件选译》，商务印书馆 1989 年版，第 38 页。

④ 《清太宗实录》卷 18，天聪八年五月戊申。

为奴。

蒙古科尔沁部对达斡尔貂皮看管很严。据俄国文献记载，"50 个博格达人经常在我们这里征收贡赋，他们还带有货物，这一批走了，另一批又来。"① 很显然，经常驻守在达斡尔部落中的蒙古官员，是在监视貂皮的流向，防止貂皮流入他人之手，以保证貂皮全部为蒙古科尔沁部掌管，说明貂皮对蒙古科尔沁贵族来说，是极其重要的商品。不仅如此，科尔沁蒙古还大量掠俘达斡尔等族的人口，就连达斡尔拉夫凯酋长的姐姐莫戈尔恰克都无法幸免，她自称："曾为博格达王公所俘，后来被拉夫凯酋长赎回。"② 为蒙古科尔沁王公所掠俘的人口很多，康熙三十一年（1692），"科尔沁进献席北、卦尔察、打虎儿人丁……共一万一千八百五十余名"③。所谓人丁，是指年轻力壮，能够从事各种劳动的壮丁。掠俘这些壮丁，是为了增加劳动力，为蒙古贵族劳动，补充劳动力的不足。这些人丁有的可能是人质，有的是直接抢掠而来的壮丁。

据俄国档案记载，1652 年 8 月，当达斡尔人与俄国哈巴罗夫拼死战斗时，"博格达人全都骑着马在田野里徘徊，观察我们厮打，他们没有向我们哥萨克射击"，结果"共打死 661 名达斡尔大人和孩子……被擒获的俘虏人数，计有年老和年轻的妇女及少女共 243 人，小俘虏，计有儿童 118 人"④。这是叶·哈巴罗夫在 1652 年 8 月致雅克茨克督军德·弗兰茨别科夫报告中的原文。所谓"博格达人"，就是蒙古王公所属的蒙古部众。他们对达斡尔反抗俄国掠夺的战斗，采取了袖手旁观的态度。

---

① 郝建恒等译：《历史文献补编——十七世纪中俄关系文件选译》，商务印书馆 1989 年版，第 61 页。
② 郝建恒等译：《历史文献补编——十七世纪中俄关系文件选译》，商务印书馆 1989 年版，第 37 页。
③ 《清圣祖实录》卷 155，康熙三十一年四月乙未。
④ 郝建恒等译：《历史文献补编——十七世纪中俄关系文件选译》，商务印书馆 1989 年版，第 60—61 页。

第七章　达斡尔的社会经济生活

在《清实录》和早期的满文档案中，关于索伦、达斡尔贡貂的记载比较多，容易给人造成一种误解，仿佛他们是以狩猎为生。索伦中的鄂伦春和鄂温克是以狩猎为生，然而达斡尔却与上述二族不同，他们是以农业种植为主，兼及家畜饲养和狩猎。这是农业民族常见的生活方式，达斡尔属于农业民族，而不是狩猎民族。

第一节　达斡尔的农业种植

在黑龙江以北居住时期，达斡尔选择农业种植为主业，与这里良好的地理环境和这里的农业种植传统有关。

黑龙江中游和精奇里江中下游属于寒温带，水量充足，无霜期在90天以上，适于生长期短的农作物生长。特别是江河沿岸的冲积平原，黑土地非常肥沃，为农作物的种植提供了良好的条件。俄国科学家里·卡·马克在1855年考察途中，对结雅河口至布列亚山的黑龙江沿岸的肥沃土地赞不绝口。[1]

由于这个地区土壤特别肥沃，金代女真人曾在此从事耕种，已为考古

---

[1]　[苏] Н. К. 舒利曼：《马克的黑龙江旅行记》，《阿穆尔州地志博物馆与方志学会论丛》，黑龙江人民出版社1978年版，第118—134页。

发现所证明。1927 年，在俄国阿穆尔州坦姆鲍夫斯克区穆拉维约夫卡村东的古村落遗址中，发现了一个金代陶罐，陶罐中装有已腐烂的谷物和 6 个银锭。[①] 金代通行用银锭为货币，这类银锭在黑龙江省金上京故城附近发现甚多。谷物的残存，证明金代这里有农作物种植。金朝迁都燕京以后，黑龙江沿岸的女真人大量南迁中原地区，不过金朝灭亡以后，原先的野人女真迁移到这里居住生活。他们是比较落后的女真人，不过从金亡以来，其社会有一定发展，过着耕种为主的生活。

17 世纪中叶俄国探险者记载说，在结雅河沿岸有"久切尔人"，他们"分氏族而居"，以耕种为业。"久切尔人"是女真人的别译。女真人是这里的土著居民，达斡尔人是后来者，他们是在女真人启发下从事农业耕种。

一、达斡尔人的农作物种类

17 世纪中叶俄国"探险家"到达黑龙江以后，曾目睹了达斡尔人农业耕种的情形，作了详细的记载。1646 年，瓦·波雅尔科夫的报告称：

> 在结雅河和石勒喀河畔，生长六种作物：大麦、燕麦、糜子、荞麦、豌豆和大麻。在巴尔达齐那里还栽种蔬菜：黄瓜、罂粟、大豆、蒜、苹果、梨、核桃和榛子。[②] 在大结雅河畔，在西林穆迪河河口，在达斡尔酋长多西的城寨附近，居住着许多从事耕作和饲养牲畜的定居户。他们那里种植六种作物：大麦、燕麦、糜子、大麻、荞麦和豌豆。[③]

四年以后，1650 年，叶·哈巴罗夫在报告中称：

---

① ［苏］诺维科夫—达斡尔斯基：《阿穆尔州考古图资料》，《阿穆尔州地志博物馆与方志学会论丛》，黑龙江人民出版社 1978 年版，第 67—68 页。

② 郝建恒等译：《历史文献补编——十七世纪中俄关系文件选译》，商务印书馆 1989 年版，第 13 页。

③ 郝建恒等译：《历史文献补编——十七世纪中俄关系文件选译》，商务印书馆 1989 年版，第 17 页。

　　在拉夫凯酋长所辖各城和乌卢斯境内，有辽阔的草地和耕地……
田野里生长的作物有大麦、燕麦、黍、豌豆、荞麦、大麻籽。①

　　这二人所记的农作物都是六种，不过其名称稍有变动。叶·哈巴罗夫
将糜子改称黍，将大麻改称大麻籽。"黍"又称"粘糜子"，其实是同一种
作物，只是称谓不同而已。大麻属于早熟作物，大麻籽可以榨油食用，还
可以制作油漆、涂料，油粕可作饲料，有多种用途。大麦、燕麦、糜子、
豌豆、荞麦可以加工成面粉食用，也可以煮食，是主要粮食作物。蔬菜中
的黄瓜、蒜，属于栽培作物，大豆可能是指今日所说的扁豆。罂粟的叶汁
可以提取"鸦片"，是药用品，有麻醉性；其种子含油量很高，可达50%，
是油脂作物。苹果、梨、核桃、榛子是天然而生，不属于人工种植作物。
苹果性喜温热，在黑龙江北不能生长，这里所称的苹果可能是类似于苹果
的另一种山果。

　　栽培作物技术要求高，比粮食作物难于管理。从俄国文献记载来看，
当时达斡尔的粮食和蔬菜品种比较齐全，北方常见者均有之，可以满足日
常生活的需要。

二、达斡尔人的粮食交换

　　达斡尔人的农业种植相当辛苦，当时实行的是轮作制，要不断开垦新
耕地，其劳动量很大。不过经过长期的努力，达斡尔人在黑龙江和结雅河
（精奇里江）沿岸开垦了大量的耕地。叶·哈巴罗夫报告称：

　　"在光荣的大河阿穆尔河沿岸，则全是种田和饲养牲畜的达斡尔人。"②
特别是春天播种的季节，全家老幼一起到田地里去干活，城寨空无一人。
因此，瓦·波雅尔科夫在报告中称："全体人员应悄悄潜入多西和巴尔达

---

　　① 郝建恒等译：《历史文献补编——十七世纪中俄关系文件选译》，商务印书馆1989年版，
第39页。

　　② 郝建恒等译：《历史文献补编——十七世纪中俄关系文件选译》，商务印书馆1989年版，
第28页。

齐酋长的达斡尔土地，可以神不知、鬼不觉地将他们的城寨占领，陛下，因为春天达斡尔人全都住在田野里，城寨里空荡无人。"①

达斡尔人用艰苦的劳动开垦耕地，生产出许多粮食，在俄国文献中有许多记载，例如：

"在石勒喀河沿岸居住着许多从事耕作的达斡尔人，他们所种的庄稼比俄国人多，一直到石勒喀河河口都有庄稼。"②

"他们住在帐篷里，帐篷是用圆木搭盖的，每处有十来座帐篷，他们那里盛产各种谷物。"③

"在石勒喀河河畔居住着许多种田的达斡尔人和通古斯人，他们那里盛产粮食。"④

"在这些土地上人烟稠密，有粮有貂，各种兽类极多，盛产粮食，河里鱼类成群。"⑤

达斡尔人生产出大量粮食，自给有余，于是将多余的粮食用于酿酒。瓦·波雅尔科夫在1647年的报告中说："拉夫凯及其兄弟那里有许多各种各样的粮食和酒（他们称阿拉克酒），各种牲畜也很多。"⑥酿酒要消耗大量粮食，酒不是生活必需品，而是奢侈品，只有多余的粮食才能用于酿酒，反映出达斡尔人有了饮酒的需要，才能动用许多粮食酿酒。

除了酿酒以外，达斡尔人将多余的粮食用于商业交换，用粮食换取邻族的特产。

首先是用粮食换取貂皮。貂皮是名贵的产品，向清朝廷朝贡，主要是

① 郝建恒等译：《历史文献补编——十七世纪中俄关系文件选译》商务印书馆 1989 年版，第 18 页。

② 郝建恒等译：《历史文献补编——十七世纪中俄关系文件选译》，商务印书馆 1989 年版，第 2、4、9、15 页。

③ 郝建恒等译：《历史文献补编——十七世纪中俄关系文件选译》商务印书馆 1988 年版，第 4 页。

④ 郝建恒等译：《历史文献补编——十七世纪中俄关系文件选译》，商务印书馆 1989 年版，第 9 页。

⑤ 郝建恒等译：《历史文献补编——十七世纪中俄关系文件选译》，商务印书馆 1989 年版，第 15 页。

⑥ 郝建恒等译：《历史文献补编——十七世纪中俄关系文件选译》，商务印书馆 1989 年版，第 24 页。

贡貂。猎貂很艰苦，于是他们将多余的粮食与邻族换取貂皮。俄国文献记载说，住在维季姆河支流齐皮里河"不纳税的通古斯人（即鄂伦春人）有舒尼尔人、奇普恰基尔人和其他氏族共二百余人"。"他们有很多貂皮。通古斯人在石勒喀河河上将貂皮出售，换取粮食、牲畜和银器。"① 用粮食换取貂皮的便是达斡尔人，因为当时只有达斡尔人有多余的粮食。

俄国文献又记载："通古斯人和他们的妻子佩带银环、披着斗篷。在他们衣着上还看到了红布。他们用红布做大褂。在另一些通古斯人的衣服上，还缝缀着一小块绸缎，长约四分之一俄尺，宽约二、三俄寸。通古斯人说，这些银首饰和衣服以及绸缎料子，他们是用貂皮从达斡尔人那来购买的。"② 达斡尔与蒙古科尔沁有交往，银首饰、衣服和绸缎来自蒙古科尔沁，达斡尔人用这些东西换取鄂伦春人的貂皮。

其次，达斡尔人还用粮食同蒙古科尔沁作交易。俄国文献记载："拉夫凯的粮食盈仓，他把粮食用船运到上述蒙古王公驻地，卖给他们，换取牲畜。"③ 又称："银器从博格达运到石勒喀河各酋长处换取貂皮，博格达购买貂皮，并征收实物贡赋。也有把貂皮以石勒喀河运往博格达处……达斡尔地区有各种绫罗绸缎，这些货物是从博格达那里运来的，而据说博格达处的这些货物又是从中国运来的。"④ 由此可知，达斡尔用粮食换取貂皮，又用貂皮换取蒙古的牲畜、银器和衣物，粮食的商品沟通发挥了很大的功用，其重要意义是不可低估的。

---

① 郝建恒等译：《历史文献补编——十七世纪中俄关系文件选译》，商务印书馆 1989 年版，第 3 页。

② 郝建恒等译：《历史文献补编——十七世纪中俄关系文件选译》，商务印书馆 1989 年版，第 24 页。

③ 郝建恒等译：《历史文献补编——十七世纪中俄关系文件选译》，商务印书馆 1989 年版，第 9 页。

④ 郝建恒等译：《历史文献补编——十七世纪中俄关系文件选译》，商务印书馆 1989 年版，第 47 页。

第二节　达斡尔的家畜和渔猎

家畜饲养是农业种植的副业。农作物的秆棵和粮食加工所产生的秕糠、糟粕，都是良好的饲料，可以喂养马、牛、猪、鸡等家畜家禽，化废为宝，避免资源的浪费。依山傍水的农村，农闲季节可以打猎，捕鱼，增加经济来源。这种农村生活方式，从古至今都没有太大的变化。公元17世纪中叶以前的达斡尔也是如此。

一、家畜家禽的饲养

1646年，瓦·波雅尔科夫在报告中说，在西林穆迪河注入结雅河河口处，达斡尔酋长多西城寨乌卢斯的定居户那里，看到"饲养的牲畜有：马、牛、羊、许多猪，此外还有鸡"。[1]

1647年，瓦·波雅尔科夫在报告中说："拉夫凯及其兄弟那里有许多各种各样的粮食……各种牲畜也很多。"[2]

1649年，瓦·尤里耶夫的报告中称："秋天石勒喀河封冻以后，他们向拉夫凯购得粮食，便和马踏冰返回住地。列柏尔人不种庄稼，但饲养马、牛、猪、羊等许多牲畜。"[3]

这些家畜中的猪、羊和家禽中的鸡，属于餐桌上的肉食，可以提供动物脂肪。牛属于役畜，用于耕地、拉车。马属于坐骑，达斡尔人特别重视马匹，他们用貂皮换取蒙古的牲畜中，马应是最重要的牲畜。

1650年，雅克茨克督军德·费兰茨别科夫给沙皇的奏疏称，受叶·哈巴

---

[1]　郝建恒等译：《历史文献补编——十七世纪中俄关系文件选译》，商务印书馆1989年版，第17页。

[2]　郝建恒等译：《历史文献补编——十七世纪中俄关系文件选译》，商务印书馆1989年版，第24页。

[3]　郝建恒等译：《历史文献补编——十七世纪中俄关系文件选译》，商务印书馆1989年版，第34页。

罗夫的袭击和威胁，在他尚未到达以前3个礼拜，拉夫凯酋长"带领其全部乌卢斯人众，乘2500匹马，携带全部家当和财物，投奔希尔基涅伊和基尔杰加酋长。"① 由此不难看出，达斡尔人特别重视马匹的原因，是与军事有关。

1652年，叶·哈巴罗夫在答问词中说："在沿阿穆尔河往下的城寨里，住着众多的达斡尔人，约有七千之众，他们都披甲骑马。"② 如果此说属实的话，达斡尔人的马匹数量很多，如果以一人一骑计算，应在7000匹左右。这是为了应付俄国的掠夺，被迫采取的措施。

二、捕貂活动

达斡尔的先人在"北野山"居住数百年，是以狩猎为生；初迁雅布洛诺夫岭之时，也是以狩猎为生。因此，东迁到黑龙江中游和结雅河以后，他们仍然保留有狩猎活动。这里接近外兴安岭（俄国称斯塔诺夫山），山中森林密布，野兽飞禽很多，特别是黑貂（又称紫貂）备受关注；而结雅河（精奇里江）各种鱼类丰富，便于捕捞。这种地理环境对达斡尔人的狩猎活动，提供了良好的条件。狩猎成为达斡尔重要的生产活动。

达斡尔最初的狩猎对象很广泛，凡可用之野生动物无所不捕。天命十一年（1627）黑龙江人所贡之物有名犬、黑狐、元狐、红狐皮、白猞狸孙、黑貂皮、水獭皮、青鼠皮等等，③ 各种猎物一并献上。后来发现朝廷最重视的是黑貂皮，于是其贡物改为以黑貂为主，史称"贡貂"，在《清实录》中"贡貂"屡见不鲜，即此缘故。因此，以后达斡尔的狩猎是以猎貂为重点目标，直到清代中后期仍是如此。俄国"探险家"与达斡尔接触以后，也是以掠夺貂皮为直接目的。因为在俄国貂皮也属于昂贵之物，只有身份高的贵族才能享用，用以提高其身价。这种风气与中国相同。

---

① 郝建恒等译：《历史文献补编——十七世纪中俄关系文件选译》，商务印书馆1989年版，第38页。

② 郝建恒等译：《历史文献补编——十七世纪中俄关系文件选译》，商务印书馆1989年版，第45页。

③ 《清太宗实录》卷1，天命十一年（1627）十二月壬戌。

关于达斡尔地区产貂的具体地点，汉文满文文献中很少有记载，在俄文文献中却有不少记载。1646 年，瓦·波雅尔科夫称，结雅河、石勒喀河（按：指黑龙江中游）人烟稠密，有粮有貂，各种兽类极多，盛产粮食，河里鱼类成群；又称在西林穆迪河河口，"野兽则有貂，猞猁、狐狸也很多，从帐篷出去猎一天貂，便可猎捕到十多只。陛下，他们也同西伯利亚和勒拿河其他异族人一样，是拉弓射貂的，不像俄罗斯人用大猎网、用陷阱捕貂，他们不知道俄罗斯人的这种捕貂方法。陛下，他们将捕获的貂皮出售给汗，换取绸缎和布匹。"①

1647 年，叶尼塞斯克督军费·波利宾就贝加尔湖畔征收来的貂皮和其他动物皮有详细记录。称从贝加尔湖异族人那里弄到：熟貂皮筒 11 袋零 7 件、春褐狐皮 1 张、深灰素狐皮 3 张、赤狐皮 3 张、划破的赤狐皮 1 块、海狸崽皮 1 方块，貂皮按叶尼塞斯克的价格值 951 卢布 16 阿尔腾 4 坚加。② 1 袋貂皮是 40 张，这是俄国人常用的计量单位。

1649 年，瓦·尤里耶夫呈雅克茨克督军的报告中，提到了图吉尔河上的一处猎貂场，由此过石勒喀连水陆路以后，可以到达"拉夫凯酋长派来猎貂的达斡尔住地"。又称："石勒喀河附近有许多貂和各种野兽，还有许多野猪"。③ 图吉尔河是奥廖克马河的支流，"图吉尔河从左手，从东侧流入奥廖克马河"，奥廖克马河是勒拿河上游。可知奥廖克马河、石勒喀河沿岸大森林中都有黑貂栖息，是重要产貂地区。

1650 年，雅克茨克督军德·弗兰茨别科夫给沙皇的奏疏中称："在拉夫凯酋长所辖各城和乌卢斯境内，有辽阔的草地……沿大河阿穆尔河有茂密的大森林，貂和各种野兽特别多。"④

---

① 郝建恒等译：《历史文献补编——十七世纪中俄关系文件选译》，商务印书馆 1989 年版，第 15、17 页。

② 郝建恒等译：《历史文献补编——十七世纪中俄关系文件选译》，商务印书馆 1989 年版，第 29 页。

③ 郝建恒等译：《历史文献补编——十七世纪中俄关系文件选译》，商务印书馆 1989 年版，第 33—34 页。

④ 郝建恒等译：《历史文献补编——十七世纪中俄关系文件选译》，商务印书馆 1989 年版，第 39 页。

从这些不是很完整的记录来看，在石勒喀河、黑龙江、结雅河、图吉尔河沿岸的大森林中，都有黑貂的栖息地，这些黑貂的栖息地变成了捕貂的狩猎场。当地的鄂伦春人、鄂温克人和达斡尔人对黑貂的栖息地比较熟悉，每年都会到这里来捕貂。

实际上产貂地很广，在维季姆河穆亚河沿岸也产貂。1641 年，彼·戈洛文奏疏中提到，俄国军役人员马克西姆卡向当地通古斯人"征收 74 张带肚脐和尾巴的貂皮……沿维季姆河上行，可到达斡尔酋长巴托加等的住地"[①]。按当时人的习惯，带肚脐和尾巴的貂皮最受重视。1647 年，瓦·彼雅尔科夫称：他在图吉尔河畔见到的通古斯人称他们在冬天出售貂皮，他们住在"兽皮帐篷"中，[②] 显然所谓的通古斯人其实是鄂伦春人。

据不完全的记载，在贝加尔湖、维季姆河、石勒喀河、结雅河、黑龙江沿岸的森林中，都栖息黑貂，捕貂的猎场就在森林中。捕貂者主要是鄂伦春，他们是以狩猎为生；其次鄂温克人，他们是半狩猎半畜牧；最后是达斡尔，以农耕为主兼营狩猎。由于达斡尔是以农耕为主，狩猎的机会少一些，出于向朝廷贡貂和与蒙古交换的需要，在貂皮不足的情况下，要向邻族购买貂皮。

三、渔猎活动

黑龙江是世界名川，俄国称作阿穆尔河。关于"阿穆尔河"名的来源，苏联学者马克认为来源于俄语，是不确切的。其实"阿穆尔"来源于达斡尔语，[③] 由于达斡尔语与鄂温克语相通，故有人认为是源自鄂温克语。[④] 黑龙江古称黑水，满语称萨哈连乌拉，也是黑水、黑龙江之意。黑

---

① 郝建恒等译：《历史文献补编——十七世纪中俄关系文件选译》，商务印书馆 1989 年版，第 1 页。

② 郝建恒等译：《历史文献补编——十七世纪中俄关系文件选译》，商务印书馆 1989 年版，第 25 页。

③ 高颖：《阿穆尔考》，《辽宁大学学报》1980 年第 3 期。

④ ［苏］诺维科夫—达斡尔斯基：《关于"阿穆尔"名称的由来》，《阿穆尔州地志博物馆与方志学会论丛》，黑龙江人民出版社 1978 年版，第 61—63 页。

龙江上游为额尔古纳河、石勒喀河,注入鄂霍茨克海之鞑靼海峡,全长4510千米。从河源到黑河镇为上游,从黑河镇到乌苏里江口为中游,从乌苏里江口至入海口为下游。其左岸大支流有精奇里江(结雅河)、牛满河(布里亚河)和乌尔米河。17世纪达斡尔居住地,是在黑龙江上中游。

黑龙江中游及左岸支流精奇里江是在平原上流淌,河水流速缓慢,河岸杂草丛生,适于鱼类栖息生活。因此,黑龙江中游和精奇里江的各种鱼类繁多,苏联学者夫·波·尼科尔斯基著有《黑龙江流域鱼类》一书,对此有详细记述。特别是洄游性鱼类,如鲑鱼(俗称大马哈鱼)、鳇鱼经济价值很高,是黑龙江的特产。

17世纪俄国"探险家"对黑龙江的鱼类,有所记述。1646年,瓦·波雅尔科夫在其报告中说:"可沿结雅河、石勒喀河和注入这两条河的旁侧河流出征,可使定居的种地人归附沙皇陛下崇高统治天下,使其永世为奴,并向他们征收实物税……因为在这些土地上人烟稠密,有粮有貂,各种兽类很多,盛产粮食,河里鱼类成群。"① 他把河里的鱼类与粮食、貂皮并列,说明江河鱼类之丰富,给他留下了深刻的印象。

瓦·波雅尔科夫在同一报告中又说,在结雅河畔久切尔(女真)居住的地方,"他们那里的结雅河里,渔产丰富,大白鳇鱼、鲟鱼和其他各种鱼类非常之多……(纳特基)他们全都以捕鱼为生"②。

引文中所提到的"白鳇鱼",是以体色灰白得名,俄国人称之为"白阿穆尔鱼"。鱼肉鲜美,鱼头肥胖,尤为可口,按照达斡尔的风俗,多留给老年人或贵客食用。在清代"白鳇鱼"是向皇帝进献的贡品之一。现在北京有一道名菜,称作"煮鱼头"或"涮鱼头",所吃的就是白鳇鱼头。

引文中提到的"鲟鱼",又称"鲟鳇鱼",其实是鳇鱼的别称。鳇鱼是以体形庞大得名,一般长3—4米,体重数百千克,外形很似鲸鱼,"鳇

---

① 郝建恒等译:《历史文献补编——十七世纪中俄关系文件选译》,商务印书馆1989年版,第15页。

② 郝建恒等译:《历史文献补编——十七世纪中俄关系文件选译》,商务印书馆1989年版,第17页。

鱼"是以体大得名。鳇鱼属于洄游性鱼，在黑龙江各大支流（如松花江、额尔古纳河、精奇里江）都能见到鳇鱼。哈尔滨附近有地名"鳇鱼圈"，就是过去渔民圈养鳇鱼的池塘。在清代，鳇鱼也是贡品之一。

江河中的鱼类是重要的食物，俄国"探险家"在途中断粮以后，多以鱼肉充饥，渡过难关。因此，他们对黑龙江和结雅河中的鱼类特别重视。

第三节　达斡尔的城寨和村落

17 世纪达斡尔社会，尚处于原始社会末期。每个以血缘纽带为基础的氏族，都聚居在一起，各个氏族之间都保存有比较大的间距。当时已出现了财产不均的现象，出现了贫富差别。氏族酋长多半由富裕的人担任。按照恩格斯的研究，设防城市是为了保卫财富而修建，因为掠夺财富的战争，在原始社会末期相当盛行，"获取财富已成为最重要的生活目的之一……战争已成为经常的职业了"。[①]

为了防止财富被掠夺，财富比较多的氏族酋长往往都修建有大小不同的城寨。在城寨的四周，则是本氏族的村落。环城寨而建的村落，具有拱卫城寨的功用。整个氏族是以城寨为中心，保卫村寨、保卫氏族酋长，就是保卫整个氏族的利益，因为氏族酋长具有保卫氏族每个成员的责任，当有敌人掠夺之际，大家都可以将一些重要的财物，如貂皮、马匹、粮食等送到城寨内保存。不妨说氏族长与氏族成员利益是一致的。这是氏族社会常见的现象。如果氏族长受到威胁逃亡，必有本氏族人随同。

一、城寨

17 世纪时，达斡尔人的城寨情形，俄国文献有比较多的记载，差不多

---

① ［德］恩格斯：《家庭私有制和国家的起源》，《马克思恩格斯选集》第 4 卷，人民出版社1972 年版，第 160 页。

每个酋长都建有城寨。

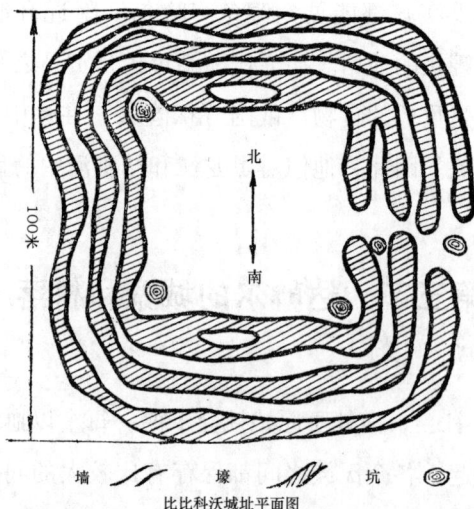

墙 〰 壕 〰 坑 ◎
比比科沃城址平面图

图 2-3 黑龙江北达斡尔城

采自《阿穆尔州地志博物馆与方志学会论丛》

1646 年瓦·波雅尔科夫在报告中称，当俄国人"来到寨子附近时，达斡尔酋长多西、科尔帕和达瓦里亚没有让他走近寨前，而是在一俄里以外的地方迎接他们"，说明对俄国人保持警惕。俄国军役人员打着旗帜，"绕寨走了一遍，察看寨子是否坚固，能否攻取……并请求准许进入其寨，但这两位酋长予以拒绝……这两位酋长的乌卢斯人众，神不知、鬼不觉地集合起来，从寨里和地道里袭击……许多骑手从田野奔袭而来，与他们进行一场鏖战。在鏖战中有十名军役人员身受重伤，不能离寨逃走，呻吟寨下，苟全性命。"[①] 城寨的防备敌人掠夺作用，十分明显。城寨修有地道，才能神不知，鬼不觉从城寨中潜出，打击敌人。

关于达斡尔城寨的构造，1650 年叶·哈巴罗夫所描述拉夫凯的城寨是："城中有五座塔楼，城旁有几座大碉堡，壕沟很深，在所有塔楼下面都有地道和通向水边的暗道，城周围环以一条小河，通向阿穆尔河。该城仅有一座通行之城门。城内有数栋用石头所造的明亮房舍，窗户很大，用

---

① 郝建恒等译：《历史文献补编——十七世纪中俄关系文件选译》，商务印书馆 1989 年版，第 11—12 页。

短粗木料做成，高二俄尺，宽一俄尺半，窗格子用自造的纸糊着。每所房子里可住六十余人"，又称拉夫凯女婿的城堡是："城里有五座塔楼，城旁筑有几座碉堡，壕沟很深，在所有塔楼下边都有地道，旁边还有通向水边的暗道。"①

这种城堡的军事功能十分明显。塔楼是用于军事瞭望，塔楼下面的地道是用于出击敌人，城外的碉堡、壕沟是加强城堡的防敌，通往水边的暗道，是为了用水的方便，可以容纳六十余人的大房子，可能是城外乌卢斯中本氏族人躲避战事的居住场所，也是全氏族人议事开会的场所。

1652年叶·哈巴罗夫在报告中说，桂古达尔、奥尔格姆扎、洛托季三位酋长所修建的三座连在一起的土城，"顶部都抹了泥……中间只隔着城墙，城墙下面有地道，没有城门。城里挖有深坑，他们的牲畜和俘虏都藏在里面。环城有两道一俄丈深的深沟。城墙下的地道通向壕沟和城内。城周围是乌卢斯，他们把乌卢斯都烧光了。"②

这三座连体城寨是专为防御俄国的掠夺而新建的，与拉夫凯的城堡结构相同。城内挖坑是为了藏物藏俘虏，烧毁乌卢斯（村落）是为了坚壁清野，断绝敌人的食物。三城联体是为了共同抗击敌人。这三座城堡的军防作用尤为明显。所谓防敌，最初可能是为了防御蒙古和清朝，后来是为了防御沙皇俄国。

关于达斡尔城寨的构造，俄国阿穆尔州博物馆的格·斯·诺维科夫（笔名达斡尔斯基）曾深入研究，提出"达斡尔型的城址是八百至一千二百平方米的四方形场地，四周环以土墙和壕沟（常常是两层，有时甚至有三层），有构造奥妙的入口，大多在南面，很少在东面。广场四角耸立着旧的小塔楼的坐基，其中西北角的塔楼通常要比其他的大，并且总向前突出。在广场出口右边，一般在离边壕（外壕）二、三米处，有一小坑，是

---

① 郝建恒等译：《历史文献补编——十七世纪中俄关系文件选译》，商务印书馆1989年版，第35—36页。

② 郝建恒等译：《历史文献补编——十七世纪中俄关系文件选译》，商务印书馆1989年版，第59页。

神龛的残迹。在这样的城址附近,有许多村落遗迹。"①

文中所记"构造奥妙的入口",是指瓮城而言。西北塔楼向前突出,是指马面而言。西北角塔楼高大、有马面,说明是敌人进攻的主要方向。神龛以何为证,未有说明。从有2—3道壕沟来看,防御设施很强。这些城防设施是中国辽金时代的军事传统。

关于城塞的面积,诺维科夫列出了数据,今列之如下表(为了便于阅读,将面积换算成正方形的城墙周长)。

表2-1 城塞面积换算表

城寨名称	面积(m²)	周长(m)
萨莫顿	1225	140
布谢	1600	160
比比科沃	1400	137
第一谢尔盖耶夫卡	2500	200
第二谢尔盖耶夫卡	4225	260
第二新波克罗夫卡	10000	400
第三新波克罗夫卡	1600	160
第四新波克罗夫卡	1600	160
第六新波克罗夫卡	460	85.8
第二米洛瓦诺夫卡	1600	160
伊格纳提耶夫	3900	249.8

从以上这些数据来看,大城址周长为400米,中等城址周长为200—260米,小城址周长为200米以下,最小者周长不足100米。周长是衡量城池规模的依据,数据表明达斡尔城堡都比较小,称之为城寨更为合适一些。城寨是氏族集体修建的,当时每个氏族的居民都不多,由于每个氏族的劳动力有多少的不同,因而所修建的城寨有规模大小的不同。

---

① [苏]诺维科夫—达斡尔斯基等:《阿穆尔州地志博物馆与方志学会论丛》,黑龙江人民出版社1978年版,第10—17页。

二、村落

城寨周围为村落，称作乌卢斯。乌卢斯源自蒙古语，又写作兀鲁思，意为人、领地。氏族酋长一般居住在城寨中，部民则散居城寨附近，形成大小不等的村落。有氏族酋长的地方必定有村落，达斡尔巴托加酋长住在维季姆河上的卡尔加河河口，"他的（住地和）乌卢斯都在同一个地方，"[①] 即证明了这一点。

1650 年，雅克茨克督军德·弗兰茨别列科夫奏书称，曾派遣哈巴罗夫沿奥廖克马河，"前往拉夫凯酋长和巴托加酋长及其乌卢斯人众所属之地"[②]。

1652 年，军役人员致哈巴罗夫信中称："丘隆恰带领自己的乌卢斯人众来班布莱寨，意欲为自己的儿子向君主缴纳实物税"；"拉夫凯和奇帕都沿石勒喀河而下投奔达萨乌尔酋长去了，其他一些酋长也带领乌卢斯部众跑到达萨乌尔处聚集。"[③]

1652 年 8 月，军役人员特·叶尔莫林在报告中称，哥萨克"前去丘隆恰酋长的乌卢斯……在该乌卢斯抓获丘隆恰酋长之子名叫克诺乌尔"[④]。

这类记载很多，不胜枚举。说明在达斡尔酋长城寨附近多有村落分布。俄国学者诺维科夫《古代黑龙江沿岸地区》一文，曾记录了城寨旧址附近的村落遗址。

在布拉戈维申斯克区谢尔盖耶夫卡村，城址对面河边，可以看到村落遗址，有掺灰烬和木炭的文化层，厚约 10 厘米。

在第二新波克罗夫卡城，城外有村落遗址，可以见到土坑、灰烬、陶

① 郝建恒等译：《历史文献补编——十七世纪中俄关系文件选译》，商务印书馆 1989 年版，第 2 页。

② 郝建恒等译：《历史文献补编——十七世纪中俄关系文件选译》，商务印书馆 1989 年版，第 35 页。

③ 郝建恒等译：《历史文献补编——十七世纪中俄关系文件选译》，商务印书馆 1989 年版，第 44、47 页。

④ 郝建恒等译：《历史文献补编——十七世纪中俄关系文件选译》，商务印书馆 1978 年版，第 55 页。

片和家畜猪、羊、马、牛的骨头。

在第三、第四新波克罗夫卡城址的西南和西北面，有村落遗迹。

在第五新波克罗夫卡城周围，有广阔的村落遗迹，如土坑、土丘、大石头和家畜的骨头。

在第六新波克罗夫卡城外，有大坑穴和人工制作的粘土小平板。

在第一米洛瓦诺夫城四周的平原上，有一处村落遗址，"布满了大小不等的坑穴、土岗的宽阔的村落遗址。在村落遗址上有许多石头、动物骨头和满洲型陶器残片……石网坠"①。

在伊格纳提耶夫村西，距阿穆尔河（黑龙江）3000—4000 米有一城址，城址的东、南、西三面保留着地面住房的广阔村落遗址，遗址中发现有石网坠、陶片和卵形玉石。

这些村落遗址中的地穴，应是贮存粮食的地方，家畜有猪、羊、马、牛，说明家畜饲养发达，石网坠说明用渔网捕鱼，陶片是生活陶器的证明。这些出土物表明，达斡尔人是以农业耕种为主，家畜饲养占有重要地位，渔猎盛行。

达斡尔居住的房舍，有高低之别。氏族酋长的住房，以拉夫凯为例，是用石头砌筑，用圆木为窗，窗格上糊纸，大房子可住六十余人，也许是氏族聚会议事的场所。以圆木为窗，其支柱、房梁、篆子也应木构，房顶可能覆以茅草，用以保温。为了防止大风将茅草吹散，茅草之上可能会用沉木压之——后世的达斡尔草房均是如此。室内会有火炕，室外会有烟筒排烟。额附巴尔达齐的住房，会更讲究一些。氏族的经济水平有高低之别，拉夫凯算是财力雄厚的酋长，其他酋长未必如此。

达斡尔一般民众，可能居住半地穴式茅草房，利于冬天保温防寒。村落遗址中常见的深坑、地穴，除贮存粮食以外，有些可能是房基址，即北方常见的"地窨子"，通常是没有窗户的，有利于室内保温。一般居民的生活是相当艰苦的。

___

① ［苏］诺维科夫—达斡尔斯基等：《阿穆尔州地志博物馆与方志学会论丛》，黑龙江人民出版社 1978 年版，第 12—15 页。

俄国文献记载达斡尔乌卢斯（村落）的民宅为帐篷。1641 年，彼·戈洛文维沙皇的奏疏称："巴托加住在维季姆河……他的乌卢斯……帐篷都用圆木搭建。"① 1646 年记载，达斡尔酋长达瓦里亚"腾出三座帐篷，供（俄国人）尤什卡等居住"②。1652 年 8 月，叶·哈巴罗夫在报告中说："途中所经乌卢斯、帐篷鳞次栉比，都不很大。每个乌卢斯有十座帐篷。"③ 所谓帐篷可能如同蒙古人的庐帐一样，是可以随时拆卸、安装的活动式房屋，应是用圆木搭建，是供一般民众居住的场所，大概是从当地居住的蒙古人那里学来的。由于拆卸、组装甚为方便，因此，在许多乌卢斯（村落）中都可以见到。

---

① 郝建恒等译：《历史文献补编——十七世纪中俄关系文件选译》，商务印书馆 1989 年版，第 2 页。

② 郝建恒等译：《历史文献补编——十七世纪中俄关系文件选译》，商务印书馆 1989 年版，第 11 页。

③ 郝建恒等译：《历史文献补编——十七世纪中俄关系文件选译》，商务印书馆 1989 年版，第 65 页。

第八章　达斡尔的社会形态

据马克思、恩格斯研究，人类社会的发展，具有五种社会形态，即：原始社会、奴隶社会、封建社会、资本主义社会，最后是共产主义社会。共产主义社会尚未实现，社会主义社会是共产主义的初级阶段，也可以说是资本主义社会向共产主义社会的过渡阶段。

人类社会发展的不同形态，是由生产力发展水平和与之相适应的生产关系决定的。恩格斯说："唯物史观是以一定历史时期的物质经济生活条件来说明一切历史事件和观念，一切政治、哲学和宗教的。"[1] 我们在分析研究 17 世纪中叶以前的达斡尔社会形态，必须遵循唯物史观，首先考察其生产力发展状况，在此基础上才能科学地分析其社会形态。

第一节　生产力发展水平

一、土地公有

生产资料公有制，是氏族社会的基础，17 世纪中叶以前，包括土地、森林、草地、河流湖泊，都属于社会公有。不仅达斡尔，其他鄂温克、鄂

---

[1]　［德］恩格斯：《论住宅问题》，《马克思恩格斯选集》第 2 卷，人民出版社 1972 年版，第 537 页。

伦春、赫哲等民族，均是如此。

鄂伦春、鄂温克、赫哲都是黑龙江流域的土著居民，由于生产力发展水平低，在 17 世纪中叶以前和以后的很长一段时间内，都处于原始社会阶段。流动和半流动的生活方式，造成他们不能长期在同一个地方定居。这一时期的土地、森林、草地和河流湖泊都是各族共同所有的。例如鄂伦春先在此狩猎，过一段以后会追逐野兽迁徙到别处；此后鄂温克会到此狩猎活动，则变成了鄂温克的栖息地。因此，土地、森林、草地和河湖都不能占为私有，自然是各族共用的场所。

达斡尔来到黑龙江北以后，所面临的现实是生产资料公有制，他们无法改变这种现状。特别重要的是，达斡尔先人曾在根河以北的大兴安山区长期居住，以森林狩猎为生，与黑龙江以北鄂温克、鄂伦春的生活方式相似，土地资源是各民族所共有的。达斡尔的先人曾有过此种经历，对黑龙江以北土地资源的各族群共有制，自然不会感到意外，不会有什么不适应。当时黑龙江流域地旷人稀，各民族各行其是，期间不会产生什么生产生活上的矛盾和冲突，相互和平共处成为历史的选择。

对于达斡尔内部而言，其人口数量不多，各氏族根据自己的需要，对其生活空间可以自由选择，只要不影响相邻氏族的生计就可以了。由于居住分散，当时达斡尔的居住范围非常广大（见第一章达斡尔的分布），说明居住地的选择有充足的空间，氏族之间以山河为界，不会有什么侵犯。达斡尔人士卜林著文说：“相当一部分民族学者认为，‘哈勒’来源于‘哈力’，‘哈力’原意为‘河谷’或‘山沟’（满、蒙、达语都是如此）。一个‘哈勒’的地盘占据一个‘哈力’或几个‘哈力’的幅员。”①“哈勒”又作“哈拉”，在达斡尔语中意为氏族、姓氏。一个氏族能够占据一个或数个大河谷生活，说明当时土地很多，每个氏族根据人口的多少和实际需要，可以不受限制，随便占用。这正是土地公有的证明。

土地公有是人少地多的必然结果，也是氏族公有制的重要表现。达斡

---

① 卜林：《达斡尔的“哈勒”和“莫昆”》，《达斡尔资料集》第 2 集，民族出版社 1998 年版，第 671 页。

尔在黑龙江以北居住时期，是以粮食种植为主业，属于农业民族。由于地多人少，对土地的需求量不大，土地的重要性没有表现出来，没有成为主要财富。当时最重要的财富是人力和耕牛，只要有充足的人力和耕牛，便能够开垦大量的耕地。耕牛很重要，被称作"地上龙"，耕牛的多少成为一个氏族财富多少的象征和标志，达斡尔重视养牛的原因便在于此。牛可以耕地，又可以拉车，是农业民族家畜中最重要的一种。达斡尔将马用于坐骑，不用于耕地，使牛的作用更加凸显出来，成为重要的财富。还有，蒙古科尔沁部对包括达斡尔在内的黑龙江以北诸族征收赋税，是以户为单位，与占有土地多少无关，也证明了土地并不重要，不是征收赋税的主要依据。土地的价值是随着土地私有化的加深而增值的，当时尚未出现土地私有制，土地的价值没有显现出来。

森林（包括林区的野生动物）、草地（包括牧草和草地野生动物）和河流湖泊（含各种鱼类虾类）是土地的附属品，土地公有共有，森林、草地和河流湖泊自然也随之公有共有，各族人都可以在森林中狩猎，在草场上放牧，在河流湖泊中捕鱼。这种现象在其他民族中也是如此，只是到了晚近才有所变化。土地是人类生活的基础，土地公有抑制了私有制的产生，也影响到了达斡尔社会生活的许多方面。例如耕地不施肥，当耕地肥力减退以后，人们所寻找的出路是开垦新的田地，由于当时闲置的土地很多，这很容易做到。等到弃耕的田地自然恢复肥力以后，再重新耕种，被称作"轮耕制"或"轮作制"。"轮耕制"在黑龙江流域曾普遍流行，"轮耕制"只能在土地特别丰富的地区实行。

二、粮食交易

达斡尔人会种地，所生产出来的粮食特别丰富。粮食不易保存，达斡尔人多将粮食保存于地下粮窖，在黑龙江以北达斡尔的城寨遗址中，常常发现许多大坑地穴，便是贮存粮食的地方。1650 年 5 月 26 日雅克茨克督军德·弗兰茨别科夫奏疏称，哈巴罗夫率领的军役人员占领了达斡尔酋长拉夫凯修建的城寨，"他们从各地窖里为自己找到了许多粮食，陛下，这些粮食足够我皇陛下之军役人员吃两、三年。"① 可知拉夫凯的粮食非常之多。

恩格斯说："在社会的初期，产品是由生产者自己消费的，这些生产者自发组织在或多或少是按共产主义方式组织起来的公社中；用这些产品的余额和外人进行交换，从而引起产品到商品的转化，是以后的事。"② 达斡尔在黑龙江北耕种之初，所生产的粮食只用于自己食用。到了后来，由于耕地面积扩大，耕种技术的提高，所生产的粮食自食有余，于是出现了用粮食与外族交换物品。

一是把粮食卖给蒙古人，换取牲畜。1646 年的俄国文献记载说：

"在拉夫凯酋长的驻地以上，住着三个蒙古王公，他们在石勒喀河畔游牧。其中一个王公有乌斯人众三百名，而其余两个王公各有部众一百名。拉夫凯的粮食盈仓，他把粮食用船运到上述蒙古王公驻地，卖给他们，换取牲畜。"③ 达斡尔人用粮食从蒙古人那里换到的牲畜，可能是以牛、马居多，牛和马是达斡尔人最重视的牲畜。

二是把粮食用来换取邻族鄂伦春、鄂温克的貂皮。1647 年 5 月 27 日，瓦。波雅尔科夫的答问词引用通古斯人的话说："到冬天，他们相率而去，在石勒河上与达斡尔人进行贸易"，这里所说的通古斯人是指鄂伦春人，其所使用的 "银首饰和衣服以及绸缎料子，他们是用貂皮从达斡尔人那里购买的"④。达斡尔头人向清朝贡献的貂皮，一部分是自己狩猎所获，另一部分是用粮食从邻族那里交换而来。

达斡尔与其邻族均无通用的金属货币，其间的贸易是以物易物，属于最

---

① 郝建恒等译：《历史文献补编——十七世纪中俄关系文件选译》，商务印书馆 1989 年版，第 39 页。

② ［德］恩格斯：《资本论》（第三卷）增补，《马克思恩格斯全集》第 25 卷，人民出版社版社版，第 1015 页。

③ 郝建恒等译：《历史文献补编——十七世纪中俄关系文件选译》，商务印书馆 1989 年版，第 10 页。

④ 郝建恒等译：《历史文献补编——十七世纪中俄关系文件选译》，商务印书馆 1989 年版，第 24 页。

原始的商业活动。其交换而来的物品多为生活消费品（银首饰、服装、绸缎）和牲畜（牛、马），缺乏铁、铜金属制品，这些物品很难转化为可以长期保存的财富，不利于财富的积累。铁、铜可以打造先进的农具和兵器。由于缺乏金属资源，在对敌战争中所使用的武器停留在弓箭上面，无法应对俄国人的枪炮，使大量财富遭到掠夺，村寨被烧毁，延缓了其社会发展的进程。

第二节　氏族的联合和扩大

在 17 世纪中叶以前，达斡尔的各氏族在发展上呈现不平衡状态，有的氏族强大一些，有些氏族弱小一些。这从氏族人数的多少可以看出来。据俄国文献记载列表如下：

多普特乌尔氏族　　　15 人

拉夫凯氏族　　　　　30 人

叶热贡氏族　　　　　30 人

图尔昌氏族　　　　　40 人

别布拉氏族　　　　　100 人

舍洛冈氏族　　　　　300 人[①]

其中 15 人的氏族算是最小的氏族，中等的氏族 30—40 人，大氏族100—300 人。氏族人口的数量有如此大的差异，可能与氏族所在的地理条件有关。马克思曾指出："不说社会生产形态的发展程度有大小不等，劳动生产率总是和各种自然条件结合在一起。那些条件，在经济方面，分为两大类：生活资料的自然富源，如土地的肥活性和土地的肥沃性和富于水类的水等等；劳动手段的自然富源，如涌出的瀑布，可供航行的河道，树木，金属，煤炭等等。在文化初期，前一类自然富源具有决定作用；在较高的发展阶段，则是后一类的自然富源现有决定作用。"[②] 自然条件好的氏

---

① 郝建恒等译：《历史文献补编——十七世纪中俄关系文件选译》，商务印书馆 1989 年版，第 8、9、10 页。

② ［德］马克思：《资本论》第 1 卷，人民出版社 1957 年版，第 629 页。

族经济发展快，人口随之而增多；反之经济发展慢，人口随之而少。在人类社会的早期，自然条件的影响特别明显。17 世纪中叶以前的达斡尔处于氏族社会阶段，改造自然的能力低下，地理条件对其经济的影响是不能忽视的。各氏族间发展水平的高低、人口的多少，都与此有关。

当时，各个氏族处于分散状态，彼此来往不多，属于典型的小农经济。不过从文献记载来看，却出现了不同氏族相互联合的例证。例如，拉夫凯氏族只有 30 人，属于中等氏族，然而多普特乌尔说拉夫凯有 300 人，这是怎么一回事儿？原来拉夫凯的大弟舒尔加伊、二弟古尔季盖另有氏族，"他们兄弟三个人彼此相距不远"。如果将这三个氏族合在一起计算有 300 人，那就可以理解了，甚至可能还有别的氏族依附于拉夫凯氏族。我们不妨称之为拉夫凯氏族联合体。

住在西林穆迪河河口的多西酋长，他所在的舍洛冈氏族有 300 人，除此以外还有 4 个氏族依附于多西，他们是别布拉氏族 100 人，图尔昌氏族 40 人，叶热贡氏族 30 人，另有通古斯杜兰氏族 30 人也依附于多西，共同组成了一个由 5 个氏族 500 人的氏族联合体。[①]

在结雅河支流戈库尔加河上，有一个氏族"乌卢斯人众有 200 人"。为什么其人众如此多呢？据记载，这个氏族有两位酋长，一叫奥穆特，另一位叫洛姆博。[②] 一个氏族有两位酋长的情形非常少见，可能这是奥穆特氏族和洛姆博氏族的联合体，出于管理的需要，联合起来以后只能依然保留原来的酋长，于是就出现了一个氏族两位酋长的局面。

以巴尔达齐村寨为中心的结雅河下游，许多氏族都依附于他，形成了氏族联合体。俄文文献记载，巴尔达齐堡寨有 100 名种地的人。此外，在巴尔达齐堡寨的上下游从事耕作的达斡尔人，"他们都是巴尔达齐乌卢斯人"[③]。这就是说有许多达斡尔人为巴尔达齐种地，巴尔达齐成为氏族联合

---

① 郝建恒等译：《历史文献补编——十七世纪中俄关系文件选译》，商务印书馆 1989 年版，第 10 页。

② 郝建恒等译：《历史文献补编——十七世纪中俄关系文件选译》，商务印书馆 1989 年版，第 12 页。

③ 郝建恒等译：《历史文献补编——十七世纪中俄关系文件选译》，商务印书馆 1989 年版，第 13 页。

体的首领。崇德五年（1640）后金平定博穆博果尔大捷以后，"果博尔屯之温布特，博和里屯之额尔喷，噶尔塔孙屯之科奇纳，木丹屯之诺奇尼，都孙屯之奇鲁德，兀喇喀屯之博卓户，得都尔屯这科约布鲁，七屯之人已归额附巴尔达齐"①。这七屯可能原先即从属于巴尔达齐，曾参与博穆博果尔反清活动，失败以后又重新归附巴尔达齐，成为巴尔达齐氏族联合体的成员。

以上四例表明，当时的达斡尔氏族中，已出现了氏族联合体，出现了局部统一的趋势。不过当时氏族联合体在经济上政治上都不够强大，对其他氏族缺乏吸引力，其他各氏族都缺乏大联合的意愿。因此，无法形成统一的氏族联合体，没有形成部落联盟。以后的达斡尔人一直处于分散状态，始终未能实现政治上的统一体。陈述先生指出：清初的达斡尔人，"还是以氏族组成的屯落，为内部组织的中心链条，屯落以内或屯落之间，有自己的大小首领。他们的物质生产决定了他们在这历史阶段上迈着缓慢的步伐。达斡尔人在内迁以前的政治经济生活，基本上是契丹部落生活的继续。"② 陈述先生的上述断语，科学准确地指明了达斡尔南迁以前的社会形态特征。

有人提出："到17世纪初期，外兴安岭以南，黑龙江中上游以北、以东，东起布列亚河，西至到达呼尔山（雅布洛诺夫山）广大区域，是达斡尔族早年生活居住的区域。经过数百年的历史变迁，此时基本上形成了三个比较大的部落联盟，分别管辖着这片辽阔的地区。主要是：以博木博古尔为首的索伦部，这个部落有许多鄂伦春、鄂温克的先民居住其中；以巴尔达齐为首的萨哈尔察部；以根特木耳为首的额尔古纳河流域部。"③

很显然，该作者将此三部都视为达斡尔族的部落联盟。验之史实，只有萨哈尔察属于达斡尔人，以博穆博果尔、根特木耳为首的部落，都不是达斡尔部落；况且这三部都未形成部落联盟，作者所记失之甚矣。

---

① 《清太宗实录》卷51，崇德五年三月己丑。
② 陈述：《试论达斡尔的族源问题》，《民族研究》1959年第8期。
③ 刘金明：《黑龙江达斡尔族》，哈尔滨出版社2002年版，第6页。

博穆博果尔不是达斡尔人，有许多证据。在《清太宗实录》中，多次提到博穆博果尔。崇德二年（1637）记事称；"黑龙江索伦部落博穆博果尔率八人来朝，贡马匹貂皮"；崇德三年（1638）十二月记事称："赐索伦部落博穆博果尔、葛凌阿、瓦代等五人衣服、马匹、弓矢、房屋及一切器物。"说明清朝廷认定博穆博果尔为索伦人。索伦是满族对鄂温克的称谓，为"射手"之意。当时，鄂伦春、达斡尔混在索伦中，清朝未能识别出来。到了崇德五年（1640）、顺治五年（1648）鄂伦春、达斡尔先后被识别以后，索伦便成为鄂温克的专称，到了1958年3月，正式恢复鄂温克的族称。[①]

民国初年，达斡尔知名学者郭克兴撰《黑龙江乡土录》，对博穆博果尔的族属问题进行了深入研究，认定博穆博果尔是索伦人，不是达斡尔人。此文附有长表，彰显达斡尔人的贡献，入表者共89人，其中巴尔达齐被列为卓识第一名，却没有将博穆博果尔列入表中。

阿勒坦噶塔撰《达斡尔蒙古考》，他以民间传述为据，将博穆博果尔称作达斡尔人。这种说法曾被《达斡尔族简史》《达斡尔族百科词典》所采用。其实阿勒坦噶塔所称之民间传述，就是民间传说的另一种说法，是不准确的、靠不住的，因此，他提出博穆博果尔为达斡尔人氏是缺乏证据，不能成立的。[②]

在17世纪中叶以前，达斡尔处于分散状态，虽然出现了局部的氏族联合，然而并未形成部落联盟，在政治上是不统一的。巴尔达齐虽然贵为额驸，显赫一时，然而他并不是部落联盟长，在清朝征伐博穆博果尔之际，只有他所居住的多科城没有参加抗清活动，其余的城屯都踊跃加入抗清斗争，这个事实证明巴尔达齐不是部落联盟长——他没有部落联盟长的权力和威信。《清实录》称他为索伦部长云云，只是由他于带领一些人贡貂的缘故，是清朝对他的贡貂有所褒奖用语，其实他不是什么索伦部长，只是有些影响的氏族长、村屯长，不存在以巴尔达齐为首的部落联盟。

---

① 《鄂温克族简史》，民族出版社2009年修订版，第171页。
② 景爱：《谈博穆博果尔的族属问题》，《东北史地》2016年第1期。

将根特木耳说成是达斡尔的部落联盟长，更是缺乏根据。其实根特木耳也是索伦人，即鄂温克人。17世纪中叶以前，索伦人居住在三个不同地区，一是在贝加尔湖西北，共有12个氏族，称作"使鹿部""喀木民堪"或"索伦别部"；二是在贝加尔湖以东赤塔河、石勒喀河，有15个氏族，称作"使马部""纳米雅儿"；三是在黑龙江上中游、精奇黑江，称"索伦部"。根特木耳是使马部即纳米雅儿当中白雅基尔氏族酋长，不是什么部落联盟长。他曾抗击沙俄巴什科夫匪徒的抢掠，表现很英勇，受到清朝的重用。后来由于种种原因，被沙俄所收买利用，又投向俄国。①

由于鄂温克与达斡尔普遍通婚，有些姓氏相同共用，成为关系非常密切的"亲戚民族"，因此在民间传说中，根特木耳有时被称作"达斡尔王子"，有时被称"索伦部小王公"。这些不同的传说，对专家学者产生了一定的影响，各执一词，或称根特木耳是通古斯人、鄂温克人，或称他是达斡尔人，甚至采用折中的办法，称他是这两个民族共同的酋长。②

在多民族地区，一个酋长、国王可以统治多种民族，这种例证很多，不胜枚举。例如沙皇俄国，中国的辽金元清各朝，都是如此。然而这并不能改变酋长、国王的族属。根特木耳是索伦氏族酋长，是使马部纳米雅儿中的氏族酋长，是肯定无疑的。近年不断有人到俄国布里亚特蒙古自治共和国境内进行民族调查，发现当地的许多少数民族称作鄂温克人，自称是根特木耳之后裔，没有发现达斡尔人。这一调查，也证明根特木耳确实是鄂温克人。③

由此可知，将根特木耳说成是达斡尔额尔古纳部落联盟长，是没有任何根据的一种推测，显然是不能成立的、没有人相信的。况且"使马部索伦"，即"纳米雅儿部"，在17世纪中叶时，各氏族分散而居，没有形成什么部落联盟，著名的根特木耳也只是白雅基尔氏族的酋长而已。

在崇德四年五年（1639—1640）反抗清朝征讨的战争中，鄂温克、达

---

① 吕光天：《清朝初期的鄂温克族》，《黑龙江文物丛刊》1982年第3期。
② 滕绍箴：《达斡尔文化研究》，辽宁民族出版社2014年版，第28页。
③ 这是黑龙江省社会科学院刘涧南先生所提供。

斡尔等族在博穆博果尔的影响下，共同反抗斗争，这只是各族在危急情况下出现的暂时性的联合，随着反清斗争的失败，这个临时性的联合随即解体，未能得到保留和加强。其原因是当时各族的社会经济发展不够强大，无法支持长久的政治联合。还有巴尔达齐为了自身安全，未能参加到抗清斗争中，这也产生了一定的消极影响和互解作用。

第三节　达斡尔的社会性质

在 17 世纪中叶以前，居住在黑龙江以北达斡尔，尚处于原始社会末期。居民出现了贫富的分化，氏族长多半居住在城寨中，部民则居住在城寨周围的村落中，证明了氏族长与一般的部民有了明显的区别。财富存贮在城寨中，城寨内有贮藏粮食的地窖和畜生圈所，氏族长居住在贴有窗纸明亮的房屋中，而一般的部民则是以帐篷为居所，成为鲜明的对比。氏族长代表本氏族向外族出卖粮食（例如拉夫凯），代表本氏族向后金朝贡，会得到许多赏赐（如巴尔达齐），都会增加其个人财富的积累。巴尔达齐成为额驸以后，曾修建巨大城池，供皇室的公主（满语称格格）居住。巴尔达齐还帮助他的女婿图隆洽修建了固若金汤的城寨。这些都证明巴尔达齐非常富有，成为达斡尔人积累财富最多的氏族长——酋长。巴尔达齐的财富主要来自后金的赏赐，属于特殊的例外，不具有代表性。至于其他的氏族长，如拉夫凯、多西的财富积累，远不能与巴尔达齐相比。

地理环境制约了达斡尔生产力的发展。肥沃的土地有利于耕种和放牧，茂密的森林利于狩猎，因而其农业和畜牧业得以快速发展，超过了其他邻族。然而这里缺乏铁矿资源，达斡尔人不会采矿炼铁，其铁器是外族人传入的，这在很大程度上制约了其经济和社会的发展。当时，达斡尔处于分散状态，各氏族各自为政，不相统一，即使是额驸巴尔达齐也没有能力统一达斡尔各氏族。在《清实录》中有时称他为索伦部长，有时称他为索伦头人，有时称他为额驸。其实当时达斡尔尚未形成部落联盟，自然巴尔达齐也不可能是达斡尔的部长。达斡尔的实力要比邻族强一些，然而从整体上来看，其经济社会的发展是比较缓慢的，没有强大的经济基础，就不可能实现政治的统一。虽有贫富的差别，却没有出现阶级对立。

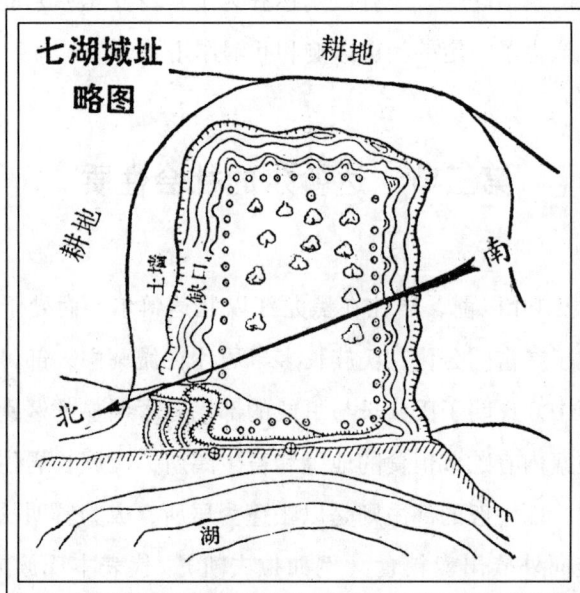

图 2-4 巴尔达齐城

采自《阿穆尔州地志博物馆与方志学会论丛》

有人提出：17 世纪中叶以前的达斡尔社会已出现了阶级分化，称从民间传说和有关的文献资料来看，17 世纪的达斡尔族，不仅有明显的贫富分化，而且已经发生了人奴役人的现象。① 其依据是：达斡尔人传说，早在几百年前在黑龙江北岸地区居住时，他们民族内部已经有了贫富差别，大的富有者，在他的大门两侧立碾盘，以示其富有；次者立碾磙以为标志。在达斡尔民间广泛流传的关于齐帕告状传说的社会背景和达斡尔族部落酋长拉布凯与俄国东入侵者会晤带的 4 名随从中，有一名仆人等材料，说明当时在达斡尔族内部已经有了初步的阶级分化。

① 《达斡尔族简史》修订本，民族出版社 2008 年版，第 16 页。

上述民间传说，采自《达斡尔族社会历史调查》一书。① 作者所称的"文献资料"即指此书而言。齐帕真有其人，是石勒喀河下游的达斡尔酋长，见于俄国的档案。② 在传说中，巴尔达齐强占齐帕之妻，割断齐帕双腿。齐帕逃到京城向清朝皇帝告状取胜。其实齐帕住在石勒喀河下游，巴尔达齐居住在精奇里江下游，二者相距千余里，互不往来，互不相识。民间传说竟把两个互不相干的人拉扯在一起，编造了荒诞不经的离奇故事。作为专家学者以此传说为依据，来论证达斡尔在黑龙江北居住时期出现了阶级分化，是很不严肃的，岂能让人信服。

该书所称达斡尔酋长拉布凯会晤俄国人之事，"拉布凯"当为拉夫凯之误；其实不是什么会晤，而是偶遇。拉夫凯与叶·哈巴罗夫之偶遇，见俄国档案记载。此前，1647 年，拉夫凯曾亲眼见过瓦·波雅尔科夫匪徒之为非作歹，故而对俄国人怀有戒心。1650 年，拉夫凯听说叶·哈巴罗夫要来抢掠，他弃城转移之际，不意途中竟与叶·哈巴罗夫偶然相遇。与拉夫凯同行人的有他的弟弟、女婿和仆人。当俄国人前来侵扰之际，出于安全考虑，多人同行，自在情理之中。所谓仆人就是杂役，在车前马后侍奉主人，为主人服务。拉夫凯的仆人，其实是他的跟班、助手，多以本氏族子弟可信之人担任，不能视之为奴仆、奴隶。以此为据证明达斡尔出现了阶级，是不妥当的。

至于大富者门前立碾盘、次富者门前立碾碌为标志，没有事实为据，是作者杜撰出来的。无法令人相信。

阶级的产生与土地私有制出现有关。恩格斯说："一切文明民族都是从土地公有制开始的。现已经经历了一定原始阶级的一切民族哪里，这种土地公有制在农业的发展进程中变成生产的桎梏。它被废除，被否定，经过了或短或长的中间阶段之后变成了私有制。"③ 在黑龙江北居住时期，

---

① 《达斡尔社会历史调查》修订本，民族出版社 2009 年版，第 27—28 页。
② 郝建恒等译：《历史文献补编——十七世纪中俄关系文件选译》，商务印书馆 1989 年版，第 46 页。
③ ［德］恩格斯：《反杜林论》，《马克思恩格斯选集》第 3 卷，人民出版社 1972 年版，第 178 页。

甚至在南迁嫩江流域以后很长一段时间内，达斡尔土地公有，没有出现土地私有制，这就遏制了阶级分化的产生。因此，在黑龙江北居住时期，达斡尔仍然处于原始社会时期，没有出现阶级。虽然出现了贫富的分化，然而贫富分化不等于阶级分化阶级对立，只有贫富分化达到很高的程度，公有土地变成私有土地，利用土地剥削他人，无偿占有他人的劳动果实，才能出现阶级对立和阶级社会。这是人类社会发展的普遍规律，达斡尔也不能例外。

原始社会是以血缘为基础，恩格斯指出："氏族是以血缘为基础的人类社会的自然形成的原始形式。"① 阶级的产生，氏族必然破坏，血缘关系也随之破坏。然而在黑龙江北居住时期，以血缘关系为基础的氏族哈拉（老氏族）、莫昆（新氏族）十分兴盛发达，也证明阶级尚未产生。

通常军事民主制是原始社会走向阶级社会必经的阶段。对于达斡尔来说，在江北时期却未曾出现军事民主制，未有以掠夺财富为目的的战争，达斡尔反而成为科尔沁蒙古的掠夺对象。这是社会经济不够强大，无力支持掠夺战争有关。此事亦证明，江北时期的达斡尔未进入阶级社会。

各种材料都表明，在黑龙江北时期，达斡尔社会尚未走出原始社会，阶级尚未产生，从其经济和社会发展水平来看，尚处于原始社会的末期，父系氏族社会晚期。有人认为，17 世纪的中叶的达斡尔族早已跨出了氏族社会，② 是缺乏证据，不能成立的。

---

① ［德］恩格斯：《为马克思资本论》（第 1 卷）第 3 版加的注，《马克思恩格斯全集》第 23 卷，第 389—390 页。

② 满都尔图：《略论达斡尔族的氏族制度》，刊《社会科学战线》1985 年第 2 期，后收入《满都尔图民族学文集》，民族出版社 2006 年版，引文见该书第 137 页。

第三编

清代的达斡尔族

第九章　反抗清朝的自卫战争

崇德四至五年（1639—1640），发生了黑龙江北索伦各族反抗清朝征讨的战争，被史家称作"索伦之战"。"索伦之战"很重要，具有划时代的意义。战前索伦各部大部分居住在黑龙江以北，在名义上是明朝的臣民，受科尔沁蒙古管辖。不过到了明朝末年，明朝内部矛盾重重，出现了种种危机，自顾不暇，对黑龙江北各族疏于管理，江北各族处于游离状态，可以自由向清朝贡貂。"索伦之战"以后，索伦各族纷纷转而投降清朝，变成了清朝的属民，开始向黑龙江南迁移，被编入满洲八旗组织。这种改变对达斡尔的社会发展产生了深远的影响。

第一节　达斡尔的贡貂活动

明神宗万历四十四年（1616），努尔哈赤在赫图阿拉（今辽宁新宾县境内）称帝建元，称大金国（史称后金）。明毅宗崇祯九年（1636），皇太极改大金为大清。清朝建国以前，已经统一了今辽宁、吉林东部各女真部落，然而黑龙江沿岸和濒临日本海的许多女真部落和索伦部落尚未归附。为了壮大实力，解除南下伐明的后顾之忧，对上述各族采取了"征抚并用"的方针，"顺者以德服，逆者以兵临"。在用武力征服了萨哈连部、呼尔哈部、东海窝集部以后，则转向黑龙江中上游的索伦部。

清朝对萨哈连、呼尔哈、东海窝集部的征讨，为降服黑龙江北索伦部创造了良好的条件和准备。清朝对上述诸部的征讨，显示了巨大的军事力量，对索伦各部无疑产生了相当大的影响，他们惧于清朝的兵威，纷纷主动地向清朝贡献方物，用以讨好清朝廷。

据《清实录》记载，自清太宗皇太极即位之初年，便不断有索伦各部进贡。天命十一年（1626）十二月①，"黑龙江人来朝，贡名犬及黑狐、元狐、红狐皮、白猞狸孙、黑貂皮、水獭皮、青鼠皮等物"。天聪元年（1627）十一月，"萨哈尔察部落六十人来朝，贡貂、狐、猞狸狲皮"②。"黑龙江人"指索伦，在《清实录》中频见，额驸巴尔达齐被称作黑龙江地方头目可以为证。"萨哈尔察"本是满语对黑貂皮的称谓，凡是产黑貂皮、贡黑貂皮的部落，清朝都称之为"萨哈尔察"，不是某一部落独具的专称，最初清朝廷对黑龙江贡貂部落人员的族属不甚清楚，往往统称为"萨哈尔察部落"，由于额驸巴尔达齐贡貂次数在《清实录》中记录最多，有人认为"萨哈尔察部落"就是达斡尔，这种认识未必准确，因为贡貂的人还有鄂温克人、鄂伦春人。"萨哈尔察部落"又被称作索伦部，因此，在《清实录》中贡貂的人既可称萨哈尔察某人，又可以称索伦部某人。例如额驸巴尔达齐有时被称作"萨哈尔察额驸"，有时被称作"索伦部萨哈尔察地方额驸"。③ 从"索伦部萨哈尔察"的行文来看，索伦部内有萨哈尔察，索伦部的范围要大于萨哈尔察。据《清太宗实录》记载，在天聪（1627—1935）、崇德（1636—1643）年间，达斡尔人向清朝廷贡貂的次数很多。例如：

天聪七年（1633）十一月，费扬古、满岱等率 46 人来朝，贡貂皮 1769 张。

天聪八年（1634）五月，巴尔达齐率 44 人来朝，贡貂皮 1818 张。

天聪八年（1634）十月，京古齐、巴尔达齐率 35 人来朝，贡貂皮、

---

① 清太宗皇太极即位之初，曾沿用清太祖天命年号。
② 《清太宗实录》卷 1，天命十一年十二月壬戌；卷 3，天聪元年十一月辛巳。
③ 《清太宗实录》卷 23，天聪九年四月辛丑；卷 23，天聪九年六月丁亥；卷 28，天聪十年四月庚辰。

狐皮。

同年六月，巴尔达齐率 16 人来朝贡貂。

天聪十年（1636）三月，费扬古、卓嫩、吴墨特等 9 人贡貂。

崇德元年（1636）年四月[1]，额驸巴尔达齐率 14 人来朝，贡貂皮。

崇德二年（1637）十月，巴尔达齐率 57 人贡貂皮。

同年十月，额驸巴尔达齐遣 62 人贡貂皮。

崇德三年（1638）十一月，额驸巴尔达齐之弟萨哈莲等 51 人来朝，贡貂皮。

其中额驸巴尔达齐先后 8 次率领 301 人来朝贡貂皮，在他的影响下，贡貂的达斡尔人不断增多，例如浑秦屯的扈育布禄就是在他的影响下加入了贡貂的行列。[2] 巴尔达齐组织联络达斡尔贡貂，深受清朝廷的重视，故而被招为额驸。天聪十年（1636），见有额驸巴尔达齐的记载，说明他应是在这一年成为额驸的。[3]

关于巴尔达齐所尚公主（满语称格格）的身份，有人称是皇姐（清太宗皇太极之姐）[4]，有人称是宗室女、皇族女儿，[5] 有人考证是皇子务达海之女。[6] 这些说法均无确凿的证据，都是出于推断。不管巴尔达齐所尚公主身份的高低如何，都表明清朝廷对巴尔达齐的贡献给予高度的肯定和奖赏。清朝廷期待能用招抚的手段，将黑龙江北索伦诸部纳入领属，统一黑龙江流域，然而却不想一场战争改变了预先的设想。

---

① 天聪十年四月，改元崇德。

② 《清太宗实录》卷 39，崇德二年十月丙午、十一月己丑。

③ 《清太宗实录》卷 28，天聪十年四月庚辰。

④ ［日］池尻登：《达斡尔族》，奥登挂译，乐志德主编：《达斡尔资料集》第 2 集，民族出版社 1998 年版，第 251 页。

⑤ 古清尧：《漫议巴尔达齐所尚"公主"的身籍、作"质"及名字问题》，《中央民族大学学报》1994 年第 5 期。

⑥ 滕绍箴、苏都尔·董瑛：《达斡尔族文化研究》，辽宁民族出版社 2014 年版，第 19 页。

第二节　由博穆博果尔引发的战争

博穆博果尔是索伦的酋长，其向清朝廷的贡貂活动要比额驸巴尔达齐晚一些，崇德二年（1637）闰四月，始见"黑龙江索伦部落博穆博果尔率八人来朝，贡马匹、貂皮。"① 崇德三年（1638）十月，博穆博果尔又有贡貂的记载，所贡数量无记录。他的居住地在黑龙江上游地区，清军在征讨喀木尼汉索伦别部叶雷时，曾经过了博穆博果尔居住地，"率博穆博果尔追之"，说明其居住处在距外贝加尔温多河（维季姆河）不太远的地方。《朔方备乘》称雅克萨城、阿萨津城为博穆博果尔属人所建，亦证明博穆博果尔辖地在黑龙江上游地区。② 这里距清朝盛京（今沈阳）比较偏远，尤显重要，如果博穆博果尔能率领各部索伦归顺，免于征讨，自然是清朝最祈盼的事情。因此，清朝对博穆博果尔寄予很大希望。虽然他贡貂只有两次，清朝还是予以重赏，除一般的日用品（衣服、马匹、弓箭）以外，在盛京还赏赐房屋，使他在这里能够长期居住下来。

然而博穆博果尔在盛京居住不到一年时间，便不辞而别，率领他的部下又回到了黑龙江故地。此事的详细情形，在文献中缺乏记载。《清太宗实录》记载，崇德四年（1639）十一月，"遣索海、萨穆什喀……率官属兵丁，往征索伦部落"③，说明博穆博果尔的离开时间，应当在崇德四年十一月以前。具体时间，则难于考定。从这年十一月清朝调兵遣将，做征讨博穆博果尔的准备来看，博穆博果尔之离开应当在当年九、十月间。由于他是悄悄地离去，不为外人所注意，过了许久以后请朝廷才知道此事。

对于博穆博果尔不告而别的原因，至今仍是一个谜团。在没有任何根据的情况下，许多人提出了种种猜测，见于有关记载。

---

① 《清太宗实录》卷35，崇德三年闰四月庚戌。

② 雅克萨城的地理位置，可以参见谭其骧：《中国历史地图集》第9册，中国地图出版社1998年版，第14—15页。

③ 《清太宗实录》卷49，崇德四年十一月辛酉。

最早提出此看法的人是阿勒坦噶塔。他根据民间传闻，认为博穆博果尔投清以后，"因待遇不佳，遂于黑龙江北岸旺哈达山集众宣誓而离满洲"①。阿勒坦噶塔（1900—1941）的说法来自民间传说，不可相信。清朝对博穆博果尔赏赐甚多，赐房屋供他居住，如果在盛京长期居住，也可能会赐婚。与巴尔达齐相比，他的贡献要小许多。不能以小人之心度君子之腹，提出什么"待遇不佳"。至于什么"集会宣誓"，完全是作者虚构之说法，在清代文献中找不到有关的只言片语。实际上博穆博果尔是在清军压境时，被迫举行反抗斗争，事前毫无准备，那会有什么聚众宣誓之举动。

还有人提出，崇德三年十月清朝廷赏赐给博穆博果尔"房屋及一切器物"，证明"清政府是将博穆博果尔等索伦头目羁留在了盛京，以便进一步将其族众招来收降，而博穆博果尔，恰恰就是因不甘为清朝廷软禁控制，失去独立地位，才自盛京'叛去'，逃回到黑龙江地方的"②。这种说法有些离奇，将朝廷所赐房屋、器物解释为"软禁"，是违背了生活常理的。如果清朝廷真的出于"羁留""软禁"的考虑，一定会看守很严，设士兵加以禁卫，岂能让博穆博果尔轻易逃走？

孟定恭（镜双）认为："黑水诸部惟索伦达斡尔为大．博穆博果尔得众心，江南北各城屯俱附之．清太宗虑其势盛不可制"云云。③ 后人据此加以发挥，称"民间传说中，博穆博果尔和巴尔达齐因争美女而引起不和，从而巴尔达齐终生与博穆博果尔为敌。清朝统治者利用他们之间的矛盾，进行分化、挑拨，便在索伦部内支持达斡尔部落首领巴尔达齐，以平衡当地力量，这使博穆博果尔十分不满，于崇德三年（1638 年）率领所部开始与清朝敌对起来。"④ 所谓博穆博果尔与巴尔达齐争美女，清朝挑拨博穆博果尔关系，都是子虚乌有的故事，是杜撰出来的妄言，没有文献可据。当时清朝欲统一黑龙江地区，正当求良才之际，岂能故意挑拨博穆博

① 阿勒坦噶塔：《达斡尔蒙古考》，1933 年奉天关东印书馆印制出版。此据《达斡尔资料集》第 2 集，民族出版社 1998 年版，第 33 页。
② 金鑫：《八旗制度与清代前期索伦达斡尔社会》（博士论文），2011 年 5 月油印本，第 39 页。
③ 孟定恭：《布特哈志略》，《辽海丛书》辽沈书社 1985 年缩印本，第 2483 页下栏。
④ 《鄂温克族简史》，民族出版社 2009 年修订版，第 24 页。

果尔与巴尔达齐的关系，削弱自己的力量。稍加分析，就可以明白这种故事不合情理，是不能成立的。

还有称博穆博果尔贡貂不积极，态度可疑，对清朝不够忠诚，从而"叛去"。博穆博果尔向清朝贡貂，要比巴尔达齐贡貂晚若干年。其原因与巴尔达齐和博穆博果尔居住地远近不同有直接关系。巴尔达齐居住在精奇里江下游，即多科屯，距清朝都城盛京比较近；博穆博果尔所属部众以雅克萨为中心，位于黑龙江城西北，有 1300 余里，阿萨金城在黑龙江城西北 900 里。早在清太宗天命初年，就着手征讨黑龙江中游和松花江下游的呼尔哈部，曾驻兵黑龙江南岸之佛多罗衮寨。并渡江征讨，大获其胜。[①] 天聪四年、五年虎尔哈部相继派人向清朝贡献貂皮。这个消息很快传到索伦部巴尔达齐那里，为了讨好清朝廷，天聪八年巴尔达齐开始向清朝贡貂。远在黑龙江上游千余里的博穆博果尔，在数年以后才得知清朝强大，欲征讨黑龙江各部落的消息，故而其贡貂起步晚，实与他居地偏远、交通不便有直接的关系，有些人对此缺乏了解，误认为博穆博果尔贡貂不积极，这是不对的。博穆博果尔对清朝廷的忠诚，表现在他于崇德二年（1637）协助清朝廷追捕叶雷一事上。叶雷与博穆博果尔都是鄂温克（当时称索伦）人，此事引起清朝廷对他的重视，多次赐物，又赐房屋，都与此有关。

那么，博穆博果尔为什么离开清朝廷出走呢，这与当时鄂温克（索伦）的生活方式有关。鄂温克与鄂伦春同源，都是以狩猎为生，后来有一部分学会了饲养牲畜。其所食所衣与狩猎密切相关，狩猎离不开大森林，因此又被称作"栖林人"，他们向朝廷所贡献的貂皮，也是来自大森林，其生活方式决定了终生不离开大森林。一旦离开了大森林，他们就无所作为了，这也是一件痛苦的事情。

波斯著名史学家拉施德记载，森林兀良合惕部落以狩猎为生，他们视牧羊为一大恶习，以至于父母骂女儿时，只消说："我们把你嫁给一个放羊的人"，她就悲伤透顶，甚至悲伤的上吊自杀。[②] 这个故事对于游牧民

---

① 《清太宗实录》卷5，天命元年八月丁巳。
② ［波斯］拉施特主编：《史集》第 1 卷第 1 分册，商务印书馆 1983 年版，第 202 页。

族、农业民族来说，恐怕无人相信；然而对古代狩猎民族来说，确实是真实可信的。

出身于狩猎的博穆博果尔，如同森林兀良合惕的少女一样，是离不开大森林的，让他长期居住在盛京（今沈阳）房屋中养尊处优，是很不习惯的，甚至会感到寂寞、苦闷，他向往森林狩猎生活，认为那才是人生最快乐的时光。因此，他与他的家人扈从悄悄地离开了盛京，重新回到了他的家园。他之所以悄悄地离开，显然是为了防止清朝廷的阻拦。

类似的例证以前也出现过。崇德元年（1636）五月，清军阿达尔汉追捕毛明安蒙古逃人，曾到达使鹿部喀木尼汉地方，将使鹿部酋长叶雷降服带回，安置于兴京（今辽宁省新宾县）附近多博科居住，以备将来重用。然而叶雷不习惯兴京的气候和环境，没过多久便同妻室、随从82人离开兴京多博科之地回到其故地大森林，最后被清军捕杀。①

清朝廷对黑龙江狩猎部的生活方式缺乏了解，用不同的思维去对待狩猎民族，出现了不切合实际的想法和做法，好心办了坏事。达斡尔属于农业民族，巴尔达齐久居北京安心享受生活的原因，是由于达斡尔的生活方式决定的。

第三节　索伦之战的经过

博穆博果尔的出走，意味着他与清朝关系的决裂，故《皇清开国方略》称之为"叛去"，《开国龙兴记》称"叛之"。在清朝廷看来，这是不可饶恕的罪行，于是决定派大军加以追捕，就像以前追捕叶雷一样。由于博穆博果尔属于索伦酋长，故这次征讨又被称作"索伦之战"。当时，索伦（鄂温克）与达斡尔居住地相邻，犬牙交错，彼此关系非常密切，唇亡则齿寒，于是达斡尔也被卷入战争中，"索伦之战"很快变成了索伦（鄂温克）、达斡尔各族群共同应对清朝讨伐的自卫战争。

---

① 《清太宗实录》卷30，崇德元年六月丁丑；卷35也有记载。

在明朝后期，索伦本部主要居住在黑龙江上游地区。这里的雅克萨城、阿萨津城、兀库尔城、乌鲁苏穆丹城，是索伦（鄂温克）主要居住地，博穆博果尔居住在乌鲁苏穆丹城。他在向清朝廷贡貂的过程中，清朝对其居住地已有一定了解，断定博穆博果尔出走以后，必定要回到其故乡旧地，据此制定了讨伐索伦（鄂温克）的军事计划。

讨伐博穆博果尔的计划，是崇德四年（1639）十一月清太宗皇太极亲自制定的。据《清太宗实录》记载，[①] 讨伐计划主要有以下三个方面。

首先，讨伐的重点是雅克萨、阿萨津、乌鲁苏穆丹、兀库尔诸城，这里既修建有城寨，又控制地理险要，必然要遇到激烈的反抗。皇太极要求行军途中要少停留，"尔等师行所经屯内，有已经归附纳贡之屯，此屯内又有博穆博果尔取米之地，恐尔等不知，误行侵扰，特开列屯名数目付尔，毋得违命，骚扰侵害"。这些纳贡之屯，有些可能是索伦（鄂温克）屯，有些可能是达斡尔屯，例如向博穆博果尔供米之屯可能为达斡尔屯。行军贵在神速，途中少停留便于早些到达目的地。

其次，提出："行军之际，宜遣人哨探于前，防护于后，加意慎重，勿喧哗，勿参差错乱，勿忘纪律。"由此可知，皇太极之意是秘密行军，避免走漏消息，既可以防止博穆博果尔途中阻拦骚扰，又可以神不知鬼不觉的到达博穆博果尔城下，采用偷袭的办法一举夺城，达到迅速擒获博穆博果尔的目的。

第三，将军队分为左、右二翼，左翼以工部承政（后改为尚书）萨穆什喀为主将，以正蓝旗梅勤章京伊孙为副将；右翼以刑部承政（尚书）索海为主将，以正红旗梅勤章京叶克书为副将。行军之际，"或两翼分行，则各听该队将令；或同行，则总听两翼将令。凡事且公同酌议行之。"

这个军事计划可算是很完美周到，然而在战场上却遇到了顽强的抵抗。萨穆什喀的左翼军承担攻城，然而"有铎陈、阿撒津（阿萨津）、雅克萨、多金四木城人，拒敌不降"。于是，右翼梅勤章京叶克书"率兵来助"攻打雅克萨城。城上激烈反击，难以攀登城墙。由于是木城，最后改

---

① 《清太宗实录》卷 50，崇德四年十一月辛酉。

用火攻，纵火"焚烧城南关厢"，和讬、朱玛喇等军官各率 20 士兵从南城门进入城内。时有达尔布尼、阿恰尔都户、白库都、汉必尔代四人，"聚七屯之人兀库尔城"，严密固守城池。左翼主将萨穆什喀率副将伊孙等大小军官士兵攻城，仍难以攻克，最后也是用火攻的办法，征战了一整天，才得以取胜。在攻打铎陈城时，相持一日不克，次日，"闻各路报博穆博果尔索伦之兵来战，恐伤我兵，遂还"。在攻打兀鲁苏城（乌鲁苏穆丹城）时，索伦、俄尔吞（鄂伦春）、奇勒里（赫哲）、兀赖布丁屯以东、兀木讷克、巴哈纳以西；黑龙江额尔图屯以东，阿里南以西，两乌喇兵六千，来袭正蓝旗后队（按：即左翼清兵），形势非常危急。右翼主将索海设伏，打败了前来救助博穆博果尔的各族援军，生擒 400 人，得以攻占乌鲁苏穆丹城，博穆博果尔逃入山林之中。此后清兵相继以重兵攻克了铎陈、阿撒津、挂喇尔等城屯。①

此次"索伦之战"前后不到一个月，很快结束了。清朝意欲活捉博穆博果尔的计划未能实现，博穆博果尔利用清军的疏忽，巧妙地避开了清军伊勤慎、塔哈布的截堵追击，率领部下 200 人转移到外贝加尔地区。

这场"索伦之战"造成了巨大损失和破坏，清军有章京 2 员、甲士和厮卒 86 人战死；索伦人有 320 人被杀，被俘虏男子 3154 人，妇女小孩 3802 人，被掠去貂皮、狐狸皮 3100 张，貂皮衣 20 领；索伦（鄂温克）的城寨大部分被毁；清军损失的战马、弹药、粮食数量很多，缺乏精确记载。

事后，清太宗皇太极认为此次征讨很不成功，对 20 余名军官进行了惩罚。左翼主将萨穆什喀由于指挥不力，被列出三条罪状，受到"革职、籍其家产、人口入官"的处分。正蓝旗梅勒章京、左翼副将伊孙被革职，"籍家产之半"。正蓝旗伊勤慎防守不严，既俘获博穆博果尔及助手葛凌阿，却其使其逃脱，"坐视博穆博果尔及余众二百遁去"，被处死、籍其家。梅勒章京罗奇，既获俘葛凌阿，"不严行系禁，以致逃去"，被革职，"籍其家产之半"。被革职的还有：巴图俄黑、塔哈布、衮；籍家产的还有：图尔哈、阿尔吉禅、俄黑讷。正白旗额布特对俘虏看守不严，以致逃

---

① 以上引文参见《清太宗实录》卷 51，崇德五年三月己丑。

脱,"应论死,籍其家"。受到鞭挞的有:库尔禅、阿尔赛、拜果达、南济兰、黑勒、赛达等人。右翼主将索海以指挥失措,"罚银 100 两,追还赏物。"正白旗梅勒章京叶克书,"督选监狱不坚,以致本旗俘获之人逃出",各罚银 50 两,还赏物。①

博穆博果尔转移到外贝加尔以后,清军继续追捕。命席特库、济席给率外藩蒙古 350 人,"从蒙古北边,往追击之。席特库等越两月十三日,至甘地。获其弟及家属。又越十四日,至齐洛台地方,遂获博穆博果尔及其妻子家属。共男妇幼稚九百五十六名口,马牛八百八十四。"② 至此,清朝廷终于达到了擒获博穆博果尔的目的,这是崇德五年(1641)十二月之事。在外贝加尔追捕博穆博果尔的过程中,蒙古人由于熟悉当地的地理环境,发挥了很大的作用。"索伦之战"发生在黑龙江上游雅克萨城一带,这里是索伦本部主要居住地区。在此次保卫战争中,黑龙江中游和精奇里江(又称两乌喇,满语称江河为"乌喇")的达斡尔人、鄂伦春人,曾援助博穆博果尔,反映出他在黑龙江各族中拥有很高的地位和声望。特别是精奇里江沿岸达斡尔人,除额驸巴尔达齐所居住的多科屯(城)作壁上观以外,其余各城、屯几乎都参加了抗清战争。这使清朝廷有些意外,于是产生了报复心理。崇德八年(1643)五月,清朝派护军统领阿尔津、哈尔葛等人,在征讨黑龙江呼尔哈部以后,乘势讨伐精奇里江沿岸居住的达斡尔人。由于达斡尔毫无准备,清军所向克捷。"其波和里、诺尔葛尔、都里三处,俘获男子七百二十五名;小葛尔达苏、大葛尔达苏、绰库禅、能吉尔四处,投顺来归男子三百二十四名,妇人二十九口,又俘获妇女幼稚一百九十九口",外有马、牛、貂皮甚多。③

精奇里江是达斡尔人居住最集中的地区。通过崇德五年、崇德八年两次征讨,黑龙江北索伦(鄂温克),达斡尔、鄂伦春以及女真(波和里为女真居住地)、赫哲(奇勒里)都归属于清朝统治,实现了清朝的夙愿。

---

① 《清太宗实录》卷 52,崇德五年七月癸未。
② 《清太宗实录》卷 53,崇德五年十二月庚申。
③ 《清太宗实录》卷 53,崇德八年五月丁巳。

这就稳定了清朝的后方，解除了南下灭明的后顾之忧。因此，清朝对黑龙江北索伦（鄂温克）、达斡尔、鄂伦春、女真、赫哲（奇勒里）诸族的征讨，是一重要军事活动，具有重大历史意义，无论是对清朝廷或对这些少数民族都产生了广泛的、深刻的影响，导致了达斡尔等族的南迁。

第四节　达斡尔诸族的南迁

崇德年间清朝对黑龙江以北诸族的军事征讨，迫使一部分族众南迁。崇德八年讨伐精奇里诸族时，将俘虏的男子，"按丁披甲，编补各旗缺额者"①。这是最早被编入满洲八旗的达斡尔士兵，后来他们随驻防八旗迁移，分散到许多不同地区。

"索伦之战"结束以后，达斡尔人纷纷自发式的南迁。雅克萨城、多金城的攻防战最为惨烈，双方死伤都很多。守城的达斡尔人敖拉氏，在城陷以后，便化整为零，分成三批次，选择不同的路线，南迁到嫩江流域。

第一批是雅尔萨莫昆，他们是从黑龙江南岸迁移到嫩江沿岸，即今齐齐哈尔市梅里斯达斡尔族区卧牛吐镇额尔门沁村，在齐齐哈尔市城区以北35千米处。"额尔门沁"在达斡尔语中本作"额热莫奇"，义为蒿草，是以其地多蒿草得名。最初形成的屯落名叫"希格爱勒"，在达斡尔语中指大屯而言。

第二批是多金莫昆，他们是沿额尔古纳河南下，然后转移至此地，所形成的屯落在"希格爱勒"（大屯）之西南，称作"额莫勒德日"，在达斡尔语中为"偏南"之意。

第三批也是多金莫昆的一支，他们是沿嫩江南下，于"希格爱勒"（大屯）之东形成屯落，由于濒临阿伦河，被称作"莫乃浅"，在达斡尔语中意为"江岸上的人们"。②

这三批达斡尔人，均属于敖拉氏的分支。他们按照不同路线南迁，应

---

① 《清太宗实录》卷53，崇德八年七月戊戌。
② 卜林主编：《达斡尔族村屯录》，1993年内部版，第43页。

是出于安全的考虑，担心途中受阻，故而采用了分路南迁的安全之策。

居住在黑龙江上游得日莫丹河流域的莫日丹氏族，有五个莫昆。在崇德末、顺治初，南迁到齐齐哈尔市区西南45千米的"罕伯岱"，本作"罕毕尔迪"，是部落首领之名，后以该首领之名为村屯名。"罕伯岱"是莫日丹氏族中最大的莫昆。[①]

精奇里江流域的郭博勒氏族，是达斡尔最负威名的氏族之一。在崇德末、顺治初，有一支南迁到嫩江右岸汤池乡，形成了达巴岱村。是以高大的土岗得名。[②]

居住在黑龙江北鄂诺河（后人误称鄂嫩河）的鄂嫩氏，于崇德年间南迁到讷莫尔河沿岸，即今讷河市境内，形成了"博库尔浅"。[③] 在达斡尔语中指"山北阴坡"而言。"博库尔浅"直译汉语为"北山阴坡的人们"，意译应为北山坡村。

生活在黑龙江北额苏里河流域的额苏日氏族，于崇德末、顺治初，有四个莫昆（巴克日、甘昌、乌朗克日、杜尔吐勒），南迁到嫩江中游右岸，形成了齐齐哈村，今称齐齐哈尔村。[④] 在达斡尔语中为天然草场之意。

鄂嫩氏族中的都博浅莫昆，于崇德年间南迁到嫩江中游，形成了"条热尔"村落，后来音译为"提古拉"，是以狭窄的小河得名。在今嫩江县临江乡。[⑤]

原来一同居住在黑龙江南塔河的杜拉尔氏族和鄂伦春关氏，于崇德年间南迁到嫩江右岸，形成了"拉抛屯"，又称"拉皮尼"，是以山上青苔得名，或说是以木耳得名。[⑥] 其地在今内蒙古莫力达瓦达斡尔族自治旗境内。居住于黑龙江北精奇里江流域的精奇里氏族（又称金氏）的四个莫昆（比日热、斯克日、杜氏塔克日浅、吴氏伯尔科），于崇德年间南迁到嫩江右岸山谷中定居，形成了"卡拉奇勒"，今称"哈布奇屯"，在今莫力达瓦达

---

① 卜林主编：《达斡尔族村屯录》，1993年内部版，第81—82页。
② 卜林主编：《达斡尔族村屯录》，1993年内部版，第97页。
③ 卜林主编：《达斡尔族村屯录》，1993年内部版，第4页。
④ 卜林主编：《达斡尔族村屯录》，1993年内部版，第11页。
⑤ 卜林主编：《达斡尔族村屯录》，1993年内部版，第136页。
⑥ 卜林主编：《达斡尔族村屯录》，1993年内部版，第139页。

斡尔族自治旗哈达阳镇境内。①

金氏斯克日莫昆、杜氏塔克日莫昆、梁氏葛恩莫昆，南迁后于崇德年间形成村落，各叫"卡列日"，今讹为"哈列图"，是以野韭菜得名，在今莫力达氏旗哈达阳乡境内。②

崇德年间，敖拉氏族的一支南迁到嫩江右岸，形成了"宜斯坎聚落"。其地南临嫩江，东、北、西三面环山，达斡尔语称这种地形为"宜斯坎"，在今莫力达瓦旗腾克乡境内。③

原居住黑龙江北登特科山下的敖拉氏族一支，于崇德年间南迁到嫩江右岸，今莫力达瓦旗境内，形成了登特科屯。④

原居精奇里左岸的郭布勒氏族，在崇德年间"索伦之战"时，其首领乌莫台带领族众七百人南迁到嫩江左岸讷莫尔河畔，形成了满那屯，又称满乃屯。⑤

顺治初年，黑龙江北达斡尔某氏南迁到嫩江右岸，形成了"化奇屯""凯河屯""宜和德屯""霍日里屯""阿彦浅屯""绘图莫丁屯""大莫丁屯""小莫丁屯"，均在今莫力达瓦旗境内。⑥

敖拉·常兴《巡边记》称：雅克萨城"原是达斡尔部敖拉氏族原籍。后来离散了，留在城里的称雅克萨氏族人；迁到山里称敖拉氏族；住在河沿的是多锦氏族"。⑦ 他所称的"离散"，指的是由于战争而四处逃散。说明崇德年间清军讨伐黑龙江北诸族的战争，是导致诸族南迁的直接原因。

---

① 卜林主编：《达斡尔族村屯录》，1993 年内部版，第 140 页。
② 卜林主编：《达斡尔族村屯录》，1993 年内部版，第 140 页。
③ 卜林主编：《达斡尔族村屯录》，1993 年内部版，第 141 页。
④ 卜林主编：《达斡尔族村屯录》，1993 年内部版，第 142—143 页。
⑤ 《达斡尔族社会历史调查》，民族出版社 2009 年修订版，第 31 页。
⑥ 卜林主编：《达斡尔族村屯录》，1993 年内部版，第 140、141、142、143 页。
⑦ 《敖拉·昌兴诗文研究集》，内蒙古文化出版社 1992 年版，第 22 页。

第十章　抗击沙俄的斗争

达斡尔族在经历清朝廷讨伐以后不久，紧接着又遭受沙皇俄国哥萨克的侵扰，参加了清朝发动的雅克萨战争和《尼布楚条约》的谈判和签订，在这一系列政治活动中，达斡尔展示了他们不畏强暴，保卫家园的高度爱国主义精神，在历史上留下了光辉的篇章。

第一节　反抗沙俄哥萨克的侵扰

一、沙俄侵扰黑龙江的原因

俄国本是欧洲国家，是在莫斯科公国基础上形成的。1235年成吉思汗之孙拔都西征钦察、斡罗斯，建立了钦察汗国（金帐汗国），后来分裂出西伯利亚汗国、喀山汗国、克里木汗国、阿斯特拉罕汗国。伊凡三世时俄国开始对外扩张，称莫斯科是世界首都，俄国是第三罗马帝国。伊凡四世即位以后，则以古罗马著名皇帝恺撒相比拟，自称为"沙皇"（"沙皇"是翻译过程中"恺撒"的音译，实际上是不准确的误译），于是有了沙皇俄国称号。伊凡四世时俄国越过乌拉尔山，先后吞并了喀山汗国、阿斯特拉罕汗国、西伯利亚汗国。

当时在欧洲市场上，毛皮特别珍贵，是俄国与英国、荷兰交易的主要货物，用它来换取"外国布匹、金属、食品、杂货和奢侈品"。[①] 毛皮主要产自西伯利亚，西伯利亚的毛皮约占沙皇俄国财政收入的三分之一，尤其是貂皮最为珍贵，由于缺乏贵金属，在 17 世纪的国家财政中，貂皮在一定程度上起着现代黄金储备的作用。[②]

最初的毛皮（特别是貂皮）主要产自叶尼塞河流域森林，不过经过猎人掠夺狩猎，其数量日渐减少，到了 17 世纪 20 年代，"在这些河流一带的紫貂已被摧残的几近灭绝，所以有进取心的猎人，便离开叶尼塞河，继续东进"[③]。于是进入勒拿河和黑龙江，便成为许多俄国人的梦想。因此，不少的探险家、军役人员和哥萨克冒着种种的危险进入黑龙江地区，寻找毛皮，特别是貂皮新的产地。勒拿河畔的雅克茨克城，成为猎人潮水般涌向西伯利亚的主要通路，这些人从雅克茨克分头沿勒拿河逆水上溯或顺流而下，他们不满足于勒拿河的"貂皮"，继续寻找向东方和南方去的新途径。[④]

关于黑龙江（阿穆尔河）产貂皮的消息，最初是由俄国猎人提供的。猎人从当地居民中打听到了黑龙江的消息。1636 年，俄国哥萨克从找到的通古斯人口中得知，他们曾用貂皮同吉河（结雅河）的部族交换粮食，[⑤]这有粮食的部族其实就是达斡尔人。1637 年，马·佩尔菲利耶夫率领哥萨克溯维季姆而上，1638 年夏到达齐帕河，当地鄂温克人介绍卡尔加河上达斡尔酋长巴托加有很多貂皮。[⑥]

二、反抗瓦·波雅尔科夫的斗争

1632 年，沙皇俄国在勒拿河上兴建的雅克茨克城，设有督军府，是策

---

① ［苏］谢·巴赫鲁申：《哥萨克在黑龙江上》，商务印书馆 1925 年版，第 1 页。

② ［苏］谢·巴赫鲁申：《19 世纪中叶以前西伯利亚殖民大纲》，见《西伯利亚历史选》1932 年版第 31 页。

③ ［苏］谢·巴赫鲁申：《哥萨克在黑龙江上》，商务印书馆 1979 年版，第 2 页。

④ ［苏］谢·巴赫鲁申：《哥萨克在黑龙江上》，商务印书馆 1979 年版，第 7 页。

⑤ 郝建恒等译：《历史文献补编——十七世纪中俄关系文件选译》，商务印书馆 1989 年版，第 12 页。

⑥ ［苏］谢·巴赫鲁申：《哥萨克在黑龙江上》，商务印书馆 1975 年版，第 8 页。

划侵扰黑龙江的政治中心，许多所谓的"探险队"，都是从这里为据点，越过外兴安岭（俄国称斯塔诺夫山）前往黑龙江沿岸。

16 世纪 30—40 年代，担任雅克茨克督军的是俄国御前大臣彼·戈洛文。他是第一任雅克茨克督军，甚受沙皇的重用。为了寻找新的紫貂产地，满足俄国财政的需要，1641 年戈洛文装备了督军府文书官叶·巴赫捷亚罗夫为首的考察队，沿维季姆河溯流而上，用了两年多的时间无功而返。

然而戈洛文在两年以后，又派遣另外的文书官瓦·波雅尔科夫前往"探险"，他行走的路线与巴赫捷亚罗夫不同，是沿勒拿河顺流而下，到达阿尔丹河口，然后溯阿尔丹河，经乌楚尔河、郭纳姆河，再翻越外兴安岭，进入结雅河。波雅尔科夫从 1643 年 7 月 25 日出发，他率领的人员数目说法不一，或说是 127 人，不过据《历史文献补编——十七世纪中俄关系文件选译》记载是 132 人。[①] 携带有铁炮、火药、铅弹等武器。

他们经历了种种困难，来到了结雅河上游。对当地达斡尔酋长采取了绑架、威胁等粗暴的行为。在乌姆列坎河河口，将酋长多普特乌尔抓作人质，强令腾出 3 座帐篷，提供 40 桦皮筐燕麦米，10 头牲畜。俄国士兵绕寨一周，查看武力夺取城寨的可能性。并提出强行进入城寨，被断然拒绝。由于俄国士兵的粗暴，激起了达斡尔人的愤怒，"这两位酋长乌占斯人众，神不知，鬼不觉地集合起来，从寨里和地道里袭击……许多骑手从四野奔袭而来，与他们进行一场鏖战。在鏖战中有十名军役身受重伤，不能离寨逃走，呻吟寨下苟全性命……此后，从寨子附近回来的 40 名军役人员便相继饿死。"[②]

波雅尔科夫从远道而来，所携带的粮食早已用尽，只好以草根为食。他下令说，想不饿死，"去找被打死的异族人，随便去吃。"先后吃掉 50 人，于是被称作"吃人的魔鬼"。当波雅尔科夫乘船从结雅河顺流而下时，

---

① 老军役人员 12 名、通译两名、税吏 2 名、铁匠 1 名、新招募人员 100 名、游民 15 名，合计 132 人。见《历史文献补编——十七世纪中俄关系文件选译》，商务印书馆 1989 年版，第 7 页。

② 郝建恒等译：《历史文献补编——十七世纪中俄关系文件选译》，商务印书馆 1989 年版，第 12 页。

当地的达斡尔人不让他们登岸，显然是害怕被俄国人打死吃掉。在佛教中将吃人的魔鬼称作"罗刹"，于是俄国人也被称作"罗刹"，广泛流传，并进入官方文献中。"罗刹"变成了俄国的代称。

波雅尔科夫"探险队"由于受到达斡尔的反击，不敢久留，只好乘船进入黑龙江。在黑龙江沿岸仍然为非作歹，遭到当地久切尔（女真）人的袭击，他们袭击了俄国人的一个营地，"杀死了所有的人，只有两人幸免于难。"[1] 波雅尔科夫只好率残部离开黑龙江，进入鄂霍茨克海，通过陆地回到雅克茨克城。出发时共132人，回去时只剩下40—50人，只有1/3活命。

三、与叶·哈巴罗夫的战斗

1649年，德·弗兰茨别科夫出任雅克茨克督军，他也是一个狂热的分子，上任不久便同意农民出身的哈巴罗夫的请求，哈巴罗夫自称招募志愿人员，去远征达斡尔土地。他招募了70名军役人员和猎人，于1649年3月出发。他行走的路线与波雅尔科夫不同，是从勒拿河经奥廖克马河、图吉尔河前往石勒喀河。

其上司给他的任务是：要找到达斡尔酋长拉夫凯，寻找银矿，"征收皮毛贡赋"，将途经的河流"绘制成图"。1650年初，哈巴罗夫达到了拉夫凯居住地区，发现拉夫凯及其两个兄弟、女婿修建有5座城寨。拉夫凯大概获得俄国人要来抢劫的消息，事先已有准备，率领部众乘坐2500匹马、携带全部家当和财物，向别处转移。途中拉夫凯与哈巴罗夫偶遇，拉夫凯怒斥哈巴罗夫："你们想把我们全部打死，想抢走我们的财产，掠走我们的妻子、儿女。"然后骑马奔走，哈巴罗夫无力追赶。哈巴罗夫所见城寨都是空空无物，只是找到了拉夫凯的姐姐莫格尔恰克，"用火烧她"，"拷问"拉夫凯的有关情况。

1652年5月，哈巴罗夫从雅克茨克城仍由原路前往黑龙江，放火烧毁

---

① ［苏］谢·巴赫鲁申：《哥萨克在黑龙江上》，商务印书馆1975年版，第8页。

了拉夫凯的城寨和达萨乌尔的城寨，当到达桂古达尔城寨时，他见到桂古达尔酋长，另外两名与他同行的酋长、乌卢斯的博格达人以及所有男子都冲着他们跑到岸边，不让俄国人靠岸。桂古达尔义正词严地告诉哈巴罗夫："我们向博格达皇帝沙姆沙汗纳贡，你们来向我们要什么实物税？等我们把最后一个孩子扔了以后，再给你们纳税吧！"① 俄国士兵用大炮轰击城寨的塔楼，达斡尔人从城上向俄国人射箭，"箭落在田野里，宛如田地里长满了庄稼"。经过一天一夜的战斗，达斡尔人有 214 名战死，另有 427 名大人和孩子在城内自卫战争中牺牲；俄国士兵死伤 49 人。俄国人武器精良，达斡尔人以弓箭为武器，因此达斡尔人伤亡比较大。

不过达斡尔人不怕死的精神，令俄国人深感诧异。图隆洽酋长、托尔加酋长告诉俄国人说："我们是达斡尔人，我们的氏族世居此地。"托尔加酋长被俄国人俘虏以后，大义凛然地宣称："我们既然已落到你们手里，为了自己的土地，我们宁愿自己死去，不能让我们的人同归于尽，我们既然落到你们手里，你们想怎么处置就怎么处置吧，我们既已落到你们手里没有活路，要砍头就砍头吧！"② 最后托尔加酋长以偷刀自尽结束了自己的生命。俄国人如实地记载了达斡尔族酋长托尔加的豪言壮语，可能是为之感动的缘故。哈巴罗夫一伙的烧杀抢掠，在黑龙江沿岸达斡尔、久切尔（女真）、阿枪（赫哲）各族人民中激起了强烈的不满。1651 年 10 月 19 日，乌扎拉村的各族人民共同进攻哈巴罗夫的营地，放火焚烧了这座营地，营地被俄国人称作阿枪斯克。1652 年 4 月 4 日，宁古塔章京海色在各族人们的协助下围剿阿枪斯克，俄国哥萨克死伤 86 人，俄国人被迫狼狈逃出黑龙江。

---

① 郝建恒等译：《历史文献补编——十七世纪中俄关系文件选译》，商务印书馆 1989 年版，第 60 页。

② 郝建恒等译：《历史文献补编——十七世纪中俄关系文件选译》，商务印书馆 1989 年版，第 65 页。

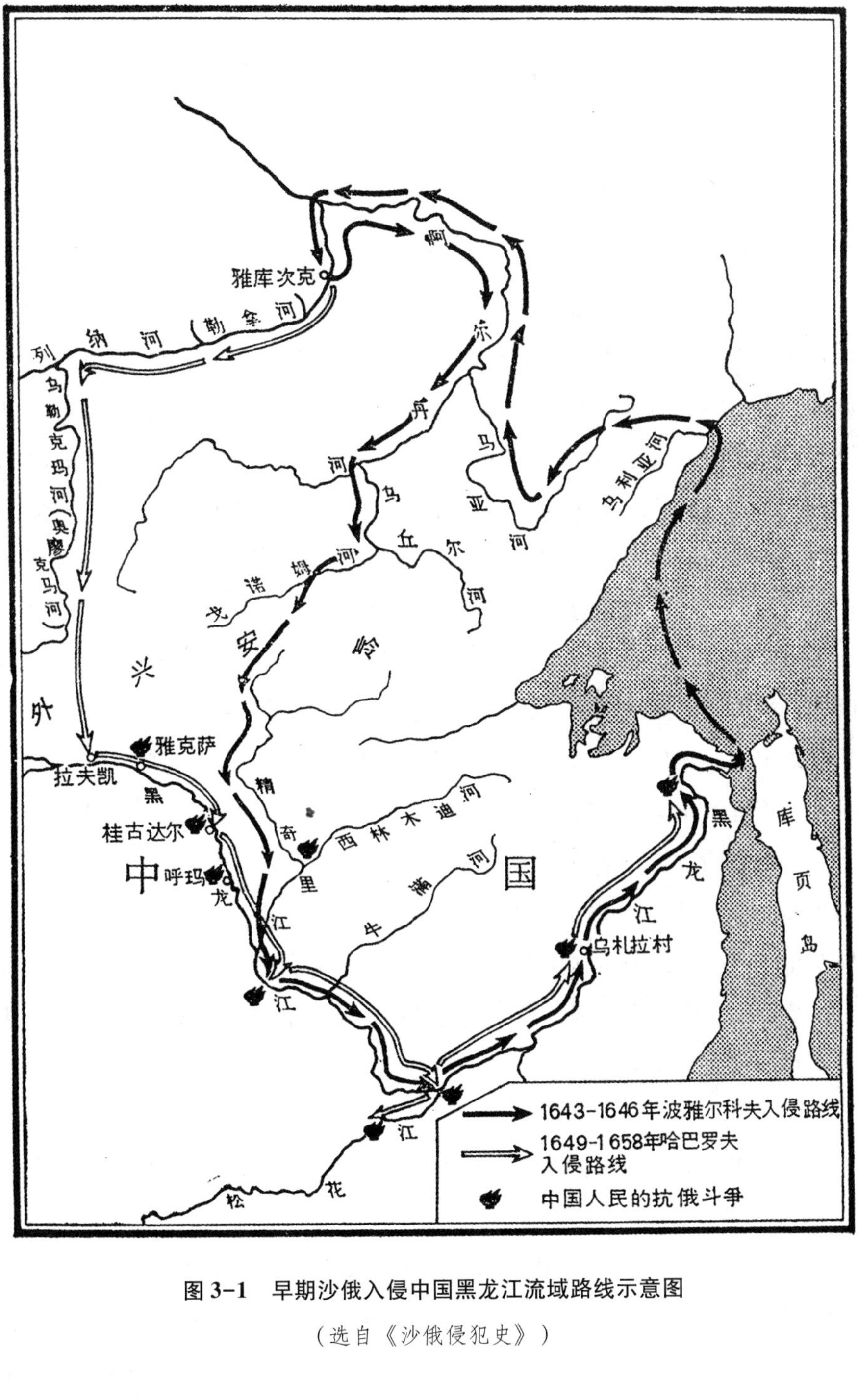

图3-1　早期沙俄入侵中国黑龙江流域路线示意图

（选自《沙俄侵犯史》）

第二节　参加雅克萨之战

当达斡尔人反抗俄国波雅尔科夫、哈巴罗夫侵扰之际，清朝廷已由盛京（今沈阳）迁都北京，取代了明朝政权。明朝虽然已经灭亡了，不过在长江以南却出现了许多由明朝宗室贵族建立的南明政权。其中有设在南京的福王朱由崧，设在浙江绍兴的晋王，设在福建福州的康王，设在广东肇庆的桂王。农民起义军张献忠部将李定国、李来享也参加了桂王政权，共同抗清。此后原已投降清朝的吴三桂、耿精忠、尚之信又先后起兵反清，史称"三藩之乱"，清朝于康熙二十年（1681）才最后平定了"三藩之乱"。在此之前，清朝忙于征讨南明和"三藩"，无暇顾及北部黑龙江地区沙皇俄国的侵扰，这是俄国哥萨克得以猖狂的主要原因。

清朝在平定南明和"三藩"以后，开始关注黑龙江上沙皇俄国的入侵问题，采取了积极地反制措施。顺治九年（1652）七月，在宁古塔（今黑龙江省宁安）派驻沙尔虎达镇守，康熙元年（1662）改为镇守宁古塔等处将军，管理黑龙江地方军政事务。由于地域辽远，鞭长莫及，康熙二十二年（1683）设立瑷珲将军，驻节黑龙江北瑷珲城。考虑到江北交通不便，不久即迁移到黑龙江南岸，改称黑龙江将军，其驻地称黑龙江城（又称瑷珲新城，今黑河市爱辉区爱辉镇）。原宁古塔副都统萨布素改任黑龙江将军，统管黑龙江军政事务，旨在应对沙俄侵犯，捍卫北部边疆。此后，达斡尔族为收复雅克萨城，做出了许多贡献。

一、在达斡尔额苏里氏族住地建城

收复雅克萨城，成为黑龙江将军的首要任务。雅克萨城，何秋涛在《朔方备乘》称是博穆博果尔属人所建，城东南有明卜鲁丹河卫，城西有木河卫，雅克萨城濒临黑龙江湾，旧址尚存，在今俄国阿穆尔州阿尔巴津诺镇，曾是达斡尔酋长阿尔巴西的城寨，是一座木城。阿尔巴西是拉夫凯大弟舒尔加涅伊（又作希尔基涅伊）的女婿。1651 年，雅克萨城被哈巴罗夫占领，改名为阿尔巴津城。哈巴罗夫在这里修建船只，加固城墙。1651年 6 月 2 日哈巴罗夫离开了雅克城以后，仍为俄国人所占领。它成为俄国重要的军事据点，可以控制黑龙江上的航行。成为沙俄的巢穴。① 因此，尽快收复雅克萨城，成为达斡尔的强烈愿望和要求。

考虑到雅克萨城地处偏远，从黑龙江城到雅克萨城 1300 里，军队的粮食供应相当困难，在黑龙江城与雅克萨城之间需要设置一个囤积粮草的场所。根据康熙皇帝的旨意，派人勘察的结果，确定在额苏里比较合适，这个额苏里屯是达斡尔额苏里氏族的居住地，西濒黑龙江，东近精奇里江，在黑龙江城西约 200 千米。"勘得黑龙江、呼玛尔河之间，额苏里地方可以藏船，具有田陇（垄）旧迹，即令大兵建立木城，于此驻扎……统兵以行，及预备马匹于索伦……额苏里、索伦村庄之间，应设四驿，令赴索伦理藩院大臣董其事"②。

康熙皇帝得知额苏里有从前田垄旧迹，断定可以屯兵耕种，以备军粮。所谓理藩院大臣，就是阿达哈哈番轻车都尉、理藩院尚书马喇（又作玛喇），系索伦总管的顶头上司。

当时，布拉穆氏卜魁（又作博克、白克）是索伦总管。他在玛喇的指导下，主持了额苏里城的营建。卜魁自述称：③ "卜魁我接住以来竭尽效力，招抚毕拉尔氏鄂伦春喀萨奇一伙，穆鲁一伙，苏定阿一伙等三伙所有人丁。再亲自前往劝说，招抚于精奇里江以内建房居住之留住放牧达呼尔人丁。索伦托依托郭建房居住之留住放牧达呼尔人丁。索伦托依托郭勒牛录俱逃，我率兵随后追赶，堵住，劝降并抓回……康熙二十二年，我驻于萨哈连乌拉之额苏里地方，等候将军萨布素之军到来，遇罗刹四人，均抓

---

① ［俄］Н·戈卢勃佐夫：《阿尔巴津古城史》，《阿穆尔州地志博物馆与方志学会论丛》，黑龙江人民出版社 1978 年版，第 141 页。

② 《清圣祖实录》卷 109，康熙二十二年四月庚辰。

③ 《黑龙江将军衙门档案》（康熙朝目）第 20 卷，第 228—234 页。译文见《黑龙江人民族丛刊》2005 年第 4 期。

捕解送京城。"卜魁自称接住以来，是指他出任索伦总管以来；"康熙二十二年……驻额苏里"，是指他营建额苏里城一事。额苏里城故址在俄国阿穆尔州布拉戈维申斯克区谢尔盖耶夫卡村，西距黑龙江岸只有 10—12 米，发现有城墙、壕沟、塔楼、铁马镫和木炭等遗物，① 说明额苏里城规模很大，曾囤积许多粮食，并驻有重兵防护。额苏里城既是粮食储存地，又是重要兵站。黑龙江将军萨布素曾到这里视察，说明对额苏里城的营建予以高度重视。卜魁对额苏里城的营建做出重要贡献，故在其《自述》中将此事与招抚鄂伦春并列，以彰显他对清朝的贡献。

二、贝勒尔侦察雅克萨城

雅克萨城从顺治八年（1651）被俄国占领，到康熙二十二年（1683年）黑龙江将军设立，已有 32 年之久。俄国对雅克萨城的加固，城防设施和驻兵等情况，清朝已经不太清楚了。为了攻克雅克萨城，必须掌握雅克萨城的现状，需要进行实地侦查。

康熙二十一年（1682），"上遣副都统郎谈公彭春等，率兵往打虎儿、索伦，声言埔鹿，以觇其情形"②。由于郎谈、彭春既不熟悉当地山川、道路，又不熟悉达斡尔、索伦语言，所侦察的结果很不准确，提出"攻取罗刹甚易，发兵三千足矣"。康熙皇帝对此事十分慎重，"第兵非善事，宜暂停攻取"③。为了进一步准确掌握雅克萨的敌情，康熙二十三年（1694）五月，又派倍勒尔到雅克萨城深入侦察。"遣打虎儿头目倍勒尔等率三十余人，往雅克萨城北，务擒其生口，并详勘情形以报……倍勒尔等生擒罗刹七人回，云雅克萨城如故。又据生擒罗刹噶瓦力喇云：去岁雅克萨城设立重木，中实以土……雅克萨兵众不满千人，后增发者不知其数等语。"倍勒尔是阿尔巴西之子，生长于雅克萨，熟悉当地环境，通索伦语言，又活

---

① ［苏］诺维科夫—达斡尔斯基等：《阿穆尔州地志博物馆与方志学会论丛》，黑龙江人民出版社 1978 年版，第 12—13 页。

② 《清圣祖实录》卷 104，康熙二十一年八月庚寅。

③ 《清圣祖实录》卷 106，康熙二十一年十二月庚子。

捉七名俄国士兵，所得到的情报十分真实可信，受到康熙皇帝高度称赞。"上谕：倍勒尔等直抵雅克萨，勘其情形，生擒罗刹，可嘉，所司如例奖励。"① 倍勒尔属于雅克萨当地人，祖居阿克萨城。后任达斡尔总管，应与此次侦查成功有关。康熙二十四年（1685），达斡尔佐领弼勤冲额又前往雅克萨侦查，发现俄国人正在扩建雅克萨城和修建船只。此后康熙二十五年（1686），佐领弼勤呼兰也前往雅克萨城侦察敌情。倍勒尔等人对雅克萨城的侦察活动，无疑是为清朝"雅克萨之战"的顺利进行创造了条件。

图 3-2　阿尔巴津诺镇平面图（照原图译制）

选自《阿穆尔州地志博物馆与方志学会论丛》

---

① 《清圣祖实录》卷 120，康熙二十四年四月戊戌。

三、达斡尔人的额苏里耕种和黑龙江驿站

粮食驿站对于军事活动至关重要，故民间有兵马未动，粮草先行之谚语。"雅克萨之战"的粮食，最初是计划用吉林乌喇（今吉林市）、宁古塔（宁安）兵丁到额苏里耕种。康熙二十二年（1683）九月上谕："我兵既命永戍额苏里，应派乌喇、宁古塔兵五六百人、打虎儿兵四五百人，于来春同家口发往……寻萨布素等奏额苏里今年七月即经霜雪。乌喇、宁古塔兵家口若令来秋迁移，恐地寒霜早，诸谷不获，难以糊口。应于来春，就近打虎儿兵五百人，先赴额苏里耕种，量其秋收，再迁家口。"① 打虎儿（达斡尔）是久居黑龙江沿岸的民族，熟悉这里的气候条件、粮食作物的品种和种植技术方法，比外来的吉林乌喇、宁古塔人更为合适。故而这上谕得到了朝廷"议政王、大臣"等人的赞成支持，得以实行。因而在额苏里耕种的人，实际上主要是达斡尔。额苏里城所贮存的粮食，主要是由达斡尔耕种所得到的。在额苏里城周围从事耕种的达斡尔人，主要是额苏里氏族，其氏族之名与额苏里城有关。

传递军情非常重要。从黑龙江城到雅克萨城515千米，通过水路传递军情，特别是逆流而上传递朝廷和将军的命令，其速度非常缓慢，会贻误军机。康熙皇帝清楚明白这个道理，故而提出："凡奏报军机，自雅克萨至额苏里，经黑龙江（城）前来，恐迁道延迟……酌自墨尔根至雅克萨，设驿奏报军机，庶免贻误。"② 这条驿路是为"雅克萨之战"所设的专用驿路，从墨尔根（今嫩江县城）向西北，沿嫩江、黑龙江上行，不经过黑龙江城（瑷珲），直达雅克萨城下。"户部题……索伦、打虎儿，为黑龙江大兵安设驿站"③。据此，这条驿站的走向是由索伦（鄂温克）和达斡尔（打虎儿）共同选择确定的。因为他们熟悉当地的山川路径；负责传递公

---

① 《清圣祖实录》卷112，康熙二十二年九月丁丑。
② 《清圣祖实录》卷120，康熙二十四年四月乙未。
③ 《清圣祖实录》卷122，康熙二十四年十月戊子。

文的人，也应当是这两个民族，因为他们善于在山路上行走，快步如飞。

除此以外，还以一条从吉林乌拉通往瑷珲黑龙江城的驿路，也与达斡尔有关。这条驿路共设有 19 个驿站，其中归吉林乌拉管辖的为 6 驿站，归瑷珲管辖的为 13 驿站。瑷珲管辖的 13 个驿站的站人房屋由锡伯达斡尔章京督建，吉林乌拉的 6 个驿站的站房由宁古塔章京督建。站丁要携带家眷、拨给口粮种子。瑷珲 13 个驿站，"由索伦、达斡尔夫役伐运树木"[①]。据此可知，瑷珲 13 驿站的建立与达斡尔有关，达斡尔人砍伐树木、运输树木，参与了站房的修建和驿站走向的勘察选定。

四、战争之际卜魁、达斡尔官兵的贡献

卜魁对"雅克萨之战"贡献很大。除侦察敌情以外，战争以前他机智勇敢，屡建战功。康熙二十三年（1683）七月，雅克萨的俄军 60 余人乘船于黑龙江中下游，准备对达斡尔、索伦进行抢劫。卜魁发现他们以后，率兵包围了他们的船队，活捉 31 人，将其中的 5 人"遵旨送京"；将其中名叫宜番、米海罗莫罗的 2 人送到萨布素处，决定予以放归，由理藩院作书带给俄国当局，其书信略云：

> 前遣孟额德等，曾与尔约，各毋收纳逋逃，并已先年逸去根特木尔归我。乃背前约，入我边地，扰害打虎儿、索伦，焚韧飞牙喀、奇勒尔。今故命将出师，永驻额苏里。尔若离我边境，还尔本上，以逋逃来归，则已。否则，我亦纳尔逋逃，即往来之人，亦必擒戮。[②]

另据卜魁自述，也提到了他在额苏里黑龙江中，抓捕罗刹四人，解送京城；又提到六月十四日，在精奇里江口，将俄国船队包围，"梅利克等

---

① 《黑龙江将军萨布素等为设置驿站事致宁古塔副都统的咨文》，《达斡尔资料集》第 9 集，民族出版社 2009 年版，第 14 页。

② 《清圣祖实录》卷 111，康熙二十二年七月戊戌。

十三人投降，其余哥克萨弃船逃跑"①。

在雅克萨战争之际，卜魁与黑龙江副都统雅齐那，"进战船于城东南，以备水战"；他率领兵丁，"往取其城南土阜，遇敌伏兵，又大败之。"② 在攻打雅克萨城的战斗中，他"获罗刹三、罗刹所属蒙古妇人、女孩二以及马等物"，故而获得头等第一军工功牌的奖励。③

在康熙二十六年（1687）雅克萨战争中，萨布素统率的 2000 名士兵中，有 500 名为达斡尔人，占四分之一。他们熟悉这里的地形地貌，作战英勇顽强，伤亡 40 余人。佐领塔尔呼兰，冲锋在前，拼死射击敌人，直至中箭负伤为止。

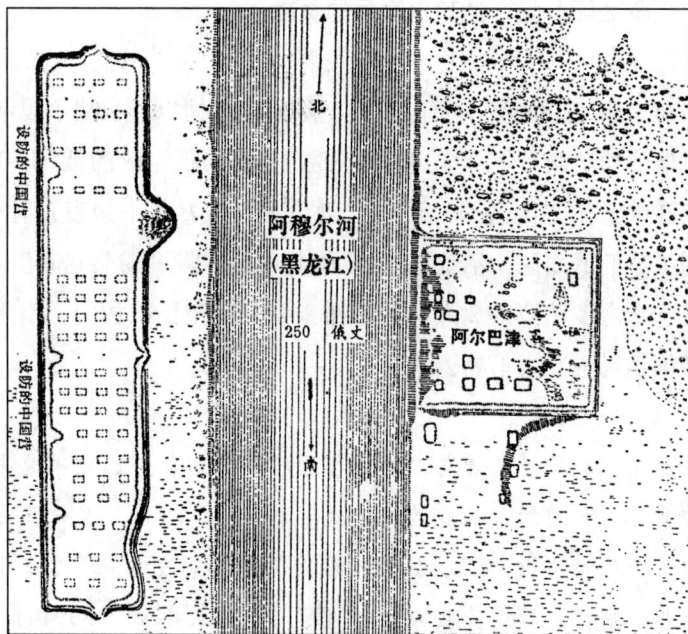

图 3-3 阿尔巴津（雅克萨）城

选自《阿穆尔州地志博物馆与方志学会论丛》

---

① 刘民声、孟宪章：《17 世纪沙俄侵略黑龙江流域编年史》，中华书局 1989 年版，第 169 页。
② 鄂尔泰：《八旗通志初集》卷 153《郎谈传》，东北师范大学出版社 1985 年版，第 3896 页。
③ 《黑龙江将军衙门档案》（康熙朝目）第 20 卷，第 228—234 页，译文见吴雪娟：《达斡尔首领卜魁考述》一文，《黑龙江民族丛刊》2005 年第 4 期。

第三节　孟额德的外交活动

孟额德（又译作孟格岱、孟额岱）是清代外交家，多次与俄国人打交道。他是苏都尔氏族人，祖籍为精奇里江托尔加城。顺治八年（1651），南迁到嫩江诺敏河霍尔托津。不久，在氏族长那拉布·阿日多河的带领下前往京师，控诉沙俄侵占其家园的罪行。朝廷感其言，将孟额德任命为京城二等侍卫。康熙八年（1669），改命为索伦总管，回到齐齐哈尔。由于他精通满、蒙、汉、俄语言，主管与俄国往来事务，成为一名出色的外交官。

康熙九年（1670），俄国尼布楚长官阿尔兴斯基指派伊·米洛瓦诺夫来清朝，提出了狂妄的无理要求。同年八月，孟额德携带康熙皇帝致沙皇中俄边界问题的国书，称："朕治下之捕牲人于石勒喀河捕貂，归来奏称，有切尔尼果尔夫斯基所部少数罗刹盘踞雅克萨，侵扰我边民达斡尔与女真书，陪同米洛瓦诺夫回归尼布楚。这封国书非常重要，阐明了和平解决……自兹以后，勿复扰我边民，为非作歹。"[1]

孟额德到尼布楚以后，将国书面交给阿尔兴斯基，并向他揭露切尔尼果夫斯基的种种罪行，要求他采取措施予以制止，将叛徒根特木耳交给中国。在此以后，根据清朝廷的指示，孟额德又多次前往尼布楚，要求俄国对国书的上述内容进行答复。当时的孟额德，实际上已成为清朝的特使。

由于俄国顽固地坚持侵华立场，拒绝了清朝提出的和谈要求，康熙二十四年（1685）攻打雅克萨城，守城的俄军首领托尔布津兵败以后乞降。清军将雅克萨城烧毁，撤兵回瑷珲。不料为时不久，托尔布津又回到雅克萨城，修复了被焚毁的城堡。于是，根据康熙皇帝的指示，于康熙二十五年（1686）七月，清军第二次攻打雅克萨城，增加了福建藤牌兵 400 人。托尔布津被击毙，守城的 826 名士兵只剩下 66 人，大部分被清军打死。在

---

[1] ［苏］齐赫尔文斯基：《17 世纪俄中关系文件集》第 1 卷，第 380 页。

这种情况下，俄国被迫接受和谈。沙俄首席代表为御前大臣费·戈洛文，副代表为尼布楚行政长官伊·弗拉索夫。清朝首席代表为领侍卫大臣索额图，以下为都统佟国纲、尚书阿刺尼、左督御史马齐、护军统领马喇，随员中有孟额德、卜魁，孟额德通晓满语、俄语，熟悉黑龙江的山川地理，代表团议事时备作顾问；卜魁率领士兵，保卫代表团人员的安全。卜魁自述称："前往尼布楚论理时，我亦前往。"① 所谓"尼布楚论理"，指的是中俄谈判中的辩论而言。中俄谈判的地点，是尼布楚城与尼布楚河之间草地上搭的帐篷，这种环境使代表团人身安全保卫很重要，故而由卜魁负责保卫工作。

尼布楚谈判并不顺利，由于俄国首席代表戈洛文用重金收买中方译员张诚（莱比勒，法国传教士）和徐日昇（佩雷拉，葡萄牙传教士），他们暗中透露了中国代表团的态度，无形中助长了戈洛文的嚣张气焰。然而中方维护祖国领土的决心和意志却没有动摇；孟额德详细介绍了黑龙江以北，外兴安岭南北的山川走向，对于科学地确定清朝北部边界，提供了可靠的依据。

在尼布楚谈判期间，发生了布里亚特的起义斗争，反抗沙皇俄国的殖民统治，他们提出要回归中国，沉重打击了戈洛文的狂妄，最后沙皇只好接受了中方提出的中俄边界草案，赶快签字画押，以防止布里亚特人反抗斗争扩大，使《尼布楚条约》的谈判受到影响。

中俄《尼布楚条约》共六款，其中最重要的条款是："以流入黑龙江绰尔纳，即鞑靼语所称乌伦穆河附近之格尔必齐河为两国之界。格尔必齐河发源处为大兴安岭，此岭直达于海，亦为两国之界；凡岭南一带土地及流入黑龙江大小诸川，应归中国管辖；其岭南北一带土地及川流，应归俄国管辖……又流入黑龙江之额尔古纳河亦为两国之界：河以南之地，尽属中国，河以北之地，尽属俄国。凡在额尔古纳河南岸之墨里勒克河口诸房舍，应悉迁移于北岸。"又规定："俄人在雅克萨所建城障，应即进行除

① 《黑龙江将军衙门档案》（康熙朝目）第 20 卷，第 288—234 页。译文见吴雪娟：《达斡尔首领卜魁考述》，《黑龙江文物丛刊》2005 年第 4 期。

毁。俄民之居此者，应悉带其物用，尽数迁入俄境。"对于外兴安岭以北与乌第河之间的土地河流，列为"尚未决"之问题，待"详细查明之后……始能定之"①。

《尼布楚条约》规定以格尔必齐河为中俄国界非常重要。"格尔必齐河"源于大兴安岭南入黑龙江。河东岸有石，勒清、汉、蒙古及俄罗斯、喇第诺五种文字，康熙二十八年所立分界碑也。②

为了准确划定中俄边界，事前清朝曾派出三支人马到黑龙江以北实地考察，勘察国界线的走向。其中以达斡尔佐领塔勒呼兰、弼勒冲额、格济格尔率领的一支，负责勘察黑龙江北岸西部地区。③ 由于格尔必齐河自北向南流，注入黑龙江，将外兴安岭与黑龙江联系在一起，最适于作国界。故而谈判时中俄双方共同认定以格尔必齐河为界。此事应当归功为达斡尔塔勒呼兰等人的科学勘察。

图 3-4　俄国阿尔巴津城徽

选自《阿穆尔州地志博物馆与方志学会论丛》

---

① 中国科学院近代史研究所：《沙俄侵华史》第 1 卷，人民出版社 1976 年版，第 186 页。
② 西清：《黑龙江外记》卷 1，黑龙江人民出版社 1984 年版，第 9 页。
③ 《瑷珲副都统等为报知勘察界立碑安排事给萨布素的咨文》，康熙二十九年三月十七日，见《黑龙江将军衙门档案》康熙朝第 12 册，第 193—186 页。

　　我们分析上述条文，不难发现是详于外兴安岭以南，而略于外兴安岭以北，其原因何在？这与达斡尔人孟额德有关。达斡尔人世居外兴安岭以南、黑龙江以北，对这个地区的山川地理非常熟悉；对于外兴安岭以北地区，是比较生疏的。中方谈判代表团的成员，几乎都没有到过黑龙江以北地区，有关情况应是孟额德提供的。他能讲清外兴安岭以南的山川地理，却无法讲清外兴安岭以北的情况。正是由于这种缘故，中方提供的条约文本，详于外兴安岭以南、略于外兴安岭以北，就不偶然了。孟额德在签订《尼布楚条约》中的作用，是不能低估的，应当给予充分的肯定和评价。

第十一章　达斡尔有组织的南迁

在历史上，达斡尔曾先后有过两次南迁。第一次出现于清朝征讨索伦博穆博果尔之后，第二次发生于沙皇俄国侵扰达斡尔之后。前者属于自发性零散迁移，后者在清朝廷的号召之下大规模地迁移，可以称作有组织的迁移。史称南迁或内迁。两次南迁都是从黑龙江以北到达嫩江及其支流。此后达斡尔长期居住于此，直至今日。因此，嫩江流域变成达斡尔的第二故乡，被称作达斡尔的世居之地。雍正、乾隆年间，有部分达斡尔人由嫩江迁往呼伦贝尔和新疆伊犁戍边，他们的后人都把嫩江流域视为自己的故乡。

第一节　清朝廷号召南迁的原因

沙皇俄国对黑龙江地区的侵扰，从波雅尔科夫到哈巴罗夫，前后持续了十余年之久。俄国哥萨克所到之处，无不抢夺粮食、貂皮，屠杀男女老幼，无恶不作，被人们视为恶魔"罗刹"，将富庶的土地变成了荒野。苏联著名学者谢·巴赫鲁申写道："俄国人的入侵以及伴之而来的对居民的残酷杀害和对这块土地的蹂躏，给和平的达斡尔土地留下了骇人听闻的印象……这一繁荣富饶的地区变成了荒野；城堡变成了废墟，田园荒芜，惊慌失措的居民离乡背井，到处躲藏。"[1]

---

① ［苏］谢·弗·巴赫鲁申：《哥萨克在松花江上》，商务印书馆1925年版，第31页。

沙皇俄国的种种暴行不能不引起清朝廷的关注，在"索伦之战"以后，黑龙江以北各族均已成为清朝的属部属民，成为清朝的管辖范围，清朝自然负有保护的责任。不过沙俄侵扰黑龙江之际，正是清朝灭亡明朝之时，其军队大举入关征战，无暇顾及黑龙江地区，对沙俄的行径只好采取容忍的态度，以便集中精力打击明朝及其残余势力。

从俄文档案资料的记载来看，清朝曾约束黑龙江地方官员，勿与俄国打仗。1652 年（顺治九年）8 月，哈巴罗夫在给雅克茨克督军弗兰茨别科夫的报告中，记述了攻打达斡尔酋长桂古达尔城寨的情景。此次战斗非常惨烈，守城的达斡尔人大部分战死和被杀害，然而在场的"博格达人"却作壁上观。

哈巴罗夫记载：当我们厮杀时，博格达人全部骑着马在田野里徘徊，观察我们厮打。他们没有向我们哥萨克射击……达斡尔酋长桂古达尔人及其部众曾请他们入城保护，但是博格达人对他们说：桂古达尔！我们的皇帝沙姆沙汗没有叫我们与俄国打仗。打仗后的第二天，博格达人从田野里派了一个博格达人进城来见我们。这个汉子进城来见我们，向君主陛下表示敬意……我们的皇帝沙姆沙汗没有命令我们与你们打仗，我们的皇帝沙姆沙汗吩咐我们对你们哥萨克……要以礼相待。[①]

哈巴罗夫之言可能有夸大的成分，用以显示哥萨克的威力，向雅克茨克长官邀功；不过在场的博格达人没有参战，应当是可能的。

"博格达"出自蒙古语。1634 年（天聪八年），蒙古 16 部 49 名首领在盛京为太宗共上尊号，称皇太极为"博格达汗"，意为神圣的皇帝。在内蒙古地区，有不少神圣的山被称作"巴格达山"。例如，内蒙古东乌珠穆沁旗和科尔沁右翼前旗北部有博格达山，当地牧民均称此山为神山。明末清初之际，蒙古科尔沁部管辖黑龙江北各族，每年定期向江北征收赋税（实物税）。哈巴罗夫的报告称："有 50 个博格达人通常在我们这里征收贡赋。"因此，博格达人就是蒙古人，他们是奉科尔沁台吉之命到江北征赋

---

① 郝建恒等译：《历史文献补编——十七世纪中俄关系文件选译》，商务印书馆 1989 年版，第 61 页。

税，当时科尔沁已归清朝，与清朝廷通婚结盟，满蒙一体，科尔沁蒙古台吉实际上是清朝的地方官，必须按照清朝旨意处理与俄国的关系。博格达官员称不与俄国人打仗，与俄国人以礼相待，是奉行清朝皇帝（沙姆沙汗）的旨意办事。此事充分显示了当时清朝廷对俄国的方针政策。

到了顺治十年（1653），清朝平定了南明的福王、鲁王，对南明桂王的征讨取得了决定性胜利，桂王的主要将领何腾蛟、瞿式耜战死，南明反清活动陷于低潮。清朝廷对沙俄忍无可忍，于是向黑龙江北各族发出了南迁的号召，其文如下：

> 闻彼处去年、本年曾经罗禅（按：罗刹之误记）来侵犯二次回去。今特差人前往，尔等如不动，仍在原处居住，彼处居住屯民稀少，且罗禅人又详知尔等居住地方，以后如每年来犯，尔等不得安居，路途遥远，一时在赴京通报，必致离散。今差人到彼，尔等即接来单木土索陇近弄泥处，酌量周围，立屯居住，庶尔等亦得安宁，来往贸易进用，不知劳苦，各得安全。①

从"差人到彼"之语，可知清朝曾派专门的官员到黑龙江北与各族酋长见面，详说南迁和不迁的利害关系。提出南迁以后要到达的地方是"单木土索陇近弄泥处"。"单木土"是地名，"索陇"即索伦，"弄泥"即嫩江。这里居住有先前到此的索伦人（可能是崇德五年迁来者），其地点应在嫩江沿岸。此文之名称作《胡世安等议复遭沙俄侵占之绰奇太部移居达把代事末》，"达把代"之名至今犹存，改称"达巴岱"，在昂昂溪以南 19 千米，西距嫩江左岸 0.5 千米，属泰来县汤池乡，是郭布勒氏族居住地。②清初的"单木土"，即指此地而言。

清朝廷的号召，得到了黑龙江北各族的积极响应，此后出现了一拨又

---

① 中国第一历史档案馆编：《清代中俄关系档案史料选编》（第 1 编）上册，中华书局 1981 年版，第 16—17 页。

② 卜林主编：《达斡尔族村屯录》，1993 年内部版，第 97 页。

一拨的南迁浪潮。

第二节　南迁的经过

　　达斡尔及相邻索伦（鄂温克）的南迁，在当时清朝文献和俄国文献中都有记载。顺治十年（1653），黑龙江郭博尔屯的吴墨泰、能吉勒屯的韩皮力进贡貂皮时称："我等于本身赍进，奈家屯被老掐放火烧毁，人皆逃散。"[①] 所谓"老掐"指的是俄国人，所谓"人皆逃散"，指的是从其家园逃入偏僻的山林之中，有的可能逃往黑龙江以南。

　　顺治十年（1653）记事称："原居萨哈连吴赖布尔洪屯"的绰奇太等，惧罗禅兵，移来达把代地方居住。[②] 罗禅兵指俄国哥萨克。

　　俄国文献记载，1654 年（顺治十一年）8 月所见："目前，阿穆尔大河一带粮食甚缺，因为博格达皇帝不让阿穆尔河沿岸的异族人种田，而且令这些异族人迁往脑温江他们那里去，许多达斡尔人已遵照他的谕旨迁往该地。"[③] 1656 年（顺治十三年）7 月，奥·斯捷潘诺夫在致雅克茨克督军的报告中称："异族人已尽迁入博格达土地，原有耕地的乌卢斯已空无人迹，已被焚毁，田地荒芜，无人耕种。"[④] 文中所称的"异族人"，指达斡尔、鄂温克、女真人。

　　达斡尔的南迁，不是同时进行的，有先后之别。从顺治年间一直持续到康熙年间，额驸巴尔达齐受沙俄侵扰比较大，对清朝廷酝酿南迁之事，可能知之甚早。故于顺治六年（1649）五月，"自井奇乌喇，率兄弟来归"。[⑤]

　　① 中国第一历史档案馆编：《清代中俄关系档案史料选编》（第 1 编）上册，中华书局 1981 年版，第 10 页。

　　② 中国第一历史档案馆编：《清代中俄关系文件选译》，黑龙江人民出版社 1989 年版，第 92 页。

　　③ 郝建恒等译：《历史文献补编——十七世纪中俄关系文件选译》，黑龙江人民出版社 1989 年版，第 92 页。

　　④ 郝建恒等译：《历史文献补编——十七世纪中俄关系文件选译》，黑龙江人民出版社 1989 年版，第 111 页。

　　⑤ 《清世祖实录》卷 44，顺治六年五月乙亥。

《金奇里哈喇族谱》记载："清顺治七年，旨以博古勒达族众迁居京城，入满洲正白旗，赐予田园家宅。"① 博古勒达又作博吉勒岱，为巴尔达齐的堂孙。金奇里（井奇里）世居精奇里江沿岸，初居塞布奇山下，后移居下游多科屯，是人丁繁盛的大氏族。巴尔达齐、博吉勒岱南迁以后，初居京师，后来其子孙又由京师北迁到嫩江流域，定居于嫩江右岸梅斯勒，后讹为梅里斯，为齐尔哈尔之郊区。

顺治十年（1653）三月，萨哈连吴赖（即黑龙江）头目绰其太，由于"败于罗禅兵"的骚扰，向清朝廷提出："虽罗禅兵退，我亦不回原处去住，凭住何处皆是纳贡。我仍在达巴岱地方居住，每年会同有牛录索陇进贡。"② 他的请求得到清朝廷准许。

原居住在雅克萨城的达斡尔酋长阿尔巴西，他是拉夫凯的侄女女婿，由于受到哈巴罗夫多次侵扰，后来南迁到墨尔根（今嫩江县）居住。③ 墨尔根是一条小河，从左侧注入嫩江，现在称作拉莫河。阿尔巴西南迁以后，曾任副总管。

与阿尔巴西一同南迁墨尔根的达斡尔，还有居住在多金的敖拉氏，桂古达尔酋长所属的莫尔登氏（孟氏）。在此前后南迁的还有：居住在牛满江（布里亚河）的苏都尔氏族酋长鄂尔多科，南迁以后定居于嫩江左岸支流诺敏河；金奇里氏酋长伦布，南迁到甘河口地方；精奇里江吴然氏，在乌郎格尔、鄂尔斯布、博毕锡的率领下，来到嫩江中流，形成了雅克萨屯、喀喇屯；讷迪氏、沃热氏，也南迁到嫩江沿岸；石勒喀河沿岸的达斡尔人，也向嫩江沿岸迁移。与此同时，达斡尔的邻族索伦鄂温克，也相伴同时迁移，例如，原居石勒喀河的索伦鄂温克氏族酋长根特木耳，越过额尔古纳河，于顺治十年（1653）进入根河、海拉尔河居住。

动员黑龙江北达斡尔等各族南迁关系重大，清朝廷对此非常重视，曾

① 《达斡尔族社会历史调查》，民族出版社 2009 年修订版，第 182 页。
② 中国第一历史档案馆编：《清代中俄关系档案史料选编》（第 1 编）上册，中华书局 1981 年版，第 16 页。
③ 《黑龙江将军衙门档案》，《将军萨布素为拟定副总管补授人选事咨索伦总管等》，康熙三十年七月初六日。

多次派官员到江北进行劝说，理藩院员外郎图鲁珲、颇罗色和索伦总管卜魁，都曾奉命前往。于是加快了南迁的步伐，多伦禅等地的达斡尔人，在头领巴雅勒布给、给木毕喇、提布苏勒的率领下南迁；相邻的鄂温克撒玛吉尔代，也在首领达吉德赫的率领下，一起南迁。[1]

第三节　经由科尔沁蒙古南迁的居民

达斡尔南迁的居民中，还包括有一部分经由科尔沁蒙古来到嫩江流域。自明代后期以来，黑龙江北的达斡尔、鄂温克、鄂伦春各族，统由科尔沁蒙古管辖，一直延续到清朝初年，科尔沁蒙古王公每年都派人到黑龙江北征收赋税，是以貂皮为主的各种皮张和特产，如果不按时纳税，就会派军队前往征讨。"对不向汗纳贡，也不同汗交易的达斡尔人，汗派其部众到结雅河和石勒喀河进行征讨。每年出征三次，每次来时人烟滚滚，约有一千、二千，三千之众。"[2] 在这种征讨过程中，往往伴随对人口的掠夺。拉夫凯的姐姐莫戈尔恰克，就曾被蒙古王公所掠俘，后来被拉夫凯用实物赎回。[3] 此外，"汗对给他输贡的氏族，向每族索取一人作人质，因此，在汗那里羁留着许多氏族的人质"[4]。甚至到了清朝初年，科尔沁蒙古对达斡尔财物和人口的掠夺仍未停止，例如天聪八年，科尔沁蒙古葛尔珠塞特尔、海赖、布颜代、白谷垒、塞布垒等人，仍欲征讨索伦部落，索取贡赋，后被清朝所制止。[5] 由于上述原因，在科尔沁蒙古王公那里，居住有许多被俘虏来的达斡尔人，他们无偿的被奴役。科尔沁蒙古王公后来将这些被掠俘的达斡尔以及其他族人，献给了清朝廷。魏源《开国龙兴记》

记载：康熙"二十八年征服罗刹至克鲁伦河、兴安大岭，于是科尔沁蒙古复献出嫩江左右之锡伯、卦尔察及黑龙江北之达斡尔壮丁万四千有奇。达斡尔亦在额尔格河精奇里江之间，与索伦国地，盖打牲部落之错邻"。[①]《清圣祖实录》对此也有记载："理藩院题，科尔沁进献席北、卦尔察、打虎儿人丁……今查可以按甲之丁，共一万一千八百五十余名。"[②] 两处记载同属一事，前者说三族壮丁 14000 人，后者说可以披甲者有 11800 人，是指 14000 壮丁中有 11800 人可以披甲当兵。《达斡尔族简史》称，康熙三十年科尔沁部进献的 14000 人，是天聪八年所俘获，[③] 恐不准确。其一，据《清实录》记载，葛尔珠塞特尔等人，是"言往征北方索伦部落"，"其土谢国济农巴达礼、扎萨克图杜……已率兵往追之矣"。清太宗又令"巴尔达齐速还国，恐致葛尔珠塞特袭取其地。"以此观之，葛尔珠塞特之举动并未得逞。其二，科尔沁蒙古之达斡尔人，是长期以来掠俘和扣留人质的结果，并非是一次"获俘的达斡尔等族 14000 余人口"。试想，葛尔珠塞特一次要俘获 14000 人，需要有很大的兵力，在当时岂能实现？科尔沁蒙古进献的 14000 人中，包括有锡伯、卦尔察、达斡尔三族，其中达斡尔人的数量没有准确说明。这部分人中，有一部分安置于齐尔哈尔附近，另一部分安置于伯都讷（今吉林省扶余县）。其中有相当丁壮披甲，编入驻防八旗。这些达斡尔人在科尔沁蒙古羁留时，便与锡伯人共处；进献给清朝以后，复与锡伯人在同地生活，彼此交往频繁，关系密切，不分彼此。因此，他们逐渐融合为同一个民族了。

第四节　留居江北的部民

达斡尔在黑龙江北时期，其居民非常分散，各氏族分别占据山间盆地

---

① （清）王锡祺辑：《小方壶斋舆地丛钞》第一帙，第 337—338 页。
② 《清圣祖实录》卷 155，康熙三十一年四月乙未。
③ 《达斡尔族简史》修订本，民族出版社 2008 年版，第 40 页。

而居，宜农宜牧宜猎，彼此来往不多。当沙皇俄国侵扰之际，为躲避俄国哥克萨的抢掠烧杀，有的氏族人逃入更加偏僻的山林之中生活。由于这种原因，清朝廷关于南迁的号召，难以达到深居山林的居民之中。等到许久以后，他们才走出山林，长期居留于黑龙江以北，始终没有南迁。"江东六十四屯"成为他们重要的居住地。

俄国强占"江东六十四屯"以后，1820 年统计这里有汉族 5400 人，满族 3286 人，达斡尔族 900 人。1844 年统计，汉族 7900 人，满族 4400 人，达斡尔 1700 人。这两次人口统计，达斡尔族由 1960 人减少为 900 人，又上升为 1700 人，是很不精准的。当时是按汉族屯、满族屯、达斡尔屯为单位分别统计，实际上汉族屯、满族屯内有达斡尔人，达斡尔屯内也有外族人。

1879 年（光绪二十三年），俄国进行全国人口普查，有规范化的要求，对各村屯名称，村屯内不同民族的数字和男女性别，都有精确的记录。有关达斡尔的人口数字，按不同的村屯摘录如下。

1. 诺尔托克索屯。纯达斡尔屯，无外族，共 11 户，共 43 人，其中男性 28 人，女性 15 人。

2. 阿林托克索屯。是满族、达斡尔混居。其中达斡尔 60 人，内男性 20 人，女性 23 人。

3. 大嘎尔沁屯。满、汉、达斡尔混居，其中达斡尔 1 人，男性。

4. 大泡子屯。满、汉、达斡尔混居，其中达斡尔男性 4 人。

5. 托力哈达屯。满、汉、达斡尔混居，其中达斡尔 4 人，内男性 1 人，女性 3 人。

6. 段奇发屯。满、汉、达斡尔混居，其中达斡尔 71 人，内男性 42 人，女性 26 人。

7. 必拉托克索屯。满、汉、达斡尔混居，其中达斡尔 9 人，内男性 5 人，女性 4 人。

8. 西普奇屯。满、汉、达斡尔混居，其中达斡尔 69 人，内男性 37 人，女性 32 人。

9. 满嘎屯。达斡尔、汉族混居，其中达斡尔 109 人，内男性 60 人，女性 49 人。

10. 布尔么屯。满、汉、达斡尔混居，其中达斡尔 109 人，内男性 60 人，女性 49 人。

11. 前霍尼胡尔哈屯。满、汉、达斡尔混居，其中达斡尔 23 人，内男性 11 人，女性 12 人。[①]

据此人口普查数字，1897 年，"江东六十四屯"中，共有达斡尔居民 507 人，其中男性为 332 人，女性 175 人，男性占 65.5%，女性占 34.5%，男性明显多于女性。与 1884 年相比，人口大量减少，13 年中减少 1193 人，不到原先的 30%。

2011 年 5 月，内蒙古莫力达瓦达斡尔族自治旗，曾派人到俄国阿穆尔州去寻找达斡尔同胞，通过官方阿穆尔州民族工作委员会和国立师范大学历史系的接触，俄方均称当地没有达斡尔人，他们都搬迁到了嫩江流域。[②]黑龙江社会科学院刘涧南，内蒙古鄂温克旗达斡尔人士孟丽，都先后到俄国布里亚特自治共和国调查达斡尔遗民，当地称这里没有达斡尔人，只有鄂温克人。[③] 据此分析，达斡尔遗民可能混入鄂温克或其他民族中，族人还存在，只是改换了族名而已。

第五节　达斡尔索伦南迁的落脚点

从崇德到顺治、康熙年间，达斡尔及索伦鄂温克由于政治原因不断南迁。索伦鄂温克的南迁比达斡尔要早一些，是从崇德五年"索伦之战"开始的。达斡尔少数部落的南迁也是起始于此，不过大规模地南迁是在顺治年间，一直持续到康熙年间。

[①] 郭燕顺：《清代江左旗屯所在地区居民和村屯的变化》，《黑龙江文物丛刊》1983 年第 3 期。

[②] 敖金富：《去俄罗斯阿穆尔州寻找达斡尔人》，《达斡尔论坛》第二部（中），内蒙古文化出版社 2013 年版，第 92—94 页；鄂柒柱：《三访俄罗斯》，见同上书，第 222—223 页。

[③] 刘涧南、孟丽曾亲赴其地调查，归来后见告。

在黑龙江北时期，达斡尔与索伦鄂温克是邻族。南迁嫩江流域以后，他们仍然是邻族，其居住地犬牙交错。这种现象具有深刻的社会原因，对两族的历史发展产生了广泛的影响。因此，在列出达斡尔南迁落脚地点时，必须要涉及索伦鄂温克。有鉴于此，本表一并加以记述，从中可以见到二族之间的密切关系。

为了简明扼要，便于检索，兹列表加以说明。

表 3-1　达斡尔族南迁情况表

氏族名称	原住地	落脚点	南迁时代
1. 敖拉氏	雅克萨	额尔门沁	崇德
2. 莫尔丹氏	莫热丹河	罕伯岱	崇德
3. 郭布勒氏	精奇里江	达巴岱	崇德
4. 额苏日氏	额苏里河	齐齐哈日	崇德
5. 鄂嫩氏	额诺河	博库尔浅	崇德
6. 鄂嫩氏	额诺河	提古拉	崇德
7. 精奇里氏	精奇里江	哈布奇	崇德
8. 精奇里氏	精奇里江	哈列图	崇德
9. 敖拉氏	雅克萨	宜斯坎	崇德
10. 敖拉氏	登特科	登特科	崇德
11. 敖拉氏	多金	大莫丁，小莫丁	顺治
12. 郭贝勒氏	郭博勒	满那屯	顺治
13. 额驸巴尔达齐	多科屯	京城	顺治
14. 博吉勒岱	精奇里江	京城	顺治
15. 绰其太	黑龙江	达巴岱	顺治
16. 阿尔巴西	雅克萨	墨尔根	顺治
17. 敖拉氏	多金	墨尔根	顺治
18. 莫尔登氏	黑龙江	墨尔根	顺治
19. 苏都日氏	牛满江	诺敏河	顺治

氏族名称	原住地	落脚点	南迁时代
20. 精奇里氏	精奇里江	甘河口	顺治
21. 吴然氏	精奇里江	雅克萨	顺治
22. 鄂嫩氏	鄂诺河	嫩江	顺治
23. 克音氏	克殷河	齐齐哈尔	顺治
24. 托莫化	托木河	音钦屯	顺治
25. 鄂勒特氏	鄂尔河	哈仁浅	顺治
26. 鄂嫩氏	鄂诺河	洪河	顺治
27. 托莫氏	雅克萨	雅尔塞	顺治
28. 沃日氏	沃日迪河	富拉尔基	顺治
29. 卜古勒氏	黑龙江北	特力莫	顺治
30. 阿尔丹氏	黑龙江北	登科	顺治
31. 敖拉氏	塔河	塔哈日	顺治
32. 德都勒氏	精奇里江	德都勒	顺治
33. 德都勒氏	精奇里江	德都阿彦	顺治
34. 郭布勒氏	精奇里江	孔国尔津	顺治
35. 敖拉氏	黑龙江上游	拉力浅	顺治
36. 敖拉氏	多金	金力浅	顺治
37. 敖拉氏	多金	库勒浅	顺治
38. 敖拉氏	多金	华日俄浅	顺治
39. 莫日登氏	精奇里江	二克浅	顺治
40. 郭布勒氏	郭博勒河	满乃	顺治
41. 索都热化	黑龙江北	阔奇	顺治
42. 郭布勒氏	精奇里	莫热	顺治
43. 郭布勒氏	精奇里	塔文浅	顺治
44. 鄂嫩氏	鄂诺河	德乌至热那音	顺治

氏族名称	原住地	落脚点	南迁时代
45. 郭布勒氏	郭博勒河	德热那音	顺治
46. 郭布勒氏	郭博勒河	哈力	顺治
47. 郭布勒氏	郭博勒河	孔国伯尔科	顺治
48. 郭布勒氏	郭博勒河	乌如西格	顺治
49. 郭布勒氏	郭博勒河	霍洛丹替伯尔科	顺治
50. 苏都热氏	黑龙江北	绰尔哈	顺治
51. 精克日氏	泽布奇	梅斯勒	顺治
52. 克音氏	克殷河	巴畸格	顺治
53. 托木氏	托木河	音钦	顺治
54. 托莫氏	雅克萨	雅尔塞	顺治
55. 鄂勒特氏	鄂尔河	哈心浅	顺治
56. 鄂嫩氏	鄂诺河	洪河	顺治
57. 沃日氏	沃日迪氏	富拉尔诺	顺治
58. 卜日勒氏	黑龙江北	特力荣	顺治
59. 阿尔丹氏	阿勒月河	登科	顺治
60. 敖拉氏	塔河	塔哈日	顺治
61. 鄂嫩氏		可依热木罗	顺治
62. 德都勒氏		温察热	顺治
63. 德都勒氏		德都勒	顺治
64. 沃热氏		米勒特热	顺治
65. 德都勒氏		阿彦	顺治
66. 鄂嫩氏		化大奇	顺治
67. 鄂嫩氏		提古拉	顺治
68. 鄂嫩氏		霍日里	顺治
69. 鄂嫩氏		阿彦浅	顺治

氏族名称	原住地	落脚点	南迁时代
70. 鄂嫩氏		多西浅	顺治
71. 莫日登氏		宜卧奇	顺治
72. 莫日登氏		尼尔基	顺治
73. 莫日登氏		绘图莫登	顺治
74. 沃热氏		西拉全	顺治
75. 莫日登氏		博克图	顺治
76. 苏都热氏		毕台	顺治
77. 苏都热氏		西博荣	顺治
78. 鄂嫩氏		都木尔浅	康熙
79. 鄂嫩氏		大克浅	康熙
80. 温察热氏		萨音奇克	康熙
81. 德都勒氏		奇霍勒	康熙
82. 苏都热氏		克沃勒特绘	康熙
83. 苏都热氏		查哈阳	康熙
84. 鄂勒特氏		奈门沁	康熙
85. 苏都日氏		楚尔哈	康熙
86. 杜拉尔氏		哈什台	康熙
87. 杜拉尔氏		阔日乐爱勒	康熙
88. 莫日登氏		西瓦尔图	康熙
89. 莫日登氏		乌尔科莫日	康熙
90. 讷迪氏		哈力浅	康熙
91. 乌力斯氏		特布联	康熙
92. 鄂嫩氏		凯河	康熙

　　以上属于崇德年间 10 处，顺治年间 67 处，康熙年间 15 处，共 92 处。数字表明，顺治年间是南迁的主要时期。

对上表有几点说明如下：

资料来源为本书第九章第三节、第十一章第三节和卜林主编：《达斡尔族村屯录》。为节省篇幅，不一一注明。

表内所注落脚地点，均为达斡尔语原始地名。有些地名后来已改为汉语村屯名，由于篇幅有限，汉语地名没有注出来，其所在的今日行政区划，亦无法注明。

有些氏族人丁兴旺，南迁移后形成若干村屯，例如莫尔登氏分为前、后、腰（中）三个宜卧奇屯，而且彼此相邻很近，故表内只录其一，余皆省略。

这些落脚地点，主要在黑龙江省齐齐哈尔市所属区县、内蒙古呼伦贝尔市有关市、旗、县。

达斡尔南迁嫩江流域以后，随着人口增加，从最初落脚地点中又分化出许多村屯。由于后来出现的村屯，不是南迁时最初的落脚地点，故本文不予登录。

本登记的落脚地点，是以见于各种文献记载为准，可能会有遗漏，待以后加以补全。

第十二章　布特哈总管的设置

黑龙江将军（全称为镇守黑龙江等处地方将军）是军事长官，是以防御沙俄侵扰为宗旨。为了专理民事，需要有地方行政官府，这个官府便是布特哈总管。布特哈总管所管理的民众主要为达斡尔、鄂温克（当时称索伦）、鄂伦春三族，是在"扎兰""阿巴"的基础上设置的。"布特哈"为满语，译成汉语为虞猎、打牲渔猎之意。《黑龙江外记》："布特哈，译言虞猎，故有打牲处之称。"①

第一节　扎兰与阿巴的设立

达斡尔、索伦（鄂温克）、鄂伦春南迁嫩江以后，清朝廷根据他们生活方式的不同，分别设立了"扎兰""阿巴"加以管理。嫩江流域在大、小兴安岭之间，其地理环境与黑龙江北地区相似，宜耕、宜牧、宜猎。清朝廷采取了"因俗而治"的方针，将达斡尔编入"扎兰"，将鄂温克、鄂伦春编入"阿巴"，分别管理。"扎兰"出自满语，为"甲喇"的谐音，是由满洲八旗组织"甲喇"演变而来，其长官称"扎兰章京"，相当于满洲八旗中的"甲喇额真"，译成汉语为"参领"，准三品官。

"扎兰"是以从事耕种的达斡尔人为对象，由于其居住地不同，编设 3

---

① 西清：《黑龙江外记》卷 1，黑龙江人民出版社 1984 年版，第 2 页。

个"扎兰"。居住在讷谟尔河沿岸者，称讷莫日扎兰，即黑龙江省讷河市、德都县（五大连池）一带地方，以郭博勒氏为主，还有少量的德都勒氏、索多尔氏、精奇里氏（金氏），以及鄂温克涂克敦氏、杜拉尔氏、精奇里氏。包括有奈阳、温查尔、德都乐、乌裕尔和吉、洪果尔浅、莽鼐、阔奇、莫热、西拉莫尔丁、倭都台、他本浅、那彦、哈力、孔果、莽鼐伯尔科、霍洛尔丹、伯尔科、乌尔西和、米勒特格尔、托木沁、都拉色、索鲁古尔、嘎布喀、博肯沁、额木肯柱、给罗日、木尔更克义、吾都爱勒、白罗日等29个部落。其中托木沁、都拉色、索鲁古尔、嘎布喀、博肯沁、额木肯柱、给罗日、木耳更可日、吾都爱勒9个部落为鄂温克人；白罗日部落由达斡尔人、鄂温克人混合组成。

莫尔登扎兰位于讷谟尔河与嫩江汇合处即梅斯勒（小梅斯）至都尔奔沁、阿彦沁之间，在历史上又称作"纳文达斡尔"。以敖拉氏、孟尔丁氏为主，还有少量的沃热氏、鄂嫩氏、托莫氏、讷迪氏、苏都尔氏。共有42个部落，即：拉力沁、果尼、都西沁、奎勒沁、华尔沁、库勒沁、登特科、舍倭尔、依倭奇、达哈沁、罕塔拉、阿拉哈沁、尼尔基、小莫尔丁、大莫尔丁、艾日里、萨哈锦、博荣、比台、博和图、哈力浅、莫尔丁、特莫尔珠、库木尔西、拉儿金、拉力浅托尔苏、大库木尔、小库木尔、西瓦尔土、西倭奇、乌尔科、呼初乌尔科、霍勒拖珲、查给阳、都尔本、额依勒尔、拖苏乎莫尔丁、梅斯勒、楚勒嘎勒、木古沁、汉古尔河、萨玛街。其中，楚勒嘎勒、萨玛街两个部落由达斡尔、鄂温克二族混合组成。

都伯浅扎兰位于嫩江中游北部都尔奔沁与巴彦之间，以鄂嫩氏为主，外有敖拉氏、托莫氏以及鄂温克人、鄂伦春人。共有17个部落，即：依克德尔、勒格格尔、博尔奇、桦木台、依斯坎、提普格尔、多金、呼日里、海拉图、伊萨尔、博库沁、博索沁、开阔沁、阿彦沁、都尔齐沁、巴依额热爱勒、萨玛依热爱勒。其中，巴依额热爱勒、萨玛依热爱勒两个部落是由达斡尔、鄂温克二族混合组成。[1]

---

① 以上关于扎兰的资料，均选自王咏曦：《北方渔猎民族研究》，天津社会科学出版社2012年版，第70—75页。

纵观达斡尔上述 3 个扎兰，共有 88 个部落，其中有鄂温克部落 9 个，达斡尔与鄂温克混合部落 5 个。由达斡尔人单独组成的部落为 74 个，占 84%，其余 16% 为达斡尔与他族人混合组成的部落。在黑龙江以北时期，达斡尔与鄂温克毗邻而居，犬牙交错。事实表明，南迁嫩江流域以后，这种局面没有什么改变，彼此混合而居，说明他们之间的关系更加密切，既是经济生活的需要，又与族间的通婚有关。

"阿巴"也是出自满语，指围场、猎场而言。清朝为狩猎划定五处"阿巴"，即阿尔拉阿巴、涂克敦阿巴、雅鲁阿巴、济沁阿巴、托信阿巴。各个"阿巴"都是以猎场所在的河流得名。"阿巴"始建于康熙二十年（1681），其中托信阿巴比较晚，是康熙三十二年（1693）建立的。

"阿巴"是给鄂温克、鄂伦春提供狩猎的围场，其居民以鄂温克（索伦）为主，不过其"阿巴"中也有达斡尔人。例如阿尔法阿巴有 12 个部落，其中小库尔勒奇、阿尔拉、西鲁逊 3 个部落有达斡尔人；涂克敦阿巴有 22 个部落，其中沃勒莫尔丁、库莫 2 个部落由达斡尔人组成，乐儿塞部落由鄂温克与达斡尔混合组成。雅鲁阿巴、济沁阿巴、托信阿巴中，也有少量达斡尔人，托信阿巴是以鄂温克、鄂伦春为主，其中有达斡尔部落。[①]这表明五阿巴是以鄂温克为主，不过其中也有达斡尔部落。这种情形与三扎兰很相似。

康熙年间成书的《龙沙纪略》记载："黑龙江以南，拖心河以北，诺尼江以东，鄂尔姑纳河以东，八围属索伦地。"[②] 这里所称的"八围"，本指三扎兰、五阿巴而言，然而后人对此多不了解，将"八围"解释为"旗下八部"，[③] 是完全错误的。通过上述对"扎兰""阿巴"组成民族的分析，可以知道不仅"阿巴"之内有达斡尔人，"扎兰"之内还有鄂温克人。因此，"阿巴""扎兰"都存在狩猎打围，"扎兰"内的达斡尔人也要从事打围，不打围就无法完成贡貂的强制性义务，这个道理是十分明白的。既

---

① 关于阿巴资料，选自王咏曦：《北方渔猎民族研究》，天津社会科学出版社 2012 年版，第 76—79 页。

② （清）方式济：《龙沙纪略》，《小方壶斋舆地丛钞》，第 1 帙 371 页。

③ 见《黑龙江外记》《朔方备乘》《黑龙江述略》。

然"阿巴"也要狩猎打围，自然可以视之为围场，三扎兰、五阿巴组成了"八围"，称作"八围"，就是因此产生的。有的人将"八围"与索伦佐领联系在一起，也是不正确的。这些错误的解释，都是对事实缺乏了解所致，有望文生义之嫌。

第二节　布特哈总管的由来

关于布特哈总管设置的时间，旧有康熙二十三年（1684）、康熙二十八年（1689）、康熙三十年（1691）三种不同的说法，分别见于《清代续文献通考》《黑龙江舆图说》《布特哈志略》《黑龙江述略》诸书。其中以康熙二十三年一说比较可信。康熙二十三年（1683）设立黑龙江将军，目的是用军事收回雅克萨城，巩固清朝对黑龙江地区的管辖。这种军事行动主要是在索伦（鄂温克）、达斡尔族地区进行，从军事需要来看，必须得到索伦、达斡尔的配合和支持。因此，必须将他们组织起来，加以管理。正是出于这种需要，在萨布素出任黑龙江将军以后，随即设立布特哈总管，是自然而然之事。事实证明，索伦、达斡尔参与了雅克萨战争，在侦察敌情、建立驿站、打击敌人方面都做出了巨大的贡献。

近年有人提出新说，称布特哈总管设置于康熙二年（1633）。细审其说，发现缺乏可靠证据，是由于对最初专管索伦一族的索伦总管和后来管理索伦、达斡尔、鄂伦春三族的布特哈总管相互混淆所致，将前后两个既有关联、又有区别的机构等同的结果。

称康熙二年（1663）就有布特哈总管的主要依据是，早期的总管是源自顺治年间的"达尔汉"，"是达尔汉的专缺化、职官化。康熙三十年，副都统街博克在其请求休致的文书中提到，早在康熙二年，其次兄布雷（burei）在接替长兄'达尔汉'呼尔格乌勒（hurge'ul，又作呼尔格乌尔）管理索伦事务时，就曾为朝廷补授为副总管（ilhida）。四年以后，布雷因根特木耳叛逃一事获罚革职，其副总管之职，又转由博克来接任。副总管与总管是彼此相应的概念，当时既补授了副总管，自然也就会补授了总管，两职自然都应是始设于康熙二年（1663）"。①

此文将"补授"说成是"始设"，无论是在逻辑上、事实上都是说不通的；用有副总管即断言必定有总管，这种推论也不合逻辑，难以令人信服。该文所提到的副总管，是专管索伦一族事务的官员。其作者承认："最初，两名达尔汗的专责是管理嫩江流域的'有牛录索伦'，故而康熙二年在其基础上所设的总管，也就自然被称为是索伦总管。"②

就历史事实而言，索伦的南迁嫩江要比达斡尔早。在"索伦之战"结束后，索伦部众就大规模南迁，他们散布在大兴安岭两侧，在根河、海拉尔河和嫩江中下游都能找到他们的踪迹，甚至于进入了蒙古郭尔罗斯和杜尔伯特境内，依附于蒙古人结为"安答"（朋友）。清朝廷不可能允许索伦人无所羁绊、自由活动，于是委托、任命索伦人的首领为官长，管理本族事务。此前，清朝曾封索伦的头人为"达尔汗"加以利用，后来则改成索伦副总管、索伦总管，其权限很小，不涉及达斡尔事务。

到了康熙二十三年设置黑龙江将军以后，准备与沙皇俄国开战，收复雅克萨城，双方关系变得紧张。雅克萨城在索伦原住地，周围有许多索伦人、达斡尔人。俄国利用索伦、达斡尔为其服务，策划根特木耳反叛就是例证。清朝对于"索伦之战"记忆犹新，必须加强对索伦、达斡尔的管理，既是为了防止意外，又要利用索伦、达斡尔的勇武精神，共同对敌。正是基于上述需要，清朝廷决定在索伦总管的基础上，扩大其权限，由原先专管索伦一族事务，改为管理索伦、达斡尔、鄂伦春三族事务，建立了布特哈总管。不妨说，索伦总管是布特哈总管的前身，布特哈总管是索伦总管的发展和扩大。

我们从官称上可以看出二者的关系。布特哈总管的全称是"索伦达斡尔总管"，我们从清代康熙年间官方行文的署衔可以看出来。康熙二十二

---

① 金鑫：《八旗制度与清代前期索伦达斡尔社会》（博士论文），2011年油印本，第138—139页。

② 金鑫：《八旗制度与清代前期索伦达斡尔社会》（博士论文），2011年油印本，第139页。

年正月十二日，有"索伦达斡尔总管玛布岱、安珠瑚、贝勒尔等咨行镇守黑龙江等处地方将军、副都统"咨文①，此文为满文，行文时间在黑龙江将军和布特哈总管设置不久，故行文比较规范化，用的是"索伦达斡尔总管"，证明其管辖的对象是索伦、达斡尔二族。同年十月初二日，有"索伦达斡尔总管等咨行镇守黑龙江等处将军、副都统"咨文②，同年十月初四日、十月初五日、十月初八日、十月初九日、十月十四日、十月十五日等七次行文，都签署"索伦达斡尔总管"官衔，可知布特哈总管主管索伦、达斡尔等族是确定无疑的。为了节省文字，有时将"索伦达斡尔总管"简称为"索伦总管"，不过这种情形不常见。行文时将索伦置于达斡尔之前，是清代的惯例，索伦之名的出现早于达斡尔，与人们耳熟能详有关，不意味着重此轻彼。

雍正初年，官方行文仍简称"索伦总管"。雍正十一年，出现了布特哈索伦达斡尔总管的官衔。雍正十一年八月二十五日，黑龙江将军衙门致理藩院咨文中，出现了"署理布特哈索伦达斡尔之达斡尔总管沙金"的官衔。③ 在"布特哈"三字之后，仍保留有"索伦达斡尔"字样。有时又作"布特哈索伦达斡尔事务总管"。④ 在这里"布特哈"表示地区名，"索伦达斡尔总管"指其管理索伦、达斡尔二族的长官。雍正十一年以后的官方行文，都带有"布特哈"字样，毫无例外。雍正十三年十月十一日，有"管理布特哈索伦达斡尔总管哈尔萨、副都统衔总管霍托克、署理总管事务副官阿纳布等呈将军衙门"咨文⑤，说明布特哈总管又可称作"管理布特哈索伦达斡尔总管"，官衔中增加"布特哈"字样，可能是为了明确其职权的范围，因为雍正十年（1732）有索伦、达斡尔、巴尔虎、鄂伦春迁移到呼伦贝尔，与嫩江流域的同族人有别，必须划定其管理范围只限于布特哈。故而官名上增加"布特哈"三字。自此以后，布特哈之名长期保留

---

① 《达斡尔资料集》第 9 集，民族出版社 2009 年版，第 24 页。
② 《达斡尔资料集》第 9 集，民族出版社 2009 年版，第 52 页。
③ 《达斡尔资料集》第 9 集，民族出版社 2009 年版，第 269 页。
④ 《达斡尔资料集》第 9 集，民族出版社 2009 年版，第 271 页。
⑤ 《达斡尔资料集》第 9 集，民族出版社 2009 年版，第 351 页。

下来。道光年间一度改布特哈索伦达斡尔总管为"打牲乌拉达呼尔总管"①，不过到了光绪年间，又恢复布特哈之名，有东布特哈总管、西布特哈总管之设置。

第三节　布特哈总管衙门之概况

布特哈总管主管三扎兰、五阿巴，是一级地方官府。最初它由理藩院管辖，后来改由黑龙江将军管辖。黑龙江将军衙门送往朝廷有关布特哈的奏文，先由理藩院受理，然后上奏皇帝或转给有关部院处理。布特哈总管衙门事务繁多，设有不少部门，配备有不少官员。

布特哈总管为正三品，主持总管衙门的各项事务的处理。《黑龙江舆图说》记载："康熙二十二年，设索伦、达斡尔各一员，康熙三十年设布特哈满洲总管一员"②，合计总管为三员，满洲、索伦、达斡尔各一员。此说为学术界普遍采纳，许多论著加以转述。实际上康熙二十七年就出现了三员总管，当年正月十二日有"索伦达斡尔总管玛布岱、安珠瑚、贝勒尔等咨行镇守黑龙江等处地方将军、副都统"的咨文，③ 证明了三员总管并存。其中，安珠瑚为满洲人，玛布岱、贝勒尔为达斡尔人，三员总管中没有索伦人。康熙四十年九月九日，黑龙江将军致布特哈总管的咨文，署名的总管为觉罗恩图、玛布岱、赛因奇克、都喇杜四人，其中觉罗恩图为满洲人，玛布岱、都喇杜为达斡尔人，赛因奇克为索伦人。上述实例说明，朝廷虽有布特哈总管三员的规定，然而实际上并没有认真执行。根据实际需要，布特哈总管可以安排四员。副总管简称副管，为正四品，定制 8 员，分别是三扎兰、五阿巴的长官，他们掌管扎兰、阿巴的各项具体事务。副管必须精通索伦、达斡尔语言，故多由本族人充任。其中精明干练的副总

---

① 《达斡尔资料集》第 9 集，民族出版社 2009 年版，第 262—263 页。
② 《辽海丛书》，辽沈书社 1985 年缩印本，第 1040 页上栏。
③ 《达斡尔资料集》第 9 集，民族出版社 2009 年版，第 24 页。

管，可以提升为总管。

布特哈总管衙门设有左司、右司和掌印处，左司主管民政事务，右司主管军政有关事务，掌印处管理文书档案和人事，其下设笔帖式，从事文墨和翻译，要精通满文、汉文，从事文书的缮写。此外，总管衙门还设有骁骑校、领催；扎兰、阿巴设有佐领，是基层的官员。

布特哈总管、副总管有俸禄。雍正二年二月初八日，总管都喇都致黑龙江将军衙门的呈文称："我等索伦达斡尔由仓储粮谷领取五百石，已扣除总管都喇都、松果托、副管阿勒图、外三、沙金五人俸禄，为此呈行。"① 可知当时总管的俸禄不是白银，而是粮食，从粮仓领取，需呈报黑龙江将军衙门登记备案。

至于佐领、骁骑校、领催等人，均无俸禄，他们要与普通部民一样，每年要贡貂皮 1 张。按中国古代传统，地方官员兵丁由地方供养，百姓承担。康熙年间黑龙江地大物博，资源丰富，然而劳动力不足，未能充分开发，民众是以"打牲"为生，所产的貂皮属于贡品，只有完成贡貂以后，多余的貂皮才可以卖掉。这种落后的经济状况，无法提供俸禄，总管、副总管俸禄拿不到白银，而代之俸粮；佐领以下连俸粮也没有。

到了清代中期以后，佐领、骁骑校才有了"半薪"。当时驻防八旗官兵有俸禄，所谓"半薪"就是同等级官员俸禄标准的一半。清朝末年，"半薪"也难以支付，常常欠薪一年以上，故改为按级别授田，佐领 90 垧，骁骑校 67 垧 5 亩，领催 45 垧，披甲 22 垧 5 亩。②

布特哈总管驻地，最初在墨尔根，在满文档案中有记载。康熙二十七年八月，索伦总管致黑龙江将军咨文，提到了"在墨尔根地方之索伦总管"；康熙二十九年二月七月，索伦总管致黑龙江将军咨文，又提到墨尔根"彼处驻有总管"。③ 这里所称的"索伦总管""总管"，都是指索伦达斡尔总管，即布特哈总管。康熙二十七年正在修建墨尔根城，布特哈总管

---

① 《达斡尔资料集》第 9 集，民族出版社 2009 年版，第 255 页。

② 孟希舜：《达斡尔族志略初稿》，《达斡尔资料集》第 2 集，民族出版社 1998 年版，第 218 页。

③ 《达斡尔资料集》第 9 集，民族出版社 2009 年版，第 49、88 页。

驻于墨尔根城,与黑龙江将军驻地的迁移至此有关。布特哈总管与黑龙江将军同驻一城,有利于公务来往,是显而易见的。康熙三十年增设满洲总管以后,布特哈总管移驻依倭齐,在今莫力达瓦旗尼尔基镇以北 10 千米。依倭齐接近大兴安岭山区,濒临嫩江,水路交通方便,利于对索伦、达斡尔、鄂伦春各族的管理。

布特哈总管属于重要官员,出于处理公务的需要,必须备有官印。《大清会典则例》记载:"康熙二十五年题准,蒙古扎萨克及索伦等处总管,均照在内都统之制,各铸给印信,以昭信守。"① 据此布特哈总管曾有官印。不过康熙三十年十二月十日,理藩院致黑龙江将军萨布素咨文记载,萨布素提出:"现索伦达斡尔各项事务令我总管,故索伦总管印可否交给总管玛布岱使用等因,将此咨请部议。"理藩院奉旨:"令缴印信,钦此、钦遵……令将军将管理索伦总管之印迅速缴送。"② 印信上缴以后,处理布特哈重大事务只能加盖黑龙江将军之印信,以便于审核监督。雍正九年六月,布特哈总管巴尔虎人达巴哈致黑龙江将军咨文称:"我辈管辖布特哈八扎兰索伦达呼尔之总管等,向执扎萨克印。"③ 说明此时尚无布特哈总管官印,而是使用扎萨克官印。

布特哈总管以索伦、达斡尔、满洲人为主,间有蒙古人(如上文提到的巴尔虎人总管达巴哈)。其中的达斡尔人总管,见于记载的主要有以下数人。

1. 贝勒尔,又作倍勒尔。贝勒尔是雅克萨城酋长阿尔巴西之子,属于鄂嫩氏,达斡尔人。康熙二十四年奉命侦察雅克萨城敌情,活捉俄国哥克萨 7 人,押送京城,受到康熙皇帝奖赏,同年被提升为总管。

2. 布吉勒岱,又作博吉勒达。金奇里氏人,与额驸巴尔达齐同族。《金奇里哈剌族谱》记载他是副都统衔总管,"首任布特哈总管"。④

---

① 《大清会典则例》卷 140,《理藩院旗籍清吏司》印信。商务印书馆影印文津阁《四库全书》,第 207 册 518 页。
② 《达斡尔资料集》第 9 集,民族出版社 2009 年版,第 191 页。
③ 《达斡尔族社会历史调查》修订本,民族出版社 2009 年版,第 182—183 页。
④ 《达斡尔族社会历史调查》修订本,民族出版社 2009 年版,第 182—183 页。

3. 洪吉，又作鸿杰、胡通格，译音不同所致。《黑龙江将军衙门档案》记载，洪吉之弟巴达克有言："我父博吉勒岱曾在总管任上行走十九年，年老呈文时，曾将任二等侍卫之我兄洪吉补授总管遣来。"① 则洪吉为布吉勒岱之子。

4. 玛布岱，又作马补代。苏都尔氏族人，是孟额德之侄，是补洪吉之缺，于康熙二十六年出任总管之职，任职时间比较长，一直到康熙三十七年。康熙三十年八月，增加副都统衔。任职期间主持修建齐齐哈尔城。其墓地在齐齐哈尔市郊梅里斯，竖有墓碑，记其功勋。

5. 都尔都。又作都拉都、都拉杜，是贝勒尔之子。康熙三十七年，玛布岱"即为副都统，革去索伦达斡尔总管，专管齐齐哈尔城官兵……故议以副管都尔都拟正"②。他是接替玛布岱为总管。其任职期间时间很长，雍正二年都尔都仍在总管任上。

6. 沙金。雍正二年二月八日总管衙门开列的俸粮名单上，有副管沙金的名字。雍正十一年八月二十五日，黑龙江将军衙门致理藩院咨文称："管理布特哈索伦达斡尔之达斡尔总管沙金，七月二十三日病故。"③ 据此知沙金是达斡尔人，其姓氏不详。

布特哈总管为正三品，不过加有副都统衔的总管享受的待遇与正二品相同。康熙三十年八月十九日，兵部致黑龙江将军咨文称："驻于卜魁驿站地方新筑之城（按：指齐齐哈尔城），由管理索伦总管玛布岱统领，总管卜魁管理索伦达斡尔兵丁，驻防黑龙江，任副都统衔，发给二品坐褥、俸禄。"④ 据此可知，凡是具有副都统衔的布特哈总管，都享受正二品的待遇。不过副都统衔与副都统不同，有人将"副都统衔"改作"副都统"，实出于误解，是错误的。有人指出"副都统衔"不是经制官，是有一定道理的。

布特哈总管辖下的佐领可以世袭，例如康熙三十八年九月，佐领叶雷

---

① 《黑龙江将军衙门档案》，康熙三十年六月十三日。
② 《达斡尔资料集》第9集，民族出版社2009年版，第214页。
③ 《达斡尔资料集》第9集，民族出版社2009年版，第269页。
④ 《达斡尔资料集》第9集，民族出版社2009年版，第182页。

休致（即退休），其遗缺由其"胞子、闲散图勒杰车"弥补。① 同年，达斡尔佐领布赫德病故，就其佐领继承一事，理藩院的答复是："查得，布赫德胞弟白都十四岁，稍幼。索伦达斡尔佐领身故，年老休致，以其子、弟承袭，向有成例。故理应以布赫德胞弟白都议补佐领，既然白都年少，议以布赫德族兄博依保拟正，白都拟陪……白都十八岁后，此牛录即由白都承袭，而令博依保候缺。"② "向有成例"，说明佐领一向由子弟承袭。

不过对于总管而言，其继承比较复杂。有些嗣子继父，如布吉勒岱、洪吉父子均是总管，贝勒尔、都尔都父子也是总管。不过他们不是父亲直接传官位给儿子，儿子是一步步提升上来的，例如都尔都是由副总管提拔上来的。总管空缺以后，不一定由本氏族人接替，可以由外姓氏人补其缺。例如洪吉的总管由玛布岱接任，洪吉是全奇里氏，玛布岱是苏都尔氏，二人分属于不同的氏族。总管卜魁休致时，曾提出"于我之子弟选用能干者，顶替我之遗缺"。理藩院的答复是："管理索伦达斡尔事关紧要，卜魁所请于其子内选能干之事毋庸议。"③ 然而在卜魁的子弟中，没有找到"能干者"，最后由塔勒呼兰接任。④ 卜魁是索伦人布拉穆氏，塔勒呼兰是达斡尔人，既不同族又不同氏。这就表明，总管一职可以由本氏族内选用，本氏族具有优先权；然而找不到合适人选时，又可以在外族人中选拔。其原因是总管一职非常重要。

第四节　布特哈总管的职责

布特哈总管职责很多，包罗万象，主要有以下几个方面。

1. 测丁贡貂

布特哈居民的主要义务是贡貂，成丁每人每年要贡献貂皮 1 张。所谓

① 《达斡尔资料集》第 9 集，民族出版社 2009 年版，第 224 页。
② 《达斡尔资料集》第 9 集，民族出版社 2009 年版，第 219 页。
③ 《达斡尔资料集》第 9 集，民族出版社 2009 年版，第 195 页。
④ 《达斡尔资料集》第 9 集，民族出版社 2009 年版，第 231 页。

成丁是指身高 5 尺以上的男子，为了保证贡貂，布特哈总管要年年测丁，即测量少年的身体高度，达到 5 尺以上即为成丁。还要掌握成丁死亡情况，年老死亡即免除贡貂。

2. 补充兵源

八旗士兵时有减员，需要不断补充兵源。康熙二十四年三月十一日，萨布素致布特哈总管卜魁咨文，提出正白旗、镶白旗、正黄旗多名披甲病故，需要补充其遗缺。布特哈总管"每年春秋两季，在总管衙门所在之宜卧奇地方聚会，操练武艺"，① 培养合格的兵源。

3. 巡查边界

自康熙二十九年（1689）签订《尼布楚条约》，划定中俄边界以后，需要年年巡查边界，检查界碑和鄂博（界堆）是否有变动。"布特哈专辖牲丁，其牲丁所至之地皆布特哈总管应巡查此地。故外兴安岭鄂博向归布特哈总管巡查"②。

4. 维持治安

康熙二十四年四月五月，萨布素致总管扎木苏咨文，提出其披甲夜宿达斡尔克依布尔村时，两马被盗，谕令协助寻找。康熙二十七年七月二十八日，黑龙江将军致布特哈总管咨文，称"某披甲包衣（奴仆）出逃，藏于雅尔萨村苏沃勒图家，饬令苏沃勒图亲自……送回"③。

5. 捕猎雏鹰

康熙三十八年五月六日，萨布素致总管咨文，提出："晓谕尔等所辖嫩江、讷谟尔所住达斡尔等找寻雏鹰"；同年六月二十二日，萨布素又致总管咨文，说明此事。④

6. 选皇帝扈从

康熙四十年六月二日，黑龙江将军致总管觉罗恩图咨文，要求从索伦、达斡尔"选丁二百"，配备马匹，为皇帝巡幸索约勒济山（又称索岳

① 孟定恭：《布特哈志略》，《辽海丛书》1985 年缩印本，第 250 项上栏。
② 《中国历史地图集·东北地区资料汇编》，1979 年内部版，第 357 页。
③ 《达斡尔资料集》第 9 集，民族出版社 2009 年版，第 22、48 页。
④ 《达斡尔资料集》第 9 集，民族出版社 2009 年版，第 221、223 页。

尔济山）充当扈从。①

7. 查报驿站粮数

康熙二十七年十一月二十日，总管贝勒尔致黑龙江将军咨文，具报本年度科洛尔等五驿站收获粮食 916 石 6 斗，站丁 605 口。② 这是应黑龙江将军的要求而为。

8. 安排贫穷达斡尔、索伦族人披甲

达斡尔、索伦南迁嫩江以后，有一部贫穷无以为生，主动要求披甲当兵。黑龙江将军指示布特哈总管调查此事，统计人数，将申请人的名字、所在牛录登记造册，安排头领，送往驻防兵营。据满文档案记载，在康熙二十七年十月十一日，共有穷丁 557 人，编设为 8 个牛录。③

布特哈总管所管理的范围很大，所涉及的事务很多，无法一一详细记述。

① 《达斡尔资料集》第 9 集，民族出版社 2009 年版，第 241 页。
② 《达斡尔资料集》第 9 集、民族出版社 2009 年版，第 77 页。
③ 《达斡尔资料集》第 9 集、民族出版社 2009 年版，第 77 页。

第十三章　达斡尔驻防八旗的编设

驻防八旗属于清代常备军，以捍卫国家安全为宗旨，分驻于全国各地，故有驻防八旗之称。清太祖时先有满洲八旗，是以满洲士兵组成，用黄、白、红、蓝和镶黄、镶白、镶红、镶蓝八种旗色为标志，"八旗"是以八种旗色得名。清太宗时，为了壮大八旗军队，将归附的蒙古人、汉族人也编入八旗组织，称蒙古八旗、汉军八旗。在征服索伦（鄂温克）、达斡尔以后，将他们也编入八旗组织，于是有了索伦八旗和达斡尔八旗。

第一节　达斡尔驻防八旗的初建

清初征讨黑龙江各族时，常常将被俘的壮丁直接编入满洲八旗组织，用以补充军队的减员。崇德五年（1640）十一月，"索伦之战"结束不久，索海、萨穆什喀所得"新满洲男子二千七百五十一名……编入八旗……复令校射，分别等第。一等者视甲喇章京，二等者视牛录章京"①。崇德八年（1643）护军统领阿尔津、哈宁噶率师讨伐达斡尔七屯得胜以后，将"其携来男子，命按丁披甲，编补各旗缺额者"②。

在康熙二十二年（1683）黑龙江将军设立以后，根据康熙皇帝的旨

---

① 《清太宗实录》卷53，崇德五年十一月壬辰。
② 《清太宗实录》卷65，崇德八年七月戊戌。

意，积极筹划攻打沙皇俄国占据的雅克萨城，此战是以满洲八旗官兵为主力军，命达斡尔人同宁古塔兵一起驻城镇守。康熙二十二年九月，"上谕：我兵既命永戍额苏里，应派乌喇宁古塔兵五六百人，于来秋同家口发往，设将军、副都统、协领、佐领等官镇守。"①

同年十月，宁古塔副都统萨布素被任命为黑龙江将军以后②，提出额苏里今年七月即经霜雪，应于来春，"就近移达斡尔兵五百人，先赴额苏里耕种。"朝廷议政王大臣会商以后，将"永戍额苏里"，改为"黑龙江建城以戍。""黑龙江建城"之事，改由盛京副统穆泰承担，令穆泰"率盛京兵六百人，于来年三月抵彼处，筑城器具悉备以行"；又令："请发乌喇宁古塔兵五百人，协力筑城，工竣即回。"③

最初拟定黑龙江将军驻地，在黑龙江北岸，史称旧瑷珲。后改在黑龙江南岸，称新瑷珲城或瑷珲新城，即黑龙江城。黑龙江城改由盛京副都统修筑，自然达斡尔兵丁的任务不是筑城，而是戍守黑龙江城。

据满文档案记载，④ 应征的达斡尔兵丁不是原先的四、五百人，而是五百人，他们是在康熙二十三年（1684）三月，由嫩江到达黑龙江，与盛京筑城的士兵应是大体同时达到的。当时，黑龙江城（新瑷珲城）可能是尚未动工兴建，或刚刚开始动工兴建。达斡尔兵丁不参与黑龙江城的修建，而是在修建营房和开垦种地，解决自身的生活需要。

不过有些满文档案记载，达斡尔兵丁到达黑龙江的时间与此稍有差异。康熙二十四年正月十五日，黑龙江将军萨布素致钦差、轻车都尉马喇咨文称："驻防本处达斡尔八牛录五百兵丁前来之时，应以各自家里携带充足行军口米。"⑤ 据此可知，康熙二十四年正月十五日以前，来自嫩江的达斡尔兵丁，似没有完全到达其驻地。如何理解前后不同的记载？

---

① 《清圣祖实录》卷112，康熙二十二年九月丁丑。

② 《清圣祖实录》康熙二十二年九月称萨布素为副都统，同年十一月称其为黑龙江将军，改任将军应在十月间。

③ 《清圣祖实录》卷112，康熙二十二年九月丁丑。

④ 《黑龙江将军衙门档案》，《将军萨布素等为达斡尔官兵返乡移眷抗命不归事奏》，康熙二十三年二十日。

⑤ 《达斡尔资料集》第9集，民族出版社2009年版，第2页。

　　征集达斡尔兵丁的官员有三：钦差玛喇（又译作玛拉），理藩院郎中宜道（又译作依道），布特哈副都统衔总管孟额德（又译作孟额岱、孟格岱），布特哈总管博克（又译作布依克、白克、卜魁）。征兵的过程并非很顺利，有些人不愿意披甲当兵，用行贿的方式寻找他人顶替入伍，结果引起了诉讼。例如披甲以后的爱苏和讷尔奔图二人，状告布特哈佐领某人，用给予奴仆为诱惑，胁迫他们顶替图罕缠、伊希莫二人入伍披甲，最后只好把相关的佐领革职。[①] 有些人披甲当兵以后，寻找返乡移眷的理由，抗命不归。康熙二十四年二月初八日，黑龙江将军萨布素致兵部咨文称："达斡尔诸人不愿移驻瑷珲，僻托迁户，擅自留在家中，章京、骁骑校等妄行胁迫众人前往告状。"[②] 从上述满文档案的记载来看，达斡尔500名兵丁的征集相当不容易。这是因为他们离开黑龙江战乱南迁不久，刚刚过上安定的生活，不愿意披甲当兵。因此，征兵披甲不会是一次完成的，组成早的牛录，在康熙二十三年春到达黑龙江城，组成晚的牛录，可能是康熙二十四年春天才进抵黑龙江城。

　　根据康熙皇帝的要求，其征兵时间可能有限制，由于时间紧迫，主持征兵的玛喇等人草率行事，将身体状况不佳的人选入牛录之中，披甲以后不久即因病死亡，只好不断补充新的兵丁。康熙二十四年三月十一日，黑龙江将军萨布素致钦差玛拉的咨文称："由正黄旗拨入镶蓝旗达斡尔提帕尼牛录披甲齐查喇、安坦温、绷库特依病故。"玛拉的答复是："其牛录下居住哲尔德村披甲古尔拉图之弟绰多依、鲁尔奇东之弟松果尼年幼不能披甲。居住洪阔村闲散西雅克哈尔尚未到来，此外再无闲散人丁。"萨布素致钦差玛拉的另一咨文，提到正白旗佐领绥珀、领催阔云温、披甲额尔格讷依、玛尔当阿、图勒奇纳病故；又提到正白旗拨入镶红旗牛录披甲吞托病故。[③] 这些入伍仅仅一年左右的时间，就有佐领、领催、披甲十余人病故，说明征兵时对健康的要求不严，反映出兵源不足，愿意披甲的人不

---

　　① 《黑龙江将军衙门档案》，《将军萨布素为爱苏等替人披甲案给索伦总管的咨文》，康熙二十七年正月二十六日。

　　② 《达斡尔资料集》第9集，民族出版社2009年版，第3页。

　　③ 《达斡尔资料集》第9集，民族出版社2009年版，第13页。

多，很勉强地征集到 500 名兵丁。

达斡尔 500 名兵丁被编为 8 个牛录。原来布特哈三扎兰的达斡尔人是按照牛录编制的，被征调的兵丁是从各个牛录丁壮中选出来的，编为驻防八旗牛录。由于布特哈各牛录的丁壮人数有多少的不同，因而采取了混合编制驻防八旗牛录的办法。满洲八旗牛录标准编制为 300 人，布特哈兵源不足，达斡尔每个牛录只有 62—63 人。每个牛录都是以其佐领的名字命名，以便于识别。其中正黄旗塔勒呼兰牛录、镶黄旗噶纳逊牛录、正白旗绥顿牛录、正红旗弼勒冲额牛录为 63 人；镶白旗图延图牛录、镶红旗格济格尔牛录、正蓝旗逊特依牛录、镶蓝旗提丕尼牛录为 62 人。各牛录的佐领、骁骑校多是布尔哈牛录原有的官吏，也有少量是新提拔任命的。

卜魁是布特哈总管之一，也是组建达斡尔驻防八旗的长官之一。事后便成为达斡尔驻防八旗官兵的长官，加以副都统衔。他把这批官兵由布特哈带到黑龙江城，此后一直归他管理。达斡尔官兵长期驻防黑龙江城，参考了雅克萨战争，其中正黄旗塔勒呼兰牛录，后来随同萨布素将军于康熙二十九年（1690）迁往墨尔根城（今嫩江县城）驻防，直到清朝末年。接替塔勒呼兰在黑龙江城驻防的是，索伦正黄旗多伦绰牛录。康熙二十九年，驻防黑龙江的达斡尔官兵家属，也迁至此地，其后人仍居于此。

第二节　穷丁编入驻防八旗

达斡尔、索伦南迁嫩江流域过程中，其财产遭到一定的损失。嫩江流域虽然也有山林可供狩猎捕捉，然而山林的范围不如黑龙江北广大，有不少狩猎者还要渡过黑龙江，到外兴安岭捕貂，往返时间很长，消耗很大。向朝廷贡貂，是他们承担的义务，是不能停止的。

布特哈部民，起初不愿意披甲当兵。后来发现，一旦披甲当兵以后，即免除了贡貂的义务，也不必入山狩猎，而且披甲兵由国家提供奴仆，享有一定的待遇，受到国家的重视。因此，在达斡尔驻防八旗建立以后，布特哈许多达斡尔和索伦丁壮纷纷要求披甲当兵。当时的官方认为他们是贫穷所致，故称他们为"贫穷人丁"，这种称谓频频见于当时的官方文字记载。

达斡尔、索伦官兵在康熙二十四年（1685）第一次雅克萨战争中，表现出英勇顽强，给清朝留下了深刻的印象，对布特哈部民披甲当兵持欢迎态度。因此，康熙二十六年（1687）理藩院复准："索伦贫人求入内应差者，着在索伦地方郎中、总管逐一查问，有情愿充骁骑者，安置在墨尔根、瑷珲等处，分别授为佐领、骁骑校，归入该处旗分管理，交黑龙江将军，给与钱粮军器；其不愿充骁骑者，仍留住地方。"① 这里所说的"索伦贫人"，是泛指达斡尔、索伦（鄂温克）而言。视此批复文字，此前黑龙江将军上奏时，曾经提及此事，御批理藩院答复。

黑龙江将军对此非常重视，吩咐布特哈总管立即照办。康熙二十七年正月十日，布特哈总管玛岱等向黑龙江将军报送贫穷索伦、达斡尔情愿贫穷索伦332人，贫穷达斡尔84人，合计为416人。又称："此外，尚有外出打牲之人等未及查问。俟伊等返回之时再行查问。若有情愿披甲者，另文咨报。"②

自此以后，康熙二十二年十月初二日、十月初三日、十月初四日、十月初五日、十月初八日。十月初九日、十月十四日、十月十五日、十月十六日、十月十九日、十月二十五日、十月二十九日、十一月初六日，布特哈总管又向黑龙江将军报送贫穷索伦、达斡尔自愿披甲人数，仅十月十五日这一天就报送三次，可知报名人非常积极。每次报送的人数多少不等，多者一次达39丁、40丁、51丁，少者只有7丁、6丁、5丁、3丁。十一月二十八日，黑龙江将军致布特布哈总管的咨文称："伊等自十月十二日至十一月十二日，相继到来17队，共计四百六十丁"，另有"未报名单前来"者五人，"各自牛录因病暂留，随后而来告之花名数目"九十二人，

---

① 乾隆内府抄本《理藩院则例》，《清代理藩院资料辑录》，全国图书馆文献缩微中心1988年版，第21页。

② 《达斡尔资料集》第9集，民族出版社2009年版，第24页。

"前来人等总计五百五十七丁，将伊等咨部编设八个牛录"。① 自愿披甲者如此踊跃。与初次组建达斡尔驻防八旗成为鲜明的对比。

此次布特哈壮丁披甲，是以个人自愿报名的形式分散进行的，没有官府组织。从保留下来的清代原始档案记录来看，涉及布特哈许多牛录。据初步统计，涉及以下 41 个牛录，今列名如下：

1. 卓尔洪敖牛录，2. 邵腰勒图牛录，3. 达答克图牛录，4. 楚达卡依牛录，5. 召勒鸿奥牛录，6. 德的克图牛录，7. 昭勒图尼牛录，8. 桑阿勒图牛录，9. 楞额等牛录，10. 额钦牛录，11. 赫勒尔德依牛录，12. 商阿勒图牛录，13. 宝哩堪牛录，14. 朝勒高勒牛录，15. 图希纳牛录，16. 卓勒贡奥牛录，17. 武库勒图牛录，18. 图希纳牛录，19. 塔普德依牛录，20. 乌达奈牛录，21. 布利卡牛录，22. 陶希纳牛录，23. 昆德尔岱牛录，24. 奇泰牛录，25. 库里木德牛录，26. 暖岱牛录，27. 达勒巴莱牛录，28. 赫勒乐牛录，29. 图鲁奎牛录，30. 希勒空额牛录，31. 布珠牛录，32. 岳尔吉德牛录，33. 阿尔宾达牛录，34. 敖包图牛录，35. 巴鼎古牛录，36. 乌巴达牛录，37. 永素岱牛录，38. 古喱古德牛录，39. 利勒尔德依牛录，40. 都伦牛录，41. 额里德依牛录。②

上述这些牛录都是用牛录佐领的名字命名，由于佐领名字相同，造成了牛录名称相同，第 15、第 18 两个完全相同的图希纳牛录，就是这样产生的，不是抄写笔误。第 22 陶希纳牛录，疑为第 18 图希纳的同音异字。

上述 41 个牛录既有达斡尔编设的牛录，又有索伦编设的牛录，不过其中达斡尔牛录、索伦牛录各为多少，档案未加注明，现在也难以区分，不过其中达斡尔牛录占一定的数量。每个牛录披甲者，少者 1 人、2 人、3

---

① 《达斡尔资料集》第 9 集，民族出版社 2009 年版，第 77 页。
② 《达斡尔资料集》第 9 集，民族出版社 2009 年版，第 52、54、56、58、59、61、62、64、66、67、69、70、71、72、73 页。

人、4人、5人，多者10人、11人、12人、14人、15人、最多者在20人以上。例如巴鼎古牛录23人、德的克国牛录27人。各牛录披甲人数的多少，反映该牛录贫穷人的多少。当时布特哈总管掌握的原则是，尽量考虑贫穷人的意愿，优先列为披甲的对象，故而富裕家庭的子弟所披甲者为数很少。贫穷人披甲者，共编为8个牛录。其人员编制和佐领，骁骑校任命情况，康熙二十七年十月初五日，黑龙江将军萨布素在致宁古塔将军的咨文中有如下的说明：

> 我等曾咨文行户部文内称，应披甲之贫穷索伦达斡尔人等到达后即行编设牛录。索伦之达达克图佐领，此牛录以卓克命勒图为骁骑校，披甲六十二人；赛图为佐领，此牛录以纳密岱为骁骑校，披甲六十二人；霍伦岱为佐领，此牛录以葛日勒图为骁骑校，披甲六十二人；雅奇岱为佐领，此牛录以希勤庆额为骁骑校，披甲六十二人；恩格尔为佐领，此牛录以色尔特赫依为骁骑校，披甲六十三人；色勤布为佐领，此牛录以满珠为骁骑校，披甲六十三人；透纳依为佐领，此牛录以布鲁勒津为骁骑校，披甲六十三人；依车勒图为佐领，此牛录以希纳岱为骁骑校，披甲六十三人。
>
> 已咨兵部，议以达答克图、透讷依、依策勒国牛录隶镶黄旗；霍鸾岱、雅奇岱牛录隶正黄旗；塞图鞥、色勤布牛录隶正白旗。
>
> 所编八个牛录，共计佐领八员、骁骑校八员；每牛录算上小领催各六名则披甲五百人。[①]

这些佐领、骁骑校的名字，如达达克国（又译作达答克国）、布珠等，已见于布特哈总管呈报披甲名单，原是布特哈佐领，贫穷索伦达斡尔披甲以后，随之变成了驻防八旗的佐领，不过有些佐领、骁骑校是新提拔任命的。黑龙江将军萨布素称："初使穷索伦披甲编佐之时，其应补授佐领、

---

① 《达斡尔资料集》第9集，民族出版社2009年版，第78页。

骁骑校之额，我等不认不识，因而原是询于彼内人众，而将佐领，骁骑校补授。"① 与原先的佐领、骁骑校相比，新从披甲中提拔的佐领、骁骑校，数量可能不少，他们更富有进取心。

由贫穷人编设的驻防八旗牛录中，有的是达斡尔组成的牛录，有的是索伦组成的牛录，有人提出此八个牛录中有 7 个达伦牛录，1 个达斡尔牛录。在同一个牛录之内，达斡尔与索伦是不混编的，由于语言不完全相同，在训练和军事活动中有许多不便。这八个驻防牛录，都驻防于墨尔根城（今嫩江县城），保卫黑龙江将军。

康熙二十九年（1690 年），即《尼布楚条约》签订的第二年，又有贫穷索伦、达斡尔拔补披甲编设牛录之举，当年三月初六日，萨布素提出编设方案：

> 查得索伦、达斡尔内无以为生，应拔补披甲之索伦，加上索伦佐领一员，计二百七丁，无以为生，应拔补披甲之达斡尔二百丁，依照先前编设八牛录贫穷索伦之例，编设牛录，由其中拣选干练之人，将曾任佐领之萨姆巴库补放佐领，塔勒达尼补放该牛录骁骑校，设披甲六十二名，将索伦固耶克补选佐领，齐岱补放该牛录骁骑校，设披甲六十二名。将索伦绰补放佐领，霍莫尔多补该牛录骁骑校，设披甲六十二名。再以达斡尔十八丁。索伦十二丁，会同先前编设牛录之贫穷索伦各牛录所余之丁，设一牛录，然无干练之人可补牛录、骁骑校。镶黄旗陈达斡尔格吉格尔牛录骁骑校霍罗耐精干，堪以管理、将其补放佐领；因罪革职留任陈达斡尔骁骑校温杜拉哈精干，堪以管理，将其补放此牛录骁骑校，设披甲六十二名。萨姆巴库隶镶黄旗，固耶克、多伦绰牛录隶正黄旗，霍罗耐牛录隶正白旗，此四牛录官兵应发俸禄、钱粮、军械、家奴牲畜银，无妻人等娶妻价银、口粮等项，均

---

① 《将军萨布素达斡尔副都统衔博克为诸将庸懦之骁骑校满珠革退事给兵部的咨文》，康熙三十年七月初九日。

请依照先前编设贫穷索伦八年牛录发放银物之例办理，为此谨题。①

这次补编的 4 个披甲牛录，是以索伦（鄂温克）为主，每个牛录仍是 62—63 个兵丁，共计 250 名，其中镶黄旗、镶红旗三个牛录是由索伦人组成，正白旗牛录是以达斡尔 18 丁、索伦 12 丁和康熙二十七年编设贫穷 8 牛录时的余丁组成，其中既有达斡尔兵丁，又有索伦兵丁。混合编成牛录的佐领、骁骑校，是以陈达斡尔人格吉格尔、温杜拉哈担任，由于他们先前曾在达斡尔牛录中任官，故称之为"陈达斡尔"以区别之。

康熙二十九年又曾将贫穷的站丁披甲编入驻防八旗牛录。康熙二十四年（1685 年），出于雅克萨战争的需要，康熙皇帝命理藩院侍郎筹划从墨尔根至雅克萨驿站事宜。同年三月十三日，黑龙江将军萨布素致宁古塔副都统咨文，提出从吉林喇至黑龙江城设置驿站事。吉林乌喇设六驿，黑龙江设十三驿，"由锡伯、索伦、达斡尔夫役伐运树木"，修建站房，由"达斡尔章京督建"。② 达斡尔为修建站房付出很大劳动，事后站丁多为吴三桂部下和锡伯人、索伦人、达斡尔人充任。锡伯站丁多在接近吉林的驿站，而从墨尔根一北到瑷珲（黑龙江城）的 5 个驿站，即科洛尔、喀勒塔尔、库穆尔、额叶楞古、昆站，其站丁为布特哈所管的索伦、达斡尔人充当。每个驿站的站丁为 30 人，他们要传送官府公文，护送往来官差，还要开荒地解决口粮和驿马的饲料。由于这 5 个驿站为偏北，生长期短，所种的粮食难以满足需要，无以为生。他们也变成了贫穷索伦、达斡尔。康熙二十七年二月二十六日，布特哈总管致黑龙江将军咨文称："查得，先前两年此五驿贫穷至极。种子送至各个驿站之事，仍请由大臣等酌情送到"，说明驿站种子不足，可要的种子只能满足 1050（亩）地的需要，还"欠缺种子之二百六十七地"。③ 贫穷的站丁只好提出脱离驿站，披甲当兵。

贫穷站丁的要求得到了批准。150 名站丁被编入镶白旗、正黄旗、正

---

① 《达斡尔资料集》第 9 集，民族出版社 2009 年版，第 92 页。
② 《达斡尔资料集》第 9 集，民族出版社 2009 年版，第 14 页。
③ 《达斡尔资料集》第 9 集，民族出版社 2009 年版，第 31 页。

红旗三个驻防八旗牛录，每个牛录只有 50 名披甲兵丁。其中正白旗牛录、镶黄旗牛录又由达斡尔为主，其佐领、骁骑校为达斡尔人；镶黄旗以索伦为主，其佐领、骁骑校为索伦人。康熙三十年二月，由于披甲人数很少的缘故，又将此牛录补充了一些披甲，达到了每牛录 50 人，改属于镶白旗、正红旗、正蓝旗。其驻防地点为墨尔根城（今嫩江县城）。因为当时黑龙江将军已由瑷珲城移驻墨尔根城，需要加强墨尔根城的驻防八旗。

第三节　康熙三十年达斡尔的编佐

康熙三十年（1691），达斡尔出现大规模编佐。此事是由于巴尔虎蒙古的侵扰所致。

清初，蒙古有漠南、漠北、漠西三大部。漠南称内藩蒙古，漠北、漠西称外藩蒙古。漠西蒙古称厄鲁特蒙古，又分为准噶尔、和硕特、土尔扈特、图尔伯特四部。漠北蒙古又称喀尔喀蒙古、外蒙古，是成吉思汗嫡系之后。漠西蒙古是瓦剌之后，非成吉思汗嫡系，原是比较落后的蒙古部落。康熙前期准噶尔部强大起来，在噶尔丹当政时统一了厄鲁特蒙古。康熙二十七年（1688），噶尔丹进攻喀尔喀蒙古，向漠北扩张，企图统一蒙古。

喀尔喀蒙古在噶尔丹的打击下，纷纷向漠南逃窜。"盖地而来，前后相望不绝六十余里……遗弃牛羊，死者相枕"①。其中土谢图汗所属巴尔虎部落数以千计进入布特哈，他们"占据牧场，宿于各屯附近。偷盗，掠食农物，胡乱行走"，②严重骚扰达斡尔的正常生活。马布岱称，他们劫取牛马，将追还财物的达斡尔人用弓箭射死，把卡伦的马、鞍、衣物、干粮抢走。由于巴尔虎人多势众，给达斡尔人生活造成了巨大的威胁。

为此事黑龙江将军萨布素于康熙二十九年上奏朝廷，就如何驱逐巴尔

---

① 钱良择：《出塞纪略》八，《小方壶斋舆地丛钞》第 3 帙，第 280—281 页。
② 《达斡尔资料集》第 9 集，民族出版社 2009 年版，第 96 页。

虎出境提出建议，取得朝廷的准许，令萨布素用武力驱逐。于是萨布素率领墨尔根城 300 名满洲官兵和 300 名索伦达斡尔官兵，还有布特哈总管玛布岱率领的 600 名牲丁，前往楚尔噶勒屯进行武力驱逐，迫使巴尔虎人离开布特哈；对于表示安分守法的巴尔虎人，可以允许其留住。

巴尔虎人的侵扰虽然得到了解决，然而都引起达斡尔人的深思。在黑龙江北居住时期，达斡尔村屯大多建有城寨，可以防御敌人的侵袭，危急时刻便于将财物和老弱妇女转移到城寨中躲藏。南迁到嫩江流域以后，村屯散布于平旷的田野之间，无险可守，无处躲藏。巴尔虎蒙古抢劫如入无人之境，财产损失极大。当时准噶尔蒙古与喀尔喀蒙古之间的战争尚未结束，类似的事件可能会再次出现。于是，布特哈的达斡尔村屯之首领，于康熙二十九年岁末，共同呈文布特哈总管玛布岱，提出了披甲、筑城的要求。其文称：

> 齐齐哈尔等屯之佐领鄂博图、昆都勒德依。阿尔宾、苏雅勒图、诺恩岱、奇林泰、额哩德依，骁骑校弼齐勒图、布斋，扎巴咔岱、图特布、多勒图依、格奔德依，及领催等，共呈于大人等：
>
> 我等之祖父自黑龙江投圣主，自来嫩江以来，四十余年，遭际太平，散居六百里余，随意安生。今人云厄鲁特、喀尔喀等相攻。若众屯间隔居住，肆意侵扰，虽欲保护妻子，一时不能收集，且主上之事，亦难难以顺利收得。因此，若我们披甲，于我等所居周围一形势之地建城有收集行走之外，原舍命致死，奋免力行走，以报主上恤养之恩。[①]

布特哈总管玛布岱认为此事关系重大，随即将此文上报理藩院处理。理藩院认为，此事需要玛布岱与黑龙江将军萨布素共同磋商，将披甲、筑城事宜，要讲得更加具体明确，以便于朝廷审定。

---

① 中国第一历史档案馆编译：《锡伯族档案史料》上册，辽宁民族出版社 1999 年版，第 27—28 页。

康熙三十年正月二十三日，萨布素将军在京城朝觐时，专奏齐齐哈尔为水陆交通要塞，适于修建城池。其奏文略称：

> 齐齐哈尔之地，为蒙古、锡伯、索伦、达呼尔等居地交汇之要处，且通兴安以北呼伦等地，至尼布楚路亦不甚远。松花江、嫩江二水交汇之处，水陆总汇要津之处，皆应驻兵。若如此则虽有紧急之事，调遣不误，且兴安北有事，此以方之兵会合，克相机行事。①

玛布岱之呈文，只阐明披甲、建城与达斡尔之密切关系；萨布素之奏文，是以齐齐哈尔地理位置之重要性，阐述这里与蒙古、锡伯、索伦、达斡尔诸族之关系，以及与兴安岭北俄国尼布楚安全之重要性，故而引起康熙皇帝的高度重视，随即表示赞成，提出："着不误农时，承闲筑城"的原则。于是，萨布素与玛布岱共同勘察地形，将筑城地点选定于嫩江东岸卜魁驿站之地。筑城之事，于康熙三十年（1691）动工，次年完成。

在康熙三十年六月，即动工修建齐齐哈尔城的同时，萨布素与玛布岱又联名向理藩院提出达斡尔披甲的建议。文称：

> 除无栖止之所，游牧行走之索伦、鄂伦春外，于齐齐哈尔等屯落之达呼尔内，斟酌取一千丁，均齐编设牛录，使之披甲。一旦披甲，则彼等不得私行打牲，因此应停征其贡貂，照常使得钱粮，若依省城之例，使贫穷之人乡居，则种地不难。若有事，可以收入城中。虽然，因达呼尔等皆为主上之纳貂贡人，我等不可私行，将使之披甲之处定议。应如何办理之处，请贵院传奏议定。②

萨布素、玛布岱的奏议，为康熙皇帝批准执行。随即在达斡尔各牛录

---

① 中国第一历史档案馆编译：《锡伯族档案史料》上册，辽宁民族出版社 1999 年版，第28 页。

② 国家第一历史档案馆编译：《锡伯族档案史料》上册，辽宁民族出版社 1999 年版，第27—28 页。

征兵 1000 名，编成 16 个驻防牛录。按照以前的惯例，有 8 个牛录为 62 人，另 8 个牛录为 63 人；还有佐领 16 员，骁骑校 16 员。官兵合计为 1032 人。他们都是达斡尔人，无一例外。

在清代当时的官方文件中，称此 16 牛录为"新编牛录"，有别于以前编设的驻防黑龙江城的达斡尔八牛录和贫穷达斡尔牛录。"新编牛录"的编设进度很快，到康熙三十年十一月即已完成。故康熙三十年十一月初六日，萨布素致兵部咨文称："现齐齐哈尔周围村屯达斡尔等新编牛录，阿尔滨等十六佐，佐领十六人，骁骑校十六人，一千名兵丁，伊等亦多用硬弓。"①

康熙三十年新编的达斡尔牛录，属于驻防八旗牛录，其驻防之地为齐齐哈尔城。康熙三十一年六月，将其中的两个牛录，即郭尔弼岱牛录、弼勒格依牛录，迁往博尔德屯，划归墨尔根城管辖，使其看守粮仓。博尔德又称博尔多，在今黑龙江省讷河市。

---

① 《达斡尔资料集》第 9 集，民族出版社 2009 年版，第 189 页。

第十四章　齐齐哈尔城的修建

修建齐齐哈尔城，是布特哈总管、达斡尔人玛布岱最先提出的。后经黑龙江将军萨布素上奏朝廷，由康熙皇帝批准。康熙三十年（1691）七月，兵部"传旨于总管等，一同详查地方，于嫩江东岸卜魁驿站地方丈量筑城处所"①。此后才开始正式动工。

齐齐哈尔城的修建，首先是修建城墙，只有城墙完工以后，才能修筑城内的官衙房舍。俄国使者往返中国途中曾经过了脑温城（齐齐哈尔城），康熙三十三年（1694）返归时，他见到"木城"刚刚完工。"给城墙添上了土，配备了枪炮和弓箭，以巩固城防，并开设了相当数量的小铺子与俄国人做生意"②。说明"木城"已经完工，他没有见到官衙的建造，反映出全城的营建尚在进行中，并未最后竣工。最后全面完工的时间，可能在康熙三十四年（1695）或更晚一些。

第一节　城址的选择

齐齐哈尔城址的选择，是一个非常重要的问题。玛布岱和萨布素上奏

---

① 中国第一历史档案馆编译：《锡伯族档案史料》上册，辽宁民族出版社 1999 年版，第 28 页。

② 《俄中两国外交文献汇编》（1619—1792），商务印书馆 1982 年版，第 95 页。

朝廷的文字，最初都没有提到这个问题。故而理藩院的咨文，曾提出城筑于何处的疑问。

从某些现象分析，玛布岱最初设想的城址，可能是在嫩江西岸，即所谓齐齐哈尔大屯一带。玛布岱提出建城的初衷，是为了保卫达斡尔人的生命安全和财产。当时，达斡尔居住的村屯主要是在嫩江西岸。据吴维荣统计，达斡尔早期村屯有 29 个，其中江西 17 屯，江东 7 屯，江南 5 屯，[①] 江东、江南合计 12 屯，尚不及江西 17 屯之多。又据何维荣所述，江西齐齐哈尔大屯是形成最早的屯落，是由 5 个屯落组成。[②] 其大屯之名即由此而来。齐齐哈尔大屯最初被称作索伦边村，是以邻近索伦（鄂温克）居住地得名；由于濒临嫩江（脑温江），被俄国使者称作"脑温村"。康熙十五年（1676），俄国外交使团前往北京时，曾途经了脑温村，称这里有 100 多间（栋）房子，村中有驿站，坐落于脑温江支流岸边。[③] 这与现在齐齐哈日（齐齐哈尔）村的位置，[④] 是完全吻合的。

"齐齐哈尔"之名，最初见于满文档案。康熙二十四年（1685）三月二十七日，黑龙江将军萨布素致兵部咨文，提到桐油、白灰"何日送至齐齐哈尔，何日送到空果尔金"[⑤]。当时正在修建瑷珲城（黑龙江城），桐油、白灰属于建筑材料，从南部地区北运，要途经齐齐哈尔屯，说明这里是交通要地。康熙十九年（1680），大理寺正卿明爱前往俄国办理交涉事务，也途径了索伦边村。钦差、轻车都尉玛喇，为筹备雅克萨战争的军需物资，曾长期在齐齐哈尔屯居住。

嫩江西岸不仅村屯多，居民多，而且居住着许多官宦之家。额驸巴尔达齐同一氏族（金氏）的博吉勒岱、洪吉（鸿杰）的家族，都居住于江西

① 吴维荣：《嫩江流域达斡尔早期村屯的建立》，《齐齐哈尔建城史研究文集》，民族出版社 2011 年版，第 87 页。

② 何维荣：《达斡尔蒙古嫩流志》，《达斡尔资料集》第 2 集，民族出版社 1998 年版，第 156 页。

③ 苏联科学院远东研究所：《17 世纪中俄关系》第 1 卷，商务印书馆 1978 年版，第 3 册第 352 页。

④ 吴松江、郭盛春：《关于齐齐哈尔地理环境的考察报告》，《齐齐哈尔建城史研究文集》，民族出版社 2011 年版，第 132 页。

⑤ 《达斡尔资料集》第 9 集，民族出版社 2009 年版，第 21 页。

的梅斯勒（今称梅里斯）。

　　玛布岱长期居住于齐齐哈尔大屯，他对这里村屯之多，官宦人家之众是很清楚的。要保卫达斡尔人，必须重点保卫官宦人家的安全。因此，在嫩江西岸建城，自然就成为首选之地。然而江西的广大民众，可能并不赞成这种选择。因为在这里建城，就会占用他们辛苦经营的家园，强迫他们迁移。我们从民间传说可以看出民众的意愿。一说官府在齐齐哈尔大屯埋置筑城用的标桩，被村民移植到了江东卜魁驿站；又说建筑用的图纸，被大风从江西吹到了江东。这都属于虚构的故事，人们编造这种故事，反映出人们的意愿和要求，他们不赞成在江西齐齐哈尔大屯建城。江西民众的意愿和情绪，对主持修建齐齐哈尔城的玛布岱来说，会产生一定的影响。

　　兵部向索伦达斡尔总管传达的指令，要求总管与黑龙江将军"一同详察地方，于嫩江东岸卜奎驿站地方丈量筑城处所，以达斡尔等人力动工修建，至种田季节后，宣布来年竣工，将力夫遣回各该村。据此，另行筑城之处毋庸议。"这是兵部向索伦达斡尔总管玛布岱的发文，其中"另行筑城之处毋庸议"一语，值得深思。"另行筑城之处"，是指选择筑城地点而言。显然此前对筑城的地点，另有不同的意见，很有可能是在嫩江西岸齐齐哈尔大屯之地筑城，而提出这种建议的人，十有八九是玛布岱，因为他对城址的选择最为关心。"毋庸议"是告诉玛布岱：城的选址问题已经定论，在江东卜魁驿站之地，毋庸置疑，不能重议。这是康熙皇帝的御旨，是不能改变的，要立即丈量，马上动工，"来年"指康熙三十一年（1692），早些竣工是为了节省人力，不影响农时。然而筑城之事很复杂，不能一蹴而就，实际上施工时间很长，到了康熙三十三年（1694）尚未全部完工。

第二节　城市建筑特点

　　方式济《龙沙纪略》是最早记载齐齐哈尔城的历史文献。方式济（1676—1717）受其父方登峄《南山集》文字狱影响，于康熙五十二年流放到齐齐哈尔，四年后，于康熙五十六年死于本地。其《龙沙纪略》一文，记载了他的见闻，是比较可信的，方式济称：

> 卜魁，栅木为城，将军公署、私第皆在。夹植大木，中实以土，宽丈许，木末高低相间，肖睥睨。四门外环土城，累堡为之。周六里。西向二门近南者临水，宽广可数百亩，江涨则通流。墨尔根、艾浑，重城皆植木为之。
>
> 入土城南门，抵木城里许，商贾夹衢而居，市声颇嘈嘈，外此，虽茅茨相望，然草寂烟寒，终日寒桓气象，且不若中土荒县。郊外，惟庵刹四五而已。余有诗曰：夕阳巷冷牛羊气，平野天低狐兔秋。又有曰：山鸡来井灶，昼犬吠衣冠。观者可略见其意。①

由此简略记载，可以窥知齐齐哈尔城的建筑特点。"栅木为城"就是植木为城墙，在内外木栅之间。用泥土充实加夯打，使之坚固。这种木城在北方广为流行，墨尔根城、艾浑（瑷珲）城都是如此。齐齐哈尔城晚于墨尔根城三年，晚于瑷珲城六年，应是仿效墨尔根城、瑷珲城（黑龙江城）而建。"木城"之盛行，与黑龙江古代多森林，采伐原木方便有关。

修建齐齐哈尔"木城"所用的原木，主要来自齐齐哈尔本地，当时嫩江沿岸有许多森林。生长于齐齐哈尔市梅里斯区善宝屯的何维荣（又名何维中、何布台，1909—1951），撰有《达古尔蒙古嫩流志》，② 对齐齐哈尔古代森林之分布，有详细记载。彼称：

> 齐齐哈尔大屯"坐落当初，沿江地带多有松木。故该屯之老房，多采伐沿江地带之大松木和城建之。"（按："和"字疑为衍文）
>
> 梅里斯屯，"关于此屯所筑之老房屋之材，均多采伐屯南沿江地带自然生长大松柏。"

---

① 《小方壶斋舆地丛钞》第 1 帙，第 378 页下。
② 《达斡尔资料集》第 2 集，民族出版社 1998 年版，第 128—171 页。

五家子（蒙名崔宫），（按："宫"为"官"之误），分南北西三屯，沿江坐落及崔宫（官）地营房子，共四大屯……该屯建筑老房屋，均采伐沿江地带之大松木为材。

老三店，"彼时嫩江一带各蒙古人屯利用山林一带树木自由采伐，用车拉运而利用之。"

碾子山，"蒙语曰伙思教拉，即北山之意……昔年围绕该山为森林地带。"

昂昂溪，"原为鄂嫩氏放大马群之场所，且该地林木多集雉兔，为放鹰者适宜之地。"

从上述记载可知，清代时嫩江西岸有许多松柏森林，成为修建"木城"时，采伐木材的主要地区。不过原木的用量太大，本地森林有限，有些原本来自比较远的大兴安岭、小兴安岭。康熙三十一年（1692）正月，黑龙江将军萨布素致总管玛布岱文称："去年曾派六百人往运筑城木料，来年砍伐筑城木料时，拟派齐齐哈尔城官兵二百员。"[1] 所谓"来年"应指康熙三十二年（1193），说明随着建城的加快，对原木的需要量大增，只靠齐齐哈尔本地采伐已不够用，需要官兵进山采伐树木。大、小兴安岭砍伐的原木，通过众多的河流，可以流放到齐齐哈尔城下。这是大，小兴安岭森林第一次有组织的大规模采伐。

《龙沙纪略》称齐齐哈尔城为"重城"，即有内城、外城之别。又称"木城"四门之外环"土城"，"木城"为内城，"土城"为外城。"土城"是"累垡为之"。垡为何物？《龙沙纪略》有说明："筑城不以土，视隰地草土地纠结者掘之，尺度如墼，曰垡块，厚数垡，高不盈丈。"[2]"垡"，今日称土垡子；"墼"，今日称土坯子。在近水的草地上，草根深入地表土层中，与表土结为一体，用锹铲挖成块状，即可用来垒墙。垡块不结实，不

---

① 中国第一历史档案馆编译：《锡伯族档案史料》上册，辽宁民族出版社 1999 年版，第 40 页。

② 《小方壶斋舆地丛钞》第 1 帙，第 375 页。

能垒太高，一丈左右（约 3 米）即可，其墙宽度不限，越厚越好。岱块采之容易，土墙可以随时修补。土墙可以阻挡牲畜入内，也有一定的防水防洪功能。其实，"土城"即古代的郭城，是区分内外的标志性城墙，提醒人们注意，在军事上作用不大。

"土城"南门以内，至"木城"近里许，在中轴线两侧为商业区，商人居住于此，叫卖之声不绝于耳，方式济称之为"市声"。俄国使者曾在此购物，但是不允许商人到俄国经商。不过当时商业活动规模不大，方式济称它不如"中土"（指中原地区）荒县之繁荣。"草寂烟塞"，"山鸡来井灶"（犹北方民谚"野鸡飞到饭锅里"），这正是齐齐哈尔城初建不久的景象。"土城"之南为郊区荒野，"有庵刹四五"，几无其他居民。

第三节　齐齐哈尔城的规模

古代城池的规模是有等级的，《左传》隐公元年："都城过百雉，国之害也。先王之制：大都不过参国之一；中，五之一；小，九之一。"后世的城池也是如此，都城、省城、州县城的规模都有要求，不能违制。

黑龙江城（瑷珲新城）、墨尔根城是黑龙江将军驻地。黑龙江城"周围三面，长九百六十丈，高一丈七尺……建内城，周围五百九十丈五尺，高一丈六尺。"[1] 黑龙江城（瑷珲新城）一面临江，未建城墙，故只有三面城墙。三面城墙合计长 960 丈，计为 6.4 里，如果临江一面也筑城墙的话，其周长可能会有十里左右。其内城周长 590 丈 5 尺，合为 3.9 里（古代 1里为 150 丈）。墨尔根城晚于黑龙江城，"外郭土为之，方十里。"[2] 其周长应与黑龙江城相仿佛。

康熙三十年，朝廷拟修《大清一统志》，提出各省申报本省的有关资

---

① 《钦定八旗通志》，吉林文史出版社 2002 年版，第 1998 页。
② 《黑龙江外记》，黑龙江人民出版社 1984 年版，第 15 页。

料。当时黑龙江尚未建省，由黑龙江将军统管军政事务。同年三月初二日，黑龙江将军"为编写《一统志》事"，向黑龙江城副都统致文，要求开列户口数目。① 说明黑龙江将军辖地，也列入计划，需提供相关资料。康熙三十四年（1695）五月十四日，黑龙江副都统略特护向兵部呈报的文件称："墨尔根城、黑龙江城、齐齐哈尔城……周回皆各千庹，高一丈八尺。周围挖有两重壕，中间钉有木橛。"② "庹"是古代计量长度的单位，以两臂伸开两手间距为庹。1 庹的长度约在 5 尺左右。③ 千庹为 5000 尺，即 3.3 里。

《钦定盛京通志》卷 32 记载，齐齐哈尔城"高一丈八尺，周围有一千三百步。""步"也是古代计量长度的单位，1 步约 5 尺。④ 1300 步为 6500尺、650 丈，合为 4.3 里。

黑龙江副都统呈文所记齐齐哈尔城 1000 庹（3.3 里），《盛京通志》所记 1300 步（4.3 里）比《龙沙纪略》所记"周六里"还要少许多。故疑 1000 庹，1300 步是仅指内城（木城）而言。《龙沙纪略》所记"周六里"也不准确，作者方式济属于有罪过的流人，既不能看到官府档案，又无法实地测量，他记的"周六里"当是出于估计，未必真实可信；"周六里"，也是指内城（木城）而言，不是齐齐哈尔城外城的周长。

《黑龙江外记》记载，齐齐哈尔城，"四门皆有楼橹，方一千三十步，崇丈八尺。外郭因沙阜高下，甃以土垡，方十里。东、南、北各一门，西二门，有大、小西门之称"⑤。文中的"一千三十步"，即《盛京通志》一千三百步之讹误，指内城而言；"外郭"即土城、即外城，"方十里"是指外城周长，与墨尔根城是一致的。

《黑龙江外记》撰于嘉庆十五年（1810），当时齐齐哈尔城虽已破损，尚未进行重修，仍保留其原状。因此，"方十里"是比较可靠的数字。它证明

---

① 《达斡尔资料集》第 9 集，民族出版社 2009 年版，第 139 页。
② 达斡尔论坛网，2010 年 5 月 23 日，金鑫文。
③ 《新华字典》，商务印书馆 1992 年重排本，第 477 页。
④ 《黑龙江外记》，黑龙江人民出版社 1984 年版，第 15 页。
⑤ 《黑龙江外记》，黑龙江人民出版社 1984 年版，第 15 页。

《龙沙纪略》"周六里"的记载是不可信的，可能是指木城（内城）而言。

嘉庆十一年（1860），齐齐哈尔城发生火灾，被烧毁的是木城东南墙壁、副都统宅和商业房。事后只对部分建筑维修，"依旧制建廨舍，"不涉及外城之墙。

道光三年（1823），对木城进行局部维修。道光二十九年（1849），补修土城 5 座城门。都未涉及外城之墙。

到了咸丰、同治年间，齐齐哈尔城墙经过风雨侵蚀，破坏十分严重。于是，光绪元年（1825）在黑龙江将军丰绅主持下，对齐齐哈尔城进行全面大修，于光绪二年（1876）完工。事后丰绅向朝廷奏文称，齐齐哈尔城"坍塌不堪，只五门前于道光二十九年略加补葺，余因工大未动……阅城之余，目睹木城疏落歪斜，外土城则四面就墟，仅存基础"。因此，"计依旧址，八旗、水师营分为九段，各修各界各管各事，拉运江边污土潦泥，掺和杂草、堆砌城墙。周围一千六百二十丈，高一丈，底宽四尺五寸，顶宽二尺五寸，上铺苇枕，蔽风雨以防鼓裂"①。可知此次修缮，是以外城（土城）为重点，几乎是重新砌筑，由于地形地势有变化，土城墙未必与旧址完全一致。土城墙的长度为 1620 丈，折合 10.8 里，仍与墨尔根城规模大体相同。

民国年间，日本学者日野岩太郎于 1942 年撰《龙江省》一书，对齐齐哈尔城有专题记述。略称："清圣祖时，作为内城，设置了高六公尺的木栅栏。栅栏的外侧种植了树木，遮拦着木栏的间隙。在它的周围，每隔一千零三十步便设一门，共设四门。另外，在城内周围的六千米四百四十六公尺，东西十八条街，南北三十条街的范围里设五门，以土墙筑城外廓，以上所筑之外城被称为最初的城堡。"② 这段记述有些文字不够准确，如将外城称作"最初的城堡"，其实齐齐哈尔城以内城为主，内城先筑，外城后筑，外城晚于内城，日野岩太郎将内城与外城修建的前后搞颠倒

---

① 中国第一历史档案馆、黑龙江省社会科学院历史研究所合编：《清代黑龙江历史档案选编》，黑龙江人民出版社 1988 年版，第 106 页。

② 齐齐哈尔市档案馆编：《档案资料报导》第 3 期，第 27 页。此据张守生：《清代黑龙江驻防研究》，第 38—39 页。

了。他所说的"城内周围的六千米四十六公尺",应是外城的周长,换算为12里有余,比光绪元年重修以后10.8里又多出了许多,不知是否实测而来的数据。他所列的数字未注明出处,可信度比较低,不过关于街巷的记载还是可资参考的。

第四节　城市布局

《龙沙纪略》《黑龙江外记》均称齐齐哈尔城有四门,表明内城(木城)有十字大街,它既是城内的主要道路,又将城区划为四个单元,便于建筑物的分布。

玛布岱最初规划建城时,不曾想到后来有黑龙江将军迁来之事。规划中城内的主要建筑物,一是布特哈总管衙门,二是他自己的府邸。在动工的当年(康熙三十年),玛布岱已成为具有副都统衔的总管,修建总管衙门和总管府邸都是合法合理的,只是其所在的具体位置不详。由于齐齐哈尔城修建竣工不久,黑龙江将军驻地由墨尔根城迁到齐齐哈尔城,布特哈总管迁往宜卧奇(又作西布奇,在莫力达瓦旗尼尔基镇北)。为此,康熙三十七年(1698),黑龙江副都统喀特护事先驻入齐齐哈尔城,安排黑龙江将军衙门和将军府邸。其衙门在内城东部,其府邸在内城西北。有人认为这两处建筑应是原先的总管衙门和总管府邸,是比较可信的。至于副都统衙门和府邸在何处,由于不见记载,难以确定,或曰应在城外,亦未可知。

从后人绘制的黑龙江衙门图来看,将军衙门属于三进式大院落,[①] 规模很大。除将军本人办公处以外,还有为其服务的五司。"黑龙江将军衙门则有户司、兵司、工司、刑司与印房,号为五司"[②]。此外,还有直隶于朝廷户部的银库,由黑龙江将军监管。其建筑物均为草顶,《龙沙纪略》

---

① 张守生:《黑龙江驻防研究》,黑龙江人民出版社2013年版,第53、64页。
② 《黑龙江述略》,黑龙江人民出版社1985年版,第42页。

记载："草屋、茅厚尺许，三岁再葺之。官署亦然，暖于瓦也。庵庙则瓦。"① 这是康熙年间的旧制，据说嘉庆以后改为瓦顶。据民国初年绘制的黑龙江将军府图，② 将军府邸也属于三进院落，分为三路。这是清朝末年的格局，应当是沿用了前朝旧制，不会有太大的改变。

黑龙江副都统喀特护至齐齐哈尔城处理黑龙江将军搬迁事务，事毕又回到了墨尔根城。玛布岱虽有副都统衔之名分，不过他随布特哈总管衙门一起迁出去，因而在齐齐哈尔城没有副都统官衙和府邸。稍后某时，才出现副都统官衙府邸。《黑龙江外记》称："副都统私宅皆称大人府，……旧在木城外，后移城内。某将军谓大人府不宜在将军府上，复改城外。嘉庆十一年火，依旧制建廨舍北，与将军府隔一街。"③ 据此记载，副都统府邸是在将军衙门以北，《未设治前黑龙江廨宇坐落地方向图》亦作此标志。④ 据民国初年所绘齐齐哈尔副都统府格局图，副都统府也是三进院落，只是建筑物不如将军府邸密集而已。⑤ 民国六年（1917）二月黑龙江通志局采访资料，记载宅前西院有巡捕房，由二门转南有仪门，仪门之南有大门和门官值班处。⑥ 以此观之，副都统的衙署与其府邸似在一起，其前部为副都统衙门，后部为副都统府邸，显然是由于从城外迁回城内时，内城空间有限，故而将二者合在一处。

将军衙门之南有钟鼓楼，按时鸣钟击鼓报时辰。嘉庆初年将军那奇泰轻信术士之言，将钟鼓楼拆毁，移大钟于南门附近，钟鼓楼旧址改建为军械库。

将军府邸路南建有监狱。民国初年魏毓兰撰《龙城旧闻》，称："大狱，康熙三十四年建，内城西门里路南。"⑦ 在内城北侧另有一监狱，收押秋审的重犯。

---

① （清）方式济：《龙沙纪略》，《小方壶斋舆地丛钞》第 1 帙，第 378 页上。
② 张守生：《黑龙江驻防研究》，黑龙江人民出版社 2013 年版，第 53、64 页。
③ 《黑龙江外记》，黑龙江人民出版社 1984 年版，第 18 页。
④ 张守生：《清代黑龙江驻防研究》，黑龙江人民出版社 2013 年版，第 47 页。
⑤ 《清代黑龙江驻防研究》，第 71 页。
⑥ 《清代黑龙江驻防研究》，第 69 页。
⑦ 《齐齐哈尔史籍》，黑龙江人民出版社 2005 年版，第 210 页。

在内城东北角有火炮库，存储"无敌大将军炮"，库旁有看守大炮的士兵，称火炮营。当时火炮威力大，在雅克萨战争中大显神威，故放置于城内以示重视。

内城还有堆拨 7 处，系巡城士兵驻扎之所，犹今日的岗哨，保卫城内官府的安全。

外城的官府有水师营。水师营早于齐齐哈尔城，原在嫩江西岸梅斯勒（今梅里斯）崔官屯，齐齐哈尔城修建以后，迁至外城中。水师营长官称总管，正三品，其官衙"在土城以内右西南墙根，建坐北朝南正房一所五间"①。其所统辖的船只，则停泊于嫩江船套子（又称葫芦头）。

还有卜魁驿站，卜魁驿站也早于齐齐哈尔城。齐齐哈尔城是在卜魁驿站的地界修建的，卜魁驿站位置未变，在外城西南处。后来管理南路驿站的茂兴等站关防处，管理北路驿站的墨尔根等站关防处亦迁移至此。卜魁站旁有小西门，是专为驿马进出所设。

外城是八旗驻防之地，各旗官兵均设有官厅。北为镶黄旗、正黄旗、镶红旗官厅，东为正蓝旗、正白旗、镶白旗官厅，西为正红旗官厅，南为镶蓝旗官厅，还有前锋营。清末外城南部还设有官庄厅、税课司、理民厅等官府。

外城东南隅，有《黑龙江外记》作者两清的居所，称"红豆山房"。他曾任管库主事和司榷，说明黑龙江将军衙门的一些小官多住在外城。

齐齐哈尔城初建时，在内城南门外至外城南门间有商市，因有酒楼，称酒楼胡同，后来讹为九龙胡同，其存在的时间很长。商馆被编为"十二排"，由官府管理，其官为佐领，俗称"管街"。后改称管理商民处、街道厅。有堆拨 13 处。

外城中有城隍庙，在土城西南隅，嘉庆十年（1805）建；关庙（关老爷庙），嘉庆二十三年（1818）建；外城北门内有土地祠，又称观音寺。内城西门处偏北路西，有义学。

齐齐哈尔城的郊区，最初没有居民，后来由于城区空间有限，在城郊

---

① 《黑龙江通志采访资料》（上），1985 年内部出版，第 64 页。

也有了居民。土城西南二里许有广积仓，康熙年间建。城外西南八里许，有船套子库、船套子屯，康熙年间建。城南五里许，有中路营房、前路营房、左路营房、右路营房；城南里许，有后路白旗营房四处营房。

在土城南门外有万寿寺、藏经楼（地藏寺）、风神庙、三官庙、大悲寺、龙王庙、药王庙、斗母宫、财神庙、马神庙（文昌阁）。

在土城西三里许有河神庙、江神庙、穆公祠、恩公祠。

在土城东南三里许，有南火药库，北火药库；在城外大江西有西火药库。

在城西三里许河阜上有普恩寺，在城东偏南里许有先农坛。在土城东门外里许有古塔，以砖砌成，高丈余，用以镇城。① 城东还有碱厂，嘉庆年间流人建，其所生产的碱远销吉林。

土城外的这些庙宇、营房、火药库、碱厂等等，多是嘉庆年间（1096—1820）和嘉庆以后所建，尤以光绪年间（1875—1908）居多。到了清朝末年，土城已荡然无存，拥入土城之居民日益曾多，已改变了原先的城市布局。

第五节　齐齐哈尔城的历史地位

齐齐哈尔城是由达斡尔人布特哈总管玛布岱提出，报请朝廷批准所建。玛布岱主持修建了齐齐哈尔城，在此期间加有副都统衔，成为副都统衔布特哈总管。参加修建的人，以齐齐哈尔城四周的达斡尔人为主体，不过也有八旗官兵参加，八旗官兵不是清一色的达斡尔人，还有其他民族在内。因此，有的学者提出：齐齐哈尔城"是民建官助的混合体"②。似可以考虑这种说法。

修建齐齐哈尔城的初衷，是保卫达斡尔人的生命财产安全。由于齐齐哈尔地理位置要比墨尔根城、瑷珲城重要得多。正如黑龙江将军萨布素所

---

① 以上土城外的资料，选自魏毓兰：《龙城旧闻》古迹门。见《齐齐哈尔史籍》，黑龙江人民出版社 2005 年版，第 203—222 页。

② 张守生：《清代黑龙江驻防研究》，黑龙江人民出版社 2013 年版，第 37 页。

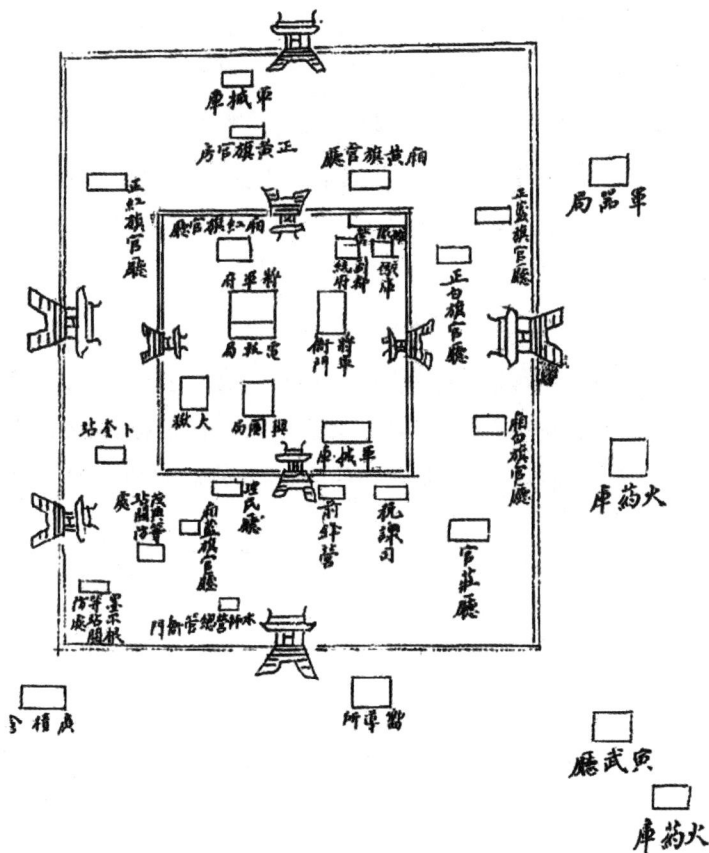

图 3-5 清朝末年齐齐哈尔城地图

见黑龙江省民国四年档 12088 号

言："齐齐哈尔最为紧要形势之地，蒙古、锡伯、索伦、达斡尔等所居地界总汇于此，且距通大兴安岭北呼伦等地及尼布楚之道甚近，应于齐齐哈尔一带驻兵一队。再，松花江、嫩江混合之处系水陆通衢，大渡所在，亦应驻兵一支。如此则齐齐哈尔、嫩江口皆以江为屏障，得其地利，兵马可赖腴田青草而强盛膘壮，驻守则极其坚固出征则颇为英武，虽有紧急事宜，自墨尔根至此，亦遣调无误，且大兴安岭以北若有战事，此一隅之师可会同相机而行。"①

---

① 中国第一历史档案馆编译：《锡伯族档案史料》上册，辽宁民族出版社 1999 年版，第29 页。

　　萨布素高瞻远瞩，看到了齐齐哈尔在军事上的重要地位。这一点成为清朝廷批准修建齐齐哈尔城的重要原因，也是黑龙江将军由墨尔根城迁至齐齐哈尔城的主要原因。齐齐哈尔城后来的发展扩大，证实了萨布素的预断。1900 年义和团反击俄国的自卫战争，兴安岭成为阻击沙俄的重要战场；九一八事变以后，爱国将领马占山抗击日军的江桥之战，是利用嫩江天堑阻击日军。

　　齐齐哈尔城，为事后齐齐哈尔城成为北疆重镇奠定了基础。这一点是玛布岱积极倡导修建齐齐哈尔城所未想到的。他是达斡尔人，为黑龙江办了一件永垂青史的大好事，值得后人永远铭记。齐齐哈尔市郊梅里斯公园中的玛布岱墓碑，寄托了达斡尔对他的怀念，也寄托了黑龙江各族人民对他的敬仰。

第十五章　向呼伦贝尔和呼兰迁移

达斡尔从黑龙江北岸南迁嫩江以后，于雍正年间又有西迁呼伦贝尔和东迁呼兰之举。西迁呼伦贝尔以后，由于这里干旱缺雨，以耕种为生的达斡尔人难以在此居住生活，在乾隆初年又回迁到嫩江流域；东迁到呼兰河的达斡尔人，对呼兰河沿岸的肥沃土地十分重视，他们长期地在此地居住生活，久而久之接受了汉族满族的影响，几乎全部改用汉族姓氏，现在已很难分辨其异同了。

第一节　清朝遏制准噶尔的东扩

达斡尔人及其邻族索伦（鄂温克）西迁呼伦贝尔，是清朝廷出于政治考虑，与遏制准噶尔蒙古的东扩有关。

在明末清初，阿尔泰山（金山）南北居住着厄鲁特蒙古。厄鲁特蒙古又称瓦剌，由于在蒙古高原的西部，史称西蒙古。它来源于蒙元时代的斡亦剌部，不属于成吉思汗嫡系家族，原是比较落后的蒙古部落。从 15 世纪起，瓦剌开始强大起来，在也先为首领时最为强大，正统十四年（1449），俘虏了明英宗，史称"土木之变"。到了清初，瓦剌又称卫拉特，是译音不同的结果。卫拉特即厄鲁特的同音异译。

明末清初厄鲁特分为四部，即和硕特部（乌鲁木齐附近）、准噶尔部

（伊犁附近），土尔扈特部（塔尔巴哈台附近）、杜尔伯特部（额尔齐斯河一带）。后来准噶尔部强大起来，统一了厄鲁特四部。康熙初年，沙皇俄国企图利用准噶尔部，迫使其归顺俄国，被准噶尔部首领断然拒绝。

康熙十年（1671），噶尔丹继任为准噶尔部首领以后，改变了准噶尔部以前的立场，竭力勾引沙皇俄国，扩大自己的势力，企图成为蒙古的霸主。康熙二十七年（1688），他挥师东进，攻打蒙古高原上的喀尔喀蒙古。在中俄《尼布楚条约》签订以后，噶尔丹在俄国支持下，深入到乌兰布通（今围场县北部，克什克腾旗南部）与清朝对抗，被清朝打败，落荒而逃。在走投无路的情况下，于康熙三十六年（1699）服毒自杀身亡。

噶尔丹死后，妄阿拉布坦及其子噶尔丹策零（又译作噶尔丹策凌）成为准噶尔的首领，在沙皇俄国的支持下，继续与清朝为敌，进行叛国活动。雍正九年（1731），噶尔丹策零的3万大军在科布多（今蒙古国西南部）以西100千米的通淖尔，将清朝靖边大将军傅尔丹率领的北路大军包围，清军损失惨重。惧于准噶尔的军事威胁，部分喀尔喀蒙古向噶尔丹策零投降，增强了准噶尔的势力。噶尔丹策零乘胜派遣26000大军东进，"入寇克鲁伦，侵略游牧"①。煽动、引诱久已降清的喀尔喀蒙古脱离清朝，达到称霸蒙古、统一蒙古的政治目的。其气焰十分嚣张，对清朝构成了严重的威胁。

雍正六年（1728）中俄《恰克图条约》确定了中俄中段边界，东起额尔古纳河，西至沙毕纳依岭（沙宾达巴哈），设置了界标和卡伦，其中东部有12卡伦归黑龙江将军管辖。卡伦即哨所，设哨官1员，哨兵9—15名不等，按日巡查边界，② 由于兵力单薄，无力抵御敌人入侵。准噶尔与沙俄相互勾结为患，引起了雍正皇帝的高度重视。雍正九年（1727）十一月，提出了在呼伦贝尔设立驻防八旗之事。派遣索伦总管达巴哈（巴尔虎蒙古人）、博尔本察（又译作博勒奔察，索伦人）到呼伦贝尔实地考察。此二人在考察以后，拟定了从布特哈向呼伦贝尔移民的计划，并挑选了

---

① 《清史稿》卷9《世宗本纪》，中华书局校点本，第331页。
② 徐宗亮：《黑龙江述略》，黑龙江人民出版社1985年版，第37—38页。

3000 名官兵，得到了雍正皇帝的批准，交付黑龙江将军卓尔海执行。其计
划的重点是：

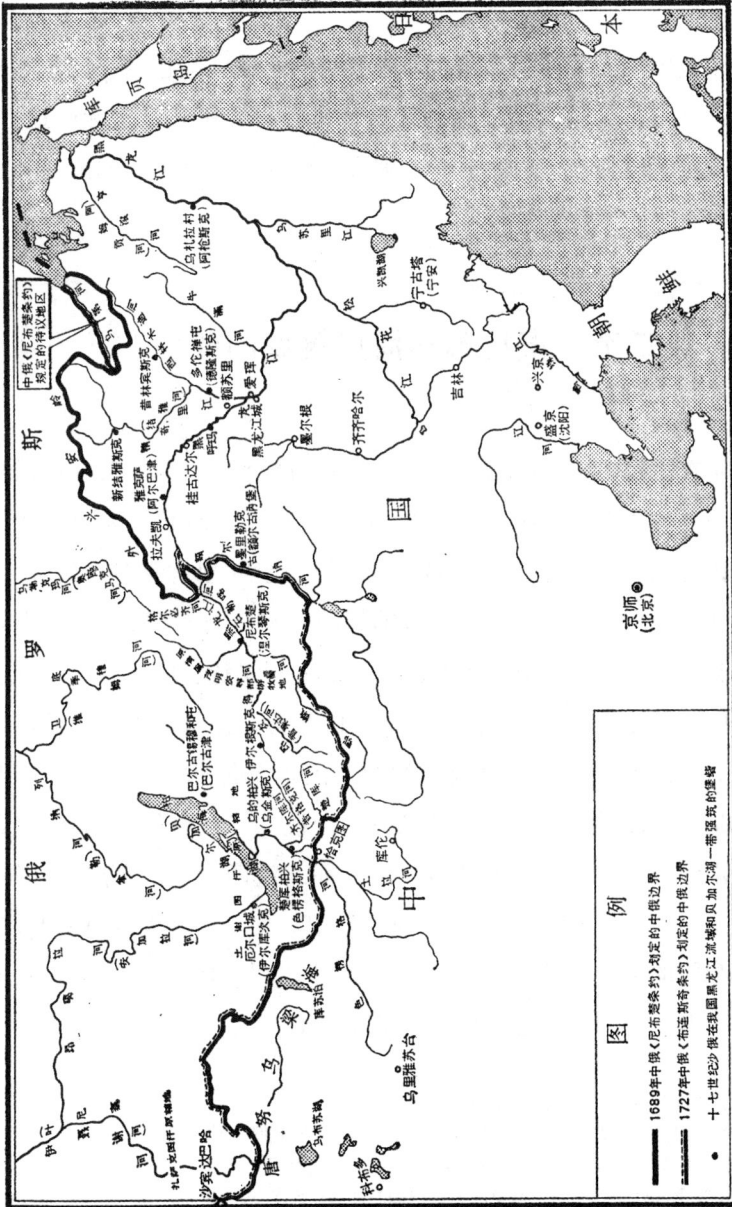

图3-6 《尼布楚条约》和《布连斯奇条约》划定的中俄边界示意图

采自《沙俄侵华史》

呼伦贝尔附近之济拉嘛泰河口处，地方辽阔，水草甚佳，树木茂盛，可以种地筑城。请拣选索伦、打虎儿、巴尔虎、鄂伦春之兵三千名，迁移其地。①

呼伦贝尔范围很大，其东部和西部气候有所不同。达巴哈、博尔本察对此缺乏全面了解，匆忙做出迁移和筑城计划，有些不切合实际的地方。因此，在计划实施过程中，遇到了不少困难，出现了筑城地点的改变和后来达斡尔向布特哈的回迁。

第二节　济拉嘛泰河口筑城的改变

最初拟定在济拉嘛泰河口筑城的计划，并未能实现。后来改在伊敏河口筑城，史称呼伦贝尔城，又称海拉尔城。徐宗亮："呼伦贝尔城，居呼伦、贝尔两湖之间，因此为名，一名海兰儿。"② 海兰儿即海拉尔河。

海拉尔河源于大兴安岭，是额尔古纳河的上游，全长 622 千米，海拉尔河有许多支流，济拉嘛泰河是其左岸支流之一，又称扎喇木台河，其上游称穆和独图河，是一条由东南向西北流向的小河。据《内蒙古自治区地图册》测量，长约 72 千米。在屠寄主编的《黑龙江舆图》第 27 图上，对扎喇木台河是有标注的。屠寄在《呼伦贝尔图说》一文中称："扎喇木台西，有扎喇木台河。二源，自巴彦孟克山合而北流四十里，来注之（按：指注入海拉尔河）。"③ 扎喇木台，《黑龙江外记》作集尔玛大，④ 民国程建恒《呼伦贝尔志略》沿用之，《中国历史地图集》亦取此说。⑤ 今称扎罗木德或扎罗木得，是滨洲铁路（哈尔滨至满洲里）上一个小车站。按铁路

---

① 《清世宗实录》卷 117，雍正十年四月戊申。

② 徐宗亮：《黑龙江述略》卷 2，黑龙江人民出版社 1985 年版，第 28 页。

③ 《黑龙江舆图说》，《辽海丛书》1985 年缩印本，第 1045 页。

④ 西清：《黑龙江外记》卷 2，黑龙江人民出版社 1984 年版，第 19 页。

⑤ 《中国历史地图集》第 8 册《清时代》，地图出版社 1987 年版，第 14—15 页。又见《中国历史地图集东北地区资料汇编》，1979 年内部版，第 365 页。

里程计算，由扎罗木德至海拉尔市区为 55 千米。[1]

海拉尔河北岸有一条比较大的河流，名叫特尼河，也是发源于大兴安岭，在扎罗木德西侧注入海拉尔河，属于海拉尔河右岸支流，其河口与济拉嘛泰河、特尼河的交汇处，形成了一块冲积平原，土壤肥沃，水源充足，植被繁茂，树木很多，生态环境良好。到此实地考察的内官达巴哈、博尔本察，看到这种情景以后，误认为这里可以开荒耕种，修建城镇。可能由于他们在这里停留的时间不长，不知道这里接近大兴安岭，地势比较高，可供植物生长的无霜期很短，不适于种植粮食作物。既然不能耕种，无法居住，自然也就没有筑城的必要了。于是，黑龙江将军珠尔海决定改筑城于伊敏河口。

呼伦贝尔的地势，是东部偏高，西部偏低，河水是从东向西流，西部气候比较温暖，无霜期比较长。在明白了这个道理以后，改在环境良好的伊敏河口处筑城。伊敏河长约 200 千米，自南向北流，所经过的地势地区平坦，沿岸形成了许多沼泽，气候比较温暖，年平均气温零下 2.2 度，无霜期 100—125 天，最长 140 天，年均日照时间 2900 小时[2]，各种牧草都可以生长，是古代蒙古部落放牧的重要地区，由于这种原因，清朝放弃了在济拉嘛泰河（扎喇木台河）河口建城的计划，改在海拉尔河左（南）岸伊敏河口处筑城。被称作呼伦贝尔城或海拉尔城。

呼伦贝尔城的修建，从雍正十年（1671）开始动工，雍正十二年（1734）完工。据记载，该城"东临伊敏河，缭以土垣"，南北二门，"城西门外旧有副都统署"[3]；"呼伦贝尔驻防，副都统衔总管衙门十九间，住宅十六间，教场房三间，军器火药库四十三间，堆房八间，据雍正年间设立"[4]。初建的呼伦贝尔总管受理藩院统理，乾隆七年（1742）改黑龙江将军管辖。

---

① 《全国铁路旅客列车时刻表》，中国铁道出版社 2013 年版，第 329 页。
② 《鄂温克族自治区旗概况》，民族出版社 2008 年版，第 2 页。又见《内蒙古自治区地图册》第 39 页，关于鄂温克旗的文字说明。
③ 郭克兴：《黑龙江乡土录》，《达斡尔资料集》第 2 集，民族出版社 1998 年版，第 90 页。
④ 李洵等：《钦定八旗通志》（校点本），吉林文史出版社 2002 年版，第 1990 页。

呼伦贝尔城（海拉尔城）的建立，标志着清朝对呼伦贝尔设置管理的正式开始。最初呼伦贝尔总管（后改为副都统）由内大臣博尔本察（又作博尔奔察）和达巴哈担任，博尔本察为侍卫出身，孟希舜称"其父索伦族，敖拉氏世袭佐领"，博尔本察之故居在莫力达瓦旗西瓦尔图口屯。[①]

呼伦贝尔城建立以后，成为呼伦贝尔政治、经济、文化中心，对于捍卫中国北方领土安全做出了巨大的贡献。

第三节　达斡尔在呼伦贝尔驻防与回迁

在雍正年间以前，呼伦贝尔居住有达斡尔及其邻族索伦（鄂温克）、鄂伦春，其来源是在沙俄侵扰黑龙江之际，有部分江北诸族被迫南迁；在"索伦之战"以后，有更多的族人南迁。例如索伦头目根特木耳就是这时来到呼伦贝尔北部；在雅克萨居住的达斡尔人，有一支沿额尔古纳河南迁，其中大部分进入嫩江流域，难免有少部分人途中停留于呼伦贝尔。沙俄在额尔古纳河右岸墨里勒克河口修筑了城堡，掠夺达斡尔、索伦、鄂伦春人的财产，然而这些部民极为分散，势孤力单，难以抵御俄国的欺骗和利诱，例如，根特木尔即为俄国人所收买，成为俄国的爪牙。特别是准噶尔与沙俄的勾结，引起了清朝政府的不安和焦虑，于是采取了在呼伦贝尔驻防，派内臣达巴哈、博尔本察实地考察，提出方案。他们提出的计划是：

> 拣选索伦、打虎儿、巴尔虎、鄂伦春之兵三千名，迁移其地，将伊等编为八旗。左翼自修城处至俄罗斯交接处游牧，右翼在喀尔喀河游牧。共编为五十佐领，各添佐领一员、骁骑校一员，并铸给总管官防，设笔贴式二员……凡驻防官兵等，各给马匹牛羊，以立产业。官

---

① 孟希舜：《达斡尔族志略初稿》，《达斡尔资料集》第 2 集，民族出版社 1998 年版，第 232 页。

员每年给与半俸，兵丁每月给银一两……济拉嘛泰河口处，至齐齐哈尔共六百八十里，清设立卡伦十处，护送往来行人。①

由于事先达巴哈、博尔本察已在布特哈挑选好 3000 名士兵和佐领，故而迁移动作很快，有些士兵在大队人马来动作以前，就先期来到了呼伦贝尔，搭建房屋。在康熙十年（1671）春夏之交（闰五月），全部官兵都来到了呼伦贝尔，便于当年垦荒耕种。

在总数 3000 名士兵中，索伦为 1636 人，人数最多，次为达斡尔 730 人，次为鄂伦春 359 人，次为陈巴尔虎 225 人。此外，还有闲散、西丹、老弱病残者 796 人，亦随同一起前往。闲散、西丹（少年）属于编制以外的预备官兵，以备补充。次年又有来自喀尔喀巴尔虎 2800 人来此，他们称新巴尔虎蒙古。

按照上述计划，左翼是自"修城处"（即济拉嘛泰河口）至鄂（俄）罗斯交界处。所谓"交界处"是指《恰克图条约》确定的中俄中段边界东段和额尔古纳河，在呼伦贝尔的西部；右翼是在喀尔喀河放牧，喀尔喀即今哈拉哈河，在呼伦贝尔南部，河南为喀尔喀蒙古。由此可知，呼伦贝尔驻防的目的，一是防备准噶尔蒙古的东扩，二是防备沙皇俄国的东侵。

被迁移至呼伦贝尔的士兵中，达斡尔是以农耕为生，索伦是半农半牧，陈巴尔虎和鄂伦春是放牧与狩猎相结合。由于这种原因。达斡尔士兵对这里的气候和土壤认识最为深刻，"达斡尔因该地寒而沙碛，不宜耕种，屡恳回原地以维生计"②。

清朝官员也发现了这个问题。乾隆元年（1736），呼伦贝尔副都统哈达哈曾听到达斡尔官兵反映说："此地寒冷雪大，一连三年试种田地，因霜早，无非略较籽种多得少许，所收粮食全不济用。"哈达哈对此半信半疑，决定第二年亲自带领官兵试种的结果，证明官兵之言属实。由于呼伦贝尔产粮不足食用，只好用银两到齐齐哈尔购买粮食，贫困之家则到布特

① 《清世宗实录》卷 117，雍正十年四月戊申。
② 钦同普：《达斡尔族志稿》，《达斡尔资料集》第 2 集，民族出版社 1998 版，第 200 页。

哈原住地，向亲戚之家求粮，取得帮助。由于交通不便，道路难行，粮食长途运输困难很大。因此，哈达哈向朝廷提出："日久之后，不惟呼伦贝尔达斡尔兵之力将尽，而彼等在布特哈居住之亲戚，亦被彼等所累，于生计无益。"①

哈达哈将所见情况奏报朝廷，乾隆皇帝根据军机大臣的意见，决定将达斡尔官兵驻防地点，改换到其他适于耕种的地方，由黑龙江将军额尔图办理此事。额尔图从呼伦贝尔达斡尔、索伦官兵那里了解到，大兴安岭阳面（即东侧）额木博齐、雅尔和鼐等地水草丰美，可耕可牧，遂决定将达斡尔、索伦3000名官兵迁移至此。为了保证呼伦贝尔的驻防，将迁走的官兵编为三班，保证每年有1000名官兵赴呼伦贝尔驻防戍守。这个办法于乾隆二年（1737）开始实施，这是达斡尔迁移呼伦贝尔以后，第一阶段的回迁。

那么，鄂木博齐、雅尔和鼐今为何地？史籍中没有说明，需要搞明白。既是位于大兴安岭阳面，则必定在大兴安岭东侧。今扎兰屯市（旧称布特哈旗）济沁河上有蘑菇气镇、蘑菇气屯，又名头道沟；其北又有雅尔根楚屯，又名水甸沟。② 这两个村屯地名都是出于少数民族语言，"蘑菇气"与"鄂木博齐"相近，"雅尔根楚"与"雅尔和鼐"相近，应是同一个地方，都是读音讹变所致称呼不同。济沁河是清代济沁阿巴的所在地，是少数民族聚居的地区。受济沁河的滋润，这里水草丰美，宜猎宜牧宜耕，将呼伦贝尔达斡尔迁移至济沁河流域，不失为良好的选择。

在呼伦贝尔驻防，主要是防备准噶尔的东扩。乾隆四年（1739），准噶尔与清朝达成和议，恢复了和平关系。于是有人以减少军费为由，提出："今圣主之洪福，军机之事俱定，除戍兵以外，并无用兵之处。既如此，与其使此驻防呼伦贝尔之三千官兵每年耗四五万两而居，不如照旧例

---

① 军机处满文录副奏折：《领侍卫内大臣哈达哈奏呼伦贝尔驻防达呼尔兵丁收成甚少清酌量变通办理折》，乾隆元年十二月十一日。

② 《内蒙古自治区地图册》，内蒙古自治区测绘局1989年5月内部印本，第45—46页。

退回布特哈。"① 对此，朝廷内部有不同的意见，军机大臣鄂尔泰不赞成此举。乾隆六年（1741）九月，具有呼伦贝尔副都统衔的内臣玛尔拜，重提将达斡尔官兵退回布特哈之议。他提出，应当停止到呼伦贝尔轮成之制，考虑到各族生活方式的不同，将索伦、鄂伦春、陈巴尔虎常驻呼伦贝尔，善于耕种的达斡尔，仍留在额木博齐种地，承担差使。

朝廷命黑龙江将军博第等人审议此事，博第不同意在鄂木博齐的官兵继续耕种，应当退回布特哈。提出："鄂木博齐之地自驻兵以来，粮食收获亦属平常，且又非要紧之形势之地，与齐齐哈尔城间隔数百里，必将苦于应差。与其于无用之地，耗损钱粮，应将甘愿种地之 1395 名索伦达呼尔官兵，俱照常退回其布特哈故地，仍使其献纳貂贡而居。"② 经军机大臣评议后，由乾隆皇帝批准，随即执行。此后，留住呼伦贝尔的部分索伦官兵和陈巴尔虎官兵为 1440 名，编为 24 个牛录，比初建时的 50 牛录减少了一半以上。

第四节　留住呼伦贝尔的达斡尔人

根据朝廷的决定，雍正十年（1728）迁往呼伦贝尔的达斡尔人，在乾隆六年（1741）几乎全部迁回到布特哈故地。不过有极个别的达斡尔官员，被留在了呼伦贝尔。

一是郭贝勒哈拉满那莫昆人奎苏，被编入索伦左翼镶黄旗第一佐内，为笔帖式。

二是敖拉哈拉登特科莫昆人范恰布，被编入索伦左翼正白旗第一佐内，初为笔帖士，后来充当索伦左翼镶白旗第一佐领，即牛录章京。

三是孟尔丁哈拉阿尔昌莫昆人珠善，由于军功被任命为呼伦贝尔额鲁

---

① 军机处满文录副奏折：《镶蓝旗汉军副都统塞楞额为裁撤呼伦贝尔索伦达呼尔官兵事奏》，乾隆四年正月二十九日。
② 军机处满文录副奏折：《黑龙江将军博第等为诸裁减呼伦贝尔博尔德处之索伦达呼尔官兵事奏》，乾隆七年。

特总管，稍晚于奎苏和范恰布，可能是乾隆年间之事，具体时间不详。

此外，还有零散自发性来到呼伦贝尔的人，例如敖拉哈拉库热浅莫昆人 3 户，鄂嫩哈拉博斯呼浅昆人 4 户，敖拉哈拉白亚尔莫昆 3 户。上述 10 户是何年、因何故来到呼伦贝尔，已无法考证。他们分别被编入索伦左翼正黄旗第二佐内、索伦左翼镶黄旗第一佐内。

奎苏、范恰布两个家族，在呼伦贝尔发展比较快，成为强宗大族，现在鄂温克族自治旗的达斡尔人，大多是其后裔。①

达斡尔著名的作家、诗人敖拉·常兴，就是范恰布之孙。敖拉·常兴（1809—1885）又作敖拉·昌兴，又作芝田、昌芝田，蒙古名为阿拉布坦。咸丰元年（1851），他以镶黄旗公中佐领的身份，被黑龙江将军英隆选为查边官员，沿额尔古纳河至黑龙江，又奉命考察乌底河源，圆满完成了任务，以功授记名总管。在查边途中，他真实记录所见到的山山水水，创作了许多舞春诗，被公认为达斡尔最早的诗人，对后世达斡尔的文人诗，产生了深远的影响。

呼伦贝尔的达斡尔人文化修养比较高，出现了不少名人。据郭克兴《黑龙江乡士录》记载，出身于呼伦贝尔的名人有：郭博勒氏恒龄，官至提督、护军都统，从祠清朝昭忠祠，谥壮烈、骑都尉。郭博氏明善，任副都统。莫日登氏贵福（1850—1920），光绪末任额鲁特总管，民国初任呼伦贝尔副都统。郭道甫（墨尔森泰），郭布勒氏，民国初年组建呼伦贝尔青年党，发起内蒙古国民会议运动，任内蒙古人民革命党中央执行委员和秘书长，创办东北蒙旗师范学校，任校长。著有《呼伦贝尔问题》，宣传民族民主革命思想。福明泰（1896—1938）、福龄（1889—1936）是内蒙古人民革命党的重要成员，协同郭道甫进行活动。郭文林（1906—1969），1945 年参与锡尼河反日本起义，率部向俄军投诚。凌升（1086—1936）由于抗日活动，被日本人杀害。荣禄（1870—1945）关心民族教育，自费办学，支持女学生赴苏联深造。何布台（即何维中，1909—1951），伪满时期支持民众抗日活动，1946 年任纳文慕仁省省长，撰有《达古尔蒙古嫩流

---

① 参见《达斡尔族社会历史调查》修订本，民族出版社 2009 年版，第 21 页。

志》。由于所谓"正义党事件",被错判死刑,1983 年得以纠正,平反昭雪。成德（1890—1951）,鄂嫩哈拉人,1932 年任莫力达瓦旗旗长,1938 年任兴安东省省长,重视民族教育,培养出许多人才。通福（1912—1988）,著名作曲家,他创作的《草原晨曲》《草原上的人们》《敖包相会》等电影插曲,成为经典作品,久唱不衰。额尔登泰（1903—1981）、奥登挂（郭雪英）、阿尔达扎布、毕力德,都是著名的学者。呼伦贝尔人杰地灵,培养出如此多的达斡尔人才,与良好的文化传统有密切的关系,是重视教育事业的结果。

第五节　向呼兰迁移

呼兰,是以呼兰河得名。金代称活剌浑水,为纥石烈部腊醅、麻产所居,[1] 在清代称作呼兰河。在女真语中,"活剌"是指灶突而言,见《金国语解》。[2] 在满语中,记作呼兰,《满洲源流考》称:"呼兰,灶突,满洲语烟洞也。"[3]

呼兰河发源于小兴安岭西侧炉吹山,流经铁力、庆安、绥棱、北安、海伦、绥北、望奎、拜泉、兰西、巴彦等县,南流至呼兰县注入松花江,全长 523 千米。[4] 所流经的山区产貂皮,河中产珍珠,都属于贡品。早在雍正十二年（1734）,黑龙江将军那苏图就奏置呼兰城,设旗营驻防。由齐齐哈尔城、伯都讷城移置满洲、索伦、瓜尔察、达呼尔、汉军五百名,编为正镶黄、白、红、蓝八旗。乾隆元年（1736）,黑龙江将军卓尔海奏置呼兰城守尉,又置水师营,建恒积仓,乾隆二年（1937）置呼兰城官庄,解决八旗官兵的口粮。[5]

---

① 《金史》卷 67《石显传》. 中华书局校点本,第 1574 页。
② 《金史国语解》,中华书局校点本,第 2896 页。
③ 《满洲源流考》卷 18,《国俗三》第 45 页上。
④ 牛汝辰主编:《中国水名词典》,哈尔滨地图出版社 1995 年版,第 45 页。
⑤ 《民国呼兰县志》卷首《呼兰县大事年表》,第 1—2 页。

呼兰城无城垣，"有濠有堤，濠宽八尺，深一尺，堤在濠之里，方高八九尺"①。内有十字大街，官署和商市。呼兰城四周为屯兵之所，其驻防地后来都变成了村屯，有的仍保留旗屯的名号。据记载："乾隆初由齐齐哈尔移驻呼兰，散居正镶两旗达呼里三家子各屯，有多尔托尔氏，余皆系汉姓，有吴、金、何、张、陶、白、邵、富八姓。吴姓有佐领、骁骑校各一员。"②

乾隆四十五年（1780），"八旗水师营共户六百七十八，共男女口四千四百三十二。内满洲男口七百零八，女（口）二百六十三"③。达呼尔男女合计533口，占水师营的比率为12%。

同治七年（1868），呼兰府有村屯127处，其中达呼尔村屯12处：即达呼井、白毛井、小达呼井、黄旗屯、白旗屯、达呼井、红旗屯、镶白旗屯、王达子屯、大达呼屯、小达呼屯、小达呼屯（此二屯重名），④ 达呼尔村屯所占的比率为0.9%。

宣统元年（1909），"呼兰户三万三千零九，男女口二十二万八千四百零四……内有满洲户八百九十六，男女口五千二百八十七。索伦户四，口一十七。达呼尔户二百二十二，口一千二百六十二"⑤。达呼尔户口少于满洲，多于索伦，不过其户口所占的比率极低。入民国以后，根据1942年的调查，呼兰县只保留有达呼尔村屯8处：⑥

1. 黄旗屯，又称下洼子，在呼兰县城西北，人口约百人，均为瓦兰氏，改汉姓为"洼""万"。当时40岁以上的人，"尚能通达蒙古语"，"此屯有曰甲门胡思古尔，今为西花园"。

2. 白旗屯，有曰巴尔西和爱里，即齐齐哈尔一带巴尔其齐哈老屯之讹变。在呼兰县城北八里。达古尔人口约百人，所改汉姓多为金氏、郭氏、

---

① 《宣统呼兰府志》卷1《地理略·城池乡屯》，第24页。

② 《民国呼兰县志·地理志·种族》，第20页。

③ 《宣统呼兰府志》卷9《人物略·种族户口》，第664页。

④ 《宣统呼兰府志》卷1《地理略·城池乡屯》，第61、87页。

⑤ 《宣统呼兰府志》卷9《人物略·种族户口》，第662—663页。

⑥ 何维荣：《达古尔蒙古嫩流志》，《达斡尔资料集》第2集，民族出版社1998年版，第167—168页。

沃氏、汪氏、何氏。屯中有喇嘛坟，系郭氏出家之喇嘛，葬于此。

3. 红旗屯，距白旗屯北二里。达古尔人口约 30 人，改汉姓为何氏、金氏。

4. 黄营富栅，在呼兰城西十二里。30 余户，百余人。其姓氏有何氏（鄂苏里氏）、郭氏、沃氏。

5. 小达古尔屯，在呼兰城西十八里，黄旗窝棚西北。有百余人，多为何氏、张氏。

6. 白毛井（巴莫勒屯），在呼兰城东八十里，泥河南。百余口，有沃氏、郭氏、金氏、康氏（霍烈子台氏）。

7. 大达尔井（达古尔爱里），百余人，有段氏（多布塔氏）、沃氏、金氏、吴氏、万氏。

8. 小达古尔井屯，三十余人，有沃氏、万氏。

上述 8 屯，共有达斡尔人口 390 人，比宣统元年（1909）的 222 户、1262 口又减少许多。从上面所记述的数字，不难发现达斡尔的户口在逐年减少。

呼兰达斡尔户口的不断减少，有多种原因。一是自咸丰初年以来招垦开荒有关。呼兰原是封禁之地，设置驻防八旗的目的是保护山林，防止外地人前来盗采盗挖，除了官兵以外，别无其他外地人进入，官兵所耕种的土地称作旗田，外有国家土地，称官田，不得官府许可是不能占用的。

在 1840 年鸦片战争以后，清朝财政日趋困难，招垦成为增加财政收入的重要途径。咸丰四年（1854），黑龙江将军奕格议办呼兰招垦。咸丰七年（1857），御史吴炜又有弛禁官垦之奏。[①] 于是，关内流民大量进入呼兰垦荒耕种，以前的官地旗地被开垦利用，形成了大量汉化村屯，将达斡尔村屯割裂包围，使达斡尔的耕种受到影响，经济收入下降，逐渐贫穷化。由于达斡尔处于汉族的包围之中，在社会交往中不得不使用汉语沟通，本民族的语言只能用于家庭和本族内部。久而久之，必然要数典忘祖，民族意识弱化淡化，大量改用汉姓即证明了这一点。

---

① 《民国呼兰县志》卷首《呼兰县大事年表》，第 3 页。

　　二是 1942 年的调查，可能不是很全面的，只是调查了达斡尔村屯，对于与他族混合居住的村屯，可能未及调查。由于达斡尔普遍改用汉姓，有些是常用的汉姓，如何、郭、张、吴、万、段、陶、白、邵等等，调查者如果不认真分辨的话，很可能将他们误作汉族人，放弃了调查。实际上1942 年的调查，只能属于重点调查，数据可能是不够精准的。

　　呼兰的达斡尔人，由于受汉族影响至深，普遍认同汉文化，其固有的氏族组织，即达斡尔所称的"哈拉莫昆"，远没有齐齐哈尔、呼伦贝尔、新疆塔城那样完整、富有活力，看不到续修宗谱之类活动，"哈拉莫昆"似乎已经消失了。事实表明，少数民族的聚居，对于增强本族的团结，保存本民族的文化传统，是非常重要的保证。从这个意义上讲，少数民族区域自治，建立乡镇级和村级的民族自治，是非常必要的。

第十六章　西迁新疆伊犁

准噶尔蒙古是清朝的劲敌，在其头目噶尔丹、策妄阿拉布坦、阿睦尔撒纳当政时期，屡次勾结沙皇俄国叛乱为患。清朝从康熙、雍正到乾隆年间不断进行征讨，到乾隆二十二年（1757）阿睦尔撒纳败死于俄国西伯利亚托博尔斯克，前后长达150余年的征战才告一段落。

乾隆二十七年（1762），清朝设立伊犁将军，统管南北疆事务。以前参加征讨准噶尔的索伦、达斡尔均留驻下来，一面戍守边疆，一面从事屯垦。当时规定了轮班制度，即每隔三年轮换一次。由于索伦、达斡尔原住地在黑龙江布特哈，距伊犁远达数千里，其往来要走北方沙漠戈壁地区，旅途十分艰难险阻，花费巨大。

定期轮换制度存在许多弊端，乾隆皇帝曾指出："现在伊犁建设城堡，开垦屯田，设置将军总统管理，逾期三年一次遣派换防兵更番戍守，不如将凉州、庄浪就近携眷；移驻伊犁为好……此份额拨给索伦、察哈尔人等，拣选其丁，派遣伊犁驻防，于地方有利，且伊等得以操练武艺，可为国家之劲旅。"[1] 乾隆二十八年（1763），军机大臣傅恒遵照皇帝旨奏："现往伊犁已派八百户察哈尔兵，若再派四、五千名满洲、蒙古、索伦、察哈尔驻防，则无需换防兵丁，即可防守地方。"[2] "无需换防"说的就是长驻、永驻。奏文所称的"索伦"，包含达斡尔在内。由于索伦、达斡尔

---

[1] 《军机处满文议覆档》，860—1。

[2] 《军机处满文议覆档》，860—1。

共同住在布特哈，当时行文的习惯，可以将索伦、达斡尔简称为索伦，例如索伦达斡尔总管可以简称为索伦总管。

第一节　西迁的准备

傅恒的奏文称："饬令黑龙江将军、察哈尔都统等，从索伦一千名、察哈尔一千名，均作为披甲，照先前移驻察哈尔、厄鲁特之例，将内地应得钱粮及出差应得茶菜银均支给。"[1] 在清代，披甲属于正规士兵，享有钱粮、盐菜银，西迁伊犁的兵丁，也享有这种待遇，一视同仁，用以吸引士兵自愿报名，而不是强征。索伦一千额内，包括有达斡尔、索伦（鄂温克）各为500名。布特哈总管共有92个牛录，布特哈总管根据军机处的指示，宣布了朝廷的许诺：

> 现将尔等移驻伊犁，特系圣祖施恩，使尔等生计宽裕起见，如今虽赏尔等索伦二千份钱粮，然皆为半个钱粮。现若移驻伊犁，则可获全额钱粮菜银，又赏给立业牲畜及整装等项。[2]

由于西迁伊犁的士兵有优厚的待遇，因此，布特哈兵丁踊跃报名，索伦、达斡尔各出500名兵丁，"每百人内，拣选二人为头目，令其管理"[3]。另选派布特哈总管一员、副总管一员、佐领十员、骁骑校十员，带队护送至伊犁。

前往伊犁属于长途跋涉，十分艰苦，事先做了许多准备工作。在动身以前，黑龙江将军为带队的22名官员，先放了一年的俸禄，共计1885两。1000户兵丁，按每户各给赏银30两计，共支银30000两。由于兵丁不带

---

① 《军机处满文议覆档》，860—1。
② 《黑龙江将军衙门满文档案》，中国第一历史档案馆1763—1。
③ 《黑龙江将军衙门满文档案》，中国第一历史档案馆1763—1。

跟役，每人各赏置办兵器银 10 两，共支银 10000 两。总管副总管每人各给马 10 匹，佐领每人给马 10 匹，骁骑校每人给马 6 匹，1000 户兵丁大小人口共 2838 名，每口各给马一匹，共 2998 匹，每匹马按 8 两银计算，共 23984 两。1000 户兵丁，每户各给一峰骆驼，每峰骆驼按 18 银计，共支银 18000 两。

此外，每户给账房 1 顶、锅 1 口，账房每顶按 4 两银计，每口锅按银 2 两计，共支银 6000 两。总管、副总管每月支盐菜银 6 两。佐领每月盐菜银 4 两，骁骑校每月盐菜银 2 两。总管、副总管配跟役 6 名，佐领跟役 4 名，骁骑校跟役 2 名，共 72 名，官员的跟役每月盐菜银 5 钱，共 36 两。以上官员、兵丁、跟役盐菜银每月共 3216 两。又有官员跟役 72 名，每月赏银 2 两，共支银 144 两。以上共支给官员、兵丁、跟役银 93229 两。

1000 户兵之大口 2405 名，小口 433 名，连同官员及跟役 72 名，共计人口 2510 名，大口每月支粮食 2 石 4 升 9 合，小口减半，应支两个月口粮 11036 石 46 斗 5 升 5 合。[①]

以上事实表明，黑龙江将军为组织布特哈索伦、达斡尔兵丁前往伊犁，做出了很大的努力，提供了种种物资上的准备。目的是为了这些兵丁一路顺利到达，实现乾隆皇帝使其长期在伊犁驻防的计划。

第二节　西迁的过程

根据御批的由军机处拟定的计划，布特哈士兵 1000 人分作两批前往伊犁。第一批官兵不许带家属，减少累赘，春初启程，年内到达伊犁；第二批官兵要携带家属，稍晚一些起程，于下年初到达伊犁。

然而执行这项西迁计划的黑龙江将军国多欢认为，如果官兵不带家眷同行，并不方便。他上奏提出："惟索伦等有跟役者少，在平常游牧时，其妻孥等趋赶驮载蒙古包及拉车之牲畜。今选派首批起程之五百名索伦

---

① 《军机处满文录副奏折》，2049—001。

等，俟本年返青后，若携带家属迁往，不仅不分散力量，且对兵丁有益。第二批起程之五百名索伦等俟青草长出后，养肥牲畜，于四月底或五月初起程。"① 国多欢这个建议非常合理，如果第一批不带家眷，事后再迁家眷，会更加麻烦，增加开支。经军机大臣审议以后，采纳了国多欢的建议。

在给西迁官员准备马匹的问题上面，也出现了困难。布特哈总管噶布苏咨文黑龙江将军衙门："由布特哈地方移驻伊犁之兵一千名，按其人口计算，共需给马四千匹。布特哈官兵、闲散、西丹等所有四岁以上骟马、儿马、生骒马，均按买得给，虽可足数，但此次迁驻兵丁之家眷无法乘骑或驮物。先期启程之五百名索伦官兵尽量得给堪以乘骑及驮物之马后，令其起程外，后期起程之五百名达斡尔官兵，若搭给剩余生骒马，则达斡尔妇女原本不会使用马匹，以致不甚得力"；"现从本处官牧群内，挑选堪以乘骑之骟马、儿马、骒马拨给，每匹马价银八两。若仍不敷，则酌拨被选兵丁之自身牛只及留家人丁之马匹得给，便于其妇女等趋架车辆，且在家留下之布特哈官兵也有少许马匹，于其捕貂当差皆有补益。"② 这个建议反映了当时所遇到的诸多困难和解决办法，后为黑龙江将军国多欢采纳，西迁伊犁的布特哈官兵才得以成行动身。

乾隆二十八年（1763）四月初十日，草木皆已返青。500 名索伦士兵由宜卧奇起程，领队是布特哈总管努门车（郭布勒·巴尔登《新疆达斡尔族》作诺门察③）和佐领、骁骑校等 11 人。除官员、士兵外，还包括有家眷在内共 1421 人。他们从布特哈起程以后，越过大兴安岭（达斡尔语称吉等达瓦，达瓦指山而言）和喀尔喀河（今称哈拉哈河，为中蒙界河），进入蒙古沙漠戈壁，经过喀尔喀蒙古的车臣汗部，土谢图部，于八月中旬到达了三音诺颜部的乌里雅苏台（今蒙古国境内，称扎布哈朗图）。乌里雅苏台在一绿洲上，驻有乌里雅苏台将军、参赞大臣，附近设有乌苏里雅

---

① 《黑龙江将军衙门满文档案》，1763—1。
② 《黑龙江将军衙门满文档案》，1763—1。
③ 郭布勒·巴尔登：《新疆达斡尔族》，天马出版社 2005 年版，第 16 页。

台牧群，牧养马、牛、羊、骆驼，主要由乌里雅苏台将军调用。索伦官兵到达以后，乌里雅苏台将军成衮扎布按照军机处的安排，拨给 6 个月的粮食、茶叶、盐菜银，更换了 270 匹马，又提供了骆驼 250 峰，每两户共用 1 峰，供坐骑和驮物，到伊犁以后退还给伊犁的官牧场。①

八月下旬，从乌里雅苏台继续西行，在经过了扎萨克图汗部、科布多（雍正九年建城，设科布多参赞大臣）以后，发现粮食即将用尽，领队总管努门车咨文伊犁将军说："索伦地方本无骆驼，只靠马、牛驾车，于青草长出前，四月初十日，即行起程，马牛尚未长膘，途次有疲惫丢弃者，其所剩马匹内，至乌里雅苏台后，由彼将军、参赞大臣仅换给二百匹，此外，因乌里雅苏台以西车辆无法行进，每户合给驼一只，共借给二百五十只，于是，由乌里雅苏台领取之十二月初十前之三个月米石，三个月茶叶，共计六个月行粮，而后起程。惟五百名官兵之家眷众多，每户合给骆驼一只，驮载许多行粮，负重行进，且给所有妇女老少大半徒步行走，竟不能行，每日只能行二三十里。故视众人之力，牧放牲畜徐徐行走，越过察干鄂博，沿额敏河而上，于来年正月内，方可抵达伊犁。因而原携带行粮少许不敷，请将军、参赞大臣置办少许行粮，迎送接济。"②

伊犁将军明瑞收到总管努门车咨文以后，十分重视此事。十二月一日，委派官兵携带米面，送到额敏河接济。又委派官兵携带米面前往博罗塔拉迎接。察干鄂博在今和布克塞尔蒙古自治县，博罗塔拉当在察干鄂博与伊犁（今伊宁市）之间某地，距伊犁已经不太远了。乾隆二十九年（1764）正月十九日，索伦人组成的 1000 多人队伍顺利到达伊犁城下。③

由达斡尔士兵 500 人组成的第二批，在索伦队伍起程后的第 24 天，乾隆二十八年（1263）五月三日开始起程。领队的是布特哈副总管色尔默勒图和下属的佐领、骁骑校等 11 名官员。士兵携带家眷 1417 名同行，比第一批少 4 人，仍是一只庞大的队伍．他们走的路线，最初的一段与第一批

---

① 《军机处满文录副奏折》，2045—005。
② 《军机处满文录副奏折》，2049—016。
③ 《军机处满文录副奏折》，2049—016。

相同，即传统的北路，经过车臣汗部、土谢图汗部，于九月下旬到达乌里雅苏台，在其附近一个名叫扎巴坎的地方休整过冬。第二年开春以后，领队的副总管色尔默勒图向乌里雅苏台将军成扎布提出："虽本队兵丁在此过冬休整，但原先所带牲畜疲累，且牛车皆途次毁坏。现为便于供给其行粮起见，请经巴里坤、乌鲁木齐前往。唯前往时，兵丁妻室子女乘坐之马匹，若驮载行李食粮行进，则戈壁大，兵丁妻室子女内现出痘者尚多，一同徒步行进，难免无益处。请将军、大臣等给兵丁格外施恩，除多支给钱粮外，照第一队兵丁所请之例，拨给驮载物品之驼，使其得利。俟抵达伊犁后，将此驼只交给彼处将军、大臣，照数拨归官牧厂。"[1] 乌里雅苏台将军答应了他的要求，每两户合给驼一只，共借骆驼 250 只，每人支给两个钱粮。乾隆二十九年（1764）三月，从乌里雅苏台起程，四月二十六日抵达巴里坤（今仍称其名，在哈密北），修整半月以后，领取了两个月的盐菜银、口粮，于五月十一日，继续西行，七月二十六日到达伊犁。[2] 嫩江布特哈达斡尔西迁伊犁，至此顺利完成。

第三节　索伦营的组建

索伦、达斡尔到达伊犁以后不久，随即建立了索伦营。当时驻防伊犁的士兵很多，有以锡伯人组成的锡伯营，还有察哈尔营、厄鲁特营等等。所谓营，又作昂吉、爱曼，是指伊犁将军属下的军事单位，有锡伯爱曼、索伦爱曼、察哈尔爱曼之别，后来改爱曼为营，营即军营之义。

当时，锡伯营驻防在伊犁河南岸，索伦营驻防在伊犁河北岸。索伦营是指索伦和达斡尔官兵而言，不是专指索伦（鄂温克）官兵，其中包括有达斡尔官兵。索伦营其实是索伦达斡尔营的简称，犹如将索伦达斡尔总管简称为索伦总管一样。

---

① 《军机处满文录副奏折》，142—2。
② 《军机处满文录副奏折》，2016—021。

伊犁将军初设之际，察哈尔兵夏季驻牧于勒班西伯黑哈善，种田在托霖塔里，冬天在沙喇博霍沁。厄鲁特兵夏季驻牧于霍诺霍依、科多尔海，种田在空济斯察肯、果尔班济尔嘎朗，过冬在空济斯、阿布喇勒。索伦兵、达斡尔兵驻防地稍有不同，索伦（鄂温克）驻于霍尔果斯河以西沙满尔、齐齐罕、图尔根、撒桵等地，达斡尔驻于霍尔果斯河以东克阿里木图、霍尔果斯、富斯克等地。

最初，索伦营、锡伯营、察哈尔营"不论旗分，曾以二百户为一牛录，每爱曼（营）各设六牛录"。后来，由于"生齿日繁，一切差使等项烦冗，如仍旧责成六牛录官员管理，实属不足"，于是，锡伯、索伦、察哈尔等三爱曼，"增设两牛录，俱为八牛录，以为八旗……其旗纛颜色，应按旗授之……以标旗色"①。

此事发生在乾隆三十二年（1267），即达斡尔官兵西迁到伊犁三年以后。至此，索伦营的官兵纳入驻防八旗组织中。按规定，每旗即为一牛录，除西迁出发前原有的佐领、骁骑校各6员以外，又增设佐领2员、骁骑校2员，颁发了八旗的旗帜、索伦营总管的关防和佐领的图记（关防、图记即印章）。

索伦营的主要官员有领队大臣1员，常驻伊犁城中。总管1员，副总管1员，佐领8员，骁骑校8员，乾隆五十七年（1792）各旗增设委员2员、空金顶8员。

索伦营的建制分为左翼和右翼，左、右翼各4旗，左翼由索伦组成，右翼由达斡尔组成。右翼第一牛录正黄旗、第三牛录正白旗、第五牛录镶白旗、第七牛录正蓝旗。左翼第二牛录镶黄旗、第四牛录正红旗、第六牛录镶红旗、第八牛录镶蓝旗。

首先，索伦营的主要任务是驻守卡伦，卡伦就是边防哨所。卡伦有常设卡伦、移设卡伦和添设卡伦之分别，常设卡伦是主要卡伦，常年驻有官兵，移设卡伦指随季节不同而移动者，随时安设、过时则撤之卡伦称添设

---

① 《军机处满文录副奏折》，2232—043。

卡伦。伊犁将军属下有 27 座常设卡伦、9 座移设卡伦、45 座添设卡伦。①
由索伦营驻守的卡伦，多在伊犁将军所驻惠远城的西北方，共有 10 处，其
中常设卡伦 6 处，即霍尔果斯卡伦、齐齐罕卡伦、奎屯卡伦、博罗呼济尔
卡伦、崆郭罗鄂伦卡伦、辉发卡伦；添设卡伦 4 处，即旧霍尔果斯安达拉
卡伦、齐齐罕安达拉卡伦、河岸卡伦、奎屯色沁卡伦。无移设卡伦。每卡
伦驻兵不等，在 16 名至 32 名之间，共驻兵 212 名。② 常驻卡伦的官长，为
六品蓝翎。

其次是巡查布鲁特和哈萨克地界。布鲁特在伊犁西南，哈萨克在伊犁
西北，其地界未设卡伦常年驻守，而是领队大臣率领各营官员巡查，在总
数为 300 名官兵中，索伦营为 50 名，占六分之一。巡查往返一次需 1—
2 月。

第三是到塔尔巴哈台城换防。塔尔巴哈台城建于乾隆三十一年
（1766），设参赞大臣驻于此。此城控制伊犁与科布多往来要冲，派驻满
洲、锡伯、索伦、察哈尔、厄鲁特五营兵 1300 名常年驻防，其中索伦兵
100 名。索伦兵每年自行轮换一次。③ 除驻守城池以外，还分驻其附近的
29 座卡伦。

第四是到喀什噶尔城换防。喀什噶尔是乾隆二十五年（1760）设置的
参赞大臣驻地，该参赞大臣总理天山以南事务，初由京城和西安八旗官兵
驻守。乾隆三十六年（1771）以后，改由伊犁满洲、锡伯、索伦、察哈尔
四营兵丁驻守，每两年各营官兵轮换一次。其中，"索伦营佐领一员，骁
骑校一员，领催四员，兵九十六名"④。除驻守城池以外，还分驻 18 座
卡伦。

第五是开垦种地。索伦营官兵除支给饷银以外，还需要耕种土地，解
决其口粮，实现自耕自食。索伦官兵第一批于乾隆二十九年（1764）初到
达伊犁以后，恰逢农时，每户给耕地八亩，随即耕种。第二批于同年七月

①《塔尔巴哈台事宜》卷 9。
②《钦定新疆识略》卷 11。
③《军机处满文月折档》，155—1。
④《钦定新疆识略》卷 5。

末到达，错过了农时，从第二年开始耕种。"左翼屯田引西阿里玛图河灌溉，右翼屯田引图尔根河水灌溉"①。

第六是放牧牲畜。官兵乘骑、屯田都需要牲畜，故而在伊犁设立了官牧场，由各营兵丁放牧。索伦营的鄂温克士兵养马 1000 匹，牛 274 头，羊 12975 只，达斡尔士兵养牛 276 头，羊 13025 只。② 由于达斡尔士兵不善于饲养，后来只好改由察哈尔营、厄鲁特营放牧。

由于索伦营士兵表现良好，乾隆皇帝曾提出增加他们的饷银，并增加养育兵，伊犁将军保宁略作变通，决定："索伦营领催、披甲步兵每月原食饷银一两外，各增饷银一两，共计二两；拨给三百份养育兵钱粮，添设养育兵二百名，每日给食饷银一两；其余一百名养育兵之额，添设前锋四十名，其中四名为前锋校，每月给食饷钱二两五钱。"③ 乾隆皇帝对索伦士兵（含达斡尔士兵）的特殊恩遇，不仅提高了索伦士兵的生活待遇，也提高了索伦士兵的地位和影响。

第四节 索伦营的流亡与重建

咸丰元年（1851）爆发的太平天国运动，影响到全国各地。同治三年（1864）一月二十八日，绥定二道河、三道河有 200 多名回族聚集在一起，串通塔勒奇绿旗回族士兵，攻打塔勒奇清水河驻军、抢劫军械，④ 附近乡民也赶来参加，人数达千余人。伊犁将军常清派兵镇压这次回民暴动，形势非常紧张。特别是回族头目与伊犁阿奇木伯克勾结，用伊斯兰名义进行"圣战"，欲建立"苏丹"政权，一举攻占了宁远城，声势大振，起义军增加至 3 万人。伊犁将军常清被迫引咎辞职，由伊犁参赞大臣明绪出任将军。清军解惠远城之围，攻占了惠宁城。在惠远城战斗中，索伦营领队大臣托

① 《军机处满文录副奏折》，2049—002。
② 《军机处满文录副奏折》，2181—054。
③ 《军机处满文录副奏折》，3337—015。
④ 《清穆宗实录》卷 68。

克托乃、总管阿穆尔门壮烈牺牲。

伊犁将军明绪向朝廷请求帮助的奏折没有什么反应，向俄国求援也无结果，乌里雅苏台将军派来的援军也未到达，乌里雅苏台援军在乌鲁木齐被起义军阻拦。明绪只好孤注一掷，集中兵力攻打惠宁城（又称巴彦岱）。然而伤亡很大，没有达到预期目的。

在征讨回族起义军不利的情况下，锡伯营向起义军宣布中立。索伦营总管德勤提出，要像锡伯营一样宣布中立或向起义军投降。[①] 这种做法削弱了斗志，影响了官兵的情绪。同治五年（1866）正月，起义军用挖地道的办法炸开绥远城墙，攻入了城内，屠城一天。将军明绪自尽身亡。

为了躲避屠杀，索伦营的官兵在领队大臣霍伽布、总管图瓦阿强的带领下，于同治五年三月十六日、三月二十二日分别动身向北方的博尔塔拉转移，全部人数在 3400 余人。离开图尔根河西岸，越过阿勒坦额摩勒岭，便进入俄国境内。最初曾与俄国商定，先在库库乌苏、喀拉塔拉、喀帕布三处驻扎。在库库乌苏遇到了伊犁参赞大臣荣全。他是事前来俄国求援的，得知惠远城沦陷、明绪自尽的消息深感震惊，他表示要到乌里雅苏台向朝廷求援，要求索伦营不要赴博尔塔拉，先在这里驻扎，将来去往塔尔巴哈台境内。

索伦营官兵遵嘱，在库库乌苏过冬，第二年开春以后，在此垦种自给，耕种的地点在库库乌苏附近的荒野哈拉达。春夏之交，荣全来到库库乌苏，他由参赞大臣提升为伊犁代理将军，带来了八旗制服、牛录标旗和 15000 两白银的救济款。救济款发给每个人。这一年农业丰收，解决了口粮和做衣服的牛皮、羊皮。动身时携带 60 多名没有母亲的小孩子，被分配到没有孩子的家庭分别抚养。

同治七年（1868）春天，索伦营由哈拉达拉向乌尔加尔转移。他们向北走，通过了呼鲁斯泰阿拉尔湖、萨司克湖之间的沼泽地，沿乌尔加尔河北行，于同年五月到达乌尔加尔。[②] 他们在乌尔加尔河岸上挖山洞作为栖

---

① 萨勒噶苏：《史记》。
② 《清穆宗实录》卷 243。

息之所，准备在此过冬。这里原是长驻卡伦，后来被俄国占领。

到此以后不久，索伦营领队大臣霍伽布病故，改由图瓦强阿（达斡尔人）为索伦领队大臣。同治八年（1869）秋，又由乌尔加尔转移到塔尔巴哈台城附近的苇塘子。苇塘子是一片绿洲，原是常驻卡伦，后来根据《中俄塔尔巴哈台界约》，被俄国占领，到达苇塘子的索伦营士兵，有 2800 余人，比刚动身时减少了许多，有人病死饿死在途中所致。荣全将军要求索伦营人员登记造册，故知当时的人口数字。

索伦营有部分人由苇塘子迁到布伦托海，荣全要求两地人合在一处。对此索伦营内部意见不一致。同治十年（1871）十二月，将军荣全来到塔尔巴哈台城，以此城为伊犁将军行营，并带来三位官员，其中有塔尔巴哈台参赞大臣富和，索伦营领队大臣额尔根巴图，厄鲁特营领队大臣特尔清阿[1]。后两位是达斡尔人。

索伦营领队大臣额尔根巴图，根据荣全的旨意，将苇塘子、布伦托海的索伦人全部带回塔尔巴哈台，恢复索伦营的建制。从同治五年索伦营开始流亡，到同治十年全部归来，结束了五年之久的流亡生活。索伦营的笔帖式萨勒嘎苏用满文记录了索伦人五年流亡，称作《史记》，成为研究这段历史的重要原始资料。

回到塔尔巴哈台城以后的官兵有 800 人，其中近 500 人为达斡尔，其余为锡伯和鄂温克。在对官兵统计中，全年索伦营的薪饷合计为 28000 两白银，国家按时发放。[2] 对流亡中作出贡献的人进行嘉奖，领队大臣图瓦强阿授予二品顶裁，赐给"巴得让阿巴图鲁"的勇号，赐佐领迪布希"法福里巴图鲁"勇号。

同治十一年（1872），索伦营官兵开始在头工、二工、三工、乌奴根齐克开垦种地，挖掘水渠，将卡浪古尔、阿布都拉，锡伯图河水引入农田灌溉，同时还饲养牛、羊、军马。索伦营驻在有土城的老营盘，称"和沁阁"。对 30 名少年进行培训，为索伦营准备新兵，同治十三年（1874），

---

① 萨勒嘎苏：《史记》。
② 《清穆宗实录》卷 329。

索伦营派笔帖式图瓦强本（图瓦强阿之兄）赴京城报告索伦营的复建情况，受到朝廷的重视，归来时带回了索伦营八旗官印、顶戴、长袍、马褂、布鞋和大刀、盾牌、盔甲，属于朝廷的赏赐。

索伦营的骑兵 300 人，参加了围剿阿古柏残余的战斗，在玛纳斯予以全歼。光绪初年，新任伊犁将军金顺进驻伊犁，锡伦任塔尔巴哈台参赞大臣。图瓦强阿调任厄鲁特营领队大臣，离开了索伦营。索伦营领队大臣额尔根巴图不幸病逝。这给索伦营造成了一定的影响。

此后，清朝廷决定恢复霍尔果斯索伦营建制。驻在塔尔巴哈台的索伦营官兵一分为二，有一部分回到了伊犁，一部分留在了塔尔巴哈台。回到伊犁的索伦营官兵，集中驻在霍尔果斯拱宸城（今霍城）东北的阿勒玛里克和策工驻扎，组成了新索伦营，共 771 户、1721 人。

仍然留驻在塔尔巴哈台的索伦营官兵，参加了新城（绥靖城）的修建，从小孩到老人都出工出力。城高二丈八尺，周长五里三分，用时两年，花费 199000 两白银。有城门三，角楼四，炮台二，有瓮城三。东门称绥靖门，西门称翔和门，南门称布悦门。城内有十字大街，设有参赞大臣衙门，领队大臣衙门，总管档房和学堂。参赞大臣额尔庆额撰文立碑，称《重建塔尔巴哈绥靖城碑记》，碑文称："时总司监工者，为厄鲁特游牧领队大臣图瓦强阿，前署塔城屯防副将白占春，司款目造销者为候补知州姚佩贤。"

塔尔巴哈台索伦营曾选出 570 名精干，称"选峰营"。后来改成"新满营"，分为左右翼八牛录，官兵总数为 683 名。外有退役、闲散、残疾、幼丁 369 名。全营计 458 户，1974 人，其中男性 1055 人，女性 919 人。[①]八牛录仍沿用原来的名称和旗色。其中齐齐罕牛录、图尔根牛录为锡伯人、鄂温克人组成，其余六牛录由达斡尔人组成。

新满营仍从事农业耕种和饲养牲畜。其耕种之土地当时称作"公地"，后来讹作"工地"，于是有了"一工""二工""三工"的地名。

新满营设领队大臣一员，总管一员，副总管一员，翼长（协领）两

———

① 《塔尔巴哈台乡土志》。

员。八个牛录各有佐领一员、防御八员、骁骑校八员、催领八员、笔帖式若干。

当时佐领的薪饷，是由粳米、粟米、马料、马草各部分组成，折合成白银为每人 17 两 7 钱 3 分 6 厘 4 丝 7 忽。骁骑校的薪饷也是由各部分组成，折合成白银为每月 13 两 6 钱 7 分 2 厘 7 毫 1 丝 1 忽。马甲骑兵的月饷为白银 8 两 3 钱，披甲为 3 两 8 钱。[①] 不过到了光绪三十二年（1960），塔城将银币改为纸币、布币以后，出现了贬值，大多低于银币，而且不能按时发放，造成官兵生活困难，借贷售衣不断发生。为了解决军费不足，只好裁减老弱残兵，后来新满营内部也裁兵，裁减下来的士兵以种地维持生活，与平民百姓无异。这是清朝由康乾盛世走向未来衰落的必然结果。

---

① 《塔城新满营左翼正白旗账本》（手抄本）。

第十七章　贡貂与奇三上书

貂皮盛产于黑龙江南北两岸的外兴安岭、大兴安岭和小兴安岭，以外兴安岭产量最多，质量最好，其中以黑貂（紫貂）皮最为名贵，故贡黑貂的达斡尔被称作"萨哈尔察"，即黑貂部落。后金时代，黑龙江北达斡尔、鄂温克人，纷纷向朝廷贡貂，取得赏赐，具有商品交换性质。

自南迁嫩江以后，达斡尔等各族变成了清朝的属部属民，其贡貂变成了制度化规定，具有强制性，对貂皮的数量质量有了明确要求，必须按时缴纳。由于貂皮资源不断减少，贡貂成为一项沉重负担，在贡貂时备受官员的勒索压迫，乾隆末年出现了"奇三上书案"（民间称"奇三告状"）。朝廷对此十分重视，查处了包括黑龙江将军在内的许多官员，产生了很大影响，出现了以此为内容的民间说唱艺术，歌颂奇三的惊人壮举。

第一节　从自发贡貂向强制贡貂的转变

貂皮亮丽，保暖性强，是名贵的服装材料，很早就引起人们的珍视。据《蒙古秘史》记载，成吉思汗曾将黑貂皮袄献给王罕，以讨其好。成吉思汗强大以后，"林木百姓"用黑貂皮为谒见之礼物。由于缺乏贵金属，17世纪的俄国貂皮具有黄金储备作用，沙俄的东扩与寻找貂皮有直接的关系。清朝廷重视貂皮，也是由于它有很高的经济价值。

在后金时代，达斡尔最初所贡的方物种类繁多，其中包括貂皮、黑狐皮、灰狐皮、红狐皮、白狐狸孙皮、水獭皮、青鼠皮等毛皮。[①] 后来发现朝廷最为重视的是黑貂皮，于是投其所好，以贡献黑貂皮为主。居住于精奇里江（结雅河）的金奇里氏族头目巴尔达齐，即以贡貂数量多、质量高引起朝廷的重视，招为额驸（驸马）。

后金对黑龙江北诸部贡貂首领，一律持欢迎态度，热情接待，赐宴、赐物，甚至郊迎以宴，其目的是为了团结这些部落，使之成为属部属民。当时，这种自发性的贡貂活动，时间不固定，贡貂人数的多少不固定，所贡方物的种类和数量也不固定，一切都以自愿为原则，没有什么规定和要求，显示了清朝廷的开放政策。当时来贡貂的各民族部落，尚处于无所羁属的自由状态，不是后金的属民，故而后金将他们视之为宾客和朋友，以礼相待，不能有过分的要求。以便通过这些贡貂的头目宣传朝廷的友好和善意，用以吸引更多的部落来主动投附。

然而在顺治十年（1653）黑龙江北各族大规模南迁以后，他们与清朝的关系发生了变化：变成了清朝的属部属民。清朝将他们编为牛录，设佐领加以管理，后来又编入布特哈八旗。于是从前的自由贡貂，变成了部民应尽的义务，必须按时按量贡貂，不得有误，于是贡貂的性质发生了根本的改变。

乾隆朝《理藩院则例》记载："贡貂，国初定：索伦、达虎里及鄂伦椿、必拉尔人丁进贡貂皮，除有事故者开除外，将见（现）年实在人丁，每丁贡献貂皮一张。此内一等貂皮五百张，二等貂皮千张，其余均作三等收用。"这种规定始于何时，《理藩院则例》称："康熙三十年奏准：每年进贡貂皮，上等者五百张，内多则十余张，少或二三张，不符等次，若将该总管等一例议处，无以劝惩。嗣后于进贡貂皮时，详明注册，所补貂皮好者，副管、佐领、骁骑校等免其议处。再，貂皮额数欠至百张以上者，将副管等议处。如欠百张以下，从宽免议。至次年进贡，仍不足额，或貂

---

① 《清太宗实录》卷1，天命元年十二月壬戌。

皮不好者，题参治罪。"①

由此可知，在康熙三十年（1691）时，朝廷便有了布特哈每年进贡貂皮总数的规定，即上等貂皮五百张。康熙三十三年（1694）户部咨黑龙江将军萨布素文称："定例载，索伦等每年进贡貂皮，按丁核算，一人份摊一张，其内取头等貂皮五百张，二等貂皮一千张，余者皆为三等。"② 康熙三十年只记上等五百张，未提及二等三等貂皮数额，康熙三十二年则明确了二等三等貂皮数量，却未提及一丁一貂之事。

布特哈丁壮每年一丁一貂的规定时间，在文献中不见记载，有可能是布特哈总管设置以后不久。内迁以前，达斡尔、鄂温克氏族头人每次贡貂的数量都相当可观，朝廷误认为貂皮易得，故而规定了每丁每年一张貂皮。后来的事实证明，猎貂很难，貂皮难得，贡貂变成了沉重的负担，这是始料不及的。

第二节　内迁嫩江猎貂出现困难

黑龙江以北的外兴安岭是黑貂的主要产地，由于数量多，比较容易猎取。俄国人记载说，在西林穆迪河之口，"从帐篷出去猎一天貂，便可猎捕到 10 多只。"③ 钦同普记载说，黑龙江北"天然之荒境，各种兽类异常丰富。古语相传：黑龙江人入京者，夸其地之宝货多，称之曰：'吾地冬天貂鼠恒于屋顶走'者云"④。这种记载应是可信的，犹如北方民间所说的"棒打犴子，瓢舀鱼"。

可是南迁嫩江流域以后，大兴安岭、小兴安岭虽然也长满了森林，然而其分布的范围不如外兴安岭广大，其温度也与外兴安岭有所不同，故而

① 《清代理藩院资料辑录》，全国图书馆文献缩微中心 1988 年第 60—61 页。
② 《达斡尔资料集》第 9 集，民族出版社 2009 年版，第 204 页。
③ 郝建恒等译：《历史文献补编——十七世纪中俄关系文件选译》，商务印书馆 1989 年版，第 15 页。
④ 钦同普：《达斡尔族志稿》，《达斡尔资料集》第 2 集，民族出版社 1998 年版，第 190 页。

黑貂分布的密度要比外兴安岭小得许多，特别是优质的黑貂更为罕见。朝廷所要的贡貂特别重视毛皮的质量，头等 500 张、二等 1000 张，是不能缺少的。如果头等、二等数量不足，则应在下一年补齐，如果不能补齐的话，相关的布特哈总管要被"议处"。迫于这种压力，布特哈丁壮必须到黑龙江以北的外兴安岭猎貂。据康熙四十六年（1707）十月二十九日，索伦达斡尔总管萨音奇克给黑龙江将军博定的报告称，当时捕貂的主要地点有：塔哈河、寨河、西林穆丹河、牛满河、呼玛尔河、精奇哩江、穆敏河、乌莫鲁河、努尔河、托木河、扎哩河、章果河、阿鲁河、桑噶哩河。[①]西林穆丹河即西林穆迪河，牛满河即布列亚河，精奇哩即结雅河，托木河即精奇里江支流托摩河，这些著名的河流都在黑龙江北岸，其余的河流待考，其中有些（如呼玛尔河、阿鲁河）在黑龙江南岸，有些可能在黑龙江北岸。由此可知，这时的捕貂地点主要是在黑龙江北岸。

居住在嫩江的达斡尔、鄂温克、鄂伦春到黑龙江北捕貂，必须横渡黑龙江以后才能进入外兴安岭，由于路途遥远，要自行携带口粮和捕猎器具，花费很大，又充满种种危险。乾隆十六年（1751），布特哈总管纳木球、鄂博锡记述说：

> 出好貂皮之西林穆迪、牛满、迪雅卜等河，俱近于黑龙江城东北角之外兴岭，离索伦、达斡尔所居之地甚远。往捕貂皮人等，每年自选贡貂之楚勒罕散去，即从六月起，以马驮干粮，启程前往此等河流之处，到西林穆迪等河后，造桦皮船，装载干粮，溯河流上行，抵达有貂支处，不行尔捕。[②]

乾隆三十年（1765），黑龙江将军富僧阿也有相似的记载，彼称：

---

① 《黑龙江将军衙门档案》，《索伦总管萨音奇克为报知各牛录之捕貂派出人员及地点事给将军博定的咨文》。

② 《军机处满文录副奏折》，《黑龙江将军博尔丹等为汇报售卖黑龙江才城陈米给捕貂人等办理情形事奏》，乾隆十六年六月十六日。

缴纳贡貂之布特哈人丁，每年六月时，至此三河之河口，造桦皮
船，装载食粮、弓箭、猎狗，溯流而上，进入各自所占之地面、小
河，视降雪而捕貂行走。按所约定之日期，于十一、十二月间，各家
带马匹、干粮，前往迎接，然后回还。[①]

据此可知，前往黑龙江北猎貂的丁壮，是在每年六月即开始动身北上，
要携带许多物资，包括粮食（干粮）、猎犬、弓箭武器，到达猎区山林以后，
还要制作造桦皮船。等到深秋初冬降雪以后，才能乘雪捕貂。到了当年冬十
一月十二月，由家人带马匹前去迎接，帮助运输貂皮，才能回到家中。这就
是说，每年到黑龙江北捕貂，都要花费差不多半年的时间。

即使发现了貂的踪迹，动手猎捕也不容易。据俄国人所见，达斡尔人
"也同西伯利亚和勒拿河其他异族人一样，是拉弓射貂的，不像俄罗斯人
用大猎网，用陷阱捕貂，他们不知道俄罗斯人的这种捕猎方法"[②]。其实，
拉网、陷阱是最原始的狩猎方法，中国古代十分盛行，打围就是由围网而
来。达斡尔猎人对爬上树端的黑貂，可能是用拉弓射箭的方法，迫使黑貂
跳下树来活抓。《卜奎风土记》记载："捕貂以犬，虞者裹粮以往，犬尝前
驱，见其停嗅深草间，即貂所在，伏伺貂出，逐而嚙之。貂爱其毛，受嚙
不自戕，犬知毛贵，亦不伤以齿，故皆生得也。"[③] 这是一种经过特殊驯养
的猎犬，深懂人意，擒貂而不伤其毛皮。《龙沙纪略》也有相似的记载：
"捕貂以犬，非犬则不得貂。虞者往还，尝自减其食以饲犬。犬前驱，停
嗅深草间，即貂穴也，伏伺擒之。或惊窜树末，则人、犬皆息，以待其
下。犬惜其毛，不伤以齿，貂亦不复戕动，纳于囊，徐俟其死。"[④] 由于犬
知人意，故猎人减食饲犬。

---

① 《军机处满文录副奏折》，《黑龙江将军富僧阿为请于额尔古纳河增设卡伦、江报外兴安岭
查边建鄂博情形及请求更革巡边旧制事奏》，乾隆三十年八月二十二日。

② 郝建恒等译：《历史文献补编——十七世纪中俄关系文件选译》，商务印书馆1989年版，
第17页。

③ 方承观：《卜魁风土记》，《小方壶斋舆地丛钞》第1帙，南清河王氏版，第413页。

④ （清）方式济：《龙沙记略》一，《小方壶斋舆地丛钞》第1帙，南清河王氏版，第374
页下。

黑龙江北虽然盛产貂皮，然而自后金以来，由于俄国人的掠夺，江北各族的猎取，影响了黑貂的正常繁殖，在俄国人枪炮声的惊吓之下，有的被迫逃逸，其数量有所减少。康熙三十四年（1695）圣谕："雅克萨等处原出产美貂，年来打捕，减至稀少。尚以貂皮不及等次，仍行议处，则官员徒多受累，而貂皮仍无从得其佳者。嗣后官貂如已足数，而等次不及者，著免议。"① 由此可知，在康熙三十四年以前，就已发现了黑龙江北地区黑貂减少的问题。

貂皮数量在减少，而对貂皮的需求却在增多，出路何在？无奈之下，只好在嫩江东西两岸大兴安岭、小兴安岭捕貂，增加新的来源。康熙四十六年（1707）在楚勒罕贡貂时，黑龙江将军博定发现貂皮成色不好，仔细了解以后，他指出："此俱是不使人往有好貂皮之处捕猎，以为苟且足数便了。故而计其近便，使人往通肯、呼兰有劣貂皮之产处采捕之故。"② 通肯河为呼兰河右岸支流，通肯河、呼兰河沿岸山林属于小兴安岭的一部分，这里也产貂，只是质量低劣而已。当时呼兰尚未驻防，属于无人区。

康熙五十年（1771），宁古塔将军打性乌拉朱轩达向伯都纳副都统衙门控告说，康熙四十九年有布特哈索伦人等，出界到玛延、乌苏哩的猎场捕貂，要求予以制止。③ 玛延为河名，今称蚂蚁河，现属方正县，在松花江南岸。乌苏哩或即今乌苏里江，发源于俄罗斯锡霍特山，自南向北流，注入黑龙江，当时属宁古塔将军地界。由此可见，布特哈的猎人越过了松花江猎貂。伯都讷副都统常宫保立即报告黑龙江将军，此地所产"俱为黄劣貂皮"。实际上未必如此，是为了保护貂皮不被布特哈占用的一种说法而已。

---

① 《清代理藩院资料辑录》，全国图书馆缩微中心 1988 年版，第 61 页。
② 《黑龙江将军衙门档案》，《将军衙门为严禁违制捕貂晓谕索伦达呼尔人众勤于贡貂事给索伦总管觉罗恩图的咨文》，康熙四十六年四月二十二日。
③ 《黑龙江将军衙门档案》，《将军衙门为伯都讷副都统衙请禁布特哈索伦呼尔等前往玛颜、乌苏哩处打牲之咨文转咨事给索伦总管的咨文》，康熙五十年九月。

第三节　防止貂皮流失的措施

貂皮属于御用之物，贡貂是为了满足朝廷的需求。由于资源有限，貂皮属于珍稀之物，故各级官府都采取了种种措施，防止貂皮流失。

康熙三十年（1691），布特哈归划黑龙江将军管辖之初就规定，布特哈索伦达呼尔打牲人丁外出捕貂，必须由所在牛录的佐领、骁骑校亲自带队，一是保证必须有一半的人丁出动，二是监视所捕到的貂皮不能外流。第二年，有关牛录的佐领、骁骑校有六人未能亲自带队捕貂，总管玛布岱提请黑龙江将军萨布素应当予以惩处。[①]

同年，黑龙江将军萨布素通告墨尔根、黑龙江二城兵丁："纳贡貂之前私自买卖貂皮向有例禁……若违背所宣禁令，买去貂皮之人，并其该管官一体严行治罪。"[②] 这表明在贡貂以前，貂皮是禁止买卖的，就连私藏貂皮也是不允许的，康熙三十二年（1693）瑷珲城领催绰多依私藏貂皮5张被没收，即是证明。后来又规定，如果能检举揭发私藏交易貂皮之事，可以得到赏银5两。

为了防止貂皮流失，康熙三十五年（1696），黑龙江将军萨布素又提出，当捕貂牲丁下山返归之时，索伦总管要派人前去迎接，"将所得貂之数额、好貂之毛色记下"，[③] 登记造册，防止事后更换貂皮、私自买卖貂皮。

到了乾隆时代，由于貂皮产量减少，优等貂皮尤少，于是采取了更加严厉的检查措施。乾隆二十九年（1764），黑龙江将军富僧阿设置了出山卡伦：甘河渡口、济勒济哈泊、喀喇山、温托珲站南山，这是捕貂人往返的必经之地。每个卡伦由布特哈副总管任卡长，经过官卡的每张貂皮，不

---

① 《黑龙江将军衙门档案》，《齐哈尔城副都统衙玛布岱为请求裁断应如何处理违令未带队前往捕貂之布特哈佐领、骁骑校事给将军萨布素的呈文》，康熙三十一年十二月二十一日。

② 《黑龙江将军衙门档案》，《将军萨布素等为禁止索伦达呼尔人于贡貂前私买貂皮事给副都统衙玛布岱的咨文》，康熙三十年十二月十二日。

③ 《黑龙江将军衙门档案》，《将军萨布素为使玛布岱、喀拜专治齐齐哈尔城军务并添设总管的理索伦达呼尔牲丁事奏》，康熙三十四年十一月十一日。

仅要截断一爪，还要在肚囊处加盖印记，印文为"卡官验过"。① 用以证明是经过验检的貂皮，可以成为贡貂和合法交易。

贡貂最初由布特哈总管检查分等，后来改由黑龙江将军主持，称作"楚勒罕"（盟会）。被检查合格的貂皮，最初由布特哈总管处统一保管贮存，以防止丢失和变坏，即使如此，仍然担心出事故，一旦出了事故，是任何官员都无法承担的。于是，康熙三十一年（1692），黑龙江将军萨布素奏请将合格的贡貂皮改由将军衙门保存，以防丢失和偷换。此事为朝廷户部同意以后，将军衙门刻了"图书"二字的图记，钤于貂皮的背面，作为贡貂的特殊标记。② 有了"图书"标记的貂皮属于朝廷所有的贡品，买卖此类貂皮属于犯法的行为。

貂皮送往京城时，黑龙江将军还要亲自过目，防止出现偏差。护送貂皮的人，由布特哈总管或副总管带队，下有佐领、骁骑校、领催和牲丁，最初合计一二百人，后来减为不到百人。自乾隆四十九年，貂皮由送京城改送木兰围场的行宫，由户部收转内务府保存。

第四节　楚勒罕

"楚勒罕"来自达斡尔语，③ 是指聚会、盟会而言。《黑龙江外纪》："每年五月，布特哈官兵悉来齐齐哈尔纳貂皮，互市，号楚勒罕，译言盟会也。"④ 有的著作称："楚勒罕之制，始于雍正年间。"⑤ 此结论不准确，实际上在康熙年间就出现了，这是目前研究人员共同的结论。至于楚勒罕出现的具体时间，文献中没有明确的记载，尚需深入研究。

---

① 《军机处满文录副奏折》，《黑龙江将军富僧阿为更革贡貂规制事奏》，乾隆二十九年六月二十二日。

② 《黑龙江将军衙门档案》，《户部为允许自造图书钤盖貂皮并将所刻文字报知事给将军衙门的咨文》，康熙二十二年正月十四日。

③ 《达斡尔族社会历史调查》修订本，民族出版社 2009 年版，第 61 页。

④ 《黑龙江外纪》卷 5，黑龙江人民出版社 1984 年版，第 52 页。

⑤ 《达斡尔族简史》修订本，民族出版社 2008 年版，第 52 页。

《黑龙江述略》称："黑龙江省诸部归顺之初，随朝纳貂，略表臣服之义，盖无年限、数目、定制。自经披甲当差，而打牲部落始有贡貂之制。每官每兵一员名，纳貂一张，即布特哈索伦、达呼尔部，兴安城鄂伦春部是也。"[①] 这种说法是很有道理的。有制度性的贡貂，只能出现在布特哈总管（准确的称谓叫索伦达呼尔总管）设置以后。黑龙江将军设于康熙二十二年，布特哈总管晚于黑龙江将军，应设于康熙二十二年以后，布特哈各扎兰、甲喇的丁壮普遍披甲是在布特哈总管设置之后，可知有组织的贡貂也在康熙二十二年（1683）以后，此前降清部落的贡貂属于自发零散贡貂，与官府有组织的贡貂具有不同性质，不能混淆在一起。

在康熙三十年（1691）以前，布特哈各族由理藩院管理；自乾隆三十年始布特哈归黑龙江将军管理。此前贡貂一事由布特哈总管主持，验检貂皮、分等、向京城送貂皮，都是布特哈总管的责任，此后则由黑龙江将军主持。由于这种原因，楚勒罕的地点不断变动。布特哈总管最初驻于墨尔根城，满文档案中有"在墨尔根地方之索伦总管"的记载，[②] 可以证明最初的布特哈总管曾在墨尔根驻扎。因此，最初的楚勒罕的地址是在墨尔根附近。康熙三十年（1691）布特哈总管玛布岱致黑龙将军萨布素咨文中，就楚勒罕的选址问题，有此记载："向来每年于草青时，将索伦达呼尔总聚，查验贡貂，审断罪罚。今年或命众人聚于墨尔根城处，或命众人聚于何处，而将军莅临，何时举行，请将军拟定咨来。"[③] 玛布岱将墨尔根列为楚勒罕的首选之地，恐非偶然，是因为以前在此地举行过楚勒罕，恐萨布素不知此事，故特意提出供其选择。

康熙三十五年（1696），布特哈总管玛布岱向萨布素提出："既已到收取贡貂之时，应命令布特哈人等于何月、何日、何处聚集，请将军定夺咨来。"[④] 说明此时楚勒罕之地并不固定，是根据黑龙江将军的意见，随时确

① 《黑龙江述略》卷4，黑龙江人民出版社1985年版，第52页。

② 《达斡尔资料集》第9集，民族出版社2009年版，第49页。

③ 《黑龙江将军衙门档案》，《索伦总管玛布岱为贡貂楚勒罕举行事给将军萨布素的咨文》，康熙三十年五月初五日。

④ 《黑龙江将军衙门档案》，《副都统领玛布岱为请定楚勒罕日期地点事给将军萨布素的咨文》，康熙三十五年三月初五日。

定。由于参加楚勒罕的人员很多，故而需要"地方宽广，草场丰美，烧柴充裕之地"，"于四月十日以后，四月二十日以内，举行会盟"①。这段时间正是"草青"之时，便于牛羊觅食。故而曾在水草丰美的尼尔基、莽吉尔塔奇等地举行。黑龙江将军由墨尔根迁移到齐齐哈尔以后，改在齐齐哈尔城北音河之滨的音钦屯举行楚勒罕。后来齐齐哈尔城发生了瘟疫，改在距齐齐哈尔城较远的鄂诺卜托。瘟疫消除以后，楚勒罕又改在齐齐哈尔城北郊。在乾隆六十年（1795）齐三告状以后，则改在齐齐哈尔城内贡貂，民间买卖则在城北近郊。西清说："乾隆六十年，以事改城中，而其部人卓帐城北，故俗有北关集之称"，② 就是指此而言。齐三上书在乾隆六十年夏，当年的楚勒罕仍在齐齐哈尔北郊，此后刚改在城中，西清说乾隆六十年"以事改城中"是不准确的。

楚勒罕包括选貂和互市两项活动。不能入贡的貂皮可以买卖，故而吸引了许多远近的客商。关于楚勒罕的盛况，《黑龙江外记》有详细记载。选貂的过程是：

> 选貂之制，将军、副都统坐堂上，协领与布特哈总管分东西席地坐，中陈貂皮，详视而去取之。甲乙既定，钤小印于皮背，封贮备进，然后印掷还之皮，而皆刖其一爪，如皮背无印而四爪全者，私货也，事干例禁，人不敢买。贡貂有一等、二等、好三等、寻常三等之分。③

按当时之规定，只有没有被选中为贡品的貂皮，即寻常三等以外的貂皮，才可以买卖，这种貂皮又被称作"掷还之皮"。每次楚勒罕选貂，都会有未被选中的多余貂皮，仍退还给貂皮原主，可以当场售出，用以购买生活日用品。因此，参加楚勒罕的人中，既有貂皮的原主和家人，还有收购貂皮的客商，以及乘此机会买卖各种山货、毛皮、牲畜、粮食、车辆、

---

① 《黑龙江将军衙门档案》，《总管觉罗恩图为楚勒罕日期地点事给将军萨布素的咨文》，康熙四十年三月二十九日。
② 《黑龙江外记》卷5，黑龙江人民出版社1984年版，第52页。
③ 《黑龙江外记》卷5，黑龙江人民出版社1984年版，第53页。

日用杂户的商人和布特哈部民，是一次规模很大的集市贸易，可以使用白银、铜钱进行交易，也可以以货易货。

楚勒罕的商业活动，在康熙年间就相当兴盛。《龙沙纪略》记载：

> 楚勒罕者……地在卜魁城北十余里。定制于草青时，各蒙古部落及虞人胥来通市，商贾移肆以往。艾浑、墨尔根屠沽亦皆载道，轮蹄络绎，皮币山积，牛马蔽野。集初立，划沙为界，各部落人驻其北，商贾、官卒、游人驻其南，中设兵禁。将军选贡貂后，始听交通，几二十余日。①

乾隆、嘉庆年的楚勒罕商业活动，《黑龙江外纪》记载甚详：

> 楚勒罕时，城西北穹庐遍野，男女杂沓，布特哈之所屯也。稍东为买卖街，列肆陈货，皆席棚。牛马市于日中，羊群蔽于原野。有来自呼伦贝尔者，有来自蒙古诸部落，通谓之营子。说者谓在因沁屯时，营子之多，十倍今日；布特哈男女车马之盛，视往日亦殊过之。故其时集号殷富，官税亦赖以充。②

道光、咸丰年间的楚勒罕，《黑龙江述略》有记载称："咸丰以前，五月纳貂，各部大会于齐齐哈尔城，卓帐荒郊，皮张山积，商贾趋之如鹜。"③ 所述为道光、咸丰、光绪初年楚勒罕事。

布特哈为猎区，没有商业活动，乾隆年间明令汉族商人不许前往。由于这种原因，楚勒罕便成为一年一度最重要的商业活动，"故楚勒罕时，城中集上无男女争买货物，为一岁之计"④。布特哈官兵薪俸的发放，亦在此时，人们手中有了银钱，自然要抢购一年中的生活用品。楚勒罕成为达斡尔人出售勒勒车的最好机会，勒勒车即高轮车，在辽代称奚车、契丹

---

① （清）方式济：《龙沙纪略》五，《小方壶斋舆地丛钞》第1帙第374页下。
② 《黑龙江外记》卷5，黑龙江人民出版社1984年版，第53页。
③ 《黑龙江述略》卷4，黑龙江人民出版社1985年版，第52—53页。
④ 西清：《黑龙江外记》卷5，黑龙江人民出版社1984年版，第54页。

车，达斡尔人制作的高轮车甚受蒙古牧民的重视，他们用马匹来换取高轮车，互通有无，各取所需，这种商业交换一直持续到民国年间。清代参加楚勒罕活动的老妪，捻麻绳、造桦皮斗，用以满足购物者捆绑、盛装货物的需要，还有酒家饭馆提供饮食之需。这种楚勒罕商业活动，对于推动达斡尔、鄂温克、鄂伦春与蒙古人之间的物资交流，产生了重要的作用。楚勒罕商业活动禁止汉族商人参加，堵塞了铁器的传入，不利于达斡尔经济的发展。到了民国年间，汉族的铁器才得以大量传入。

光绪三十四年（1908）十二月，停止贡貂，[①] 楚勒罕随之而废止。

第五节　齐三上书

楚勒罕贡貂环节很多，自黑龙江将军、副都统以下有不少官员从中渔利，结果酿成了惊动了皇帝的齐三上书。

齐三是布特哈副总管，达斡尔人，参与了楚勒罕贡貂。发现了黑龙江将军衙门一些官员欺压部民的许多事实，愤怒不平，便与佐领蒙库霍图林嘎共同拟定了上书乾隆皇帝的揭发材料，请布特哈总管舍尔图、副总管阿木尔塔、索恩德保阅过后共同署名，准备赴热河木兰围场，拦驾面递。他自知此事吉凶难料，存在种种危险，临行前特向孀居的老母说明原因。其母洒泪说：你为救族众赴汤蹈火，即使死也不辱你父名，我有何恨！

齐三和蒙库霍图林嘎于乾隆六十年七月二十五日启程，于八月十三日到达热河，得知皇帝于八月十六日驾赴木兰围场，于其途中将奏文面呈。其奏文内容计有八条，要点是：

1. 乾隆五十八、五十九两年，将军副都统协领将落选的5756张貂皮，以每张8钱银强行收购，翌日协领那音太之子叔通嘎（协领）从选中的上等貂皮中，将上等18张、二等5张、三等6张留作贡貂，将其余上等列为落选。那音太又以落选的貂皮冒充贡品，换已选定的好貂皮。协领那音太、叔通嘎父子又以宽免索伦达呼尔购买牲畜借银为名，要求无偿为将军

---

① 孟希舜：《达斡尔志略初稿》，《达斡尔资料集》第2集，民族出版社1998年版，第218页。

副都统提供 1000 张落选貂皮，实际上给将军 500 张、给副都统 100 张，又给那音太 50 张、给叔通嘎 53 张。其余落选貂皮 2400 张，均以 8 钱一张被强行收购，实际上每张落选貂皮在市集的价钱是 2 两白银。

2. 乾隆五十九年选貂皮时，搭建将军副都统用的检阅台，共使用松木 720 根，其他木材 7207 根，柳条 72000 捆，均由达斡尔提供，其价值合银 2000 余两。事后均被将军副都统及将军衙门事务官员私分自用了。今年将此事告诉将军副都统时，竟不问是非将告发者带了两个月的枷锁，又打了 100 鞭，又以（今年）应交的木材不足，强迫补交 500 两白银。搭检阅台要用 200 多兵丁，没有任何报酬。

3. 在楚勒罕时，将军衙门的官员强行收购布特哈猎民的水獭、狐狸、灰鼠、狼皮，按市价的一半付钱，这是仗势欺人。

4. 每年举行楚勒罕，将军副都统住的蒙古包，供奶食用的乳牛，均由布特哈提供，其费用由布特哈官兵均摊，成为沉重的负担。

5. 布特哈官兵全年俸禄共计 4 万两白银，由协领那音太掌管。每千两白银要扣 21 两，都要我们出具全数收到的证据。

6. 今年七月，将军衙门将布特哈购粮借款宽免，为此宴请将军副都统，用银 228 两 3 钱白银，其中布特哈分摊 29 两 1 钱。

7. 将军副都统以教习礼节之名，抽调布特旗丁到城内，实际是当佣人使用。又以贡献猞猁、水獭、狐狸、狼、灰鼠皮为名，强行勒索。

除以上七条外，还有一条原文脱落，难知其详。

乾隆皇帝对此奏文非常重视，派兵部、军机处大臣前往黑龙江审理，审理期间由吉杯将军兼代黑龙江将军之职。他们于当年九月初到达黑龙江。九月二十三日返回京城。其结论八条中有四条属实，即强行索取貂皮、额外摊派私分木料、低价强购布特哈猎民皮张、克扣饷银。

乾隆皇帝据此批准了对相关官员的惩处，原任将军舒亮降薪留职；前任将军明亮、都尔嘉等均革职；齐齐哈尔副都统安静革职监禁；协领那音太绞刑，秋后处死；协领叔通嘎革职，鞭打八十，枷锁两个月。

齐三提出的八条中，有四条被认为是诬告，又冲闯皇帝仪仗，布特哈总管舍尔图以疏忽罪革职，流放新疆伊犁；副总管齐三、佐领蒙库霍图林嘎革职，发配新疆伊犁服苦役。①

　　齐三上述反映了布特哈各族共同的要求，得到了广大群众的支持，在社会上产生了广泛的影响。西清《黑龙江外纪》和民国《黑龙江志稿》都有记载。西清称："余尝见土人家清文一帙，叙奇三上书始末甚悉，且言奇三将上书，请于其母，母曰：'救一部出汤火，即死，不辱汝父，吾何恨。'此文疑即齐三作，亦达呼尔巨擘也。"② 在达斡尔民间，关于齐三告状的故事传说和曲艺作品很多，《达斡尔族社会历史调查》一书编者称："这里附录的奏文及其处理经过，是根据民间所藏满文手抄本翻译整理的。由于原材料是说唱本，文字烦琐，故作了一些删节。"③ 此书编者所见的奏文及处理结果，疑即西清所见"清文一帙"（清文指满文）。所谓"说唱本"，即达斡尔"乌春"，又作"舞春"，是一种说唱艺术。

　　齐三上书的直接后果是：选贡貂皮的地点由齐齐哈尔城郊，改在齐齐哈尔城内。由于貂皮的买卖不准在城内，于是在城北近郊出现了贸易市场，被称作北关集。"北关集，每岁五月，布特哈官兵悉来齐齐哈尔，纳貂皮互市，号楚勒罕，译言盟会也。初在城西北四十里因沁屯，本名克伊勒屯。乾隆六十年，因事改城中，而其部人卓帐城北，故俗有北关集之称"④。

① 以上齐三有关资料，均见《达斡尔族社会历史调查》修订本，民族出版社 2009 年版，第29—30 页。

② 《黑龙江外记》，黑龙江人民出版社 1984 年版，第 52 页。

③ 《达斡尔族社会历史调查》修订本，民族出版社 2009 年版，第 29 页。

④ 魏毓兰：《龙城旧闻》，王永成主编：《齐齐哈尔史籍》，黑龙江人民出版社 2005 年版，第213 页。

第十八章　达斡尔的产业

达斡尔从黑龙江以北南迁到嫩江流域以后，面临的是新的地理环境和社会环境。同黑龙江北相比，以齐齐哈尔为标志的中心地带来说，差不多南迁近 10 个纬度，其气候更加温暖，有利于居民的生产活动。社会环境的改变更加明显了，在黑龙江北达斡尔是诸族中经济发展水平最高者，而在嫩江流域所接触的邻族满族、蒙古、汉族，其经济文化比达斡尔先进许多，在社会交往中不可避免地要接受先进民族的影响。在诸多产业中，可以明显地看到这种影响的存在。

第一节　粮食种植

在黑龙江以北，达斡尔的种植水平很高，粮食品种很多，自给有余。俄国人记载说："他们所种庄稼种类比俄国人多"，"在结雅河和石勒喀河（按：指黑龙江）畔生长五种作物：大麦、燕麦、糜子、豌豆和大麻。"[①]

达斡尔南迁以后，上述农作物仍旧。《龙沙纪略》载："三城之地，艾浑为腴，产粟、大小麦。墨尔根产糜、穬麦。卜奎土最瘠，惟糜，糜似小

---

① 郝建恒等译：《历史文献补编——十七世纪中俄关系文件选译》，商务印书馆 1989 年版，第 2、13 页。

米而黄，即稷也，关西谓之穄。"① 其中穈和黍在黑龙江北未见到，属于南迁以后，新出现的农作物。粟即谷子，脱皮以后称小米，以米粒细小得名。它与穈子相似，易混淆。《黑龙江外记》载："黑龙江土脉宜穈子，穈子粒如谷子，微大，赤、黄二色，煨以热炕，然后碾食。"② 穈与黍也相似，《黑龙江外记》又称："穈……诸书多以为稷，士人呼为伊喇，国语黍也。若稷当曰斐式赫，今不言斐式赫而言伊喇，是以穈子为黍，与书不合。"③ 其实，《九谷考》明确地说："黍有黏与不黏两种，对文黏者为黍。今北方通呼黄米为黍子、穈子、穄子，是黍即今黄米之证，黄米最黏。"④ 据此，黍子有两种，有黏性者称作黍，没有黏性者称作穈。

穈子耐干旱、耐盐碱，适于在齐齐哈尔一带生长。《龙沙纪略》记载："卜魁四面数十里皆寒沙，少耕作。城中数万人，皆资食蒙古穈田。蒙古耕种，岁易其地，待雨乃播，不雨则终不破土，故饥岁恒多。雨后相坎处，携妇子牛羊以往，毡庐孤立，布种则去，不复顾。逮秋复来，草莠杂获，计一亩所得，不及民田之半。"⑤ 所谓"民田"，系指汉人田地。蒙古是达斡尔邻族，采用轮耕制，不除田间野草，故产量很低。达斡尔的耕地，多在布特哈，与蒙古不在同一地方。

南迁嫩江以后，引进了"老枪谷"。"老枪谷，茎叶如鸡冠，高丈许，实如桩棡子，深赤色，取粒作粥，香美"⑥。老枪又作老羌，指俄国，这是从俄国传来的农作物。在黑龙江北，达斡尔的农作物中没有豆科农作物，南迁嫩江以后出现了豆科作物。《黑龙江外记》载："如高粱、稗子、黑豆、虹豆之属，皆土产"；⑦ 《卜魁纪略》又载："豆有黑、黄、赤、小之分，复有芸、蚕、豌、扁之别。"⑧ 虹豆、芸豆、蚕豆、扁豆属于粮食作

① （清）方式济：《龙沙纪略》，《小方壶斋舆地丛钞》第 1 帙 376 页上。

② 西清：《黑龙江外记》，黑龙江人民出版社 1984 年版，第 82 页。

③ 西清：《黑龙江外记》，黑龙江人民出版社 1984 年版，第 82 页。

④ 《汉语大词典》，上海辞书出版社 1986 年版，第 12 册 1378 页。

⑤ （清）方式济：《龙沙纪略》，《小方壶斋舆地丛钞》第 1 帙第 376 页下、377 页上。

⑥ （清）方式济：《龙沙纪略》，《小方壶斋舆地丛钞》第 1 帙 376 页下、377 页上。

⑦ 西清：《黑龙江外记》卷 8，黑龙江人民出版社 1984 年版，第 82—83 页。

⑧ 英和：《卜魁纪略》，《小方斋地丛钞》第 1 帙 415 页下。

物。黄豆今称大豆，可以榨油，也可以同其他粮食合煮成饭。虹豆即红豆，又称赤豆。赤豆、小豆今属杂粮，黑豆又称秣食豆，系牲畜饲料，也可以人食。高粱是高棵农作物，其种子脱壳以后叫高粱米，可食，是酿酒的好原料。稗子是稻田害草，也可以种植。这些都是南迁以后新见的农作物。

大麦、小麦、荞麦、燕麦是南迁以后广泛种植的粮食作物。燕麦俗称铃铛麦，《龙沙纪略》载："铃铛麦……卜魁人曰，移镇之初，此为常飧（按：飧指晚饭）……从墨尔根来，仅以饲牛马，间取做粥。斗得粒三升，颇香滑，多食作气，达呼里贵之，以其易饱也。"[1]《黑龙江外记》载："铃铛麦……墨尔根，黑龙江（城）以秣马，亦配谷糅贮仓，然不经久，易霉烂。"[2] 由于易腐烂、不易保存，用于牛马饲料可能与此有关。

荞麦生长期短，适于在黑龙江种植。"荞麦、出黑龙江城者尤住，面亦煎饼，宜河漏，甘滑洁白，他处所无。河漏，挂面类"[3]。

在黑龙江北种植大麻，用麻籽榨油。南迁以后，多种苏子。"苏子可榨油，多种之，地不宜脂麻"[4]。脂麻，疑为芝麻，性喜温暖，不能在寒冷的北方种植。苏子与大麻对土地的选择不同，不宜种大麻的土地却可以种苏子。《卜魁纪略》记载，卜魁城之地产包谷，一名蜀黍。[5] 蜀黍即玉蜀黍，又称玉米、包米，是一种喜温暖的高产农作物，在齐齐哈尔一带种植甚多。

第二节　园　艺

这里所说的园艺，是指蔬菜、花卉和烟草，这些是在住房的附近种

---

① （清）方式济：《龙沙纪略》，《小方壶斋舆地丛钞》第 1 帙 376 页上。
② 西清：《黑龙江外记》卷 8，黑龙江人民出版社 1984 年版，第 82 页。
③ 西清：《黑龙江外记》卷 8，黑龙江人民出版社 1984 年版，第 82 页。
④ 西清：《黑龙江外记》卷 8，黑龙江人民出版社 1984 年版，第 82 页。
⑤ 徐宗亮：《黑龙江述略》附刊，见《黑龙江述略》，黑龙江人民出版社 1985 年版，第 122 页。

植，与远处的耕种不同，故称作园艺以别之。园艺的经营者主要是家庭妇女，与大田的耕营者为男子有别。

清代的黑龙江地广人稀，布特哈的村屯稀疏，每个家庭住地相隔甚远，彼此间有宽阔的隙地，成为家庭的田园。在田园上多半种蔬菜、花卉、烟草，还建有饲养家畜的圈舍。

蔬菜的品种很多，有豌豆、扁豆、蚕豆、黄瓜、白菜等等常见的品种，还有从俄国进口的老枪菜。"老枪菜，即俄罗斯菘也。抽台如莴苣，高二尺余，叶出层层删之，其末层叶叶相抱如球，取此而舒，已舒之叶，老不堪食，割球烹之，略似安肃冬菘"；① "有蔬菜类莴苣，而叶深碧，上有紫金，名老羌白菜，其种自俄罗斯来"②。从其形态来看，老羌白菜极似今日的洋白菜，又称圆白菜。

清代后期，齐齐哈尔蔬菜种类增多，有芹、芥、菘、韭、菠菜、生菜、茄子、葡萄、王瓜、倭瓜、葱、蒜、秦椒、芸豆、蚕豆、豌豆、扁豆等十余种。不过"呼伦贝尔、布特哈俗重肉食，无菜色也。"③ 说明他们种菜不多，也可能与他们喜吃野菜柳蒿芽有关。

达斡尔在黑龙江北种植罂粟，南迁以后仍在种植。《龙沙纪略》载："莴苣莲，即罂粟。六月始花，高尺许，叶如莴苣，单瓣微红，中土人携千层五色种，布之则变。"④ 可知当地土产的罂粟，与内地的罂粟属于不同的品种，内地的品种在黑龙江种植会变种，显然与水土有关。罂粟之花可供观赏，其汁可以提取药物，称鸦片或冰毒，有麻醉性。据说罂粟汁有多种药用功能，用于医药治病的可能性是存在的。

达斡尔园田普遍种植烟草，称达斡尔烟，汉族称作黄烟。《黑龙江外记》有如下记载：

人家隙地种烟草，达斡尔则一岁之生计也。自插秧至晒叶，胼胝

① （清）方式济：《龙沙纪略》，《小方壶斋舆地丛钞》第 1 帙第 377 页上。
② 西清：《黑龙江外记》卷 8，黑龙江人民出版社 1984 年版，第 83 页。
③ 西清：《黑龙江外记》卷 8，黑龙江人民出版社 1984 年版，第 83 页。
④ （清）方式济：《龙沙纪略》，《小方壶斋舆地丛钞》第 1 帙第 77 页下。

之劳，妇女任之，皆自鬻于城市。富者坐牛车，贫者披裘放帽，踞地上，晓出暮归，无间风雪。夫若子不预其事，得钱则分之。达斡尔以绳贯烟叶，压而扁之，绳长约五尺，故其烟以庹计。流人改一庹为数束零售，谓之把儿。烟店肆复有所谓台片者，淡于达呼尔烟而价贱，土人揿而吸之，盖宁古塔产。①

烟草最初也是药物，烟味具有驱逐蚊虫的作用。达斡尔人进山劳作，常常受蚊蝇叮咬，故需吸烟以防御。久而久之，男女均喜吸烟，"达呼尔敬客，以烟为最"②。由于这种原因，达斡尔每家都要种植烟草，一是满足自家的需要，二是将多余的烟草拿到市场上销售。由于销路甚好，变成了家庭的重要产业。

达斡尔吸烟、种烟，可能是受满族影响的结果。满族上自皇族，下至八旗官兵和百姓，无不吸烟。《卜魁纪略》载："淡巴菰草，以东三者产者良。今假借烟字，读若蔫。按：烟有蔫音，故阚氏读为燕支。"③《卜魁纪略》是英和（1771—1840）著，他是索绰络氏，满洲正白旗人，内务府大臣、军机大臣、翰林院掌院学士，熟悉满洲生活和掌故。④ 他将烟草称作"淡巴菰草"，此当为满语名称，后假借烟字，改称烟草，满洲烟其味淡，达呼尔烟味浓。

故土人（齐齐哈尔人）用便宜的宁古塔烟掺和达斡尔烟用之，以图节省金钱。正是由于这种原因，清代达呼尔烟成为名烟，售路甚好。达呼尔烟口味重，可能与布特哈的水土有关，也与达斡尔妇女的精心培育、管理有一定的关系。

---

① 西清：《黑龙江外记》卷8，黑龙江人民出版社1984年版，第84页。
② 西清：《黑龙江外记》卷8，黑龙江人民出版社1984年版，第84页。
③ 英和：《卜魁纪略》，《黑龙江述略》附刊，见《黑龙江述略》，黑龙江人民出版社1985年版，第123页。
④ 李兴盛主编：《历代东北流人诗选注》，黑龙江大学出版社2014年版，第368页。

第三节　采　集

史前时期，采集野果是人类索取食物的重要途径。古人发现有些野果野菜可以直接入口可吃，故中国古代有神农尝百草之说。进入文明时代以后，由于火的应用，食物加工的进步，采集的范围不断扩大，不能直接入口的野菜野果，经过加工也可以食用。达斡尔的村落多依山傍水，便于采集活动，采集野菜野果成为重要的生产活动。其采集的对象很多，见于文献记载的主要有以下数种：

第一种是夸阑蘑菇，又作夸兰蘑菇。《龙沙纪略》载："夸阑蘑菇，生卜魁东草地内。七月入市。夸阑者，毡庐橘木所立之周遭也。木气入土生蘑，故名，今因其白色黑阑，名为花阑，乃强解耳"。①《黑龙江述略》载："夸兰蘑菇，齐齐哈尔城东境有之，七月入市，谓之东蘑，色白，边绕黑线，视西北边产，味薄而洁净无沙，外观较胜，至佳者斤值银七钱而已。传闻吉林有宁古塔产，不减西北边，价亦不昂。北地高亢，而湿蒸菌，视东南卑湿地尤美，物性所致，固不可解。"②"西北边"指蒙古草地，蒙古草地之蘑菇在清代称口蘑，比黑龙江、吉林之蘑菇质量好，是旅蒙商人从张家口外贩回，故称"口蘑"。夸阑蘑、夸兰蘑今称花脸蘑，是以蘑菇上面有白黑相间而得名。蘑菇生长在潮湿的地方，"木气入土生蘑"之说不如"潮湿生菌"的说法科学，这与今日人工培育蘑菇需要潮湿环境是一致的。

第二种是木耳。《黑龙江外记》载："枯柞经雨生木耳，俗称黑菜，亦曰耳子。采者春去秋还，山中为棚寮以居，岁无虑千辈。"③《卜魁纪略》："枯柞经雨，生木耳，俗称黑菜，亦曰木子。"④ 入山采木耳之人很多，其

①　（清）方式济：《龙沙纪略》，《小方壶斋舆地丛钞》第1帙第377页上。
②　徐宗亮：《黑龙江述略》卷6《丛录》，黑龙江人民出版社1985年版，第93页。
③　西清：《黑龙江外记》卷8，黑龙江人民出版社1984年版，第87页。
④　英和：《卜魁纪略》，见《黑龙江述略》，黑龙江人民出版社1985年版，第189页。

中包括有达斡尔人。

第三种是榛子。俄国人称黑龙江北巴尔达齐那里种有榛子,是一种误解,榛子实是天然灌木。《黑龙江外记》载:"榛子生于野淀,树木如荆棘。实圆满,未可以'十榛九空'之谚例之,经荒火者尤佳。炒而售者,高唱'火燎榛子',终年不绝。"[1] 榛子属于坚果,营养价值很高。

第四种是柳蒿,其学名为 Atremisia integrtolia L。是一种多年生的草本植物,高 60—100 厘米,花期 7—8 月,多生长于湿草甸、水洼地、柳树丛林和河岸。早春发芽早,青嫩叶子可以人食、牲畜吃。[2] 早春时节缺乏蔬菜,故达斡尔人多采柳蒿芽为菜。达斡尔语称"昆米乐"。《黑龙江外记》载:"野菜有名柳蒿者,春日家家采食,味初不甚鲜美,满洲谓之额穆毗,国语繁日额穆毗,岂其种耶?"[3] 《卜魁纪略》载:"柳篙,野菜名。俗谓之额穆毗,清语繁日额穆,或即是此,抑柳篙之讹耶?"[4] 达斡尔人不仅春天吃柳蒿芽,又把它阴干,可以长期保存,食用。该族对柳蒿芽十分重视热爱,出现了以柳蒿芽为题材的作品,称柳蒿芽文化。[5]

采集的对象还有杜实、欧李子、花水、菱角、棠梨、人参等等。杜实"小而赤,似桑葚,味酸"。欧李子简称欧李,"柔条丛生,高二尺许,花碎白,实如小李、味酸涩"。花水"色赤,望之如豆,入口成液","离枝十余日,则化为水,以蜜汁收为膏,充贡"。菱角"六菱而小,产诺尼江、去皮干之"。棠梨,"郊圃间有之土人系缯条于上,曰神所凭"。人参为贡品。[6] 这些多为水果。花水,满语称"伊勒哈穆克",又称高丽果,"丛生黑龙江城山野中色红,味甘酸,大如豆,摘食入口成浆,置盂中,不久化为水……故汉名花水"[7]。

① 西清:《黑龙江外记》卷 8,黑龙江人民出版社 1984 年版,第 84 页。
② 《科尔沁草原牧草图谱》,1981 年内部版,第 246 页。
③ 西清:《黑龙江外记》卷 8,黑龙江人民出版社 1984 年版,第 84 页。
④ 英和:《卜魁纪略》,《黑龙江述略》后附,黑龙江人民出版社 1985 年版,第 122 页。
⑤ 娜日斯:《论达斡尔"柳蒿文化"及其文学》,《达斡尔文集》,内蒙古文化出版社 2002 年版,第 27—28 页。
⑥ (清)方式济:《龙沙纪略》,《小方壶斋舆地丛钞》第 1 帙 377 页上、下。
⑦ 西清:《黑龙江外记》卷 8,黑龙江人民出版社 1984 年版,第 83—84 页。

达斡尔采集对象不限于此，还有一些已失载。

第四节　狩　猎

达斡尔是农业民族，不过也擅长于狩猎。按清朝的规定，"布特哈，无问官、兵、散户，身足五尺者，岁纳貂皮一张，定制也"①。出于贡貂的需要，必须狩猎。狩猎可以锻炼射击和骑马的本领，为朝廷效命于疆场，建立功勋，光宗耀祖。有许多人被朝廷赐予各种"巴图鲁"勇号。

狩猎不限于猎貂，还要猎取狼、狐狸、猞猁、灰鼠、鹿、狍、水獭、熊、豹、虎等各种野生动物。其中有些动物属于贡品，有些野生动物有很高的经济价值。

各种猛兽猎鹰是重要的贡品，猎鹰很难擒获，通常是寻找雏鹰，加以训练以后，贡献给朝廷，著名的"海东青"便是猎鹰的一种，主要产于黑龙江。辽朝皇帝春水之时，用"海东青"捕捉天鹅为乐趣，此后历代皇帝都加以仿效，清代的"木兰秋狝"也是如此。辽代的"海东青"出自五国部，清代的猎鹰来自黑龙江地区，其地域是一致的。因此，清朝廷不断向黑龙江索鹰。

康熙三十八年（1699）五月初六日，黑龙江将军萨布素咨布特哈总管觉罗恩图等人，"晓谕尔等所辖嫩江、讷谟尔所住达斡尔等，找寻雏鹰。若捕得数只，则谨慎喂养，俟上贡时选送"；同年六月二十三日，萨布素又咨令觉罗恩图等人："先前曾晓谕尔等所辖嫩江、讷谟尔所住达斡尔人等，令伊等找寻雏鹰，若捕得数只，则小心喂养，俟上贡时选送等语。若可堪上贡，应行咨报所获雏鹰几只等情。"②萨布素先后两次向布特哈总管咨行此事，说明朝廷催促甚急，不得已而为之。

寻找雏鹰之事既困难又危险，必须侦查鹰巢窝之所在具体位置，乘大

---

① 西清：《黑龙江外记》卷5，黑龙江人民出版社1985年版，第53页。
② 《达斡尔资料集》第9集，民族出版社2009年版，第221、223页。

鹰外出觅食之际，将雏鹰捕捉。只有经常出入大山森林之达斡尔猎人，才能完成这种任务，故而萨布素点名提到达斡尔。

猎鹰既然是贡品，必然为官府极端重视的宠物。据记载："齐齐哈尔副都统巴某，土著大呼尔也。一日出猎见兔，甫纵鹰，猝坠马，左右驰而掖之起，瞋目大骂曰：我死即死耳，鹰脱扬去，若当何罪?"[①] 此鹰可能属于贡品，驯鹰之际担心猎鹰逃逸，会因此获罪，故把鹰看成胜于自己的生命安全。

选鹰的时间在七月上旬，未被选中之鹰退还给捕猎者本人。因此，达斡尔人中有专门从事捕鹰、养鹰之人，为朝廷效力。

上等狐狸皮、猞猁皮、灰鼠皮、狼皮和水獭皮，亦列为贡品；未列为贡品者，可以在楚勒罕出售，从奇三上书所述，在乾隆六十年（1795），每张价值为白银3两，还是很贵重的。

属于贡品的还有鳇鱼，产黑龙江、嫩江中，又称鳗鳇鱼、鲟鳇鱼、秦王鱼，"大者首专车"，即鳇鱼头需用专车运送，其头骨，"关内重之，以为美如燕窝。土人初不爱惜，近乃有关特来收晒以待价者"[②]。

嫩江中产的珍珠，又名东珠，也是贡品。

森林中的野鹿、狍子数量特别多，容易猎取，是达斡尔的主要狩猎对象，其利用价值特别高。"狍鹿为用尤多，呼伦贝尔、布特哈、兴安各城部落，每以狍皮置为囊。野外露宿，全身入囊，不畏风雪。鹿皮则为衣裤之用"。入市出售，印以花纹，极软温耐久。狍麂诸肉，市亦有供食者，与兔相似，腊之颇佳。鹿则鹿角为上，而鹿胎为膏，则妇科佳药，鹿尾亦称佳肴。其在各城而言，全鹿一只，价可京钱二千，以上剪铰成块，利益其厚焉。[③] 狍皮的使用，与鹿皮相似，是达斡尔人制衣制裤制帽子的主要原材料。当时纺织品数量既少，价格又特别昂贵，只限于妇女做衣。狍皮既耐用又便宜，成为男人狩猎、农事活动做衣裤的主要原材料，极具民族

①　西清：《黑龙江外记》卷8，黑龙江人民出版社1984年版，第88、94页。
②　西清：《黑龙江外记》卷8，黑龙江人民出版社1984年版，第88、94页。
③　徐宗亮：《黑龙江述略》卷6《丛录》，黑龙江人民出版社1985年版，第92页。

特点。

在冬天，达斡尔人善于"凿冰眼下网"捕鱼，此乃契丹遗风犹存。

第五节　树木的采伐利用

嫩江流域左有小兴安岭，右有大兴安岭，都有丰富的林木资源。达斡尔利用林木资源发展生产，很有成绩。

康熙年间在修建齐齐哈尔木城时，达斡尔曾到嫩江沿岸山区伐木，对于森林的分布情况已有相当了解。建城以后，城内官民修建房屋之事甚多，其中许多木材仍是由达斡尔砍伐运输。《黑龙江外记》载："齐齐哈尔用木，皆楚勒罕时买之布特哈人，其木由嫩江运下，积城西北，两人合抱之材，价银数钱，此关内所不能。然较三十年前，贵已三倍，伐木日多，入山渐远古也。"[①] 所谓布特哈人，实指达斡尔人。这些木材在楚勒罕盟会上，以低价售出。

当时建筑用材，主要采用松木。《黑龙江述略》载："将军恭镗公易内木城为砖瓦，取木出土深至丈许，经二百余年，经围墙朽蠹不过三分之一，斥荬民间，尚足为架屋巨材，其中油松居多，坚节耐久，与桦柞同资民用，西北山到处有之。"[②] 齐齐哈尔的西北山，即今大兴安岭。当时的松木，据记载有多种。"松有果松、杉松，油松数种，又有依齐松，转为异气松，性燥易裂，入土则裂者复合，坚如石。依齐，地名也。"[③] 据奇三上书，楚勒罕时，将军、副都统检阅台所用木材为"伊西木"，"伊西木"系达斡尔语，指松木的一种而言。搭建检阅台，一次就用伊西木 727 根，数量很大，都是由达斡尔人砍伐而来。

齐齐哈尔冬长夏短，冬季是非常寒冷，昼夜都要烧火取暖，"冬坐室

---

① 西清：《黑龙江外记》卷 8，黑龙江人民出版社 1984 年版，第 85 页。
② 徐宗亮：《黑龙江述略》卷 6，黑龙江人民出版社 1985 年版，第 167—168 页。
③ 西清：《黑龙江外记》卷 8，黑龙江人民出版社 1984 年版，第 97 页。

内，环以炉火。"因此需要使用木炭，用以减少室内的烟尘。"大抵烧炭多用杂木，已成炭中尚有脂，人家每日炉底必剔去黑块炭薰如血，余者始无恙"①。木炭产自山区，"卜魁西北二百里，山崖松、柞蓊郁，江冰后，作炭者乃往，故直贱于冬"②。光绪初年，"江省薪极贱，炭以车计，京钱十千，约在十三四石。薪则所植更低，皆松柞也"③。伐木烧炭这类艰苦的劳作，达斡尔从事颇多。

楚勒罕时搭建检阅台所用的柳条，皆为达斡尔所割。"烧柴，柳条为上，苇次之，蒿艾杂草又次之。柳条多出布特哈，苇多出齐齐哈尔城东呼雨尔河，来路较远，故价贵"④。奇三上书称，搭建检阅台的7000捆柳条，事后由将军衙门官员私分，《黑龙江外记》称："因沁屯楚勒罕时，行辕冷棚，布特哈办，其后一棚条子派万束，而事罢仍命办者运入邸第，为御冬计。"⑤ 所谓"御冬计"，就是用柳条烧火取暖。

清代后期，齐齐哈尔城中居民增多，据《黑龙江述略》载，齐齐哈尔旗户18431，口115499，加上商户，其人口近20万。他们所用薪炭数量相当可观，达斡尔砍树烧炭也会随之加强。

布特哈岁贡箭杆数千只，"山谷多桦木，土人以为箭笥"⑥。土人指达斡尔，箭笥即为箭杆。到山中割取箭杆，多由达斡尔人操作，由于他们熟悉山中箭杆的产地。

"柞木亦名凿子木，取枯心以引石火，谓之木火茸，岁亦充贡"⑦。"各城山内桦树为多，其皮坚致光泽，可为冠、履、器具、庐帐、舟度，而省城不多见蔫"⑧。这种从柞树中取火茸和剥取桦树皮之事，多半有达斡尔人承担。如此等等，上述达斡尔人从事与林木有关的劳作，显示了他们熟悉

---

① 西清：《黑龙江外记》卷8，黑龙江人民出版社1984年版，第98页。
② （清）方式济：《龙沙纪略》，《小方壶斋舆地丛钞》第1帙第376页下。
③ 徐宗亮：《黑龙江述略》卷6，黑龙江人民出版社1985年版，第93页。
④ 西清：《黑龙江外记》卷8，黑龙江人民出版社1984年版，第85、86页。
⑤ 西清：《黑龙江外记》卷8，黑龙江人民出版社1984年版，第85、86页。
⑥ 西清：《黑龙江外记》卷8，黑龙江人民出版社1984年版，第86页。
⑦ 西清：《黑龙江外记》卷8，黑龙江人民出版社1984年版，第87页。
⑧ 徐宗亮：《黑龙江述略》卷6，黑龙江人民出版社1985年版，第93页。

山林的特长，得到了社会的认可，对社会做出了巨大的贡献。

第六节　制造加工

达斡尔多能工巧匠，他们在制造加工方面做出许多成就，制造高轮车、桦皮器，加工皮革以及酿酒，都相当有名。

高轮车又名勒勒车，是以车轮高大得名。高轮车出现很早，斯基泰人、敕勒人、契丹人和蒙古人都使用高轮车，敕勒人由于使用高轮车被称作高车族。

高轮车是游牧民族所创造，在辽阔的草原上，沙漠广布，沼泽甚多，只有高轮车才可以行走。高轮车是为了适应这种地理条件而产生的。达斡尔继承了契丹的传统，也使用高轮车。

《黑龙江外记》记载：

> 达斡尔随意磊磊车，轮不求甚直，轴径如椽，而载重致远，不资毂，惟山崎岖，防损折，动以斧凿随之。
>
> 磊磊车，牛曳之，一童子尝御三五辆，载粮草类。然富者乘之，以毡毳为盖，蔽风雪，间亦用桦皮，式如棺，号桦皮车，布特哈多次此物。[1]

达斡尔长途搬家，必用高轮车。达斡尔南迁嫩江，从布特哈西迁新疆伊犁，用的就是高轮车。制作高轮车是达斡尔常见的手艺，许多人都会熟练地造车修车，具有明显的民族特点。

在楚勒罕盟会上，高轮车成为重要商品，蒙古人常常用马换车。在呼伦贝尔甘珠尔寺（寿宁寺）庙会上，达斡尔的高轮车，是重要商品，经久不衰。布特哈山区出产桦木、柞木，是造车的最好原材料，达斡尔造车与

---

[1]　西清：《黑龙江外记》卷4，黑龙江人民出版社1984年版，第45页。

此有关。

用桦树皮制造器物出现很早，在扎赉诺尔汉墓中多有发现，是鲜卑人的习俗。以森林为生的民族，例如布里亚特、鄂温克等等，都会制作桦皮器。现在内蒙古根河市（旧称额尔古纳右旗）敖鲁古雅鄂温克制作桦皮器技术最为有名，已被列入国家非物质文化遗产。达斡尔居住地近山，经常到山林中狩猎伐木，掌握制作桦皮器的技术方法是很容易的。

达斡尔的桦皮器种类繁多，大型的有摇篮、桦皮船，他们黑龙江北猎貂时，要现场制作桦皮船。敖拉·常昌巡边时，在额尔古纳河中乘坐的桦皮船，"长六丈余，宽一丈余，用桦皮缝合而成，船底套上轻木筏"。可以容纳十余人。[①] 这里是大型桦皮船，小型桦皮船只可容纳2—3人。有些乘人的高轮车，用桦皮做盖，以防日晒、蔽荫。小型的桦皮器比较多，有盛装针线的桦皮盒，盛水的桦皮桶，盛饭的桦皮碗，还有盛装粮食的桦皮斗，达斡尔多将盛物之器称作"斗"，以其形状类似容量器斗而得名。

各种皮张（如貂皮、狐狸皮、猞猁皮、狼皮等等），只有经过加工才能变成柔软的毛皮。其处理包括防腐、补伤、平整等等许多步骤，使之美丽可观，然后向朝廷贡献或市场交易。加工皮张俗称"熟皮子"，由技术娴熟的人操作。

加工皮毛要使用药物，用以防腐除异味，各地方法不同。"土人洋（羊?）消（硝?）以盐，至关内为煤所蒸，多自裂，故晋商以硝熟，蒙古则以牛乳熟，较为硝、盐者稍柔软，而洁白逊也"[②]。"土人"指达斡尔，其熟皮的方法与关内、山西、蒙古有所不同。从其所熟的狍皮、鹿皮光滑、柔软、平整，可以制作良好的皮衣皮帽和皮靴，说明达斡尔熟皮的水平很高。

达斡尔喜欢饮酒，在黑龙江北时期就会酿酒，名叫"阿拉克酒"。[③] 南

---

① 《敖拉·昌兴巡边记》，《敖拉·昌兴诗文研究集》，内蒙古文化出版社1992年版，第14—15页。

② 西清：《黑龙江外记》卷8，黑龙江人民出版社1984年版，第90页。

③ 郝建恒等译：《历史文献补编——十七世纪中俄关系文件选译》，商务印书馆1984年版，第24页。

迁嫩江以后用黄米酿酒，称"米儿酒"。糜子亦可酿酒，"味甘而薄，祀神用之，取其速成而洁，有醴酒之遗意焉"①。清代后期，酿造高粱酒。祀神用的米酒，是速成之酒，酒精度比较低。用高粱酿造之酒属于白酒，酒精度比较高。"盖边地苦寒，非借酒不足御之"，故饮酒之风很盛。达斡尔所酿，多为低度的"米儿酒"。高粱酒多来自呼兰，酒价昂贵，达斡尔饮之者少。

---

① （清）方式济：《龙沙纪略》，《小方壶斋舆地丛钞》第 1 帙第 376 页下。

第四编

民国时代的达斡尔族

第十九章　民国前期的达斡尔族
（1912—1932）

中华民国前期，通常指中华民国成立至日伪政权建立（1912 年至1932 年）之间的历史时期。

1911 年 10 月 10 日，辛亥革命爆发，推翻了统治中国两千多年的封建君主专制制度，建立起了资产阶级民主共和制度。政权的更替、体制的变化，对中国历史的发展演变产生了深远影响；对处在边疆地区的达斡尔族影响也很大；达斡尔族的社会地位、经济生活和传统习俗受到了猛烈冲击。这一时期，达斡尔族的分布区域基本保持清朝时期的格局，未有大规模的调整和变化，因此，其主要生活区域仍在黑龙江省地区和新疆塔城等地。随着黑龙江省级政权机关的变化，地方建制纷更，对达斡尔族的统治和管辖也发生了许多变化。

清朝统治时期，为了全面有效地掌控达斡尔族这一政治力量，根据达斡尔族农耕和渔猎相结合的复合型经济特点，在管理、封爵、赏赐等层面都有较为周密的安排。清代的达斡尔族都被编入八旗管理体制，部分被编入黑龙江驻防八旗，多数的达斡尔族被编入布特哈八旗和呼伦贝尔八旗。不同的八旗管理体制各不相同，黑龙江驻防八旗以坐卡守土为主，布特哈八旗以纳貂服役为主，而呼伦贝尔八旗则坐卡守边和巡查边境为主。在管理方式上基本适合了少数民族的特色。

辛亥革命以后，达斡尔族的社会生活发生了急剧变化。时局动荡、军阀混战、土匪四起，导致达斡尔族民众民不聊生。

在政治地位上，清王朝的所赐封的达斡尔族的总管、佐领、骁骑校等官员的政治地位丧失，达斡尔族的社会地位和自主权遭到了严重削弱。

在经济生活上，披甲和纳贡的停止使来自朝廷的俸饷终止，达斡尔族的经济来源失去了保证，再加上清末以来的招垦放荒，达斡尔族的草原面积和耕地面积大大缩小。如世居嫩江左岸、讷莫尔河流域的东布特哈（讷河、五大连池、德都等地）达斡尔族基本上迁居西布特哈。达斡尔族的生活空间骤然萎缩，传统的自然经济受到了严重的冲击。

在社会生活上，达斡尔族聚居地区处于东北军阀的控制之下，军阀的争敚、土匪的猖獗使达斡尔族的生活雪上加霜。致使达斡尔族的生活到了极其穷困的地步。

在民族政策上，民国时期推行的是大民族主义，较少关注少数民族的各方面诉求，在推行边疆与中原地区一体化的进程中，基本的政策缺少民族性和灵活性，致使达斡尔族的土地财产、生活习俗和文化发展受到诸多的不利影响。

国际层面上，沙俄乘清朝灭亡之际，加紧侵略，勾结边民策划独立，致使民族危机严重，边疆危机加深。加之清末以来，清廷实行移民招垦政策，包括大量的流民、移民涌入达斡尔族聚居的布特哈等地区，虽然带来了大量的有生产经验的劳动力，但也造成了社会治安的混乱。

民族矛盾、阶级矛盾和社会矛盾交织在一起，异常复杂激烈，达斡尔族社会面临着一场深刻的社会变革。

第一节　民国初年达斡尔族地区的行政建置变迁

国家体制的变更，必然引起地方管理制度的变革和社会生活的变迁，达斡尔族聚居区域也是如此。

清末开始，达斡尔族聚居地区开始了从将军都统管理下的八旗军府体制向行省制管理下的旗县体制转化；由八旗体制下的旗佐制度向民治体制下的厅县制度转化。达斡尔族聚居布特哈地区、呼伦贝尔和齐齐哈尔地区的建制发生了变化，厅、设治局、县不断增加，旗不断减少，旗、县、设治局在行政管理层面上的矛盾也比较尖锐。给地方管理带来了很大压力。因此，达斡尔族生活区域的社会制度的变革已经势在必行。

一、黑龙江地区达斡尔族管理机构的变迁

1912 年 1 月，中华民国临时政府在南京宣告成立之际，达斡尔族生活的黑龙江地区仍处于清朝政府的控制之下。清帝退位后，东三省总督赵尔巽随机应变，于民国元年（1912 年）2 月 27 日宣布东三省承认共和，悬挂民国旗帜。3 月，袁世凯窃取辛亥革命成果，在北京就任中华民国临时大总统，3 月 15 日袁世凯下令改总督、巡抚为都督。黑龙江省都督府遂正式建立，之后黑龙江省政权机构几易其名，改为黑龙江省行政公署、黑龙江巡按使公署、黑龙江省长公署、东三省联省自治公署、黑龙江督办公署、黑龙江省政府。虽几经改动，但治所均在齐齐哈尔。

民国初年，在都督府、行政公署设立之初，黑龙江地方政权仍延续清末道、府、州、县之制。民国二年（1913 年）1 月，将各道官员改为观察使，各府、厅、州名称一律改为县，即由道、府（直隶厅）、县（厅、州）三级制改为道、县两级制。民国五年（1916 年）6 月，将部分设治局升为县，还新设一些设治局和市政机构。民国十八年（1929 年）初，又废道存县，统一划定县的等级。在这一地方政权机构的变化裁改过程中，达斡尔族所生活的区域的政权机构也随之进行了不同程度的变动。黑龙江省都督府是统管黑龙江全省军政、民政的最高地方政权机关；下设参谋长、军政处、秘书厅、旗务处、民政司、提学司、提法司等分支机构。其中旗务处，为专门负责少数民族事务和八旗事务的机构，置总办 1 人。下设军事、民事、庶务等 3 科，负责旗署诸事。从此，旗务处作为处理少数民族事务和八旗事务的机构一直存在延续下来，虽然其中有归并调整，但这一机构

基本被保存下来。民国十七年（1928 年）12 月 29 日，张学良归附于南京国民政府后，将黑龙江省长公署改为省政府，在其直辖及统属的机关中仍然设有旗务处。民国二十年（1931 年）11 月 19 日，黑龙江省城为日军所陷。民国二十一年（1932 年）日伪政权成立，对东三省占领区重新划分省区，旗务处才被取消。

在黑龙江地方政权建设中，民国初年，县、府、厅行政官厅沿袭清制，县的行政长官称知县，行政机关称县衙门，府政长官称知府，行政机关称府衙门，厅的行政长官称同知，行政机关称厅衙门。民国元年（1912 年）11 月 26 日，中华民国北京政府临时大总统通令各省暂行划一官吏名称，将县，府、厅行政长官一律改称知事。民国二年（1913 年）1 月 8 日，北京政府公布《划一现行各县地方行政官厅组织令》，将府、厅改为县，行政长官改称县知事，行政机关称县知事公署。县知事隶属道尹，为县行政长官。其职权范围：在行政上发布县令，任命所辖行政人员，监督对所辖行政人员的行政处分，在立法上，决定县议事会的召集，开会、闭停会等，兼充县参事会会长，向县议事会提出议案、请求复议、撤销议案、紧急处分等，编制县的财政预、决算执行检察事务，兼理司法。县知事公署实行知事独任制，署内行政人员均称佐治员。

民国十八年（1929 年）2 月 13 日，黑江省长公署依据国民政府和县组织法的规定，决定从是年 2 月 15 日起，将各县知事改为县长，县知事公署、设治局一律改为县政府，裁撤县佐，保留设治员。

达斡尔族主要分布在省龙江道所辖区域，主要在龙江、讷河、肇东、安达、嫩江等县和西布特哈地方以及后来增设的甘南、克东、富裕等设治局。其中，讷河县就是清代的东布特哈总管公署所辖地区，是达斡尔族聚居的重要地区。讷河县民国初年的辖区，大体上与清末讷河直隶厅的地域相同。布西设治局为清代的西布特哈总管衙门辖区，是达斡尔族居住最为集中到地区，新中国成立后，设立了莫力达瓦达斡尔族自治旗。由于布特哈地区和讷河县是达斡尔族居住最为集中的地区，其发展变化代表和涵盖了黑龙江地区的达斡尔族生活区域的政治历史和社会生活的变迁，故以这两个区域为主，探讨黑龙江地区达斡尔族管理机构的变迁。

（一）西布特哈地区达斡尔族管理机构的变化

左宗棠指出，行政建置必须因时因地而变易："立国有疆，古今通义。规模存乎建置，而建置因乎形势，必合时与地通筹之，乃能权其轻重，而建置始得其宜。"① 达斡尔族聚居的布特哈地区也是如此。根据现实情况，在民国初年，国民政府就对达斡尔族主要的生活区域布特哈总管辖区做出了较大规模的调整。

1. 西布特哈三级行政区划的形成

清末新政时期，管辖达斡尔等民族的布特哈八旗东西分治之后，东西布特哈总管衙门仍然归属黑龙江省直接管辖，属于江省之下的二级行政区划。中华民国成立后，在达斡尔聚居的布特哈地区实行了二百多年的八旗制度管理体系走向终结。

民国初年，黑龙江省实行省、道（厅）、县三级制，裁撤旗署。最初，黑龙江设有三道，分别为呼伦兵备道、瑷珲道和兴东道。民国元年，将瑷珲道移驻黑河，称为黑河道，专办沿边地区各处交涉事宜。② 民国三年，增设龙江、绥兰两道。道之长官为道尹，龙江道尹属于繁要缺，治所在龙江县，达斡尔族聚居的东西布特哈地区皆归龙江道管辖。道是负责管理所属地区"兵备、警察、司法、垦务、税务、交涉"等事宜之行政机构。长官道尹四品秩，隶属黑龙江巡按使，③ 依照法律执行道内行政事务，主要职责为办理交涉、关税和防务。同时对所属地方事务及地方官进行稽查，稽查的主要事项为词讼案件和财政。这样省中部分权力下移到道这一级上，地方权力得到了扩大。龙江道尹即成为东西布特哈地区拥有行政、军事、经济和交涉一切大权的地方父母官。至此，西布特哈地区形成了省、道、总管公署三级行政区划；改变了布特哈地区一直归属黑龙江将军管辖

---

① 左宗棠撰：《左文襄公全集·奏稿》一卷，五十，"遵旨统筹全局折"，台北文海出版社"民国"五十三年（1964）版。

② 黑龙江省档案馆：《黑龙江设治》（内部发行）上册，1985 年，第 101—102 页。

③ 万福麟监修、张伯英总纂：《黑龙江志稿》，《职官志》，黑龙江人民出版社 1992 年版，第 2006 页。

和省级机构管辖的局面，改为由龙江道直接管辖；由军政机构管辖改为民治机构管辖。但由于布特哈地区是民族地区，除了大量的达斡尔族之外还有索伦、鄂伦春等民族聚居，有着不同于其他地区的地域特点和民族特征，因此，在其建置上亦保留了民族特点，在旗署机关纷纷裁撤的情况下，布特哈旗署机构持续存在着。

2. 西布特哈总管公署

民国成立之初，达斡尔族聚居生活的偏远落后的黑龙江省，未能像其他省区一样即行改变旗制，而是"设有旗务处，以为全省旗务之总机关，由旗务处禀派提调，分驻各原设副都统所在地，即名为某地旗务处承办处提调，总理该处一切旗务。遇事秉承旗务处长官办理，所有文件皆呈由旗务处直接公署。其各处提调一差，亦可由各该处协领中选充"①。也就是说，黑龙江省省属机构中设有专门负责管理旗务的"旗务处"，由"旗务处"向布特哈、呼伦贝尔等曾设有副都统地区的管理机构中派遣"旗务处提调"到地方专门负责管理少数民族事务。"旗务处提调"一职，可由黑龙江省派遣，也可以在当地协领中选拔。考虑到布特哈地区多民族聚居的特点，其生产生活有自身特色，于是"所有旗丁等项，旗户生计，及旗户之亲族遗产相续等事，尚未能与普通军民一律办理"。故仍保留协佐以下官员专理其事。这些未被裁撤的八旗官员，他们皆由江省旗务处派提调官管理，有关达斡尔族的各项事务亦由"旗务处提调"负责管理。

达斡尔族生活的西布特哈地区在民国元年仍然保留清末建置，只是布特哈总管衙门改称为西布特哈总管公署。西布特哈总管公署"设总管一员，有左右司、文案处，每司正堂一员，副堂一员，司官两员，以无品级笔帖式五员分配服务"②。管辖今内蒙古莫力达瓦达斡尔族自治旗、鄂伦春自治旗、阿荣旗、扎兰屯市、黑龙江省甘南县等地的旗务。

民国初年，西布特哈地区的机构设置和清末基本一致，但在此基础上

---

① 《裁旗缺设民官办法草案》，载黑龙江档案馆编：《黑龙江设治》（内部发行），1985 年版，第 76 页。

② 万福麟监修、张伯英总纂：《黑龙江志稿》卷四十四，《职官志》，黑龙江人民出版社1992 年版，第 1870 页。

进行一定程度的裁改。

民国元年，在西布特哈原来辖区内设立索伦宣抚局（后改为索伦设治局），与西布特哈分治。民国四年，设立扎兰屯稽垦局；民国八年，雅鲁河以西、济沁河地区设立济沁河稽垦局（民国十五年并入雅鲁设治局），再与布特哈分治。同年，将民国四年成立的归属于西布特哈的甘井子佐治局，改为甘井子设治局，也与西布特哈总管公署分治。西布特哈总管公署的辖区逐步缩小，权限也日益削弱；相反，民治管理机构不断增加，权限亦不断增强。

与此同时，公署机构也进行了调整。民国二年（1913年），西布特哈总管公署将各司归并，专设旗务一科办理八旗事务。民国四年（1915年）筹办布西设治局，总管公署与设治局并存，由总管管理旗务。布西设治局的"设治员由西布特哈总管兼署，局内初设四科：曰行政、曰司法、曰荒务、曰会计。各置科长一员、科员一员、书记二名。又捐务处置主任一员，文牍兼会计一员，司官两员。内设旗务科，专管八旗事务。其衙内总务，均归设治局兼理。至十八年，设治员与总管始行分立，设治员改委任。"① 从民国元年至民国十年，达斡尔族生活的西布特哈地区仍处于西布特哈总管公署的统辖之下，但布西设治局也在总管的负责下积极筹办。因民国四年，布西设治局刚开始筹备，故有的公文也称西布特哈总管公署为布西设治局，称总管为设治员。但准确地说，此时布西设治局尚未正式设立，故仍称西布特哈总管公署为妥。

此时，西布特哈总管兼任设治员，总管负责所有旗务兼理设治局事宜，民国十八年，总管与设治员分立后，总管和设治员不能由一人兼任，设治员由江省委派，总管只负责管理达斡尔族等民族事务和旗务，而设治员负责总理布西设治局的所有事务，管理达斡尔等民族的西布特哈总管的管理权限和管辖范围日益缩小。

此次管理机构的变革改变了达斡尔族自清朝建立以来由布特哈八旗组织机构管理的管辖方式，布特哈总管衙门也由左右司、文案处三部门组成

---

① 万福麟监修、张伯英总纂：《黑龙江志稿》卷四十七，第2041页。

的管理机构转向近代化的管理机构，布西设治局初设四科，曰行政、司法、荒务等，用近代管理机构之名称命名，改变了过去两百多年的机构名称，向现代化的管理体制迈进一步。为有利于管理民人，招揽民人前来垦荒，甘井子设治局、雅鲁设治局等渐次从布特哈总管公署分离出去，使布特哈总管公署所辖区域不断缩小。鉴于布特哈地区生活着达斡尔族鄂伦春族等多民族聚居的特点，一方面由总管负责整个布特哈八旗事务，另一方面筹备布西设治局事宜，以便最终过渡到民制体制。

随着西布特哈总管金纯德将关防、小官印、密电码等移交给首任布西设治局设治员刘少卿，宣告了西布特哈总管对布特哈地区统治的结束，标志着布西设治局最终设立，布西设治局成为西布特哈地区最高行政管辖机构。也标志着包括达斡尔族在内的各少数民族由军府管理体制，过渡到了民治管理体制。

综上所述，达斡尔族聚居的布特哈地区的管理机构布西设治局，从民国三年筹备，民国四年总管金纯德兼理设治事宜，其调整机构、出放城基、兴建警署、草建衙署直到民国十一年正式改为布西设治局，民国十四年，衙署最终迁往尼尔基；民国十七年，布西设治员与西布特哈总管分治。这一转化过程持续了十几年时间，包括达斡尔族在内的各少数民族的管理方式才一步一步由军府体制转化为民政体制，布特哈八旗的索伦达斡尔各族由旗兵转化为民人。

3. 民政管理体制的最终确立

革故鼎新必然有一个过程，在新的制度尚未确立之前，需要有效使用原有制度，以便平稳过渡。民国建立后，在黑龙江地区实行了二百多年的军府管理体制，终于逐渐被废除，实行单一的州县管理制度。但是，鉴于布特哈地区达斡尔族等少数民族聚居的实际，其旗官在一定程度上还保留着，并在某种层面上发挥着作用。可以说只要旗人存在，就不可能完全废除旗官。不仅如此，过去设的旗官依旧领取薪金。如民国元年至十四年，包括达斡尔族在内的西布特哈官兵和世职官仍然发放俸银，"总管一人，佐领八人，骁骑校八人，皆全俸，年共银一千四百五十两；云骑尉，监生俸云骑尉二十人，监生三十人，皆半俸，年共银一千四百五十两；休致副管一人，支半俸，休致骁骑校一人，支半俸之半，年共支银六十七两五钱；裁缺佐领十六人，裁缺骁骑校二十九人，皆支半俸，年共支银一千七百一十两；笔帖式五人，领催三十二人，披甲九十六人，皆支全饷，年共支银三千六百三十六两"[①]。被保存下来的西布特哈总管主要就是负责旗官俸饷发放等旗务事宜。这是为了在新政权中，保护原有利益阶层的利益，稳固新政权的措施。

经过多方努力，布西设治局从民国三年（1915 年）开始筹备设治，经历了十年时间，至民国十四年九月，布西设治局由宜卧奇后屯迁至尼尔基（现布西街）。[②] 布西设治局也称布西县，地方行政、经济、司法、教育等事项均由设治局管理，旗人俸饷及旗民生计等事宜归总管负责。直到 1933年，日伪统治时期，取消布西设治局，改为莫力达瓦旗，总管公署也自然取消，布特哈八旗体制才最终被废除。

布西设治局辖境包括西布特哈总管旧辖区域和甘井子佐治局、扎兰屯佐治局所辖区域。之后，1925 年 12 月，由布西设治局所属甘井子佐治局改置甘南设治局，治所在甘井子即今黑龙江甘南县驻地甘南镇，[③] 后由布西设治局分出。扎兰屯佐治局、济沁河稽垦局合并后设置雅鲁设治局（治所在交通便利的扎兰屯，即今内蒙古自治区扎兰屯市），也由布西设治局分出（布西设治局亦称作布西县，雅鲁设治局后称雅鲁县）。随着甘南设治局和雅鲁设治局的析出，布西设治局辖境亦逐渐缩小，其辖区东临嫩江流域与讷河县作天然界限，西至阿荣河左岸与雅鲁县分界，南至绰尔哈勒屯迤南与龙江、甘南两县分界，北至甘河右岸与嫩江县分界。世代生活在布特哈地区的达斡尔族等少数民族也因所处辖区的改变而分布于布西设治局、雅鲁县等地。

---

① 万福麟监修、张伯英总纂：《黑龙江志稿》卷二十六，《武备志·兵制·旗兵下》，第 1178 页。

② 孟希舜：《达斡尔族志略》，孟志东编：《中国达斡尔族古籍汇要》，内蒙古文化出版社 2007 年版，第 794 页。

③ 黑龙江省档案馆编：《黑龙江设治》（内部发行）（下），1985 年，第 873 页。

（二）东布特哈行政设置

东布特哈一直归属于布特哈八旗管辖，光绪二十年（1894 年），布特哈总管衙门升格为副都统衙门，东布特哈地区归属布特哈副都统衙门管理，直至光绪三十二年（1908 年），清廷裁撤布特哈副都统衙门，恢复为布特哈总管衙门；并以嫩江为界划分东、西两路布特哈。嫩江以西为西布特哈总管公署，署衙设在宜倭奇，嫩江以东为东布特哈总管公署，署衙设在博尔多。此后，东西布特哈分治。光绪三十二年，经黑龙江将军程德全奏补，任命花翎二品顶戴记名副都统福龄为布特哈东路总管，接管旗务兼屯垦事宜，并授予福龄"布特哈东路总管之关防"。[1] 福龄成为东路布特哈的父母官；世代生活在嫩江东岸的达斡尔族等各民族处在东路布特哈总管福龄的管理之下。

该地幅员辽阔，安民护垦自系切要之图，先行设立巡防局一所，毋庸另设分局，以节靡费[2]。至驻防队兵，即着中军驻扎该处之马队四哨常川驻守该处，仍归巡防局节制，稗资捍卫，而安地面，加委讷河厅，该厅同知兼充旗务处提调，并请刊给关防。[3] 东布特哈总管纯德管理民政司、提法司、提学司、旗务处。[4]

宣统元年，东布特哈地方设置讷河八旗筹办处，置总办一员，八旗佐领八员，骁骑校八员。宣统二年，设置讷河直隶厅。[5] 民国元年，讷河直隶厅改讷河县，设讷河县知事和同知；将讷河筹划旗属生计事宜，其八旗之警察司法一切政务，概归县署办理。[6] 讷河县公署下设公安局、建设局、

① 黑龙江省档案馆编：《黑龙江设治》（内部发行）（下），1985 年，第 759 页。

② 《讷谟尔河垦务行局总理福龄请发巡防局关防呈，光绪三十四年正月二十二日》，黑龙江省档案馆编：《黑龙江设治》（下），1985 年，第 760 页。

③ 《黑龙江行省公署为发讷河厅同知兼旗务处提调之关防札，宣统二年十月十五日》，黑龙江省档案馆编：《黑龙江设治》（下），1985 年，第 765 页。

④ 《黑龙江行省公署为发讷河厅同知兼旗务处提调之关防札，宣统二年十月十五日》黑龙江省档案馆编：《黑龙江设治》（下），1985 年，第 765 页。

⑤ 万福麟监修、张伯英总纂：《黑龙江志稿》卷四十七，《职官志》，黑龙江人民出版社，1992 年版，第 2045 页。

⑥ 孟希舜：《达斡尔族志略》，孟志东编：《中国达斡尔族古籍汇要》，内蒙古文化出版社2007 年版，第 794 页。

财政局、教育局等机构。其辖境东至德都县界，西至嫩江左岸与布西县分界，南与克山、龙江两县分界，北至嫩江县界。[①] 讷河改县早于西布特哈地方，较早的建立起了民治机构。

在讷河县管理达斡尔族等少数民族事物和八旗旗务的机构是八旗筹办处。八旗筹办处是东布特哈八旗筹办处的简称。清朝末年八旗制度逐步撤销，在全国范围内推行县治。八旗筹办处就是布特哈八旗旗治撤销，建立县制时，设置的管理东布特哈旗务事务的善后机构。最初是讷河县所属的办事机构，后来，有些民间的民族代表加入，逐渐演变为具有半官半民质性的机构，后来演变成为群众性组织。

八旗筹办处之机构虽设在讷河县城内，但是这一机构的主要服务群体达斡尔等族却随着放荒招垦而来的内地移民的增加而逐步迁徙到西布特哈地区，因此，实际上八旗筹办处已是全布特哈地区的包括达斡尔族在内的少数民族民众的代表机构。后来，八旗筹办处以纯民间性的机构，维护达斡尔等族民众利益，代表达斡尔族等民族提出民族诉求，帮助达斡尔等族民众解决各类问题等等，成为达斡尔族等民族不可或缺的代言机构和互助机构，为达斡尔等族民众做了许多有意义的事物，这一机构一直存在到1945年抗战胜利。

东布特哈八旗筹办处成立伊始，也仿照布特哈总管衙门旧制，"设总办一人，督办、帮办数人"。另有文书、公务员等若干人。第一任总办是德宏，不久由额勒春接任。督办、帮办有达哈浅屯的富礼亭（巴金保）、坤郭尔金屯的郭雅亭、满乃伯尔科屯的荣善亭（嘎如迪）、喜武亭、安乐亭（后二人均为嘎布卡屯的鄂温克族。）他们号称布特哈的"五亭"。另外也有"五元""一来"之称的是德树元（绰克巴图尔）、郭兴元（绰罗巴图尔）、鄂序元（阿勒坦嘎塔）、鄂恭元（耐泐囊）、孟隆元（斗富），德古来（吉尔嘎朗）。这"五元""一来"都是在北京、南京等地上大学或

---

① 孟定恭：《布特哈志略》，孟志东编：《中国达斡尔族古籍汇要》，内蒙古文化出版社2007年版，第361页。

留学生，为筹办处的事业出过力，有过贡献。①

八旗筹办处为达斡尔族等各族民众做了很多有益的事情。

清末民初之际，达斡尔族等民族居住的东布特哈，无论从行政建制还是组织机构还是社会生活都发生了很大变化。这种变动从地域范围上看，这些新设置的地方基层政权机构，大多位于边境要地或者交通要道，使基层政权机构的总体布局相对均匀，改变以往总管衙门辖区管辖范围广、管辖效力低的状况，有利于加强对移民垦荒和边区的治理。布特哈地区行政建置的变化，也体现出了这一特点。可以说，"黑龙江区域行政设置与内地趋于一致，有力地推动了各项事业的开发"②。

民政体制的最终确立，表明布特哈地方逐渐走上了与内地相同的管理体制，与其他地区一样呈现出内地化和行政一体化倾向，在这一趋势之下，布特哈地区的达斡尔、鄂伦春、蒙古族等各族人民不断融合涵化，逐渐呈现出各民族多元一体化的倾向，进一步巩固了统一多民族的国家。

综上所述，"任何事物，在保持其本质特征和基本性质的同时，在千差万别的客观环境的作用下，必然会呈现出丰富多样、多彩多姿的形式。"③ 达斡尔族地区的行政制度的变革也是这样，鉴于其为少数民族聚居地区，生产方式、语言文化、宗教习俗与内地有很大区别，故行政制度的变化和改革也遵循了这一规律，整体的改革步伐较慢，保留其自身特征较多，有一定的渐进性；但总体上还是呈现出行政机构专业化、运行制度法律化的特征；在其管理上改变了清代注重治民的功能，而转向注重社会管理与建设职能；在机构设置上也体现出了权利的分配原则，如行政公署侧重履行行政职权，逐步实现了行政与军政、司法的分离。达斡尔族地区的行政制度步入了向现代行政制度转化的轨道。

（三）黑龙江地区达斡尔族的军事管理机构的变化

随着黑龙江达斡尔族地区行政建制和管理机构的变化，军事管理机构

---

① 照儒布和：《八旗筹办处史迹》，《达斡尔百年实录》上册，第193页。

② 石方：《黑龙江区域社会史研究》1644—1911（续），黑龙江人民出版社2004年版，第185页。

③ 王惠岩：《政治学原理》，高等教育出版社1999年版，第107页。

也随之发生变化，聚居在黑龙江的达斡尔族逐步由警察和保卫团管理和保障各民族的生活安全。在黑龙江的达斡尔族聚居的东西布特哈、齐齐哈尔、德都县等地的达斡尔族地区都建立起了警察机构和保卫团，保卫地方的安宁。由于布特哈地区的达斡尔族居住最为集中，人数最多，故以布特哈地区为例说明其军事管理的变迁。

1. 警察机构的设立

清朝末年设立的巡警，虽然已经具备了警察的初步规模、设置、机构等，但责权等层面的划分尚不十分明确；但却为民国时期警察制度的建立奠定了基础。民国初年，达斡尔族地区经过对巡警制度的进一步改革，现代化的警察制度逐渐建立起来。

民国元年，达斡尔族聚居的西布特哈地区巡警局改为"警察事务所"。① 当时，"设有警察事务所及两分所。警兵仅共十一名，实系废弛已极"②。民国三年八月至十一月"警区内计胡匪抢去钱财牛马衣服等件共六起，内有二起不知匪数，其余四起共九匪，均未破案"③。三个月内发生六起抢劫案件，都没有破案，警政之废弛可见一斑，警政之改革势在必行。而重新整顿，"非设治后另派警务长，挑选警兵，严加训练，不能保全地方之治安"④。

民国三年，基本保持民国元年之情形，在西布特哈警察系统报告中称："该署警察所兼办筹收公益捐事宜，警务长、巡官各一名，雇员、巡记各二名，警兵五名。绰哈、阿伦两处各设分所，巡官、巡记各一名，警兵各三名。三所年共支经常费一万七千五百二十吊，开支款项，熟地每晌

① 《西布特哈办理警务一览表》，民国三年十一月，《达斡尔资料集》第9集上册，民族出版社2009年版，第931页。

② 《调查员孟广尧为报送查复西布特哈事件给龙江道尹何煜的详文》，《调查内务行政事件》民国三年十二月十四日，《达斡尔资料集》第9集上册，民族出版社2009年版，第943页。

③ 《调查员孟广尧为调查布西为报送查复西布特哈事件事给龙江道尹何煜的详文》，民国三年十二月十四日附清册一本，表六分单五件，《达斡尔资料集》第9集上册，民族出版社2009年版，第944页。

④ 《调查员孟广尧为调查布西为报送查复西布特哈事件事给龙江道尹何煜的详文》，民国三年十二月十四日附清册一本，表六分单五件，《达斡尔资料集》第9集上册，民族出版社2009年版，第944页。

收三百文，牲畜每头收二吊一百文，其余征收柴炭牛马排木各三六成捐。乡备八区巡官八名，巡长八名，马警各二十名，自备鞍马无开支薪金。"① 此情形与宣统年间的情形大体相同。警察所资金来源主要是上级拨款和熟地捐、牲畜捐、柴炭牛马木排捐等的收入。

"该署设监房一座三间，现有犯人十八名，已决犯十五名，未决犯三名。监房看守兵役三名，监狱员总管兼任，管理员右司司员兼办。司法警兵住所为押所，无罪犯在内"②。此时的警察机构，尚不正规，多数职务是由总管公署官员兼任，责事权力划分也不分明。民国三年七月征收局归并警察所经理，③ 警察所负责征收捐款，为减少舞弊事情，每笔捐款原则上都有三联捐票可凭。

民国三年十一月，针对"本省向来警章各县警察事务所系独立机关，其下有区派出所，约为三级，合计县属共成四级，转折太多，事难敏连"之情形，"遵官制新定章程系以县警察所直辖派出所为原则，而以警察分所转辖派出所为例外，至派出所警额经费尽可查酌事务繁简分别核定，不必拘于一律，以免削足适履之害"④。为此，西布特哈总管提出了警察改制的方案细则：

西布特哈总管公署"境界辽阔，人户稀少，屯乡星散，地贫民瘠，筹款不易。无如酌量地势分为五区，城镇各屯均归西布警察所直辖，四乡各设派出所四处，均系直接所长管理。所有改设警察事务归隶本属右司专办及所派各所巡官警长均按照章选派委任"⑤。具体细则如下：

① 《龙江道视学员熊焕章为报送调查西布特哈政务报告事给龙江道道尹何煜的详文》，民国三年十一月十七日，《达斡尔资料集》第9集上册，民族出版社2009年版，第919页。

② 《龙江道视学员熊焕章为报送调查西布特哈政务报告事给龙江道道尹何煜的详文》，民国三年十一月十七日，《达斡尔资料集》第9集上册，民族出版社2009年版，第919页。

③ 《龙江道视学员熊焕章为报送调查西布特哈政务报告事给龙江道道尹何煜的详文》，民国三年十一月十七日，《达斡尔资料集》第9集上册，民族出版社2009年版，第917页。

④ 《西布特哈总管宣铿额为报西布特哈警察所办事细则给龙江道尹公署的详文及批复细则》，民国三年十二月十日，《达斡尔资料集》第9集上册，民族出版社2009年版，第921页。

⑤ 《西布特哈总管宣铿额为报西布特哈警察所办事细则给龙江道尹公署的详文及批复细则》，民国三年十二月十日，《达斡尔资料集》第9集上册，民族出版社2009年版，第922—923页。

（1）本处警察所所长按照章程总管兼任，不支薪金。

（2）原有区域取消，按照地势分为五区，城镇为布西警察所直辖。各乡事宜东区为胡河派出所，北区为努敏派出所，南区为绰哈派出所，西区为阿伦派出所，均系警察所直接管理。

（3）布西警察所设警佐一员，各项事宜均归本属右司，专承所长之命管理警察事务，现不另设分股以省靡费。

（4）布西警察所设队长一员，马警五名以资调遣兼办司法事宜。

（5）各区派出所各设巡官一员，每所雇员各一员，马警各四名，均承所长之命管理各区警察事务。

（6）布西警察所辖区内设置巡长四员，挑选粗知警章办事勤慎者，委派马警三十六名均挑土著充当，各所设置合格人员内选派队长各一员，巡长各三员马警各二十七名互相巡逻，暂不支薪，以舒民力而补警兵之不足。

（7）布西警察所队长一员月支六元，警兵五名各月支四元，办公月支三元。派出所巡官各一员，各月支七元，雇员各一员，每员月支各六元，警兵各四名，每名月支各五元，办公月各支五元。①

以上所请之批复，除有地方表述欠妥外，"令修改呈报备案"。②

根据警察事务细则，全境分为五区，拟设本属警察所一处，署东北要口设警察分所一处，绰哈、阿伦、努敏派出所三处，均以按照章程酌核增减。在警察所担任职务的都是当地的达斡尔族。具体情形如下：

---

① 《西布特哈总管宜铿额为报西布特哈警察所办事细则给龙江道尹公署的详文及批复细则》，民国三年十二月十日，《达斡尔资料集》第9集上册，民族出版社2009年版，第924—926页。

② 《西布特哈总管宜铿额为报西布特哈警察所办事细则给龙江道尹公署的详文及批复细则》，民国三年十二月十日，《达斡尔资料集》第9集上册，民族出版社2009年版，第927页。

表4-1 西布特哈警察所分区表

警所名称	警佐巡官	队长	巡长	马警数量
布西警察所	警佐一员 恩科图穆尔	倭兴阿	富良、荣昌、 图庆阿、礼兴	36
南区第一区绰哈	巡官永德	文朗	乌勒西春、丹木定、 忠寿	27
东区第二区胡河	巡官贵庆	瑞庆	芮兴、阿克达春、 瑞德	27
北区第三区努敏	巡官和丰	文海	博良、庆保、双海	27
西区第四区阿伦	巡官富全	达春克西克	阿克敦托克托、 明长双寿	27
总计	警佐1员 巡官4员	5员	15员	144

资料来源:《西布特哈总管宜铿额为报警察所直辖各派出所巡官队长巡长衔名清册事的详文》,民国三年十二月二十八日,《达斡尔资料集》第9集上册,民族出版社2009年版,第977页。

由此,西布特哈总管公署之警察制度建立起来,较之清末更为完善。但是,责权划分仍然不明,如"警察所所长按照章程总管兼任","警察所设队长一员,马警五名以资调遣兼办司法事宜","右司专承所长之命管理警察事务"等,可见,警察所还不是一个单独的行政机构,而是右司下属的警务机构,但右司又受警察所长之命。尽管如此,此次的警察制度的改革还是一个很大进步,使警察机构设治日益完善,所长、警佐、巡官、队长、巡长等管理层级清晰完善,对于警务之事大有裨益。

民国五年,对警察制度又进行了一些修改,西布特哈警察所"设警佐一员,兼充所长,系以总管署科员兼任,设文牍员一员,学习警佐一员分任内外勤事务,置雇员一员,暂不分股办事。所辖警察全境共计五区,中区仍驻总管署,编制警卫马队六名,守卫步队四名,置队长一员,暂以学习警佐改充，其余四区仍照原定区域分为一二三四区直隶于警察所"①。

警察所薪金情况："所长以总管署科员兼任，不支薪水，文牍员月薪大洋十八元，以学习警佐改充中区队长月薪十二元，雇员月薪十二元使役月支公食四元，本所警卫马队月薪大洋六元，守卫步队月薪大洋四元。各派出所巡官月支大洋九元。雇员各月薪大洋八元，警兵各支大洋四元，其余预警队长均系义务，不支薪水。本属尽系达呼尔人所有巡官队长警兵均即能识汉文通汉语者选充。本属警察薪饷极薄，所有警兵悉用土著，半尽义务，三个月为一期轮班调充。"②

此次警察制度的改革，改变了所长由总管兼任的情况，将总管从繁重的警务事务中解放出来，并给警佐雇员马警等开放薪金，尽管数额不高，但有助于调动警员的积极性，职官都由当地达斡尔族担任，具有较强的民族性，有利于对民事的办理。

在此之前，西布特哈地方官所管事务繁多，征收赋税、赈灾救荒、兴办教育、维持治安等事务都由地方官负责，总管往往是"万金油"的角色，需要处理各种繁杂的事务。警察所成立后，社会治安、征收捐税、看管监狱等事务由警察所处理，减轻了总管的负担，更有利于责权之分明，总管的权限减弱，任事减少，总管越来越向专管旗务转化，也向现代化的管理体系迈进了一步。

自警察所开办以后，除了履行巡捕缉盗、维持治安的任务外，逐渐干预并规范旗民生活，如救火防疫、整顿风俗等进行规范，旗民的生活层面处在警察所的管辖范围之内。弥补了过去衙署机构对社会管理和社会控制相对薄弱的状况，是一种社会进步。"警察之组织同于军队，而其实质则为文明之官吏，二者依于形式上之威仪而取人民之钦信者……惟服制既

---

① 《西布特哈总管公署为改组警察拟具警察章程事给龙江道尹张寿增的咨文》，民国五年十一月十二日，《达斡尔资料集》第9集上册，民族出版社2009年版，第215—218页。
② 《西布特哈总管公署为改组警察拟具警察章程事给龙江道尹张寿增的咨文》，民国五年十一月十二日，《达斡尔资料集》第9集下册，民族出版社2009年版，第211—218页。

齐，礼仪必肃"①。警察制度的完善使民众生活有了更多、更细的规范，对于开启民智，改造国民形象，提高人民的整体素质亦有积极作用。达斡尔族地区的民间管理逐步走向近代化的管理方式。

西布特哈警察机构中，设有一警察所，其下设四个派出所，有助于警察管理向民间的积极介入，更好地维持治安。这些所、派出所就成了国家政权向下延伸的触角，它们所在之处无疑就是国家政权的所到之处。生活在黑龙江地区的达斡尔族的地方管理由过去的路佐制度，转变为警察管理，发生了质的变化。

2. 保卫团的设立

保卫团是民国初年设立的最基层的地方保安机构。随着民国地方政权机构的裁改，达斡尔族地区也开始成立保卫团负责地方的社会治安维护。

黑龙江省团练始于光绪二十年，光绪三十年，将军达桂与副都统程德全又奉饬整顿团练。在庚子之乱中，"凡团练整顿地方，即不受游勇、胡匪之害，成效昭然，人所共睹"②。后来，实行日久，人品不齐，亦出现扰害民间者。民国二年，江省议会议决《民团章程》分布施行。各县照章先后成立马、步两种民团。但由于警团分立、兵力分散等因，取消民团，归并于警察。③ 但民团的编练却为保卫团设立奠定了基础。

民国三年，袁大总统公布了《地方保卫团条例》共五章二十七条，就各地方创办保卫团及其章程等诸项事宜予以详细申明，成为保卫团创办的纲领性文件。但由于江省各地乡团（民团）已改警，故又恢复民团。为了加强对人口的控制，稳定社会秩序，着力推行保甲制度。民国四年，西布特哈总管金纯德到任后，针对"地面空虚巡警不敷分布"等情，就常警外，编练预备巡警一百一十九名，仍就原有警区分别支配，受总管公署巡

---

① 《南京警察学堂潘缙华、张侠琴二君上江督警务条陈纲要八则附消防一则》，《大公报》，1905 年 9 月 3 日。转引自刘锦涛、王香莲：《论清末创建近代警察制度的历史功效》，《兰台世界》，2011 年 6 月下旬，第 18 页。

② 万福麟监修、张伯英总纂：《黑龙江志稿》卷二十八，《武备志·兵制·团警》，黑龙江人民出版社 1992 年版，第 1218 页。

③ 万福麟监修、张伯英总纂：《黑龙江志稿》卷二十八，《武备志·兵制·团警》，黑龙江人民出版社 1992 年版，第 1219 页。

官节制，"有事齐集无事归农，枪支鞍马均由自备，概不给薪。"① 在一定程度上具有保卫团的性质。针对编练保卫团之事，称："因八旗牲丁向以打猎为生，入山日多，在家日少，当编练伊始劝谕百般乃充成立。现在此办法既无悖保卫团本旨，复有便于地方推作，所有改变保卫团之处应请暂行缓办。"② 在其所请之下，达斡尔族地区保卫团暂获缓办。

民国六年四月十四日，龙江道尹张寿增称：对于保卫团，"惟布西、嫩江、讷河、景星请准缓办，余均照章成立"③。保卫团在多数地区纷纷建立。

布西地方因地广人稀，人民贫困已极等因素影响，保卫团成立略晚。民国七年正式成立，"合计本属及甘扎两局地方共划为七区，编保卫团七团，团总均由各区巡官与甘扎两局局员兼任，保董甲长等均拣选公正绅民委用。共编二百一十五牌，牌长二百一十五人，团丁五百一十九人，所有职员牌丁均不支薪，鞍马枪械亦系自备"④。其详细情形如下：

表4-2 布特哈保卫团情形表

团区别	区划概要	团总姓名	保董姓名	甲长姓名	甲数	丁数
中区第一团	中区警察所管辖	王国昌（布西警察所警卫队队长）	孟寿山	德详、兴元、孟诚明、礼兴、图庆额	54	551
南区第二团	南区第二派出所	孟春立（笔帖式，第一派出所巡官）	姜耀宗	如山	6	327

① 《西布特哈总管公署为复改编保卫团应请缓办事给龙江道尹张寿增的咨文》，民国五年九月二十八日，《达斡尔资料集》第9集下册，民族出版社2009年版，第162—163页。
② 《西布特哈总管公署为复改编保卫团应请缓办事给龙江道尹张寿增的咨文》，民国五年九月二十八日，《达斡尔资料集》第9集下册，民族出版社2009年版，第162—163页。
③ 万福麟监修、张伯英总纂：《黑龙江志稿》卷二十八，《武备志·兵制·团警》，黑龙江人民出版社1992年版，第1219页。
④ 《西布特哈总管公署为送编制团丁户口事给龙江道尹王树翰的咨文》，民国七年六月三十日，《达斡尔资料集》第9集下册，民族出版社2009年版，第410页。

续表

团区别	区划概要	团总姓名	保董姓名	甲长姓名	甲数	丁数
东区第三团	东区第二派出所	贵庆（世袭云骑尉，东区第二派出所巡官）	瑞庆	倭克吉春、瑞德、瑞连、双永	47	388
北区第四团	第三派出所辖地	金丕忠第三派出所巡官	盛名、鄂勒德布	清保、寿海、双海、贵德	40	399
西区第五团	西区第四派出所	图杰春领催委笔帖式第四派出所巡官	爱新保	白木善、海明	18	154
甘井子第六团	甘井子佐治局	赵温辉甘井子佐治局治员	郭景云、卢永昌	苑文义、高庆吉、张子万、陈鸿钧、花雨亭、高发	25	281
扎兰屯第七团	扎兰屯稽垦局	王文瀚扎兰屯征收局局长	董瑞初、张汉亭、申广	刘凤春、傅长德、于洪霖	25	250
总计	7 团	7 人	11 人	25	215	2350

资料来源：《西布特哈总管公署为送编制团丁户口事给龙江道尹王树翰的咨文》，民国七年六月三十日，《达斡尔资料集》第 9 集下册，民族出版社 2009 年版，第410 页。

从表中看出，保卫团团总多由警察所官员兼任，以汉族官员和达斡尔族官员为主，保董和甲长均有地方知名人士担任，多为本地区的达斡尔族族长担任。西布特哈地区达斡尔族最多，因此，保卫团编设之时，遵守原条例，但有所变通。"原条例以每十户为一牌，十牌成甲，置甲长一人"。而西布特哈"地处荒僻，瘠苦特甚。所辖村屯皆散居于山谷之间，其相距远，或五六十里近亦二三十里，每屯居民多则四五十家少仅十余家。虽加旧有新到垦民亦不过百十余户，又复鞍马枪械均形缺乏，种种困难实不能与他县相比。此项保卫团若照规定之条例编制万难办到"。因此，编设保甲之时，"各屯距离既远，必将三四屯合并方敷一甲之数，惟以甲长一人，从而指挥调度深虑兼顾不周，贻误事机。故权将相近之屯按牌按甲编制，每牌十户，出牌长团丁各一人，较远者，岁不足一甲之数，亦编为一甲，并置甲长一人，以便督率。经如此变通办理，虽然略于编制不合，但于事实十分便利，而与实施细则所谓因地制宜之义亦不相悖谬。"①

保卫团开始清查户口，行使维护社会治安职能。保卫团的设立，使达斡尔族等各民族世代居住的布特哈地区的户口编审制度发生了根本变化。《黑龙江志稿》亦载："黑龙江户籍，自乾隆三十六年始行编审。"但对于偏远落后的布特哈达斡尔地区来讲，其"边民计以户"的基本原则实行编户的，只计牲丁，不计女口。其管辖治理重在治边、辖地、贡貂而不在管理民户。直至清末，社会变迁，迫使清廷不得不实行新政，设立巡警维护治安、清查户籍，成为地方自治之要政，表明政府把人口数量和社会治安、秩序的管理放在了极为重要的地位。

警察制度、保卫团的职能主要是保护地方安全，维持公共秩序，清查户籍、分区站岗，施行禁令条例等，可以说"一切保护防维（卫）犹属警政之始基"②。这时期加强了户口管理，并使户口管理逐渐走向正规化、经常化。在调查户口的时候，一般由地方团保、地方官员来协助调查。将社会管理的触角伸向了偏远的穷乡僻壤。因此，警察制度的建立、保卫团的编设，使国家政权的控制能力直接达到达斡尔等民族居住的广大乡村，这无疑加强了清政府对基层社会的统治，相对于旗佐制度是一大进步。

民国之时的武装（巡警军、保卫团等）仍然存在，但其已经不具备军事特征了，而且军事组织不再归旗佐管理，而是改由地方政府管理，职能也不是出征作战，而是转向了维护社会治安为主，具有了近代地方军事武装的特征。

综上所述，经过民国初年行政管理机构的调整和裁改，渐次压缩管理达斡尔等族的旗官和旗务管理事宜，而扩大民事管理的机构和事权，布特哈总管转变成了只负责旗务的属官，而布西设治局的正式确立，标志着达

---

① 《西布特哈总管公署为送编制团丁户口事给龙江道尹王树翰的咨文》，民国七年六月三十日，《达斡尔资料集》第9集下册，民族出版社2009年版，第410页。

② 王树楠等：《奉天通志》，东北文史丛书编辑委员会，1983年，第3264页。

斡尔族地区的民政管理体制形成和完善。警察局、保卫团的设立，使对达斡尔族的管理模式发生了根本变化，其管理职能进一步下移，国家管理深入到达斡尔族布特哈社会的社会最基层，民治管理体制最终确立起来，统治达斡尔族地区二百多年的军政管理体制最终被民政体制所取代。达斡尔族的历史也翻开新的一页。

二、新疆达斡尔族地区的行政变化

（一）毕桂芳时期的新疆达斡尔族

辛亥革命的烽火也迅速燃遍了地处西北边疆的新疆。新疆的资产阶级革命党人，举行武装起义，革命党人在迪化和伊犁相继策动起义，攻占了伊犁，将清廷任命的伊犁将军志锐政权推翻，并将志锐正法，伊犁起义取得阶段性胜利。1912 年 1 月 10 日伊犁宣告成立临时政府，管理新疆事务，原属伊犁镇边使管辖的达斡尔族聚居的塔尔巴哈台地区，开始直接受北京政府指挥和管理。1912 年 8 月，北京政府任命毕桂芳为第一任民国参赞大臣，派往塔城就职。作为民国政府的官员，对新疆的风土民情有了诸多的了解和调查，毕桂芳将如何管理塔尔巴哈台，如何对该地区包括达斡尔族在内的少数民族进行积极有效的治理等问题，汇成"政治筹划概要"一文，连同首要办理之事，以条陈的方式，一并向北京政府呈报。

毕桂芳所呈报的主要内容有：统一管辖权限；划分管辖区域；改组管理机构；改善八旗生计等诸多问题。毕桂芳提供了治理塔城在内的新疆地区较为全面的计划，也成为民国政府在新疆和达斡尔族聚居的塔城等地区的施政纲领。由于各种因素的影响，其建设和管理主张未获全部允准，但部分内容得以实施，为新疆各地方的建设和管理做出了贡献。

毕桂芳给民国政府提出的"政治筹划概要"中，有专门关于达斡尔族聚居于塔城新满营官兵的八旗官兵的生计问题。该文于民国元年十二月三十一日呈文民国政府。其主张为："于民国二年将旗民十分全饷改由财务部拨款发给，并拨地分领耕种，俾得自食其力，以作永久之图。"待达斡尔族、锡伯等族民众适应了农业生产生活之后，再撤销这部分八旗官兵的银饷。并要求将"该八旗查向有官兵俸饷米折马乾等银共每年四万两千八百七十四点八两，请早发给备置耕牛、犁具等项"。并提出："设屯垦局以专管之，督率旗民种植米麦外，兼种其他植物及疏浚河渠各事。"① 毕桂芳的建议得到了民国政府的认可，其部分建议和措施得以实施。

首先，组建新式军队。民国二年十月，毕桂芳开始改造原来的清军建制，将原新满营和额鲁特等营解散，宣布成立陆军司令部。陆军司令部下设有一个步兵营，两个骑兵营，一个炮兵连。官兵总数是 1164 人。② 在军官的设置上，采取了上级委派和地方官员相结合的原则，营级以上的官员由从伊犁调来的北洋湖北军的人充任，而其余低级官员则是塔城本地原有军队中挑选出来的，达斡尔族的新满营中的大部分人并入了新组建的部队之中，成为民国新疆军队的重要组成部分。

其次，组建巡警局。在原新满营剩余的没有参加新成立部队的人员中，抽调了一百多人组建了巡警局。由于缺少枪支等武器，只有守卫参赞衙门等主要部门的巡警才能使用火枪。其余参加巡警的人员，就使用黑棍子代替枪支，在街道巡逻和站岗放哨，维护地方治安。

第三，组织民众从事农业生产。当时原新满营共 441 户，2009 人，参加部队的占四分之一以上，参加巡警的 100 多人，剩余的人均列入闲散人员，主要从事农业生产。

由此，原来的八旗劲旅中的军人，逐步转向地方耕田的民人。多数达斡尔族民众放下了他们喜欢的刀枪弓箭，拾起了锄头镰刀，开始了艰难的历史转折。

（二）杨增新统治下的新疆达斡尔族

毕桂芳的改革刚刚开始，局势就发生了变化。达斡尔族地区塔城、伊犁等地的起义失败，封建军阀杨增新控制了新疆局势，北京政府的独裁者袁世凯任命杨增新为新疆都督，新疆的一切大权落入到杨增新手中。

---

① 郭布勒·巴尔登著：《新疆达斡尔族》，郭白玲译，天马出版社 2005 年版，第 105 页。
② 郭布勒·巴尔登著：《新疆达斡尔族》，郭白玲译，天马出版社 2005 年版，第 105 页。

杨增新任新疆都督后，建立其专制独裁统治。镇压革命党人，改革政府机构。撤销伊犁临时政府，伊犁镇边使改为镇守使；原伊犁四个领队大臣改为四领队官，归他直接管辖。接着，杨增新又进行行政建制的改变，将塔城参赞改为道尹，亦归他辖治。将原有的伊犁"将军一切职权，统归新疆者都督"。[①] 杨增新成为了新疆的独裁者，也成为达斡尔族的独裁者。

1. 官员的调整

杨增新为巩固自己的政权，重新委任各地军政官员，拉拢重用亲信，做自己的得力助手。民国六年（1917 年 3 月）塔城归属新疆改为塔城道后，把谭钟麟调至塔城任副将。9 月任命涂贡球为塔城县知事，并指示涂贡球：上任后应办事项，首先要垦荒开渠种植粮食，为节约资金、物价稳定采取措施，反复强调安定民心等。

2. 对军队建制进行改革

乌鲁木齐与伊犁统一，达斡尔族聚居的塔城等地归属新疆省辖治。随着新疆军队制度的改革，在塔城官兵也裁兵节饷，将裁下来的官兵安排务农，使其能够自食其力。这次裁减兵饷，在塔城民国初被留用的原新满营的达斡尔、锡伯、鄂温克官兵成为减兵的主要对象，被裁撤的官兵数量占多数。从此后，巡警里留下的近一百名官兵和陆军、步兵、骑兵军官中，保留下来的达斡尔、锡伯等族的军官只有十几位认识汉文字的达斡尔官兵，其余新满营的达斡尔、锡伯、鄂温克官兵全部被裁撤后迁到农村务农了，这是新疆达斡尔族生产生活方式的又一次重大改变。

这次裁改后，在塔城等地的达斡尔族，留在军政部门工作的十分少见了，但是，继续留在军政部门里供职的达斡尔族官员，围绕自己从事的工作，想尽办法为国家和达斡尔族的民族事业尽职尽责，努力工作，并取得了良好效果，其中以原新满营中最后的左翼协领诺蒙阿等较为典型。裁改后诺蒙阿继续在参赞衙门内任职，诺蒙阿坚守了清代以来"三年勘察一次边界线"的界约规定，带领相关人员，对塔城西部边界进行查勘（此前已六年没有进行巡查了），对被破坏的鄂博和更改的界碑标记进行修复，为

---

① 《东方杂志》第 9 期，转引自《新疆达斡尔族》，天马出版社 2005 年版，第 107 页。

加强祖国的边防做出了贡献。

当时，沙俄乘民国成立之初，政权还不够稳固的局势，扩大其侵占地区，于是对五十一号、五十二号边境标记位置和界线进行了有利于俄国的移动。诺蒙阿带人勘察时发现了界标有所改动，于是坚持登上已留在沙俄境内的一个丘阜进行勘察，挖出了曾在几年前新满营卡伦哨兵换防时留下的碗、盆、勺子等器物，在铁的事实面前沙俄官员无法抵赖，将五十一号、五十二号标记移回原位置。① 像诺蒙阿这样的留在政权机构中任职的达斡尔人虽然人数很少，但在维护国家民族利益方面的贡献却不小，他们无论是身居要职，还是普通百姓，都在为守护祖国的西北边疆贡献力量。

3. 苏木的设立

从民国六年开始，新疆地区的达斡尔族官兵就被迁徙至塔城农村，开始从事农业生产。隶属于新设的屯垦局管理。屯垦局为了管理的方便，也是为了符合达斡尔等民族习惯的管理方式，利用原有的军队建制进行管理，即根据原来新满营八个苏木（旗）的建制，将裁兵为农人员安置到有水源适合耕种的八个地方，没有解散原有的苏木。在此之前迁居农村的官兵也陆续迁入各自的苏木。原新满营八个苏木在塔城县农村安置情况如下表4-3：

表4-3 原八个苏木安置情况表

苏木名称	安置地点	备注
霍尔果斯	瓜尔本设尔（阿西尔）	达斡尔族为主体
阿勒木铁	六升地、恰夏、吉也克、牛圈子等地	
柯浅	塔城北部喀浪古河西	
富泽克	阿布都拉河东	
齐齐罕	现喀拉哈巴克乡西南部	
图尔根	喀拉哈巴克北部	
萨玛尔、策吉	喀拉哈巴克东南和乌奴根齐克、德日孜加甫克。	

资料来源：郭布勒·巴尔登著：《新疆达斡尔族》，郭白玲译，天马出版社2005年版，第108页。

这些苏木，除了达斡尔族、锡伯族和鄂温克族外，还有维吾尔族等民

---

① 郭布勒·巴尔登著：《新疆达斡尔族》，郭白玲译，天马出版社2005年版，第107页。

族，在霍尔果斯苏木是达斡尔族最为集中的苏木。这些苏木成为了新疆达斡尔族的家园。

4. 分区管理

随着民国时期民治管理体制的日益推广，新疆的达斡尔族聚居地方也实行民治管理方式，将这些地方改为区域管理，八个苏木分为八区，左翼四个苏木改为一、三、五、七区；右翼四个苏木改为二、四、六、八区，管理区的头目称为"区长"。

后来农村实行农官乡约制度，这些区又改成乡，一个乡约管理一个乡。"农官"由乡约中有威望的人来担任。农官的职责主要是上听下达的任务，代表上级管理八个乡的土地、浇水、收公粮、税收等事务，还负责督促、监察、公粮的交纳和税收。农官虽然多由本乡中有威望的人担任，多为本乡的主体民族，如达斡尔族等。

在塔城聚居的百姓除了达斡尔族之外还有锡伯、鄂温克族群众，杂居在塔城的八个乡之中，自从 1917 年到 1949 年间，担任过区长的有：韩英武（锡伯）、博音巴图（达斡尔）、胡尔曼哈力（哈族）；担任过农官的有：杨农官（汉）、高富录（汉）、尹得春（锡伯）；诺哈巴孜巴特（达斡尔）。他们手下的乡约、保长、百户长都由地方上的达斡尔、锡伯、哈萨克族人担任，新中国成立前的新疆达斡尔族基本处于这一管理体制之下。①

第二节　民国初年达斡尔族对于
民族命运的探索和抗争

达斡尔族是一个勤劳勇敢、吃苦耐劳并具有创新精神和革命精神的英雄民族。在清末民初的社会动荡中，社会局势异常复杂，外有沙俄与"蒙古国"的直接威胁，内有错综复杂的民族关系，还有汉族贪官污吏的欺压，达斡尔族的民族精英们思考民族的前途和未来，探讨本民族发展的前

---

① 郭布勒·巴尔登著：《新疆达斡尔族》，郭白玲译，天马出版社 2005 年版，第 109 页。

途和命运，并为民族的发展和未来谋划有利于民族发展的政策和措施，为此，达斡尔族精英们从事了很多活动甚至是武装起义，为民族的未来而努力探索。

一、呼伦贝尔独立事件

清末民初之际，清朝的统治刚被推翻，新的民国政权刚刚建立，地处北疆的呼伦贝尔在这种深刻的社会变局中也受到强烈的冲击。包括达斡尔族在内的民族精英们，在寻找探索本民族的前途和未来。但在多种内外势力的影响下，呼伦贝尔上层和部分民族精英们，策划和发动了"呼伦贝尔独立"事件，曾一度得逞。在广大人民群众和爱国上层民族人士的坚决斗争中，终于还是于民国九年（1920 年）取消"独立"回归了祖国。

（一）深刻复杂的社会背景

1. 沙皇俄国策划侵占外蒙古与呼伦贝尔

沙俄侵略占领呼伦贝尔的野心由来已久。早在穆拉维约夫出任西伯利亚总督不久，就出台了以侵占黑龙江省为主要目标的《穆拉维约夫计划》，他们认为一旦中国政局发生变动，俄国应立即采取坚决措施使蒙古和满洲不受中国控制。

首先，沙俄早就把外蒙古看作是俄国的势力范围，想把外蒙古并入俄罗斯版图。用尽各种手段欺骗、威胁，唆使外蒙古独立，分裂中国。1911年 12 月 1 日，在沙俄扶持下外蒙古发表"独立宣言"，宣布"独立"。

其次，侵略矛头指向呼伦贝尔。随着中东铁路的修筑，沙俄测量人员、军事人员、商人、教会、筑路工人等开始大批涌入呼伦贝尔，在中东铁路沿线生活工作，并逐步控制了铁路沿线及其附属地，将其侵略势力逐步渗透。

第三，沙俄对呼伦贝尔的中心城镇海拉尔格外重视，将被称作"中国通"的副领事吴萨缔调来海拉尔。他来海拉尔后积极在蒙古人上层活动，常邀请各旗王公、喇嘛集会，与他们交朋友，离间蒙汉关系，反对清政府，吴萨缔对蒙古人、达斡尔人表示关怀照料，以此笼络人心，收买官吏，深得蒙古上层人士的"好感"。企图通过这种交往和筹备，为沙俄对呼伦贝尔地区的占领奠定基础。

沙俄处心积虑的侵略和经营，为其势力的发展奠定了良好基础，在呼伦贝尔独立的过程中，发挥了重要作用。

2. 中国政体变革导致民众"反清、反汉官"的民族情绪

光绪三十四年按东北总督徐世昌建议，开始对东北地区进行官制改革，以便加强达斡尔人和蒙古人聚居地区的军政和边防管理。当时，呼伦贝尔副都统宋小濂按清政府命令在呼伦贝尔地区推行新政，措施如下：

（1）取消蒙旗政权，建设道府制。将副都统改为呼伦兵备道，设呼伦、胪滨两府及吉拉林设治局。将达斡尔族聚居集中的讷河改为讷河直隶厅，后改为讷河县。布特哈地区筹建西布特哈设治局。

（2）在蒙古和达斡尔族聚居地区大量招募汉人屯垦实边，加强边务，招募汉族农民为兵守卡，兴办屯垦，分给牛马和各项经费，以耕为戍。

（3）增设卡伦，将卡伦蒙兵撤下来，招募汉人编练新军。

（4）清理俄国人越界侵犯中国主权问题。

清末新政措施，对于巩固边疆，加强防务，发展经济，促进社会的发展和进步有一定的积极作用。但是，呼伦厅垦务局拟将海拉尔河沿岸的广大牧场划为开垦地段。而这一地区是呼伦贝尔水草丰美的天然牧场，是少数民族畜牧业经济赖以生存的一个重要基地。地处边疆地区民族地区，世代畜牧业为主要生产生活方式的达斡尔族和蒙古族来说，是对其世代习惯的生活方式的严峻挑战。他们对这种"风气未开，骤难变革"的做法难以接受，对传统的八旗制度及其特权是一个打击。他们"悉如旧制，不惯新政"。尤其是大量使用汉人，大量开垦土地，大量的草原变为农场，使包括达斡尔族在内的各族民众产生了强烈的抵触情绪。原呼伦贝尔副都统衙门的蒙古族车和扎（原新巴尔虎右翼总管）和达斡尔族官员原额鲁特旗总管胜福①，秘密召开了有索伦左、右翼和新巴尔虎左、右翼总管，原副都

---

① 胜福（1850—1919），字介轩，达斡尔族，莫日登哈拉，原索伦右翼正黄旗（今鄂温克旗）人。

统衙门左、右厅官吏及牧民代表参加的会议，并选派代表与地方当局（呼伦贝尔兵备道）交涉。在其要求遭到拒绝后，又派出代表到奉天、北京等地要求撤出汉族官吏和军队、停止移民、将关税及税捐交由地方等五项条件，结果要求未被采纳。正如呼伦贝尔民族革命的先驱达斡尔族精英郭道甫先生所说："唯独在满清末年，假借举办新政以图富强的名义，竟把蒙藏的自治政权来侵犯，这才引起蒙藏人民的恶感"。[①] 达斡尔族和蒙古族上层王公怕失去世袭的优厚待遇和蒙旗职位，担心移民实边政策和屯垦政策危及当地达斡尔族和蒙古族人民世代沿袭的生活方式；因此，对新政产生了强烈的抵触情绪。

3. 哲布尊丹巴利用宗教积极推行独立

外蒙古"独立"后，哲布尊丹喇嘛向呼伦贝尔和内蒙古各旗发出"劝谕"，要求各旗蒙古人归附蒙古国，成立一个"大蒙古帝国"。为了使内蒙古和呼伦贝尔能归顺蒙古国，对去蒙古国的海山、陶克陶胡等人都委以重任。接到"劝谕"的内蒙古各旗王公贵族和呼伦贝尔达斡尔族胜福等人进行了激烈的思想斗争。虽然蒙古族达斡尔族的上层分子也怀疑，投靠沙俄未必靠得住，但呼伦贝尔因历史的、地理的，社会的、民族与风俗等方面的原因，同"外蒙古"有着千丝万缕的关系。正是这种关系和影响，建立"大蒙古帝国"在呼伦贝尔的达斡尔族和蒙古族中是有吸引力的，得到了呼伦贝尔部分上层分子的支持，成为呼伦贝尔独立的因素之一。

（二）呼伦贝尔"独立"事件

1. 呼伦贝尔的"独立"

在各种因素的综合作用之下，胜福等少数达斡尔和蒙古族的上层分子，产生了"独立"的想法，迎合外蒙古的独立，建立"大蒙古国"。

1912 年 1 月 14 日晚，胜福派人下达"最后通牒"，通知呼伦道和防营，15 日晨 8 时攻城。所有商民百姓均需在 15 日里挂白旗，否则全行攻杀。民国元年（1912）1 月 15 日，攻占海拉尔城，恢复呼伦贝尔副都统衙

[①] 　郭道甫：《蒙古问题演讲录》，这里所说"自治政权"是指将延续 100 多年的副都统衙门在推行"新政"中之时裁撤掉，而另置兵备道统辖索伦八旗和新巴尔虎八旗。

门，并以"呼伦贝尔旗属官兵"的名义宣告呼伦贝尔"独立"。呼伦道黄仕福闻听消息后急电黑龙江巡抚，请求"明示对策"，同时他组织防营和卫队进行抵抗。

俄驻呼伦贝尔领事吴萨缔玩弄两面派手段，一方面公开表示"俄国中立"，不参与任何行动。另一方面，积极支持胜福等人军事行动，"拨出快枪500支给胜福等使用。在满洲里和吉拉林俄蒙两国军队直接参战"①，在满洲里战斗中五名俄军被打死。吴萨缔同时宣布"东清铁路附属地内不准华兵与蒙兵冲突。双方交战炮弹若落入站界，即行调兵干涉。""不许火车运华兵"。② 沙俄处处干涉限制中国军队的行动。由于沙俄的干涉呼伦兵备道黄仕福只好放弃抵抗。

1912年2月3日晨5点攻打胪滨府。胜福为首的"独立"军队，兵分两路向呼伦贝尔发起进攻。一路由胜福带领蒙兵进攻呼伦城；一路由陈旗总管车和扎率一百多蒙古兵进攻胪滨府。俄官亲自往胪滨府内送最后通牒，调动马、步、炮三军800多人配合蒙古军队进攻胪滨府。其中，俄国兵一百来名，改穿蒙古军装，协助胜福进攻胪滨府。知府张寿增率军抵抗。击毙蒙军20余人，俄军4人，第一次获胜。但是，中国官员和防兵在人单、粮绝、援断的时候主动撤出胪滨府，胪滨全被蒙古兵所占。

俄蒙军队占领胪滨府之后就向吉拉林进兵，攻下吉拉林之后，在大街上烧、杀、抢。根据有关档案记载：4月18日，俄蒙兵手持刀枪，赶着200多辆大车抢运商店财物。第二天又把房屋烧毁，来不及逃的群众被杀死。③ 黑龙江省巡抚宋小濂下令驻军全部撤出呼伦贝尔地区，承认重新恢复的呼伦贝尔副都统衙门，胜福为副都统，车和扎为帮办。

黑龙江省巡抚周树模奉令，委派杜荫田、于家铭前往呼伦贝尔为劝谕委员。后来又增加了协领庆善、骁骑校景明。宣统三年十二月初一（1912

---

① 崔广域主编：《海拉尔风云录（1732—1932年）》（上），内蒙古文化出版社2000年版，第78页。

② 崔广域主编：《海拉尔风云录（1732—1932年）》（上），内蒙古文化出版社2000年版，第78页。

③ 崔广域主编：《海拉尔风云录（1732—1932年）》（上），内蒙古文化出版社2000年版，第80页。

年 1 月 19 日），各旗总管在劝谕委员们劝抚下有所觉悟，但"此次蒙人变乱，事先非俄人暗助，万不致此，今仍显然干预，收拾益难"。①

胜福完全控制了呼伦贝尔地区政局以后，他派往库伦的联络员领回"蒙古国"铸银印一颗。"哲布尊丹巴封胜福为贝子、车和扎为镇国公"。胜福以"蒙古国"统辖大臣职衔，镇守呼伦贝尔地区。1912 年 5 月 18 日敬谨开用（银印）。②

胜福接受俄国支持下的蒙古国官制，并启用蒙古国颁给的印信，表明胜福建立起来的政权机构，脱离了中央政权的统辖，成为服从蒙古国的政权机构。呼伦贝尔"独立"了。

呼伦贝尔在俄、蒙的支持下，向中央政府提出几项要求："中国官吏退出呼伦贝尔，将行政权复还蒙旗；中国军队即由呼伦贝尔撤回；中国不得再向呼伦贝尔移民；在呼伦贝尔境内中国人民，如不服从八旗官府，即须逐出呼伦贝尔境外；所有关税及当地一切自然富源所得之税捐，应移交呼伦贝尔蒙旗官府征收"等。从上述几条要求看，胜福等人已不把自己当成中国人了，但只说是"呼伦贝尔人"。投蒙古，靠俄国是不言而喻了。

呼伦贝尔宣布"独立"后，沙俄就迫不及待地与呼伦贝尔签订了使用、占据呼伦贝尔金矿、煤矿、渔场等协定。答应为呼伦贝尔提供经济援助，供应武器，训练军队。胜福政权成了沙俄操纵和控制之下的政权。

1915 年 6 月 7 日签订《中俄蒙协约》即恰克图条约，主要内容是外蒙古承认中国宗主国。中国、俄国承认外蒙古自治，外蒙古是中国领土一部分等。中国政府派驻库伦大员，驻地方佐理专员。6 月 9 日，外蒙古撤销"独立"，解散蒙古国。11 月 6 日又签订了《中俄关于呼伦贝尔之协定》，即《中俄会订呼伦贝尔条件》，呼伦贝尔撤销"独立"，划为"特别区域"。直隶于中央政府。实际上呼伦贝尔仍在俄国控制之中。

《中俄会订呼伦贝尔条件》，条约大体内容如下：

---

① 崔广域主编：《海拉尔风云录（1732—1932 年）》（上），内蒙古文化出版社 2000 年版，第 78 页。

② 崔广域主编：《海拉尔风云录（1732—1932 年）》（上），内蒙古文化出版社 2000 年版，第 81 页。

一、呼伦贝尔定为特别区域，直接归中国中央政府节制，并受黑龙江省长官监督，遇有必须之事，及便利文书之往来，则呼伦贝尔之官府，可与该省长相商。

二、呼伦贝尔副都统，由中国大总统以策令任命之，享有省长之职权，呼伦贝尔总管五员及三等以上职官，始有任命为副都统资格。

三、副都统设有左右两厅厅长，一由副都统拣员，一由内务部拣员，均需经中国中央政府任命，此项厅长之任用，应以呼伦贝尔四等以上职官为限。

四、平时所有，该地军事，专就本地骑兵执行，但副都统应将军事筹备情形及其缘由，呈报中央政府。

呼伦贝尔官吏，若认地方不靖，无力弹压之时，中央即可派兵前往，惟先应通知俄国政府，迨地方绥靖后，即行撤出呼伦贝尔境外。

五、除海关及盐政进款，专归中央收存外，其呼伦贝尔他项各税捐，尽数留作该地方之用，副都统应将收支情形，年终呈报中央政府。

六、呼伦贝尔及中国内地农工商人等，自由往来侨居，均一律看待，不稍歧视，惟呼伦贝尔土地，即认为旗民所共有，则华人谨得以定期租借名义，在各处取得田地，并须禀由地方官查明此项农业无妨碍旗民牧放牲畜之处，始可办理。

七、将来如拟在呼伦贝尔修筑铁路须借外款时，中国政府应先于俄国政府商办。①

呼伦贝尔承认中国之"宗主权"。中国政府承认呼伦贝尔为"特别自治区"。中国政府向呼伦贝尔派兵需俄国政府同意。这是中国政府在沙俄压力下不得不同意，这些"条件"表面是中国争回了主权，实际是使呼伦贝尔控制在沙俄手中。

2. 巴布扎布匪帮占据呼伦贝尔与呼伦贝尔的"第二次独立"

民国五年（1916），受日本人支持的巴布扎布暴乱军队在林西城败亡，

① 崔广域主编：《海拉尔风云录（1732—1932年）》（上），内蒙古文化出版社2000年版，第83—84页。

其余部在色布精额和本巴扎布的带领下，北窜盘踞喀尔喀河一带，派人要求与呼伦贝尔副都统衙门合作，以实现蒙古独立之目的，遭到达斡尔族副都统胜福等人的拒绝。民国六年（1917 年）6 月，色布精额、福兴阿、巴布扎布等人率数千名匪军，在日本间谍机关的支持下攻下海拉尔城，废除呼伦贝尔副都统衙门，成立"提都府"。人们称为"第二次独立"。色布精额、巴布扎布占据海拉尔，导致在海拉尔城、南屯、西屯、莫和尔图等屯的达斡尔族群众，纷纷前往扎敦河、扎兰屯、齐齐哈尔、昂昂溪等处避难。胜福等各级官员也迁避齐齐哈尔城，在要求省方出兵驱逐色布精额匪军，结果未能如愿的情况下，胜福派贵福、凌升、荣安、福尔格图等达斡尔族官员，潜回满洲里，联系蒙古等族官员，召开各翼代表会议，决定组建 1200 人的骑兵队。是年农历八月十六日，在额鲁特旗总管兼保安队统领贵福指挥下，开始攻打海拉尔城，战斗从凌晨持续到第二天午后，方将"提督府"攻占。色布精额匪军残余在退往喀尔喀河途中，被呼伦贝尔副都统衙门左厅厅长成德（达斡尔族）率领的队伍所歼灭。收复海拉尔城后，胜福等人恢复呼伦贝尔副都统衙门，继续行使特别区域的职权。避难于外地的各族民众，陆续返回原居，重建家园。

3. 呼伦贝尔取消"独立"

身处内外蒙古的蒙古族人民，特别是呼伦贝尔地区的达斡尔族人民和蒙古族人民以及多数蒙古王公坚决反对蒙古"独立"和呼伦贝尔"独立"；坚决反对分裂祖国、投靠沙俄的罪恶行为。如：内蒙古各盟和各旗都分别发表《通告》《声明》，或通过会议讨论后再发表集体会议声明，提出不承认《俄蒙协约》和《俄蒙商务专条》，认为这是"辱民丧权"，哲里木盟和卓索图盟长致电国务院："库伦被人蛊惑，擅订俄蒙协约，系少数人私意，本旗决不承认"；"本盟各旗决不承认《俄蒙协约》，赞成蒙汉联络一气，保守疆土"。[1]

呼伦贝尔宣布"独立"后，沙俄并未实现其承诺，在军事经济等各方

---

[1] 崔广域主编：《海拉尔风云录（1732—1932 年）》（上），内蒙古文化出版社 2000 年版，第 86 页。

面给予支持和援助，而是迫不及待的签订条约，扩大在呼伦贝尔的势力。吴萨缔还威胁胜福说，胜福若取消"独立"要"赔俄国贷款和枪械费，今后中国欺凌蒙旗，俄国不再袒助。"① 在俄国强力胁迫下，胜福认识到自己被沙俄愚弄和利用了。在民国二年三月华侨首领尹祥五报告书中说"胜福度日艰难，遂有降意。主要原因是：海拉尔各项经费由库伦直拨，胜福屡欲借款，库伦禁其自由。"② 胜福的窘境可想而知。

1917 年，俄国十月革命后，外蒙古失去了靠山，已无人支持。1918 年中国军队开进了外蒙古。这时哲布尊丹巴呼图克图也表示了愿"取消自治"，1919 年 11 月 22 日，大总统发布命令取消外蒙古自治政府。

外蒙古政治形势的变化，直接影响到呼伦贝尔。呼伦贝尔"特别行政区"代表左厅厅长成藩、右厅厅长巴嘎巴迪、左翼总管荣安、右翼总管凌升等电称：查呼伦贝尔地方向属中央完全领土，隶属黑龙江管辖，迫于库伦大势，不得已而独立。嗣后改为特别区域。惟自今以来，政治未能发达，经全旗总管、协领、左右厅长、帮办代表本署全体诚意会议多次，均称赞取消特别区域。用图治安，实万世永赖之利，据情呈请……所有以后一切呼伦贝尔政治听候中央政府核定治理。再中华民国四年，《中俄会订呼伦贝尔条件》，原为"特别区域"而设立，今自愿取消。民国四年会订条件当然无效，恳请中央政府作废，不胜迫切待命之至。③ 呼伦贝尔各族民众，恳切申请自愿取消"特别区域"，回归民国中央政府的统一管辖。民国九年（1920）一月，呼伦贝尔副都统衙门向东三省巡阅使张作霖、黑龙江省督军孙烈臣呈交《呼伦贝尔蒙旗请愿转电中央取消特别区域文》。民国九年（1920 年）1 月 28 日北京政府下令取消呼伦贝尔自治，即"特

① 崔广域主编：《海拉尔风云录（1732—1932 年)》（上），内蒙古文化出版社 2000 年版，第 79 页。

② 崔广域主编：《海拉尔风云录（1732—1932 年)》（上），内蒙古文化出版社 2000 年版，第 80 页。

③ 崔广域主编：《海拉尔风云录（1732—1932 年)》（上），内蒙古文化出版社 2000 年版，第 98 页。

别区域"，任命钟毓为督办。① 保留呼伦贝尔副都统衙门，使其管理蒙旗事务直到 1932 年伪满洲国成立。3 月任命张奎武为呼伦贝尔镇守使，丁超为海满警备总司令，任命郎官普为呼伦警察厅长。设"善后督办公署"。呼伦全境司法、行政、教育、实业、交涉、财政、警察等各事全归督办管理；"副都统权限仍旧"。在该地区汉民未臻繁盛以前，自可暂仍旧，以维护原案，稳固蒙人之心。"将来如何改设道尹，随时察酌情形办理"。②

民国九年呼伦贝尔在设"善后督办"同时提出应设"县治"。黑龙江省在上报国务院时提出："拟将呼伦、胪滨两县照旧设立，吉拉林设治局改为室韦县、奇乾设治局。"③

呼伦贝尔"独立"运动的因素非常复杂，包括达斡尔族上层分子在内的民族精英们被煽动和蛊惑，经历了"独立""特别区域"最后幡然醒悟，取消独立，取消特别区域，自愿归附中华民国中央政府统辖的过程。其中，有国际国内形势的影响，也有达斡尔族和蒙古族对于民族的前途和命运的抗争和思考。

二、莫力达瓦起义

1931 年是中国的多事之秋，也是达斡尔族的多事之秋。外有日本的觊觎，内有军阀的黑暗统治，导致达斡尔族生存环境空前恶化。达斡尔族上层和部分民族精英们，组织了达斡尔族聚居的布特哈地区、讷莫尔和诺敏等地区的达斡尔、鄂伦春民众，以反对封建军阀、反对民族压迫、保卫家园为宗旨的莫力达瓦达斡尔起义军，被达斡尔族群众称呼为"敖里莫音浅"。

---

① 崔广域主编：《海拉尔风云录（1732—1932 年）》（上），内蒙古文化出版社 2000 年版，第 99 页。

② 崔广域主编：《海拉尔风云录（1732—1932 年）》（上），内蒙古文化出版社 2000 年版，第 100 页。

③ 崔广域主编：《海拉尔风云录（1732—1932 年）》（上），内蒙古文化出版社 2000 年版，第 100 页。

（一）起义前的形势

1. 进步思想的产生

1925 年 10 月 12 日，在中国共产党和共产国际的指导下，在张家口市召开了内蒙古国民革命党（亦称内蒙古人民革命党）第一次代表大会。达斡尔族爱国青年郭道甫、福明泰、金鹤年等十余人代表达斡尔族和蒙古族参加了会议。会议决定成立内蒙古人民革命军、开办军校等，并成立了组织机构。白云梯被推任为委员长，郭道甫任秘书长，中共党员吴文献、吉雅太等任中央执行委员。达斡尔族青年逐步接受了共产党及共产国际的观点和主张。

1928 年初，郭道甫等人在蒙古首都乌兰巴托召集在蒙古的达斡尔族人员开会，制订了在布特哈地区举行武装暴动的计划，得到了共产国际、蒙古人民民革命党的支持，并准备武器弹药和经费等方面给予援助。但是，计划暴动并未实施，却为后来组建莫力达瓦达斡尔起义军作了思想上、组织上的准备。

2. 民族矛盾的加剧

布特哈地区是达斡尔等族世代居住生存的家园，这里的少数民族一直沿袭着狩猎、采集、农业生产相结合的复合经济模式。但是，随着光绪末年放荒招垦政策的实施，布特哈地区的大片生计地、牧场、猎区，多被流民圈垦围占。根据粗略统计，从 1905 年至 1911 年间，仅在东布特哈讷河垦段和西布特哈甘井子垦段就共垦荒达 131 万余垧地。[①] 达斡尔族等各民族的生存环境遭到了严重破坏，传统的渔猎经济受到冲击。再加上大量移民的涌入，彼此的生活习惯和生产方式的不同，引起了汉族移民与当地原住民之间的矛盾，逐渐发展成为民族矛盾。于是，讷莫尔地区的伯尔克、哈力、塔文浅、莫热、德都勒、满那、坤果尔津等二十余达斡尔人村屯迁居西布特哈地区，嫩江东岸的阿勒克浅、库热浅、奎力浅、拉力浅等十余屯的达斡尔人也迁入了西布特哈地区。他们被迫离开了世居家园，有的迁入了西布特哈的本族各屯，有的则另建了新村。大量移民涌入导致当地的

---

① 卜林：《少郎代夫起义》，《达斡尔资料集》第 8 集，民族出版社 2008 年版，第 54 页。

达斡尔族原住民背井离乡，对滥垦政策产生积怨和不满，并由此迁怒于移民和垦荒政策，导致民族矛盾的加深。

3. 兵匪结合，匪患横行

驻扎布特哈地区的军队是吴俊升旗下的徐子鹤旅，联合了讷河县的周作霖团、嫩江县的刘汝明团，并勾结坤果尔津屯北青龙岗匪首赵青山的土匪团伙，称霸一方，烧杀劫掠，无恶不作。各族民众困苦万状，难以聊生。

在上述因素的共同作用下，一场反对封建军阀、反对民族压迫、保卫家园为宗旨的以达斡尔族为主体的起义酝酿发生了。

（二）莫力达瓦起义

1. 起义的酝酿

1930 年冬初，达斡尔和蒙古族的有志之士们聚于北京东交民巷万国饭店开会，德古来（吉尔嘎朗）、郭兴元（绰罗巴图尔）、郭文通、李友桐（阿思根，蒙古族）等 9 人参加了会议。会议决定建立民族联合武装起义队伍，开展宗旨为反军阀、抗苛捐、反压迫、求民生、保护民族利益、争取民族地位的斗争。

会议决定在达斡尔族集中的布特哈地区举行武装起义。由郭兴元回布特哈地区，在便于隐蔽活动的大兴安岭东坡的莫力达瓦山附近，筹建达斡尔起义军；由郭文通回呼伦贝尔筹建达斡尔起义军呼伦贝尔分队，以作为对莫力达瓦达斡尔起义军的声援和支持；由李友桐回哲盟组建蒙古自治军，与布特哈地区起义军遥相呼应和相互支持，分散敌军对莫力达瓦达斡尔起义军的压力。为加强起义领导力量，从东北蒙旗师范学校调遣布特哈地区的郭东布（莫德尔图）、敖荣寿（阿勇巴图）、敖岳山（胡格金台）、敖匡海（孟和巴雅尔）、郭安庆（阿木尔肯）、郭永连（扎音保）、孟耐春（腾克台）、德富贵、鄂云阶、索和信（宜吉尔图）、敖定升（库库）等学员，让他们分批如期赶到莫力达瓦山前的库如奇屯集合点，协助郭兴元组建达斡尔起义军。

2. 莫力达瓦起义

1931 年秋，建立了莫力达瓦达斡尔起义军，推举郭兴元为起义军统领。该军共分五个中队,一中队队长音登保(猎民出身,枪法好),二中队队长郭美朗(曾任讷莫尔地方武装团总指挥,有带队经验),三中队长郭东布(留日士官生,通战术),四中队队长孟富兴(富于谋略),五中队队长塔林保(熟悉地形)。建立这支起义军时,共有280多人,主要是由青年学生、农民和猎民组成的。

11月11日,为了筹措起义经费,莫力达瓦起义队伍将达斡尔族等各族群众所捐助的牛皮、兽皮等装载在两个马拉爬犁上,派出萨富连(鄂温克族,杜拉苏勒屯人)、索德巴二人运往嫩江县城出卖,不幸在城郊被反动军警截住和逮捕,经过严刑拷打,二人保守住了起义的秘密,但却英勇牺牲。成为莫力达瓦达斡尔起义的首批烈士。

1931年11月20日,达斡尔起义军组建后,立即奔袭了布西设治局,缴获了一些武器弹药。同时还开展了在西布特哈地区追剿土匪和抗击官军的一系列活动。徐子鹤旅从嫩江、讷河等处调集了两千多名官兵,妄图一举消灭正在阿尔拉山乡集结的达斡尔起义军。双方展开了激烈的战斗,起义军装备参差不全、弹药缺乏,以弱抗强,以寡敌众,英勇抵抗一昼夜后,采取突围行动,安全地转移到了库如奇屯。徐旅尾追而至,起义军打退了已经冲进屯边敌军的多次进攻,终于坚持到天黑,组织队伍和群众突围,退向了莫力达瓦山。徐旅无法进入深山打击起义军,就返回屯里,制造了火烧"库如奇屯惨案"。

3. 起义失败

起义军进驻布西(即尼尔基镇)后,一面扩充队伍,一面训练,维持地方治安,有时清剿小股土匪。此时,日本侵略军已经侵入东北,马占山指挥的江桥抗战失败了。日军到达莫力达瓦后,伺意将达斡尔起义军收编为莫力达瓦保安队。有的起义军农民、猎民成员气愤地离队回屯,有的被调到大兴安岭博克图暂编为中东铁路护路军,后来又被整编为兴安东省警备军。保存下来的队伍,成为了日伪政权的武装,走向了起义初衷的反面。

莫力达瓦起义是当地达斡尔族反抗封建军阀、反对民族压迫、争取民族自我发展的起义活动，给当地的反动军阀武装以一定打击，有一定的进步意义。

三、少郎代夫起义

少郎代夫起义发生在 1917—1919 年间，主要活动在雅鲁河与嫩江汇河口一带。起义以少郎和代夫为首领，以达斡尔族贫苦民众为主体，包括汉族农民参加的武装起义。这次起义是在阶级矛盾民族矛盾相交错的复杂背景下爆发的，是社会问题、民族问题的集中反映。

民国初年，国民政府在东北地区推行县治，边疆地区民族地区的布特哈地区也不例外。民国政府将达斡尔族上层所控制的东西布特哈总管衙门废止，改设为讷河、布西、德都、嫩江、雅鲁等县。随着废旗置县政策的实施，达斡尔族蒙古族等上层分子的世袭享有的官职和特权被取消，世代从事的生产方式发生变化。权力机构的变化、生活方式的改变，使达斡尔族和蒙古族民众难以适应，他们对于失地丧权表示了极大的不满。

嫩江流域水草丰美，资源丰富。达斡尔族为主体的各民族在这里发展半农半畜牧渔林猎等多种经营，长期处于自给自足的自然经济状态。在清末以来实行的放垦开荒政策影响下，达斡尔人占有的土地，由原来人均熟地一垧以上，突然减少到不足五亩，草甸子一占而光，严重影响了牧畜业的发展，包括达斡尔族在内的各族民众的生产生活收到了严重影响。

自放荒招垦以来，外来流民大量涌入，成分复杂，良莠不齐。有些人结成大小绺子抢劫民族部落的牛马羊群，他们或野外盗窃或进屯抢劫，使民族部落牲畜财产蒙受了重大损失，各民族百姓对此深恶痛绝。在社会问题、民族问题不断激化的情况下，不堪忍受压迫剥削的人们揭竿而起了。

少郎又名小郎，黑龙江省龙江道龙江县甘南乡罕伯岱屯人，现属齐齐哈尔市富拉尔基区杜尔门沁达斡尔族乡，是达斡尔族莫日登哈拉冲罗莫昆家族人。少郎是代夫的堂弟，二人都是龙江县罕伯岱屯莫日登哈拉人。少郎兄弟四人，其排行老大。少郎从小失去了父亲，靠母亲抚养长大，作为长子，自认承担其家庭重担。因家境贫寒，少郎从小给人家放牛当童工。寒冷的气候和孤独寂寞贫穷无助的生活，使少郎染上了喝酒的习气。由于常年喝酒，加上奸商的盘剥，少郎欠下莫呼屯尹长顺和罕伯岱屯"王老西子"一大笔酒账。为还重债，少郎无奈偷了张家大院的两匹马，还了王老西子的债。此事遭到哈土半拉屯黄玉坤告密，军警到处通缉少郎，少郎只好到处匿名藏身。

少郎痛恨贪官的横征暴敛，痛恨盘剥达斡尔族民众的地主和奸商。民国四年冬，少郎率领代夫、桂香等亲友，砸了盗窃民族部落牛马群起家的张家大院和王家小铺，在王老西子和黄玉坤举发下，被捕入狱，判刑两年。少郎入狱后，其堂弟代夫、表妹桂香，为减轻少郎的责任，进城投案自首，不但没能减轻少郎罪责，他们反而被判徒刑。三人均在齐齐哈尔陆军监狱扎龙苇塘服苦役。民国六年十月，趁看守疏于防范之机，打死三个警察，少郎、代夫、桂香三人越狱脱险。

少郎和代夫持枪潜回罕伯岱屯，发动同族的孟三朋、孟全保、单长连等长工参加造反起义。他们痛恨"王老西子"之流"一张水獭皮换三斤酒，一斤酒就能换只羊，打一斤酒准八两，打上一斤油一半是清米汤"的奸商行径；痛恨"好酒送给'噶珊达'（村长），卖给穷人对水浆，好货送给'噶珊达'，货钱记在穷人帐"的卑劣剥削行径，[1] 少郎说："诺彦（官）、白音（富人）不会向我们恩赐什么的，太阳焰光不会照耀咱们家门，活不了就抢，欺负到头就要杀烧，使'诺彦''白音'再也不敢骑在穷苦百姓头上拉屎撒尿了，就得和他们碰撞……。"[2] 少郎揭示了起义的目的，乡亲和相邻了解和赞同其做法，纷纷参加了起义。他们首先破袭本屯和附近几家地主的响窑（修有炮台的大院），缴获不少枪支和马匹，并打开地主的粮仓，把粮食分给屯里的贫穷农民。少郎和代夫继而走上了"反军阀、杀官豪、救穷人"的道路。

参加起义的最初多为达斡尔族同乡。有的是少郎的亲戚，如桑普勒桑普勒、纯宝是少郎同屯堂弟；三丹是库布苏屯人，是少郎把兄弟；银花，

---

① 卜林：《少郎代夫起义》，《达斡尔资料集》第 8 集，民族出版社 2008 年版，第 54—72 页。
② 卜林：《少郎代夫起义》，《达斡尔资料集》第 8 集，民族出版社 2008 年版，第 54—72 页。

少郎表妹；桂香也叫桂山，是少郎的表妹；有的是少郎的朋友，如卓瑞、军德、军兰、双海、林布库等；有的是达斡尔族乡亲相邻，如郭青山属达斡尔族郭布勒哈拉罕伯岱屯人，富贵喜是龙江县莫呼屯，千贵属达斡尔族金克日哈拉，鄂马属达斡尔族鄂嫩哈拉阿协金莫昆，张喜布库为沃热哈拉札木莫昆人，海郎是达斡尔族鄂嫩哈拉阿协金莫昆人；此外还有赞同少郎起义的部分汉族民众，如李连福、郑文信、刘木匠等。

民国六年十月十一日，少郎代夫等人袭击了收税员刘馨山和巡警李胜祥等人，将其所带枪一杆、子弹一百粒、鞍骑马一匹、皮靴一双，全行枪去，武装了起义队伍。

民国七年四月一日，少郎代夫等起义成员在哈土半拉屯，抓住了前来抓捕少郎等人的第六派出所副巡官绰号"马大棒子"的马国权。此人在担任副巡弁和副巡官职务期间，在罕伯岱、杜尔门沁、莫呼、洪河，岗阿一带民族部落中，为虎作伥，鱼肉乡里，名声极坏。当马国权一行至哈土半拉屯刘木匠家附近时，少郎布置代夫、桂香、桑普勒、郑文信、金钱柜、李连福、富贵喜等人开枪，打死了警士李兴云，打伤了副巡官马国权，缴械了马巡官两支大枪一支手枪、子弹八十多粒，并将受伤的马国权杀死。为当地百姓出了一口恶气。

少郎代夫率起义军劫富济贫，深受百姓赞扬。认为少郎代夫是有"民族骨气、为穷人出了一口气"。他们打死恶霸奸商"王老西子"时，缴获一千吊现金和手枪子弹，将缴货粮食，分发救济给莫呼、罕伯岱两屯没有下锅米的贫穷百姓。民国七年初，少郎代夫起义军抢劫了张家大院，把七、八十石粮和几十头牲口，发给当地贫农民。

少郎代夫劫富济贫也不是见富劫杀烧掠，而是专门挑选有民愤的对百姓盘剥压榨较为严重的地主或官员。如民国七年七月二日，少郎代夫乘官兵离开额尔门沁屯之际，袭击了凌福大院，洗劫了达族百姓都愤恨的恶霸劣绅凌福。"使凌'白音'威风扫地。并打开凌'白音'的粮仓和衣柜，就地分给了贫穷农民"①。

---

① 卜林：《少郎代夫起义》，《达斡尔资料集》第8集，民族出版社2008年版，第54—72页。

民国七年八月六日夜，为解决起义军的供给问题，少郎起义军突袭了泰来县境内的第二十九师第三团的农垦军一个连队，缴械枪支子弹马匹及军装等若干。起义队伍不断壮大。龙江道公署下达训令抓捕少郎代夫，各地抽调军警追剿跟踪。听说少郎代夫在阿伦河口一带频频活动的情报后，不惜一切代价，用了吴俊升第二十九师第二、三团兵力；外加警察派出所的巡警，从哈拉海到嫩水左岸荒甸子，从卧牛吐到刘家窑塔拉台敖乃屯，撒上了大网，抓捕起义军。民国八年三月初，少郎等约四十名起义军，被围困在额尔门沁屯，和军警展开了三昼夜的战斗，终因寡不敌众而失败。少郎、郭青山等人侥幸突围，逃到罕伯岱屯隐藏，但被告密，官兵捕捉少郎等人。民国十年四月十日左右，少郎在嫩江县西板桥遇难就义，时年47岁左右。郭青山也在同一天遇难就义。

震撼嫩江大地的少郎代夫起义，最终被镇压下去了。尽管很多人谩骂少郎是"匪贼"，甚至有的达斡尔族老人也跟着谩骂少郎代夫为"华拉格"即胡子。然而，在军阀官僚贪官污吏土豪劣绅压迫下，在死亡线上挣扎着的达斡尔族广大人民则不然，他们赞赏少郎代夫反抗统治阶级的压迫，不畏强暴，前仆后继的斗争精神，为达斡尔族的奋勇抗争谱写了一曲壮丽的凯歌。少郎代夫起义，是达斡尔族历史上的一次重大的政治事件，起义发生在人口极少、经济文化落后的达斡尔族里，尽管其斗争策略和斗争方式，都具有一定的局限性，但反对大汉族主义、反对民族压迫的精神，已载入史册；对后世有巨大影响。达斡尔族民间文学中，广泛流传着少郎代夫的英雄故事，仅就达斡尔族口头文学来说，歌颂少郎代夫的诗歌（乌钦）就多达二百多首，这些精神财富丰富了中华民族的文化宝库。

四、郭道甫和呼伦贝尔青年党事件

民国初年的达斡尔族地区和其他地区一样，推行县治，但根据民族和地域特色，保留副都统和旗治。呼伦贝尔境内的铁路附属地内又执行俄国法律，称之为"国中国"，达斡尔族等民族生活的呼伦贝尔地区的形势较为复杂。一些留苏、留蒙的青年如白海峰、朱实夫、郭道甫、福明泰等爱国青年，他们常年在外求学学习，见多识广，对当时的社会有了比较深刻的了解和认识，同时受到中国"革命党"和俄国"十月革命"等因素的影响，对呼伦贝尔现状产生了不满，尤其是对民族上层的腐败毫无政治远见更是不满，于是，产生了对呼伦贝尔进行"政治改良"的思想主张。

民国10年（1921年）呼伦贝尔学生会与外蒙古平民革命党发生了政治关系，接受了其主张和方法。将呼伦贝尔学生会改名为"呼伦贝尔青年党"，其首领为郭道甫、福明泰等。呼伦贝尔青年党不断发展，成员有近百人，他们大都是有文化知识的青年人，对于中国社会时局的混乱和呼伦贝尔蒙旗当局的腐败有较为清醒的认识，意图改变呼伦贝尔的局面。

呼伦贝尔青年党主要领导人郭道甫认为："一般蒙旗当局（指副都统衙门）都是官僚阶级，不仅没有政治常识和世界眼光，至连保境安民的观念也没有，他们唯一信仰的是满清皇帝的复活。"[1] 青年党想以自己的统治代替呼伦贝尔的封建王公上层的统治，想实现完全自治。

青年党想自强自立，但自身力量薄弱，不得不依附于外国势力。呼伦贝尔青年党与第三国际和外蒙古革命党取得联系，在二者的指导和直接支持下，决议夺取呼伦贝尔政权。1927年以留苏、留蒙青年白海峰、朱实夫创建的内蒙古青年革命党成为第三国际的一个支部，郭道甫、福明寨加入了这个组织，并是主要负责人之一。呼伦贝尔青年党将中央党部设在库伦，接受外蒙古的指导及物资援助。由库伦发号施令，指导呼伦贝尔的工作。

1928年初，郭道甫（达斡尔族）、福明泰（达斡尔族）等人在乌兰巴托召集呼伦贝尔籍各族青年，讨论中国与国际局势，并通过了要以呼伦贝尔青年党的名义、以武装暴动的方式改革旧的蒙旗政治，实现呼伦贝尔完全自治的决定。[2] 共产国际驻乌兰巴托代表和蒙古人民共和国同意给予武

---

[1] 郭道甫：《蒙古问题讲演录》（1929年），内蒙古自治区达斡尔历史语言文学会印，1987年6月，第27页。

[2] 《达斡尔族百科辞典》，内蒙古文化出版社2007年版，第104页。

器援助。

1928 年正是东北地区时局变动之际,军阀张作霖被日本人炸死,使东北政治局面越发混乱。郭道甫、明泰等人利这个机会,在呼伦贝尔南部边境与外蒙古交界之处绰克图松布尔地方召集该党代表大会,讨论如何利用当前的形势进行武装革命,夺取呼伦贝尔政权,恢复呼伦贝尔完全自治。最终得到苏联和外蒙古的支持与援助。青年党派阿格、东太等二人前往海拉尔说服呼伦贝尔当局共同行动,齐心协力举行暴动,宣布独立,被副都统拒绝。

7 月 9 日青年党 9 名干部携带大批外蒙古给的武器弹药,潜入罕达盖地区,成立了呼伦贝尔青年党暴动委员会,郭道甫任委员长,并成立平民军司令部,福明泰任司令兼参谋长,乌尔根、雅德木扎布二人任副司令兼副参谋长。将该地区驻防的正蓝旗保安团改编为平民骑兵第一路第一团。说服驻守当地的保安分队参加平民军,并得到了新巴尔虎总管奇普森额等开明人士的支持。于是,很多蒙古族牧民和旗佐官员,以及在乌奴耳河和辉河的鄂温克族的牧民,相继成为平民军成员。以阿尔山为根据地,开始了行动。郭道甫、福明泰等在致呼伦贝尔副都统署和道尹赵仲仁的通告文书中,声明平民军不是要搞"呼伦贝尔独立和革命",而是在"承认领土主权属于中国"的前提下,改革呼伦贝尔政治,撤换现副都统,重要官吏由人民选举产生,实现"蒙古人自治"等要求。1928 年 8 月 15 日,副督统公署给予答复,拒绝了文书中的各项要求。于是,呼伦贝尔青年党指挥军队,按照进攻计划,以罕达盖为大本营,分兵三路向呼伦贝尔进攻。

1928 年 7 月 17 日,平民军队伍的东路军攻占乌奴耳火车站,拆除几段铁路;18 日西路军攻占嵯岗车站,切断与外界联系的电话电报线,与护路军交战;中路军攻打海拉尔城的计划受挫。平民军的进攻,致使哈满列车不能正常运行,引起了国际社会的关注。黑龙江省保安部急派张忠甲为海满警备总司令,率领大批军队前往镇压平民军,又命令刘钧衡团开赴甘珠尔庙一带围剿。时任东三省保安总司令的张学良将军,认为呼伦贝尔青年党的举动实属政治事件,决定用和平方式解决,便下令暂停军事进攻,派出谈判代表,前往将军庙与郭道甫等人接洽,了解他们的政见。几经周折，双方在沈阳达成如下协议：在呼伦贝尔副都统公署内增设参议会，容纳青年党人物，实行民主民治制度；举办蒙旗师范学校，培养民族人才；增加行政、教育方面的经费。政府不追究参加这次武装暴动者的责任。这样，轰动一时的呼伦贝尔青年党暴动宣告结束。

民国十八年（1929）11 月 21 日，中东路事件发生，满洲里、扎赉诺尔被苏联红军攻陷，苏军遂长驱直，入抵达海拉尔，海拉尔守军 11 月 24 日不战而退入大兴安岭。地方官员同时撤退，商民大部撤走。

12 月 15 日晨，青年党军队两千人到海拉尔，与苏军完全合作。17 日，部分蒙古保卫团兵被苏军缴械，其余部分撤向正黄旗。12 月 26 日消息说：海拉尔苏维埃政府已成立，设立委员七人，阿（福）明泰为主席，其中两名苏联人。分政务部、外交部、军事部、财政部四部。

12 月 28 日，开始苏军逐渐后撤，防务交给内蒙青年党青年军，地方在苏维埃政府控制之下。民国 19 年（1930 年）1 月 3 日，在苏联扶植下成立的海拉尔苏维埃政权自动取消（1 月 3 日），海拉尔秩序恢复正常，地面治安由贵福副都统的保卫团维持。

达斡尔族地区的几次重大事变都与沙俄、苏联、外蒙古相关，都是他们唆使援助而发生的。青年党就是在这样的旋涡中生存，十字街头徘徊。郭道甫后来对青年党的前途有了较为清楚的认识，他说："呼伦贝尔人民所需要的仅仅是有限的自治和民治条件，不是想要脱离中国"。根据呼伦贝尔所处地理位置无法独立，因此，青年党发生了分裂：福明泰带领部分人去外蒙古，郭道甫留在东北保安司令张汉卿身边当秘书，从事少数民族的教育工作，呼伦贝尔青年党事件逐渐平息了。

第三节　民国初年的达斡尔族社会

一、思想文化的变迁

清代前期，达斡尔族的文化取向以满化为主，但到了后期则以推行汉化为主要方式。以前"黑龙江省文书，向以满文通行，即咨达京部亦然"①，但到光绪时，因为内省满人基本都已汉化，满文几乎已无人识得，再加上汉人在朝野力量的壮大，致使在京城"于满文概不收阅，改行汉文"，② 官方公文往来的需要也迫使黑龙江的地方官把发展汉文化提到日程上来，这也使得黑龙江各级官府必须培养习汉文之人作文书官，于是专学汉文的义学得到发展，汉化的速度加快，达斡尔族也在这一变迁过程中学习汉文汉语，呈现"汉化"趋势。

（一）学校的汉语化教学

布特哈地区达达斡尔族居地较为闭塞，对汉语学习和掌握较晚。《黑龙江外记》中载，"布特哈近岁能汉语者亦多"③，西清为嘉庆朝人，由此看来，布特哈八旗地方汉语在达斡尔人中的传播，应该是嘉庆年间开始的。达斡尔族大规模汉化，当从清末开始。

至新政之初，布特哈八旗地方达斡尔族"学满文者百无一二，学习汉文者更是寥寥无几"④。自变通旗属改立新学以来，"均经一律设学，渐臻进步，并拟随时扩充，期于教育普及"⑤。布特哈八旗自分为东西两路后，"公牍汉文较多，为翻译所苦，渐有学习汉文者"⑥。这样，以清廷的"新政"改革为契机，在政府的推动下，布特哈地区学校教育较为迅速的创办起来。汉化趋势也日益加快。清末改良旗学以来，旗学教育开始从满文教学为主转向汉文教学为主，从而为达斡尔族接受汉族先进文化开辟了更为直接的渠道。

在教学中，极力推行汉语。以布特哈地区为例，教员"务以汉文较深

---

① 西清：《黑龙江外记》，黑龙江人民出版社 1984 年版，第 32 页。
② 万福麟监修、张伯英总纂：《黑龙江志稿》卷二十四，黑龙江人民出版社 1992 年版，第 1096 页。
③ 西清：《黑龙江外记》（外六种）卷六，黑龙江人民出版社 1984 年版，第 60 页。
④ 孟希舜：《达斡尔族志略》，孟志东编：《中国达斡尔族古籍汇要》，内蒙古文化出版社 2007 年版，第 793 页。
⑤ 万福麟监修、张伯英总纂：《黑龙江志稿》卷二十四，黑龙江人民出版社 1992 年版，第 1098 页。
⑥ 孟希舜：《达斡尔族志略》，孟志东编：《中国达斡尔族古籍汇要》，内蒙古文化出版社 2007 年版，第 793 页。

熟，通汉语，洞悉教育方法及学务情形者方准留充，否则一律撤换"①。省视学胡玉衡还针对"学生六十余人，通汉语者不过三分之一"的情况，责成该校长刘雨霖"对于教员授课并与学生接谈概不得参用达呼尔语，至学生彼此对谈，尤当督其练习汉语，以期便于授课，渐臻同化"②。省视学胡玉衡认为，西布特哈地区的教学"除高等小学外，其余均系本籍人教授，纯操达呼尔语，以致设学七年，成绩绝少等语"③。故而采取一系列措施加强汉语教学，甚至毕业考试以"能以汉文汉语答述者为限"，④还将此作为奖惩教员的重要条件。此种做法虽然对强化汉语教学有促进作用，但如果主要以"该处现已设治，应于同化"⑤为目的，加强汉语教学，却有失当之处。如何把握本地区实际，了解民族特色，有效利用本地区民族语言，增强教育的多元性，有效调动家庭学生的学习积极性，也是发展教育的重要层面。

正是这种学校教育和政策的推动，在清末民初之际，达斡尔族民众纷纷学习汉语说汉话，汉化已经成为一种导向。导致"今日之势已趋重汉文，能通习满、蒙文字者，盖亦寥寥不多觏也"⑥。"昔日家乘全系满文"，后"族人以国体更变，识满文者甚少，因之纂修新谱，译成汉文"⑦。在汉化的影响下，家谱改用汉文书写。

（二）部分旗民主动接受汉化教育

在清末民初，由于形势的变化，部分达斡尔族旗民想方设法主动接受

① 《关于布署学校按照省文筹办整顿令》，民国四年十月，第六种第一类第一卷，卷目编号：00415 号，莫力达瓦旗档案局藏《西布特哈总管衙门档案》；《黑龙江巡按使公署为转知布西学务新任总管抵任后将各教员考验并定教员奖惩办法事给龙江道尹何煜的饬文》，民国四年七月二十八日，《达斡尔资料集》第 9 集（二），民族出版社 2009 年 6 月版，第 2 页。

② 《关于布署学校按照省文筹办整顿令》，民国四年十月，第六种第一类第一卷，卷目编号：00415 号，莫力达瓦旗档案局藏《西布特哈总管衙门档案》。

③ 《关于布署学校按照省文筹办整顿令》，民国四年十月，第六种第一类第一卷，卷目编号：00415 号．莫力达瓦旗档案局藏《西布特哈总管衙门档案》。

④ 《关于布署学校按照省文筹办整顿令》，民国四年十月，第六种第一类第一卷，卷目编号：00415 号，莫力达瓦旗档案局藏《西布特哈总管衙门档案》。

⑤ 《关于布署学校按照省文筹办整顿令》，民国四年十月，第六种第一类第一卷，卷目编号：00415 号，莫力达瓦旗档案局藏《西布特哈总管衙门档案》。

⑥ 张国淦：《黑龙江志略》，《语言文字》，黑水丛书本，黑龙江人民出版社版，第 2391 页。

⑦ 《吉林郎氏家谱·谱序》，《吉林满俗研究》，吉林文史出版社 1991 年版，第 93 页。

汉文化教育。

民国四年，西布特哈凯和屯屯长阿穆尔浑等五户居民申请移入嫩江县境内，在提出移住的理由中称："民等之在前清也则曰达呼尔，昔则为引弓氏之族，语言沿旧文，仍满清，今沐文化未谙国语，抚躬自问，实属疚心。凡我子女若再圈于布西，风气开化之日欲副民国之望，不知又在何时，如隶嫩江就学嫩校，俾习汉语，变我方言，嗣后言语统一，自必易效。"① 为此，嫩江县知事姚明德给龙江道尹何煜详文一份，呈明是由。由于涉及到划分界址等事宜，故在批文中要求将划分地段情形绘图说明，不能仅凭几个理由即同意移住嫩江县。② 此举可能与旗段管理范围的划分有关，涉及到管理的范围和权限，此为另外的问题，但就其提出移住嫩江县的理由来看，学习汉文，是其移住的重要理由，可见此举也为部分旗人所想。同样，申请者也认为此理由能够符合当前形势，能得到官府的认可而得到批准。从此等情形看，"汉化"应为当时的一种趋向。

洪宪元年，黑龙江达斡尔族地区设置民治，重新划分界址，对原有管辖区域进行调整，拟将嫩江县业和德屯民划归西布特哈管辖，为此，本屯居民三十人联合申请称："民祖居嫩江至今二百余年，归于墨尔根城管辖，改设府制仍归嫩江县，现有嫩江、布西两处委员到屯划界，遽将民屯划归布西管理，闻命之下不胜惊异。"③ 故联合起来提出申请："民系达呼尔投诚清皇二百年来种族，语言沿用未革，今交通大开，日就文明，达呼尔语言最不实用；嫩江汉人多系旧谊，以学步或可以相俏……若我子弟就学嫩江尤能资借汉人子孙同一进步，待年毕业就级升学。"并称："新朝命令汉蒙满族准开亲，若就嫩江原有汉人相结亲盟，或有情愿。布西纯系达呼

---

① 《嫩江县知事姚明德为西布特哈凯和屯屯长阿穆尔浑等禀请移籍嫩江事给龙江道尹何煜的详文及批》，民国四年四月二十日，达斡尔资料集编委会编：《达斡尔资料集》第 9 集（一），民族出版社 2009 年版，第 1006 页。

② 《嫩江县知事姚明德为西布特哈凯和屯屯长阿穆尔浑等禀请移籍嫩江事给龙江道尹何煜的详文及批》，民国四年四月二十日，达斡尔资料集编委会编：《达斡尔资料集》第 9 集（一），民族出版社 2009 年版，第 1007 页。

③ 《嫩江县业和得屯民全凌等为请核示以民垦熟田迤西划作嫩布界限留籍嫩江事给龙江道尹何煜的禀文》，洪宪元年一月二十二日，《达斡尔资料集》第 9 集（二），民族出版社 2009 年版，第 60 页。

尔，拨民于彼，理应乐从，无如达胡尔人恃赖清室钱粮生活，由来不事生人产业，识者皆知难立社会，申请划归嫩江界内。"① 此申请提出之后，西布特哈总管金纯德即作出回应，称"系有人主使，立意讨好"，并称："上述五屯距西布夏则一苇之行，顺风可达，冬则车马往来无数泽之险，（在少数半官办民之人纵勇，即提出划归出西布不可。）国家划分行政区域当然以天然界限为定，且事关界务，长官自有权衡，绝非小民可以道里。"最后裁定该屯："距布近则六七里十余里，远或三二十里，而距讷河县在六七十里，甚或八九十里不等。如云为民便利起见，则各该屯即当然归布西管辖。"②

从此事件来看，不排除嫩江县与西布特哈争夺对其地的管辖权之嫌，就此暂抛开不论，从其阐述情形来看，亦能说明一些问题：其一，此民族皆为达斡尔族，与西布特哈达斡尔族同根同源，但到民国之际，对西布特哈地区之本民族"恃赖清室钱粮生活，由来不事生人产业"的状况并不赞同，认为这样"难立社会"。其二，之所以要求划归嫩江县，重要原因就是"资借汉人子孙同一进步"，其学习汉语学习汉族文化，以便达到本身的进步和发展的心情即可表现出来。此情说明，当时的汉化已经成为普遍现象。其三，民国政府在少数民族聚居地区主张各民族通婚，达斡尔族中有一些人有与汉族通婚的意愿，人们也向往汉族的文化和文明。

（三）多元文化的融合

达斡尔族传统教育是"国语骑射"教育，长此以往，逐渐接受了满族的制度、习惯和教育方式，趋向满化。晚清以后，与汉族接触交往增多，再加上政府的移民招垦等政策实施，大量汉人涌入，使达斡尔族呈现汉化倾向。这样索伦达斡尔、满族、汉族等各民族生活在一个区域，互相影

---

① 《嫩江县业和得屯民全凌等为请核示以民垦熟田迤西划作嫩布界限留籍嫩江事给龙江道尹何煜的禀文》，洪宪元年一日二十二日，《达斡尔资料集》第9集（二），民族出版社2009年版，第60页。

② 《西布特哈总管公署为撤销分界原案将蒋、李等五屯仍归布西事给龙江道尹张寿增的咨文》民国五年十月十二日，《达斡尔资料集》第9集（二），民族出版社2009年版，第183页。

响，互相学习，又逐渐呈现融合倾向，走向多元一体化的格局。如布特哈登德科村庄华善曾呈文："我父亲王齐忠在世时曾言系山西民人，不知隶于何州、何县，亦无同姓族人。我父亲在世时，娶登德科村女子为妻，生下我等。今我兄弟四人在此娶妻成家年久，故效法已学索伦达斡尔习俗行走围场行猎渔猎，故不知本性，与达斡尔皆同。请准华善我列入布特哈属下贡貂等语具呈。"① 此材料表明，山西的汉族来到布特哈地区，娶妻生子，生活习俗等完全融入达斡尔族之中，希望能与达斡尔族牲丁享受同等待遇，即打牲纳貂，长期的生活交往使其子孙与布特哈达斡尔各族民众不二，这是融入索伦达斡尔民族共同体的一个表现。但因"华善等人未入旗佐，不可贡貂"② 的情形表明，尽管生活方式已经被索伦达斡尔同化，但是真正加入到布特哈八旗组织之中也并非易事。

综上所述，在布特哈八旗地方，一些少数民族风俗"近日沾染汉习"，③ 同时，一些汉人到少数民族地方后逐渐习惯他们的风俗习惯，如吴兆骞自云："久沉异域，语言习俗，渐染边风。"④ 长时期的交往互动，使嫩江流域的各民族互相学习，如"索伦人仿效达斡尔人"，"因为达斡尔人是从事农业的，同时也是通古斯人在文化上的教师"⑤。索伦达斡尔、满、汉等族的节庆、歌舞、娱乐等，除一部分为索伦达斡尔固有的习俗外，多源自内地。"满、汉旧俗不同，久经同化，多已相类。现有习俗，或导源于满，或移植于汉"⑥。由于受清初满化和中后期汉化的影响，这两种民族文化与当地的索伦达斡尔传统文化相互间碰撞、交融，这种变化是多元的、复向的、相互的，即每个民族都程度不同地接受了邻族的某些影响，

---

① 《署理布特哈总管索尔泰等为查清华善等人原籍事给黑龙江将军衙门的呈文》，《达斡尔资料集》第 9 集（一），民族出版社 2009 年版，第 430 页。

② 《署理布特哈总管索尔泰等为查清华善等人原籍事给黑龙江将军衙门的呈文》，《达斡尔资料集》第 9 集（一），民族出版社 2009 年版，第 430 页。

③ 西清：《黑龙江外记》卷六，黑龙江人民出版社 1984 年版，第 62 页。

④ 吴兆骞：《秋笳集》卷八，《与计甫草书》，商务印书馆 1941 年版，第 144 页。

⑤ 史禄国著：《北方通古斯的社会组织》，吴有刚等译，内蒙古人民出版社 1985 年版，第 149 页。

⑥ 王树楠：《奉天通志》卷九十八，《礼俗二·岁事》，东北文史丛书编辑委员会，1983 年，第 2256 页。

同时又以自己某些特有的风俗影响着周边的兄弟民族，从而形成了以达斡尔文化、满文化、汉文化为主的民族多元文化。

二、经济生活方式的变化

（一）农业生产的发展

达斡尔族是一种以某种生产方式为主体，兼具其他生产方式的多元复合经济形态。达斡尔族以农耕为主，兼营狩猎、畜牧、采集等业。俄国人记载达斡尔人"不仅种植大麦、燕麦、穈子、大麻、荞麦和豌豆，而且还饲养马、牛、羊、猪、鸡等牲畜和家禽，野兽则有貂、猞猁、狐狸等。从帐篷出去猎一天貂，便可猎捕到 10 多只貂。他们同西伯利亚和勒拿河其他异族人一样，是拉弓射貂，将捕获的貂皮出售给汗，换取绸缎和布匹"[1]。达斡尔族迁居嫩江流域之后，在嫩江、讷莫尔河、诺敏河等沿岸地区建立起新的村屯，这里广阔的平原地带、肥沃的土壤，为达斡尔人的农业生产提供了良好的发展环境。因此，达斡尔族将农业生产作为重要的生产方式之一。编设八旗之后，对其生产方式并未产生多大的影响，其主体的经济形态仍然保持着并有所发展。清末民初达斡尔族在生产生活方式上都发生了很大变化。

清末，俄日等国对东北侵略而引发的边疆危机，激起了有识之士的忧患意识，他们认为"不能不将边荒办法略予变通，以救空虚而图抵制"，[2]移民实边成为一项重要政策。大量的汉人涌入东北也涌入达斡尔族地区。导致"该牲丁附近黑龙江城，多通汉语，亦颇有因捕猎日艰，讲习农事者"[3]。后来政府大力提倡垦务，专门设置垦务机构，组织和管理垦荒事宜。西布特哈地区"设屯开垦由官出资本，招派八旗兵丁督催垦种，渐次

---

① 郝建恒等译：《历史文献补编——十七世纪中俄关系文件选译》，商务印书馆 1989 年版，第 17 页。
② 石方：《黑龙江区域社会史研究》（1644—1911），黑龙江人民出版社 2002 年版，第 160 页。
③ 万福麟监修、张伯英总纂：《黑龙江志稿》卷四十三，黑龙江人民出版社 1992 年版，第 1801 页。

推广，以期旗丁归农而兴垦务"①。在垦务政策的推动下，达斡尔族地方的农业生产得到了前所未有的发展。民国初年，国民政府大力提倡农业生产，西布特哈总管公署"酌派催垦员五名，以现任佐校充之，每屯农董一名，以屯长充之，仍照巡警区域分别支配，予限开垦，严定考成，务期地利开辟，变瘠土为膏腴"②。如此，分区划片责任到人，并将开垦荒田的成效作为官员政绩进行考核，这一举措有力推动了农业生产的发展，最终目的是使"一万一千余口之生计或可日渐充裕也"③。

新疆达斡尔族聚居点塔尔巴哈台山以南的湖鲁斯台平原是自古以来游牧人的栖息之地，新疆原塔尔巴哈台新满营官兵的达斡尔族与一批批家眷搬迁到湖鲁斯台草原；这里土地肥沃，水源充足，适合种小麦、大麦、玉米、小米、黄豆、胡麻、葵花等作物。有着良好的农业生产的自然条件。达斡尔族迁徙到此后开荒种地、辛勤劳动，为湖鲁斯台草原注入了生机和活力，原来作为游牧区荒无人烟的大片土地变成了绿油油的农田，草木旺盛，农业生产发展起来。

为了能使达斡尔族官兵能够安心从事农业生产，杨增新政府按农民家庭人口（以男的为主）每人分给一对牛水地④，同时还借钱给农民资金，使他们能够购买种子和生产工具。据有关文献记载，当时一苏木平均有 40 至 60 户人，一个苏木种地面积最多为 100 对牛水。如：安置在喀拉哈巴克图尔根苏木的共有 60 户，他们耕种的土地是 99 对牛水，有 5 对牛水以下至 3 对牛水以上的为 10 户，一对牛水的有 50 户。⑤ 搬到农村来的新农民首

---

① 《署理西布特哈总管庄善为遵拟择地屯田官督开垦办法事给黑龙江巡抚周树模等的呈文及批》，宣统三年九月二十六日，《达斡尔资料集》第 9 集（一），第 749 页；黑龙江省民族研究所编：《黑龙江少数民族》，1985 年，第 47 页。

② 《西布特哈总管公署为报拟定试办八旗生计地简章事给龙江道尹张寿增的咨文》，民国五年十月二十九日，《达斡尔资料集》第 9 集（二），民族出版社 2009 年版，第 119 页。

③ 《西布特哈总管公署为报拟定试办八旗生计地简章事给龙江道尹张寿增的咨文》，民国五年十月二十九日，《达斡尔资料集》第 9 集（二），民族出版社 2009 年版，第 119 页。

④ 郭布勒·巴尔登著：《新疆达斡尔族》，郭白玲译，第 109 页。牛水地根据用水量来划分，一对牛水地大约为 30 亩到 135 亩。

⑤ 郭布勒·巴尔登著：《新疆达斡尔族》，郭白玲译，第 110 页。牛水地根据用水量来划分，一对牛水地大约为 30 亩到 135 亩。

先着手准备栖身之处，在田间地头先挖地窝子、土打墙、打土坯、盖土房子等居住，当时也有一部分人仍旧是冬天在城里过冬，夏天到农村去种地。这一部分人过了几年，建好房屋后才正式搬到农村。

1. 耕地数量增加

以布特哈地区为例，光绪十八年（1892 年），布特哈"收成一分、二分、三分不等。收成三分余者托普升额等七十四佐。……其镶黄旗富尼松阿一佐收成一分，音德恩、托克托等十一佐、正黄旗萨斌图等六佐收成一分"①。此材料上报的是布特哈地区被灾后的"收成"情况，应是指耕地之收成，说明当时的布特哈八旗达斡尔中有 91 个佐领都有不同程度的农业生产存在，可见，当时农业生产在布特哈八旗地方较为普及了。光绪二十五年（1899 年），布特哈属讷漠尔河闲荒得以放垦。"该佐领等呈请放给本属旗人承领，并援照通肯章程，招民代佃，允之"②。光绪三十一年，布特哈奏请放甘井子荒地，光绪三十三年西布特哈地区"共放过毛荒十三万一千四百六十九响"③ 至民国三年，"已垦地亩十万零一千余亩"④。大量土地的开发使用，本身就是推动农业生产发展的动力，使农业迅速发展起来。

2. 耕作技术的改进

布特哈地区的达斡尔人农业生产起步较早，但技术水平相对落后。"彼等操作于草原肥沃之地，连年耕种，至数年后，地力耗尽，再择求新地，仍如前法耕作，地力再尽再换，或岁易其地待雨而播，不雨则终不破土，雨后相水坎处，携妇子牛羊以往，毡庐孤立，布种辄去，不复顾，逮

---

① 《将军衙门为报送所属各城收成及征免细册事呈》，光绪十八年，《黑龙江历史档案选编》光绪十六年至二十六年，黑龙江人民出版社 2009 年版，第 188 页。

② 《清德宗实录》卷四百四十三，光绪二十五年四月甲辰。

③ 《西布特哈总管常云为据报属境放过荒地及收进押租经费等项数目事给暂署黑龙江巡抚程德全等的呈文》，光绪三十三年九月二十八日，《达斡尔资料集》第 9 集（一），民族出版社 2009 年版，第 536 页。

④ 《龙江道公署为西布特哈及济沁河先行设治并就该署新政荒地熟地加收经费事给黑龙江巡按使朱庆澜的详文及批》，民国三年十月五日，《达斡尔资料集》第 9 集（一），民族出版社 2009 年版，第 883 页。

秋后来，诸草莠杂获，计一亩所得不及汉田之半"①。这种耕种方式几乎没有锄草、铲蹚、施肥等劳作，基本上是靠天吃饭，耗尽地力之后再另择新地。"人民不谙耕种之法。其地之垄浅，而且窄，不禁旱，更兼所开之地专择土质轻松之处以图省力。又一人而耕种十五六坰地，不能按时收拾，今年荒芜转年再另开他荒，数百年来未垦成许多熟地，只此之故，土性既生人工又欠，所以向来亦未有过十分收成"②。正是对布特哈耕作技术的写照。民国以后，随着移民招垦政策的实施，内地汉族人大量涌入，使得布特哈地区的耕作技术大为改进。耕地时，翻好土地，敲碎土块，使土壤疏松平整，播种时，已有部分农作物开始采取汉族的点种方式，既节省种子又提高种子的成活率。耕作过程中，还根据农作物的需求，进行锄草和铲蹚。为了保持土地的肥力，开始在大田上施农家肥并尝试着以大豆为中心进行轮作③。表明布特哈地区的农业向精耕细作农业转化。

新疆的达斡尔族在长期的生产过程中，总结出了一整套的农业生产和田间管理的经验，生产技术不断提高。最初开荒时先清除杂草荆棘，大致平整好土地才能用木铧犁犁地。用两头牛铧犁一天只能犁二三亩地，深度不足一柞。一般都在春天地潮湿时犁地种子在翻地前或翻地之后撒上，然后用耙子耙，将种子埋在松土下。撒种子时用水桶或口袋装上种子，迈均等的步子甩手撒种子。种子下地后开始开渠、打垄沟等田向管理。当庄稼长到一柞时浇头水，过十几天再浇二水，等到抽穗时浇三水或灌浆水。一般浇一至三水就该收割了。当时的达斡尔族以种小麦为主，再在房前屋后种土豆、胡萝卜、青萝卜、大蒜、白菜、辣椒、茄子等蔬菜。除此之外，还专门用一片地种植烟叶、大麻等作为副业。小麦是大面积种植的主粮，平时收成籽种的三至五蹚，风调雨顺天气，好的年份可收成近十倍；在遇旱灾、病虫害、蝗祸等自然灾害时收成大减，有时连种子都收不上。经历过无数艰难困苦的新农民发扬百折不挠的气概，以任何考验都不足以动摇

---

① 《莫力达瓦达斡尔族自治旗旗志》，内蒙古人民出版社1998年版，第346页。
② 《清乡员韩中海等为报告西布特哈附近各屯及沿途情形事的咨文》，民国四年二月七日，《达斡尔资料集》第9集（一），民族出版社2009年版，第984页。
③ 《达斡尔资料集》第2集，民族出版社1998年版，第322页。

他们战胜自然灾害的毅力，经过苦干实干，取得累累硕果，在不到十年时间，大多数人基本适应了务农生活，掌握了务农的各种技能。

3. 生产工具改善

民国初年，达斡尔族的农业生产呈现新的景象，铁铧、板锄、铁镰刀、石碌子等新农具得到广泛应用，在碾子山，碾子、石碌子的生产还成为一种产业，并成为当地的拳头产品。民国三年，由于"碾子山中，石匠做出碾子磨盘等项是出产一宗"，销售量较大，成为重要的收入来源，故而请求："应拟核价，每吊收捐一百文，至属境店房设车马站捐一百文。"① 此请示得到了批准，成为该地的一项重要的税收来源。耕作技术中，使用二牛和二马牵引的轻便的"卧犁"和汉族的把地翻一遍后再犁一遍扣垄的"两犁扣"② 的先进耕作方法在布特哈地区达斡尔族中得到使用，这都促进了达斡尔族地区农业生产的发展。

农作物品种和产量增加。达斡尔族一般种植生长周期比较短的作物，比如燕麦、荞麦、大麦、稷子等，其产量较低；以荞麦为例，一般年景每垧土地的收获量为三至四石，施肥多时也不过五至六石。③ 其他作物的产量则更低。因此，布特哈各族往往"现在所储之粮十家既有九家不敷一年之用，惟系由来积习，不独此一年为然"④。因此，一遇灾荒年景，必然需要国家救济。民国四年"发放布特哈赈米248石9斗1升1合，其余赈米151石零8升9合"⑤。19世纪末20世纪初，跟汉族人学会了种植谷子、高粱、小麦、玉米、黄豆等作物，并逐渐成为黑龙江地区达斡尔族种植的主要粮食作物。

在布特哈地区开始种植各种蔬菜作为全年的副食，故有"园田半年

① 《西布特哈总管宜铿额为收甘河煤矿及碾子山等捐补助学警经费事给龙江道尹的详文及批》，民国三年十二月十九日，《达斡尔资料集》第9集（一），民族出版社2009年版，第968页。
② 达斡尔资料集编委会编：《达斡尔资料集》第5集，民族出版社2004年版，第558页。
③ 达斡尔资料集编委会编：《达斡尔资料集》第3集，民族出版社2002年版，第86页。
④ 《清乡员韩中海等为报告西布特哈附近各屯及沿途情形事的咨文》，民国四年二月七日，《达斡尔资料集》第9集（一），民族出版社2009年版，第983页。
⑤ 《西布特哈前任总管宜铿额新任总管金纯德为造报灾赈报销册事给龙江道尹何煜的咨文》，民国四年十一月十五日，《达斡尔资料集》第9集（二），民族出版社2009年版，第29页。

粮”之说。布特哈的达斡尔族妇女，精心栽培和加工的烟叶，在东北地区享有“琥珀香”之誉。烟叶不仅是达斡尔族妇女之间互相馈赠的主要礼物，而且早在同治年间就已打入市场，成为各族消费者争相购买的商品。至清末民初，西布特哈地区的烟户更多，据史料记载“且该处辖境宽广纵横千里，人户四万八百余人户，二万二千余烟户”①。种植烟草成为布特哈各族的重要产业。

布特哈八旗组织下的各族民众是旗兵，“为兵者一身应役，势难及于耕耘”②。如果当兵，则无力从事耕作。其主要任务是驻防坐卡巡边贡貂，而不是从事农业生产，故而在这一体制之下，布特哈八旗地区的农业只是生活中的重要补充，赋役和杂役的沉重，使之无力耕种，故而，不利于农业生产的发展。随着八旗制度的衰落，对于旗兵的限制减弱，加上军饷的拖欠，旗民的生计出现问题，旗民也不得不从事农业，来弥补生活资料的不足。

民国以后，国家大力提倡发展民生主义，移民实边、发展生产成为经济发展的重要途径，不仅旗民获生计地，而且招来大量汉人垦荒，还允许无力耕种土地之旗民代耕，都有利于农业生产的发展。可以说，摆脱了八旗管理体制的束缚之后，本身也是对生产力的一种解放，使农业生产得以迅速发展起来。

民治机构的设立进一步促进了农业生产的发展，农业的发展又反过来促进了民治体制的建立和发展。

（二）牧猎经济格局的分布和变化

清末民初之际，由于社会的剧烈变化，以及八旗制度的逐步瓦解，原有的社会生产方式发生了变化，畜牧业有了较大的发展，一是因为畜牧产品的商品化，马、牛等畜力在市场上都能卖到好价钱，其本身对畜牧生产就是一种推动；二是垦荒业的发展，民国初年，达斡尔族的八旗牲丁不得

---

① 《暂署黑龙江将军程德全为布特哈以堂司改为文案处并留左右两司以资佐理时给善后总局的札文》，光绪三十二年五月初六日，《达斡尔资料集》第9集（一），民族出版社2009年版，第481—488页。

② 西清：《黑龙江外记》卷四，黑龙江人民出版社1984年版，第42页。

不进行社会生产方式的转化，经历了弃猎归农的巨大变迁，对于地广人稀的达斡尔族地区来讲，农业生产的发展往往不在于土地的多少，而在于畜力和犁杖的多寡，在此等情形之下，牛、马等畜力供不应求，这种客观需求刺激了畜牧业的发展。

达斡尔各族被编入布特哈八旗之后，文化上强调重视"国语骑射"教育，崇尚武功，对其狩猎生产是很好的推动。在赋役上，达斡尔族八旗牲丁每岁贡纳貂皮一张，几乎贯穿于整个清朝历史，就使得捕貂狩猎成为布特哈各族的基本社会生产方式，射猎成为其自身应掌握的基本技能，也是其重要的生产方式。可以说，八旗制度很好地保持了达斡尔各族的生产方式和社会组织形态，有利于狩猎业的发展。

直到清末，狩猎在达斡尔族民众中仍然占有相当比重。光绪三十二年时，"溯查布特哈地方官兵习俗浅促，性情朴素，昔以围猎是倚"①。他们平时在屯落附近单独狩猎。而在狩猎旺季则三五结伙远出猎貂或猎取各种野兽。硬弓、鸟枪的使用，相当大地提高了索伦达斡尔人狩猎生产的效率，并促使其组织形式发生了变化。有了这些高效狩猎工具，单个或少数人行猎，也可以捕获到充足的猎物，大规模的围猎活动渐不相宜。

东清铁路通车以后，很多猎产品已商品化，猞猁、狐狸、灰鼠、狼、獭等细毛皮成为达斡尔族猎民们猎取的主要对象，商品经济的发展也促进了达斡尔人的为人猎取细毛兽和鹿熊的积极性。每年初冬落雪后，三五结伙的猎民，到嫩江上源及嫩江各支流上源寻猎灰鼠等细毛兽；每年夏季到大兴安岭东南的绰尔河等地捕鹿。过去令人恐惧的黑熊，这时也变成了人们主动猎取的商品兽。猎人们不但射杀遇到的黑熊，而且四处寻找熊洞。发现熊在洞中，为了使熊胆膨胀，先以往洞里塞进木棍等办法惹它生气，而后才开枪打死。当时猎人们为了争取获得实惠的经济收入，进入猎区以

---

① 《暂署黑龙江将军程德全为布特哈以堂司改为文案处并留左右两司以资佐理时给善后总局的札文》，光绪三十二年五月初六日，《达斡尔资料集》第9集（一），民族出版社2009年版，第481—488页。

后，并不射杀一般野兽，生怕枪声惊跑了鹿、熊，以影响主要收益，只是在归途中打些其他野兽。此外，布特哈地区的达斡尔族某些哈拉，每年春秋两季，还要组织所属莫昆成员们，进行围山狩猎活动。直到民初，布特哈地区的百姓还是以打猎为重要生产方式。

总之，达斡尔族通过多种形式的生产，解决了部分皮衣、肉食、贡物和经济收入等来源，也为社会提供了相当数量的细毛皮张、贵重中药材和各种野味，活跃了市场商品交换，丰富了各族人民的物质生活。

（三）商业的发展

达斡尔族地方的商品经济发展相对较为缓慢。但布特哈八旗地方丰富的畜产品和贵重皮毛，很早就吸引着内地的商人来这里从事贸易。在黑龙江地区设立驻防官兵以后，出现了数量可观的食俸群体，他们有较为稳定的购买力和较为持续的消费需求，为布特哈地区达斡尔族商业的发展提供了条件。同时，驿站系统的建立，又为商旅的往来提供了便利的交通条件和安全保障。故而对内地商民产生了很大的吸引力。在经济利益的驱使下，内地商人纷纷来到黑龙江地方经营商业，从而带动起了达斡尔族的商业发展。内地商人来源较为广泛，尤以山西、陕西、直隶三省为多。

至乾隆后期，在呼伦贝尔地方又形成了甘珠尔庙会集市。甘珠尔庙始建于乾隆四十六年，位于今呼伦贝尔新巴尔虎左旗境内，自乾隆五十二年起，该庙于每年的八月初七日至十四日，即举行庙会，而于庙会之前，在八月初一至初五日间则有集市交易。届时除呼伦贝尔地区之外，乌兰察布、哲里木、锡林郭勒等盟旗，及齐齐哈尔、布特哈等地的交易者，都会云集于此，进行交易。其中，布特哈八旗的索伦达呼尔，以自造的勒勒车，来换取蒙古牧民的马匹，就是该集市上最为重要的一项交易活动。

20 世纪初期，随着黑龙江地区的开发，人们对猎产品的需求随之增加，很多猎产品已经商品化，如猞猁、狐狸、灰鼠、狼獭等细毛皮张成为市场上的畅销品，鹿茸、鹿胎、鹿鞭、鹿心血、熊胆、熊掌等中药材在市场上收购价格很高，一对熊掌能卖 100 元，[1] 优质的鹿茸一对价值 1000 元不足为奇[2]，这些都调动了达斡尔族猎民们猎取细毛兽和鹿熊的积极性。特别是 20 世纪初期，铅子单响枪和钢子步枪相继传到达斡尔族中，提高了狩猎业的生产力，使达斡尔族的狩猎业在 19 世纪末 20 世纪初曾出现过短暂而空前的繁盛。然而，狩猎业毕竟是一种攫取自然界现实成果的生产活动[3]，大规模的猎取导致资源迅速减少，产业开始萧条。

民国初年，大规模的牲畜贸易也较为普遍。"该西路旗丁等往往由库伦、呼伦贝尔等处贩来大帮牲畜多至四五百群少亦二三百群"[4]。西路即为西布特哈总管公署，从贩卖牲畜的数量来看已经达到相当的规模。当时，"职局给票以为信，商人执票以为凭在"。只要认真完纳税款，依法经营，都能得到支持和认可。可以说，总体的商业政策是较为宽松的，从而促进了布特哈八旗地方商业贸易的发展。汉族商人在西布特哈地区的买卖活动也较为频繁。民国四年，清乡员调查西布特哈情形时说："查界内作行商汉人最宜，一伙或二三人或三四人赶大轮车一二辆串各屯卖与。货劣价昂，专指赊账或秋季批买秋季粮。安分达民受其欺弄。不法之徒偷盗马匹，在当地不能售卖，每贱价售予行商带出界外。"从此情形看，行商在布特哈地区从事商业活动是非常普遍的现象，因此"应请宪台鉴核东西布特哈知事总管张贴布告，将此行商严行禁止，则达民于酒不禁自禁"[5]。不仅如此，在西布特哈地区开设了许多店铺，行商坐贾的经营促进了当地商业发展。

---

[1]　《达斡尔资料集》第 2 集，民族出版社 1998 年版，第 299 页。

[2]　《达斡尔资料集》第 2 集，民族出版社 1998 年版，第 300 页。

[3]　《达斡尔资料集》第 5 集，民族出版社 2004 年版，第 561 页。

[4]　《奏派督理黑龙江全省善后兼财政事宜姚福生为查明并无加征捐税事给暂署黑龙江将军程德全的呈文及批》，光绪三十二年十二月二十四日，《达斡尔资料集》第 9 集（一），民族出版社 2009 年版，第 502—510 页。

[5]　《清乡员韩中海等为报告西布特哈附近各屯及沿途情形事的咨文》，民国四年二月七日，《达斡尔资料集》第 9 集（一），民族出版社 2009 年版，第 985 页。

表4-4　西布特哈地区店铺表

地点		铺号	地点		铺号
乡	宜卧奇	广盛源、瑞兴隆、祥和顺、品盛厚、东升发	东乡	特莫呼珠	涌源成
				巴彦街	同兴公、天庆公
	特科	兴茂生		伊斯坎	广兴盛
	西拉金	三合公、三合顺		和礼	张小铺
	尼尔基	祥和福	北乡	乌尔科	三义公、宝聚丰、义和祥
	博伦	兴隆泉			
乡	绰尔哈	三合成、东来胜、天来泉、合成兴			

资料来源:《调查员孟广尧为调查复西为报送查复西布特哈事件事给龙江道尹何煜的详文》,民国三年十二月十四日附清册一本,表六分单五件,《达斡尔资料集》第9集,第935—936页。

在达斡尔族地区还广泛存在着谙达贸易。在清代前期,索伦达呼尔人与鄂伦春、必喇尔的安达之间,通常于每年的春季,赴双方约定的地点交换物品,索伦达呼尔人所提供的主要是自产的粮食、马匹、鞍具,以及内地的布匹、食盐、弓箭等商品物。其中最重要的是粮食,双方常将自己的赴约交易行为,称作"送米""取米"。在有关鄂伦春人的管理中就谙达及其谙达的盘剥等问题已有记述,故不赘言。

最初"官方谙达"独占着与鄂伦春人等交易的权利,直到晚清才出现了"私人安达"。[①] 随着商品货币观念的逐步成熟,市场间联系的日渐密切,清代前期索伦与达呼尔之间的安达互助性质的产品交换关系开始趋于萎缩。

(四)手工业的进步

清代达斡尔族的工匠利用废铁锻造的金属制品有猎刀、揉皮张用的钝齿和民间乐器口弦琴等。春末剥下白桦树皮加工制作桶、碗、盆等器皿,上面刻画各种图案,具有鲜明的民族特色。布特哈地区达斡尔人制作的大轱辘车、马鞍、烟袋锅等手工业产品,早已成为集市上畅销的商品。特别

---

① 《达斡尔族社会历史调查》,民族出版社2009年版,第53页。

是达斡尔族的大轱辘车，在邻近的各族人民中享有很高声誉，牧区蒙古人称它是"达斡尔车"，农区汉民赞其为"草上飞"。从光绪初年开始，达斡尔族装载大轮车，结成车队，每年八月前往参加在新巴尔虎左旗举行的甘珠尔庙（原名寿宁寺）会，与呼伦贝尔、乌珠穆沁和喀尔喀等地蒙古族牧民进行交易，换取牛、马和各种用品。运到甘珠尔庙会的车数，有时多达2000多辆。达斡尔族通过造车业，既解决了自用车辆，又为当地汉民和草原牧民提供了所需的运载工具。这对加强各地的经济和文化交流，增进民族之间的了解和友谊，都起过一定的促进作用。

木排生产亦得到发展。早在嘉庆年间，布特哈八旗地方的木排生产即达到一定规模。如嘉庆年间，"齐齐哈尔用木，皆楚勒罕时，买之布特哈人，其木由嫩江运下，积城西北。两人合抱之材，价银数钱，此关内所不能。然较二十年前，费已三倍，伐木日，人山渐远故也"①。至19世纪末期，放木排成为布特哈地区索伦达斡尔人重要经济收入之一。当时在墨尔根、拉哈、齐齐哈尔、富拉尔基等城镇，先后都出现了收购木材的客商。

民国初年，发放木排也是一项重要收入，西布特哈总管公署也将木排捐作为一项重要的财政收入。如民国三年，在努敏河开设木棚，执事人陈姓把头吕海等，由西布特哈山中伐放松木六排，杨木十排，西布特哈官员向其交纳捐税。该商反言：我是省人，又系自力砍木，不能纳你们布特哈处之捐，卒尔肆横抗辩不纳。为此当地官员呈请："此项捐款原为兴办地方公益要政而设，该商即或省人，其伐木植乃是本处产物，宜即随众交纳为是。"并指出："何彼一家违章反抗，若不严行罚惩，余皆纷纷效尤，本处一切办公定致向隅。"② 责令其缴纳了税捐。由此可见，砍伐木排是很普遍的一项生产活动。

19世纪末，铺设东清铁路时，由于急需大量枕木和建站木材，提高了收购各种木材的价格，给索伦达斡尔族的林业生产带来了极盛时期。当

---

① 西清：《黑龙江外记》卷八，黑龙江人民出版社1984年版，第85页。
② 《西布特哈地方捐总局委员和丰为惩办扰害公益之奸商事给黑龙江都督兼民政长的呈文》，民国二年十月十三日，《达斡尔资料集》第9集（一），民族出版社2009年版，第895页。

时，一棵六七寸粗，两丈五尺长的松木，卖四五吊钱：每一柞木估价可值二十吊钱。一年一人放下一次排，可卖一百多棵松木，收入要比一个猎民在中等年景的全年收入还多。因此，在一些山区的索伦达斡尔民众中，差不多有三分之一户，投入了放木排的林业生产。

三、达斡尔族社会关系的转化

（一）家长奴隶制成熟和发展

在八旗体制的保护和支持下，达斡尔族的奴隶制得以发展，虽然有开户之奴，但是这种释放奴隶还是非常有限的，大规模的释放奴仆，是在清朝末期。随着八旗制度的衰落，蓄奴制度也得以瓦解。

（二）家长奴隶制的瓦解

光绪年间，大规模的释放罪奴的情况就已经开始，至光绪末年，政府有关规定要求释放奴隶。光绪三十二年，常云状告东布特哈福龄声称："家奴六十三系与福龄总管有戚谊，欲将六十三由家主放出，又将别屯家奴三十余名密行派人唤来，言：汝等之先人皆系正人，汝等递汉文呈词，全行放出作为好民。查此项奴隶系属重犯，蒙前皇帝舍其死罪赏旗为奴，其种类系准噶尔回回厄鲁特反叛等项之人，不与出征带回娃子相同。家主辈辈为之娶妻生子，衣之食之，以养其成人，恩谊甚重。无知奴才被人愚弄反告家主。总管误听一面之词，袒护家奴，主实系负屈，肯将家奴仍行追还家主。"[1] 此材料表明，释放家奴是有关规定的，至少"准噶尔回回厄鲁特反叛等项之人"和出征"带回娃子"是不同的，后者可以释放，而前者不能释放，此问题成为东布特哈总管福龄的"罪状"之一，表明在西布特哈地区，奴隶还没有完全释放。

之后不久，政策性的大规模释放家奴已经开始。如黑龙江将军程德全

---

[1] 《暂署黑龙江将军程德全为西布特哈总管呈诉税局加征捐税饬查明实据呈复事给黑龙江善后总局的札文》，光绪三十二年十一月二十日，《达斡尔资料集》第9集（一），民族出版社2009年版，第495—502页。

任内，援照光绪九年成案，"前后饬放东路官兵家奴四百七十六户，男女大小一千三百二十三名，发给执照，侪于齐民，仍每照收钱二串，为纸板之费，以其盈余百余串"①。改设行省后，徐世昌以值此预备立宪之时，蓄奴之制既乖国家子惠之意，复来列邦指摘之讥。东路既有成案在前，西路亦应援照办理。爰于三十三年秋疏请，尽行释放，奉旨允行。② 光绪三十四年，遵照旨意："东布特哈旗总管福龄发给执照所放家奴共三百四十六户，男女大小口一千五百八十八名。西布特哈已领执照旗人所放家奴男女大小口六百七十九名。此项人等全部造册，由总管常云报送在案。"③ 从此以后，这些家奴获得了人身自由，并逐步获得民主权利。还参加了布特哈地区的议员选举。从此以后，奴隶制度在各地区废除。

（三）租佃、雇佣关系的发展

达斡尔族的租借关系以役畜的租借为主，土地的租佃关系只在个别情况下偶尔发生，一直没有发展起来。据西布特哈总管公署调查，宣统元年九月初一日起至十二月底止，"所属屯间房屋田亩实无互相买卖等情"时说："西布特哈地属边隅，人烟稀少，土著人民各自造草房而居，营盖不难，值价无多，故互相典卖者实属无几，至所种田亩亦系自辟、自种，甚不值价，嗣后，如有典卖田房遵照章程立契完税。"④ 表明宣统年间，房屋、土地等买卖租赁现象还很少发生。

民国初年，在政府的大力推动下，社会经济发生了转型，随之雇佣关系也发展起来。民国五年规定："八旗官绅散丁生计地实系人力牛具一无所有或仅有人力或仅有牛具，无力自垦者，准由官家督令招户代垦。"⑤ 规定了垦户与地主之间在建立租佃关系之前，"将地段指明丈量，订立字据，

---

① 万福麟监修、张伯英总纂：《黑龙江志稿》卷二十六，黑龙江人民出版社版，第1175页。

② 万福麟监修、张伯英总纂：《黑龙江志稿》卷二十六，黑龙江人民出版社版，第1175页。

③ 《署理西布特哈佐领明德为释放家奴已造报事给黑龙江将军衙门的呈文》，光绪三十四年四月初五日，《达斡尔资料集》第9集（一），民族出版社2009年版，第562—563页。

④ 《署理西布特哈总管宜铿额为报本处田房税契未经征收并陈地方情形事给黑龙江行省公署的呈文》，宣统二年二月初一日，《达斡尔资料集》第9集（一），民族出版社2009年版，第619页。

⑤ 《西布特哈总管公署为报拟定试办八旗生计地简章事给龙江道尹张寿增的咨文》，民国五年十月二十九日，《达斡尔资料集》第9集（二），民族出版社2009年版，第119页。

由官家备案。垦成熟地三年后，地主方得照章辟地，垦户与地主各应分地若干，双方订立字据呈由官方备案。发给垦户辟地执照，以便永远管业"[1]。自此以后，大规模的土地租佃关系得以确认和发展。垦户给无力开垦的地主开垦荒地，待所垦之地变成熟地之后，将所开垦之地分成，给垦户一部分，这对垦荒的推广扩大大有裨益，也是一种变相的雇佣关系。

但是，布特哈地区凡有畜力者，无需租佃他人的耕地，自己开荒耕种。因此，雇佣关系成为达斡尔族中主要的剥削关系。不仅在农业中，而且在猎业和林业生产中，富有者以不同形式雇佣贫困者。雇佣剥削在达斡尔族中有着悠久历史，其产生不晚于清中叶，至清朝末年已十分普遍。1910年，哈拉屯4户富农雇佣长工20余人，全和太屯2户富农雇佣长工6人。各地都有一批依靠出卖劳动力维持生活的贫困者。清代达斡尔族的农业雇工分为年工、季节工和日工三种。年工正月十五上工，十一月十五日完工，工期11个月，多实物工资，年工资是一般10石粮。也有采取伙种的形式雇长工者，资方出土地、耕畜和籽种，劳方出劳动力，工期仍为11个月，秋后按一定比例分配所收粮食，工资量在正常年景约10至12石粮，这种以合伙的形式雇用劳动力的习俗，在猎业和林业中亦很普遍，资方出一切生产资料，劳方出人力，按讲定的比例分配收益。季节工分春耕（扶犁）、夏锄和秋割三季。春耕扶犁工期3个月，工资3石粮。夏锄工期约两个月，工资1.5至3石粮。秋割工期一个多月，工资2.5至3石粮。日工主要在农忙季节招雇"一天一斗粮（约60市斤）"。雇佣关系的发展，加深了索伦达斡尔族内部的阶级分化，出现了一批拥有大地产的地主、富农，一批贫困农民只能依靠出卖劳动力维持生活。随着时代的变迁，社会制度的变化，达斡尔族地方也加入到时代的洪流之中，其社会关系的各个层面也发生了很大变化。

---

① 《西布特哈总管公署为报拟定试办八旗生计地简章事给龙江道尹张寿增的咨文》，民国五年十月二十九日，《达斡尔资料集》第9集（二），民族出版社2009年版，第119页。

第二十章 日伪统治时期的达斡尔族
（1931—1945）

1931 年，日本帝国主义悍然发动了侵略中国的九一八事变，迅速侵占了东三省。为了满足日本帝国主义的政治目的和侵略需要，1932 年 3 月 1 日，日本宣布成立伪满洲国，设置了从伪中央到地方一整套政权统治机构，在统治政策、管理体制、经济政策、文化教育等各个层面实行殖民统治政策，对包括达斡尔族在内的东北各民族实行残暴的法西斯殖民统治。日本殖民机构的设立和殖民政策的实施，对达斡尔族社会的政治经济文化生活产生了深远影响。

第一节 日伪时期达斡尔族地区的行政建制

日军侵占中国东北后，黑龙江内蒙古达斡尔族聚居区沦为日本的殖民统治之下，其行政建制也完全纳入到日伪的殖民统治体系之中。

一、呼伦贝尔地区达斡尔族的行政建制

呼伦贝尔地区指的是今呼伦贝尔市广大地区，包括大兴安岭以东以西的广大地区。在伪满洲国时期，日伪在这一区域设立了兴安省进行统辖。呼伦贝尔地区的达斡尔族主要聚居在兴安东省和兴安北省的广大区域。

（一）兴安省的设立

兴安省位于内蒙古东部地区，这里与蒙古国和苏联接壤，地域辽阔，民族众多，生活着索伦、达斡尔、蒙古、鄂伦春、满族、锡伯、俄罗斯等诸多民族；考虑到民族性和地域性特征，日本在对其的管理方式上也采取了与奉天、吉林等省不同的方式。早在1932年1月，日本在《满蒙问题善后处理纲要》中就指出："蒙古，将来要形成一个特定的蒙古地区，以谋求从政治、宗教两方面笼络之"。不久，又在《伴随满蒙建设蒙古问题处理纲要》中，计划设置蒙古自治省，其区域确定为东部内蒙古及呼伦贝尔部、布特哈部地区、察哈尔锡林郭勒盟地区，并预定将该省定为兴安省。

伪满洲国建立前，兴安省所辖区域大体包括如下三个组成部分：

表 4-5　兴安省所辖区域表（伪满洲国建立前）

名称	所辖区域
呼伦贝尔地方	九·一八事变时共有七总管一协领二十四旗，同时设置呼伦、胪滨、室韦、奇乾四县。
西布特哈地方	此时设有西布特总管公署、雅鲁县、布西设治局、索伦设治局、鄂伦春阿里多普库路协领公署。
原哲里木盟	科尔沁左翼中、后、前三旗，右翼中、前、后三旗，以及扎赉特旗等七旗。

这里的呼伦贝尔和布特哈地方都是达斡尔族主要的聚居地区。伪满洲国成立后，在行政管理上打破原有的行政建制格局，建立和组合新的行政建制，以加强统治区管理与控制。

1932年3月1日，"满洲国"成立，在其"国务院"设立了兴安局，分管特殊行政区域——兴安省。1932年3月9日，公布《兴安省分设三分省之件》规定兴安局"隶与与国务院，主管兴安省一般行政事务及另定地域之蒙旗事物，协助国务总理"。[①] 兴安局设总长、次长、参与官、秘书官、事务官、计正、属官等，其中总长为特任官，掌管局务，监督管理兴安各

---

① （伪）满洲国国务院：《满洲国政府公报》，第1号。

分省长。兴安局内设总务处（设调查、秘书、总务三科）、政务处（设教育、警务、蒙务、地方四科）、劝业处（设工商、农矿、畜产三科）三处。"兴安局所治之区域，定名为兴安省，分设三分省。北部为兴安北分省，南部为兴安南分省，东部为兴安东分省，由兴安局划定境界。设兴安省，成为蒙古特殊行政区域"①。"满洲国"政府任命原哲里木盟长、郭尔罗斯前旗札萨克齐默特色木丕勒为兴安局总长，"满铁"郑家屯公所原所长菊竹实藏为次长，任命白滨晴澄为总务处长，寿明阿为政务处长，原骥四郎为劝业处长。呼伦贝尔地区的达斡尔族基本都纳入到了兴安省统辖之下。兴安东省建省当时全省人口5万多人，达斡尔族约占半数以上。②

1932年4月5日，日伪当局制定《兴安分省公署官制》，各分省设总务、民政二厅，后设警务厅。1932年8月3日，兴安局改称兴安总署。1933年5月，日军攻陷承德后，划分昭乌达盟内西拉木伦河以北地区成立兴安西分省。

1934年11月，将兴安总署升格为蒙政部，直接主管东蒙地区的行政事务。1937年7月，蒙政部重新改为兴安局，直属国务总理大臣管辖，1943年，成立兴安总省，统辖兴安东、西、南、北四分省。省公署内设民政、总务二厅，下面有总务、会计、警务、地方、劝业、文教6个科和11个股。1945年5月1日，增设畜牧厅、林政厅。武装力量设有省保安司令部。

表4-6 兴安四分省所辖区域分布表

名称	建立时间	省长	省会	所辖各旗	备注
兴安东省（6旗）	1932年	额勒春（达斡尔族）	齐齐哈尔东城壕东段的天和胡同后迁至扎兰屯	莫力达瓦旗及布特哈右旗外，其余新建的喜扎嘎尔旗（设在索伦镇）、巴彦旗（设在和里屯）、阿荣旗（设在红花梁子屯后迁至那吉屯）、布特哈左旗（设在扎兰屯）	省长后来由博彦满都、巴金保担任

①　日本帝国主义侵华档案资料选编《伪满傀儡政权》，中华书局1994年版，第432页。
②　乌力斯·卫戎：《伪兴安东省纪略》，《达斡尔资料集》第8集，2008年，第82页。

续表

名称	建立时间	省长	省会	所辖各旗	备注
兴安南省（8旗1县）	1932年	业喜海顺（蒙古族）王爷	乌兰浩特市	科尔沁右翼前旗、科尔沁左翼前旗、科尔沁右翼中旗、科尔沁左翼中旗、科尔沁右翼后旗、科尔沁左翼后旗、库伦旗、扎来特旗、通辽县	省长后来由寿明阿博彦满都（蒙古族）担任
兴安北省（6旗）	1932年	额勒特总管凌升（达斡尔族）	海拉尔市	索伦旗、新巴尔虎右翼旗、新巴尔虎左翼旗、陈巴尔虎旗、额尔克纳右翼旗、额尔克纳左翼旗。	省长后来由额尔钦巴图担任
兴安西省（8旗2县）	1933年	扎嘎尔王爷	开鲁	巴林右翼旗、巴林左翼旗、阿鲁科尔沁旗、扎鲁特右翼旗、扎鲁特左翼旗、奈曼旗、翁牛特左翼旗、克什克腾旗、开鲁县、林西县。	

兴安省是达斡尔族聚居地区，除在兴安北省、兴安东省人数较多外，在兴安南省和兴安西省也有大量的达斡尔族居住，因此，兴安省成为达斡尔族的家园。

日本在兴安省地区设立省和旗，扶植地方的傀儡政权，实行殖民统治。在日伪的政权机构中，虽然有一批少数民族上层人士和官僚政客充任各种职务，但实权掌握在日本人手里，他们以驻军头目、顾问、次长、参与官、参事官等身份控制着一切，无论其政权机构冠以何种名义，都掩盖不了其侵略本质。

（二）伪满洲国时期兴安省行政建置的变迁

兴安省是伪满洲国的极为重要的地区，北与俄罗斯，西与蒙古国，南与辽宁省，东与黑龙江省、嫩江省相邻。大兴安岭横穿中部，东部为东北平原、西部为蒙古高原的延伸地带；境内主要有嫩江、额尔古纳河、克鲁伦河等河流和呼伦湖、贝尔湖等湖泊。清朝时是清廷的北疆边防要地，也是伪满洲国对抗苏联、蒙古国的战略要地，其战略地位十分重要。

兴安省又是多民族杂居的地区。索伦、达斡尔、鄂伦春等民族生息繁衍在这片土地，清廷对这一地区的统治是根据边疆地区民族地区的特色而采取的与内地不同的统治政策。清廷对于这一地区的达斡尔族分别设立布特哈八旗和呼伦贝尔八旗统辖达斡尔各族，对朝廷的主要义务为贡纳貂皮和巡边守卡，而不像其他驻防八旗一样是国家的专职军人。其直属于黑龙江将军，在中央则与蒙古一样隶属于理藩院。民国时期，虽然在达斡尔等民族聚居的地区实行和内地一体化的行政建制改革，在地方广泛推行县制，但是，清代的基层社会组织还在一定程度上保留着。日伪政权建立后，在行政建制等很多层面进行了改变。

1934 年 12 月 1 日，日伪当局行政机构改革，为实施"广设诸侯，分而治之"政策，推行新的《省公署官制》，兴安总署升为蒙政部，与其他各部处于同等地位。1937 年，日本为适应扩大侵华战争的需要，再度对伪满行政机构进行改革，实施"次长制"，由日本人掌握行政大权。为此，撤销蒙政部，国务院设兴安局，掌管原蒙政部事务。1943 年 10 月，日伪当局为加强北部国防，省级地方机构再作变动，西北边境地区兴安四省合并为兴安总省，四个分省也相应变为四省。

鉴于兴安省的特殊性，日伪当局废除盟制，改设分省；颁布"旗制"，以流官性质的旗长代替世袭的扎萨克。伪满初年隶属伪兴安四分省内的旗分全部实行"旗制"。1932 年 7 月 5 日，日伪当局公布《旗制》，使旗与县行政机关处于同等地位，旗长依次受到兴安总省长或省长的指挥监督。

在兴安省的设置和具体实施中，日伪竭力抑制和淡化达斡尔族和蒙古族的民族意识和向心力，所以，在设置省或办事机构时，称之为"兴安省"和"兴安局"，突出了居住地域的空间位置，并没有冠以蒙古或达斡尔等民族字眼，反映出日本人戒备多疑之心理及其侵略野心。

在兴安各分省或省公署设置日本人参事官，掌握地方实权，通过这些措施，日本帝国主义达到了分化、控制兴安省各民族的目的。建立省制，实行由省管理旗和县的行政管理体制，是包括呼伦贝尔地区在内的达斡尔族和蒙古等民族原有管理体制的重大变革，此旗制非彼旗制。

1. 旗的设立和裁撤

九一八事变前，兴安省统辖地区依旧实行盟旗制度，哲里木盟十旗，卓索图盟七旗，昭乌达盟十三旗，此外还有伊克明安特别旗。虽然已经统一在中华民国统治之下，但由于民族性、地方性和边疆性等因素影响，清代驻防八旗旧制仍然在一定程度上保持着，呼伦贝尔有七总管一协领二十四旗，西布特哈有西布特哈总管和鄂伦春阿里多普库路协领。伪满洲国建立后，对过去的旗制进行了调整，发生了一些变化：

（1）旗的设置

1932 年日伪设置伪兴安局时，裁撤原来保留的八旗组织，设置新的旗分，并实行日伪颁布的"旗制"。曾将达斡尔族聚居的呼伦贝尔和西布特哈地方的县和设治局全部裁撤，裁撤了呼伦、肺滨、室韦、奇乾、雅鲁五县和布西、索伦二设治局，裁县归旗。重新编制旗分，各旗均重新命名。如兴安东省设有五旗，即布特哈旗、阿荣旗、莫力达瓦旗、巴彦旗、喜扎嘎尔旗。兴安北省设有八旗，即索伦左翼旗、索伦右翼旗、新巴尔虎左翼旗、新巴尔虎右翼旗、陈巴尔虎旗、额鲁特旗、布里亚特旗、鄂伦春旗。[①]

（2）旗的合并和裁撤

日伪政权由于殖民统治的需要，对建立的各旗进行了裁撤合并。如：兴安北分省将 1932 年 6 月设置的八旗，在 1934 年 11 月，合并为六旗，即索伦旗、新巴尔虎左翼旗、新巴尔虎右翼旗、陈巴尔虎旗、额尔克纳左翼旗、额尔克纳右翼旗。将索伦左翼旗、索伦右翼旗、额鲁特旗、布里雅特旗合并为索伦旗。旗公署设在海拉尔，次年迁南屯（今巴彦托海镇）。[②] 1933 年 5 月 12 日，布特哈左翼、右翼两旗合并为布特哈旗，旗公署设在扎兰屯。[③] 1933 年 7 月，鄂伦春旗撤销，1934 年，鄂伦春族游猎的今多布库尔和甘奎一带归兴安东省巴彦旗管辖。此外，合并库伦旗、唐古特

---

① 《呼伦贝尔盟志》上册，内蒙古文化出版社 1999 年版，第 37 页。

② 《呼伦贝尔盟志》上册，内蒙古文化出版社 1999 年版，第 37 页。

③ 《呼伦贝尔盟志》上册，内蒙古文化出版社 1999 年版，第 37 页。

喀尔喀旗、喀尔喀左翼旗为库伦旗，合并扎鲁特右翼旗和左翼旗为扎鲁特旗。

表4-7 兴安东省各旗旗长任职表①

旗名	第一任旗长及任职时间	继任旗长及任职时间
布特哈右旗	金耀洲（又名额尔登）（1932.8.1）	志达图（又名孟星三）
阿荣旗	尔恒巴图（1932.8.1，1933.3到任）	沃勒巴图鲁（1934年代职）索宝（1936.8.1）乔树仁（又名白音诺彦1943.4）
莫力达瓦旗	巴金保（又名富礼庭）（1932.8.1）	鄂尔德蒙格（1933.8.1）塔利亚图（1940.1.10）志达图（1943.4.1）苍吉扎布（1943.10.1）
巴彦旗	卓仁拖布（1932.8.1 1933年初到任）孟惠川	阿罕台（1936.11.20）绰罗巴图尔（1939.12.1）塔利亚图（1943.4.1）、日暮台雄（1944.11.10）
喜扎嘎尔旗	鄂范五	莫九玉、郭兴元、敖玉祥
布特哈左旗	索保（1932.8.1）	额尔登（1933.3.1）

表4-8 兴安北省各旗旗长任职表②

旗名	第一任旗长及任职时间	继任旗长及任职时间
索伦左翼旗	荣禄（1932.8.1）	1933年1月到任，1933年7月12日与右翼合并为索伦旗。
索伦右翼旗	恩明	1933年1月到任，1933年7月12日与左翼合并为索伦旗。

---

① 本表依据《扎兰屯文史资料》，远方出版社2004年版，第1—10页；《呼伦贝尔盟志》，内蒙古文化出版社1999年版，第356—380页制作。

② 此表依据《呼伦贝尔盟志》，内蒙古文化出版社1999年版，第356—380页制作。

旗名	第一任旗长及任职时间	继任旗长及任职时间
索伦旗	恩明（1933.7.12）	荣禄（1936.8.1，1938年12月31日免职）春祥（1940.1.18，1942。8。22日死亡）江川广也（1942.8.22）色仁（1942.11.2）
新巴尔虎左翼	额尔钦巴图（1932.8.1）	奇伦（1936.8.1）吴讷尔（1939.12.1）卓德巴（1941.8.23）乌尔吉扎布（1944.8.5）
新巴尔虎右翼	巴嘎巴迪（1932.8.1）	金博（1936.8.5）善吉穆图普（1938.3.10）攻果尔扎布（1943.10.9）
陈巴尔虎旗	彭楚克（1932.8.1）	平福（1937.12.5）吉拉海（1944.9.1）
额尔古纳左翼	定贵（1933.7.12）	色仁（1937.1.1）额尔登泰（1942.11.2）
额尔古纳右翼	胜钩（1933.7.12）	付贵（1934年）代职，1936年8月11日正式委任，1940年11月1日免职。
额鲁特旗	福龄（1932.8.1）	1933年1月上任，1933年7月12日裁撤该旗。
布里亚特旗	乌尔金（1932.8.1）	1933年1月上任，同年3月免职，1933年7月12日裁撤该旗。
鄂伦春旗	胜钩（1932.8.1）	1933年1月上任，同年7月12日裁撤该旗。
吉拉林旗	定贵（1933.5.10代职）	1933年7月12日裁撤吉拉林旗
海拉尔市政筹备处处长	德春（1933）	
海拉尔市市长	庆德敏夫（1939.6.1，1940.5.1改称为市长）	官村修一郎（1941.11.27）安藤贞夫（1943.10.1）
满洲里市长	坂梨良三（1941.1.1）	镰田生三（1943.4.1）中野勇介（1944.7.1）
扎赉诺尔市长	西红照男（1945.1.1）	

表 4-9　兴安东省职官表①

总务科	德古来（又名吉尔嘎朗）	总务股长是孟福山（又名霍图日苍），人事股长是敖荣寿（又名阿勇巴图）。	地方科	孟宪廷	土木股股长是何庆瑞（又名贺什格图）财政股股长是乔树仁（又名白音诺彦）
会计科	敖日兴（又名阿恒太）	储运股股长是杨士贤（又名阿木古郎），会计股股长姓名不详	劝业科	德树元（又名绰克巴图尔）	工商股股长是鄂国章（又名额勒格图）
警务科	鄂腾格（又名宋云涛）	警务股股长是郭守昌（又名敖日图那斯），司法股股长是门戈林（又名卜达林嘎）	凹业科	绰克巴图尔	工商股股长是鄂国章（又名额勒格）
文教科	莫九玉（又名莫尔根巴图）	教育股股长是何布台（又名何维忠）。			

从以上的表中看出，达斡尔族最主要聚居地区的官员呈现出如下特征：最初建立的政权机构除参事官外几乎都是当地少数民族的上层人士，达斡尔族担任省长、旗长和其他官员的很多，各个部门的负责人基本都是当地有声望的达斡尔族。《东北亚搜访记》一书中也提及："呼伦贝尔政厅之首领，以及其他要职，几尽为多尔人所占，绝非偶然，此亦不能不注意

---

① 本表依据乌力斯·卫戎：《伪兴安东省纪略》，载《达斡尔资料集》第 8 集，2008 年，第 83 页内容编制。

之点也。"[1] 1940 年以后，日本人增多，有的丝毫不加掩饰，直接担任市长、旗长；如海拉尔市、扎赉诺尔市、满洲里市的市长就是日本人担任。兴安东省成立时，只有一名叫中村的参事官是日本人，后来日本官吏不断增加，逐渐控制了省署的实际权力，达斡尔族地区的权利完全掌控在日本人手中。

2. 市的设立

九一八事变前，东北地区仅设沈阳市，省设有市政筹备处。1936 年 4 月 1 日，伪满公布《市制》及《市官制》，并指定奉天、吉林、齐齐哈尔为市。1937 年 12 月 1 日，伪满在设有满铁附属地的地方和一些重要城市（多半是伪省会）设立市，如：鞍山、抚顺、辽阳、锦州、安东、佳木斯等市。在达斡尔族聚居的伪兴安省地方也设立了市，如 1941 年 5 月 1 日设海拉尔市。1942 年 1 月设满洲里市。1945 年 1 月 1 日设扎赉诺尔市等。

3. 地方机构的裁改

随着省旗等地方机构的调整，日伪的地方机构也进行了裁改。从 1936 年（康德三年）始，旗下设努图克（区）。努图克内设民籍系、庶务系、国兵系、司计系等。努图克设努图克达（区长），努图克下设嘎查（村），嘎查设嘎查达（村长）。努图克达和嘎查达均由旗长任免，嘎查达接受努图克达的管理和监督。[2] 达斡尔族则广泛分布在各地方组织之中，达斡尔族聚居的达斡尔族村屯的努图克达和嘎查达基本是由达斡尔族族长担任。

---

① ［日］鸟居龙藏著：《东北亚搜访记》，汤尔和译，商务印书馆 1925 年版，《达斡尔资料集》第 6 集，民族出版社 2005 年版。

② 《兴安东省旗地方自治条例》，兴安东省总务科编、营缮需品局印刷，《兴安东省概观》，康德五年发行的第 33—34 页。

表 4-10　伪兴安东省地方机构（努图克、嘎查）表①

旗	努图克	嘎查
布特哈旗	恩和	徐地菅子、卧牛河、哈拉苏、齐齐哈尔乡
	巴音	大河湾、尖山子、新站
	乌尔吉	雅尔根楚、霍拉果气、务大哈气
	济沁河	蘑菇气、太平川、库堤河
	博克图	博克图、雅鲁、巴里木、二道河子
	扎兰屯办公处	
阿荣旗	阿荣	红花梁子、三道沟、兴隆山、吴发化、黑信、向阳峪、音河
	图布新	那吉屯、骆驼山、兴隆沟、查巴奇4个嘎查
	格尼	镇威庄、千家户、牧隗山、格尼河、沃尔会河、溥力克
莫力达瓦旗	葛根	尼尔基、宜卧奇、大英丁、大田社、兴仁屯、哈力沁、乌尔科
	讷青	博伦、西拉金、力英丁、都尔本、汗克尔河
	芙登	登特科、多西沁、阿彦沁、托尔苏、库木尔、西瓦尔
	耐勒图	阿尔拉、喀牙都尔本、太平桥、五家子、库如奇、兴隆堡
	鄂伦春	努敏河、格尼河
巴彦旗	莫尔根	额尔河、讷青、陈化、那文、哈里
	腾克	怪勒、穆克登
	阿木尔	特克西、郭恩（日：和宜、宜安）
	巴彦	萨彦
	多普库尔	普库尔
	甘奎	甘河、奎勒

---

① 《兴安东省概观》与高纯德：《日伪统治时期兴安东省的政治机构》所记述内容基本一致，只有个别处有差别，如巴彦旗，日文记载有摩尔根、腾克、阿木尔、巴彦、鄂伦春五个努图克，将甘河和奎勒两个努图克放在鄂伦春努图克中，而高纯德则将甘河、奎勒另列有甘奎努图克，鄂伦春努图克则为多普库尔努图克。其中，摩尔根努图克的所属出入较大，日文为：三哈嘎查、柳嘎查、李五嘎查、凯业嘎查、和化嘎查，共5个嘎查，而高纯德文为额尔河、讷青、陈化、那文、哈里5个嘎查。本文采用高纯德所述说法。

旗	努图克	嘎　查
喜扎 嘎尔旗	索伦	无嘎查
	哈海	和勒门、乌敦、草根台
	兴安	五叉沟、牛汾台、草根、白狼

注：此表根据兴安东省总务科编，营缮需品局印刷，康德五年发行的《兴安东省概观》第34—36页和高纯德《日伪统治时期兴安东省的政治机构》载扎兰屯市政协文史资料委员会编《扎兰屯市文史资料》第1辑第1—7页编制。

这些努图克和嘎查的名称基本沿用了民国时期的称呼，许多名字都是达斡尔族村屯的名称。

随着侵华战争形势的变化，地方机构也不断扩大与改组。1940年（康德七年）3月1日以后，兴安东省各旗的努图克都有很大的改组和变动，部分嘎查升格为努图克。以布特哈旗为例，撤销了恩和、巴音、乌尔吉、济沁河、博克图5个区努图克，成立了卧牛河、哈拉苏、齐齐哈尔乡、大河湾、尖山子、新站（成吉思汗）、雅尔根楚、霍拉果气、务大哈气、蘑菇气、太平川、库堤河、萨马街、雅鲁、巴林15个努图克和扎兰屯街公所，在博克图设博克图行政公署。努图克下仍设嘎查，如霍拉果气努图克下设青龙、聚宝、永和、大甸子、东德胜、西德胜等嘎查。[①]

日伪占领期间，达斡尔族居住地区的行政建制和区划不断进行调整和裁改，但无论如何改变，其中心目的是为了加强日伪的殖民统治。在一次次的裁改过程中，殖民统治不断加强和深化，达斡尔族等各族民众的生活日益艰难。

二、齐齐哈尔达斡尔族的行政建制

1932年8月9日，伪满洲国公布《省公署官制》，规定各省设省公署，

---

① 高纯德：《日伪统治时期兴安东省的政治机构》，载扎兰屯市政协文史资料委员会编：《扎兰屯市文史资料》第1辑，第6页。

省公署长官改称省长。任命伪满洲国军政部总长马占山兼任黑龙江省省长，省长之下设总务厅，由日本官吏任厅长。省长管理省内行政事务，指挥监督所属官吏。总务厅长掌军、政、财权，总揽省政一切大权。民国二十六年（1937年，伪满康德4年）7月1日，又将原总务厅长改为省次长（副省长），撤销总务厅，改设省长官房。《省官制》规定，省次长"辅佐省长，监督官房及各厅事务，省长有事故时得代理其职务"，实际上，次长不是"辅佐"省长，而是更加名正言顺地由日本官吏掌管省公署一切大权。伪满政权建立后，重新划分各级行政区划，多数的达斡尔族划分到龙江省的齐齐哈尔市、龙江、克山、讷河、嫩江、甘南、富裕、克东、德都等旗县。其后，于民国十八年（1939年，伪满康德6年）6月1日，将克山、德都、嫩江、克东等地又划归新设立的北安省。

新疆地区的达斡尔族在此时尚无大的管理层级的变化，故不赘述。

第二节　日伪统治时期达斡尔族的迁徙

日伪统治时期，生活在祖国各地的达斡尔族社会生活发生了重大变化，在日本殖民统治之下，饱经日本铁蹄践踏，众多的达斡尔族被迫离开家园，迁徙他处。

一、迁徙的原因

（一）日本移民，剥夺了大量达斡尔族的土地

移民政策是日本帝国主义大陆侵略政策的重要组成部分，实质是剥夺最重要的生产手段——土地。[1] 九一八事变后，日本帝国主义武装占领中国东北，日本便打着"开发""建设"中国东北的幌子，宣传鼓动日本国民，叫嚣移民是为解决日本国内"人口过剩""土地饥饿"等社会问题，

---

[1]　苏力：《解放战争时期我党在阿荣旗土改工作始末》，《呼伦贝尔史料》第一辑，第56页。

以此大力推行"满洲移民"侵略政策。据 1936 年统计，兴安北省既耕面积为 341.70 平方千米、未耕面积为 13375 平方千米；兴安东省既耕面积为 622.60 平方千米、未耕面积为 114489 平方千米；兴安南省既耕面积为 10841.45 平方千米、未耕面积为 12437.75 平方千米；兴安西省既耕面积为 2268 平方千米、未耕面积为 9900 平方千米。[①] 因此，兴安省便成为日本移民各阶段的目的地，生活在兴安省的达斡尔族等民族的家园成为日本侵略掠夺的重点，大量土地被侵略者占有，而土地的主人却被迫迁徙。

1932 年，日本帝国主义开始在中国东北实施"武装移民"。日本帝国主义根据军事和治安上的需要，又将日本移民分布在三个重点地带，1944 年版的《满蒙开拓年鉴》记载："为国防强化目的，从兴安北省至南省为开拓第 1 线地带（含义勇队训练所和报国农场等，下同）；大小兴安岭至兴安东省和南省为开拓第 2 线地带；扎兰屯、兴安为开拓第 3 线地带。"[②] 达斡尔族聚居的兴安东省和兴安北省成为日军侵略的两个重要的前沿地带。以兴安东省为例，据 1942 年度开拓团地计划实绩统计：东省计划入植 450 户，总面积 19455 陌，收容户数 550 户。翌年度 12 月 15 日地区数 11，收容户数 2580 户。[③]

日本还向中国派遣了"满蒙开拓青少年义勇队"。达斡尔族聚居的兴安省地处中苏中蒙边境，需要多派军队占领这些地区，在日本军队数量有限的情况下，日本又向中国派遣了"满蒙开拓青少年义勇队"，作为军事预备力量，队员的年龄在 13—18 岁之间；日本认为派这些预备力量，一方面训练他们从事农业生产，可务农自养；另一方面，对他们进行军事训练，他们熟悉当地的环境，又有作战能力，一遇战事可马上作战。这种军垦的方式可谓一举多得。"满蒙开拓青少年义勇军"则成为日军侵华的又一支有生力量。他们与"满蒙开拓团"相比，只是年龄层次的不同，作为

---

① 东亚问题研究所：《蒙古要览》，三省堂 1938 年版，第 33 页。
② 森久男、房建昌：《日本侵华战争时期兴安开拓团概述》，《中国地理历史论丛》1996 年第 3 期第 196 页。
③ 森久男、房建昌：《日本侵华战争时期兴安开拓团概述》，《中国地理历史论丛》1996 年第 3 期第 195 页。

侵华的殖民工具,在性质上是相同的。[①] 1940 年底,该省集合开拓民仍为 3 个团,66 户,106 人。有 3 个义勇队训练所,即兴安、牙克石、乌奴耳。[②] 东部以布特哈旗、阿荣旗及莫力达瓦旗为中心的地区,有可耕地约 136 公顷,主要种植大豆、粟、高粱等,收获量达□万吨。开拓团于 1940 年正式进入,日本投降前夕有单独 29 团、义勇队 3 中队、报国农场 5 个、开拓女塾 1 个,在总省内首屈一指。[③]

表 4-11　日本开拓团一览表

开拓团类别	东省	南省	北省	小计
一般开拓团	27	3	2	32
义勇军开拓团	3	5	2	10
义勇军训练所	1	2		3
女垫	1			1
报国农场	4			4
在籍者	6967	2050	734	9751

尽管开拓团由一般的日本平民组成,但他们作为日本的侵略工具,在一些地区不劳而获地占有了日本及伪兴安官员从当地百姓手中廉价强购或抢来的位置及环境相对较好的土地和房屋,使原来达斡尔族和汉族农民不得不放弃多年辛辛苦苦建造起来的家业,重新开荒及建造居处,这就埋下了仇恨的种子。[④]

兴安北省置于开拓第一地带,这一地带主要是针对苏联而做战争准备的。安置在这一地带的移民,大多数是集团移民。日本这一时期向呼伦贝

---

① 森久男、房建昌:《日本侵华战争时期兴安开拓团概述》,《中国地理历史论丛》1996 年第 3 期第 191 页。

② 森久男、房建昌:《日本侵华战争时期兴安开拓团概述》(续一),《中国地理历史论丛》1996 年第 2 期第 164 页。

③ 房建昌:《日本满蒙开拓团及满蒙开拓青少年义勇军在内蒙古东部活动考略》,《中国农史》1998 年第 3 期第 71 页。

④ 房建昌:《日本满蒙开拓团及满蒙开拓青少年义勇军在内蒙古东部活动考略》,《中国农史》1998 年第 3 期第 78 页。

尔地区移民的目的就是在进攻苏联的时候，呼伦贝尔地区能够为它提供军马、饲料及其他军需物资。

日本帝国主义为了扩大殖民范围，在达斡尔族地区不断搞"土地奉上"，扩大开拓团的范围。也有的因居住地被划作日伪军事用地（如富拉尔基的疙瘩房子等处）和日本开拓民占用而被迫离开家园的。

移民侵略看起来并不像带血刺刀的武装侵略那样野蛮残暴，令人闻风丧胆、惊心动魄，但它却比武装侵略更为阴险毒辣。日本帝国主义用移民侵略来壮大在中国的日本人口实力，妄图实现民族同化，以建立起坚实的殖民统治基础，为其在政治、经济、军事、文化等全方位的侵略服务。

（二）汉族移民占据了大量土地，使达斡族的生存空间减小

清朝末年，内地的连年灾荒和各种矛盾的激化，以及边疆危机的影响迫使清廷采取移民实边的政策，大量的关内汉族移民来到东北，由辽宁、吉林、黑龙江依次拓展。清廷对世居此地的达斡尔、鄂伦春等族采取弃猎归农的政策，强制其从事农业生产，为达到协助其耕种土地的目的，引入大量汉人协耕助耕。民国初年，国民政府极力提倡移民实边，为此，黑龙江省颁布了《黑龙江省招垦规则》《黑龙江省放荒规则》等，定出了重点放荒地区，将已经放垦的龙江、讷河等地作为重点，而放垦较晚的西布特哈、甘井子、爱辉等地重在放荒招垦。① 于是，达斡尔族聚居的齐齐哈尔、讷河、布特哈总管辖区等地涌入大量汉族移民。据统计，1937 年汉族占呼伦贝尔人口总数的 64.3%，其中岭东地区 109353 人，占该地区人口的 80.3%，岭西地区 34149 人，占该地区人口的 39.2%。②

大量的草场开垦为农田，大片的森林遭到采伐，达斡尔族赖以生存的自然条件遭到了严重破坏，尤其是大量的草场耕地被汉人开垦种植，导致达斡尔族的生存空间急剧减小，迫使达斡尔族迁徙。

（三）伪满政府的宣传和欺骗

日本帝国主义者，为了强占达斡尔族在嫩江平原上的家园土地，颁布

---

① 《农商公报》第 36 期，转引自《中国近代史资料》（2），第 651 页。
② 崔广域主编：《海拉尔风云录》（下）（1932—1945），内蒙古文化出版社 2003 年版，第 76 页。

了《关于兴安省兴安各分省及各旗区域划分文件》将嫩江作为兴安省和黑龙江省的分界线，将嫩江东岸的西布特哈八旗、墨尔根八旗、齐齐哈尔八旗划分为兴安省，而将同一地域的讷河、龙江、嫩江县保留，归黑龙江省管辖，因此，"将同一区域世代联系极为密切的嫩江两岸的蒙古人分为兴安省和黑龙江省两个部分"①。嫩江两岸的达斡尔人对此划分不满，于是，动员划分在黑龙江省的达斡尔族迁往兴安东省的穷山沟里。在迁徙过程中，他们采取欺骗、利诱、威胁等各种手段。他们欺骗说："迁到兴安东省，要给房子，给牛马，种地不要出荷粮，到那里可以不当国兵，不当劳工。"还许诺说，答应搬迁者给200元安家费，这使一些贫困户被诱骗。叫嚣"留下不去的将被汉族同化、灭种"。日本还利用少数民族的上层人士和部分知识分子想搞内蒙古自治，建立内蒙古自治军，彻底摆脱国民党的反动统治的民族情绪和心理，表面上答应在内蒙古东部地区建立兴安东、西、南、北四省，让蒙古人自己管理自己。但这些许诺都是日本欺骗的手段，实际上，兴安四省的实权全部落入日本人手里，"民族自治"成了泡影。

在日本帝国主义的叫嚣、鼓动和欺骗下，达斡尔族被迫离开了世居的家园故土在荒僻凄凉的深山里落脚后，日伪许诺的好处一个也没有实现，日本侵略者照样要出荷粮，抓劳工，逼着身强力壮的青年当国兵，此时，他们真正感到上当受骗，大失所望了。

二、达斡尔族的迁徙

(一) 呼伦贝尔达斡尔族的迁徙

呼伦贝尔地区的达斡尔族大体包括两部分，一部分是以海拉尔城为中心的海拉尔城附近地区的达斡尔族，一部分是呼伦贝尔市下辖旗县内的达斡尔族。

对海拉尔达斡尔族人们有不同的认识，一种认为专指清朝时期迁移过

---

① 胡日查：《日本关于东部蒙古殖民统治政策的确立——以兴安东分省设置/区域再编/移民政策/民族斗争为中心》，《蒙古史研究》（第11辑）第201页。

来的达斡尔族及其后裔，即俗称的老海拉尔达斡尔；另一种认为除了老海拉尔达斡尔外还包括"满洲国"及呼伦贝尔新中国成立前后从布特哈、齐齐哈尔等地区迁移到周边达斡尔人。笔者赞同第二种说法。

海拉尔达斡尔族主要聚居于呼伦贝尔鄂温克族自治旗巴彦托海镇（南屯）、巴彦嵯岗苏木莫和尔图嘎查和海拉尔市。即清与民国时期的南屯（emün-eaiyil）、西屯（baraγun-aiyil）、莫和尔图屯（m qertü）、海拉尔城（anban qota）、南门外及济拉嘛泰屯。

史载南屯最早称作胡吉尔陶海，在嘉庆七年（1802）赐名而建广惠寺（也叫呼和庙），位于海拉尔城南十七里处，索伦左翼之胡吉尔陶海（系蒙古语，意为碱地）之地[①]。嘉庆八年（1803），范恰布之孙倭格精额，奎苏之孙台庆嘎，迁移至寺庙附近遂成为南屯最早的居民。海拉尔城建立后，始称南屯[②]。

南屯达斡尔族以郭氏和敖氏为主，而西屯则以孟氏为主。这里的达斡尔族都以自己为莫日登氏而颇感骄傲，因为西屯人在清朝、民国以及"满洲国"时期的各个不同阶段都曾有人跻身于本地区上层社会[③]。如：呼伦贝尔副都统胜福、贵福，"满洲国"时期兴安北省省长凌升等均为孟氏达斡尔人。

伪满洲国建立之后，日军为了达到侵略中国的目的，在呼伦贝尔地区修筑工事，建立军事设施，为此将西屯变为日军军事用地，强迫西屯人撤离。于是在1938—1942年，全屯搬到南屯居住。据西屯老人回忆：

"西屯离海拉尔四五里处，当时是叫红花尔屯。大概有十户到二十户，均为达斡尔人，日本进来之后旗里下文件，叫西屯人全部搬离，日本人的营房包围了西屯。先一部分人迁移，我们是在我十五六岁时候迁过去的。

---

① 呼伦贝尔副都统衙门编：《呼伦贝尔衙门测报志稿》，边长顺、徐占江译，1986年，第23页。

② 南屯这个地名是与海拉尔城建城相联系的，人们称位于海拉尔南的屯叫作南面那个屯子，简称南屯，包括索伦左翼镶黄旗、正白旗两旗界；将位于西面的叫作西面那个屯子，简称西屯，包括索伦右翼正黄旗。南屯就是现在的巴彦托海镇，西屯，位于海拉尔市西南五里处，过去叫作红花尔屯（qongkor-aiyil沙丘之意），是莫日登哈拉阿尔哈浅爱里世居村落。

③ 孟和那苏：《西屯的变迁》，《海拉尔文史资料》第6辑，1999年，第154页。

凌升一家在日军来前就已迁至海拉尔城里，当时家庭较富裕的也有进城者。"①

迁到南屯以后，孟氏与当地的郭氏、敖氏杂居相处。"当时郭姓与敖姓以马路为界，马路西面是敖姓，东边是郭姓，都放牧，有菜园子，种点蔬菜之类。孟氏来之后就住在南面。根据他们坐落的形势，把南屯还分为西爱里（屯）、东爱里、南爱里"②。

莫和尔图屯（索伦左翼正白旗界），在海拉尔东南 55 千米，莫和尔图河济拉嘛泰河会流之处。据《莫和尔图学校》一书中记载：

莫和尔图村是由两个移民组成。"一为敖拉氏，在同治三年（1864），正白旗章京敖拉苗苏宝率四子家眷，在莫和尔图建房定居，就这样迁居莫和尔图的敖拉氏成了五家，还有同时迁来的敖拉氏的近亲郭博勒氏的三户共八户定居了下来。一为郭博勒氏，索伦左翼镶黄旗副总管荣禄（明苟），因职务关系由南屯搬到济拉嘛泰居住"③。随后他的近亲郭文海、郭东太等二户也搬到了莫和尔图，成为最早的住户。

海拉尔城的达斡尔族，多数是因为工作需要和追随亲朋而迁居海拉尔的。多是在民国六年（1917）开始迁居的④。如：在 1915 年任命莫日登氏胜福为呼伦贝尔副都统，因工作需要，一些有官职的达斡尔族人迁居海拉尔城。伪满洲国时期，部分官员也迁居到海拉尔城。据额尔敦巴特尔老人讲：

"城里居住的均为有威望的家族，在日伪时期居住的有凌升一家、德春一家、郭文林司令、乌尔金司令等。"⑤

在海拉尔城的南门外文庙街居住的达斡尔族，有的是海拉尔城内有亲

---

① 受访者：索岳勒，孟氏，现年 88 岁，2013 年 1 月 30 日，在呼和浩特对其进行了访问，转引自张塔娜：《海拉尔达斡尔族研究》。

② 受访者：巴拉米德，敖氏，现年 78 岁，2012 年 7 月 24 日于海拉尔市对其进行了访问，转引自张塔娜：《海拉尔达斡尔族研究》。

③ 索能苏荣：《莫和尔图学校史》（内部资料），第 3 页。

④ 全国人民代表大会民族委员会办公室编印：《巴彦托海索木达呼尔族情况》，1958 年，第 5 页。

⑤ 受访者：额尔敦巴特尔，现年 77 岁，孟氏，转引自张塔娜：《海拉尔达斡尔族研究》。

属，为联系方便或者亲人帮助而居住于此，如额尔敦巴特尔一家就是"在父亲辈的时候从布特哈迁至此地，当时副都统衙门里有亲戚，给我们安排住处，就定居在了南门外"①。在 19 世纪四五十年代也有部分达斡尔迁移此地。《呼伦贝尔盟民族志》中记载：在上世纪四五十年代从齐齐哈尔迁来的一部分达斡尔人落脚在南门外。② 南门外部分达斡尔族是从布特哈、齐齐哈尔等地移民过来的。

海拉尔达斡尔人数较少，在呼伦贝尔解放以前总人数不到 1000 人，新中国成立后人数逐渐增长。

（二）布特哈地区达斡尔族的迁移

日伪统治时期，为了满足日本殖民需要，将当地的达斡尔族迁徙到他处，重新组建村屯。为了实现其殖民的目的，日伪招募当地少数民族的头人或官员，进行迁徙的工作。如 1935—1940 年间，各旗派到齐齐哈尔地区招移民户的官员，布特哈旗有张振武、比力格、单宝玉，阿旗有吴化民、金寿仁，喜旗有多士等。建立起来的新的村屯如下：

地区	新建村屯和移民部落
巴彦旗境内	满都古格浅、讷莫日浅、库热浅、达日宾、拉皮、德都勒等屯
莫力达瓦旗境内	哈力浅、奎力浅、阿勒格浅、拉力浅、开阔浅等屯
布特哈旗齐齐哈尔乡	新建大小移民部落二十六处，萨马街新建和混居部落十六处，阿木牛乡四处，一共四十六处。阿荣旗以音河乡为中心，在查拉巴奇等乡新建和混居部落共.一十二处

（三）齐齐哈尔达斡族的迁移

日伪统治时期，对齐齐哈尔达斡尔族的迁移主要是迁往当时的兴安东省的喜扎嘎尔旗，现称索伦镇。

索伦，原本是一个小山村。因为既无特产，交通又不便，只有季节性

---

① 受访者：额尔敦巴特尔，现年 77 岁，孟氏，转引自张塔娜：《海拉尔达斡尔族研究》。

② 呼伦贝尔盟民族事务局编：《呼伦贝尔盟民族志》，内蒙古人民出版社 1997 年版，第 141 页。

烧炭工和猎民光顾，在修筑白阿线和建立喜扎嘎尔旗以前，只有数十户人家和一两家小铺一家车马店（来往人员住宿）。日本侵占东北，伪满洲国成立后修筑了白阿线又建立了喜扎嘎尔旗（1932 年建旗）以来，成为旗政府所在地，从属于兴安东省，并修建了火车站，并相应的修筑白阿线公路等，交通方便了，而且行政人员多了，因此一个时期呈现出繁荣景象。解放初期，成立东蒙自治政府的同时，恢复了喜扎嘎尔旗，政府所在地仍设在索伦街，该旗属于兴安盟，兴安军区教导团也驻防在索伦街。1947 年 5 月 1 日内蒙自治政府成立后，撤销了喜扎嘎尔旗的建制，合并到科尔沁右翼前旗。

齐齐哈尔地区所属的龙江、讷河、碾子山区，齐齐哈尔郊区等地达斡尔族大批移往兴安东省的扎兰屯、阿荣旗、喜扎嘎尔旗及海拉尔诸旗。据有关资料统计，"新建的喜扎嘎尔旗、巴彦旗、布特哈旗、阿荣旗人数很少，当权者就从龙江县、讷河县、德都县、黑河地区强迁达斡尔族移民，伪满康德初年起，先后迁去两千多户，一万两千多人"①。

表4-12　齐齐哈尔达斡尔族迁移简表

时间	负责人	次数	户数	安置地
1933—1937	旗长鄂范五（达斡尔族）	三次	每次约三四十户，共约一百户	安置在索伦街、查岗托海、合尔米扎拉嘎、耐仁扎拉嘎、上局子、金银口等处
1937—1942	莫就愚（莫尔根巴图）（达斡尔族）	四次	移民计三百多户	康德五年（1938 年）、康德六年（1939 年）、康德七年（1940 年）、康德八年（1941 年）。把这四个自然屯划为一个行政村，村名叫莫尔根村（莫旗长蒙名的前三个字），村公所设在索根台

---

① 乌力斯·卫戎：《伪兴安东省纪略》，《达斡尔资料集》第 8 集，民族出版社 2008 年版，第 82 页。

续表

时间	负责人	次数	户数	安置地
1942—1945	郭兴元（绰罗巴图尔）		移去五十多户（三百多人）	向伊尔施、杜鲁耳专为日伪军种植蔬菜。

齐齐哈尔地区的达斡尔族迁移之后，被日伪当局安置在上述地区，重新建立村屯。如迁徙到阿荣旗的主要聚集在音河西岸，在此建立起了 27 个村屯。分别是敖包台屯、诺彦拖布、满都台、乌兰哈达、好尼高勒、海力斯台、白音拖布、阿拉坦哈里、霍利提布拉尔、尖山子屯、叩门屯、沙力沟子、保安屯、西店、靠山河、阿拉坦花等屯子。在音河东岸阿荣旗地区达斡尔族建立的新屯有扎布哈爱里、新蒙古屯、兴安屯、寒麦代爱里、海力斯台爱里、嘎查爱里前屯、嘎查爱里后屯、库克哈里、呼兰哈里、肖日提哈里等。①

日伪当局强迫达斡尔族外迁的高峰期是 1935—1940 年间，此时，齐齐哈尔地区达斡尔族移往兴安东省的占其人口的 40% 左右，民族部落占总数的 60%，许多原民族村落从此搬空，移民人口约有万人左右。德都、讷河、嫩江三县达斡尔族移民占人口的 90%，民族部落占总数的 90% 以上，搬迁屯数六十余个。许多原民族部落从此搬空，诸如瑞廷、舍根、土房子、玛哈台、西热吐、哈拉坑子、索合台、克木克、奇克尼、哈拉台、哈拉海阿拉尔、嘎查、三家子、三棵树、文固达、双岗子、小哈拉坑、海格、五家子、五家地房子、翟拉台、八旗哈、散达罕等屯。②

达斡尔人被迫迁徙以后，达斡尔族的自然环境发生变化，生活空间骤然缩小，传统的自然经济受到了严重的冲击。生活条件恶劣，部分移民水土不服；再加上日伪许诺的条件绝大部没有兑现，他们无吃无住无房无地，很多移民因贫病交加而死亡。"齐市郊区雅尔塞屯孟银海一家，1940

---

① 德木其格：《部分达斡尔族迁徙音河流域的一段历史》，《达斡尔族百年实录》，中国文史出版社 2008 年版，第 527 页。

② 德木其格：《部分达斡尔族迁徙音河流域的一段历史》，《达斡尔族百年实录》，中国文史出版社 2008 年版，第 527 页。

年迁到兴安尔省时全家十六口人，到解放时，全家只剩下三口人"[1]。原扎布哈屯 128 口人，迁到布特哈旗哈勒斯台屯后，却贫病交加，死亡很多。到 1945 年祖国东北光复后重新搬回来的时候，只剩下 67 口人了，几年中死亡率高达 47.2%。[2]

　　日本侵略者还大肆抓达斡尔族人去当劳工、服兵役。每户至少一至二名劳工，劳工从事的是艰苦的劳动，得到的却是饥饿加凌辱，许多人惨死后被扔掉喂狗或堆到大坑中埋掉。有的为了逃避劳工和服兵役，故意伤残肢体。此外，达斡尔族民众还经常遭到土匪的劫掠，致使达斡尔人的生活雪上加霜。据载，"达斡尔族村屯没有一个不曾被抢劫，没有一个中等以上的家庭不被抢光，甚至不止一次地遭到抢劫，致使达斡尔族的生活到了极其穷困的地步"[3]。日伪的种种倒行逆施使移民恨透了日伪的欺骗，怀恋故土。在新中国成立前，移去索伦镇的居民中，就有 40 多户人家逃回齐齐哈尔郊区。当时积极主张移民的少数达斡尔族上层人士也感到深受日本的欺骗而愤愤不平，深感愧对本民族同胞。日伪时期达斡尔族外迁是日伪统治者强加在他们身上的一场灾难及浩劫。

第三节　达斡尔族反抗日本殖民统治的斗争

　　达斡尔民族具有反抗侵略的悠久历史，在抗击沙俄的斗争中立下了汗马功劳，面对日本帝国主义的侵略，达斡尔族人民积极踊跃地参加到抗日斗争的行列之中，采取各种方式抗击日本侵略。达斡尔族的抗战道路是曲折的，这与达斡尔族在军阀统治时期的悲惨境地和对伪满洲国的认识有直接的关系。

---

　　[1]　乌力斯·卫戎：《伪兴安东省纪略》，《达斡尔资料集》第 8 集，民族出版社 2008 年版，第 85 页。

　　[2]　乌力斯·卫戎：《伪兴安东省纪略》，《达斡尔资料集》第 8 集，民族出版社 2008 年版，第 85 页。

　　[3]　《达斡尔族简史》，民族出版社 2008 年版，第 135 页。

一、民族精英倡导的抗日斗争

精英指的是"社会上具有卓越才能或身居上层地位并有影响作用的杰出人物"①。民族精英就是指那些在本民族中具有卓越才能或者出于统治阶级、有一定社会地位并有一定影响力的杰出人物。他们通常在本民族社会生活中得到高度评价和合法化的地位，并于整个社会的发展方向有联系，或多或少对本民族的发展具有一定的影响力。如以郭道甫为代表的民族民主革命家和有识之士的抗日斗争，和共产国际有联系的抗日地下活动者的抗日斗争都属于民族精英的抗日斗争。他们对日本帝国主义的侵略本性有着清醒的认识，他们自觉地投入抗日斗争当中，并影响和组织本民族的部众参加斗争。如郭道甫、海瑞等都属于自觉的抗日志士，都是达斡尔族的民族精英。

郭道甫（1894—1924）本名墨尔森泰，号浚黄，字道甫，内蒙古呼伦贝尔市鄂温克族自治旗莫和尔图屯郭布勒哈拉人。人称"内蒙古民族民主革命的先驱"。②郭道甫自幼学习满文、汉文，先后入学黑龙江第一中学、北洋政府外交部俄文馆。返回家乡后，致力于家乡的教育事业，出资在海拉尔创办呼伦贝尔蒙旗小学、莫和尔图小学；后将呼伦贝尔小学改为蒙旗学校，亲任校长。

1918 年开始，从事进步的政治活动，探求包括达斡尔族在内的民族解放和发展的道路。他组建呼伦贝尔青年党，接受反帝反封建思想，宣传俄国十月革命并与蒙古和苏联取得联系，选拔一批有志青年前往苏联和蒙古学习。他在担任外交部中俄交涉公署咨议处翻译时，利用派往苏联蒙古考察之际，了解苏联革命思想，将苏联革命经验与中国实际相结合，寻求中国少数民族地区的自我发展道路。1924 年，郭道甫利用参加南京中华教育改进社全国大会之机，就蒙古民族教育问题发表演说，为少数民族的教育

① 《辞海》，上海辞书出版社 2003 年版，第 860 页。
② 满都尔图主编：《达斡尔族百科辞典》，内蒙古文化出版社 2007 年版，第 662 页。

奔走呼号。郭道甫与孙中山、李大钊均有联系，并在其支持和帮助下筹备组建革命政党。1925 年，内蒙古人民革命党第一次代表大会上，当选为中央执行委员，任中央秘书长，为大会起草了宣言。后来，参加国际职工会议，当选为委员。1929 年，创办并兼任东北蒙旗师范学校校长，同时，兼任东北保安司令张学良的秘书。东北蒙旗师范学校培养了大批有志青年，九一八事变后，该校停办。据不完全统计，在此就读和毕业的达斡尔族青年有 40 余名。[①]

九一八事变后，郭道甫带领部分学生返回家乡海拉尔，准备从事抗日斗争。在返回途中给张学良发电报称"誓死不做日本人的奴隶，要和日本帝国主义抗战到底"[②]。返回故乡后，积极从事抗日斗争的准备和动员活动，但不幸的是，1931 年 12 月郭道甫前往满洲里苏联领事馆办理签证时遭到苏联的秘密逮捕，1934 年被判处死刑。郭道甫所从事的抗日斗争也随着其被捕而终结。郭道甫撰写了《呼伦贝尔问题》《蒙古问题讲演录》等著作，提出了在祖国统一的前提下实现蒙古自治的问题。对于日本侵略，郭道甫主张积极抗日。郭道甫具有较为成熟的民族教育民族解放思想，教育和影响了一大批有志的爱国青年，特别是蒙古族和达斡尔族青年，更是积极响应，从事革命活动，为少数民族的教育和发展做出了贡献。

海瑞是达斡尔族的抗日女英雄。内蒙古鄂温克自治旗莫和尔图敖拉哈拉人，在莫和尔图小学毕业，1924 年前往苏联莫斯科东方大学学习。1931年抗战爆发后，海瑞受第三国际派遣到蒙古乌兰巴托从事革命工作；1934年第三国际安排海瑞与孟和巴特尔结为夫妻潜回内蒙古地区开展抗日工作。他们在开鲁、克什克腾等地发展抗日力量，搜集日伪情报，并通过电台和共产党取得联系，提供情报，配合中共从事抗日斗争。由于其革命活动被日特发现，被迫转移到北平，继续从事抗日斗争。1941 年，由于民族败类出卖而被捕，但其经受了严刑拷打，没有泄露组织秘密。后被假释，在摆脱日伪控制的逃亡过程中被发现后杀害，至今在达斡尔族民众中流传

---

① 满都尔图主编：《达斡尔族百科辞典》，内蒙古文化出版社 2007 年版，第 699 页。
② 《达斡尔族百年实录》下册，中国文史出版社 2008 年版，第 659 页。

着其抗日斗争的故事。

二、达斡尔族的上层人物觉悟后的抗日斗争

达斡尔族的官宦家族较多，他们在清王朝垮台以后失去了政治地位，又目睹了军阀统治下的达斡尔族社会的悲惨境况，产生了对自身社会地位的不满和对本民族的命运担忧的心理。面对日本侵略，民族存亡危在旦夕，他们面对变局束手无策而彷徨无为。伪满洲国的建立，给他们带来了一丝希望。因此，伪满洲国建立初期，这些人物抱着对民族命运的期待，表现得比较活跃，在伪满洲国担任分省省长、旗长的人物不少。但是随着日本帝国主义侵略者在达斡尔族地区殖民统治的加深，其残酷侵略的反动本质日益明显，达斡尔族的民族精英们对伪满洲国傀儡性的认识日益清醒，他们的希望破灭了，于是，纷纷加入到抗击日本侵略的斗争之中。"凌升事件"就是其中的典型。

凌升，呼伦贝尔海拉尔地区莫日登哈拉人，出身官宦之家，其父贵福为呼伦贝尔末任副都统。清末民初之际，凌升曾任呼伦贝尔副都统左厅帮办、额鲁特旗总管。1916年至1917年间，色布精阿等人组织策划"呼伦贝尔独立"，凌升反对独立，并与分裂分子进行斗争。

九一八事变后，凌升曾与一些蒙古上层人士一道，参加伪满洲国的建立活动，幻想借助日本人的力量，摆脱东北军阀的大汉族主义统治，为家乡的蒙古族和达斡尔族争得民族尊严和地位。1932年3月1日伪满洲国成立后，任命凌升为兴安北分省省长，1934年改为兴安北省省长。

1932年10月，担任呼伦贝尔警备司令的苏炳文在海拉尔举起了武装反抗日本侵略的大旗，成立了"东北民众救国军"。凌升虽为伪满洲国的官员，但私下却热情支持这一抗日行动，与爱国将领苏炳文接触较多，苏炳文退入苏联时将无法带走的两挺机枪、几十支步枪和数万发子弹留给了凌升，凌升将这批武器藏在过去副都统衙门的仓库里，正是这批武器后来成为凌升"通苏"的证据。

凌升在伪满洲国政权机构任职，本想借此之际维护和保护蒙古族、达斡尔族等民族的利益和地位，但是，在伪满政权机构中，只有日本人掌握实权，虽为一省之长的凌升处境依然艰难。加入伪满政权机构后，凌升对日本人的专横、日系同僚的傲慢、日本对华政策的野蛮等等有了深切体会，对于满系官员有职无权的状况十分不满，对日本对华政策多有抵触，对于民族的状况和前途更是忧虑，于是，和日本人呈现出"既不能命令，也不能受命"的状态，成为伪兴安东省高级官员中不唯命是从的"硬汉"，① 使日本人感到头痛，欲除之而后快。

1934 年，凌升同兴安总署长官齐墨特色木丕勒、兴安东省省长额勒春一行赴日本参观，带队的是伪兴安总署总务处处长白浜清澄。这次参观行程一月之久，凌升给白浜出了不少难题，最严重的是凌升以"天照大神是日本人的祖先"为由，拒绝参拜日本神社。他说："我们参观的目的，是为了逛逛名胜古迹，欣赏风景，不是为了参拜天照大神而来。天照大神是日本人的祖先，我们拜他有什么用?!"② 整个参观期间，没有为日本唱赞歌，相反，日本人认为得意的地方，凌升都表示不满。凌升的对日态度使日本人感觉如鲠在喉。

1934 年，凌升作为伪满首席代表，参加了同蒙古人民共和国举行的满、蒙国境会议。此时，山本五十六路过满洲里，驻满洲里的日本领事和凌升联名在满洲里车站食堂设宴欢迎山本。宴会开始之际，凌升发现日本领事的座位是中间主任的位置，而自己则被列为次席，于是，他拒绝参加宴会。日本领事解释说，请的是日本人，日本领事应该坐在主席的位置。凌升说："请的是日本人，但是这个地面是兴安北省管辖范围，我是这个省的省长，客人到了我的管辖地方，应该省长我坐在主人的席位!"两人争执一番，最后日本领事无奈将主人的位置让给凌升。凌升争的不是一个

---

① 正珠尔扎布：《凌升"通苏事件"真相》，《内蒙古文史资料》第 34 辑，《伪满兴安史料》1989 年，第 108 页。

② 正珠尔扎布：《凌升"通苏事件"真相》，《内蒙古文史资料》第 34 辑，《伪满兴安史料》1989 年，第 109 页。本文作者正珠尔扎布担任这次参观团的翻译，是本事件的亲历者，所言应该是真实可信的。

小小的席位，而是作为兴安北省主人的地位。

1935年6月，凌升作为伪满洲国的首席代表参加在满洲里举行的满蒙边境会议，就喀尔喀庙一带地方的归属问题进行了激烈的争论。日本关东军代表斋藤正锐企图控制局面达到日本的侵略目的，在与蒙古人民共和国首席代表桑布会谈前，都要给凌升布置发言内容，要凌升强词夺理反驳蒙方。然而凌升均未照办，致使最终谈判破裂，日本的阴谋落败。

1936年3月，伪满政府蒙政部在新京（今长春市）召开伪兴安省省长会议，凌升公开发言，反对日本对伪满的一些重大政策，如日本开拓团到处占据土地、日人担任伪满洲国官员、日语为伪满洲国"国语、官方行文用语"等问题，他说："在满洲国的蒙古人没有实权，一切都掌握在日本人手里。日系官吏不懂蒙古语，不了解蒙古人民的实际情况，怎么能搞好蒙古人的政治哪？"还说："日本的文书，咱们都不懂，怎能实施哪？"① 凌升还提出一些有利于蒙古人和达斡尔人发展的要求和建议，都是日本统治者所难以接受的。凌升已成日本侵略者推行殖民政策的心腹之患，成为日本占领中国的绊脚石，欲将除之而后快。

1936年3月27日，驻海拉尔日本宪兵队首先逮捕了凌升的联络员，以及兴安北省警备军骑兵第七团上尉团副沙德尔图和兴安北省警务厅警尉倭信泰。接着逮捕了兴安北省警务厅厅长春德和公署秘书官、凌升的日语翻译华霖泰，凌升也在兴安省长会议结束的当晚被捕。4月初，又逮捕了兴安北省警备军上校参谋长——凌升的胞弟福龄，同时被捕的还有兴安北省公署达斡尔族职员二十余人。

1936年4月19日，日本关东军司令部对外公开发布了《凌升等通苏通蒙事件公报》，认定凌升的罪名是"反对日本""反满抗日"。日本宪兵队将凌升等五人由海拉尔解送到新京日本关东军宪兵司令部。凌升在日本人监狱里经受了严刑拷打，始终不屈。4月27日，凌升、福龄、春德、华霖泰四人被枪决，沙德尔图、倭信泰二人被送进抚顺监狱，不久遭到杀

---

① 正珠尔扎布：《凌升"通苏事件"真相》，《内蒙古文史资料》第34辑，《伪满兴安史料》，1989年，第110页。

害。此即当时轰动中外的"凌升事件"。

凌升作为达斡尔族的伪满官员经历一个认识发展过程，在日本的宣传、鼓动和欺骗下，本想借助日本实力，摆脱东北军阀的大汉族主义统治，为家乡的蒙古族和达斡尔族争得民族尊严和地位。伪政权建立后发现事与愿违，于是逐步开始进行反抗日本殖民统治的斗争，并在政权机构中尽力维护蒙古族和达斡尔族的地位和尊严，反抗日本的殖民政策，最终惨遭日本统治者杀害。凌升"作为一名有民族正义感、民族气节和维护民族利益的爱国人士、少数民族代表而受到后人的尊敬"[1]。凌升的反日斗争代表了加入伪满政权之中的部分达斡尔族官员的心理，成为少数民族反日斗争的典型代表，凌升也成为为维护民族利益、抵制和反对日本操控而英勇牺牲的达斡尔族英雄。

三、达斡尔族军人的抗日斗争

伪满政权建立以后，日本帝国主义为达到分而治之的目的，将满洲国军队划分为蒙古部队和汉人部队。兴安四省建立了由蒙古人组成的四个警备军。

1932年兴安东分省成立之际，将划归东分省各旗县的地方武装收编为兴安警备军，下辖两个骑兵团，一个独立山炮连，司令部和大部分兵力驻扎在博克图。同年兴安北省警备军成立，下辖两个骑兵团，一个山炮连和一个国境警察大队，后改为兴安骑兵第九团，大部分驻扎在海拉尔。1938年冬，为了便于统一指挥兴安四个警备军，设立了兴安军管区司令部。随着日本侵略的深入，其王道乐土、中日亲善等欺骗宣传日益被揭穿，加入伪满兴安军中的官兵逐步觉醒，参加到抗击日本侵略和举行武装起义的队伍中来。

（一）达斡尔族军官金寿平参加抗联

1934年，伪兴安东省警备军奉命讨伐抗联，达斡尔族军官金寿平临阵

---

① 苏勇：《凌升被害经过》，《达斡尔族百年实录》下册，中国文史出版社2008年版，第691页。

起义，加入赵尚志领导的东北抗日游击队哈东支队，转战各地，英勇杀敌，后被日军俘虏杀害。金寿平成为最早加入抗联的达斡尔人。[①]

（二）郭文林领导的官兵起义

随着日军占领区域的不断扩大，需要不断补充和扩大兵源，日军到处抓"国兵"，许多达斡尔族青年和蒙古族、鄂温克、鄂伦春青年被迫当兵。他们大部分在伪兴安陆军学校和伪第十管区、第九管区内当兵。太平洋战争爆发以后，在伪满洲国从事教官和军官的有识之士与社会上的进步人士不断加强联系，他们分析国际形势和达斡尔族的命运前途。1944 年，何布台（何维忠）召集和组织了达斡尔族、蒙古族等各民族的先进分子，在布特哈旗齐齐哈尔乡以"敖包会"的名义组织召开了几次秘密会议，商讨包括达斡尔族在内的少数民族的命运，并就此问题达成了共识。当时参加会议的不少是达斡尔族青年，如鄂鸣中、包德华、吴泽民、吴化民、卜林、鄂秀峰等人。他们已经开始秘密筹划，伺机行事。

1945 年 8 月 8 日，苏联对日宣战并向我国东北地区挺进，日本关东军仍作垂死挣扎，准备在大兴安岭要塞地区搞一次困兽之斗。当时苏蒙红军已从黑山头、满洲里、喀尔喀河一带逼近海拉尔；日军军官家属和地方官员开始向南疏散；大批政治嫌疑人被日军在北山沟杀害。面对着这严峻的势态，兴安军官兵必须立即作出抉择。8 月 10 日，任兴安军第十军管区司令官达斡尔人郭文林接到命令，令其全部武装撤至大兴安岭防区绰尔河一带待命，接受大兴安岭前线指挥部的指挥，郭文林明白这是日军做垂死挣扎，令其军队将士充当炮灰。郭文林与参谋长正珠尔扎布一致认为不能把家乡子弟往火坑里送，不能和苏军、蒙军交战；但部队里有百余名日本军官随行监督，马上起义投诚有很大风险，可行的出路是先表面顺从，然后寻机铲除军中的日本人，再向苏军投诚。商议好之后，一方面召开团长以上军事会议，作出了南下绰尔河待命的军事部署；另一方面命令其副官鄂兴泰中尉秘密串联各部军官，下达了"见机行事，关键时刻反戈一击，兵变投诚"的密令。大部队开到锡尼河畔调整休息时，郭文林召集了包括日

---

① 刘金明：《黑龙江达斡尔族》，哈尔滨出版社 2001 年版，第 52 页。

本人在内的团及以上军官，下令就地修筑工事，迎击苏军进攻。这一命令遭到了日本军官的坚决反对，要求必须按照关东军司令部规定的地点集结。当日军聚集在一起时，郭文林果断下令举行起义。打死20多名日军官兵，全歼日军官兵300多人。起义后，郭文林将队伍整编后，渡过锡尼河向苏联红军投诚。

（三）兴安陆军军官学校的教官学员起义

1945年7月，日军达斡尔族的王海山召集兴安陆军学校的教官们秘密集会，商讨目前形势，讨论民族的前途和命运，决定做好准备，一旦有机会立即举行起义，并作好初步部署。8月8日，苏军对日宣战，出兵中国东北。9日下午，做困兽之斗的日军下令，兴安陆军军官学校的教官和学员，分为三个梯队，撤向郑家屯至新京一线，准备在葛根庙乘火车到郑家屯集结。兴安陆军军官学校的教官和学员于10日晚到达葛根庙火车站附近。王海山见机会到来，秘密召集军官开会，约定11日凌晨以枪声为号，各梯队同时举行起义。达斡尔族军官上尉区队长鄂秀峰作为起义策划人按照原计划，一直与日本军官吉川中校在一起，以麻痹敌人。待鄂秀峰与吉川中校到达第三梯队时，达斡尔族的中尉区队长包壮卿及学员们立即开枪，打死了随行的十几名日本军官。王海山立即召开誓师大会，号召所有军官学员扔掉伪满的肩章帽徽，举行起义，参加革命。之后，将起义队伍编为一个大队，下设两个中队，王海山任队长，与其他起义队伍汇合，迎接苏联红军进驻王爷庙。这支队伍就是后来的内蒙古骑兵第一师的前身。

在郭文林、王海山等人的带动下，修筑工事的兴安军骑兵57团和骑兵51团共1100多人，在达斡尔族军官郭美郎的带领下也放下武器向苏军投诚，纷纷走向了反日之路。

8月11日，伪第十管区、第九管区官兵的起义和哗变是有计划、有组织的行动。起义和哗变彻底粉碎了日本帝国主义以第二道防线抵御苏联红军的预谋。达斡尔族抗日斗争的事迹反映了民族的爱国主义精神，反映了民族自尊、自强的精神，也反映了达斡尔族顾识大局、把握命运的民族意识。

四、达斡尔族民众的抗日斗争

民众自发的抗日斗争，是中华民族的爱国主义传统的体现。达斡尔族对江桥抗战的支援，对抗联队伍的支援，这些事迹都反映了达斡尔族的爱国主义精神。尤其达斡尔族具有抗击侵略的传统，在日本帝国主义入侵面前，积极反抗是必然的。

（一）支援马占山、苏炳文的抗日斗争

1931 年 11 月日本帝国主义的铁蹄踏入黑龙江省，直逼达斡尔人的故乡齐齐哈尔。危急情况下，黑龙江省代主席兼齐齐哈尔城防司令马占山，率领士兵奋起抗击日本侵略军。马占山在齐齐哈尔附近的江桥小镇组织抗击侵略者，与日军展开了激烈的战斗，史称"江桥抗战"。马占山的抗日义举得到了的达斡尔民众的支持，与当地其他民族联合起来支持江桥抗战。齐齐哈尔市郊嫩江两岸的达斡尔民众积极投身到对抗战的志愿活动之中，如达巴岱、英老坟、特力莫、西三家子等村屯的达斡尔族民众自发地组织担架队和慰劳队，从事组织抢救伤员，慰劳前线战士等支援工作①；正是各族人民的大力支持成为江桥抗战胜利的基础。

1932 年 4 月，马占山率领抗日义勇军队伍向北撤离，经过海伦、黑河地区，途径敖宝屯时，得到当地达斡尔族民众的欢迎和支持。达斡尔族青年鄂寿喜等多名达斡尔族青年加入到马占山率领的抗日义勇军队伍之中，他们追随抗日队伍，参加过呼兰、海伦、大方台和安达等地的战斗。② 虽然在抗日义勇军中的达斡尔族人数不是很多，但是他们代表了达斡尔族民众的抗日情怀，他们在战斗中英勇作战，勇猛杀敌，沉重地打击了日本侵略军。这支抗日义勇军被打散以后，达斡尔族民众仍然以他们特有的方式保护抗战的战士。

随着抗日烽火的点燃，在岭西地区的海拉尔也燃起了抗日烽火。1932

---

① 刘金明：《黑龙江达斡尔族》，哈尔滨出版社 2001 年版，第 49 页。
② 刘金明：《黑龙江达斡尔族》，哈尔滨出版社 2001 年版，第 50 页。

年 9 月，原民国陆军第十五旅旅长兼呼伦贝尔警备司令苏炳文，举起了抗日旗帜，在乌奴耳一带袭击了一伙北上日军，在呼伦贝尔地区抗击日本侵略。同年 10 月，苏炳文组织在达斡尔族聚集的海拉尔一带组织东北民众救国军，向全国发出抗日通电。苏炳文的抗日爱国举动得到了众多达斡尔族民众支持，海拉尔的达斡尔族知识分子金留寿积极参加到苏炳文的抗日队伍中，积极宣传抗日思想，动员达斡尔族青年加入抗日组织。苏炳文抗日队伍被打散后，金留寿转入地下继续从事抗日斗争。1935 年，金留寿不幸被捕，不久，被日本宪兵杀害于齐齐哈尔日本陆军监狱。

（二）支持抗联的抗日斗争

达斡尔族人民也积极支持、参加中国共产党领导的抗日联军，在东北各族人民抗日斗争史上，谱写了许许多多可歌可泣的光辉篇章。

中国共产党注重东北少数民族地区的抗日斗争。为加强少数民族地区的抗日工作，1939 年 11 月中共北满省委在达斡尔族聚居的讷河县成立了中共讷河县委，专门负责领导讷河，嫩江、克山、甘南、莫力达瓦旗等地的抗日斗争。同年底中共北满省委派遣东北抗联六路军参谋长冯治刚和政治部主任王钧，率领约 180 人组成的东北抗联西北远征军，进入莫力达瓦旗，在大兴安岭一带建立抗日联军的后方基地，开展和组织包括达斡尔族在内的少数民族的革命活动和抗日斗争。本地区的达斡尔族在抗联的带动下，积极投身到抗日的浪潮之中，积极支援抗联的抗日活动，不少达斡尔族青年投身到抗联队伍中。

1940 年 3 月，抗联西北远征军在小二沟缴了日本人几个柜房后，迅速进入巴彦旗富家屯（今巴彦乡兴农村），在那里做群众工作，宣传抗日思想，建立了第一个抗日救国会。达斡尔族群众积极参加到抗日救国会之中。同年 3 月，抗联三支队进攻北兴镇，达斡尔族青年郭刚参加了战斗，英勇作战。在撤退中为掩护参谋长王钧，身中十余发子弹，为抗战胜利英勇牺牲。[①]

1941 年 7 月，抗联九支队的一个分队，在政委郭铁坚、参谋长曹玉奎

① 刘金明：《黑龙江达斡尔族》，哈尔滨出版社 2001 年版，第 53 页。

率领下夜渡嫩江，进入今登特科乡郭尼村。由于消息泄露，被日军包围，发生激战，抗联伤亡惨重，政委郭铁坚、参谋长曹玉奎等壮烈牺牲。在当地群众的掩护、帮助下，只有孙智远等6人突围获生，重返抗日前线。

居住在讷河县"满乃"屯的达斡尔族青年郭庄海，为抗日做出了重要贡献。1938年冬，郭庄海到屯北砍树做车辕子，途中遇到了一支抗联队伍正遭到日军的追击，危急情况下，郭庄海毅然接受了抗联的请求——给抗联队伍带路。郭庄海不仅完成了带路任务，而且还加入到抗联队伍中，与抗联战士一直打到黑河一带，成了一名勇敢的抗联战士。[①]

郭庄海从抗联队伍返回家乡后，还是继续支援抗联，同日伪作斗争。1941年秋的一天，郭庄海在江边打鱼，王明贵、王钧带领40多名抗联战士来到江边，后面有保安团和日军追击。郭庄海和进行摆渡的村民巴嘎布将抗联战士隐蔽在灌木丛中，自己引开敌人的视线。之后，敌人怀疑他们和抗联有联系，就将他们抓起来，进行严刑拷打，但他们始终没有说出抗联。他们被日军在克东关押了三个月之后释放。[②]巴嘎布利用从事摆渡工作的优势，多次冒着生命危险帮助抗联队伍渡江，还为抗联当向导、送情报、送粮食等等。其坚决抗日支援抗联的事迹在当地广泛流传。

1941年秋，莫力达瓦旗阿尔拉屯的达斡尔族猎民额勒格松、苏加绪、孟兴元等人在毕拉尔河山林狩猎时，结识了抗联将领王明贵、陈雷，他们与二人结拜为兄弟，将自己的口粮和马匹捐给了抗联，还为抗联带路袭击了日本经营的"伊贺木材公司"，俘获日军十几人，缴获了大量的食品和武器。

达斡尔族民众支援抗联的事迹有很多。据敖立山回忆说，1941年冬天的一个夜晚，抗日联军的部分人马在王明贵、王钧的带领下来到了达斡尔族的聚居地区莫力达瓦旗的郭恩、卡布楚村庄；说明来意后，得到了村民的支援。"为了支援部队迅速启程，全屯人民通宵不眠，不分男女老幼全部出动，连夜为抗联战士烧水端茶、做饭，有的替他们站岗放哨。各家各

---

① 何什格、阿尔拉热图：《踏破铁鞋为抗战》，载《达斡尔族百年实录》上册，中国文史出版社2008年版，第311页。

② 刘金明：《黑龙江达斡尔族》，哈尔滨出版社2001年版，第53页。

户拿出衣服、鞋帽、粮食、黄烟等给战士。"……白发苍苍的鄂维义老大娘将自己给儿子做的"奇卡米"（冬天穿的乌拉鞋）送给了抗联战士。郭恩屯老乡佩信宝，看见一位战士衣衫褴褛，就将自己身上穿的衣服鞋帽脱下来送给了抗联战士。卡布楚屯的老乡勒莫日根把心爱的狍皮衣服送给了一位战士。屯民敖凤兰还杀了母鸡，做荞面饸饹慰问抗联战士。[①] 在抗联战士打游击的艰难困苦岁月里，百姓的支持是对他们最大的帮助，"郭恩屯的居民支援了 27 匹马，卡布楚屯支援了 5 匹马，各家各户又支援了很多的粮食、衣物。"[②] 抗联队伍途经莫力达瓦旗西瓦尔图乡时，屯民孟松海、孟寿海和他的儿子莫德尔图及时为部队送去了 5 匹马和 3 袋子小米。[③] 太平乡后太平桥村民杨升，为抗联捐献了 2 匹马和一些粮食，被日伪警察分所得知后，以反满抗日的罪名将其活埋。新中国成立后，人民政府追认杨升为烈士。

达斡尔族人民支持抗联的抗日斗争的事例很多，他们公开或秘密地进行着抗击日本侵略者的斗争，如郭文通、奈勒日图、布迪扎布、额尔登泰、荣茂、海瑞、德文斌、鄂廷勋等，既有爱国学生，也有普通牧民，还有上层人士。他们有的参加抗联，有的支援抗联，有的送马匹，有的送粮食衣物等等；正是有了这些无畏无求的支援，抗日联军才能在大小兴安岭坚持战斗奋勇杀敌，谱写了很多可歌可泣的英雄赞歌。

第四节　日伪统治下的达斡尔族社会

伪满洲国建立后，日本帝国主义在达斡尔族聚居的兴安省、齐齐哈尔等地，同伪满洲国各省一样，全面推行了《暂行保甲法》《治安维持法》

---

① 敖立山：《抗日联军路经郭恩、卡布楚两屯的情景》，载《达斡尔族百年实录》上册，中国文史出版社 2008 年版，第 313 页。

② 敖立山：《抗日联军路经郭恩、卡布楚两屯的情景》，载《达斡尔族百年实录》上册，中国文史出版社 2008 年版，第 313 页。

③ 孟德仁：《我和抗联在一起的日子里》，载《达斡尔族百年实录》上册，中国文史出版社 2008 年版，第 318 页。孟德仁曾与抗联将领王钧结拜兄弟，新中国成立后王钧找到孟德仁共叙抗战情怀。

《国税征收法》《国民勤劳奉公法》《国兵法》《满日拓殖条约》《暂行惩治盗匪法》《关东军治安肃政计划要纲》《保安矫正法》《思想矫正法》等名目繁多的法令法规，形成强大的日本军事统治网。日军、伪军、地方官厅、法院、检察院、警察等构成日伪国家机器。伪满洲国为强化统治，镇压人民，规定了危害国家罪、内乱罪、背叛罪、治安维持罪、思想犯、国事犯、嫌疑犯、经济犯等 50 余种罪名，严格限制民众的正常人身权，使达斡尔族等少数民族处在残酷的殖民统治之下，许多家庭家破人亡，濒于绝境。

一、对自然资源的掠夺

达斡尔族聚居的兴安省等地是伪满洲国人口稀少，但幅员广阔、资源开发潜力巨大的区域。据 1934 年末的调查：兴安四省面积为 40 多万平方千米，占伪满洲国总面积的 31% 左右。兴安四省共 105 万左右人口，人口密度每平方千米 3.4 人，而"满洲国"平均人口密度每平方千米 24 人之多。[①] 可见，兴安省在伪满洲国各省份中资源最为丰富、土地资源开发潜力最大。因此，成为日伪侵略掠夺的重点地区。

（一）对畜牧产品的掠夺

畜牧业是蒙古达斡尔族等民族最主要的产业，长期以来被日本人称之为"满蒙之花"，[②] 兴安省是伪满洲国的核心畜牧业省份，又是日本畜产品主要供应地，对日满两国畜产物的供应具有战略意义。兴安省家畜种类主要有牛、马、绵羊、山羊、骆驼等；畜产物有羊毛、牛肉、乳制品、马尾、皮革、兽骨、角牙、兽脂等。据 1934 年末的调查，兴安省每千人口拥有家畜头数的状况是：兴安北省为 1903.3 头牛、2008.8 匹马、11852.7 只羊；兴安东省为 95.4 头牛、90 匹马、13.3 只羊；兴安南省为 119 头牛、26.3 匹马、180.6 只羊；兴安西省为 378.7 头牛、94.3 匹马、479.4 只羊；

---

① 东亚问题研究所：《蒙古要览》，三省堂 1938 年版，第 33 页。

② ［日］藤冈兽著：《满蒙经济大观》，吴自强译，《近代中国史料丛刊三编》第 88 辑，文海出版社 1999 年版，第 151 页。

四省平均为 313.3 头牛、178.6 匹马、993.5 只羊。而伪满洲国其他 10 省合计为 46.6 头牛、68.1 匹马、35.5 只羊。① 所以，兴安省便成为伪满洲国产业开发畜牧产业建设核心区域。

（二）对森林资源的掠夺

兴安省是伪满洲国林业大省。据估计兴安省拥有森林面积为：兴安北省森林面积为 5750000 公顷；兴安东省森林面积为 6890000 公顷；兴安南省森林面积为 1160000 公顷；兴安西省森林面积为 200000 公顷。② 鄂伦春林区、绰尔林区、扎免林区等都是闻名伪满洲国的著名林区。为掠夺森林资源，日伪在各地区成了很多作业组，划分很多作业区。如兴安东省就根据流筏运送线路划分了三个作业区，莫力达瓦、巴彦旗诺敏河为第一作业区；以喜扎嘎尔旗兴安岭为中心的绰尔河流域为第二作业区；滨洲线即哈拉苏、博客图一带为第三作业区。③

日伪以作业区为基地，大肆采伐森林资源。以兴安东省为例，康德六年（年）加工处理落叶松圆木 46029 根，体积 10028691 立方米，加工处理落叶松电柱 3509 根，体积 1560889 立方米，加工处理桦杨圆木 13229 根，体积 1918238 立方米，官方采伐薪材体积 63491000 立方米。④ 从康德五年到康德七年，兴安东省全省出材量为 311488000 立方米。⑤ 兴安东省仅康德六年官采木材收入 71810 元，加工处理木材收入 1007651.46 元。⑥

（三）对矿产资源的掠夺

兴安省矿产资源丰富，有扎赉诺尔、查干、甘河、太平敖煤矿；扎赉诺尔油苗；索伦、吉拉林河口、查罕敖、巴林左翼旗铁矿储藏；奇乾、吉

---

① 东亚问题研究所：《蒙古要览》，三省堂 1938 年版，第 32 页。
② 兴安总省调查科编：《新兴的兴安省概观》，1933 年，第 55 页。
③ 高纯德：《日伪统治时期兴安省的行政机构设置、产业状况及公共事业》，《扎兰屯文史资料》第一、二辑合刊，远方出版社 2004 年版，第 91 页。
④ 高纯德：《日伪统治时期兴安省的行政机构设置、产业状况及公共事业》，《扎兰屯文史资料》第一、二辑合刊，远方出版社 2004 年版，第 92 页。
⑤ 高纯德：《日伪统治时期兴安省的行政机构设置、产业状况及公共事业》，《扎兰屯文史资料》第一、二辑合刊，远方出版社 2004 年版，第 92 页。
⑥ 高纯德：《日伪统治时期兴安省的行政机构设置、产业状况及公共事业》，《扎兰屯文史资料》第一、二辑合刊，远方出版社 2004 年版，第 91 页。

拉林、余庆沟金厂；巴林左翼旗水晶储藏；布列野河的白银矿；伊列克特及乌奴尔附近的花岗石储藏。[①] 其中，煤炭和金矿的开发价值更高。

（四）对其他资源的掠夺

达斡尔族聚居地区的特产十分丰富，有各种中草药，有瓜子儿、木耳、榛子等，有些特产闻名东亚。如兴安东省的各种特产就十分丰富，详见下表：

表4-13 兴安东省各旗特产表　　　　　　　　（单位：斤）

旗	黄连	益母草	狼毒	黄芪	防风	蘑菇	木耳	榛子
布特哈	2500	900	13000	1400	1800	2000	3000	45000
阿荣旗	1250	1800	1040	14300	1030		4100	60000
莫力达瓦	1500		8200	2600	830	1000	4000	
巴彦旗	13572					2336		
喜扎嘎尔旗	1000	1000	1500	300	1000	1500	100	2000
总计	19822	3700	23740	18600	3760	4500	13536	107000

注：此表根据高纯德：《日伪统治时期兴安省的行政机构设置、产业状况及公共事业》，《扎兰屯文史资料》第一、二辑合刊，远方出版社2004年版，第92页相关内容制作。

达斡尔族生活区域水系发达，鱼类资源丰富。如嫩江水系、兴安北省呼伦—贝尔湖水系、兴安东省诺敏河等处盛产鱼类，特别是呼伦—贝尔湖水系所产淡水鱼捕获量仅次于嫩江水系，在伪满洲国各水系中位居第二。

总之，达斡尔族聚居的兴安省等地是伪满洲国开发潜力巨大的资源宝库，是日本总体战略资源的重要供应地。因此，日本在这些区域实行了严酷的经济统制政策。

二、经济统制政策的实施

民国三十四年（1935年，满康德2年），日伪签订《关于设立日满经济委员会协定》，之后，相继公布《重要产业统制法》《原棉、棉织品统制法》《特产品专卖法》《主要粮谷统制法》《小麦及制粉业统制法》《重要

---

① 《新兴的兴安省概观》，第56—58页，《蒙古要览》，第38—42页，《兴安蒙古》，第115—116页。

谷物促进出荷统制令》《农产品交易市场法》《战时紧急经济政策要纲》《粮食管理法》等法令法规，全方位实行经济统制政策。从此，达斡尔族等民族生活区域的经济完全沦为日本经济的附庸。

（一）产业产品的统制

民国二十二年（1933 年，伪满大同二年），开始对水泥、酒、棉线、棉布工业品实行统制。之后，对毛织、麻织、制粉、制酒、制糖制烟、肥料制造、油坊业、火柴、水泥等产业实行统制，继而扩充对纸张、高粱、玉米、谷子、豆饼、豆油、谷物出荷（运送、装运）等实行统制。达斡尔族盛产的烟叶、大豆等都列入其统制产品之中。结果导致达斡尔族的手工业作坊纷纷关闭和破产。

（二）产品、商品的配给和专卖

民国二十八年（1939 年）施行生活必需品配给制度。对达斡尔等民族的主要生活必需品、食用粮，食盐、火柴、煤油等实行通账制（凭证限量配给），对大豆、小麦面粉、苏子、苏子油、葵花子、荞麦、稗子、小豆等施行专卖，禁止中国人食用大米，达斡尔族喜欢食用的苏子、苏子油、荞麦等都列入了统治行列。

（三）产业行企的组合（行业公会）

将达斡尔族的手工业、加工业等产业组织行业公会加以控制。如黄羊毛类加工业、粮食加工业、果子（糕点）制造业，靴袍制造和贩卖业、面包制品贩卖业、鲜鱼小卖贩卖业、大豆油配给、卷烟草小卖、鸡卵贩卖、小卖（零售）、木工、洋装商会，甚至酱油、豆酱等类行业都先后成立组合，以便于管理和操控。

这些措施一般是由日本官吏为主官的各种株式会社和兴农合作社组织实施和控制的。从制造、收购、配给到运输完全由日本官吏管理掌控，致使达斡尔族的地方经济任凭日本掠夺，为其侵略战争服务。

三、勤劳奉公队

勤劳奉公队是日本侵华期间建立的全国性的统一组织，由各地方市、县、旗的青年按照军队编制组成在满洲国指挥下的劳动大军。由大队、中队、小队和分队组成，各队数额根据各市、旗、县的人数来定。勤劳奉公队是由乡土青年组成的完全尽义务的劳动部队，名义上"是国民锻炼的道场，兴亚推进力的源泉，创建道义世界的培养所"[①]，实际上勤劳奉公队是强制青年奴隶式劳动、压榨青年血汗的半军事化组织。

勤劳奉公队分一般队和特技队。一般队以笨重的体力劳动为主，特技队是有一定技术的劳动者，如瓦工、木工等，多数被派往工厂从事服务。1945年3月，修订通过了《国民勤劳奉公法》，将奉公年龄由过去的20—23岁延长到30岁，进一步扩大了勤劳奉公队伍。同年，还通过了《国民勤劳奉公队总司令部令》，勤劳奉公队的总司令和副总司令由民生部大臣和勤奉局局长担任，各省、市、县的司令和副司令由伪省长、市长、县长和旗长担任，由此，从上到下形成一个庞大的指挥机构和劳动大部队，据统计，全伪满洲国约有10万勤劳奉公队员。[②]

伪满洲国的青年年满20岁就要接受身体检查，合格的就必须去当国兵，不合格的参加勤劳奉公队，奉公队成员定期接受培训，有需要就"勤劳奉公"。这些奉公队员接受军事化管理，要进行军事训练，灌输武士道精神，吃饭睡觉等生活全听日本口令，还要祈祷天皇长寿；写信要经过检查才能寄出。为防止队员逃跑，实行连环保证制度，一人逃跑全队受罚。连在校读书的学生都要勤劳奉公35—40天。如1945年7—8月，海拉尔第一国民优级学校的学生在石福彬老师带领去牙克石沟里勤劳奉公，扒桦树皮，生活环境十分恶劣，8月日军投降才得以返回家园。

居住在布特哈、海拉尔、齐齐哈尔等地的很多达斡尔族青年被迫参加了勤劳奉公队，有的在扎赉诺尔煤矿挖煤，有的在海拉尔修筑工事，有的搬运战略物资等等。勤劳奉公队成了日军侵华的重要劳动力资源，也是日军残酷剥削压榨达斡尔族等各民族的历史见证。

---

① 海拉尔历史研究会编：《海拉尔风云录》（1932—1945）下册，内蒙古文化出版社2003年版，第137页。

② 海拉尔历史研究会编：《海拉尔风云录》（1932—1945）下册，内蒙古文化出版社2003年版，第138页。

四、奴化教育

（一）建立学校培养为殖民统治服务的人才

学校是培养人才的摇篮，日本侵略者为在文化上奴化和同化达斡尔等族民众，打出了光复发展少数民族文化的旗号，培养为其殖民统治服务的各类人才，"惟学校之施设，此后按扩张施设男女师范学校，以期熏育支那教育人材，而造成东三省永远亲日之根本，此乃文化施设之第一要义"[①]。为此，日伪将原有的各级各类学校进行裁改增设，增加了一些学校，据初步统计，1938年仅在莫力达瓦旗和巴彦旗，有44所小学校，学生2106名，其中5所是国民优级学校。[②]

表4-14　达斡尔族地区学校及达斡尔族入学情况表

学校名称	校址	创立时间	原名与沿革	学制	课程	达斡尔族任教入学情况
布西农业学校	莫力达瓦旗府所在地尼尔基	1935年	初为产业技术传习所，1938年1月改为省立布西农业学校	学制两年	开设算术、地理、历史、军事教育、日语、满语、蒙古语等课程。	达斡尔人斗星嘎任副校长，苏日格钦任教师，有莫力达瓦旗学生10名，巴彦旗学生10名。
兴安第一师范学校	齐齐哈尔	1935年	东北蒙旗师范学校与齐齐哈尔蒙旗师范学校合并成立	学制三年	开设蒙古文、满文、日文、心理、数理化、经济、史地等课程。	达斡尔族学生有敖玉祥、敖瑞清、斗星嘎、鄂士英、金增贤、腾合台（郭柏松）、金增年、郭荣廷等。

[①]　参见田中奏折，《伪满洲国史料》第1册，第250页；转引自任其怿：《日本帝国主义对内蒙古的文化侵略活动》（1931—1945年），内蒙古大学博士论文，2006年。

[②]　《内蒙古教育史志资料》第2辑，内蒙古大学出版社1995年版，第43页。

续表

学校名称	校址	创立时间	原名与沿革	学制	课程	达斡尔族任教入学情况
扎兰屯师道学校	扎兰屯	1938年	由兴安第一师范学校发展而来，同扎兰屯国民高等学校合办。也称兴安师道学校	本科四年制，特修科二年	开设蒙古语、日语、国民道德、数学、物理、化学、地理、历史、体育、美术等课程。	达斡尔族教师有腾合台、敖玉祥、郭荣廷、敖勤学，军事训练教官有鄂光元、额尔精布、李宪，事务员有陶金禄、沃吉勒图，达斡尔族毕业生200多人。
兴安学院	设在王爷庙即今乌兰浩特市	1935年	由伪满蒙政部创办	学制五年	开设国民道德、教育、日语、实业、农牧林业、历史、地理、数学、理科、国画、手工、体育、音乐等课程。	达斡尔族教师有帕格达、斗兴阿、何布台、鄂文良、何音扎布等达斡尔族学生约30名。
兴安军官学校	设于郑家屯，1935年7月迁至王爷庙	1934年7月		学制二年后分为预科二年、本科二年	开设历史、地理、数学、理科、日语、蒙古语。本科则以军事课为主，普通课为副。	郭文林于1941—1943年任该校的第三任校长，任教官的达斡尔族有郭东布、鄂鸣中、王海山、鄂秀峰、沃文治、多文秀、单福祥、多祯祥等10名达斡尔族学生；以后各期又陆续有达斡尔族学生入学，共有约50名达斡尔族。

续表

学校名称	校址	创立时间	原名与沿革	学制	课程	达斡尔族任教入学情况
扎兰屯女子国民高等学校	扎兰屯	1942年5月		学制四年	开设国民道德、日语、蒙古语、物理、化学、数学、音乐、手工、自然、体育、美术等课程。	校长是达斡尔族乔树仁，达斡尔族教师有乔焙英、鄂月英等，第一年招收40多名学生，基本是达斡尔族。
育成学院	王爷庙	1940年	由蒙民厚生会创办	学制四年	开设日语、蒙古语、数学、畜产、农业、生物、物理、化学、音乐、体育、军事等课程。	敖玉祥曾在该校任教，讲授农业课。先后有20名左右达斡尔族学生在该校读书。
音河农业中学	音河东岸旧三站	1934年	由兴安东省民政厅厅长金耀洲创办	学制二年	开设一般中学课程外，还开设农牧业生产方面的课程。	达斡尔族安文录任校长，鄂廷勋、安延昌为教师，80%是达斡尔族学生。
海拉尔第二国民高等学校	海拉尔	1937年	实行新学制后改为职业中学1944年改为土木工程专业学校	学制三年	除一般课程外，开设商品学、商事要项、商业会计等课程。	有部分达斡尔族青年就读该校。

续表

学校 名称	校址	创立 时间	原名与沿革	学制	课程	达斡尔族任教入学情况
海拉尔第一国民高等学校	海拉尔		前身为呼伦贝尔蒙旗小学中学部，新中国成立后为海拉尔第一中学。	学制四年	开设蒙文、日语、畜牧业课程。	海拉尔达斡尔族小学毕业生多入该校就读。

参考文献：内蒙古大学出版社《内蒙古教育史志资料》第 2 辑；满都尔图主编《达斡尔族百科辞典》，内蒙古文化出版社 2007 年版；毅松：《伪满时期的达斡尔族中高等教育》，《达斡尔文集》，内蒙古文化出版社 2002 年版。

伪满政权在布特哈旗卧牛河建了一所农业学校，在齐齐哈尔乡努图克又建了私立农业学校。各努图克（乡）所在地，都设立了完全小学校。除了在达斡尔族聚居地区设立的这些学校以外，还设立了很多学校，有达斡尔族就读的学校就有齐齐哈尔女子国民高等学校、兴安医学院、达斡尔族郭兴元任校长的洮南铁路教育所、沈阳同善堂助产士学校、兴安第一职业中学等，先后有十几名到几十名达斡尔族学生就读。此外，在齐齐哈尔第一商业职业学校、旅顺女子高等学校、哈尔滨陆军军医学校、哈尔滨工业学校等，也有达斡尔族学生就读。

就读上述学校中的达斡尔族学生，有些经过努力考入国内大学的大致有数十名。[1] 如考入建国大学（设在长春）的有格日勒泰、哈萨、卜林、喜嫩、蒙和、毕力格巴图、孟公阿、敖东来、钢格尔、鄂嫩、鄂郎海、哈斯吉日格拉等。考入吉林师道大学的有斗星阿、卓日格巴图、耶拉、额勒杜喜、巴图卓日格、贺喜业勒图、郭荣庭、鄂永富、钦巴图、德勒格尔、乌嫩卓日格、陶克等。还有考入长春政法大学的有德文盛、德广华；考入沈阳南满医科大学的有斡特哈图、鄂凤举；考入哈尔滨医科大

---

[1] 卜林：《达斡尔族学校教育历史述要》，载《达斡尔资料集》第 8 集，民族出版社 2008 年版，第 40 页。

学的有敖彬瑞、乔莲志、乔淑英、莫莲凤；考入长春医科大学的有达木林、松柄、沃春廷，考入长春大同学院的有阿木古郎（杨士贤），考入沈阳农业大学的有盂忠富。鄂勒保、鄂德双分别考入北京大学和南京大学深造。

1938 年伪满颁行新学制即《学制要纲》，规定："遵照建国精神及访日宣诏之趣旨，以咸使体会日满一心一德不可分之关系及民族协和之精神，阐明东方道德，尤致意于忠孝之大义，涵养旺盛之国民精神，陶冶德性，并置重点于国民生活安定上所必需之实学，授与技能知识，更图保护、增进身体之健康，养成忠良之国民，为教育之方针。"[1] 其学校教育的目的十分明显，就是为培养"忠良之国民"即忠孝于日本天皇的忠顺奴仆。

日本帝国主义在达斡尔族地区创办学校，招收达斡尔族等各民族青年入学，接受日化的学校教育，带有明显的殖民地教育特征。日本帝国主义本想通过各类教育，培养适合于伪满洲国服务的各类人才，但很多学生学习期满后，成为发展民族教育、反对日本殖民统治的中坚力量，这是日本殖民教育没有想到的客观后果。

（二）强制推行以日语为基础的奴化教育

语言是民族存在的重要条件，如果一个民族失去了母语后，就无法长久保持自己的历史、文化。语言不仅是文化的核心问题，也是教育的核心问题。为达到语言同化的目的，日本帝国主义始终把日本语教育作为一项极其重要的手段，强迫占领区的人民学习和接受日本语。日本颁布《伪满国民高等学校规程》，规定："国语于施行县制之地域内，教授日语和满语；于施行旗制之地域内，教授日语和蒙语；于县旗并置之地域内，教授日语及依省长所定之满语或蒙语。"[2] 伪满的各级学校，"在课程中，把'日语'改称为'国语'，为各级各类学校的必修课。把'国语'改称为

---

[1]　武强主编：《东北沦陷十四年教育史料》第 1 辑，吉林教育出版社 1989 年版，第 451 页。
[2]　武强主编：《东北沦陷十四年教育史料》第 1 辑，吉林教育出版社 1989 年版，第 517 页。

满语。日语讲授时数为各科目之冠"①。日本帝国主义还设置日语补习学校、日语进修班来普及日语，用普及日语的方法，达到同化蒙汉回各族人民的目的。② 如《兴安南省立兴安实业女学校学则》规定：第一学年每周授课时数共计 40 学时，其中日语 10 学时，仅日语就占据总学时的四分之一。③ 海拉尔兴安学院规程规定"兽医科每周授课时数为 38 学时，其中日语 10，实习 11，修身 1，其余均为 2 学时"；"加工科每周授课时数为 38 学时，其中日语 10，实习 13，修身 1，羊毛加工学和皮革制造学为 3，其余均为 2 学时"④，日语课几乎都占据四分之一以上的课时。据王爷庙兴安学院的学生回忆："学院的课堂全用日语授课，课文很难懂。为了向学生灌输日本语，不仅上课满堂灌，课外活动也用日本式进行，连做操时都用日本口令，如立正、稍息、一二三四等。"⑤ 1933 年 11 月，兴安东省在布特哈旗小学成立日语讲习所，聘请当地的日本宪兵队翻译大波多五郎担任讲师，学习期限为 6 个月。⑥ 据统计，到 1939 年 4 月，兴安各省开设了日语讲习所 3 个，职员 15 人，学员 383 人。⑦ 除强制推行日本语教育外，还向师生灌输日蒙亲善、亲日反共的奴化思想，完全为侵略战争和殖民统治服务。

（三）开办蒙古青年训练班

该训练班是日本学者佐藤富江受海拉尔特务机关长桥本欣五郎之托，在呼伦贝尔地区开展蒙古族青年训练工作时成立的。训练所迁到新京后，改名为蒙古实务学院，专门招收蒙古族青年，进行培训和实务教育（农业、建筑）。后又成为协和会的外围组织，承担了协和会的青年教育工作。

① 戴逸主编：《中国近代史通鉴》（抗日战争卷），红旗出版社 1997 年版，第 363 页。
② 德穆楚克栋鲁普：《伪蒙疆联合自治政府的成立与瓦解》，《内蒙古文史资料》第 7 辑，第 45 页。
③ 《内蒙古教育史志资料》第 2 辑，内蒙古大学出版社 1995 年版，第 451—454 页。
④ 《内蒙古教育史志资料》第 2 辑，内蒙古大学出版社 1995 年版，第 420—421 页。
⑤ 巴图：《忆我对日本侵略者罪恶行为的见闻》，《侵华日军在兴安盟罪行录》，1995 年，第 117 页。
⑥ 《内蒙古教育史志资料》第 1 辑上卷，内蒙古大学出版社 1995 年版，第 162 页。
⑦ 《内蒙古教育史志资料》第 1 辑上卷，内蒙古大学出版社 1995 年版，第 138 页。

训练班除正常的训练科目和军事训练外，还要进行野外露营的训练。训练科目有公民科、国民道德科、一般常识、情操教练、日语讲习、精神讲话等。开学之前，学员还要进行为期20天的入所训练。这种青年训练班主要是为了从思想上加强对青年的亲日教育，培养亲日分子和特务。第一期学员共40人，都是从兴安北省蒙旗中选拔的蒙古族青年，其中陈巴尔虎旗8人，索伦旗8人，西新巴尔虎旗12人，东新巴尔虎旗11人。① 达斡尔族青年也参加了该培训班。

（四）开设民众教育馆

民众教育馆是对达斡尔族、蒙古族等实施社会教育的重要场所。内部设置简易图书馆、民众讲习所、日语补习学校、报纸阅览处等设施。讲习所针对农村失学人员，教授日语、算术、技艺等。1936年10月，伪满召开第一次全国民众教育馆会议。之后，伪满开始在各省设立省立民众教育馆，兴安各省也建立了民众教育馆。迄1939年12月，伪满的民众教育馆达102所，职员257人，藏书174781册。② 一些达斡尔族民众也被迫进入民众教育馆学习日语。

（五）培养伪满政权所需的官吏

日本侵略者设有蒙疆学院，专门培养适应统治需要的官员，该校号称蒙疆的最高学府。蒙疆学院于1939年5月成立，学制为三年，办学宗旨是"日蒙亲善，民族协和""善邻友好，发扬东亚道义精神，培养实用人材"。学院下设教育、训练和事务三科，该校的授课教师多为日本人，所有课程全部用日语授课，实行军事化管理。学生回忆："每日早晨举行升旗，并遥拜，随即进行早操、持枪跑步。课程有精神训练、武道训练、精神讲话、军事训练、作业训练、人文科学、建国精神、神道及皇道"等等。③ 在此学习的达斡尔族青年也必须接受这种奴化教育。

（六）控制新闻出版事业和舆论宣传工具

日本帝国主义禁止反日报纸、书刊的发行；成立通讯社、新闻社，主

---

① 《内蒙古教育史志资料》第1辑上卷，内蒙古大学出版社1995年版，第171页。
② 满洲国史编纂委员会：《满洲国史》分论下卷，满蒙同胞援护会，1970年，第755页。
③ 徐志明：《蒙疆学院述略》，《内蒙古文史资料》第29辑，第81—82页。

办伪化报纸、杂志，出版各种书籍；建立广播电台，放映电影。日本侵略者规定不得悬挂中国地图，不得使用中华的字样，不得使用中国教材，不能说自己是中国人；通过书刊和媒体，宣传民族协和、大东亚共荣圈、反共反苏的思想，毒害当地人民，为侵略战争和殖民统治服务。进步书刊作为思想和意识的载体，遭到日寇的禁止和毁灭。

（七）派遣留学生

伪满时期，日本帝国主义从各级各类学校选拔优秀学员，到日本留学。有些家境比较好的家庭也将子女送到日本留学。因此，日伪统治时期，到日本留学的青年很多，据不完全统计，通过公费、自费到日本留学读中高等学校的达斡尔族学生有 80 人左右。1934 年，兴安各省在日本的留学生人数如下：兴安东省 5 人，兴安南省 7 人，兴安北省 5 人，共计 17 人。[①] 1939 年 4 月，兴安各省在日本的留学生人数如下：兴安东省 10 人，兴安南省 16 人，兴安西省 6 人，兴安北省 8 人，共计 40 人。[②]

表 4-15　达斡尔族青年留日学生简表

姓名	学校	备注
色尼尔呼（塞尼额耶尔呼）	广岛高师	
腾合太（郭柏松）	东洋大学教育系	
巴达荣嘎	东京善邻高等商业学校预科、广岛高师预科、英语系本科、广岛文理科大学教育系	
敖玉祥	东京高等工业学校、东京农业大学	
敖勤学	东京高师教育系	

① 《内蒙古教育史志资料》第 1 辑上卷，内蒙古大学出版社 1995 年版，第 132 页。
② 《内蒙古教育史志资料》第 1 辑上卷，内蒙古大学出版社 1995 年版，第 132—138 页。

续表

姓名	学校	备注
德勒格日呼	东京工业大学机械系	
帕格达（沃文瑞）	东京高等工业学校、东京工业大学纺织系	
才喜雅尔图	东京工业大学纺织系	
鄂成奎（萨音托布）	东洋大学	
何什格图（郭永年）	早稻田大学	
恩和巴雅尔	东京工业大学电气系	
敖奎祥、王海山、鄂嫩日图、多祯祥、沃文治、鄂秀峰、登登太弋陶掘义、郭东布（莫德尔图）	日本陆军士官学校	在日留学，但未查明学校的还有：通福、胡世显、何庆珍、敖永保、萨仁托亚、额尔敦涛克涛、德兴阿、乌如恭格、阿木古郎、沃振东、李德胜、李金斗、索岳勒扎布等。
鄂英海	东京法政大学	
吴日金	东京工业大学	
那仁托亚（额布结）	东京女子医科专门学校	
奥登挂（郭雪英）	山梨师范学校	
志伦	东京女子大学	
哈森吉木	福岛县国立师范师学校	
白音（沃文涛）	早稻田大学	
鄂廷勋	东洋大学	
鄂勒保	广岛高师	
金奎永、郭明戈、满都呼、额尔德尼	陆儿岛十来农业学校	
吴泽民（苏日根巴雅尔）	日本商业专科学校	
安国栋（安牧）	东京麻布兽医学校	
索岳勒图（索越尔图）	北海道十胜农业学校	
金增贤	东京帝国大学	
福色日、坡色里	日本法政大学	
额讷托布	东洋大学教育系	

续表

姓名	学校	备注
色尔森太	东亚日语学校东京高等兽医学院	
乌如喜业勒图	东京第一高等学校、东京帝国大学	
萨义尔	日本第四高等学校	
巴布晗	东京医学专科学校	
敖晓云	明治大学女子部	
鄂月英（萨仁）	富山县国立师范女子部	
嘎比雅图（何文勋）	广岛高师	
耐日勒图	东京美术学校	
勒博特	静冈师范	
敖学明（索岳勒太）	山形师范	
郭古慕丹	东京府立第九中学	
多古尔	和歌山师范	
根栋	秋田师范	
那增敖齐日	山形中学	
那森依热格	东亚日语学校	
图木热	东京第一高等学校	
敖岳山（胡格金台）	东洋大学	
斗星嘎（孟斗祥）	东京高师体育系研究生	
何布台	广岛文理大学教育系	
膏嘎（乔盛忠）	静冈师范	
郭荣凯（额尔登蒙和）	商田师范学校	
郭布罗·润麒	日本陆军大学	

该表依据毅松：《伪满时期的达斡尔族中高等教育》，《达斡尔文集》，内蒙古文化出版社 2002 年版，第 140—145 页；满都尔图：《达斡尔族百科辞典》人物篇；姜树卿、单雪丽主编：《黑龙江教育史》第八章，黑龙江人民出版社 2002 年版等资料编制。

　　日本帝国主义本想通过留学日本，进一步深入学习日本文化，能够使日本文化深入到达斡尔族学生的精神中血液里，能够更加忠顺于日本侵略者。事与愿违，很多达斡尔族青年，通过留日学习，进一步提升了民族意识和学识水平，成为反侵略斗争和革命事业的骨干分子，这是侵略者始料未及的。

　　日伪统治时期的达斡尔族，经历了社会的巨大动荡，达斡尔民族经受了殖民统治的残酷压榨，英雄的达斡尔民族积极投身到抗击侵略的斗争中，为反法西斯战争的胜利做出了自己的贡献。

第二十一章　民国末期的达斡尔族

（1945—1949）

　　1945 年 8 月 15 日，日本帝国主义宣布无条件投降，抗日战争取得最终胜利。被日本帝国主义铁蹄践踏下的达斡尔族生活区域均获得解放，达斡尔族民众和全国人民一样摆脱了亡国奴生活。在日伪的法西斯统治下，达斡尔族生活区域的行政建制、社会生活等众多层面都发生了很大变化，都需要改弦更张，建立起符合达斡尔族民众意愿的政权组织机构，达斡尔族民众在其民族精英的带领下，开始了谋求自治权利、建设理想家园的努力。

第一节　抗战胜利后达斡尔族地区的社会形势

　　解放战争时期，达斡尔族主要分布在黑龙江省、内蒙古东部和新疆塔城等地区。在黑龙江省，达斡尔族聚居的主要地区是呼伦贝尔、布特哈等地区，新中国成立后这里的政治形势十分复杂。日伪政权迅速垮台，国民党军队还没有完全控制这一区域，中国共产党在达斡尔族地区有党员从事革命活动，但影响势力还不够强大，达斡尔族聚居地区形成了暂时的政权真空地带。多种政治势力和社会集团共同角逐，使得达斡尔族民众的前途命运很不明朗，包括达斡尔族在内的东北边疆少数民族，也在为国家的前途民族的命运而探索和抗争。

一、各种政治势力的角逐

（一）苏联势力的影响

1945 年 8 月 9 日，苏联根据雅尔塔协定的有关规定正式对日宣战。8 月 15 日，苏联红军正式进驻达斡尔族聚居的海拉尔地区、布特哈地区以及中东铁路沿线要地，日伪政权迅速垮台。当时，战后的达斡尔族聚居的海拉尔市、扎兰屯、莫力达瓦等地方的许多建筑被破坏，铁路为苏军占用，为军事服务，民间交通也遭到破坏，地区之间的通信联络被阻断。建立政权机关、恢复社会秩序、稳定民众生活成为当务之急。

苏联政府依照同国民党政府签订的《中苏友好同盟条约》，承认国民党政府对东三省的主权。苏联怕苏军撤走后国民党军队进驻与苏联接壤的呼伦贝尔地区，因此提出将呼伦贝尔地区作为"缓冲地带"的设想。[①] 为达此目的，苏联红军进驻达斡尔族生活的呼伦贝尔地区以后，开始扶持本地区包括达斡尔族在内的各少数民族民族上层人士，支持呼伦贝尔恢复历史地位。在海拉尔的苏军代表卡尔洛夫强调建立"呼伦贝尔地方自治政权——中苏国境缓冲带"，并指名额尔钦巴图为呼伦贝尔自治政府主席，自治政府首要人员均由苏军方面审查通过[②]。这一设想与当地少数民族争取民族自治愿望相吻合，共同构成了呼伦贝尔地方自治政府成立的直接而重要的原因。

苏联红军进入东北后，在达斡尔族聚居的海拉尔、满洲里等地分别设立城防司令部，维持地方治安。苏联情报人员、铁路机务段司机杨德正等在苏军驻满洲里司令的授意下，于 8 月 12 日发表了《满洲里市政府共同宣言》，成立市政府，杨德正出任市长。

---

① 《呼伦贝尔地方自治史料大纲》（节录），见代钦主编：《呼伦贝尔地方自治政府》，1994 年编印，第 147 页。

② 额尔很巴雅尔：《关于呼伦贝尔地方自治政府的回忆》，见代钦主编：《呼伦贝尔地方自治政府》，1994 年编印，第 60 页。

苏联红军还进入达斡尔族最为集中的莫力达瓦旗，分两批进入布西街，带走全部日本人和部分日伪警察、特务到讷河、嫩江。总之，苏联在东北地区还有相当的势力和影响力，成为制约和影响达斡尔族地区政治和社会生活的最为重要的国外势力。

（二）国民党势力

抗战胜利后，国民党的军队还没有直接占领达斡尔族生活居住的呼伦贝尔、布特哈等地，其军队主要占领和控制了东北的沈阳、哈尔滨等大中城市和战略要地，对于地处北部边疆的达斡尔族居住区域尚未直接实施军事占领。但是，国民党在美帝国主义的军事援助下，制定了"稳住华北，抢占东北"进行内战的战略部署，趁机抓紧活动。国民党到处网罗日伪时期与人民为敌的分子，建立各种反动组织和武装。如在齐齐哈尔市，设立了"党务复兴委员会""国民党黑龙江省党部""黑龙江省党务专员办事处""三青团嫩江省支部"等反动组织，公开进行拥蒋、反共、反苏的宣传活动。① 各地相继出现了国民党的"县党部""解放委员会""治安维持会"。各地土匪武装头目纷纷与国民党联系洽谈，在得到国民党的种种许诺后，接受了国民党的委任状，在当地组建了光复军、挺进军、先遣军等反动武装。如国民党当局在海拉尔、满洲里、牙克石等地就组建成立了光复军、保安队等武装，准备迎接国民党来接管该地区。黑龙江国民党党部蒙旗特派员李宗洲等来海拉尔进行活动。② 商界人士傅锦堂自称是苏军司令部任命的市长，成立"海拉尔自治公署"，准备迎接国民党大员接收。这些投靠国民党反动派的势力，不仅杀害我党派到各地工作的干部，而且流窜乡镇，抢劫百姓，严重扰乱社会秩序，破坏各项生产事业。

（三）达斡尔族等少数民族上层和进步知识分子势力

少数民族的上层人士在一定程度上代表了包括达斡尔族在内的少数民族力量，在旧官僚和民族精英的努力下成立了一些政权机构，并掌握着一支由蒙古族、达斡尔族等少数民族组成的武装力量，如岭西的呼伦贝尔自

---

① 黑龙江省齐齐哈尔市政协文史资料研究委员会办公室编：《文史通讯》，1984 年，第 3 期。
② 郝维民主编：《内蒙古革命史》，内蒙古大学出版社 1997 年 8 月第 1 版，第 467 页。

治省政府、岭东的纳文慕仁省政府等。这些政权反对执行大汉族主义的国民党，与共产党有一定的联系，但对共产党的政策方针和实际情况并不十分了解，他们内部在政治上也不统一，其上层的封建官吏多是为了维护自己的统治地位和经济利益；开明人士和青年知识分子中，也有许多人对中国共产党不甚了解，甚至心存疑虑，希望与蒙古国合并，这就使这个地区的形势错综复杂。1945 年 8 月 18 日达斡尔族聚居的莫力达瓦旗公署日本参事官郡司彦在公署礼堂宣布日本投降，旗公署撤销。8 月 24 日以苍吉扎布为首的上层人物组织成立了"莫力达瓦旗地方治安维持会"。会址在原旗公署，会长苍吉扎布，副会长金贯芝。该会有较为完整的组织机构，下设总务、用度、宣传、会计、保安五个部。还成立保安队，队长为星春林，由地方治安维持会直接领导。[①]

（四）中国共产党的势力

在中共提出"向北发展，向南防御"的战略方针指引下，成立中共东北局，共产党抽调 2 万名干部和 11 万人的军队进入东北，领导包括达斡尔族聚居区域在内的全东北的工作。对达斡尔族社会的民族上层展开统战和组建人民武装力量的工作。

1945 年 10 月，中共中央发出《对内蒙工作的意见》，提出内蒙古要实行民族区域自治，为内蒙古的革命指明了方向和道路。经中共中央批准，内蒙古自治运动联合会于 1945 年 11 月在张家口成立，其主要任务是发动群众，实行民主改革，废除封建特权，为建立内蒙古自治政府做准备。内蒙古自治运动联合会选举乌兰夫（云泽）为主席。

但此时由于达斡尔族地区多数人和共产党人的接触还不够多，对共产党的路线方针还不够了解，再加上十几年的日本统治和历史上曾有过自治等因素，不少达斡尔族上层人士主张地方自治，成立属于自己的自治政府。还有少数上层人士主张同蒙古人民共和国合并。

（五）蒙古人民共和国势力

1945 年 8 月 19 日，蒙古人民共和国部队进驻海拉尔。以蒙古人民革

---

① 《莫力达瓦达斡尔族自治旗志》，内蒙古人民出版社 1998 年版，第 26 页。

命党组建了以中央宣传部副部长哈木苏荣为首的蒙古慰问团，从事慰问和宣传工作，积极主张"内外蒙合并"，慰问团还进入新巴尔虎左、右翼旗，向牧民宣传反法西斯战争的伟大胜利，号召蒙古人民为一家，主张内外蒙古合并为一家（合并到蒙古国）。在密吉善图（原伪兴安北省公署民生厅厅长）和功果尔扎布（新巴尔虎右翼旗长）等人的提议下，在南屯（索伦旗旗政府所在地）召开了群众大会。大会通过了将呼伦贝尔并入蒙古人民共和国的决议书，会议组成了密吉善图、功果尔扎布、额尔恨巴雅尔等人在内的呼伦贝尔代表团，组织发动群众签名赞成内外蒙古合并，积极准备进行请愿活动。这种势力打着民族主义的旗号，很具有煽动性，也成为影响达斡尔族社会发展的重要势力。

抗战刚刚取得胜利的情况下，达斡尔族地区亦是百废待兴，达斡尔族等民族上层分子和少数民族精英，在各种政治势力角逐的过程中，在纷繁复杂的社会矛盾中，面临着民族发展道路的抉择，也在进行着民族自决的努力和尝试。

二、各地达斡尔族政权机构的变化

抗战胜利后，达斡尔族等少数民族聚居的东北边疆地区的局势十分复杂。国民党的军队尚未到达，共产党的影响力还有些许薄弱，苏联势力、蒙古国势力都染指这一少数民族区域。此时，国民政府依靠其传统的统一政权的影响力，基本恢复了战前东三省的九省建制，即兴安、嫩江、黑龙江、吉林、松江、合江、辽宁、安东、辽北省，保留了市制并新设立一些市，如保留海拉尔市、满洲里市等。达斡尔族主要分布在兴安省的呼伦贝尔地区，嫩江省的莫力达瓦旗、阿荣旗、讷河县、德都县、龙江县、甘南县、富裕县，新疆塔城市、霍城县等地。

1945 年 11 月，中共中央派于毅夫、王盛荣等同志来到东北，接收了伪嫩江省政权，建立了嫩江省政府和嫩江省军区。[①] 嫩江省军区，下设讷

---

① 达斡尔族简史编写组：《达斡尔族简史》，民族出版社 2008 年版，第 116 页。

河、龙江、林甸、泰来四个军分区。在嫩江省政府内设立蒙政厅，并安排达斡尔族杨贤文等人担任了蒙政厅的厅长和各科室的领导职务。蒙政厅成立后不久，嫩江省政府把汉族人口占多数、达斡尔人比较聚居的龙江县改为纳温旗，以达斡尔族干部为主管理该旗事务。12月初，经嫩江省党政机关同意，成立了兴安东省政府和雅鲁县政府（后恢复为布特哈旗政府）。1946年2月，嫩江省政府主席于毅夫等同志，前来参加莫力达瓦旗召开的由各族各界代表组成的参议会，宣告建立临时布西旗政府。临时布西旗政府，孟希舜任旗长，陈立新（汉族，共产党员）任副旗长。布西旗政府成立后，建立了布西区（即尼尔基镇）政府和努图克政府。5月，在富拉尔基成立了龙江县人民政府，达斡尔族鄂嫩任副县长。中共组织领导各级地方人民政权的建立，并使达斡尔人掌管各级政权，使达斡尔族民众备受鼓舞，在达斡尔族中引起强烈反响。人们认识到共产党是真正关心少数民族人民在政治上当家做主的，从而更加牢固树立了只有在共产党的领导下才能获得民族解放的信念。

（一）岭东地区达斡尔族的政权建设

达斡尔族聚居的地区，又以大兴安岭为界，分为岭东和岭西两部分。岭东岭西自然环境和气候特征有着很大的不同。民国以后，岭东地区随着放垦开荒的不断增加，农业生产成为主要的生产方式，而岭西地区则一直以游牧经济为主要生产方式，在其政权的建制中，也多以这种自然单位而分别进行。

1. 兴安东署的设立

1945年8月18日，日本参事官在达斡尔族聚居的莫力达瓦旗公署正式宣布日本投降，同时撤销旗公署。莫力达瓦旗的民族上层人士苍吉扎布等人，积极活动，组建政权机构，以维护达斡尔族地方社会的平稳与安全。在其不懈努力下，8月24日在原旗公署成立了以苍吉扎布为首的上层人士组织的"莫力达瓦旗地方治安维持会"。会长苍吉扎布，副会长金贯芝。[①] 莫力达瓦旗地方治安维持会的成立，及时有效地担负起了达斡尔族

---

① 《莫力达瓦达斡尔族自治旗志》，内蒙古人民出版社1998年版，第26页。

地方的社会治安稳定和安抚民众心理的多重使命，虽然其存在时间很短，但是发挥了重要作用。

与此同时，以达斡尔族知名人士何布台为首的民族精英们发起并召集本族知名人士，他们联合各地的达斡尔族，在扎兰屯讨论达斡尔族的前途问题，决定筹建兴安东署，并成立了以何布台为主任的筹备委员会。在这次讨论会上，通过议案，要争取苏联红军的支持或默许，成立兴安东署（省），作为嫩江流域达斡尔族人民的自治政权机关，以对抗国民党的地方维持会。经过一段时间的筹备后，1945 年 11 月，来自原莫力达瓦旗、巴彦旗、阿荣旗、布特哈旗和齐齐哈尔地区的代表，在扎兰屯召开了代表大会。会议一致通过成立兴安东署的决定，推举志达图（达斡尔族）为兴安东署主任，林望溪（汉族）为参议长。兴安东署管辖莫力达瓦、巴彦、阿荣、布特哈四旗。兴安东署下设四处，分别为：总务、内防、民政、实业，分别由达斡尔族阿木古郎、鄂鸣中、敖匡海、鄂世英 4 人任处长。[①]

2. 纳文慕仁盟的建立

1946 年 4 月 3 日，东蒙古各地代表聚集在承德，召开了内蒙古自治运动统一会议，要求各地一律实行盟、旗政权体制。于是，设于扎兰屯的兴安东署需要改建为盟政府。当年 5 月初，成立了盟政府筹备委员会，经过广泛听取各地意见，最后确定以"纳文慕仁"（达斡尔语对嫩江的称呼）为盟名。1946 年 5 月 18 日，来自莫力达瓦旗、巴彦旗、阿荣旗、布特哈旗、龙江县、嫩江省政府蒙政厅的代表团，聚于扎兰屯，召开代表大会。兴安省主席特木尔巴根、秘书长达瓦敖斯尔作为来宾参加了大会。1946 年 5 月 20 日，宣告纳文慕仁盟成立，盟政府由 20 名委员组成。其政权机构如下：[②]

达斡尔族金耀洲（又名额尔登）为盟长，汉族夏辅仁（骑兵第五师政委）为副盟长，达斡尔族志达图为盟参议长，汉族林望溪为盟副参议长，

---

① 《莫力达瓦达斡尔族自治旗志》，内蒙古人民出版社 1998 年版，第 28 页。
② 卜林：《对纳文慕仁盟的回忆》，《达斡尔资料集》第 8 集，民族出版社 2008 年版，第 129 页。

建立起了达斡尔族和汉族联合执政的政权机构。

纳文慕仁盟政府内设秘书、民政、实业、公安四处，各处正副处长及其下设正副科长，大多数都是达斡尔族。当时的纳文慕仁盟，管辖莫力达瓦、阿荣、巴彦、布特哈四旗。1948 年 10 月，纳文慕仁盟与呼伦贝尔盟合并为呼伦贝尔纳文慕仁盟，后来又改为呼伦贝尔盟。纳文慕仁盟作为嫩江流域达斡尔族地区级自治政权体制，存在两年多的时间。

（二）岭西地区的达斡尔族政权建设

1. 呼伦贝尔自治省政府的成立

1945 年 8 月 15 日，苏联红军进驻海拉尔、满洲里二市，各设城防司令部。8 月下旬，在海拉尔出现了以汉族商人傅锦堂为市长的"海拉尔自治公署"后，德春、卓德巴等也组建了"呼伦贝尔蒙旗行政公署"，不久因经费拮据解散。9 月下旬，善吉米图普、德春等十几名蒙古族、达斡尔族、鄂温克族人士聚会讨论，认为有必要发起民族自治运动，成立自治政权，以维持社会秩序和管理地方事务。在取得苏联红军驻海拉尔城防司令部同意后，于 10 月 1 日在各族各界人士召开的会议上，宣布成立了呼伦贝尔自治省政府，推选额尔钦巴图为主席，善吉、米图普为副主席，德春为秘书长。另推举四人为政府参事。政府下设四处十科。10 月 8 日在苏蒙代表的参加下，在海拉尔举行了自治政府成立庆典仪式。大会正式宣布成立呼伦贝尔自治省，以海拉尔为中心，在呼伦贝尔实行"高度的民族自治"。自治省管辖区域为新巴尔虎左、右翼旗，陈巴尔虎旗，额尔古纳左、右两旗，海拉尔市、满洲里市。自治政府下设机构有：政务处、实业处、内防处、参事室。在此区域居住的达斡尔族悉归此政权管辖。

2. 呼伦贝尔盟政府的成立

当国民党黑龙江省党部派出特派员到海拉尔活动，欲公开建立国民党党部时，自治省领导人严令禁止其活动并要求其人员限期离境，使国民党在海拉尔的活动被迫转入地下，稳定了呼伦贝尔地区的形势，为中共在内蒙古东北部的工作创造了条件。1946 年初，呼伦贝尔自治省政府改称呼伦贝尔临时地方自治政府，任命了各旗旗长、海拉尔和满洲里市市长。将原自治省保安队扩充为呼伦贝尔保安总队，配合东北民主联军消灭铁路沿线的国民党"光复军""保安队"，接管了中长铁路滨洲西线。同时任命达斡尔族郭文通为政府参事兼常驻哈尔滨代表。3 月间，呼伦贝尔临时地方自治政府根据该地区有过自治历史的情况，通过郭文通向中共中央东北局和东北行政委员会递交请求批准呼伦贝尔实行地方自治问题的呈文。7 月初，临时地方自治政府遵照东北局的通知，派出以德春、葆定、额尔很巴雅尔、郭文通等人组成的代表团赴哈尔滨，在彭真、林枫等中共领导人的指导下，共同拟定了呼伦贝尔地方自治条款。9 月 29 日，东北行政委员会举行常委会议，讨论通过了成立呼伦贝尔地方自治政府的决议，并任命额尔钦巴图为主席，功果尔扎布为副主席，德春、李栋朝、郭文通为参事。政府机构改设为一处三厅：秘书处、民政厅、经济厅、保卫厅。其中葆定为秘书处长。12 月 28 日，彭真代表东北局和东北行政委员会，额尔钦巴图代表呼伦贝尔地方自治政府，签署了《呼伦贝尔地方自治原则（附带问题）会谈纪要》。从此，该政府在中共中央东北局和西满军区领导下，行使自治权利。1948 年 1 月，呼伦贝尔地方自治政府改称呼伦贝尔盟政府，隶属于内蒙古自治区。下辖海拉尔市、满洲里市、新巴尔虎右旗、新巴尔虎左旗、陈巴尔虎旗、索伦旗、额尔古纳旗。生活在大兴安岭以西的达斡尔族都纳入该政权的管理之下。

3. 呼伦贝尔纳文慕仁盟的成立

1949 年 4 月，呼伦贝尔盟与纳文慕仁盟合并，称为呼伦贝尔纳文慕仁盟，简称呼纳盟。下辖海拉尔市、满洲里市、新巴尔虎右旗、新巴尔虎左旗、陈巴尔虎旗、索伦旗、额尔古纳旗、莫力达瓦旗、布特哈旗、阿荣旗（1950 年建喜桂图旗，隶属呼盟）。岭东岭西统一于呼纳盟，其地域大致相当于现今的呼伦贝尔地区。[①]

呼纳盟的成立，不仅将岭东岭西两个自然地理区域联系在一起，而且将两个政权机构联系在一起，更重要的是将达斡尔族的几个聚居区域联系在一起，为后来民族自治旗的建立奠定了基础。

---

① 郝维民主编：《内蒙古革命史》，内蒙古大学出版社 1997 年版，第 624 页。

（三）齐齐哈尔地区达斡尔族的政权建设

1. 嫩江省政府的成立

1945 年 8 月下旬，中共中央东北局委派刘锡伍、于毅夫、王盛荣、王明贵等 17 人，前来齐齐哈尔市，接收伪满洲国时期的龙江省政权。同年 9 月下旬，在齐齐哈尔市召开的各族各界人士和代表参加的参议会上宣告成立"嫩江省政府"和"嫩江省军区"。嫩江省政府设在齐齐哈尔市，于毅夫任省政府主席，马识途任省政府秘书长，并设置省政府下属的厅、处等机构。王明贵任省军区司令员，政委朱光，参谋长厉男。王盛荣任中国共产党齐齐哈尔市委书记兼齐齐哈尔市城防司令部政委。嫩江省所辖县、旗，基本上与原龙江省所辖县、旗相同，重要的是政权性质变了，成为人民当家做主的政府。在解放战争时期，嫩江省政府为达斡尔族走上革命道路给予了多方面的指导和支持。

2. 嫩江省政府蒙政厅的成立

嫩江省政府成立后，齐齐哈尔地区达斡尔族代表要求建立一个专门处理达斡尔族等少数民族事务的机构，以便更好地处理省内少数民族事务，于是，嫩江省主席于毅夫等人接受了达斡尔族代表的建议，于 1945 年 11 月，在嫩江省政府增设了专门联系和处理少数民族事务的机构——蒙政厅。

任命乌尔吉古朗（达斡尔族，又名吴蔚帮）为厅长。厅内设立秘书室、计划研究室、总务科、行政科和文教科，室主任和科长，均为达斡尔人。1946 年 5 月，根据省政府各厅均行精简调整的决定，蒙政厅定员为 7 人。调整后的蒙政厅，由达斡尔族金耀洲（额尔登）任厅长，他于 7 月调任纳文慕仁盟盟长后，由达斡尔族杨宪文接任厅长。厅内仅设秘书室和行政科，除室主任和科长外，各有 2 名工作人员。1949 年 5 月，嫩江省并入黑龙江省，蒙政厅被撤销。

从 1945 年 11 月蒙政厅成立到 1949 年 5 月蒙政厅撤销，蒙政厅共存在三年多的时间，尽管存在时间很短，但却为嫩江省的民族工作做出了重要贡献。如：

（1）协助省政府从事政权建设。恢复伊克明安旗和杜尔伯特旗的建制，任命了旗长；推荐鄂嫩为龙江县副县长；为争取少数民族在政权机构中的地位做出了努力。

（2）协助省政府维持社会治安，看押俘虏。日本投降后，大量的原兴安军被解散，部分被收容和关押在齐齐哈尔市，蒙政厅对这部分兴安军人员进行看押和管理，并进行甄别，使大部分被胁迫参军的人得以释放。在省政府和军区机关撤离齐齐哈尔市期间，蒙政厅从齐齐哈尔骑兵大队抽调40余名战士，协助苏联红军看守日本侵略军遗留的军火库，为上述骑兵大队提供枪支弹药，并让他们侦察国民党光复军的布防，为第二次解放齐齐哈尔市和攻城做内应向导。

（3）成立内蒙古自治运动联合会纳文地区支会。1946年5月25日，在王爷庙（今乌兰浩特）召开的东蒙古人民第二次代表会议上，成立兴安盟政府和内蒙古自治运动联合会东蒙总分会，并要求各地也要设立分会和支会。代表齐齐哈尔地区达斡尔族出席东蒙总分会成立大会的阿木古郎（杨士贤）、帕格达二人，带回东蒙总分会委托中国共产党嫩江省委领导和管理纳文地区支会的信件。中国共产党龙江县委按照省委的指示，协助解决具体问题后，于1946年6月12日成立内蒙古自治运动联合会纳文地区支会，会址设在富拉尔基镇。支会设正副主任，分别由阿木古郎、帕格达担任。内设秘书、组织、青年和妇女等四股，有30余名工作人员，到1947年7月，其工作人员增为120名。从1946年6月至1948年3月撤销为止，该支会在中国共产党嫩江省委和龙江县委领导下，在达斡尔族中广泛宣传中国共产党的民族政策，发动群众开展反奸除霸斗争和参加土地改革运动，并为培养民族干部向各类院校输送了不少学员，选派部分人员到军政干部学校学习。

（4）派出部分人员在农村开展减租减息运动和恢复农村小学教育工作。1947年1月，内蒙古党委召开兴安盟群众工作会议，研究讨论土地改革问题。会议专门通过决议，在内蒙古解放区农村全面开展土地改革运动，废除封建土地所有制，使蒙汉劳动人民摆脱封建地主阶级的压迫和剥削，实现耕者有其田。11 月，内蒙古东部的兴安盟、呼伦贝尔盟、纳文慕仁盟都派出大批工作队奔赴农村开展大规模的土地改革运动。嫩江省蒙政厅协助政府派出部分工作人员，深入农村牧区进行土地改革运动。还积极筹划教育的发展，建设新的小学，促进该地区文化教育事业的发展。

（四）新疆地区达斡尔族

解放战争前夕，新疆的达斡尔族主要聚居于新疆塔城等地。此时的塔城延续了民国十年的建制，塔城成为新疆省的一个"道"，参赞改称道尹，塔城抚民直隶厅改为塔城县。参赞公署下设蒙哈事务局、民政局、警察局、财政局、屯垦局等，专局专管各方面的事务。如：屯垦局负责裁兵务农、安置务农的士兵；蒙哈局管额鲁特营十个索木和四个哈萨克游牧部落。后来屯垦局专门负责管理达斡尔、锡伯族等族的社会生活和文化教育事业。

从民国六年开始，新疆地区的达斡尔族官兵就被迁徙至塔城农村，开始从事农业生产，隶属于新设的屯垦局管理。屯垦局为了管理方便，也是为了符合达斡尔等民族习惯的管理方式，利用原有的军队建制进行管理，即根据原来新满营八个苏木（旗）的建制，将裁兵为农人员安置到有水源适合耕种的八个地方，没有解散原有的苏木。在此之前迁居农村的官兵也陆续迁入各自的苏木。原新满营八个苏木在塔城县农村安置情况如下：

原苏木（旗）	安置所署地	民族情况
霍尔果斯	瓜尔本设尔（阿西尔）	达斡尔族为主体
阿勒木铁	六升地、恰夏、吉也克、牛圈子等地	
柯浅	塔城北部喀浪古河西	
富泽克	阿布都拉河东	
齐齐罕	现喀拉哈巴克乡西南部	
图尔根	喀拉哈巴克北部	
萨玛尔、策吉	喀拉哈巴克东南和乌奴根齐克、德日孜加甫克	

资料来源：郭布勒·巴尔登著：《新疆达斡尔族》，郭白玲译，天马出版社 2005 年版。

随着民国时期民治管理体制的日益推广，新疆的达斡尔族聚居地方也实行民族自治管理方式，将这些地方改为区域管理，八个苏木分为八区，左翼四个苏木改为一、三、五、七区；右翼四个苏木改为二、四、六、八区，管理区的头目称为"区长"。

后来农村实行农官乡约制度，这些区又改成乡，一个乡约管理一个乡。"农官"由乡约中有威望的人来担任。农官的职责主要是上听下达，代表上级管理八个乡的土地、浇水、收公粮、税收等事务，还负责督促、监察、公粮的交纳和税收。农官虽然多由本乡中有威望的人担任，多为本乡的主体民族达斡尔族。但是，有的农官和地方官员联通一气，出现欺压百姓、无恶不作的现象。他们领着手下的几个兵到农村巡查，农村如有不交纳或拖欠公粮和税收者，就当场给予处罚或笞刑制裁；甚至有的农官还以欺骗、收买等手段将农民的土地归为己有。有时公开找借口"收回"农民的土地；有时只给少量的钱和物，便把土地据为己有。他们还放高利贷，以"储粮"等手段勒索钱财、粮食。这些人最后大多成为大地主或富农。

在塔城聚居的百姓除了达斡尔族之外还有锡伯、鄂温克族群众，杂居在塔城的八个乡之中，自1917年到1949年间，担任过区长的有：锡伯族韩英武、达斡尔族博音巴图、哈族胡尔曼哈力；担任过农官的有：汉族杨农官、高富录，锡伯族尹得春，达斡尔族诺哈巴孜巴特担任千户长（1946年至解放）。他们手下的乡约、保长、百户长都由地方上的达斡尔、锡伯、哈萨克族人担任，新中国成立前的新疆达斡尔族基本处于这一管理体制之下。

第二节　抗战胜利后达斡尔族的自治运动

一、达斡尔族地区民族自治的背景

在达斡尔族等各少数民族聚居的北部边疆地区，实行民族自治，是多年来官僚和达斡尔族等民族精英长期以来的政治诉求。早在中华民国建立之初，在国外势力的影响操纵下就曾掀起过民族自治运动，但是，以失败而告终。抗战胜利后，部分达斡尔族民族精英和上层官僚再次主张实行民族自治。但是，当时主张民族自治的少数民族精英们大多数反对国民党的大汉族主义政策，抵制国民党势力渗透，又由于缺乏对国际国内形势的了解，对中国共产党持有怀疑态度。因此，达斡尔族、鄂伦春族等少数上层人士的态度并不统一；有的抱有地方民族主义情绪，以历史上曾有过自治为由，希望在苏蒙驻军的支持下实行呼伦贝尔"独立自治"，在国内战争中保持"中立"。一部分人则持有很强的"正统"观念，认为自治政府需得到国民党政府的认可，等待国民党大员接收。而以青年为主体的进步力量与东北民主联军积极联系，主张在中国共产党的帮助与领导下，争取民族解放。[①] 1946 年 7 月至 10 月间，苏联驻哈尔滨领事馆军事代表卡尔洛夫提议向中共中央东北局申请自治。

二、达斡尔族民族自治的提出

1946 年初，在苏军负责人卡尔洛夫的帮助和指导下，担任苏联远东军事情报员的达斡尔族青年郭文通作为呼伦贝尔地方自治政府的代表，前往哈尔滨向中共中央东北局申请呼伦贝尔地区各少数民族的自治，卡尔洛夫将郭文通介绍给东北局，东北局领导彭真具体过问此事。

7 月 12 日，东北局调派西满军区副政治委员张平化及海拉尔市市长苏林，与地方自治政府代表共同研究呼伦贝尔自治的有关问题。7 月下旬，张平化受东北局领导委派，持信及《关于呼伦贝尔地区自治问题谈话纪要》，到海拉尔与兴安省和呼伦贝尔地方自治政府领导人具体商谈并征求对东北局所拟《纪要》的修改意见。《纪要》主要内容："中共中央东北局、东北民主联军同情并赞助巴尔虎在呼伦贝尔实行政治上经济上的自治；建立地方民主自治政府；其行政上受兴安省政府的领导；驻防呼伦贝

---

① 郝维民主编：《内蒙古革命史》，内蒙古大学出版社 1997 年版，第 467 页。

尔之正规军由蒙人组织之；汉人地区可有当地居民组织警察维持地方治安；在呼伦贝尔武装力量尚不足维持地方治安时，由民主联军组织护路部队，维持中长铁路之安全等。"① 8 月 9 日，按此《纪要》精神以兴安省政府主席、省政府委员会以及呼伦贝尔地方自治政府主席额尔钦巴图、实业处长德春、第六师师长功果尔扎布、参谋长明善等人的名义签订了《对呼伦贝尔地方自治问题决议草案》，呈东北局审准。草案中称，呼伦贝尔地方自治政府在政治上受内蒙古自治运动联合会领导。后经过几次具体研究，拟定出呼伦贝尔自治办法和六项自治原则。

1946 年 9 月 28 日，呼伦贝尔地方自治政府以额尔钦巴图主席的名义向中共中央东北局、行政委员会呈文要求呼伦贝尔自治。其内容为："溯我们呼伦贝尔在'九一八'日本侵入东北以前已享有合法之自治权利，不幸'九一八'后此种为我呼伦贝尔人民衷心爱护之神圣自治权利被日寇所摧毁。我呼伦贝尔人民为了维护此权利与游牧生活曾作长期英勇之斗争，现日寇业已被驱逐，我大中华民国之国土业已全部光复，我呼伦贝尔人民之地方自治权自应完全恢复。因此，我们特郑重要求在下列基础上承认呼伦贝尔恢复'九一八'前原有之地方自治。一、呼伦贝尔实行地方自治并组织地方政府。二、呼伦贝尔地方自治政府在法律上属于兴安省。三、呼伦贝尔在经济上、财政上保持其独立之预决算与自治。四、呼伦贝尔地方自治政府组织地方自卫军与地方保安队，以保卫本区域与边界之安全。五、为保卫呼伦贝尔人民之安静生活，它不向任何方向派遣军队，也不允许任何方向军队进驻呼伦贝尔或干涉呼伦贝尔之内部生活。六、呼伦贝尔区域不得设县治，非呼伦贝尔自治政府之许可不得再向呼伦贝尔移民开垦。"② 此内容为本地区达斡尔族、蒙古族等各民族的共同呼声，一定程度上反映了达斡尔族民众要求自治的诉求。

---

① 《中共中央东北局关于呼伦贝尔地方自治问题谈话纪要》，见《呼伦贝尔地方自治政府》，呼伦贝尔市档案馆馆藏档案，案卷目录号：FBZ—3448；转引自马彦：《中国共产党与呼伦贝尔自治实践》，内蒙古大学硕士学位论文，2009 年。
② 《中共中央东北局关于呼伦贝尔自治的具体要求向中央的请示》，见中央统战部编：《民族问题文献汇编》，中共中央党校出版社 1991 年版，第 1077—1078 页。

三、呼伦贝尔地方自治政府获准自治

1946 年 9 月 29 日，兴安省政府主席特木尔巴根发出给呼伦贝尔地方自治政府主席额尔钦巴图的指令："中华民国三十五年九月二十八日呼伦贝尔自治政府呈文第二号关于请求实行自治之事业已照准，望转报东北行政委员会并向内外公布周知。"① 中共中央东北局附额尔钦巴图的呈文电请中共中央。10 月 5 日，中共中央给东北局复电批示：同意中共东北局与呼伦贝尔代表拟定的呼伦贝尔问题的最后稿。② 10 月 22 日，东北政委会主席林枫，副主席张学思、高崇民批复了呼伦贝尔地方自治政府呈请恢复地方自治的文稿。东北行政委员会作出了恢复呼伦贝尔自治的决定，并将决定内容登载在 1946 年 11 月 1 日《东北日报》第一版。

自治政府与中共东北局协商制定出《呼伦贝尔地方自治基本原则》。其内容为："地方自治政府要保护与赞助群众工作，在蒙古人中由蒙人进行，在汉人中由中共进行；蒙汉各民族人民权利、义务一律平等，但土地所有权除外；为公安机关之统一领导，在海拉尔设公安总局，总局长及分局长由中共推荐汉人充任，副局长及副分局长由蒙人充当；呼伦贝尔保安司令部即时撤销，'六项口头协定'即时撤销，呼伦贝尔与兴安省及内蒙古自治运动联合会关系之事项另行商谈。"③

1947 年 3 月 1 日，呼伦贝尔地方自治政府正式颁布《呼伦贝尔地方自治政府施政纲领》《呼伦贝尔地方自治政府组织暂行条例》，宣布"根据呼伦贝尔人民之总意及呼伦贝尔自治基本原则实行地方自治"；"打破封建制度，确保人民安静生活，建设全民自由平等之民主政治"。号召"各民族各阶层紧密团结起来，肃清破坏自治与民族团结的反对势力，为建设自由

---

① 《呼伦贝尔地方自治政府》，呼伦贝尔市档案馆馆藏档案，案卷目录号：FBZ—3488；转引自马彦：《中国共产党与呼伦贝尔自治实践》，内蒙古大学硕士学位论文，2009 年。

② 《自治政府呈请恢复呼伦贝尔自治获准》，见代钦主编：《呼伦贝尔地方自治政府》，1994 年编印，第 170 页。

③ 中央统战部编：《民族问题文献汇编》，中共中央党校出版社 1991 年版，第 1322 页。

和平的呼伦贝尔而奋斗。"①

至此，呼伦贝尔自治的主张得到中国共产党的同情与支持，恢复了以少数民族为主的地方自治。在这一自治的过程中，达斡尔族精英和其他民族精英一起，为本民族的命运前途奔走呼号，努力争取民族利益，在呼伦贝尔的自治发展史上做出了突出贡献。

第三节　达斡尔族地区的土地改革

土地改革运动，是中国共产党领导广大农民废除封建土地所有制，实行耕者有其田的土地所有制的革命运动，是中国新民主主义革命的核心组成部分。1946 年 5 月 4 日，中共中央发出《关于清算减租及土地问题的指示》，简称《关于土地问题的指示》（亦称《五四指示》），解放区农村普遍开展了减租减息、清算反霸运动，得到广大农民的拥护，他们踊跃参军参战，支援前线，巩固解放区，积极配合中国人民解放军粉碎国民党反动派的军事进攻。呼伦贝尔岭东地区，历史上属于西布特哈。纳文慕仁江（嫩江），灌溉着这里的土地。呼伦贝尔岭东开发较早，农业在明末清初已成为岭东地区的主要经济，呼伦贝尔的土地改革主要是在这里开展的。

一、达斡尔族地区的土地改革

（一）岭东地区的土地改革

呼伦贝尔岭东地区为达斡尔族聚居区，其中莫力达瓦旗是达斡尔族居住最为集中的地区，如今是达斡尔族自治旗；其他各旗都有达斡尔族聚居村落。这里的生产方式以农业生产为主；下辖 4 个旗，即阿荣旗、布西旗

---

① 《呼伦贝尔地方自治政府施政纲领》，见《呼伦贝尔地方自治政府》，呼伦贝尔市档案馆馆藏档案，案卷目录号：FB2—3448；转引自马彦：《中国共产党与呼伦贝尔自治实践》，内蒙古大学硕士学位论文，2009 年。

（现莫力达瓦自治旗）、巴彦旗（位于莫力达瓦旗东北部，1949 年并入莫旗）、布特哈旗（现扎兰屯市）。考虑到民族因素，岭东地区的土地改革具有一定的特殊性。1946 年 6 月，中共纳文慕仁工委成立，土地改革运动即在中共西满分局和纳盟工委领导下展开。1947 年 11 月，中共纳文慕仁和呼伦贝尔工委合并，称纳呼工委。纳呼工委统一领导呼伦贝尔的土地革命和反霸清算斗争。

1. 土地改革的实施

1946 年上半年，中共西满分局派西满军区副司令员朱子休、中共党员古韦带领 100 余名干部及民主联军的轻伤员，到纳文慕仁开展工作。朱子休负责改造地方武装，建设人民武装。古韦则着手组建群众工作团，开辟农村工作。

布西旗的土地改革。当时的布西旗即今莫力达瓦达斡尔族自治旗，是达斡尔族聚居的主要地区，在此组织领导土改工作的是夏辅仁。中共纳文慕仁盟委根据中央的指示精神，在充分分析全盟政治形势后，决定先在政治基础比较好、军事力量比较强的莫旗开展土地改革运动，同时决定由副盟长夏辅仁前往莫旗负责土改试点工作，以取得经验，在全盟推广。为使土改运动得以顺利进行，7 月，盟委派内蒙古人民自卫军骑兵五师副政委于明率白拉喜、苏荣扎布、白嘎里等 50 余名青年干部先期到达莫旗，与中共莫旗委密切配合，对驻守莫旗的骑兵五师四十三团进行了改编，自上而下建立了政治机构和工作机构，建立和发展了党团组织，肃清了部队内部的消极因素，边整边训、边剿匪边扩军边生产，肩负起保卫民主政权和保证土改顺利进行的任务。

1946 年 8 月，任中共纳盟工委副书记的夏辅仁到布西旗，同旗政府协商组建布西土改工作团，开展土地改革运动。首先，吸纳当地达斡尔族积极分子参加土改工作，如由布西工作大队积极分子材尼额热胡、乌嫩等 20 多人组成了工作团。由工作团成员分别负责各村落的土地改革，有效提高了土改的效率和效果。其次，成立土改培训班，在莫力达瓦旗旗政府所在地尼尔基举办土地改革工作培训班，集中学习土改的有关方针政策，研究步骤和方法，以此提升土改工作人员的素质和效能。第三，先试点再推广。经多方调查研究，对土改试点工作做出了详细的安排，确定乌尔科、兴仁、博荣 3 个努图克为第一批土改单位，乌尔科万宝山村为第一个土改试点村。为两批发展的新党员提前转正，以充实工作队的力量。布西旗土改首选群众基础较好的万宝山屯搞试点，然后再推广。1947 年 6 月，布西旗土改运动全面展开。

万宝山屯曾是东北抗联战斗过的地方，群众对中国共产党有所了解。1946 年 8 月 20 日，夏辅仁带领材尼额热胡、乌嫩、萨义尔、沙佗等 20 余名党、团员骨干力量进驻乌尔科努图克万宝山村，开始土改试点工作，揭开了莫旗土地改革运动的序幕。调查研究，访贫问苦，发展积极分子；算细账，确定清算对象；发动群众召开诉苦大会，斗争地富分子；再算细账，核实地亩、人口的基础上分浮财、分土地；建党、建政和各种组织建设，建立人民武装力量。

工作队进村当天就扎根群众，走家串户，访贫问苦，广泛结交贫苦农友，向广大群众宣传中国共产党的主张，揭露封建制度的本质和地主阶级剥削农民的手段和罪恶，启发贫下中农的阶级觉悟，号召广大贫苦农民站出来，向封建制度和地主阶级宣战，讨还血债，讨回正义和公道，夺回土地和劳动果实。发展和培养出了一批以李景云等为代表的积极分子，并扎根串联，组织起贫苦农民骨干队伍，忆苦、查苦根，揭发地主分子的罪恶。仅用 45 天时间就发动起广大的基本群众，组织起贫雇农阶级队伍。根据群众的揭发和详细的财物、土地核查，对全村的土地、牲畜、财物、房屋、人口等进行了登记造册，根据中央和内蒙古的有关文件，经群众会议和工作队的慎重认定初步进行了阶级划分，确定了斗争对象。

大地主洪万全占有 100 余垧田地、10 多头牲畜、四五辆大车，常年雇佣 10 多名佃户。其本人与官吏惯匪勾结，欺压穷人，横行乡里，人称"东霸天"。[①] 工作队一到屯，就发动村民，对洪万全展开了斗争。万宝山

---

① 《莫旗乌尔科努图克万宝山屯土地改革试点》，见代钦、杨季生主编：《呼伦贝尔盟农区土地改革》，内蒙古文化出版社 1997 年版，第 61 页。

屯试点从访穷问苦，发动群众斗地主，划阶级定成分到分配果实。9月初，万宝山屯土改试点工作胜利结束。万宝山屯原地主、富农户占人口的30%，占有总土地的86%，分地后降至47.8%；贫、雇农户占人口的60%，仅占有土地的3.2%，分地后升至41.4%，仍低于地、富的土地占有水平。本屯土改中共分出土地180垧，牛马26头（匹）。① 土改工作取得了丰硕成果。

这次土改试点工作为莫旗、纳文慕仁盟的土改运动树立了成功的榜样，取得了宝贵的经验，培养了一批土改工作骨干分子，为取得莫旗土改运动的全面胜利奠定了坚实的基础。工作队经过一段时间的整训、总结后，开始在博荣、乌尔科、兴仁3个努图克进行土地改革。为加强对土改工作的领导，9月旗委决定并成立了莫旗工农牧总会，旗委书记陈力新任会长。11月旗委批准成立了乌尔科、兴仁、博荣3个努图克农民总会。②

为了震慑敌人，打击少数反动分子，旗委决定召开全旗土改公审大会，将恶霸地主郎玉山、刘凤山、刘国栋等进行了审判，最后由司法部门宣判处以死刑，由43团战士赴刑场执行枪决。公审大会后，3个努图克的土改工作顺利开展，取得了决定性的胜利。这3个图努克土改完成后，土改在全旗全面展开。

布西旗是达斡尔族聚居的主要地区，达斡尔族敖东莱、乌嫩等知识青年加入到土改工作团，对布西旗的土改工作起到了积极的推动作用。此外，旗内有许多青年具有初高中文化，他们懂政策，搞宣传，勇于接受新鲜事物，为推广做出贡献。达斡尔族非常重视教育，条件好的家庭还把子女送到齐齐哈尔、乌兰浩特、沈阳等地学习深造，这些有文化的家庭善于学习，对国际国内的局势比较了解，对共产党的土改方针政策也有较为深入的了解，都有助于土改工作的顺利进行。

阿荣旗的土地改革。1946年6月，中共纳盟工委派出以古韦为首的50

---

① 《莫力达瓦达斡尔族自治旗志》，内蒙古文化出版社1998年版，第303—304页。
② 《莫力达瓦达斡尔族自治旗志》，内蒙古文化出版社1998年版，第303—304页。

余人的工作团进驻阿荣旗。7月，韦荫秀带领第二批土改工作队来到阿荣旗那吉屯，组成土改工作团，韦荫秀任团长，王恕任副团长。[①] 同时成立了中共阿荣旗工委，古韦任书记。工作团成立后立即开展土地改革运动。

1946年六七月间，在呼纳盟地区出现民族地区不宜搞土改的错误认识，土改工作的开展遇到困难。[②] 10月，中共纳盟工委决定将阿荣旗工作团改成建设团，其工作性质不变。在旗政府的认可下，将土改工作开展起来。建设团走遍阿荣旗每个村屯、嘎查，对当地农民进行宣传动员工作，发动农民展开对地主的斗争。在土改过程中，建设团不断吸收农民积极分子骨干，土改队伍不断发展壮大。11月，阿荣旗土地改革运动结束。

阿荣旗土地改革试点选在三道沟努图克进行。三道沟地区地主大量囤积粮食，农民生活困苦，民愤较大。三道沟努图克的土改结束后，就地举办了两期学习班，对干部进行培训，总结土改工作，然后土改工作向千家户、孤山子努图克发展。到1946年冬季，土地改革运动在全旗全面展开。

巴彦旗的土地改革。1947年9月，巴彦旗的土地改革开始。由布西旗工作队选调20人组成巴彦旗土改工作团，分别组成了4支工作队，分赴巴彦旗各村进行土改。在巴彦旗土改时，发生了地主武装袭击满都乎浅，围攻旗政府事件。在这一事件中，蒙和巴图、敖云等土改工作队员和支援部队有七、八人牺牲。之后及时调整了土改工作队伍，继续进行改革，直至1948年末，土地改革运动结束。[③]

布特哈旗的土地改革。1947年上半年，首先在乌尔科、兴仁、博荣3个努图克试点，摸索经验，培养干部。7月，布特哈旗土地改革运动全面开始。王恕为布特哈旗土改工作团团长、德广岐为副团长。王恕抽调阿荣

① 《阿荣旗土地改革纪略》，见《呼伦贝尔土改历史文献》，呼伦贝尔市档案馆馆藏档案，案卷目录号：FB2—3453；转引自马彦：《中国共产党与呼伦贝尔自治实践》，内蒙古大学硕士学位论文，2009年。

② 《呼伦贝尔土地改革综述》，见代钦、杨季生主编：《呼伦贝尔盟农区土地改革》，内蒙古文化出版社1997年版，第10页。

③ 《布特哈旗土地改革纪略》，见《呼伦贝尔土改历史文献》，呼伦贝尔市档案馆馆藏档案，案卷目录号：FB2—3453；转引自马彦：《中国共产党与呼伦贝尔自治实践》，内蒙古大学硕士学位论文，2009年。

旗三道沟努图克、阿荣旗努图克土改工作队 14 人，在布特哈旗大河湾努图克开展土改；德广岐带领纳盟工委选派的 20 余人赴博客图开展土改。这两支工作队是布特哈旗土改工作团的基础，在土改过程中不断壮大。1948 年 5 月，布特哈旗土地改革基本结束。①

布特哈旗的土地改革运动晚于阿荣旗。布特哈旗的土改以大河湾、博克图、蘑菇气 3 个努图克中的部分村屯为试点。1947 年 10 月，布特哈旗土改工作全面展开。布特哈旗土改运动中萨马街土改工作最为艰难。萨马街位于布特哈旗最东部，山高林密，经常有土匪出没。萨马街土改工作队半年间与土匪交战 10 余次，土改工作队于 1948 年 3 月，完成土改和剿匪的双重任务。1948 年 5 月，布特哈旗土改工作基本结束。

2. 土改工作的纠偏改错

呼伦贝尔地区的土地改革具有特殊性，这里是少数民族聚居地区，达斡尔族、蒙古族、鄂伦春和鄂温克等多民族杂居，使土改的情况更为复杂。土改工作既要符合革命要求，又要符合本地区实际，既要考虑到广大农民的诉求，又要考虑到民族感情。因此，呼伦贝尔少数民族聚居地区的土地改革更加复杂多变。

在声势浩大的土地改革运动中，由于缺乏经验，掌握政策不稳定等原因，出现了过头行为和偏差等现象。主要表现是：斗了一些不该斗的人，分了一些不该分的物，杀了一些不该杀的人。划阶级成分就高不就低，将一些中农划成富农，富农化成地主，小地主化成大地主。"布特哈旗朝阳岗村一农民，在伪满洲国时期，没有土地，只有一牛一马和少量农具。日本投降后，他占据了一部分开拓地进行种植，农忙时雇一两个帮工应属中农，但被划为富农。该旗雅尔根楚图努克一葛姓农民，仅养有一群羊，雇有一名羊信，就被划为地主"②。类似情况在莫旗、阿荣旗均有出现。群众

<hr>

① 《布特哈旗土地改革纪略》，见《呼伦贝尔土改历史文献》，呼伦贝尔市档案馆馆藏档案，案卷目录号：FB2—3453；转引自马彦：《中国共产党与呼伦贝尔自治实践》，内蒙古大学硕士学位论文，2009 年。

② 《布特哈旗土地改革纪略》，见《呼伦贝尔土改历史文献》，呼伦贝尔市档案馆馆藏档案，案卷目录号：FB2—4530；转引自马彦：《中国共产党与呼伦贝尔自治实践》，内蒙古大学硕士学位论文，2009 年。

运动发动起来后，对一些游手好闲、不从事劳动者也进行了批斗。在运动中大恶霸、地主被斗、被处决，提高了群众的斗争精神，只要提到地主轻者罚跪，接受批斗，重者则施以鞭刑、棍打，有一些人死于棍棒之下。如布特哈旗卧牛河努图克共打死 10 多人，其中有一般地主和曾当过伪屯长、村长①。此外，在土改中曾一度刮起打"狗腿子"、斗"两面光""花舌子"风，斗争矛头指向了不属于地主、富农的普通群众，伤害了一些群众。在分浮财时，有些人家只是稍富一些，也被没收了财物。如布特哈旗齐齐哈尔乡二村，一家庭有母女二人，女儿是教员，家里状况好于一般家庭，其财物、房屋被没收，母女二人居无定所。

1947 年 10 月，中共中央《土地法大纲》颁布实施。1948 年 3 月，中共那盟工委传达贯彻《土地法大纲》和任弼时《关于土改中几个问题》的讲话。7 月，内蒙古召开高干会议时指出："土改斗争中每斗必打，杀人过多，这是严重的错误。"中共中央东北局下达了关于纠偏的指示。同年 10 月，中共纳盟工委召开全盟土改工作队长、努图克达、农会主任会议，纳盟工委宣传部长陈力新传达中共中央及东北局关于纠偏的指示精神，并部署复查纠偏工作。

考虑到民族地区土地改革工作的特殊性，乌兰夫于 1946 年 8 月 1 日给中央提交了一份报告，报告分析了蒙古族地区的经济类型、蒙汉关系、民族关系与地权问题。他强调"解决土地问题一定要注意民族问题"②。同时提出了对于民族地区土地改革的基本要求："将蒙奸恶霸的土地以及公共土地平分给普通蒙古人。汉人佃户租耕的土地所有权归蒙古人公有。汉人佃户向旗政府缴纳最低限度的地租。将土地租给汉人的蒙古人（地主除外），一般不宜减租。他们原本是牧民，汉人进入蒙地后，自己不善于种地，只好出租。在牧区不平分土地，在半农半牧地区不实行平分土地，也不进行减租。"这一系列都是适合于内蒙古地区实际的具体策略。③ 乌兰夫

---

① 《呼伦贝尔土地改革综述》，见代钦、杨季生主编：《呼伦贝尔盟农区土地改革》，内蒙古文化出版社 1997 年版，第 24 页。
② 王树盛主编：《乌兰夫文选》（上），中央文献出版社 1999 年版，第 42 页。
③ 王树盛主编：《乌兰夫文选》（上），中央文献出版社 1999 年版，第 42 页。

同志所说的蒙古人泛指呼伦贝尔岭东和岭西地区的达斡尔族，因此，其报告同样提出了达斡尔族等民族的土地改革问题。

乌兰夫的这些建议和报告得到了中央的高度重视和充分肯定。8月10日，中共中央复电，认为乌兰夫关于蒙古地区土地问题的意见甚好，蒙古地区的土地改革可按此意见开展。① 复电极大鼓舞了内蒙古少数民族地区的土改干部，中共兴安省工委迅速召开干部大会，成立七个工作团，分赴各旗，全面开展土改工作。

在达斡尔族聚居的地区，嫩江省委、内蒙古党委一再强调在少数民族地区开展革命工作时，一定要严格掌握民族政策。明确"四个不照搬"的原则，即"解放区的政策不能照搬到民族地区；汉人地区的不能照搬到少数民族地区；农业地区政策不能照搬到牧业地区；对恶霸地主的斗争方式不能照搬到民族上层身上"。② 在对待少数民族地区地主富农问题上，也区别于中原的汉族地区。原则规定：内蒙古少数民族地区的土地改革"要比汉族地区放宽一些，要尊重广大少数民族群众的思想感情、风俗习惯。对少数民族群众中觉悟慢或处于中间状态的人，要有耐心，不许强迫命令。在土改实施过程中，对少数民族地主富农的财产不全部查没，如在可分可不分之间的，就坚决不分。在斗争少数民族地主富农时，一般只在少数民族中展开"③。这一原则在土改中得到了贯彻和落实，纠正了少数民族地区土改存在的偏激的现象。

莫旗兴仁区哈力浅村是达斡尔、汉族杂居村，本村地主是达斡尔族，佃户是汉族。地主涂清格是日伪政府统治时期的农民会会长，在达斡尔族村民中有一定影响，在对其斗争时，从民族政策、民族团结方面考虑，由达斡尔族干部负责对其斗争。在斗争大会上，达斡尔族干部群众站在前

---

① 《内蒙古的土地制度改革》，中共党史出版社2008年版，第42页。
② 《中共西满分局关于东蒙工作的指示》，见《中共西满分局资料》，呼伦贝尔市档案馆馆藏档案，案卷目录号：FB2—3469；转引自马彦：《中国共产党与呼伦贝尔自治实践》，内蒙古大学硕士学位论文，2009年。
③ 《中共西满分局关于东蒙工作的指示》，见《中共西满分局资料》，呼伦贝尔市档案馆馆藏档案，案卷目录号：FB2—3469；转引自马彦：《中国共产党与呼伦贝尔自治实践》，内蒙古大学硕士学位论文，2009年。

面，主要由达斡尔族群众对其控诉。在分其土地浮财时，土地由汉、达两族群众平分，牲畜和浮财在比例上汉族少分，达斡尔族多分，并给其本家留下足够的土地。① 由于在土地改革中认真贯彻中共的民族政策，民族地区始终比较稳定，没有出现民族不和的现象，相反，通过土地革命大大提高了少数民族群众的政治觉悟，促进了民族团结。

纠偏工作的第一步是复查，重点是阶级成分划定上的偏差。复查工作挨家挨户重新审查认定。凡不符合《土地法大纲》规定的，一律予以纠正。经过复查后，各地打击面均掌握在 8% 以内。布旗卧牛河努图克，在土改中被打击户占全努图克总户数的 8.8%，人数占总人口的 13%。经过复查后，打击面下降到 6.7%，占总人数的 9.5%。②

经过复查重新认定后，开始了退赔补偿。在对土改运动中不适合当地被没收财物的农户，或被错划成分而没收并分掉财物，原则上退还其被没收财物。一些已被消耗掉的物品，或因分财物时，未作记载而找不回来的，通过补偿的方法进行。为此，中共纳盟工委作出决定，在分配剩余物品中，尽量满足退赔，实在难以满足的，要在保证这些被错分错斗户的基本生活水平不低于土改后贫民水平的基础上，联系春耕生产，解决其实际困难。各地从合作社、农会集体留用物资中拿出一部分进行补偿。被错划为地主、富农户，去掉了地富帽子，政治上获得了平等，复查纠偏工作顺利结束。

（二）岭西地区的民主改革

呼伦贝尔岭西地区主要是牧区，包括 4 个纯牧业旗，即新巴尔虎左旗、新巴尔虎右旗、陈巴尔虎旗和索伦旗。其中绝大部分是蒙古族，还有部分达斡尔、鄂温克、鄂伦春、汉族等民族。呼伦贝尔地区的达斡尔族主要聚居在索伦旗等地，这里民族成分复杂，和内地情况有很大不同，因此，这

---

① 《莫旗解放和土地改革工作情况》，见代钦、杨季生主编：《呼伦贝尔盟农区土地改革》，内蒙古文化出版社 1997 年版，第 165 页。

② 《布特哈旗土地改革纪略》，见《呼伦贝尔土改历史文献》，呼伦贝尔市档案馆馆藏档案，案卷目录号：FB2—3453；转引自马彦：《中国共产党与呼伦贝尔自治实践》，内蒙古大学硕士学位论文，2009 年。

里的民主改革就更为复杂一些。

呼伦贝尔牧区的民主改革开始于 1948 年 9 月，终止于 1954 年 7 月，历时六年。大致可分为两个阶段：第一阶段是 1948 年 9 月至 1949 年 6 月，是宣传和准备阶段。第二阶段从 1949 年 7 月至 1954 年 7 月，是牧区民主改革的实施阶段。

1. 阶级的划分

在呼伦贝尔岭西进行民主改革时，首先要进行阶级的划分，明确统治阶级和被统治阶级，明确民主改革的对象。在广大牧区属于统治阶级的大致有三种类型，即牧主、宗教上层和世袭官员。

（1）剥削阶层

世袭官员。多为清廷任命的副都统、总管、佐领、领催等，在清廷推行八旗制度时，他们享受朝廷的俸禄，掌握着本地区军事、行政、司法等层面的权力，其统治延续 200 多年时间。尽管伪满洲国时期，其地位和特权被剥夺，但其影响还在。

牧主。多是通过自己的辛勤劳动而发展成为牧主。通常拥有 2000 头（只）以上的牲畜和生产资料才会划分为牧主。依此划分，牧主的数量不多，但占据的财产份额较大。如 1948 年民主改革前的调查，新左旗新宝力格苏木共有 384 户，其中拥有 2000 头（只）以上牲畜的牧主有 17 户，占有牲畜 8 万多头（只），占全苏木牲畜总数的一半还多。① 占苏木 4% 左右户数的牧主，却占据 50% 以上苏木的牲畜。他们在经济上居于支配地位，还任意占用草牧场和剥削劳动牧民。

宗教上层。呼伦贝尔牧区盛行喇嘛教，寺庙众多，每个寺庙都设有大喇嘛等宗教上层，这些人不仅对一般喇嘛进行压迫、奴役，还以念经、庙会、布施等名义剥削牧民，发展寺庙经济。

剥削阶层的剥削方式有二，一是雇佣帮工。帮工为牧主从事放牧、打更、伙夫、杂工等工作。一般牧主雇佣帮工 7 人，有的更多，帮工工作繁

---

① 《呼伦贝尔牧区民主改革》，见中共呼盟党史资料征集革命史编审办公室编印：《呼伦贝尔史料》（第 5 辑），第 36 页。

忙辛苦，但获得的报酬却很少。二是通过放苏鲁克①进行剥削，即牧民替牧主放养畜群，作为报酬只能得到羊毛和羊奶。

世袭官员、牧主、宗教上层这三部分人形成了牧区封建统治体系，对劳动牧民进行统治和剥削。但是，在广大民族牧区，由于民族特点的关系，其往往以氏族血缘关系掩盖阶级剥削关系，这种剥削关系体现不很明显，不易使人们认识和区别。

（2）被剥削阶层

一为贫苦牧民。这些牧民基本没有什么牲畜或占有少量牲畜，主要以为牧主放养牲畜为生。二为不富裕牧民（中牧）。这些牧民拥有一定数量的牲畜，依靠自己的劳动，受少量的剥削，生活基本能够自给自足。三为富裕牧民（富牧）。这些牧民占有相对多一些的牲畜，主要依靠自己的劳动，有时雇佣1—2名短工，生活自给自足。新巴尔虎左旗嘎拉布苏木牧户占有牲畜情况在牧区具有一定代表性。全苏木共有牧户52户，牲畜6万多头（只）。牧户中，中牧24户，占有牲畜9800多头（只），平均每户350多头（只）；贫牧19户，占有牲畜700多头（只），平均每户30多头（只）。中牧和贫牧共有43户，占牧户总数82.8%，牲畜10500头（只），占牲畜总数的17.2%。②

1948年9月3日至11日，中共呼盟工委和呼盟政府在新巴尔虎左旗甘珠尔庙召开了呼盟牧业四旗"那达慕"大会。中共呼盟工委书记吉雅泰，在大会开幕典礼上向牧区各界人士正式宣布呼伦贝尔牧区民主改革全面开始，说明了牧区改革的基本原则：牧区是半封建、半资本主义社会。牧主有两面性，即：一方面他们有封建政治特权和封建超经济剥削行为，这是要在民主改革中坚决废除的；另一方面还要看到牧主对牧民的剥削虽然具有浓厚的封建色彩，但体现雇佣关系的经营方式已具有一定的资本主义因素。这些特点决定了牧区的民主改革既要改革束缚生产

---

① 苏鲁克蒙语意为畜群，原为封建主征调劳役的一种方式。这是在牧区最常见的剥削方式，近代来一直为王公、牧主所沿袭，庙仓、旅蒙商也大都加以采用。

② 《呼盟牧区民主改革综述》，见代钦、苏勇主编：《呼伦贝尔牧区民主改革》，内蒙古文化出版社1994年版，第6页。

力发展的旧的生产关系，又必须保持畜牧业生产的稳定。因而在一定时期保护、改造、发展牧主经济，是发展畜牧业经济的重要途径。牧区民主改革实行牧工、牧主两利的政策。其中核心是"人畜两旺""三不两利"。

"人畜两旺"，即经过民主改革，牧区人口、畜牧业经济迅速发展，实现"人旺"和"畜旺"。"人旺"，要抓好卫生保健工作，努力改善卫生条件；大力培养医务、助产人员；鼓励优生优育，奖励"多子母亲"；加强宣传教育，端正社会风气，制止婚姻和男女关系上的不正当现象；大力抓好文化、教育事业，提高人民文化水平。"畜旺"，要大力抓好增畜保畜工作，奖励增畜保畜的劳动模范；努力培养兽医技术人员，抓好牲畜疫病防治工作；组织开展群众性的打狼、打草、打井和牲畜改良工作。

2. 贯彻"三不两利"政策

"三不两利"，[①] 是当时对包括达斡尔族在内的广大岭西地区进行土地改革的基本政策。1948 年 8 月下旬，呼伦贝尔盟政府颁布牧工工资条例。条例按照牲畜的种类、数量以及工作性质和季节的不同，规定了不同的报酬标准。工资报酬以羊为单位，一个牧工放 1500 只羊，月报酬 4 只中等母羊，工资比过去提高了几倍。[②] 对牧工，要适当提高工资待遇，同时通过实行新苏鲁克制，解决牧工的无畜或少畜问题。在地方政府的指导监督下，订立合同，牧主不得随意收回牧群，压低工资，以提高苏鲁克户的劳动所得，按比例分配繁殖的仔畜，增加苏鲁克户对奶制品和皮、毛等畜产品的分配份额。这既能调动牧工的生产积极性，增加收入，改善生活，又能促进牧主经济的发展，对牧工牧主两者都有利。直至 1952 年颁布了新的苏鲁克制，其规定：拥有牲畜 2000 头（只）以上的牧主发放新苏鲁克。有劳动力而无牲畜或少牲畜牧民接受苏鲁克，并大力提倡和鼓励以互助形

---

① "三不"指对牧主采取不斗争、不分牲畜、不划阶级的"三不"政策，两利指"牧工牧主两利"政策，是以比较缓和的方式解决牧业区的阶级矛盾，限制牧主对牧民的剥削。

② 《呼伦贝尔牧区民主改革》，见中共呼盟党史资料征集革命史编审办公室编印：《呼伦贝尔史料》第 5 辑，第 76—77 页。

式接受苏鲁克，苏鲁克一般以羊200—300只、牛马100—150头（匹）为单位；时间2—3年；分红比例为四六开（接户4、放户6）或对半分红。①至此，封建剥削的问题得到基本解决。

此外，对宗教问题，采取慎重的方针和比较宽松的政策。人民有宗教信仰自由；喇嘛还俗和当喇嘛自愿，不应强迫；寺庙及经卷、法器应受到保护；鼓励喇嘛学习文化知识及从事生产劳动，并号召有医术专长者积极为人民服务；喇嘛犯法或有其他危害行为，政府将按有关法律进行制裁。寺庙的畜群全部实行新的苏鲁克制度，并引导喇嘛参加生产。对曾当过伪警察、宪兵、特务、国兵等人员，采取团结教育的政策。对于自由贸易采取鼓励和扶持政策，提倡公平交易，制定和推行合理的价格政策，严格限制部分旅蒙商在牧区的不等价交换和重利盘剥。要努力办好供销合作社，搞好城乡物资流通，保障人民生活必需品的供应。

达斡尔族在中共呼盟工委的直接领导下，按照中共的方针、政策，结合呼伦贝尔牧区特点，首先从培养民族干部，发展党员，自上而下改造旧政权，建立新政权开始。

1947年11月，中共纳呼工委成立不久，在呼伦贝尔地区少数民族青年知识分子中发展了一批党员，其中有噶尔扎孟和那苏、朋斯克达喜、额尔登挂、达木丁扎布、索岳尔毕力格、库热等。这是中国共产党在呼伦贝尔牧区发展的第一批党员。② 从1948年初开始，在牧业四旗开展了民主建政工作。1948年中共纳呼工委任命朋斯克达喜为新左旗旗长；5月，任命孟和那苏为索伦旗旗长；8月，任命都嘎尔扎布为新右旗旗长；陈巴尔虎旗旗长仍由民族上层人士甫尔格腾担任。到1948年8月末，牧业四旗民主建政工作基本结束。在此之前，1947年7月，通过群众运动，废除苏木章盖制，实行苏木达制，共组建24个苏木，其中新左旗7个、新右旗5个、索伦

---

① 呼伦贝尔党案史志局编：《巴图巴根与呼伦贝尔》，内蒙古文化出版社2001年12月版，第119页。

② 《呼伦贝尔盟组织史资料》，呼伦贝尔市档案馆馆藏档案，案卷目录号：FB2—3423；转引自马彦：《中国共产党与呼伦贝尔自治实践》，内蒙古大学硕士学位论文，2009年。

旗 5 个、陈巴尔虎旗 7 个，为全面开展民主改革运动奠定了有利基础。[1]

二、齐齐哈尔等地达斡尔族地区的土地改革

日伪投降后，国民党在美帝国主义的帮助和支持下，企图通过内战消灭中国共产党的势力，实现国民党独裁统治。国民党派遣大量接收大员，抢夺革命的胜利果实。他们不去肃清日伪势力，而是阻止共产党的势力在东北发展。国民党到处网罗日伪时期的反动分子、敌特分子，建立起了各种反动组织和武装。如齐齐哈尔的反动分子就建立起了"三青团嫩江省支部""国民党黑龙江省党部"等反动组织。在地方也建立了"县党部""地方维持会"等反动组织。这些反动组织召集敌伪分子，收拢土匪头目，组建了先遣军、光复军等反动武装，帮助国民党抢夺政权、镇压人民的革命活动，成为强大的反动势力。保卫抗战的胜利果实，建立真正的人民政权，成为共产党和达斡尔族等各族民众的唯一选择。达斡尔等各族人民在中国共产党的领导下，进行了争取民族解放、建立人民政权的伟大斗争。

齐齐哈尔等地纷纷建立达斡尔族青年同盟组织，如在富拉尔基地区的达斡尔青年们在全和台屯召开大会，成立"青年同盟"，由达慕仁任会长，吴士英、鄂银荣等四人为委员，并通过"青年同盟"纲领。青年同盟组织的广泛宣传，为中国共产党在达斡尔族地区创建民主政权的建立和土地改革打下了坚实的群众基础。

1945 年 10 月在齐齐哈尔达斡尔族的要求下，经嫩江省委同意开始筹备组建蒙政厅，11 月正式组建。除个别工作人员是蒙古族以外，主要领导人和多数工作人员都是达斡尔族，有关达斡尔族的众多事务都在蒙政厅的领导下进行，直到 1949 年 5 月，嫩江省同黑龙江省合并，蒙政厅撤销。蒙政厅的干部积极投身到齐齐哈尔地区的土地改革工作之中，做了大量工

---

① 古韦：《关于呼伦贝尔牧区民主改革的回忆》，见代钦、苏勇主编：《呼伦贝尔牧区民主改革》，内蒙古文化出版社 1994 年版，第 6 页。

作，为土地改革的顺利进行做出了贡献。

土地改革前夕，齐齐哈尔地区达斡尔族的贫富两极分化和阶级矛盾较为严重，地主和富农人口极少，却占有着大量的土地、牲畜、农具等生产资料，而贫下中农人口众多，却占有很少的生产资料。达斡尔族较为集中的齐齐哈尔、讷河县等地，这种现象较为严重，据统计，讷河县太和村占人口22%的地主占全村90.92%的土地。① 齐齐哈尔地区龙江县卧牛吐区11个自然屯634户达斡尔人中，地主和富农38户，占总户数的6%；中农106户，占总户数的16.7%；贫雇农490户，占总户数的77.2%。哈拉屯95户，共有土地240垧，耕畜63头。其中3户地主富农占有土地88垧，耕畜23头。占总户数3.1%的地主富农，占有全屯37%的土地和36.5%的耕畜。② 因此，达斡尔族地区的土地改革任务非常严峻。

当时齐齐哈尔地区的克山、依安、讷河、克东划归黑龙江省，而齐齐哈尔、龙江、景星、泰来、林甸、甘南、富裕、泰康、杜尔伯特旗划归嫩江省。这里是达斡尔族聚居的地区，在齐齐哈尔、龙江、讷河、富裕和甘南等地都广泛分布着达斡尔族。这里成为重要的革命根据地和解放战争的大后方。齐齐哈尔在建立民主政权后，没收了敌伪财产，将市郊日寇的开拓地66508.3亩全部分给了无地少地的农民，同时在各县也实行分配开拓地和减租减息。但是，绝大部分土地还在地主手中，多数农民的土地问题仍未解决。

齐齐哈尔达斡尔族地区的土地改革和其他地区一样，大体分为两个阶段。第一阶段1946年5月至12月，斗争对象是大地主大恶霸。

中共中央《关于清算减租及土地问题的指示》（后称为"五四指示"）下达以后，嫩江省委、黑龙江省委、西满分局很快组成工作团工作队，抽调200多人由省委书记亲自率领，分别到讷河、甘南、林甸、泰安（现依安）、富裕等县发动群众。嫩江三分区政委率队百余人到龙江县李三店做

① 黑龙江省档案馆编：《土地改革运动》第197页，内部发行，1987年；转引自《黑龙江经济史》。

② 《达斡尔族社会历史调查》，内蒙古人民出版社1985年版，第124—126页。

清算分地蹲点工作。清算斗争的对象主要是罪大恶极的大地主恶霸，查黑地，算出荷账，算劳工账，算配给，算霸产等；通过斗争，获得了大批牲畜、房子、粮食等斗争果实。例如，讷河县斗争了南霸天、北霸天等 18 家占有土地 500 垧以上的大地主，把土地分给贫苦农民。① 经过初步斗争，土地等生产资料严重不均的现象得到了很大改善。地主富农家每人平均仍占有土地 3.5 垧，而贫雇农平均每人只占 1.03 垧。②

　　第二阶段是 1946 年 12 月至 1948 年，主要工作是煮熟"夹生饭"。即领导群众进行查田斗争，重点清查明分暗不分的问题，进行追田契、废旧契、写新契、确定地界等工作，真正做到清算分地。

　　1947 年 7 月至 9 月，中共中央召开了全国土地会议。10 月 1 日颁布了《中国土地法大纲》（以下简称《土地法》）。《土地法》公布后，东北局，黑龙江省、嫩江省立即组织达斡尔族学习。富裕、泰来、龙江、讷河等县先后召开会议贯彻《土地法》精神。12 月 10 日，嫩江省委派出四大工作团，分别领导各地平分土地运动，发动贫雇农起来斗争，交权交底，讷河县参加运动者十万余人，占贫雇农人口的 72.2%，甘南参加斗争人数达 62%，斗争中起出大批浮物，仅讷河、甘南、富裕三县起出浮物价值 75 亿元。林甸、泰康两县 2 月中旬基本分完了土地。讷河县全县共平分土地 11900 余垧，占总耕地面积的 51.5%。③ 为了更加快速高效地完成达斡尔族地区的土地改革，纳温地区专门组织了一支工作队，分三个组，负责四个达斡尔族村屯的土地改革。四屯分别是：奈门浅屯的工作组由鄂英寿同志负责；岗子屯由阿木古郎同志亲自带队；鞍子匠和聚宝两个屯派一个工作组，由白音同志负责。④ 工作队进村后，大力宣传和贯彻中央《关于土地问题的指示》，宣传《土地法》和东北局《告农民书》。工作组的成员全部住到贫雇农家里，同吃同住同劳动，得到达斡尔族群众的信任，使达斡尔族地区的土改工作顺利有序地开展起来。他们开展了诉苦运动，发动群

---

① 讷河县志编纂委员会：《讷河县志》，黑龙江人民出版社 1989 年版，第 123 页。
② 《齐齐哈尔经济史》，哈尔滨船舶工程学院出版社 1991 年版，第 227 页。
③ 《齐齐哈尔经济史》，哈尔滨船舶工程学院出版社 1991 年版，第 228 页。
④ 刘金明：《黑龙江达斡尔族》，哈尔滨出版社 2002 年版，第 70 页。

众揭发地主、恶霸欺压穷人的罪行，没收地主财产。

齐齐哈尔达斡尔族地区的土地改革充分发动了群众，极大地提高了达斡尔族等各民族的生产积极性，讷河县土改当年的秋后全县粮豆薯总产达 4.3 亿斤，创历史较好水平。就连不以农业为主的杜尔伯特 1949 年粮食亩产达 109 斤，比日伪统治时期收成较高年份的 1936 年提高 38.5%，总产量 36405 吨，比 1936 年提高 56%[①]，促进了社会生产的发展。

齐齐哈尔达斡尔族地区建立了巩固的根据地，成为解放战争的可靠的大后方。达斡尔族农民觉悟空前提高，踊跃参军参战，以最大的人力物力财力支援前线，真正把人民解放军看成是自己的军队，支前当是自己的任务。凡是拥军、劳军、参军、出大车、担架、民工、交公粮、献钢铁、晒干菜、输血、做军衣、军鞋等等都自愿争先恐后去完成。如讷河县太和村在缴纳公粮时，由于天气不好，场院没干，他们把麦子搬进屋里用手搓，在炕上炕，挑最好的交公粮。不少村屯出担架要两个出三个。[②]

1948 年初，大部分达斡尔族地区完成民主改革后，通过人民代表会议等途径，改造或充实了各地旗（县）、努图克（区）嘎查（乡）各级政权机构，民主建政工作更趋完善。

各地土改胜利，彻底消灭了封建土地所有制。达斡尔族地区农村个体经济快速发展，成为劳动者自己占有生产资料的个体经济大军。由于历史和现实的诸多原因，新疆的土地改革运动起步较晚，1950 年前后进行土地改革，1953 年前后结束，故新疆的土地改革运动在此不做赘述。土地改革既是一场阶级斗争，又是一场伟大的社会变革。经过土地革命的洗礼，达斡尔族社会也发生了深刻而剧烈的变革。

---

① 《齐齐哈尔经济史》，哈尔滨船舶工程学院出版社 1991 年版，第 230 页。
② 《齐齐哈尔经济史》，哈尔滨船舶工程学院出版社 1991 年版，第 229 页。

第四节　解放战争时期达斡尔族的革命斗争

一、新疆达斡尔族的"三区革命"① 斗争

日伪统治时期，新疆处在军阀盛世才的统治之下。盛世才为巩固自己的政权，推出反帝、亲苏、民平（民族平等）、和平、建设、清廉的"六大政策"，得到了民众的拥护和苏联政府的支持，盛世才很快控制了新疆局势。

盛世才稳固了新疆的统治之后，撕去了假面具，投靠了蒋介石。1943年1月，盛世才建立了国民党新疆省党部，从此，新疆就在国民党的统治之下。他们以"阴谋暴动案"为借口，不断制造事端，对中国共产党人和各民族进步人士进行抓捕和陷害。当时塔城达斡尔族中的进步人士柯富斋、孟柯等人也被捕，关押在乌鲁木齐监牢里达四年之久。盛世才实行特务统治，派遣特务监视民众生活，经常搜查百姓住宅，使新疆的达斡尔族和其他兄弟民族生活在其恐怖统治之中。

盛世才的残酷统治，终于导致包括达斡尔族在内的各民族的反抗斗争，其中，最著名的就是"三区革命"。1944年3月，国民党新疆省政府强迫达斡尔族等各族牧民"捐献"万匹军马，如果不献军马，就要按比市场高两倍的价额缴纳现金。这一"献马"政策引起新疆人民的强烈不满，伊犁专区巩哈县的千余名牧民，发动了反对"献马"的武装斗争，1944年8月17日，新疆巩哈县成立了以法提赫为首的游击队，打败了前来搜查的盛世才武装，并攻占了巩哈县城，打响了"武装暴动"的第一枪。11月初，北疆各地维吾尔、哈萨克等族人民普遍举行武装起义，"伊宁起义"很快取得胜利。1945年1月，起义队伍占领整个伊犁专区之后，于3月8

---

① 三区革命通常是指1944年8月在新疆北部伊犁、塔城、阿山（今阿勒泰）三个专区爆发的各族人民反抗军阀盛世才和国民党反动统治的武装斗争。

日组建了新疆民族军。接着，成立了"临时革命政府"。起义军很快解放了伊犁、塔城、阿山（阿勒泰）三个专区。人们习惯上将"临时政府"控制的这三个地区称为"三区"，将"临时政府"称为"三区政府"或"三区政权"。

达斡尔族与其他兄弟民族一样，积极参加了三区革命斗争。1944年新疆三区革命民族军攻克霍城后，当地十余名达斡尔族青年参加民族军，在临时革命政府组建新疆民族军之时，专门设有民族军锡伯索伦（达斡尔）骑兵排，排长巴尔丹（锡伯族）、副排长乔罗巴特（达斡尔族）。随着队伍的扩大，扩编为民族军第二骑兵团一营锡（伯）索（达斡尔）连，连长巴严图（锡伯族）、指导员白亨安（达斡尔族）。伊犁专区霍尔果斯县的凯敏、绰罗巴图等十几名达斡尔青年，闻讯赶来报名入伍，并在塔城专区解放过程中奋勇作战，受到部队的嘉奖。塔城专区的达尔玛、白亨安等近百名达斡尔青年，也参加了新疆民族军。1946年秋，又有尹善、巴尔塔等一批达斡尔青年入伍，成为民族军战士。先后三次参加民族军的达斡尔青年共有二百余人，约占当时新疆达斡尔族总人口的十分之一。他们除了参加解放阿山专区布尔津等县的战斗外，还在额敏、乌苏、玛纳斯河西岸等地追歼国民党的军警，在布克赛尔、阿勒泰等地的战斗中屡建战功。

1946年6月，三区革命在以阿合买提江、阿巴索夫为代表的革命派的斗争下，摆脱了艾力汗·吐烈集团的分裂和反汉排汉势力的束缚，汇入了中国人民争取解放斗争的洪流，成为中国民主主义革命的一部分，进而与中国共产党携手，为争取新疆各民族的解放而斗争。

1946年12月，三区革命的主要领导人阿巴索夫、阿不都克里木等人利用到南京出席国民党大会的时机，秘密与中共会合，转达了三区革命政府愿意接受中共领导的愿望。经中共中央同意，董必武派彭长贵等同志携带一部电台随阿巴索夫回新疆，并指示："新疆的进步组织能合并的话经过协商合并起来，这样有利于形成力量，更好地斗争。但在组织名称上，考虑到新疆情况复杂，群众的觉悟程度和接受能力，不宜过早打出共产主

义、社会主义的旗帜。"① 此后，三区革命和中共有了直接联系。1947 年 2
月，在董必武同志的指示下，"三区的人民革命党与迪化新疆共产主义者
同盟实行合并，建立了民主革命党"②。之后，中共又派遣邓力群同志前往
新疆三区，建立"力群电台"，对三区的革命进行组织和领导。

三区革命的胜利和三区解放区的建立，大大地牵制了国民党在新疆的
军事力量，配合促进了新疆的和平解放。1947 年冬至 1948 年春，新疆民
族军中的达斡尔族战士，与兄弟民族战士们一起，坚持斗争到新疆和平解
放。在三区革命政权日益巩固的基础上，于 1948 年 8 月，成立了新疆民主
同盟。加入新疆民主同盟的达斡尔族青年，积极参加了该组织的宣传组织
工作。新疆的达斡尔族人民和各族人民一道，推翻国民党在北疆地区的统
治，为新疆的和平解放和祖国的统一事业，贡献了自己的力量。

1949 年 8 月，人民解放军解放兰州，9 月解放西宁，对新疆的国民党
势力形成了合围之势。在中共的积极努力和三区革命领导人的配合下，中
共与三区革命政权提出了和平解决新疆问题的提案。1949 年 11 月，王震
率领中国人民解放军挺进迪化；12 月 7 日，三区民族军与人民解放军会师
省会迪化；12 月 17 日，新疆省人民政府和新疆军区宣告成立，新疆各族
人民迎来了新中国的新历史时期。

三区革命运动是新疆现代史上一次规模最大、影响最深远的反抗军阀盛
世才和国民党统治的武装斗争。正如毛泽东所说："伊犁、塔城、阿山三区
人民的奋斗，对于全新疆的解放和全中国的解放，是一个重要的贡献。"③

二、达斡尔族的革命斗争

1945 年 8 月 15 日，日本政府宣布无条件投降，中国人民 14 年浴血苦

---

① 新疆三区革命编写委员会编：《新疆三区革命大事记》，新疆人民出版社 1994 年版，第
209 页。
② 厉声：《三区革命运动与新疆和平解放》，新疆人民出版社 2007 年版，第 43 页。
③ 新疆三区革命编写委员会编：《新疆三区革命大事记》，新疆人民出版社 1994 年版，第
339 页。

战以胜利告终。但是，在美帝国主义的支持下，蒋介石悍然挑起了内战，包括达斡尔族在内的中国人民重新回到了水深火热之中。在解放战争这场大决战中，有着爱国主义光荣传统的达斡尔族追随中国共产党，发扬"爱国尽忠心、救亡在危时"的革命英雄气概，英雄的达斡尔族儿女把自己的命运和祖国的命运紧紧地联系在一起，在血与火的考验中，毅然投向革命、走向光明，积极投入到解放战争的洪流之中，为达斡尔族和新中国的解放事业做出了重要贡献。

在解放战争时期，英勇的达斡尔族在中国共产党的领导下，从事了一系列革命斗争，主要有以下几个方面。

（一）组建武装，保卫家乡

达斡尔族有志青年接受中国共产党的领导，自发组织革命武装，同国民党反动派、敌伪顽固势力及地方反动武装进行坚决斗争。其中，影响较大的有如下几支队伍。

1. 阿尔拉达斡尔骑兵大队

这是在达斡尔族居住最为集中，后来成为达斡尔族自治旗的莫力达瓦旗成立的达斡尔族的革命武装。由民族精英孟希舜、阿木尔扎布等共同商议组织起来的民族自卫武装，参加者多为阿尔拉屯、西瓦尔图的达斡尔族和鄂温克族猎民，部队又是在阿尔拉屯成立，故命名为阿尔拉大队，也称之为阿尔拉蒙古族（达斡尔）骑兵大队。大队成立于1945年11月初，最初是为了抗击土匪"光复军"的侵扰，保卫家乡而设，阿木尔扎布任大队长，涂长庆、孟鄂讷布、鄂对祥任副大队长。后经与讷河县共产党嫩江军区二分区任团长接洽后，得到其行政和武器上的支持，队伍迅速壮大起来。初建时，下辖三个中队。第一中队长孟满山，第二中队长郭新吉拉，第三中队长巴音贵。每中队下设两个排，共100余人。

1946年2月5日，在嫩江省军区领导下，阿尔拉达斡尔骑兵大队扩建为东蒙古自治军骑兵第八旅，鄂英贵任旅长、阿木尔扎布任副旅长、敖匡海任政委，驻扎在尼尔基。同年6月，在扎兰屯组建内蒙古人民自卫军骑兵第五师，骑兵第八旅编为第五师第四十三团，敖英贵任团长、额尔泰任参谋长，仍驻扎在尼尔基镇。

1948年1月，内蒙古人民自卫军改称内蒙古人民解放军，骑兵第五师建制撤销，骑兵四十三团改编为独立第三团。

2. 齐齐哈尔蒙古自卫军（即达斡尔族自卫军，也称齐齐哈尔骑兵大队）

1945年10月中旬，在齐齐哈尔郊区奈门浅屯，由50多名达斡尔族各村代表组织并参加了达斡尔人村民代表大会。会上决定成立武装，以维护本地社会秩序，同国民党"光复军"等反动组织进行斗争。10月30日，经中共嫩江省委、嫩江省政府同意，在嫩江省军区司令员王明贵等人的直接指导下，于齐齐哈尔郊区的奈门浅屯正式组建了齐齐哈尔骑兵大队，鄂秀峰任大队长，鄂嫩任政委，金玉振任参谋长，德文斌任后勤主任；嫩江军区为自卫大队提供了一批枪支弹药。① 自卫大队成立后，得到达斡尔族民众的支持，短短数日，就发展成250人的规模，编成三个连。第一连连长敖和忠、指导员白万起；第二连连长莫日根巴图、指导员扎拉嘎；第三连连长徐兰亭、副连长敖景奎。

3. 布特哈达斡尔、鄂温克、蒙古三民族自卫队

1945年7月，达斡尔人何布台以召开敖包会为名，在诺彦托布村的鄂鸣中家里召集一些青年人策划筹建自卫武装，来保卫家园。在何布台的倡导下，建立起由达斡尔、鄂温克、蒙古三个民族青年组成的布特哈达、鄂、蒙三民族自卫队。不久，队伍得到嫩江省军区的帮助，组建为布特哈旗蒙古大队，成为革命军队的一部分。1946年1月，编为东蒙古自卫军第二旅，参加了消灭土匪和"光复军"的战斗。

此外，在扎兰屯，鄂嫩日图组织了民族自卫武装。在海拉尔，登登太组建了呼伦贝尔地方自治军并任司令员。这支以达斡尔族为主体的骑兵大队经过短期整训，很快投入到了消灭国民党"光复军"的战斗中。

4. 各民族武装的整合

1946年初，随着东蒙自治政府的成立，东蒙自治军也随之建立，达斡尔族地区民族自卫武装都纳入东蒙自治军，统一整合收编为东蒙自治军骑

---

① 鄂秀峰等：《光复后参加革命战争的回忆》，载《达斡尔资料集》第8集，第174页。

兵二、五、八旅。统属于嫩江省军区管理，直辖于纳文军分区。纳文军分区司令员鄂嫩日图，政委夏辅仁，副政委吴泽民。三旅分布如下：

第二旅	驻扎兰屯	旅长鄂嫩日图，政委吴泽民，参谋长姚风贤，政治部主任比利格，参谋处长郭安惠，军法处长张振武，军械处长恩和扎布，后勤处长卜林。	下辖三个团，共300人。
第五旅	驻齐齐哈尔市郊	旅长鄂秀峰，政委鄂嫩。	下属两个团、六个连，共1000人。
第八旅	驻莫旗	旅长阿勇巴图，政委敖匡海，副旅长阿木尔扎布。	下设两个团，一团团长涂长庆，副团长孟鄂讷布；二团团长郭明光，政委德富贵，共400人。

资料来源：杨优臣等主编：《达斡尔族研究论文选》，哈尔滨出版社2009年版，第271页。

三旅2000多人中，除少数鄂温克、鄂伦春族和党组织派去的汉族领导干部之外，绝大多数都是达斡尔族，他们为"建立巩固的东北根据地"立下了不朽的功勋。

1946年4月3日，具有重要历史意义的"四三"会议在承德召开了。会议制定了统一的内蒙古自治运动的纲领，确认了中国共产党的正确领导。"四三"会议后，东蒙自治军改编为内蒙古人民自卫271军，共有六个师的兵力，其中四个师的都是达斡尔族，这四个师分别是：

第一师	驻乌兰浩特	师长王海山	备注
第二师	驻通辽	师长鄂文良	
第五师	驻扎兰屯	师长鄂嫩日图，副政委吴泽民，参谋长敖英贵，政治部主任沃文治	
第六师	驻海拉尔	师长登登太	

资料来源：杨优臣等主编：《达斡尔族研究论文选》，哈尔滨出版社2009年版，第272页。

1947 年 6 月，以莫力达瓦、巴颜两旗的达斡尔大队，扎兰屯、布特哈旗的布特哈大队合建成兴安军区第五师四十二团，奉命配合王海山任师长的第一师南下，赴解放战争第一线参加战斗；四十三团和教导团合并，改为独立步兵团，驻防成吉思汗镇。四十一团此前已合到四十二团中，五师番号撤销。

（二）清剿"光复军"和土匪

民族革命武装的建立，最初基本上以保境安民为目标，后来逐步融入共产党领导的解放战争的洪流之中；其成立之初，就在剿匪和抗击国民党"光复军"上，发挥了重要作用。阿尔拉达斡尔骑兵大队成立不久，1945 年 11 月初，讷河县拉哈一带的"光复军"侵扰了杜拉尔屯一带，阿尔拉达斡尔骑兵大队打败了"光复军"，并俘敌 7 名，缴枪 7 支，初战告捷。11 月末，阿尔拉达斡尔骑兵大队又缴械俘虏一伙到莫旗北部音哈里屯抢掠的土匪。12 月初，阿尔拉达斡尔骑兵大队在小杜尔本屯击毙数名"光复军"并将敌人赶走。不久，阿尔拉达斡尔骑兵大队又在大杜尔本屯活捉了土匪头子"四季好"。随后，大队又在宝山、沃尔奇等屯等地一举消灭了登特科一带的地主武装，又在王家窝棚打了胜仗，缴获了 30 多支枪。经过几次战斗，阿尔拉骑兵大队声名大震，队伍迅速扩展到 500 余人，编制发展为成四个连。

1945 年 12 月 29 日，阿尔拉达斡尔骑兵大队联合东北民主联军一部，又联合了查哈阳镇的兄弟部队，于 1946 年 1 月 9 日拂晓，向尼尔基镇发起进攻，经激战俘虏了驻扎在尼尔基镇的"光复军"，取缔了日伪残余势力建立的"治安维持会"和国民党布西县党部，解放了莫力达瓦旗。

1946 年 2 月 5 日，阿尔拉达斡尔骑兵大队扩建为东蒙古自治军骑兵第八旅，驻扎在尼尔基。第八旅配合东北民主联军李景阳部，搜索肃清了嫩江中游地区的"光复军"，并参加了保卫讷河、解放嫩江县的战役。同年 6 月内蒙古人民自卫军骑兵第五师成立时，骑兵第八旅编为第四十三团，指战员进驻扎兰屯，担负起保卫地方安全的任务。

1947 年 7 月，骑兵四十三团经过多次战斗，剿灭了女匪"花蝴蝶"及

"占九江""长江好""好友"四支土匪武装。1948 年 1 月，骑兵第五师建制撤销，骑兵四十三团改编为内蒙古人民解放军独立第三团。2 月，独立第三团开进嫩江地区，经库如奇屯、小杨气的战斗，歼灭了巴彦旗恶霸地主陈子华、"光复军"匪首杨华全的反动武装，彻底肃清了这个地区的国民党土匪残余分子，从而为捍卫人民政权、保卫土地改革的顺利进行、巩固后方做出了巨大的贡献。

1945 年 11 月，齐齐哈尔骑兵大队按嫩江省军区的指示前往景星一带截击素永林的"光复军"，队伍行进到哈拉村东屯时，和土匪遭遇，经过半天多的战斗，打死、俘虏"光复军"40 多名，缴获八二迫击炮 1 门、掷弹筒 12 支、轻机枪 2 挺、步枪 30 多支、军马 50 多匹和大批子弹、手榴弹，充实了骑兵大队的装备。[1] 由于初战告捷，齐齐哈尔达斡尔族骑兵大队声威大震，群众纷纷前来参军，使骑兵大队总员达到 350 多人。[2] 1945年 12 月中旬，齐齐哈尔骑兵大队的第一连在敖和忠连长的率领下，奔袭霍多台屯，全部消灭刘四海匪徒，俘虏匪首在内的"光复军"40 余人，缴获步枪 30 余支，战马 40 余匹。1945 年 12 月末，齐齐哈尔骑兵大队按指令到卧牛吐以东去剿匪，消灭了杨家窑土围子的"光复军"，俘虏土匪 30 余人、缴获 30 多支长短枪和一批战马。

布特哈达斡尔、鄂温克、蒙古三民族自卫队成立不久，得到嫩江省军区的帮助，组建为布特哈旗蒙古大队，成为革命军队的一部分。11 月，布特哈蒙古大队攻占那吉屯，俘虏国民党保安队 200 多人，一举解放了阿荣旗。1946 年 1 月，东蒙古自卫军成立时，布特哈骑兵大队改编为东蒙古自卫军第二旅，参加了消灭土匪和"光复军"的战斗。

此外，在海拉尔地区兴安省军区骑兵第六师的达斡尔族指战员，协同东北民主联军王一旅，消灭了侵入呼伦贝尔地区的国民党挺进军阮世国师。

（三）参加解放东北的战斗

各地的达斡尔族地方武装虽以保境安民为目标，但是，随着革命形势

---

① 鄂秀峰等：《光复后参加革命战争的回忆》，载《达斡尔资料集》第 8 集，第 173 页。
② 鄂秀峰等：《光复后参加革命战争的回忆》，载《达斡尔资料集》第 8 集，第 173 页。

的发展，中共工作的深入，纷纷接受共产党的领导和整编，渐渐投入到解放战争的洪流之中，为东北的解放做出了贡献。

蒙古人民自卫军骑兵第一师师长王海山（达斡尔族），率领所属部队到达东北解放战争前线，在敌强我弱的情况下，多次阻击国民党军队，使敌人遭到很大伤亡。1948年7月，该师再次南下，参加解放辽西地区的多次战斗，有力地配合了主力部队攻克锦州，进而挥戈北上的军事行动。1947年7月，四十三团的一个连队被编入四十二团，开赴辽西前线。四十二团接受南下参战的光荣任务后，这支以达斡尔族指战员为主体的部队，开到前线编入内蒙古骑兵第一师序列，在师政委都固尔扎布（蒙古族）同志和辽北一分区司令员赵东寰同志的联合指挥下，与兄弟部队一起参加了夏、秋、冬三季攻势，三次破坏北宁路，参加了大虎山、黑山、通江口、新立屯、彰武、法库等地的战役，消灭和俘虏了大批敌军。在著名的辽沈战役中也做出了重要的贡献，一大批指战员荣立了战功。当年骑一师师长王海山在《回忆骑兵第四十二团的成长壮大》一文中回忆说："他们在战略决战的辽沈战役中，参加了许多战场的白刃战，锤炼成一支坚强精悍的劲旅。其中最可称道的是在法库战役中，四十二团四五百骑兵被新六军暂编六师及地方土匪万余人所包围。但是，英雄的四十二团指战员，经过一场肉搏战，终于冲出包围，旋即同我军二纵队一起，纵横迂回，全歼了这一万多敌人，对著名的辽沈战役的胜利展开，做出了贡献。"[①]

据不完全统计，解放战争中参军参战并担任县团级（包括以后担任）领导职务的达斡尔族有157人，担任师、盟（地）、厅级领导职务的有37人，其中入军政干校、军政大学深造、训练过的就有77人；担任过省军级领导职务的有3人。[②] 在团、营、连、排级干部中达斡尔族就更多了，连同战士在内参加解放战争的达斡尔官兵超千人。解放战争中参加地方工作并后来担任县、处级领导职务的有64人，担任地、盟级领导职务的有37

　① 王海山：《回忆骑兵第四十二团的成长壮大》，《达斡尔族百年实录》上册，中国文史出版社2008年版，第383页。
　② 杨优臣：《浅析解放战争时期达斡尔民族的选择》，《达斡尔族研究论文选》，哈尔滨出版社2009年版，第270页。

人。纳文慕仁两任盟长都是达斡尔族，分别是金耀洲、乌如喜业勒图；呼伦贝尔盟三位盟长乌如喜业勒图、阿琪拉图、乌嫩是达斡尔族；呼伦贝尔盟政协四位副主席德春、敖东来、宝音、阿木古郎也是达斡尔族；内蒙古党政机关担任部、厅级领导职务的有 9 人，他们是图布信、绰罗巴根、苏常德、阿木古郎、乌云必力格、鄂文凌、蒙和、鄂长禄、苏荣扎布；此外还在军界担任军分区司令员、副司令员职务的，如双嘎仁、吴自新、巴雅热图等人。①

　　总之，达斡尔族在解放战争中，建立了多支革命队伍，参加了多场战役，取得了重要战役的胜利。在革命斗争的过程中，锻炼了达斡尔族战士，提高了达斡尔族对共产党的认同程度，培养了众多革命骨干力量，为解放战争的胜利做出了重要贡献。

（四）取缔反动党团组织

　　日本投降之初，整个东北的局势很不明朗，多种力量角逐于达斡尔族聚居的东北地区，导致这里的地方社会也处于纷繁复杂的状态。国民党到处网罗日伪时期与人民为敌而为日本人效力的反动分子，建立各种各样的反动组织和武装。他们深入到达斡尔、鄂伦春族等民族生活区域进行活动，秘密发展党员建立国民党组织，将国民党势力渗透到达斡尔族等各民族生活居住的北部边疆地区。如建立了"黑龙江省党务专员办事处""党务复兴委员会""三青团嫩江省支部""国民党黑龙江省党部""黑蒙党务特派员办事处"等反动组织，公开进行拥蒋、反共和反苏的宣传活动。② 如"黑蒙党务特派员办事处"，专门负责在黑龙江省和内蒙古地区设立党部和发展党员。他们委派人员到达斡尔、鄂伦春等少数民族聚居地区从事组织和宣传工作，以国民党的正统地位为诱饵，大肆鼓动和宣传国民党的方针政策，确有一些人受此蛊惑，参加到国民党组织之中。

---

　　① 杨优臣：《浅析解放战争时期达斡尔民族的选择》，《达斡尔族研究论文选》，哈尔滨出版社 2009 年版，第 272 页。
　　② 黑龙江省齐齐哈尔市政协文史资料研究委员会办公室编：《文史通讯》，1984 年第 3 期。

在国民党的积极策划和鼓动下，各地相继出现了国民党的各种组织，如"治安维持会""县党部""解放委员会"等。分散在各地的土匪武装也纷纷活动，有的土匪头目接受国民党的委任状，组建了先遣军、光复军、挺进军等反动武装。这些投靠国民党反动派的势力，兴风作浪，他们杀害中共派到各地工作的干部，而且流窜乡镇，抢劫百姓，严重扰乱社会秩序，破坏社会生产，严重影响到包括达斡尔族在内各族民众的社会生活。

国民党在黑龙江省设立了党部，如西布特哈是达斡尔族世代生存繁衍的地区，是达斡尔族居住最为集中的地区，在这里有以阎家德为首的"莫力达瓦旗光复军"。1945 年 8 月，在阎家德的积极活动下，成立了国民党地下武装。① 同年 10 月中旬，由冉壮飞倡议，宿祖晨、齐国治主办，秘密串联地方绅士召开成立布西国民党筹备会。② 在西布特哈地区发展党员，经过一系列活动，于 11 月中旬，经齐齐哈尔国民党党部批准，宿祖晨、齐国治正式成立国民党布西县党部，田家平（齐市派来的）任书记长，冉时斋、齐国治、萨福海、宿祖晨等人为委员。并开始在街内张贴标语，进行宣传活动。③ 其活动初见成效，在西布特哈地区还成立了国民党登特科支部，王仁栋任书记长，④ 国民党乌尔科支部成立，杨桥任书记长。⑤ 尽管达斡尔族参加人员较少，但其活动对当地的达斡尔族民众也产生了一定程度的影响。当时，国民党的活动几乎遍及了达斡尔族生活的地区，他们分别在胪滨县（满洲里）、扎赉诺尔、额尔古纳旗的室韦三个地区建立国民党党部，发展党员。

1947 年，中共在达斡尔族生活的东北边疆地区开展了"取缔反动党团斗争"，各地成立"反动党团登记委员会"。如当时由满洲里市委书记、市长、公安局长组成了"反动党团登记委员会"。委员会在清查反动党团活

① 《莫力达瓦达斡尔族自治旗志》，内蒙古人民出版社 1998 年版，第 26 页。
② 《莫力达瓦达斡尔族自治旗志》，内蒙古人民出版社 1998 年版，第 26 页。
③ 《莫力达瓦达斡尔族自治旗志》，内蒙古人民出版社 1998 年版，第 26 页。
④ 《莫力达瓦达斡尔族自治旗志》，内蒙古人民出版社 1998 年版，第 26 页。
⑤ 《莫力达瓦达斡尔族自治旗志》，内蒙古人民出版社 1998 年版，第 26 页。

动中，先在内部进行登记，查找是否有反共的党团分子，再在社会进行调查登记，经过不懈的努力，各地的国民党党团分子基本上都被登记取缔，命令禁止继续活动。如 1949 年，又对国民党胪滨县的残余分子进行了登记取缔。取缔工作共进行 25 天，除胪滨县党部书记长杨德正逃跑外，共登记国民党党员 35 名（其中逮捕 2 名），国民党地下武装"光复军"成员 13 名。[①] 国民党党团组织及其人员全部肃清，为达斡尔民族的解放和中国东北的解放奠定了基础。

第五节　解放战争时期达斡尔族的社会生活

一、社会经济生活的变化

经过解放战争和土地改革的洗礼，对广大的达斡尔族社会产生了深远的影响，改变了历史上以渔猎生产为主的复合式生产方式。达斡尔族主要聚居在呼伦贝尔地区，这里的达斡尔族又以大兴安岭为分界线，在岭西地区以畜牧业为主，岭东地区则以农业为主。无论是哪种经济形态，达斡尔族社会都存在着一定程度的剥削关系和阶级矛盾。如过量剥削问题、雇佣剥削问题等。

经过解放战争时期的土地改革和民主改革，剥削关系得到了根本性改变，而雇工工资得到提高得到一定的保护。1948 年末，达斡尔族地区普遍完成了清算反霸，分浮财、分土地、划分阶级和建党、建政、建立武装等工作，翻天覆地的土地改革运动得了伟大胜利，封建土地所有制和封建制度逐步被消灭，广大贫苦的达斡尔人翻身做了国家的主人。

---

① 呼伦贝尔公安边防志略编委会：《呼伦贝尔公安边防志略》，内蒙古文化出版社 1985 年版，第 133 页。

二、宗教信仰的变化

达斡尔族除了信仰本民族的萨满教外，呼伦贝尔牧区的达斡尔族还信仰喇嘛教。民主改革前，在呼伦贝尔牧区共有 22 座寺庙，其中新巴尔虎左、右两旗有 18 座；喇嘛 4000 多名，其中新巴尔虎左、右两旗有 3037 名。[①] 每个寺庙都设有席热、大喇嘛等职位，新左旗甘珠尔庙还设有"活佛"。这些宗教上层在寺庙及社会上享有很大的权力。寺庙还有一部分牲畜和财产，这主要是靠剥削和群众捐献而发展起来的，从而形成一种寺庙经济。喇嘛教的盛行，对牧区经济、社会及人们的精神有很大影响。

由于人们信仰喇嘛教，把自己最好的孩子送到寺庙当喇嘛，喇嘛不允许结婚成家，致使牧区劳动人口减少，同时也严重影响人口发展。寺庙每年都要进行念经会、庙会等活动，新左旗甘珠尔庙的定期庙会一年多达 200 天左右，其他庙的庙会也不少于 50 天，周围的牧民都来参加庙会，这不仅严重影响群众的生产活动，也加重了牧民的经济负担。

民主改革开始后，根据喇嘛教的民族性、群众性和长期性的特点，对喇嘛、特别是上层喇嘛采取了"争取、团结、改造"的政策。首先宣布中共的民族政策，即信教和不信教的自由，不能强迫信教和不信教，保护经卷、法器，允许开展正常的宗教活动。这一政策得到牧民和喇嘛特别是青年喇嘛的拥护。宗教上层享有的特权逐渐被废除，同时大大削弱了寺庙中森严的等级制度、教规教法和各种惩罚制度。后来，政府通过了《喇嘛爱国公约》，并举办喇嘛学校，组织青年喇嘛学习文化知识、时事政治；举办喇嘛培训班，组织动员喇嘛医到群众中行医治病。通过以上工作，许多青年喇嘛自愿还俗，以普通公民身份积极参加改革运动和经济建设活动。民主改革前，索伦旗曾有 1000 多名喇嘛，到 1956 年减少到 117 名[②]。

---

① 《呼盟牧区民主改革综述》，见代钦、苏勇主编：《呼伦贝尔牧区民主改革》，内蒙古文化出版社 1994 年版，第 19 页。

② 《呼盟牧区民主改革综述》，见代钦、苏勇主编：《呼伦贝尔牧区民主改革》，内蒙古文化出版社 1994 年版，第 20 页。

经过民主改革和土地改革，达斡尔族广大农牧民群众摆脱了封建压迫，在政治上获得了彻底解放，生活得到明显改善。社会生产力得到发展和显著提高，社会经济进入了稳定发展时期。

解放战争时期，在中国共产党领导下，各地的达斡尔族人民与其他兄弟民族人民并肩作战，建立人民政权、进行土地改革和民主改革、消灭国民党军队及其残余势力，积极投入到反帝反封建的一系列政治运动和解放战争之中，为中华人民共和国的诞生进行了不懈努力，为民族地区的解放贡献了自己的力量。新中国的诞生，实现了各地达斡尔族人民长期以来谋求民族解放的夙愿，与其他兄弟民族一道跨进了全面发展繁荣的社会主义历史新时期。

第五编

新中国成立以后的达斡尔族

第二十二章　社会发展

新中国成立后，饱受日本侵略者、国民党光复军和当地土匪奴役和侵扰的达斡尔族人终于拨开乌云见太阳，他们不但在政治上翻了身，而且做了国家的主人。在经历了创建人民政权、进行民主改革、组织革命武装及参加解放战争等重大历史事件后，达斡尔族社会逐渐步入到一个波澜壮阔的历史发展时期。为尽快改变达斡尔族地区贫穷落后的面貌，在各级党委、政府的大力支持下，在党的各项民族政策的大力扶持下，达斡尔族农、牧、工、商等各业经济呈现出更好更快发展的良好态势，产业结构日趋合理，人民生活水平逐步提高，为推动民族地区经济发展、社会进步以及全面建设小康社会进程奠定了坚实基础。

第一节　从合作化运动到改革开放

自新中国成立后，尤其是改革开放以来，达斡尔族人在党的民族区域自治政策的阳光普照下，针对国内瞬息万变的政治形势，认真贯彻落实党在不同时期的路线、方针和政策，尤其是在合作化、反右、"大跃进"、人民公社、"文化大革命"等政治运动面前，他们经受住了各种政治风浪的严峻考验，伴随着拨乱反正以及改革开放的强劲春风，达斡尔族社会开始步入科学发展、和谐发展和跨越发展的新阶段。

一、合作化

从概念内涵来讲，农业合作化具有中国特色，它是在中国共产党领导下，通过各种互助合作的形式，把以生产资料私有制为基础的个体农民组织起来，走共同富裕的社会主义道路[①]。从动态发展过程来看，农业合作化大体经历了互助组、初级社和高级社三个发展阶段，到1956年最终完成农业社会主义改造。

1. 互助组

成立互助组非达斡尔族地区独有，但在特定历史条件下也是十分必要的。从当时来看，达斡尔族解放较早，生活在东北地区的达斡尔族人，他们从1946年起，坚持以中共中央《关于清算减租及土地问题的指示》为统领，围绕"依靠贫农，团结中农，有步骤地、有分别地消灭封建剥削制度，发展农业生产"的土地改革路线，结合所在地族情实际轰轰烈烈地开展了土地改革运动。生活在内蒙古自治区的达斡尔族人则坚持"牧场公有，放牧自由""不斗、不分、不划阶级"及"牧工牧主两利"等工作原则，在牧区广泛开展以废除牧区封建特权为主要内容的民主改革运动。在这方面，莫力达瓦旗为稳妥起见，先以乌尔科万宝山为试点村，而后在总结经验的基础上，分期分批地在全旗范围内普遍推广。

达斡尔族农民虽然分得了土地、牲畜、车辆以及农具等农业生产资料，但因家庭贫困拖累，同时面临劳动力、牲畜、农具严重不足或短缺等生产难题。有数据统计，在东北地区生活的达斡尔族农民能够独自耕种土地的不足1/3[②]，而错过农时又使他们不能获得足够的粮食。为帮助达斡尔族农民解决农业生产难题，各级党委、政府除以集资或贷款等形式解决部分生产资金外，他们在坚持"自愿结合，互助互利，土地归个体农民所

---

① 中共中央党史研究室：《中国共产党的九十年》，中共党史出版社、党建读物出版社2016年版，第425页。

② 梅里斯达斡尔族区志编纂委员会：《齐齐哈尔市梅里斯达斡尔族区志》，黄山书社1999年版，第168页。

有"的基础上，采取"人合心、马合套"的自愿形式，组建若干以互助互利为表征的合作组，也就是我们所说的互助组。在互助合作过程中，做到劳动力和农业生产资料相互调剂、集中使用、合理分工，对出现的利差等到秋后以粮食或现金形式补齐。

经归纳，达斡尔族农民组建的互助组可谓形式多样，诸如临时互助组、春季互助组、夏季互助组、秋季互助组、常年互助组等几种类型。每个互助组以户为单位，少则三五户，多则十余户不等。由于突出人、财、物的统一调配、统一使用和优化互补，从而有效地解决了达斡尔族农民的种地难题，促进了该地区农业生产的初始发展。到 1948 年春，莫力达瓦旗就有各种类型的互助组 228 个（后散伙 11 个），夏锄临时组 218 个（后散伙 49 个）[①]。到 1951 年末，全旗共有季节组 1694 个，参组 4842 户；常年组 806 个，参组 3655 户[②]。据 1952 年统计，黑龙江省齐齐哈尔市卧牛吐达斡尔族自治区共组建各类互助组 469 个。其中：常年组 68 个，季节组 213 个，临时组 188 个[③]。

2. 初级社

初级社全称"初级农业生产合作社"，它是在互助组基础上，由个体农民按照自愿原则、以土地入股为特征而组织起来的集体经济组织。在当时的历史条件下，初级合作社具有一定的优越性，是引导农民过渡到土地公有的完全社会主义的高级社的适当形式[④]。为推动初级社在达斡尔族地区的深入开展，莫力达瓦旗以《中共中央关于农业生产互助合作的决议》为统领，在吃透精神、领会实质的基础上，于 1951 年底率先在太平努图克建立了达斡尔族第一个初级社——巩宝琛合作社，并于次年在全旗范围内

---

① 莫力达瓦达斡尔族自治旗史志编纂委员会：《莫力达瓦达斡尔族自治旗志》，内蒙古人民出版社 1998 年版，第 306 页。

② 莫力达瓦达斡尔族自治旗史志编纂委员会：《莫力达瓦达斡尔族自治旗志》，内蒙古人民出版社 1998 年版，第 306 页。

③ 莫力达瓦达斡尔族自治旗史志编纂委员会：《莫力达瓦达斡尔族自治旗志》，内蒙古人民出版社 1998 年版，第 307 页。

④ 中共中央党史研究室：《中国共产党的九十年》，中共党史出版社、党建读物出版社 2016年版，第 429 页。

全面推广。与此同时，齐齐哈尔市达斡尔族人同样以中央制定的文件精神为政策依据，以自然村为合作单位，逐步引导达斡尔族农民建立初级社，并于1953年12月在卧牛吐达斡尔族自治区岗子村成立第一个农业生产合作社，而后达呼店等地也陆续兴办了初级社。

与互助组相比，初级社则是以土地、农具等生产资料私有制为基础、以农业生产为主要形式的农民合作经济组织。作为由个体经济向社会主义集体经济转化过渡的重要形式，它的最大特点是土地、耕畜、农具等仍归个体农民所有，以入股或作价入社等形式统一使用或统一经营，全体社员以集体形式统一参加生产劳动，所获生产品实行按劳分配，即在扣除农业税、生产费等前提下，按照劳动数量、劳动质量及入社生产资料的多少，通过记工分形式支付应得报酬，鳏寡孤独者则由合作社统一照顾。据1955年末统计，莫力达瓦旗共有初级社133个，入社农户达全旗农户的91%[1]。可以说，初级社的建立部分地改变了农业生产资料的私有制属性，一定程度调动了达斡尔族农民的农业生产积极性，在解放农业生产力的基础上，进一步促进了达斡尔族地区农业生产的大发展。

3. 高级社

高级社是相对于初级社而言的，或者是初级社的继续和发展。根据国家农业生产发展面临的新形势、新情况和新任务，毛泽东主席及时发表了《关于农业合作化问题》的报告。达斡尔族地区深刻领会报告的精神实质，于1955年末至1956年初，陆续组建了高级农业生产合作社，以推动农业合作化运动的深入开展。1955年12月，齐齐哈尔市虎尔虎拉区前平房村成立市郊第一个高级农业生产合作社。之后不久，齐齐哈尔市达斡尔族地区共合并成103个高级社，参加农户24198户，占总户数的98.3%。紧接着，他们又对农业生产合作社进行了清理整顿，生产队的规模调整到30—50户，高级社由原来的103个变成113个。[2] 在此前后，莫力达瓦旗先后

---

[1]　梅里斯达斡尔族区志编纂委员会：《齐齐哈尔市梅里斯达斡尔族区志》，黄山书社1999年版，第169页。

[2]　梅里斯达斡尔族区志编纂委员会：《齐齐哈尔市梅里斯达斡尔族区志》，黄山书社1999年版，第169页。

建立高级社 115 个，入社农户 9969 户，入社农户占总农户的 96%[1]。到 1958 年 7 月，全旗共有高级社 202 个。

与初级社相比，高级社是具有社会主义性质的集体经济组织，它的最大特点是，土地、耕畜等农业生产资料以作价方式全部归合作社集体所有，之后不再参与生产分配。按照有关规定，凡加入高级社的达斡尔族农户需要缴纳一定数量的入社股金，若没有现金，可把作价后的农业生产资料作为入社股金，超出部分则由高级社逐年偿还，不足部分由个人补齐。对那些经济贫困且无法缴纳股金的达斡尔族农户，可由国家贷款支付股金。"劳力分为男、女整半劳动力，划分作业组集体劳动，按劳记分取酬"[2]。可以说，高级社是对传统的土地等生产资料私人占有和个体经营方式的全面否定，它取消土地报酬，实行按劳分配，从而标志着对农村生产资料私有制的社会主义改造的基本完成。当然，由于推进过程中存在工作过粗，改变过快，要求过急以及形式简单等现象，加之过于追求纯粹、单一的社会主义经济成分以及公有制实现形式过于简单化等，进而出现"平均主义、分配不公、窝工浪费、相互等靠"等弊端，从而影响了农业合作化运动的效果。

二、反右（卜林右派冤案）

反右斗争与整风运动有密切关联。自党的八大以来，随着党和国家的工作重心由革命转入经济建设，如何正确处理好人民内部矛盾显得尤为重要。1957 年 4 月，中共中央正式发出《关于整风运动的指示》，强调把正确处理好人民内部矛盾作为今后一个时期的工作重点，由此在党内深入开展反官僚主义、反宗派主义、反主观主义的整风运动。随着"三反"运动的深入开展，一些倾向性矛盾或问题逐渐暴露出来。同年 10 月，针对整风运动中出现的新情况、新问题和新动向，党中央决定把整风运动转为反右

---

[1]　莫力达瓦达斡尔族自治旗史志编纂委员会：《莫力达瓦达斡尔族自治旗志》，内蒙古人民出版社 1998 年版，第 307 页。

[2]　莫力达瓦达斡尔族自治旗史志编纂委员会：《莫力达瓦达斡尔族自治旗志》，内蒙古人民出版社 1998 年版，第 307 页。

派斗争。

围绕落实中央关于整风和反右派斗争精神，齐市梅里斯达斡尔族区先后成立整风办公室，同步按照整风要求召开座谈会，动员全区各族、各界干部群众针对党的现行政策、合作化运动以及领导作风等方面存在的突出问题提出各种批评意见，以帮助我党改进工作作风。总体来看，各族各界干部群众所提意见或建议多数是中肯的，也是符合该区客观实际的，但确有少数人对党的领导以及社会主义制度有抵触或怀疑情绪。之后不久，中共中央下发了《关于"划分右派分子的标准"》的通知，梅里斯区在贯彻实施过程中，程度不同地存在着"混淆两类不同性质的矛盾"以及"无限上纲上线"等不良现象，把以卜林（时任齐齐哈尔市民族中学副校长、达斡尔族）为代表的 17 名干部群众定性为"卜林右派集团"，反右斗争由此出现扩大化倾向。到 1958 年末，全区共有"20 人被戴上右派分子帽子。同时，决定中右 14 人，右派言论 5 人，反社会主义分子 3 人，株连家属 3 人。其中，中共党员 9 人（被开除党籍）、共青团员 10 人（被开除团籍）"①。所有右派分子在反右斗争结束后，陆续被下放到农村或基层单位接受思想改造。

出于缓和国内阶级关系与调整政治关系的现实考虑，1959 年 9 月，中共中央决定在新中国成立 10 周年之际，摘掉一批改造好的右派分子帽子。梅里斯区自 1962 年起举办右派分子培训班，对那些真正认识思想错误，心服口服，确有悔改之意的右派分子和积极拥护党的领导、社会主义建设和三面红旗的右派分子以及在劳动改造中表现好或者有一定贡献的右派分子分期分批地摘掉帽子，并给予适当安置。党的十一届三中全会后，梅里斯区对原有及外地流入的 77 名右派分子进行了认真复查，对他们所受到的错误处理予以纠正，对与此相关的错误处理一律撤销。到 1981 年，卜林右派冤案得到彻底平反。

---

① 梅里斯达斡尔族区志编纂委员会：《齐齐哈尔市梅里斯达斡尔族区志》，黄山书社 1999 年版，第 398 页。

三、大跃进

"大跃进运动"是指 1958 年至 1960 年，在批判 1956 年反冒进和酝酿、制定社会主义建设总路线的过程中发动起来的，这是党在探索建设社会主义道路过程中的一次严重挫折[①]。1958 年 5 月，中共中央八届二次全会提出"鼓足干劲，力争上游，多快好省地建设社会主义"的总路线，"大跃进运动"在全国展开。

在推进落实过程中，各地达斡尔人坚持"以粮为纲"和"以钢为钢"的政治号召，动员并组织各族各界干部群众深入开展"大炼钢铁"和"兴修水利"等运动。其中，梅里斯区出于"超英赶美"的政治考虑，在厂房、设备、技术、人员等都不具备的条件下，他们凭着应有的政治觉悟白手起家，自建高炉，以周边地区部分企业废弃的边角铁料为原料，一年时间共炼铁 500 吨，体现了"只争朝夕、大干快上"的时代精神。同时，他们按照党中央、国务院有关兴修水利的指示精神，以兴建泵站和水渠为重点，确保全区农业生产免除干旱之灾。仅 1958 年冬到次年春，该区新建泵站和水渠 16 处，农田受益面积达到 8500 垧。为保证水利工程如期完工，他们把任务层层分解并落实到具体单位和具体人员，诸如泵站设备由国家提供支持，水利部门负责设备安装，包括达斡尔族在内的各族农民负责挖渠。施工期间，他们不怕艰难困苦，采取锹挖、镐刨等原始形式，每天奋战 10 多小时，上口宽 8 米、下口宽 6 米、深 2 米，累计挖水渠 51 千米。到 1959 年 5 月，在确保水渠质量的前提下如期完成挖渠任务。

从某种意义上来讲，开展"大跃进运动"的初衷是好的，但由于客观上严重违背社会发展规律和经济规律，严重脱离达斡尔族地区经济社会发展实际，加之急于求成、瞎指挥、浮夸风以及各种不切实际的政治口号等诸多负面因素的叠加作用，给达斡尔族地区的经济社会发展带来严重后

---

① 中共中央党史研究室：《中国共产党的九十年》，中共党史出版社、党建读物出版社 2016年版，第 500 页。

果。其中，大炼钢铁活动在梅里斯区仅维持一年时间，就因原料不足、技术不过关等客观因素被迫停产停工。与之相比，新修的水利工程同样问题不少，归纳起来主要有：一是缺乏科学论证、仓促上马，致使莽格吐、卧牛吐等乡泵站因水源不足，旱季抽不到水。二是部分水渠因质量不过关渗水严重，渠中所抽之水大量渗漏。三是缺乏必要的技术管理人员，一旦机械设备出现故障无法及时修复。相形之下，莫力达瓦达斡尔族自治旗"大跃进运动"同样深受"左倾"思想影响，他们除强调"一大二公"及"无限扩大公有制规模和成分"外，还"盲目追求高标准、高指标，放卫星；生产指挥搞长官意志、行政命令、瞎指挥；说大话、放空炮、浮夸成风；大炼钢铁、兴修水利、深翻土地，得不偿失"[1]，加之分配上的平均主义，既浪费大量人力物力财力，又无法调动各族农民的生产积极性，从而严重阻碍了农业生产的大发展。另外，在"大办工业"的狂热思想驱使下，全旗同样兴办一批国营、集体和社队企业，后来因条件不具备，或因管理不善，最终免不了"下马关停"的命运。

四、人民公社

人民公社化是与先前开展的农业合作化运动紧密相连的。随着农业合作化、"大跃进运动"的深入开展，联队、联社现象随之出现。基于大规模农田水利建设以及农业生产发展的现实考虑，中共中央政治局于1958年3月召开了成都会议。在这次重要会议上，通过了《关于把小型的农业合作社适当地合并为大社的意见》。同年8月，党中央又在北戴河召开了政治局扩大会议，会议通过了《关于在农村建立人民公社的决议》，达斡尔族地区围绕贯彻落实中央上述会议精神，陆续开展了以小社并大社为表征的人民公社化运动。

为深入贯彻中央上述会议精神，莫力达瓦达斡尔族自治旗以原有200

---

① 莫力达瓦达斡尔族自治旗史志编纂委员会：《莫力达瓦达斡尔族自治旗志》，内蒙古人民出版社1998年版，第308页。

多个高级农业生产合作社为基础，逐步建立起 11 个工农商学兵五位一体、农林牧渔副业统一经营、政社合一的人民公社，共设立 192 个生产大队，507 个生产队；其中农业户 11300 户；入社人口 66420 人，其中农业人口 51264 人。[①] 1960 年，全旗围绕"小队并大队"的合并要求，把原来的 192 个生产大队缩减到 92 个，1961 年则把人民公社调整到 16 个，次年根据形势需要又增加到 17 个。到 1966 年为止，全旗共有 17 个人民公社、140 个生产大队，501 个生产小队。[②] 与此同时，齐齐哈尔市根据有关文件精神，于 1958 年 12 月把梅里斯达斡尔族区改为华丰人民公社，原下辖乡改为管理区。1961 年，适应管理体制的调整需要，华丰人民公社又改称为齐齐哈尔市郊区办事处，下设 15 个人民公社。1984 年恢复民族乡（镇）级政府后，人民公社同步撤销。

达斡尔族人民公社的总体特点：一是集体所有制性质没变。土地及其他生产资料仍为集体所有，由公社、生产大队统一耕种、统一管理、统一使用和平均分配。二是公有化程度较高。人民公社以乡为单位设立，组织规模相对较大，一般一乡一社，生产经营则以社为基本核算单位，实行三级所有，队为基础，自留地、家庭副业等同步被取消。三是政社合一。人民公社既是国家政权的基层组织，又是一个生产经营组织，体现出乡村政权组织与经济组织互助共融的发展特点。四是讲究"大而全"和"小而全"，强调农林牧副渔、工农商学兵全面发展。

五、"文化大革命"

"文化大革命"（简称"文革"），是指 1966 年 5 月 16 日至 1976 年 10 月由毛泽东同志错误发动，被林彪、江青两个反革命集团利用，给党、国

---

① 莫力达瓦达斡尔族自治旗史志编纂委员会：《莫力达瓦达斡尔族自治旗志》，内蒙古人民出版社 1998 年版，第 307—308 页。

② 莫力达瓦达斡尔族自治旗史志编纂委员会：《莫力达瓦达斡尔族自治旗志》，内蒙古人民出版社 1998 年版，第 308 页。

家和人民造成严重挫折和损失的内乱①。"文化大革命"始于 1966 年 5 月 16 日，随着中共中央陆续发表《中国共产党中央委员会通知》以及《关于无产阶级文化大革命的决定》等，达斡尔族地区也与全国一样广泛深入地开展了"文化大革命"运动。

齐齐哈尔达斡尔族地区首先从教育界起步，按照"大鸣、大放、大字报、大辩论"等总体部署，采取学生给老师、老师给校领导张贴大字报等方式，全面宣传"破四旧"和"立四新"的思想，即所谓的"旧思想、旧文化、旧风俗和旧习惯"以及"新思想、新文化、新风俗和新习惯"。除张贴大字报外，各校还成立了红卫兵组织，以推动"文化大革命"运动的深入开展。与之同步，各机关和企事业单位相继成立"文化革命领导小组"，同时建立若干赤卫队，并把它扩展到广大乡村。一些单位领导、地富反坏右分子、有家庭历史问题人员乃至犯过某些错误的人员陆续成为批斗或揪斗对象。除召开群众大会外，他们还采取拳打、脚踢、罚跪等体罚形式予以批斗，以使他们真正触及思想和灵魂。到 1967 年初，齐齐哈尔达斡尔族地区"64 名科级以上干部，有 54 人靠边，135 名公社、农场主要领导干部有 110 人靠边，全区党政机关，机构瘫痪，学校停课，社会秩序混乱"②。同年，随着中共中央发布《关于人民解放军坚决支持革命左派群众的决定》，人民解放军陆续派出"支农"分队，并与工人宣传队、贫下中农宣传队进驻各农村公社、国营农场、学校和企事业单位。他们旗帜鲜明地支持左派群众组织，同步解散"保皇派"，并推动全区 10 个农村公社、21 个国营农、林、牧、渔场，88 个生产大队，15 个机关、学校和企事业单位③的造反组织实现大联合，之后成立所谓的无产阶级革命造反派联合总部，具体负责该地的"文化大革命"运动。

---

① 中共中央党史研究室：《中国共产党的九十年》，中共党史出版社、党建读物出版社 2016 年版，第 560 页。

② 梅里斯达斡尔族区志编纂委员会：《齐齐哈尔市梅里斯达斡尔族区志》，黄山书社 1999 年版，第 401 页。

③ 梅里斯达斡尔族区志编纂委员会：《齐齐哈尔市梅里斯达斡尔族区志》，黄山书社 1999 年版，第 401 页。

随着"文化大革命"不断向纵深发展，自 1968 年起，他们开始对阶级队伍进行广泛清理，重点清除或深挖隐藏在革命队伍中的美蒋特务、日本特务、苏修特务和叛徒以及其他反动分子。清理过程中，他们因坚持极"左"路线，致使"清队"工作出现扩大化倾向，由此制造若干冤假错案，"新内人党"冤案就是典型案例。据史料记载，"内人党"原为内蒙古人民革命党的简称，"文化大革命"中挖出的"内人党"则被称之为"新内人党"。"文化大革命"伊始，"内蒙古党政军一把手乌兰夫就被打倒了。1968 年，内蒙古革命委员会主任滕海清发动了'挖乌兰夫黑线，肃乌兰夫流毒'的'肃反'运动，其中心要害是挖乌兰夫的所谓'暗班子——反党集团'的内人党"[1]。到 1969 年 5 月统计，"新内人党"冤案共"有三十四万多名干部、群众遭到诬陷、迫害，一万六千二百二十二人被迫害致死……共打成四十八万多人为'新内人党'分子"[2]。受此案件影响，齐齐哈尔市梅里斯区有 1 人非正常死亡，12 人被捕入狱，其亲属、亲友同样受到株连。1976 年 10 月，中共中央一举粉碎了王张江姚反革命集团，使中国避免了一次大分裂、大倒退，从而挽救了革命，挽救了党。1977 年 8 月，中国共产党第十一次全国代表大会正式宣布：以粉碎"四人帮"为标志的"文化大革命"宣告结束。1978 年 4 月，中共中央同意内蒙古自治区党委呈送的《关于进一步解决好挖"新内人党"问题的意见的报告》，从而使"新内人党"案彻底平反昭雪。

第二节　民族平等

民族平等作为马克思列宁主义解决民族问题的根本原则之一，最初是由资产阶级提出的。中国共产党 1931 年制定的《中华苏维埃共和国宪法大纲》强调国内各民族一律平等，1949 年制定的《中国人民政治协商会议

---

[1]　白音太：《"内人党"冤案始末》，《共产党员》2009 年第 19 期。
[2]　白音太：《"内人党"冤案前后》，《炎黄春秋》2009 年第 8 期。

共同纲领》和 1954 年颁布的《中华人民共和国宪法》相继把民族平等写
入其中。"我国的民族平等政策，是主张国内各民族不分大小、先进与落
后，在权利和地位上一律平等；各民族在一切权利上完全平等，不仅在法
律上、在政治上平等，而且在经济、文化、教育、语言文字、风俗习惯、
宗教信仰等一切社会生活领域也都完全平等。"①

一、民族识别

民族识别是对一个民族成分的确认。自 1950 年起，为实现各民族一律
平等并保障各少数民族平等权利，党和政府在全国范围内开展民族识别工
作。在此期间，根据达斡尔族人的意愿，党和政府相继对分布在黑龙江、
内蒙古和新疆的达斡尔族进行了民族成分识别工作。1951 年 12 月 14 日至
31 日，代表黑龙江省出席中央人民政府民族事务委员会第二次扩大会议的
达斡尔族人吴维荣在会上发言，提出确认达斡尔族为单一民族、实行民族
区域自治及培养民族干部等议题，发言部分内容发表在 1952 年 1 月 19 日
出版的《人民日报》上。中共黑龙江省委、省政府对此高度重视，很快在
全省范围内开展对达斡尔族的民族识别工作。同年 7 月，省委、省政府组
建以省政府主席于毅夫为首的民族工作团，到龙江县卧牛吐达斡尔族聚集
区进行深入调查，同步开展达斡尔族名称大讨论，在广泛征求干部群众意
见的基础上确认达斡尔族为单一民族。同年 8 月，省政府主席于毅夫在
《黑龙江日报》发表文章，深刻阐明达斡尔族为单一民族的事实依据。
1953 年 8 月，在中央民委的直接领导下，由中央民族学院专家学者组成的
达斡尔民族成分调查组，对居住在内蒙古、黑龙江和新疆等省区的达斡尔
族开展民族成分的识别工作。次年，经中央人民政府政务院批准，生活在
新疆地区的"索伦"达斡尔族人恢复了原有称呼。1956 年，中央人民政府
正式确认达斡尔族为单一民族，使之成为我国 55 个少数民族中的一员。可

---

① 金炳镐、王铁志主编：《中国共产党民族纲领政策通论》，民族教育出版社 2002 年版，第
510 页。

以说，达斡尔族民族成分识别工作的顺利完成，为达斡尔族人充分享受民族平等政策、实行民族区域自治和参与国家事务管理提供了政治保障。

二、民族干部队伍建设

随着达斡尔族人当家做了国家主人，他们在政治、经济、文化等方面取得了与其他民族平等的权利，这为达斡尔族人多层面参与本民族内部事务提供了历史契机。在党的民族平等团结政策的指引下，他们不但积极参与本民族地区各项事务的管理，而且加快民族干部队伍建设，逐步培养一大批德才兼备、年富力强的达斡尔族干部。有资料记载，早在1945年至1946年间，嫩江省政府就致力于达斡尔族干部的培养工作，先后从达斡尔族聚集地选送70名左右（一说上百名[①]）达斡尔族优秀青年到甘南军校、北安军政大学、齐齐哈尔军政大学、讷河军政大学等学习深造，学成后陆续被充实到达斡尔族地区的党、政、军各部门工作，成为达斡尔族地区政权建设、土地改革以及剿匪的骨干和重要生力军。

新中国成立后，党和政府基于民族地区革命和建设的发展需要，进一步加大对达斡尔族干部的培养选拔力度，先后挑选若干名达斡尔族优秀青年，或把他们选送到中国人民大学、中央民族学院、中央团校等北京高校或干部院校学习进修，或把他们选送到黑龙江省、内蒙古自治区等省（区）党校学习深造，乌嫩、何今生等一大批经受过专门培训的达斡尔族青年陆续走上领导岗位，干部队伍建设也开始步入正规化、规范化发展轨道。然而，随着1957年的反右派斗争及随后的"文化大革命"，达斡尔族干部队伍建设同样受到很大冲击，由此步入曲折发展阶段。其中，随着反右派斗争出现扩大化倾向，卜林、吴维荣、吴文盛等达斡尔族干部或错划为"右派分子"，或定性为"卜林反党集团"，受此牵连的达斡尔族干部达10余人。"文化大革命"期间，卜林等17名达斡尔族干部因受"内人党"

[①]　《达斡尔族简史》编写组、《达斡尔族简史》修订本编写组：《达斡尔族简史》，民族出版社2008年版，第128页。

案件牵连，被隔离审查长达6—10个月。

党的十一届三中全会以来，达斡尔族干部队伍建设逐渐迎来了大踏步发展的春天。随着拨乱反正的渐次深入，齐齐哈尔市及莫力达瓦达斡尔族自治旗按照中央1978［55号］文件要求，对反右派斗争及"文化大革命"以来若干重大历史问题予以纠正，尤其对那些错划为右派分子或者错定为"卜林反党集团"和"内人党"的达斡尔族干部予以平反。基于达斡尔族地区经济发展和现代化建设需要，党和政府逐步拓宽培养渠道，加快培养一大批达斡尔族地区急需的少数民族干部。一是选送在职干部进修深造。自1980年以来，黑龙江省、内蒙古自治区陆续选送数十名至数百名的达斡尔族干部到中央党校、中国人民大学、中央民族学院、黑龙江省民族干部学院、内蒙古自治区党校等院校学习深造，以此不断提升他们的理论素养和领导能力。二是考试录用年轻干部。1982年末，齐齐哈尔市以梅里斯区、富拉尔基区为辐射范围，以达斡尔族青年为招录对象，从中录取几十名达斡尔族优秀青年到莽格吐、卧牛吐等达斡尔族乡镇工作，而后又从黑河、富裕等地选派一批农村干部充实到达斡尔族乡工作，从而为达斡尔族地区干部队伍建设不断补充新鲜血液。三是选派年轻干部到基层挂职。莫力达瓦达斡尔族自治旗多次选派德才兼备的年轻干部到基层挂职锻炼，并注意从少数民族知识分子中选拔优秀人才到各级机关、事业单位担任领导职务。总之，经过多年的培养选拔，达斡尔族地区初步架构起结构合理、能力素质过硬、能够适应民族地区经济社会发展需要的成龙配套的干部队伍发展体系。截至1980年，黑龙江省有达斡尔族干部808人，其中省直101人，地市271人，县区91人，公社55人[①]。到1985年，黑龙江省有县处级达斡尔族干部24人，地局级干部2人，讲师、工程师等专业技术干部27人[②]。到2000年，黑龙江省县处级以上达斡尔族干部达到32人，他们或在各级各类党政机关担任要职，或在大中专院校、科研单位及其他事

---

① 刘金明：《黑龙江达斡尔族》，哈尔滨出版社2002年版，第77页。

② 《黑龙江省志·民族志》编写组：《黑龙江省志·民族志》，黑龙江人民出版社1998年版，第214页。

业单位工作（见表5-1）。在内蒙古自治区，截至1985年末，全区共有达斡尔族干部4602人，在全区达斡尔族人口中占7.48%。到1993年，莫力达瓦达斡尔族自治旗共有达斡尔族干部1095名，占少数民族干部总数的71.7%，在34名处级干部中，有达斡尔族18人；全旗科级干部550人，达斡尔族科级干部212人[1]。可以说，工作在黑龙江省、内蒙古自治区及达斡尔族地区的达斡尔族干部，他们无论在哪工作，都会干一行爱一行，并为当地的经济社会发展作出应有的贡献。

表5-1　新中国成立后至2000年黑龙江省县处级及

以上达斡尔族干部统计表

顺序号	姓名	单位	职务
1	胡德元	黑龙江省人大侨外委	副主任
2	沃岭生	齐齐哈尔市委	宣传部长
3	沙革	大兴安岭地区行署	副专员
4	萨克	大兴安岭地委	统战部长兼民委主任
5	卜林	齐齐哈尔市政协	副主席
6	杜秋顺	黑河市政协	副主席
7	林清	哈市商业专科学校	党委书记
8	赵仁成	黑龙江省民族研究所	所长
9	额尔登札布	大兴安岭行署	民委主任
10	郭长海	齐齐哈尔市	体委主任
11	乌嫩	黑龙江省民族研究所	副所长
12	起云	东北烈士纪念馆	副馆长
13	何文钧	齐齐哈尔马戏团	党委书记
14	杜春志	齐齐哈尔市民委	副主任
15	苏热	伊春市民委	副主任
16	杜洪斌	大庆市文联	副主席

[1]　莫力达瓦达斡尔族自治旗史志编纂委员会：《莫力达瓦达斡尔族自治旗志》，内蒙古人民出版社1998年版，第211页。

续表

顺序号	姓名	单位	职务
17	呼和	大兴安岭地区行署民委	副主任
18	致文魁	齐齐哈尔市民族宗教局	副局长
19	敖海林	齐齐哈尔市民委	副主任
20	敖林祥	大兴安岭地区行署民委	主任
21	高瓦	齐齐哈尔政协祖国统一办	主任
22	郭万有	黑龙江省医院	副院长
23	郭兰	嫩江地区工会	副主任
24	毅赫	齐师院物理系	主任
25	何晓春	齐齐哈尔梅里斯区人大	主任
26	德万龙	齐齐哈尔梅里斯区	区长
27	吴继荣	齐齐哈尔富拉尔基区人大	副主任
28	吴焕君	齐齐哈尔梅里斯区	副区长
29	胡和	齐齐哈尔梅里斯区政协	副主席
30	杨继君	齐齐哈尔梅里斯区	副区长
31	胡奇	齐齐哈尔政府宗教处	副处长

资料来源：刘金明著：《黑龙江达斡尔族》，哈尔滨出版社 2002 年版，第 77—78 页。

三、参政议政

参政议政既是民族平等的重要表现形式之一，也是当家作主后的各少数民族参与国家政治生活、行使民主权利的重要表现之一。在中国共产党全国代表大会、全国人民代表大会和全国政协中有达斡尔族代表，不仅反映了达斡尔族人政治地位的提高，也是他们管理国家事务的具体体现。在这方面，达斡尔族人借助中国共产党全国代表大会、全国人民代表大会、全国政协会议以及各省（区）、盟、旗、区等各级各类会议，积极参与国家事务和本民族内部事务的管理和监督。一是参加中国共产党全国代表大会。有数据统计，自 1956 年起到 1997 年止，内蒙古、黑龙江、北京等省

（区、市）共有 6 位达斡尔族人先后参加了全国党代会（见表 5-2），像参加第十二次全国党代会的达斡尔族代表莫力达瓦达斡尔族自治旗旗委书记兼旗人大常委会主任阿木古郎以及参加第十三次全国党代会的达斡尔族代表北京第二六二医院的主任医师金虎等，他们既有来自达斡尔族地区的党政领导，也有来自医院、银行工会等方面的杰出人士，与会期间和全国各族各界党代表一道共商国是。二是参加全国人民代表大会。据粗略统计，从 1964 年到 1998 年，来自内蒙古、黑龙江等省区的 10 位达斡尔族代表先后参加全国人民代表大会（见表 5-3），像参加第三届全国人民代表大会的达斡尔族代表莫力达瓦达斡尔族自治旗旗长额尔登扎布以及参加第六届全国代表大会的达斡尔族代表齐齐哈尔市政协副主席卜林等，他们同样来自内蒙古、黑龙江等省区的不同地区或不同行业，代表达斡尔族参与国家事务管理，或提出意见建议。三是参加全国政协会议。据不完全统计，从 1956 年到 1998 年前后，来自内蒙古、新疆、北京等区（市）的 4 位达斡尔族代表先后 8 次参加全国政协会议，像参加第六届、第七届全国政协会议的达斡尔族代表中国社会科学院法学所的郭布罗·润麒以及参加第七届至第十届全国政协会议的达斡尔族代表内蒙古师范大学教授孟苏荣等，他们在不同时期从不同角度提出议案，或反映本地区、本民族在经济社会发展中存在的热点、焦点和难点问题，或反映各族群众普遍关心的倾向性问题。四是参加省（区）重大会议。按照中央的统一部署，黑龙江省、内蒙古自治区及其下辖的市盟、旗区等均比照召开各级党代会、人大会和政协会，达斡尔族均有一定比例代表参加。从黑龙江省来看，自 1951 年以来，先后有 6 名达斡尔族代表分别参加黑龙江省人大会，其中龙江县卧牛吐达斡尔族自治区区长茫哈连续三届当选省人大代表，吴维荣等 3 人当选第六届黑龙江省人大会代表，卜林、何德等达斡尔族代表分别当选黑龙江省政协第五届常委和委员，另有德玉海、赵仁成等达斡尔族人分别当选齐齐哈尔市、哈尔滨市、大庆市及黑河市的人大代表或政协委员等。从内蒙古自治区来看，自新中国成立后，先后有数百名达斡尔族同志当选为自治区、莫力达瓦达斡尔族自治旗以及诸乡村各级人大代表或各级党代会的代表①。从莫力达瓦达斡尔族自治旗党代会来看，1956 年召开的第一次党代会共有达斡尔族代表 46 人，到 1995 年召开的第十次党代会，累计有 761 名达斡尔族人参加（第二次和第十次党代会因未将达斡尔族代表数量列出，故无法统计，见表 5-4）。从莫力达瓦达斡尔族自治旗人代会来看，1958 年召开的莫力达瓦达斡尔族自治旗第一届人民代表大会共有达斡尔族代表 55 人，到 1994 年的第八届人民代表大会，累计有 583 名达斡尔族人参加人大会（见表 5-5）。从莫力达瓦达斡尔族自治旗政协会来看，自 1958 年召开第一届政协会至 1996 年共举行八届，各届政协委员就全旗政治、经济、科技文化等进行协商，对社会各界关注的热点难点问题或以提案形式进行监督，或以专题调研形式提出意见建议，在实际工作中很好地起到参政议政作用。

表 5-2　1956—1997 年参加全国历届党代会达斡尔族代表统计表

届数	姓名	性别	地区	单位	职务
第八届	乌如喜业勒图	男	内蒙古呼伦贝尔盟	政府	副盟长兼统战部长
第十二届	阿木古郎	男	内蒙古莫力达瓦达斡尔族自治旗	旗委	旗委书记兼旗人大常委会主任
第十二届	何笑荣	女	齐齐哈尔市	工商银行	工会副主席
第十三届	金虎	男	北京	第二六二医院	主任医师
第十四届	刘永杰	男	内蒙古莫力达瓦达斡尔族自治旗	旗政府	旗委副书记兼旗长
第十五届	郭风琴	女	内蒙古莫力达瓦达斡尔族自治旗	检察院	检察长

资料来源：《达斡尔族简史》编写组、《达斡尔族简史》修订本编写组：《达斡尔族简史》，民族出版社 2008 年版，第 127 页。

---

① 刘金明：《黑龙江达斡尔族》，哈尔滨出版社 2002 年版，第 77 页。

表 5-3　1964—1998 年参加全国历届人代会达斡尔族代表统计表

届数	姓名	性别	地区	单位	职务
第三届	额尔登扎布	男	内蒙古莫力达瓦达斡尔族自治旗	政府	旗长
第三届	通福	男	内蒙古自治区	歌舞团	乐队指挥兼作曲
第四届	尤庆	男	内蒙古莫力达瓦达斡尔族自治旗	旗委	副书记
第五届	杜玉琴	女	内蒙古莫力达瓦达斡尔族自治旗红彦镇	拉抛学校	副校长
第六届第八届	乌尼	男	内蒙古自治区	内蒙古农业大学农牧学院	院长、教授
第六届	卜林	男	黑龙江省齐齐哈尔市	政协	副主席
第七届	苏和	男	内蒙古莫力达瓦达斡尔族自治旗	政府	旗长
第七届	毅赫	男	黑龙江省齐齐哈尔市	齐齐哈尔师范学院	副教授
第九届	孟志毅	男	内蒙古莫力达瓦达斡尔族自治旗	政府	旗长
第九届	何晓春	女	齐齐哈尔梅里斯区	人大	主任

资料来源:《达斡尔族简史》,2008 年版,第 127 页。

表 5-4　1956—1995 年莫力达瓦旗九届党代会达斡尔族代表统计表

届数	开会时间	地点	出席代表数（人）	达斡尔族代表数（人）
第一届	1956 年 5 月 26—29 日	尼尔基	135	46
第二届	1958 年 7 月 15—21 日	尼尔基	135	
第三届	1960 年 3 月 25—31 日	尼尔基	179	53
第四届	1963 年 12 月 24 日	尼尔基	179	65
第五届	1973 年 7 月 1—4 日	尼尔基	265	95

续表

届数	开会时间	地点	出席代表数（人）	达斡尔族代表数（人）
第六届	1981 年 12 月 25—28 日	尼尔基	356	136
第七届	1985 年 1 月 19—21 日	尼尔基	322	125
第八届	1988 年 3 月 10—12 日	尼尔基	352	127
第九届	1990 年 12 月 26—28 日	尼尔基	301	114

资料来源：《莫力达瓦达斡尔族自治旗志》，第 681—683 页。

表 5-5　1958—1994 年莫力达瓦旗八届人代会达斡尔族代表统计表

届数	开会时间	地点	出席代表数（人）	达斡尔族代表数（人）
第一届	1958 年 8 月 13—16 日	尼尔基	139	55
第二届	1960 年 9 月 15—18 日	尼尔基	151	57
第三届	1963 年 8 月 9—13 日	尼尔基	179	63
第四届	1981 年 10 月 26—31 日	尼尔基	245	91
第五届	1984 年 12 月 18—21 日	尼尔基	252	99
第六届	1987 年 8 月 15—19 日	尼尔基	205	76
第七届	1991 年 2 月 9—11 日	尼尔基	201	70
第八届	1994 年 1 月 8—10 日	尼尔基	201	72

资料来源：《莫力达瓦达斡尔族自治旗志》，第 753—756 页。

第三节　民族区域自治

民族区域自治制度是中国的一项基本政治制度，是指在国家统一领导下，各少数民族聚居的地方实行区域自治，设立自治机关，行使自治权。"民族区域自治制度体现了民族平等、民族团结、各民族共同繁荣发展的原则，体现了民族因素与区域因素、政治因素与经济因素、历史因素与现实因素的统一"[1]。作为我国处理国内民族问题的基本政治制度之一，达斡尔族依据《中国人民政治协商会议共同纲领》《中华人民共和国民族区域自治实施纲要》《中华人民共和国宪法》《中华人民共和国民族区域自治法》以及《国务院关于建立民族乡若干问题的指示》等法律法规，同步结合各自的族情实际，陆续建立起具有本民族特色的区域自治制度。内蒙古自治区莫力达瓦达斡尔族自治旗、齐齐哈尔市梅里斯达斡尔族区以及包括卧牛吐达斡尔族区（乡镇级）等在内的民族乡村的建立，便是落实党和国家民族区域自治制度的最好范例。

一、莫力达瓦达斡尔族自治旗

莫力达瓦达斡尔族自治旗（简称"莫力达瓦旗"）既是全国唯一的达斡尔族自治旗，也是内蒙古自治区三个少数民族自治旗之一，还是全国仅有的三个少数民族自治旗之一[2]。从地理位置看，莫力达瓦旗地处大兴安岭东麓、嫩江西岸；从行政区划看，属于呼伦贝尔盟（今呼伦贝尔市）管辖的一个自治旗，位于呼伦贝尔盟东部，其北部、西部分别与内蒙古自治区的阿荣旗、鄂伦春旗相连，南部、东部则与黑龙江省讷河市、嫩江县隔江对望。从设立时间来看，莫力达瓦旗成立于 1958 年 8 月 15 日。

据史载，在呼伦贝尔盟设立莫力达瓦达斡尔族自治旗，主要与两个重大历史事件有关联：其一是达斡尔族被确认为单一民族，其二是在民族地区广泛实行的民族区域自治制度。在立法基础、政策基础及族别基础等政治支撑逐步成熟后，内蒙古自治区党委顺应达斡尔族人民的意愿，于 1956 年 6 月在其内部主办的党刊《学习》上，刊发了"关于确定达斡尔族为单一民族并在其主要聚集地区建立自治机关的指示"。莫力达瓦旗以此为契机，在自治区党委和呼伦贝尔盟党委的直接领导下，下大气力做好这方面

---

①　金炳镐主编：《中国共产党民族工作理论与实践》，中央民族大学出版社 2007 年版，第735 页。

②　《达斡尔族简史》编写组、《达斡尔族简史》修订本编写组：《达斡尔族简史》，民族出版社 2008 年版，第 132 页。

的推动工作。同年 7 月，他们提出了建立达斡尔族自治旗的工作方案及步骤措施，并上报呼伦贝尔盟委和自治区党委审定。

在建立自治机关问题上，究竟是建立以莫力达瓦旗为基础的达斡尔族自治县还是建立达斡尔族自治州？是建立以原纳文慕仁盟（包括莫力达瓦旗、阿荣旗、布特哈旗）为基础的达斡尔族自治州还是建立以原布特哈总管衙门管辖范围为基础的横跨内蒙古、黑龙江两省区的自治州？达斡尔族干部群众对此意见不一。为达成广泛共识，莫力达瓦旗于 1956 年 10 月专门召开人民代表大会，通过了《关于建立达斡尔族、索伦族联合自治州的建议书》。在认真听取达斡尔族干部群众的意见呼声后，经内蒙古自治区领导与呼伦贝尔盟领导反复讨论，决定以原莫力达瓦旗为基础，合并巴彦旗，成立莫力达瓦达斡尔族自治旗。1957 年 9 月，中共莫力达瓦旗委、莫力达瓦旗人民委员会形成建立达斡尔族自治旗的实施方案，并上报呼伦贝尔盟委、盟公署及内蒙古自治区党委和区人民委员会，最终上报国务院。1958 年 5 月，莫力达瓦旗第三届人代会第一次会议通过《关于拥护中国共产党内蒙古自治区委员会建立达斡尔族自治旗的决议》。同月，国务院第 77 次全体会议做出《关于撤销莫力达瓦旗和索伦旗，设立达斡尔族自治旗和鄂温克族自治旗的决定》，由此正式撤销莫力达瓦旗建制，并在原莫力达瓦旗行政区域内建立莫力达瓦达斡尔族自治旗，自治旗所在地为尼尔基镇。同年 8 月 15 日，除召开莫力达瓦达斡尔族自治旗第一次人民代表大会、选举旗长及旗人民委员会外，还举办庆祝莫力达瓦达斡尔族自治旗成立大会，从而标志着莫力达瓦达斡尔族自治旗正式宣告成立。

二、梅里斯达斡尔族区

梅里斯区全称梅里斯达斡尔族区。"梅里斯"，达斡尔语意为"有冰的地方"。该区地处齐齐哈尔市，成立于 1956 年，是全国城区中唯一的达斡尔族区。与莫力达瓦旗相比，梅里斯区位于松嫩平原西部，嫩江右岸，北与黑龙江省甘南县相连，西与龙江县毗邻，南与齐齐哈尔富拉尔基区接壤，东临嫩江。有达斡尔、满、柯尔克孜等少数民族，以达斡尔族为主体。

1956 年 9 月，依照国务院《关于更改相当于区和相当于乡的民族自治区的补充指示》以及黑龙江省人民委员会 11 月 2 日（黑民字第 3539 号）文件精神，齐齐哈尔市人民委员会正式撤销卧牛吐达斡尔族自治区，以卧牛吐、达呼店、榆树屯和虎尔虎拉四个市郊区为基础，合并成立梅里斯达斡尔族区，下辖莽格吐、卧牛吐、雅尔塞、梅里斯以及杜尔门沁等 5 个达斡尔族乡，区址所在地设在梅里斯。1958 年"大跃进"期间，齐齐哈尔市委、市政府基于建立城市人民公社的发展需要，把梅里斯达斡尔族区划归华丰、龙沙等人民公社管辖。1961 年至 1967 年，齐齐哈尔市撤销华丰公社，恢复梅里斯郊区体制，先后由齐齐哈尔市郊区工作委员会、齐齐哈尔市郊区办事处以及郊区革命委员会管辖。1980 年 3 月，经黑龙江省人民政府批准，把齐齐哈尔市郊区更名为梅里斯区。1988 年 4 月，黑龙江省人民政府正式提交《关于恢复齐齐哈尔市梅里斯达斡尔族区名称的请示》。同年 7 月，经民政部报请国务院批准，同意将齐齐哈尔市梅里斯区恢复为梅里斯达斡尔族区。同年 11 月，齐齐哈尔市隆重召开恢复梅里斯达斡尔族区庆祝大会，正式恢复梅里斯达斡尔族区。

三、卧牛吐达斡尔族区

卧牛吐，达斡尔语"小沟壑"之意。新中国建立之初，卧牛吐归龙江县卧牛吐区管辖。1952 年 7 月，为深入贯彻《民族区域自治实施纲要》精神，中共黑龙江省委、省人民政府根据卧牛吐达斡尔族地区"人口多少和区域大小"，决定在这里设立达斡尔族自治区。为保证设区工作的顺利进行，黑龙江省人民政府专门成立由省人民政府主席于毅夫为团长的民族工作团，下设民族政策宣传组、社会历史调查组及经济文化指导组等。在卧牛吐工作期间，他们通过召开干部会、座谈会以及深入村屯开展广泛宣传，使包括达斡尔族在内的各族群众深刻理解建立达斡尔族自治区的重大意义。在全面调查、广泛宣传、汇集民意、达成共识的基础上，卧牛吐区委、区政府于8月初召开卧牛吐达斡尔族自治区筹委会（扩大）会议，与会成员包括达斡尔、汉、朝鲜、满等各族代表。于毅夫主席就民族区域自治政策等问题做了重要讲话，大家在深入讨论讲话的精神实质基础上，还"通过民主协商的形式，对自治区政府的人选，自治区的名称，自治区建立的日期等，广泛征求了意见"①。考虑到即将成立的卧牛吐达斡尔族自治区需要大批干部，龙江县专门从县直机关和各区政府中抽调精兵强将。8月18日，恰好是以彭泽民为团长的中央民族访问团代表党中央、毛主席前来慰问的日子，卧牛吐达斡尔族自治区也在这天正式宣告成立。可以说，这是达斡尔族历史上建立的第一个人民政权，也是达斡尔族聚集区设立的第一个民族自治区。

8月18日上午，卧牛吐达斡尔族自治区召开第一次人民代表大会，于毅夫主席代表中共黑龙江省委、省人民政府宣布，龙江县卧牛吐达斡尔族自治区正式成立。与会代表通过无记名投票方式，一致推选达斡尔族优秀青年茫哈为首届自治区人民政府区长，同步选出11名自治区政府委员，下设莽格吐、东卧牛吐、西卧牛吐、雅尔塞等12个行政村。当日下午，卧牛吐达斡尔族自治区各族群众3000多人举行欢迎大会，热烈欢迎中央民族访问团的到来，新任区长茫哈、黑龙江省人民政府主席于毅夫以及中央民族访问团团长彭泽民分别发表重要讲话，中央民族访问团和卧牛吐达斡尔族自治区还分别互赠锦旗和礼物，而后举行多种庆祝活动，以表达达斡尔族儿女对党和毛主席的无比热爱之情。到1956年11月，根据中央和黑龙江省人民委员会有关文件精神，卧牛吐达斡尔族自治区被撤销，前后只存在4年左右时间。

四、达斡尔族乡（村）

在莫力达瓦旗、梅里斯区等达斡尔族自治地方建立的同时，其他达斡

---

① 乌力斯·卫戎：《龙江县卧牛吐达斡尔族自治区建立概况》，《嫩水达斡尔人》（《齐齐哈尔文史资料第19集》），1989年，第292页。

尔族聚集区同步建立了若干达斡尔族乡，如黑龙江省的莽格吐、卧牛吐、杜尔门沁等达斡尔族乡以及友谊达斡尔族满族柯尔克孜族乡、塔哈满族达斡尔族乡、坤河达斡尔族满族乡和沿江达斡尔族满族乡，内蒙古自治区的扎兰屯市达斡尔族乡、巴彦塔拉达斡尔族乡和音河达斡尔族鄂温克族乡，还有新疆塔城市阿西尔达斡尔族乡等。这些达斡尔族乡或是 20 世纪 50 年代成立的，或是 20 世纪 80 年代根据国务院《关于建立民族乡问题的通知》要求恢复设立的。从称呼来看，这些民族乡或为单一民族乡，或由几个民族组合而成的。另外，除达斡尔族乡外，达斡尔族聚集地还成立若干本民族聚居村。有数据统计，到 2000 年前后，黑龙江省有达斡尔族聚集村 33 个。其中，齐齐哈尔市富拉尔基区 5 个、梅里斯区 13 个、建华区 1 个、龙江县 2 个、泰来县 2 个、富裕县 12 个、黑河市 2 个、嫩江县 1 个①。至此，达斡尔族形成包括自治县、城市民族自治区、民族乡以及民族村在内的一条龙式的管理体系。其中，莽格吐达斡尔族乡位于齐齐哈尔市梅里斯达斡尔族区东北部、嫩江西岸，北部与甘南县相连，东部与富裕县隔江对望，南临嫩江，西与卧牛吐镇相接。"莽格吐"先有村后有乡，1946 年隶属于龙江县卧牛吐区，1954 年归属齐齐哈尔市卧牛吐达斡尔族自治区。1956 年因并村划乡，开始设立莽格吐达斡尔族乡。后管理体制几经变化，直到 1984 年 3 月，正式恢复莽格吐达斡尔族乡。与之相比，巴彦塔拉达斡尔族乡成立时间相对较晚，它是 1984 年 10 月由原来的巴彦塔拉公社演变而来的。"巴彦塔拉"为达斡尔语，有"富饶的平原"之意。巴彦塔拉达斡尔民族乡地处内蒙古自治区鄂温克族自治旗北部，周边分别与巴彦托海镇、锡尼河西苏木以及陈巴尔虎旗接壤，是鄂温克自治旗迄今为止唯一的达斡尔族乡。相较而言，阿西尔达斡尔民族乡位于我国的西北地区，地处新疆维吾尔自治区塔城市北部偏东，分别与阿不都拉乡、喀拉哈巴克乡、农九师 164 团以及塔尔巴哈台山为邻。"阿西尔"，达斡尔语意为"瓜儿本社尔"。据史载，这里的达斡尔族祖籍黑龙江，他们是清乾隆二十八年（1763）为平定准噶尔叛乱奉命西征来的。1954 年 3 月，根据《民族区域

---

① 刘金明：《黑龙江达斡尔族》，哈尔滨出版社 2002 年版，第 74 页。

自治实施纲要》的有关规定，新疆塔城县在阿西尔成立"瓜儿本社尔"达斡尔族自治区（乡级），1984 年则改称阿西尔达斡尔民族乡，它是目前为止新疆维吾尔自治区境内唯一的达斡尔民族乡。

第四节　社会主义新型民族关系

社会主义民族关系是社会主义民主和社会主义物质文明、精神文明的体现，是全社会团结一致、友爱互助、共同奋斗、共同前进的新型社会关系的重要组成部分。社会主义新型民族关系强调的是平等、团结、互助、和谐的社会主义民族关系。新中国成立以来，达斡尔族具有大分散、小集中的居住特点，与其他民族逐步形成"你中有我、我中有你"的混杂居住格局。当然，无论是社会主义经济建设时期还是改革开放以来的跨越发展阶段，达斡尔族在与当地周边民族接触交往过程中，十分注意和睦相处、友好往来、互帮互助、互敬互爱，为建立"平等、团结、互助、和谐"的社会主义新型民族关系做出了自己的贡献。

一、互救互助

达斡尔族自古养成互助互济的良好道德规范，无论谁家遇到灾祸或困难，都会主动相帮，即便是其他民族群众，也会热情关照或慷慨相助。其中，生活在莫力达瓦旗尼尔基镇的达斡尔族群众，在乌兰村朝鲜族群众遭受水灾、急需救助的关键时刻，他们无条件地腾出自家房屋，及时把他们接到家中妥善安置，并主动捐粮捐钱，使朝鲜族群众真切地感受到"天灾无情人有情"；当生活在莫力达瓦旗阿尔拉镇西路松村的达斡尔族群众因洪水泛滥村庄遭围困的危急时刻，居住在兴安村的汉族群众同样鼎力相助，他们伸出温暖而友爱的手及时送去米面和蔬菜，使受困的达斡尔族群众免遭挨饿之苦。当生活在齐齐哈尔市卧牛吐达斡尔族区的汉族农民庞殿生，面对已收割的谷子即将被洪水冲走而一筹莫展之际，达斡尔族村长吴文瑞主动划船帮助他把谷子运到安全地方。当 8 名汉族群众被山洪围困、生命垂危的生死瞬间，达斡尔族群众冒着生命危险划着木筏把其中的 3 名群众救了出来。除周边各族群众开展互助自救外，当河北、江苏等省受灾群众需要易地安置时，生活在莫力达瓦旗西瓦尔图镇双龙堡村的达斡尔族群众以宽广的胸怀热情相助，他们不但帮那些素不相识的灾民盖房子，而且还拿出自家口粮或牲畜接济他们，使他们很快融入当地的生产生活中，并实现安家立业。此外，还有汉族伐木工人张庚祥因挨冻受饿被达斡尔族猎民托克托救起，鄂温克人杜尼保的儿子从嫩江冰窟中勇救汉族农民老赵等等，这样的事例数不胜数，真正体现了"患难见真情、各族群众一家亲"的思想。

二、互教互学

达斡尔族是一个以农业见长的农耕民族，也是一个善于学习、勤于交流的伟大民族。在与当地其他民族交往过程中，他们经常把放木排、饲养牲畜、打猎、缝制皮革等技术或技艺无偿地传授给其他民族，汉族也把自身掌握的农业生产技术以及农业生产经验毫无保留地传授给达斡尔族人，尤其是"等距、宽播、间苗、保苗和分期施肥"[①] 等先进生产技术，更是派技术员到达斡尔族村手把手教，直到他们学会弄懂为止。有资料记载，1953 年，卧牛吐达斡尔族区曾组织 200 余人前往肇源县学习先进农业生产技术，从而提高了达斡尔族地区的农业生产效率，无论是粮食单产还是总产均创历史新高。总之，正是在相互学习、相互借鉴、互通有无的互动交流中，进一步密切了各族群众的感情。

---

① 《达斡尔族简史》编写组、《达斡尔族简史》修订本编写组：《达斡尔族简史》，民族出版社 2008 年版，第 136 页。

三、互帮互济

"达斡尔族群众不论认识与否都有互助的义务"①。这种朴素的与人为善、与人为友的互帮互济思想,已成为处理与当地其他民族关系的行为准则。在这方面,莫力达瓦旗博荣乡分别有朝鲜族、汉族和达斡尔族村,三村毗邻而居。当一个村遇到生产生活难题后,他们多舍弃小我而成就大我。比如,当凶猛的洪水到来后,朝鲜族村宁愿把洪水引到自家田里,也不让它肆虐其他村屯农田。考虑到周边民族调整种植结构的实际需要,朝鲜族村主动向邻村群众传授水稻种植技术;汉族村则发挥自身的农业生产优势,主动为邻近民族村民耕种土地;达斡尔族村基于其他民族村放牧打柴考虑,主动出让自己的草地和山地,以满足他们日常放牧或生活之需。长期以来,这三个民族村互帮互济、互相礼让、互相关心,逐渐形成谁也离不开谁的利益共同体、命运共同体和发展共同体。其中,莫力达瓦旗腾克乡莫克里达斡尔族村农民安布库,在去甘河农场买农机件途中,恰遇当地发生火灾,他不但把买农机件的钱全部捐出去,返村后又组织大家捐出600元钱,15车木料②,体现了达斡尔族人扶危救困、乐善好施的大爱思想。

四、联姻结亲

达斡尔族自古实行氏族外婚制。随着达斡尔族青年与当地其他民族男女青年交往的日益频繁,族际婚率有显著提升,这已成为达斡尔族与当地其他民族建立社会主义新型民族关系的重要考量。据对莫力达瓦旗腾克镇怪勒村的调查统计,在该村149对夫妻中,达斡尔族与鄂温克族通婚的有

---

① 杨大椿、日晨、熊坤新:《达斡尔族伦理思想管窥》,《黑龙江民族丛刊》2014年第1期。
② 莫力达瓦达斡尔族自治旗史志编纂委员会:《莫力达瓦达斡尔族自治旗志》,内蒙古人民出版社1998年版,第204页。

13 对，约占全村总户数的 9%；与汉族通婚的有 16 对，约占全村总户数的 10%，与蒙古族通婚的有 1 对①。另据莫力达瓦旗哈力村的专项调查，在全村 22 对夫妻中，达斡尔族与鄂温克族通婚的有 11 对，约占全村总户数的 14%；与汉族通婚的有 5 对，约占全村总户数的 6%；与蒙古族通婚的有 2 对，约占全村总户数的 3%②。另从莫力达瓦旗尼尔基镇来看，在 2219 对夫妻中，达斡尔族与鄂温克族通婚的有 153 对，约占全镇总户数的 6.89%；与汉族通婚的有 992 对，约占全镇总户数的 44.71%；与蒙古族通婚的有 54 对，约占全村总户数的 2.43%。与满族通婚的有 80 对，约占全镇总户数的 3.61%③。此外，还有与鄂伦春、朝鲜、回、黎等民族结为秦晋之好的。总之，"平等、友爱的民族关系体现在家庭结构的变化上，莫力达瓦旗涌现出了大量的由不同民族组合的新型家庭。不同少数民族之间、少数民族和汉族之间联姻结亲……遍及莫力达瓦城乡，成为体现莫力达瓦旗各民族团结的一条绚丽的风景线"④。基于联姻结亲所形成的血缘纽带，真正把"少数民族离不开汉族、汉族离不开少数民族以及少数民族离不开少数民族"的思想落到实处。

新中国成立以来，达斡尔族在党的民族政策的正确引领下，能够结合自身的族情特点，与周边民族建立起具有时代特征、体现地域民族特色的社会主义新型民族关系，许多达斡尔族人在维护民族团结方面业绩突出，先后多次受到国务院、国家民委、黑龙江省、内蒙古自治区、呼伦贝尔盟、齐齐哈尔市等不同层级的表彰奖励。据莫力达瓦旗不完全统计，"1983 年至 1992 年以来……70 多个先进集体和 300 余人受到旗委、旗政府表彰；6 个集体和 10 个个人受到自治区表彰，1 个集体和 2 个个人受国家民委表彰。旗委、旗政府在 1983 年、1988 年和 1993 年 3 次获得自治区党委、政府民族团结先进集体光荣称号。1993 年，莫力达瓦旗被国家民委授

① 席塔娜：《农村达斡尔族婚姻习俗的变迁》，内蒙古大学打印本 2010 年。
② 毛艳、毅松：《达斡尔族：内蒙古莫力达瓦旗哈力村调查》，云南大学出版社 2004 年版，第 138 页。
③ 席塔娜：《农村达斡尔族婚姻习俗的变迁》，内蒙古大学打印本 2010 年。
④ 莫力达瓦达斡尔族自治旗史志编纂委员会：《莫力达瓦达斡尔族自治旗志》，内蒙古人民出版社 1998 年版，第 205 页。

予全国民族团结先进集体光荣称号"①。另外，在 1988 年至 1999 年三届全国民族团结进步表彰大会中，来自莫力达瓦旗兴仁乡哈力浅村党支部书记孟景胜等 7 人先后获得全国民族团结进步先进个人荣誉称号，齐齐哈尔市梅里斯区人民政府等先后荣获全国民族团结进步先进集体称号。

---

① 莫力达瓦达斡尔族自治旗史志编纂委员会：《莫力达瓦达斡尔族自治旗志》，内蒙古人民出版社 1998 年版，第 205 页。

第二十三章　经济发展

　　达斡尔族曾以畜牧、狩猎业见长，在与汉族、满族等周边民族接触过程中，他们逐渐发展了具有农耕文化特色的传统农业及其他副业。新中国成立之初，达斡尔族仍沿袭传统生产习惯，以传统农业为主导产业，间或发展畜牧业等，由此形成了比较单一的、一业独大的经济结构。考虑到达斡尔族农民生活困难，当地政府通过发放补助金、贷款、调拨物资等形式，全力帮助他们尽快恢复和发展农业生产。面对政府的积极救助，达斡尔族农民不等不靠，通过购买牲畜和农具等方式，逐步改善农业生产条件，不断提升农业生产的质量水平。经过多年的不懈努力和辛勤劳动，到1958年，莫力达瓦旗农业总产值占工农业总产值的88%左右，显示农业在国民经济发展中占主导地位。20年后的1978年，该旗农业总产值占工农业总产值的比重高达92.4%左右，说明农业的主体地位没有随着时间的推移和经济的发展而发生改变，相反继续得到强化。

　　党的十一届三中全会以来，随着该民族地区农村经济体制改革的不断深化，特别是随着家庭联产承包责任制的全面实施，达斡尔人充分利用自身的资源优势，以民族自治地方为核心，以发展地域民族经济为先导，以深化改革为动力，充分发挥市场这只看不见的手在助推经济社会发展所起的决定性作用，达斡尔族经济逐渐步入快速发展轨道，传统的、单一的产业结构逐步打破，产业布局得到优化，经济发展方式加快转变，市场经济体系渐次确立，多元经济发展格局正在形成。到1988年，黑龙江省达斡尔族乡农村各业收入 4831 万元,其中种植业 2054 万元,林业 13 万元,牧业 1689 万元,渔业 256 万元,副业 380 万元,乡镇企业 767 万元。到 1990 年,黑龙江省达斡尔族乡及梅里斯区各业收入 10535 万元,其中种植业 5570 万元,林业 39 万元,牧业 2745 万元,渔业 186 万元,副业 378 万元,乡镇企业 270 万元。到 2000 年,黑龙江省达斡尔族乡及梅里斯区总收入为 94516 万元,其中农业 51407 万元,林业 196 万元,牧业 22380 万元,渔业 908 万元,工业 9275 万元。上述数字表明:随着达斡尔族地区逐步打破传统的产业结构,农业在多元经济发展中的分量、比重渐次下降,乡镇企业、牧业等相关产业呈现出前所未有的发展势头,多元经济齐头并进、共同发展的良好局面开始形成。

第一节 农 业

据史考,早在 17 世纪中叶,达斡尔族先民就在黑龙江中上游以北地区从事原始简单的农业生产。当迁移到嫩江流域后,尤其在消化吸收、学习借鉴周边民族农业生产经验的基础上,逐渐形成了别具地域民族特色的农业生产习俗。他们与周边满族、汉族一样,除种植大麦、燕麦、荞麦等大田作物外,还大力发展田园经济,种植豆角、土豆、白菜、黄瓜、青椒等蔬菜以及烟叶、麻等经济作物。对此,《黑龙江外记》载曰:"人家隙地种烟草,达呼尔则一岁之生计也。"新中国成立之初,达斡尔族农业生产基础较差,农业生产工具和生产技术原始落后。为尽快摆脱生活困境,达斡尔族人把发展农业生产摆上重要位置,并在生产的组织形式、种植结构调整、采用农业新技术等多个层面进行改革创新。经过一个时期的大胆探索和潜心实践,达斡尔族地区耕地面积不断扩大,农业生产技术渐次提高,农作物产量显著增加,传统农业逐渐向机械化、技术化大农业转变。"文化大革命"时期,受"左倾"路线的干扰,达斡尔族农业生产处于缓慢发展甚至停滞状态。党的十一届三中全会以来,通过纠正农业合作化以来的工作失误，逐步扩大达斡尔族乡村的自主权以及深化农村经济体制改革，加之实行以家庭联产承包经营为基础的、统分结合的双层经营体制，从而调动了达斡尔族农民的生产积极性，农业生产得到跨越式全面发展。

从莫力达瓦旗来看，该旗耕地面积、粮食总产量、农业生产总值等各项指标呈现递增发展走势（见表5-6）。据粗略统计，1949年，莫力达瓦旗总播种面积48.23万亩，粮食产量3.35万吨。1961年，全旗农业生产总值达到1048万元。到20世纪70年代，随着外来人口的大量涌入，莫力达瓦旗耕地面积明显扩大，粮食产量也大幅提高。到1978年，莫力达瓦旗总播种面积达到8.66万垧，粮食总产达到9.67万吨，农业生产总值达到6197万元。到1982年，莫力达瓦旗农业生产总值达到9873万元。到1985年，莫力达瓦旗粮食总产量1.39亿公斤，上交国家1.24亿公斤，上交粮食总量、上交大豆总量和粮食商品率等名列内蒙古自治区第1名。到1992年，莫力达瓦旗农业生产总值达到3.75亿元，到1996年，莫力达瓦旗农业生产总值达到9.4亿元。1999年，该旗农作物播种面积26.88万公顷，粮食作物播种面积26.7万公顷，粮食总产量4.69亿公斤，农业生产总值达到9.72亿元。与之相比，黑龙江省达斡尔族播种面积、粮食产量同样呈现逐年增加的态势。1988年，该省达斡尔族总播种面积33.54万亩，其中粮食作物播种面积28.22万亩，经济作物3万多亩，粮食总产量2597.5万公斤，粮食商品量达到1882万公斤。到1990年，该省达斡尔族总播种面积达到37.37万亩，其中粮食作物播种面积33.8万亩，经济作物22.85万亩，粮食总产量104.57万吨，粮食商品量达到55.48万吨。到1997年，黑龙江省44个达斡尔族村总播种面积1.64万公顷。到2000年，黑龙江省达斡尔族乡及梅里斯区总播种面积7.42万公顷，其中粮食作物播种面积5.57万公顷，经济作物1.84万公顷，粮食总产量23.55万吨，经济作物产量44万吨。由是之故，1983年，莫力达瓦旗成为国家60个商品粮生产基地县之一，1985年，该旗荣获国家商业部全国100个粮食生产、交售先进县（旗）称号，1989年，该旗跨入全国粮食生产百强县行列，1990年，被国务院授予"粮食生产先进单位"称号。

表5-6　莫力达瓦旗不同年份农业生产各项指标统计表

时间	耕地面积（万亩）	粮食总产量（吨）	上交商品粮数量（吨）	粮食商品率%	人均纯收入（元）	农业产值（万元）
1978	129.9	96700	20715	30		6197
1987	176	240000	168500	70.2	430	19952
1988		24282万公斤	1.5亿公斤			
1995					1258	70999

资料来源：《莫力达瓦达斡尔族自治旗志》。

一、生产组织形式

农业生产组织不仅是一种组织形式的重要体现，而且是一种经营形式的重要体现，亦即农业生产关系的现实体现。新中国成立后，为适应达斡尔族地区的农业生产需要，达斡尔族人的农业生产组织形式始终随着国内不同时期政治形势的变化而多次进行大的调整，以使农业生产关系适应该民族地区现实生产力的发展要求。到2000年为止，达斡尔族的农业生产组织形式大体经历三个发展阶段。

1. 农业合作化时期的生产组织形式

作为20世纪50年代我国广大农村极其重要的生产组织形式，农业合作化大体经历了由个体到集体、由低级到高级渐进式的发展过程。在这一发展时期，达斡尔族的农业生产组织形式与国内其他地区一样，先后以互助组、初级社和高级社三种形式出现。

互助组作为农业合作化时期的初始生产形式，是在不变更土地所有制的前提下，根据达斡尔族农民的意愿自发组织起来的，以便集中力量恢复和发展农业生产。客观地讲，这种生产组织形式是与解放初期各家各户缺少役畜、农具和籽种等密切相关的，通过相互之间互帮互助、换工换具和集体劳动等生产形式，共同应对因农业生产资料不足而导致的发展难题，这在当时条件下对达斡尔族地区农业生产的恢复发展起到很好的促进作用。从互助组类型看，既有以年为单位的常年互助组，也有以季节形式出现的临时互助组，诸如春季互助组、夏季互助组或秋季互助组等。当然，因组建的季节不同，其互助的内容也有很大区别。尤其是常年互助组，他们共同制定农业生产计划，同步制定相应的组织制度和管理规范，互助的层次、形式及内容等相对较高。到 1953 年，这种新型的以自愿互利为核心的农业生产形式在达斡尔族地区普遍建立开来，仅黑龙江省龙江县卧牛吐达斡尔族自治区就有各类互助组 469 个。其中，常年组 68 个，季节组 213个，临时组 188 个[1]。正是在互助组的互帮互助下，大家发挥集体协作、友爱拼搏的实干精神，累计"耕种 142500 亩土地，总产 1707 万斤粮，1953 年，耕地增至 177495 亩，粮食产量达到 2664 万斤"[2]。

初级社作为互助组的接续和发展，处于承前启后、承上启下的过渡阶段。与互助组相比，达斡尔族农民必须以土地、牲畜、农具等农业生产资料作股入社，由初级社统一经营和使用，并根据上交土地的质量和数量给予适当的分红。作为农业生产的重要生力军，达斡尔族农民要在初级社的统一领导下参加集体劳动，依劳动数量和质量实行按劳分配。虽然生产的组织形式较前有很大改变，但从本质上讲，它并未废除农业生产资料的私有制，因而具有半社会主义性质。组建过程中，达斡尔族地区多以自然村为基础，以此建立起这种层次较高的农业生产组织形式，初步实现了生产经营权与达斡尔族农民的相对分离。自 1951 年起，莫力达瓦旗尝试开展农业合作化运动，次年在全旗范围内普遍建立起初级社，到 1956 年，该旗有91% 的农户参加了初级社，绝大多数入社农户的温饱问题得到切实解决。

高级社作为农业合作化的最高表现形式，它的最大特点是把土地、牲畜以及大型农机具等生产资料归集体所有，同时取消土地报酬，把按劳分配思想真正落到实处。与初级社相比，高级社从本质上讲它废除了土地私

---

①　梅里斯达斡尔族区志编纂委员会：《齐齐哈尔市梅里斯达斡尔族区志》，黄山书社 1999 年版，第 168 页。

②　刘金明：《黑龙江达斡尔族》，哈尔滨出版社 2002 年版，第 86 页。

有制，并由集体所有制取而代之，从而使农业生产跳出了传统的家庭圈子，在更高的层面、更宽的范围以及更广的领域不断推动达斡尔族农业实现大发展。到 1958 年，达斡尔族地区入社农户数量约占总农户的 96%，基本实现了农业合作化的发展目标。

总之，借助互助组、初级社和高级社三种农业生产组织形式，达斡尔族地区农业的社会主义改造任务基本完成，并最终确立了崭新的社会主义制度，这对调动达斡尔族农民的生产积极性，提高农业生产效率以及在废除土地私有制、建立社会主义集体所有制、完成社会主义改造等多个层面无疑起到重要推动作用。但不可否认的是，达斡尔族地区在推进农业合作化过程中，均程度不同地存在着急躁冒进、"要求过急、工作过粗，改变过快，形式也过于简单化"① 等现象，直接影响了达斡尔族农业合作化的质量水平，这一点是毋庸置疑的。

2. 人民公社的生产组织形式

人民公社是在高级农业生产合作社基础上形成的以"劳动群众集体所有制"为表征的生产组织形式。自 1958 年起，按照中央的战略部署，达斡尔族地区大张旗鼓地开展了人民公社化运动。莫力达瓦旗仅用几个月时间，就全面实现了"人民公社化"，在发展速度上可谓是超乎想象的。齐齐哈尔梅里斯达斡尔族区同样紧跟中央部署，在全区范围内有序开展人民公社化运动。

与农业合作化相比，人民公社这种生产组织形式具有如下特点：在所有制方面，强调"一大二公"；在分配方面，体现"一平二调"和平均主义；在领导作风上，搞瞎指挥；在生产发展上，盲目追求高速度、放卫星，同时无限度地扩大公有制规模，把生产资料全部收归公社集体所有，并统一调动和支配。另外，基于"纯而又纯"的政治考量，各人民公社先后把农村自留地和家庭副业一并转为公有。人民公社公有化程度高，权力过于集中，加之达斡尔族农民没有生产自主权，生产过程中也没有落实相

---

① 《莫力达瓦达斡尔族自治旗概况》编写组、《莫力达瓦达斡尔族自治旗概况》修订本编写组：《莫力达瓦达斡尔族自治旗概况》，民族出版社 2008 年版，第 61 页。

应的责任制以及分配中的平均主义，致使他们主人翁意识淡薄，对农业生产漠不关心。

针对人民公社化过程中出现的"左"倾错误，毛泽东在 1961 年主持制定的《农村人民公社工作条例（草案）》中，强调人民公社必须实行"三级所有，队为基础"的制度，这对调动达斡尔族农民的生产积极性，促进农业生产的恢复和发展起到重要推动作用。1962 年，随着国家提出"调整、巩固、提高"等系列政策措施，那种狂热的、脱离国情实际的政策措施逐步得到调整。除继续坚持实行"三级所有、队为基础"等制度外，对管得过死的自留地和家庭副业等逐步放宽。即便如此，受近些年"穷过渡、瞎指挥、命令式、共产风、浮夸风"等为代表的"左"倾思想的严重影响，加之不切实际地追求高指标和高速度，诸如大搞深翻地以及兴修水利等，不但投入大量人力物力财力，相反得不偿失，使得达斡尔族地区的农业生产处于停滞乃至倒退边缘。据齐齐哈尔梅里斯区统计，自 1959 年以来，该区粮食产量连续 3 年下降，1961 年下降到亩产 37.5 公斤[①]，为新中国成立后产量最低的一年。相形之下，蔬菜亩产量也只有 511 公斤，比 1958 年下降 53.9%。1961 年，莫力达瓦旗粮食产量下降到 2.4 万吨，几乎是 1958 年的二分之一。面对 20 世纪 60 年代前所未有的三年自然灾害，粮食大幅减产使得达斡尔族群众的生活陷入困境，处于"低标准、瓜菜代"的维持阶段。

随着"文化大革命"十年的到来，特别是在"以阶级斗争为纲"等错误思想引领下，以人民公社为主体的生产组织形式受到严重冲击，原有的生产经营秩序受到很大破坏。尤为严重的是，受"大跃进""以粮为纲""夺高产、跨黄河、过长江"等有违自然规律的革命口号的片面影响，加之大批资本主义、"三自一包""四大自由"和"唯生产力论"以及开展"农业学大寨"等，许多达斡尔族农民基于多生产粮食的现实考虑，纷纷加入到毁林（牧）开荒、扩大高产作物种植面积以及大搞农田水利建设等

---

① 梅里斯达斡尔族区志编纂委员会：《齐齐哈尔市梅里斯达斡尔族区志》，黄山书社 1999 年版，第 169 页。

活动中去,大片林地、草场被垦为农田,许多达斡尔族乡村不但结束了粮食不能自给的历史,而且每年还向国家上交余粮。当然,虽然粮食产量较前有显著增加,但粮食增加的代价是自然环境遭到人为毁坏,水土流失现象十分严重,生态环境趋于恶化,抵御自然灾害能力也大幅降低。其中,莫力达瓦旗天然草场面积比解放初期减少三分之二,水土流失面积达到4523平方千米。到"文化大革命"后期,达斡尔族地区一度出现"生产靠贷款,吃粮靠返销,花钱靠救济"的现象,这种状况一直延续到1980年前后方有所改变。

3. 家庭联产承包责任制的生产组织形式

家庭联产承包责任制作为"我国农村集体经济的主要实现形式,是农户以家庭为单位向集体组织承包土地等生产资料和生产任务的农业生产责任制形式"[1]。自党的十一届三中全会以来,由于我党恢复了实事求是的思想路线,党在农村的各项政策得到全面落实。达斡尔族顺应农业生产发展的现实需要,以扩大乡村自主权为先导,全面实行以家庭联产承包经营为基础的、统分结合的双层经营体制。据史载,早在1980年,莫力达瓦旗便开始在腾克公社和兴仁公社开展"包产到户、包干到户"试点工作。一年后,全旗65%的生产队和85%的农户普遍实行了以"包产到户"和"包干到人"为特征的"双包制"。到1982年,全旗全面实行"双包责任制"。齐齐哈尔梅里斯区自1983年起,全区572个生产队中有273个率先实行家庭联产承包责任制,次年,在全区范围内普遍推广了家庭联产承包责任制。

考虑到达斡尔族地区农业基础相对薄弱、生产资金严重不足、先进实用技术不易推广、大型农业机械难于发挥作用以及达斡尔族群众贫困面大等生产生活状况,他们从各自的资源特点和族情实际出发,逐步探索一条符合在地农业发展实际的双层经营体制。具体表现为:在农业生产的组织形式上,采取集体统一经营和家庭承包经营相结合的组织形式,即把土地和其他农业生产资料承包给达斡尔族农户,由承包户自主经营,从而最大

[1] 张晓宁、慧宁:《新中国60年农业组织形式变迁研究》,《经济纵横》2010年第3期。

限度地调动达斡尔族农民的生产积极性，进一步解放和发展农业生产力；在农业生产的管理形式上，强调"统分结合"或"统种分管""统种统管"以及家庭联户农场等管理模式，做到统而不死，活而不乱；在土地产权和经营权问题上，突出土地所有权和经营权的分离，即土地归集体所有，在承包期内由达斡尔族农民经营使用；在收益分配上，兼顾国家、集体和个人三者利益。总之，这种新型的带有时代特征的农业生产组织形式，既坚持了土地的公有属性，又使达斡尔族农民在生产过程中具有独立性和自主权，从而找到了社会主义初级阶段以土地为中心的农村集体所有制的有效实现形式①。

在家庭联产承包责任制的持续激励下，达斡尔族农民的生产积极性空前高涨，他们不断加大对农业和土地的投入力度，"出现土地投肥多，化肥供不应求，良种田面积扩大，争相购买农机具，农油紧张，扩大智力投资，科技户不断涌现，专业户、家庭农场、联合体的投入规模使人刮目相看"等喜人景象。随着家庭联产承包制的逐步完善，传统的以生产大队、生产队为主体的生产组织形式渐次走下历史舞台。

在达斡尔族地区实行的家庭联产承包责任制，以黑龙江省黑河市坤河达斡尔族满族乡坤河达斡尔族村最具典型，在组织实施过程中，该村坚持做到不拘泥形式，不落俗套，不走过场，以家庭联产承包为前提，以合作经营为主导，结合该村的土地资源状况，做到"宜统则统，宜分则分，因地制宜，适度集中"，逐步探索出"统种分管、统分结合、双层承包"的双层经营模式。实施过程中，他们把全村土地分成固定田、家庭承包田和联合承包田三种。其中，"固定田"依全村人口平均分配，人均3亩长期不变，由达斡尔族农户种植；家庭承包田亦即所谓的"大豆田"，人均7亩承包到户，生产经营过程中，村里负责整地和播种，农户则负责田间管理和收割；联合承包田主要种植小麦，生产过程采取"联合承包，统一经营，入股分红，坚持自愿，风险共担"等生产经营模式。基于统种统收的生产需要，他们自行成立

---

① 祁慧君、丛静：《传统与现代：达斡尔族农民的生活》，中央民族大学出版社2006年版，第85页。

村小麦生产领导小组，并以民选方式推出负责人，具体负责与村签订承包合同、组织生产、召集股东大会以及按股分红等具体事宜。

在土地承包经营过程中，该村对农业生产机械采取"两级承包、分区作业"的生产经营模式，即以农业机械的集体所有为前提，以农机服务队为载体，以统一管理为手段，然后以民选方式选出队长，以便为全村及周边村屯农民提供代耕服务。之后，由村里出面，把现有农机具及设备等一次性承包给农机服务队队长，承包期限为三年。对适合农户分散经营的牲畜及小型农机具，则变卖给本村农户使用。农机服务队下设若干机车组，队长与各机车组组长签订二次转包合同，承包期限同样为三年。承包期间，农机队长每年要向村里上交5%的农机具折旧费，各机车组长亦按相同比例缴纳一定费用。虽然农机具已二次对下转包，但调度权、指挥权均掌握在队长手中。他们以服务本村农户为优先考虑，按标准统一作业，依生产量单车核算，所得收入按比例分成。生产过程中，他们对适合机械作业的小麦生产，多把它分为两个作业区，由农机服务队指定机车和农机具负责生产全过程，对适合家庭经营的大豆生产则承包到户。

得益于"三田制"的实行和农机具的承包经营，使坤河达斡尔族村成为黑河市第一个完成春播、麦收及超额完成小麦合同定购任务的村。他们在大胆探索、创新实践的基础上，认真总结工作经验，并对承包过程中遇到的矛盾问题进行了补充完善，使以家庭联产承包为核心的双层经营体制更加符合当地达斡尔族的农业生产实际。到1989年末，黑河市坤河达斡尔族满族乡坤河达斡尔族村通过实行家庭联产承包责任制，全村总播种面积8650亩，比1988年增长41.8%，实现粮食总产217万斤，比1988年增长41.8%。其中股份经营小麦总产120万斤，比1988年增长7.1%。上交商品粮小麦80.6万斤，超定额任务43.9%，在全黑河市农村中第一个超额完成了小麦定购任务。1989年全村总收入100.7万元，比1988年增长62.4%，人均收入达1434元，比1988年增长46.7%[①]。到1991年，坤河

---

① 德振起：《坚持改革开放努力探索适合少数民族地区经济发展的新体制——对黑河市坤河达斡尔族村实行"三田制"的调查》，《黑龙江民族丛刊》1991年第1期。

达斡尔族满族乡耕种土地达到 8 万多亩，粮食总产量达到 14430 吨，农民人均收入达到 1629 元。

黑龙江省黑河市坤河达斡尔族满族乡在推进家庭联产承包责任制过程中重在活化内容和机制创新，取得了令人瞩目的发展成就，这一点是有目共睹的。莫力达瓦旗在实化、细化家庭联产承包责任制的同时，注意从大局着眼，从实事抓起，以便为农业生产的可持续发展提供不竭动力。首先，谋划发展思路。自 20 世纪 80 年代以来，莫力达瓦旗全面调整农业生产方针，到 1988 年，初步确立了"农牧为主，工商并举，林草结合，多种经营，全面发展"的发展思路，强调走种、养、加相结合，贸、工、农一体化的发展之路。其次，多方筹集发展资金。为解决莫力达瓦旗农业"大而不强"的问题，旗政府在资金紧张情况下，想方设法筹集支农资金、银行贷款、扶贫资金、民族专项贷款等多种资金，大幅增加对农业的投入。1989 年，该旗就投放农业贷款 1150 万元，财政投资 197 万元。1992 年，该旗又投放农业贷款 2113 万元，财政资金 366 万元。第三，加快农业综合开发力度。围绕农业的深度开发，莫力达瓦旗坚持走"两高一优"农业、立体农业、生态农业的发展路子，不断强化农业的基础地位。到 2000 年，该旗累计进行三次大规模的农业综合开发。第一次农业综合开发始于 20 世纪 80 年代，当时重点加快商品粮基地建设。通过中央、内蒙古自治区、呼伦贝尔盟以及自治旗先后投资 1147 万元，用于农业技术推广体系、良种繁育体系、小型农田水利设施以及农机化服务等项目建设。经过十年的商品粮基地建设，莫力达瓦旗的农业基础设施和生产设施均得到进一步加强。自 1992 年以来，莫力达瓦旗正式启动第二次农业综合开发项目，总共设立 7 个项目区，涉及 9 个乡镇、42 个行政村、3 万多人。借助中央、内蒙古自治区、呼伦贝尔盟以及旗本级财政，先后投资 2800 多万元用于中低产田改造、垦荒、购置现代农业机械以及科技推广等项目建设，不但改善了莫力达瓦旗的农业生产条件，完善了农业基础设施，优化了产业结构和种植结构，而且促进了农业生产、农村经济以及农村生产力的大发展，达斡尔族农民也在农业的快发展中增加了经济收入。第三次农业综合开发始于 1995 年，共投入 754 万元用于挖干渠、排洪沟、排水支沟等项目建设，从而有效提升莫力达瓦旗农业生产的质量效益水平。可以说，随着莫力达瓦旗农业生产条件的改善，农业发展环境的逐步提升，对以家庭联产承包责任制为核心的生产组织形式起到重要助推作用。

二、种植结构调整

调整种植结构是有效提升达斡尔族地区农业生产效益的重要手段，但调整农作物的种植比重，必须有充足的耕地做物质保障。从莫力达瓦旗来看，可谓耕地资源十分丰富。1950 年初，该旗有耕地面积 57.6 万亩。随着农业合作化运动的开展尤其是开垦荒地热情的高涨，到 1957 年，全旗耕地面积达到 64.49 万亩。人民公社化时期的 1966 年，全旗耕地面积扩大到 75 万亩。到 1978 年，耕地面积达到 178 万亩，到 1996 年，耕地面积猛增到 379 万亩，耕地面积总体上呈逐年增加态势，这为种植结构的适时、适度调整创造了条件。

从历史上看，达斡尔族从事农业生产的历史相对久远，农作物种植以大麦、燕麦和黑豆为主，而后种植大豆、小麦、玉米、谷子等，具有低产、早熟等特点。新中国建立后，受当时的国内政治形势和生产组织形式的多重影响，种植结构单一、老旧、原始的局面始终没有被打破，加之达斡尔族农民对种植品种没有决定权和自主权，因而种植品种始终局限于大豆、玉米等"老面孔"。当然，地处齐齐哈尔近郊的达斡尔人基于市民的消费需求，有意识地扩大蔬菜、瓜果及相关经济作物的种植面积，同步减少粮食作物的播种面积。

党的十一届三中全会以来，随着农村经济体制改革的逐步深入，尤其是随着全面实行家庭联产承包责任制，达斡尔族农民开始以市场为导向，适度扩大经济作物和饲料作物的种植面积，传统的种植结构渐次被多元的种植结构所取代，种植品种涉及小麦、大豆、玉米、水稻、黄烟、西瓜等几十种。除粮食作物外，还涉及经济作物和饲料作物。到 1996 年，莫力达瓦旗粮食作物、经济作物和饲料作物种植比例分别达到 89∶9∶2，到 2002年，该旗粮食作物、经济作物和饲料作物的种植比例由 2001 年的 98∶1.56∶0.04 调整为 90∶7∶3[①]，多元种植结构在市场经济的持续拉动下逐步形成，农业生产也逐渐由低质量向高质量、由高成本向低成本、由低效益向高效益的质量效益型农业转变。

1. 扩大经济作物种植面积

当达斡尔族农民有了农业生产的自主权后，他们一改传统的种植习惯，多根据市场需求选择适销对路以及能够增加自身经济收入的品种。在这方面，大豆虽然不是新鲜品种，但自 20 世纪 80 年代中期到 90 年代初，受国内大豆价格持续走高的市场拉动以及国家实施的"大豆振兴计划"等政策带动，莫力达瓦旗达斡尔族农民有意识地扩大大豆种植面积，大豆种植比例一直保持在 80% 以上，"大豆产量也一度占内蒙古自治区的三分之一左右，县级排名全国第一"[②]，由是之故，莫力达瓦旗曾获得"大豆之乡"之美称。有"琥珀香"之称的烟叶，作为该旗的特色经济作物和拳头产品，在国内外同样有较高的知名度。因种植农户较多，种植面积较大，到 20 世纪 80 年代，全旗烟叶产量达到 400 万公斤左右。

齐齐哈尔梅里斯区针对地处近郊的区位优势，积极鼓励大家加快面向城市的蔬菜基地建设。有资料统计，早在 20 世纪 50 年代，该区就有 8 个乡从事蔬菜生产，共有 27 个蔬菜社和半农半菜社，菜田播种面积占该区总播种面积的 18% 左右[③]。自党的十一届三中全会以来，该区菜田种植面积猛增到 3 万亩，全区蔬菜播种面积扩大到 14.44 万亩，平均亩产 1286 公斤，商品菜首次突破 1.25 亿公斤。通过扩大蔬菜种植面积，不但改变了南菜北运的局面，而且初步实现了自给自足。除种植蔬菜外，其他乡镇也结合自身土壤、气候状况逐步扩大其他作物的种植面积。雅尔塞镇西瓜以个

---

① 《达斡尔族简史》编写组、《达斡尔族简史》修订本编写组：《达斡尔族简史》，民族出版社 2008 年版，第 139 页。

② 《达斡尔族简史》编写组、《达斡尔族简史》修订本编写组：《达斡尔族简史》，民族出版社 2008 年版，第 139 页。

③ 梅里斯达斡尔族区志编纂委员会：《齐齐哈尔市梅里斯达斡尔族区志》，黄山书社 1999 年版，第 170 页。

大味甜著称，1958 年他们曾把地产西瓜送到中南海，供国家领导人品尝，从而远近闻名。近些年来，他们根据市场需求不断扩大西瓜种植面积。到 1990 年，西瓜旺季上市量达一亿公斤，占到齐齐哈尔西瓜上市总量的五分之四左右。

除大豆、烟叶、蔬菜、西瓜等品种外，达斡尔族农民还有意增加瓜果、甜菜、油料、中草药、桑树、向日葵等经济作物的种植数量，并已呈现品种、数量递增的趋势。据莫力达瓦旗粗略统计，1993 年，该旗大豆种植面积 170 万亩、马铃薯 13 万亩、杂粮 6 万亩、其他经济作物 1.2 万亩。1995 年，该旗大豆种植面积 16.64 万公顷、马铃薯 4182 公顷、油料 54 公顷、甜菜 404 公顷、烟叶 8 公顷、杂粮 597 公顷。1997 年，该旗大豆种植面积 20 万公顷，马铃薯 3305.7 公顷，经济作物 1327.2 公顷。1999 年，该旗大豆种植面积 19.85 万公顷，马铃薯 4266 公顷，经济作物 1762 公顷。莫力达瓦旗尼尔基镇乌尔科达斡尔族村部分村民自 1996 年起尝试种植菇娘，当年亩产 120 斤，而后逐渐扩大菇娘种植面积，成为远近闻名的菇娘专业村，并带动周边 8 个村种植菇娘，种植面积高达 10150 亩，总产量 1500 万斤[①]。黑河市坤和达斡尔族村结合"三田制"改革，自主扩大西瓜、红小豆等经济作物种植比例，达斡尔族农民的经济收入较前有显著增加，既富裕了百姓又调动了农民的生产积极性、主动性和创造性。

2. 扩大绿色农产品种植面积

达斡尔族在调整种植结构过程中，把扩大绿色农产品种植面积摆在突出位置，逐步提高绿色、有机、无公害农产品的种植比例，使农产品种植与市场需求实现同频共振，农产品种植比例渐次合理科学。在这方面，莫力达瓦旗发挥本地水体无污染、土质好等资源优势，把扩大绿色农产品种植面积作为调整种植结构的突破口，先后种植 AA 级绿色大豆 1 万亩，A 级绿色大豆 1 万亩，并获得国家 AA 级和 A 级大豆绿色食品标识。除大豆

① 祁慧君、丛静：《传统与现代：达斡尔族农民的生活》，中央民族大学出版社 2006 年版，第 98 页。

外，他们还扩大水稻、玉米、小杂豆等绿色农产品种植数量，种植面积、种植数量较前有明显扩大，相反普通粮食作物的种植面积大幅减少。据不完全统计，2002 年至 2004 年间，莫力达瓦旗绿色食品种植面积达到 60 万亩。其中，AA 级绿色大豆种植面积达到 4 万亩，A 级绿色大豆种植面积达到 50 万亩，A 级绿色水稻种植面积达到 3 万亩，A 级绿色玉米种植面积达到 3 万亩，绿色食品总产量达到 9970 万公斤[①]，莫力达瓦旗已成为内蒙古自治区绿色农产品生产基地之一。

三、推动农田基础设施建设

达斡尔族地区农业生产要做到旱涝保收，必须改变传统的"靠天吃饭"思想，把加快农田基础设施建设作为治本之策。有数据统计，莫力达瓦旗境内有大小河流 50 多条，嫩江为第一大河，全旗水域面积 23096 公顷。齐齐哈尔梅里斯区有一江三河，即嫩江干流及阿伦河、音河和二沟河，有湖泡 32 个，有常年积水沼泽苇塘 17.5 万亩。因缺少必要的农田水利设施，一旦遭遇自然灾害，人们便束手无策，只好听天由命。新中国建立后，为破除达斡尔族农民自古形成的"靠天吃饭"思想。当地政府把推动农业基础设施建设作为促进达斡尔族农村经济发展、加快农业和农村现代化的重要举措之一。针对本地农业基础设施建设实际，达斡尔族重点强化三项建设。

首先，加快大型水利工程建设。新中国成立以来，在党和各级政府的大力支持下，达斡尔族地区陆续新建一批集防洪、灌溉、蓄水于一体的水利工程项目，像莫力达瓦旗 1955 年修建的团结灌区和汉古尔河灌区，1986 年续建的汉古尔河百里防洪大堤以及各种大大小小的堤防工程。梅里斯区结合当地的农田水利设施建设，先后修建莽格吐堤防、东卧堤防、雅尔塞堤防等诸多堤防。到 1990 年，全区累计修建农田堤防 7 条，总长 64.11 千

---

① 《莫力达瓦达斡尔族自治旗概况》编写组、《莫力达瓦达斡尔族自治旗概况》修订本编写组：《莫力达瓦达斡尔族自治旗概况》，民族出版社 2008 年版，第 138 页。

米，从而对达斡尔族的粮食生产起到防洪、灌溉等作用。

其次，加快各种抗旱设施建设。基于可能出现的旱情，达斡尔族加大机电井等设施建设力度，不断提升农业抗旱的等级和质量水平。经粗略统计，莫力达瓦旗在 322 亩耕地上开挖排灌渠道，推广节水灌溉面积 13 万亩，打抗旱井 2828 眼，新增有效灌溉面积 18 万亩①。齐齐哈尔市梅里斯区围绕抗旱设施建设，想方设法筹集资金打机电井、建抽水泵站、增抗旱桶，同时加快阿伦河、雅尔塞等 12 个灌区建设。其中，1962 年全区打机电井 12 眼，"文化大革命"期间增加到 893 眼，1979 年达到 1353 眼。到 1990 年，全区有机电井 1382 眼，新打小井 988 眼。到 2000 年，全区共打各种机电井 13000 多眼，有效灌溉面积 11900 公顷②。

第三，加快中低产田改造力度。达斡尔族地区结合农业综合开发，以改造中低产田为切入点，不断提升民族地区农业生产抵御自然灾害的能力和水平。早在 20 世纪 50 年代，齐齐哈尔梅里斯区着眼于改土工作，通过采取掺沙压碱并施煤渣和草木灰等多种形式，先后改良碱地 3 万亩，粮食增产 50%—80%。与之同步，莫力达瓦旗根据本地的土壤状况，本着多打粮和打好粮的工作宗旨，不断加快中低产田改造力度。1992 年，莫力达瓦旗改造中低产田 15 万亩。1995 年以来，该旗又累计改造中低产田 40 万亩，其中旱改水 4 万亩。在改造中低产田的同时，该旗又多管齐下，既治理甸子地又改良土壤还开荒。经粗略统计，该旗共治理甸子地 9.7 万亩，改良土壤 9 万亩，开荒 2 万亩。通过全方位的深度治理，该旗的土地质量较前有显著提升，从而进一步增强了农业发展后劲。

四、加快推广先进适用的农业生产技术

农业生产要实现快发展和大发展，必须把推广先进适用的农业生产技

---

① 《达斡尔族简史》编写组、《达斡尔族简史》修订本编写组：《达斡尔族简史》，民族出版社 2008 年版，第 141 页。

② 《达斡尔族简史》编写组、《达斡尔族简史》修订本编写组：《达斡尔族简史》，民族出版社 2008 年版，第 141 页。

术放在首位，这也被农业发达国家或国内发达地区的农业生产实践所证明。达斡尔族在推进农业生产发展过程中，同样把加快推广先进适用的农业生产技术作为压倒一切的大事抓实抓好，以此为载体平台，加快达斡尔族农业生产由粗放经营向技术创新转变。具体表现为：

第一，强化先进适用农业生产技术推广应用的载体平台建设。早在1958年，莫力达瓦旗就结合当地农业生产的发展需要，及时成立了科技委员会，以强化对本地先进适用农业生产技术推广工作的组织领导。1972年，该旗陆续设立农业机械研究所、农业机械学校、农机修造厂、农技推广站以及种子公司等机构，逐步搭建多元适用的载体平台。借助上述平台有针对性地向在地达斡尔族农民提供并推广各种先进栽培技术、优质良种以及改良良种等，同步普及农机知识。与此同时，齐齐哈尔梅里斯区借助农业机械化学校这个培训载体，利用春冬季农闲时节加快培训达斡尔族农民，这对提高该民族农民的综合素质起到很大的推动作用。尤其是有关农机知识和技术方面的培训，对达斡尔族农民影响较大。自1981年到1990年间，齐齐哈尔梅里斯区先后培训各类农机人员2.6万多人。随着农业机械化水平的不断提高，梅里斯区于1975年农机管理机构，以拖拉机和农机具等为监管对象，重点抓安全教育、安全措施和安全检查，年检车8000台次，检车率85%以上。

第二，加快普及农业知识。发挥种子公司、农技推广中心等部门的技术研发优势和信息优势，通过举办各种培训班、电视讲座、设立科技情报网和科技走廊等形式，全面普及先进适用的农业知识，诸如病虫害防治、如何使用化肥农药以及如何使用灭草剂、除草剂等，既减少了人力成本又增加了粮食产量。在耕作形式上，除强调精耕细作和三年轮作外，重点推广"起垄、改垄、伏翻、秋翻、粮田轮作、倒茬、换茬"等农业生产技术，尤其是推广"大垄改小垄、浅耕变深耕、原垄为平播、漫撒籽为刨埯"以及"干下籽为做水保苗"等新知识，这对粮食稳产、高产起到重要的保障作用。自家庭联产承包责任制实行以来，达斡尔族着眼于农业生产发展，全面推广"旱田、扣、交替轮作法，水田连作和稻、麦、豆轮作结合"等生产知识，逐步增强农业发展后劲。在作物栽培上，他们陆续采用"密植、混种、复种、间种、套种"等栽培技术。自 1986 年到 1990 年间，莫力达瓦旗共向农民提供科普信息 2.6 万条，引进科技推广项目 65 个，新技术辐射 22 个乡镇，培养专职农业科技人员 300 多人。①

随着越来越多的达斡尔族农民普遍接受农业生产新知识、新技术和新项目，他们在农业生产过程中逐步加大资金投入力度，用于购买各种农用生产资料，虽然增加了农业生产成本，但农业比较效益较前有显著提高。到 1998 年，莫力达瓦旗化肥投入量达到 6500 吨，1992 年达到 9335 吨，农药 19 吨，农用塑料薄膜 105 吨。与莫力达瓦旗相比，黑龙江省达斡尔族在农用生产资料方面的资金投入同样明显增加。到 1997 年，全省 44 个达斡尔族村使用化肥 4528 吨、农膜 57 吨、农药 51 吨。到 2000 年，全省达斡尔族乡及齐齐哈尔梅里斯区共使用化肥 25055 吨、农膜 376 吨、农药 105 吨。

第三，加快推广农业新技术。为破除"种在地上，收在老天"的传统落后思想，树立"科技种田"的发展理念，强化农业生产技术和先进技艺在农业发展中的运用显得尤为重要。莫力达瓦旗自 20 世纪 50 年代起，除积极推广新式农具外，还全面推广"整地保墒、增施底肥、等距宽播、玉米等距坐水埯种"等生产技术。到 20 世纪 60 年代，该旗推广农业新技术多在改良土壤、普及优质良种、增加种植密度等方面下功夫。进入 20 世纪 70 年代，他们则以推广玉米、高粱、大豆、小麦等早熟高产、优质品种为主，同时加强田间管理，并采用"花花田""一埯双珠"等种植新技术，新技术在有条不紊、循序渐进的基础上得到广泛推广。党的十一届三中全会以来，该旗继续坚持"科技是第一生产力"的思想理念，他们围绕现代农业发展，大力推广农业新技术，逐步发挥科技在农业生产发展中的支撑作用，初步建立起纵向到底、横向到边、上下互联互动的农业新技

---

① 《达斡尔族简史》编写组、《达斡尔族简史》修订本编写组：《达斡尔族简史》，民族出版社 2008 年版，第 140 页。

术发展体系。推进实施过程中，大力推广地膜覆盖、移栽灌溉、大豆地膜覆盖、土壤分析、改土施肥、大豆辐射育种、缩垅增行、菌核病防治、水稻旱育稀植以及配方复合施肥等新技术①，上述技术逐渐被达斡尔族农民所掌握。另外，他们还举办 280 期新技术培训班，培训农民 3 万人次，发放科技资料 14500 册、模式图 10700 张，有 2 个乡镇成为科普乡镇，8 个村成为科技示范村，1670 户成为科技示范户，良种播种面积达到 92%左右。到 2000 年，全旗累计推广农业新增技术 33 项，培训农民达到 20 万人（次）。

第四，推动农业生产机械化。在新中国成立前的很长一段时间内，达斡尔族靠放火烧荒、漫撒种子等原始形式及使用犁、桦子、耙等原始生产工具从事农业生产。新中国成立后，随着农业机械在生产中的广泛应用，各式先进适用的农业机械逐渐取代人力成为农业生产的主力军。1954 年，齐齐哈尔梅里斯区有各种改良农具 1062 台（件），与现代大型农业机械相比有不小的差距。到 1958 年，全区各式农业机械拥有量达到 4904 台（件），平均每 45.2 人拥有一台大小不一、功能有别的拖拉机，农业生产的机械化水平较前有所提高。"文化大革命"前，全区各种农具拥有量达到 5205 台（件）。自家庭联产承包责任制实行以来，梅里斯区农业机械拥有量较前有大幅增加。到 1988 年，黑龙江省达斡尔族共有各类农业机械 2503 台，其中汽车 26 台、大中小型拖拉机 1564 台、播种机 72 台、收割机 36 台、脱谷机 50 台。到 1990 年，全省达斡尔族乡和梅里斯区共有各类农业机械 4441 台，其中汽车 59 台、大中小型拖拉机 3795 台、插秧机 11 台、播种机 187 台、收割机 84 台、脱谷机 305 台。作为黑龙江省达斡尔族重要聚集地之一，齐齐哈尔梅里斯区有"各类农业机械 783 台，包括各式拖拉机、插秧机、播种机、收割机、脱谷机等"，涉及从播种、插秧到收割、脱粒等全部生产过程，达斡尔族地区农业生产基本实现机械化。到 1997 年，全省 44 个达斡尔族村拥有大中型拖拉机 149 台、小型拖拉机

---

① 《达斡尔族简史》编写组、《达斡尔族简史》修订本编写组：《达斡尔族简史》，民族出版社 2008 年版，第 140 页。

2046 台、大中型农机具 210 台、农用汽车 102 辆，总计 2507 台（辆）。到 2000 年，全省达斡尔族乡和梅里斯区共有各类农业机械 14976 台，包括大中小型拖拉机 13673 台、农用汽车 243 台、各种农机具 1060 件。其中，梅里斯区各类农业机械数量达到 8247 台。① 由于现代农业机械广泛应用于生产的各个方面，仅 1990 年统计，齐齐哈尔梅里斯区机械作业面积就达 50% 以上，机械播种面积 13.4 万亩，中耕面积超过 45 万亩，收割面积 1.97 万亩。

莫力达瓦旗农业机械的普及推广同样经历了类似的发展历程。有数据统计，自 1950 年起，该旗就开始推广双轮双铧犁等新式畜力农具，之后少量引进产自匈牙利、美国以及罗马尼亚的各类链式车或轮式车，以作为牵引农机具的动力。因质量不稳定使得故障频出，故对农业生产影响不大。20 世纪 60 年代，随着农业生产的不断发展，该旗大规模使用国产拖拉机及其他农业机械，比较常用的如收割机、脱粒机、割草机、马拉旋松式除草机、畜力耙等（见表 5-7）。随着拖拉机械的广泛应用，莫力达瓦旗于 1962 年成立国营拖拉机站，配套成立机耕队，以便为达斡尔族农民提供有偿的代耕服务。到 20 世纪 60 年代末，该拖拉机站共有拖拉机 38 台。可以说，以拖拉机为代表的各类新式农具的普遍使用，除开荒、耙地外，还增加"播、压、脱粒"等作业项目，不但大大提升了民族地区的农业生产力，而且促进了农业生产的大发展。"文化大革命"期间，莫力达瓦旗拖拉机站受当时的政治风暴影响，运行多年的机耕队被解散，所属人员和拖拉机等被下放到各公社和大队。到 1978 年，莫力达瓦旗机耕作业面积只有 30%。到 1981 年，全旗有农用拖拉机 939 台，包括链轨式拖拉机、大中小型轮式拖拉机等，总动力达到 47799 马力，另有 286 台联合收割机、90 台农用柴油机及 2452 台机引农具。随着各式农业机械的普及推广，农业机械逐渐参与机耕、机播和机收等多个生产过程。其中，机耕面积达到 81 万多亩，占该旗总耕地面积的 53% 左右；机播面积近 94 万亩，占总播种面积

---

① 《达斡尔族简史》编写组、《达斡尔族简史》修订本编写组：《达斡尔族简史》，民族出版社 2008 年版，第 140—141 页。

的 49%；机收面积 50 万亩，占总播种面积的 33.7%，农业机械在农业生产中的作用越来越强。

表 5-7　1961 年莫力达瓦旗农用工具统计表

名称	数量（台）
旧式农具	2682
割草机	7
大轮车	329
脱粒机	55
畜力耙	179
楼草机	9
畜力播种机	208
铁制水车	102
中耕机	1004
收割机	85
汽包车	329

资料来源：祁慧君、丛静：《传统与现代：达斡尔族农民的生活》，中央民族大学出版社 2006 年版，第 107 页。

随着农业机械数量的增加，出于管理服务的现实需要，该旗于 1971 年成立农机科，1973 年改为农机管理站，之后陆续设立农机修造厂、农机供应站、农机学校等涉及农机维修、供应、培训和科研等机构。进入 20 世纪 80 年代以来，随着莫力达瓦旗家庭联产承包责任制的推行，农业机械开始进入个体经营和多点发展阶段，许多农业机械或贱卖给个人，或以承包形式归农户有偿使用。在农村各项改革措施的持续推动下，一些以有偿服务为目的、以市场为导向的农机专业户或联合体相继出现，不但调动了农机拥有者的积极性，而且提升了农机的综合使用效益。到 1990 年，莫力达瓦旗农用拖拉机拥有量达到 8158 台，总动力 117381 马力，农业作业水平达到 61%。除手扶拖拉机、12 马力小四轮拖拉机外，还使用小型播种机、中耕机、除草机、铺膜机等。到 1997 年，莫力达瓦旗共有各式拖拉机 786 台、胶轮拖拉机 157 台、小手扶拖拉机 4542 台、收割机 939 台，机耕面积占全部耕地面积的 70%，机播面积达 60%，农业生产过程基本实现现代化。到 2000 年，莫力达瓦旗共有各种农用机械 1.2 万台，农业田间作业机械化程度达到 78% 以上。[①] 另据调查统计，在全国农业机械总动力方面，全国人均占有量为 229 瓦，莫力达瓦旗则达到 501 瓦，是全国平均水平的 2.19 倍。

五、加快优良品种改良

农作物品种改良是农民增收、农业增效、农业发展的重要手段，达斡尔族在推动农业生产发展过程中十分注重选用优良品种，并总结了"留种上风头，玉米去两头留中间"等种子优选法。新中国成立后，基于农业生产发展的现实考量，莫力达瓦旗于 1956 年设立农业技术推广站和种子管理站，重点负责种子调剂、良种引进、繁育和推广等具体工作，同步向在地达斡尔族农民宣传优良品种的好处，并推荐优良品种。在不断培育本地优良品种的同时，加快引进外地优良品种步伐。通过就地繁育而后有序推广，比较有名的涉及玉米、大豆、小麦等多个品种，像"黄八趟""糜子鹅头""四粒黄""甘肃—96""铁角青"以及"白八趟"等。1958 年，根据国家提出的种子"自繁、自选、自留、自用，辅之以调剂"等工作方针，莫力达瓦旗多以自留良种进行播种，辅以良种调剂，自留良种播种面积达到 16.35 万亩，占全旗总播种面积的 50% 左右。

为保证自留良种质量，该旗于 1960 年自建良种场，重点开展专业良种的繁育试验工作，待成熟后在全旗范围内推广。为此，该旗挑选宝山、汉古尔河等 4 个公社中的西宝山、西汉等 4 个大队作为示范点，先后引进大

---

① 《达斡尔族简史》编写组、《达斡尔族简史》修订本编写组：《达斡尔族简史》，民族出版社 2008 年版，第 140 页。

480

豆、玉米、小麦、谷子、水稻等新品种进行繁育推广。1970—1971 年，该旗两次派技术员到海南岛繁育玉米和高粱杂交种。次年，按照国务院批转的农业部《关于当前种子工作的报告》要求，该旗又在博荣公社及后兴农一队等 6 个公社 6 个大队设立良种繁育基地。1973 年，按照上级有关文件精神，该旗又在宝山等 3 个公社设立社办种子站，并建设旗种子库。自1978 年国务院批转农林部《关于加强种子工作的报告》后，莫力达瓦旗围绕良种繁育体系建设，于当年建立旗种子公司，具体负责良种的试验、繁育和推广工作，不但实现旗范围内统一供种，而且实现优良品种的布局区域化、生产专业化、加工机械化和质量标准化。到 1979 年，全旗 11 个公社建立了良种场（队），先后引进、繁育、推广了小麦、大豆、水稻、高粱、谷子、玉米以及糜子等新品种，像"新曙光七号""大粒红""克单一号"等。到 1989 年，该旗良种繁育面积达到 19800 亩，推广使用良种960 万斤。1990 年，他们又繁育推广大豆、玉米等 16 个优良品种，占全旗粮豆总播种面积的 92.9% 左右（见表 5-8）。与之同步，他们借助国家资金支持，重点强化化验室、加工车间、种子库等硬件基础设施建设，同时新增家庭良种场 50 户，种子村两处。

表 5-8 20 世纪 90 年代莫力达瓦旗农作物主要品种统计表

种类	品种	名 称
粮食类	小麦	肯九二、（克丰二）441、（克旱九号）369、龙 ER-3662、肯九三号、克 80—90、7413、369、441、462 等
	大豆	大白眉、四粒黄、铁角青、内豆三号、合丰 24、内豆一号、九丰一号、黑河四号等
	玉米	八趟子、克单四号、嫩单四号、克单三号等
	水稻	国光、北海、事业 20、合江 20 等
	粟	黄砂谷、刀把齐、粘谷等
	黍	散穗、小黄糜、小黑糜等

续表

种类	品种	名　称
经济作物类	土豆	克新 1、克新 2、克新 4 等
	黄烟	十八塔、大黑叶、小芭琥珀香、大芭琥珀香等
	向日葵	油葵花、大白仁等
	西瓜	新红宝、新城、大黑皮等
	香瓜	顶心红、铁把青、灯笼红等
	黄瓜	津研 1.4 号、佳木斯青刺、长春密刺等
	辣椒	铁皮青椒、星光尖椒、羊角椒等
	豆角	五月先、油豆角等
	西红柿	鸡心柿子、丰收黄、强丰等
	白菜	大青帮、山东翻心菜、小根菜等
	韭菜	竹竿青
	萝卜	大红袍、心里笑等
	茄子	科选二号、旱粉二号等

资料来源：祁慧君、丛静：《传统与现代：达斡尔族农民的生活》，中央民族大学出版社 2006 年版，第 104—105 页。

　　齐齐哈尔梅里斯区良种繁育工作同样扎实稳妥地进行，该旗依托和平、雅尔塞两个农场中的 8 个农业生产合作社建立蔬菜良种繁育基地，同步建立以蔬菜、瓜等为核心的种子田 8655 亩，而后依托市园艺试验场繁育蔬菜良种，1952 年共繁育数千斤。1955 年，该区依托农业生产合作社普遍建立种植田。到 1964 年，全区 17 个公社、分社共建立良种队 18 个，良种繁育面积达 75 万多公斤，占下一年度用种量的 21%。另外，该区有 60% 的生产队建立种子田，生产种子 200 万斤，占下一年度用种量的 57%。1968 年，经黑龙江省农牧渔业厅牵头，由齐齐哈尔良种管理站与和平良种场在海南岛建立"南繁基地"，繁育出 1158、维尔 44、早大豆等新品种。20 世纪 70 年代以来，齐齐哈尔蔬菜试验站年均繁育蔬菜优良品种 2500 公斤，年推广面积 3 万多亩，亩增产 10% 到 20%。和平良种场通过繁育玉米、高粱等杂交品种，年提供良种 30 多万公斤。在自我繁育过程中，他们

也加快种子引进与推广步伐，引进种子既有蔬菜类也有粮食类，对提高蔬菜和粮食单位面积产量起到重要推动作用。（见表5-9）

表5-9　1950—1990年梅里斯区引进部分蔬菜和作物品种

种类	品种	名　　称
蔬菜类	番茄	大桃柿子、牛奶柿子、6613小平顶、品观七号乌特保、北京早红、旱粉2号、东农704
	茄子	紫圆茄子、白圆茄子、灯泡茄子、盖县茄子、伊春茄子、龙茄1号、龙杂二号
	白菜	大小反心菜、唐山菜、天津绿、牡丹21号、鲁白
	辣椒	小青椒、小辣椒、小油椒、巴彦辣椒、牛角椒、早熟一号
	黄瓜	叶了黄瓜、大青刺水黄瓜、长春密刺、中农5号、龙杂黄7号
	甘蓝	丹京早熟一号、大平顶、海拉尔四号、中干1号、早甘蓝12
作物类	水稻	国光、富国、北海一号、查哈阳1号、新雪、嫩江一号、牡丹1217
	大豆	紫花四号、元金宝、克强、黑河3号、嫩丰七号、嫩丰9号
	谷子	黄沙谷子、双丰、大青苗、龙交1号、嫩选8号、龙谷25号
	玉米	美念黄、美念白、高秆黄、黑玉46、嫩1号、嫩单四号
	高粱	牛心红、处处红、平原红、嫩杂六号、奥杂、吉杂52
	小麦	农林3号、二牛心、天津缘、桦川牛

资料来源：梅里斯达斡尔族区志编纂委员会：《齐齐哈尔市梅里斯达斡尔族区志》，黄山书社1999年版，第193—194页。

第二节　畜牧业、林业与渔业

畜牧业、林业与渔业作为达斡尔族的传统产业，在新中国成立后的一个时期内得到恢复和快速发展，与现代农业发展同步形成一个相互促进、协作支撑、齐头并进的命运共同体。

一、畜牧业

达斡尔族畜牧业生产历史悠久，大体经历猎牧为主、兼营农业及农牧并重等不同发展时期，曾大量饲养牛、马等牲畜，以作为役畜、拉运及代步工具，畜牧业一直是达斡尔族传统产业之一。新中国成立后，达斡尔族通过民主改革，家家户户都分得耕牛、奶牛和马匹，加之地方政府制定各种宽松优惠政策，鼓励大家多养畜和养好畜，并提供科学畜养的方式方法，达斡尔族农民养畜积极性空前高涨，畜牧业由此得到快速发展。随着"大跃进"、人民公社化运动以及随后出现的"文化大革命"，一方面限制各家各户饲养各种家畜，另一方面建设"万头猪场""万只鸡场"的政策需要，因粮食减产、饲料不足、畜舍不够及管理滞后，进而造成畜禽大批死亡，达斡尔族畜牧业出现大滑坡。党的十一届三中全会以来，随着达斡尔族地区全面深化畜牧体制改革，加之逐步完善畜禽生产服务体系，达斡尔族牧民充分利用当地的草资源、秸秆资源以及传统产业优势，把发展畜牧业作为调整产业结构和种植结构的突破口，通过政策引导和经济支持，以改变当地种植业一统天下的局面。考虑到牲畜饲养资金投入量大，党和政府从民族地区发展畜牧经济的大局出发，决定对从事养殖的达斡尔族群众给予必要的经济资助。1979年，富裕县登科村把属于集体的牛以"放母还犊"形式承包到各农户，从而为达斡尔族大力发展畜牧经济创出了一条新路。1980年，莫力达瓦旗用民族事业费为达斡尔族群众购买了一定数量的三河牛、种公牛等。次年，齐齐哈尔人民政府先后拨出7万元资金，为梅里斯区和富拉尔基区的莽格吐、额尔门沁、哈拉以及全合台村等村达斡尔族村民购买167头牛，畜牧养殖业逐步走上快速健康发展轨道。与之同步，莫力达瓦旗自1980年以来多次研究适于达斡尔族发展的经济战略。不但提出了"宜牧则牧"的农业生产方针，而且提出了"农牧为主、林草结合"的经济发展思路，牧业经济在政策推动和产业加持的综合作用下获得了快速发展。（见表5-10）由表可以看出：20世纪五六十年代，莫力达瓦旗牧业产值总量不是很大，年产值也不过百余万元。到 1982 年统计，其年产值数量与 20 世纪五六十年代大体相当。自 1986 年以来，莫力达瓦旗牧业总产值每年以千万元数量稳步提升，到 1995 年，该旗牧业总产值首次突破亿元大关，牧业占农业总产值比重有升有降。

表 5-10　莫力达瓦旗部分年份牧业产值变动表（单位：万元）

年　份	产　值	占农业总产值的%
1958	105	7.8
1960	145	14.5
1962	2512	18.6
1982	117.2	11.87
1986	2385	12.05
1988	3141	13.77
1989	4586	15.35
1990	8694	16.84
1991	4713	10.77
1992	7783	20.7
1993	5039	8.6
1994	8790	12.4
1995	11285	17.18
1996	12430	13.2

（一）草场饲料建设

基于饲养马、奶牛等牲畜的生产需要，达斡尔族不断扩大饲草、饲料种植面积，同步利用各种秸秆资源，以解决牲畜的日常饲养问题。莫力达瓦旗天然饲草资源丰富，1964 年有天然草牧场 900 万亩，涉及饲草 217 种、33 科和 113 属，占全旗天然种子植物的 44%。饲草质量属于中等偏下，优质草场面积约占草场总面积的 20.9%，中低草场面积占 79.1%。到 1992 年，莫力达瓦旗有天然草场 2751 多平方千米，占全旗土地面积的 26.7%，人均占有草场 15.88 亩。到 1995 年，全旗草场面积达到近 400

万亩。

基于草场管理、建设和改良需要，莫力达瓦旗于 1979 年成立草原工作站，负责草原管理、草原开发、优质牧场建设等具体工作。1985 年，该旗成立草原管理所，负责草原管理政策、法规的宣传、贯彻落实等工作，草原管理逐步走上法制化管理轨道。考虑到草原建设的发展需要，1979 年，该旗引种紫花苜蓿、羊草等优质牧草，并在西瓦尔图乡和博荣乡试种，有 8 种引进品种陆续在全旗推广。1984 年，他们在阿尔拉镇建立起全旗第一处约 3000 平方米的草库伦，当年播种优质牧草 2100 亩，年产草 60 万公斤。1992 年，他们投入资金 14 万元改良草场 2 万亩。到 1992 年末，全旗共人工种草 49.2 万亩，改良草牧场 3215 万亩。1994 年，莫力达瓦旗共生产稻草 8557 吨、小麦秸 22307 吨、玉米秸 36826 吨、谷子秸 3132 吨、高粱秆 85 吨、黍子秆 194 吨、糜子秆 228 吨、豆秸 293516 吨、其他谷物秸秆 212 吨，其中，部分秸秆经加工处理后可作为牲畜饲料。为提升莫力达瓦旗饲料加工能力，该旗草原工作站于 1989 年购进 26 台粉碎机、14 台铡草机、2 台割草机等机械设备，供饲料加工户、重点户以及奶牛村等发展饲料生产，部分饲料加工户等也购置大量加工机械。到 1992 年，全旗共有饲料加工厂、重点户 300 个，饲料加工点 500 个，年加工饲料能力 6 万吨。除利用秸秆资源外，莫力达瓦旗还引导达斡尔族群众扩大饲料种植面积，他们有意识地种植青贮玉米和饲草。到 2001 年，莫力达瓦旗共有饲草、饲料面积 10 万亩。①

与之相比，齐齐哈尔梅里斯达斡尔族区草原资源同样丰富，以盛产羊草著称。到 1962 年，全区草原面积 90 多万亩，占全区土地总面积的31.3%，其中可利用面积为 87 万多亩，以莽格吐乡和卧牛吐镇最多，约占全区草原可利用面积的 62.3%。随着草原被人为开垦及变为农田，草原面积日渐减少。到 1983 年，全区草原面积减少到 59 万多亩。从草原利用情况看，1962 年，全区草原有 32.8 万亩用于放牧场，用于割草的有 54 万多亩。到 1983 年，用于放牧的有 29.9 万亩，用于割草的有 29.4 万亩。随着

---

① 铁林嘎：《莫力达瓦达斡尔族自治旗志》，内蒙古人民出版社 1998 年版，第 318—319 页。

农田的增加，草原的减少以及牲畜数量的剧增，现有草原面积已经无法满足牲畜的饲养需求，草场退化现象严重，产草量逐年下降。20 世纪 80 年代以来，梅里斯区加大草场改良力度，通过浅翻轻耙、飞机播种以及人工种植牧草等形式改良草场。到 1990 年，浅翻轻耙改良草场面积达到 1.7 万亩，飞机播种牧草 7 万亩，人工种植 4500 亩，草场产草量较改良前提高 1—5 倍不等。为提升草场的利用率，加大草场的监管力度，梅里斯区结合实行家庭联产承包责任制，同步把草场承包到户，以哈力乡兴安村为例，他们于 1983 年把草原分为割草场和放牧场两种，其中割草场按户或专业户分块承包，放牧场承包一户。通过草场对农户承包，不但产草量较前些年显著增加，而且杜绝了人为破坏草场的行为，有效保护了草场的生存环境。

在强化草场建设的同时，基于畜牧经济可持续发展的长远考虑，梅里斯区还逐步拓宽饲料来源渠道，除豆饼、糠麸、秕谷、碎米、秸秆、谷草、稻草、玉米秸秆、青贮玉米、荞麦花等以外，还有土豆、白菜等蔬菜类饲料以及豆腐渣、粉渣、葵花饼、甜菜渣等，使牲畜饲料更加多元化。到 2001 年，梅里斯区共有草原面积 60 多万亩。

（二）畜禽饲养数量剧增

达斡尔族以饲养畜禽见长，过去以饲养马、牛、羊等为主。新中国成立后，由于达斡尔族群众生活困难，畜禽饲养数量不是很多。从 20 世纪 50 年代到 70 年代，莫力达瓦旗牲畜拥有量从最初的几万头（只）一跃突破 10 万头（只）。虽然饲养品种没有太大变化，但许多改良品种陆续被引进过来，诸如三河马、顿河马、黑白花奶牛、西门塔尔、夏洛克、新疆细毛羊、蒙古羊等。自党的十一届三中全会以来，达斡尔族地区各级政府积极鼓励达斡尔族农民发展养殖业，通过推广科学养畜技术，加强疫病防治，资金扶持等多个层面予以政策支持，由此迅速出现一大批牧业村、养畜专业户和重点户，牲畜养殖数量呈几何式剧增，畜牧经济呈现飞速发展的良好态势。

从莫力达瓦旗来看，到 1982 年，该旗牲畜拥有量达到 11.94 万头

（匹、只），其中马 2.17 万匹、牛 4.92 万头、羊 2.94 万只。到 1985 年，牲畜饲养数量居高不下，达到 12 万头。到 1988 年，随着莫力达瓦旗加快农村经济结构的战略性调整，畜牧业作为自治旗的优势产业得到重点开发，同步提出"稳马增牛羊，猪禽兔全面发展"的生产方针，大力扶持畜牧业专业村、专业户和重点户，畜牧经济由此得到快速发展。该年末，莫力达瓦旗牲畜存栏数达到 19 万头（匹、只），其中牛 7.1 万头、马 3.1 万匹、羊 2.9 万只。到 1996 年，全旗家畜存栏数 20 多万头（匹、只），其中牛 3.42 万头，马 2.42 万匹，羊 5 万余只。由于莫力达瓦旗在发展畜牧业上成绩突出，1982 年以来连续三年被评为全国商品牛生产基地先进旗。

与之同步，生活在齐齐哈尔梅里斯区的达斡尔族农民同样把发展养殖业作为富民产业，投入大量资金、物力和人力发展养殖经济。1957 年，全区牲畜拥有量达到 4 万多头（匹）。党的十一届三中全会以来，在党的各项富民政策引领下，该区继续把发展养殖业作为富民强村的重要手段。自 1987 年至 1990 年间，梅里斯区开始出现一批养殖专业户和专业大户，养牛专业户和专业大户由原来 339 户和 18 户增加到 601 户和 191 户，养猪专业户和专业大户由原来 29 户和 1 户增加到 82 户和 33 户，养鸡专业户和专业大户由 14 户和 6 户增加到 350 户和 118 户，畜牧养殖业逐渐由家庭副业向专业化、商品化和社会化过渡，养殖方式开始由集体饲养向个体饲养转变，养殖动机也逐渐由役用向奶用过渡，养殖品种则由本地黄牛向奶牛过渡。到 2000 年，该区拥有大牲畜 7 万多头，牧业产值超过一亿元，分别占农林牧渔总产值和农村社会总产值的 20% 和 12% 左右。

从黑龙江省达斡尔族地区来看，到 1997 年，全省 44 个达斡尔族村共养羊 1.27 万只，禽 19 万只，大牲畜 2.47 万头（匹），养殖品种逐步实现多元化和多样化。到 2000 年，黑龙江省达斡尔族乡及梅里斯区共养羊 8.45 万只、禽 86 万多只。总体来看，进入 20 世纪 90 年代以来，达斡尔族畜牧业发展较快，尤其是 1993 年到 1998 年间，牲畜存栏数从 18.75 万头（匹、只）发展到 30 多万头（匹、只），年均递增 10.5%，畜牧经济收入开始超过农业并跃居第一位，畜牧业也因此成为主要生产部门。

由于市场对鲜奶需求量日益增加，达斡尔族农民坚持以市场为导向，把奶牛养殖作为调整饲养结构的重点。到 1988 年，黑龙江省达斡尔族地区鲜奶产量达到 2.5 万吨，羊毛产量 21 吨。到 1990 年，黑龙江省达斡尔族乡及梅里斯区鲜奶产量达到 3.7 万吨，羊毛产量 43 吨。到 2000 年，黑龙江省达斡尔族乡及梅里斯区鲜奶产量达到近 10 万吨。另据 2000 年统计，梅里斯区共饲养奶牛 4.8 万头，约占全区 7 万多头大牲畜的 68%左右。其中，该区 7 个达斡尔族乡拥有的奶牛数量，约占全省民族乡奶牛总数量的 43%。莫力达瓦旗在发展奶牛业问题上，同样下大气力狠抓不放，尤其是重点抓惠家村、兴隆泉村、种畜奶牛场以及奶牛养殖小区建设。到 2001 年，奶牛数量达到 3000 多头，日产奶量超过 20 吨，规模养殖户达到 1620 户。

（三）防疫防病

发展畜牧养殖业，必须把除疫防病放在首位，尤其是牛瘟、口蹄疫、炭疽、鼻疽、猪瘟、鸡瘟、禽霍乱等传染病，对畜牧养殖业危害很大。新中国成立以来，达斡尔族地区认真坚持"预防为主"的工作方针，于 20 世纪 50 年代陆续建立了兽医站，以强化对防疫防病工作的组织领导。其中，莫力达瓦旗早在 1946 年就成立畜牧兽医站，20 世纪 50 年代陆续在各民族乡设立兽医站，70%的民族村设立兽医室，重点做好畜病治疗、防疫注射等具体工作。

日常生活中，他们坚持工作在一线，活动在村屯，及时组织开展群众性的防疫活动，全面实行牛瘟免化毒疫苗、免化牛羊血反应预防注射等，以防治和消灭牛瘟。到 1990 年，全旗基本未发生牛瘟、炭疽等瘟疫。口蹄疫作为急性、烈性传染病，曾多次侵染达斡尔族地区，通过采取封锁疫区、严禁交易、病畜隔离、对症治疗、人工接种、疫苗注射等多种行之有效的预防措施，或及时控制了疫情，或提前起到防疫作用。鼻疽和马传贫作为马的慢性传染病，多采取隔离饲养的预防方式，同步采取检疫、管制、处杀病马、使用"地霉素"注射治疗以及注射疫苗等多种形式，使上述两种马传染病得到有效控制。

随着达斡尔族农民养猪数量的剧增，猪瘟等传染病也时有发生。起初，他们采取圈养、隔离等防疫措施，但成效不显著。而后，他们采取注射免化弱毒疫苗等形式，坚持春秋季定期注射和随时补针，并做到经常化和制度化，到1990年基本控制了猪瘟等疫病的流行。对于鸡瘟中的鸡新城疫和禽霍乱，他们采取注射鸡新城疫 II 系疫苗和禽霍乱弱毒苗等方式，有效控制了鸡新城疫和禽霍乱的发生。至于其他常见病或多发病，他们采取民方、中兽医、西兽医以及中西兽医结合治病的方式予以治疗。为此，梅里斯区专门成立西医家畜诊疗所，同步举办中兽医学习班，向达斡尔族农民传授相应的畜禽治病知识，以及预防猪囊虫病、养疥癣、马疥癣等寄生虫病知识。

二、林业

早年，达斡尔族生活的区域森林资源十分丰富，有柞树、白桦、黑桦、落叶松、樟子松等多个树种。除砍伐一定数量的树木用于生活需要外，达斡尔人还从事放木排活动，并衍生出烧木炭和卖木炭经济，既解决了生活之需又获得一定的经济收入。新中国成立时，莫力达瓦旗森林覆盖率为34%，人均占有林地面积1.62公顷，是内蒙古自治区人均占有林地面积的1.9倍。到1958年，莫力达瓦旗森林面积达到47万多公顷。随着国家严格禁止滥砍滥伐行为以及开展封山育林活动，放木排和烧木炭等活动逐步被取消，尤其是国家大力实施以植树造林为核心的林业发展政策，有效扭转了"只采不育"的发展局面，林业经济逐步走上科学健康的可持续发展轨道。到1978年，莫力达瓦旗林业总产值达到132万元，1985年达到199万元，1992年达到576万元，1996年降至350万元。与此同时，生活在黑龙江省的达斡尔族同样把发展林业经济摆在突出位置，到1990年，全省达斡尔族乡及梅里斯区林业收入达到39万元，到2000年，全省达斡尔族乡及梅里斯区林业收入达到196万元。

（一）植树造林

达斡尔族林木以天然林和人工林为主，林木类型大致分为四种，即以

"三北"防护林为主的农田水利林，以防止水土流失的堤岸防护林和水土保持林，以改善环境和满足人们日常生活需要的护村林和薪炭林，以解决生产之需的用材林，还有以果树为代表的经济林和以风景林为特征的特种用途林。

从齐齐哈尔梅里斯区来看，农田防护林主要在西北部。自 1952 年以来，他们在达呼店镇共营造 4 条防护林，在哈力乡和瑞廷乡营造 2 万亩防护林。水土保持林在重点在嫩江、阿伦河、音河等两岸，以莽格吐乡和卧牛吐镇为主，共营林 3 万多亩。用材林以莽格吐乡和卧牛吐镇为主，其他乡镇均有少量分布。护村林等以村屯为主，主要在乡村道路两旁营造，既美化了周边环境又解决了生活之需。

从莫力达瓦旗来看，全旗林地多为天然林，按用途同样分为防护林、农田水利林、水土保持林、经济林、特种用途林等。其中，用材林"有 236811 公顷，防护林 9033 公顷，薪炭林 112021 公顷，特种用途林 110 公顷，经济林 1378 公顷"①。由于大量人工开垦耕地，加之滥砍滥伐以及山火频发等自然因素和人为因素，莫力达瓦旗林地面积逐年减少。到 1995 年，全旗林地面积降至 41.73 万公顷。

基于生态建设的发展需要，莫力达瓦旗人民政府于 1996 年做出《关于停止以任何形式进行天然林采伐的决定》，并于 1998 年制定了造林绿化的实施方案以及封山育林的决定，同步启动跨世纪青山绿水工程，以"还我青山、还我绿水"为主题，提出"不砍树、不开荒、不杀生"的护林爱林口号，在全旗范围内广泛开展封山育林、植树造林和退耕还林活动。同时，制定"国造国有、合造共有、群众个人造林归个人所有和国家、集体、个人一起上"②的造林育林政策，从而实现了生态效益、经济效益和社会效益的多元发展。

1. 采集树种

采集树种是植树的前置要件之一，梅里斯区动员大量人力开展植树树

---

① 《莫力达瓦达斡尔族自治旗概况》编写组、《莫力达瓦达斡尔族自治旗概况》修订本编写组：《莫力达瓦达斡尔族自治旗概况》，民族出版社 2008 年版，第 391 页。

② 《莫力达瓦达斡尔族自治旗概况》编写组、《莫力达瓦达斡尔族自治旗概况》修订本编写组：《莫力达瓦达斡尔族自治旗概况》，民族出版社 2008 年版，第 115 页。

种采集工作。1952 年，他们组织全区各单位和中小学生共采集树种近万斤，然后统一栽植。考虑到树种的多样性，先后派人到辽宁省新民县、大兴安岭林业局塔子河林场、内蒙古自治区哲里木盟、吉林省白城地区、河北省涿鹿县、山东省牡丹园以及黑龙江省的哈尔滨、阿城、绥化、拜泉等地，陆续采集杨树、松树、樟子松、红皮云杉等苗木和种子。其中，1964年，他们到内蒙古哲里木盟采集樟子松树种 250 公斤，次年引进蔡家沟美国花曲柳、辽宁的紫穗槐、黑龙江省松花江地区的黑白桦、锻、紫椴、水曲柳、胡桃等树种，还从哈尔滨购进红端木、沙棘、黄槐、桃红等花卉种子，初步实现了树种的多样性。

从莫力达瓦旗来看，自 1951 年起，该旗就组织群众采集杨树、榆树和槐树种子。1957 年，全旗共采集林木种子 200 公斤，1959 年猛增到 4.48万公斤。1975 年，该旗在拉抛林场设立林木种子园，开始自我繁育树种，到 1979 年，种子园面积由最初的 8 公顷扩大到 106 公顷。

2. 繁育

为确保采集树种和花卉成活，齐齐哈尔梅里斯区先后举办育苗培训班，重点传授整地、轮作等生产技术，同步推广泰来县在这方面的成功经验。之后，他们委托新发、共和两个生产合作社自行采种，待繁育成苗后再统一购进，并发放到其他社队统一营造。自 1956 年起，全区其他社队自行建立林业生产专业小队，做到自行采种、自行育苗、自行提供幼苗。进入 20 世纪 60 年代，梅里斯区不但成立青年林场、梅里斯苗圃等国营单位，而且各公社、生产大队也成立林业队或自办苗圃。其中，前进农场以及梅里斯苗圃等单位重点承担全区的苗木繁育任务，先后育成落叶松、樟子松等苗木 10 余万株。

与此同时，莫力达瓦旗于 1956 年在尼尔基镇设立苗圃，苗木经营面积达到 300 亩，主要培育落叶松、樟子松、银白杨等优质树种。20 世纪 60年代，查哈阳林场、巴彦林场等也相继设立苗圃。进入 20 世纪 70 年代，拉抛林场、七家子林场等也陆续设立苗圃。随着苗圃面积的扩大，苗木数量基本能够满足全旗植树造林需要。到 1988 年，全旗育苗面积达到 299

亩，1995 年达到 373 亩。

3. 造林

结合新中国成立后"三北"防护林体系建设，达斡尔族加快植树造林步伐。1952 年，齐齐哈尔梅里斯区下辖的达呼店等 5 个乡镇共营造 4 条西满防护林带，林带总长 5400 米，两侧栽灌木，中间栽乔木、杨树或榆树，株距、行距在 1.5 米左右，林带总面积 2610 亩。1954 年，结合农田防护林网建设，该区又植树 2676 亩，成活率达到 64.7%。1957 年，该区哈力乡兴安村因植树造林实现农田林网化，被评为全国造林先进单位。1964 年，该区青年林场打破植树品种单一的局面，率先栽种落叶松、樟子松、花曲柳等苗木，营造用材林 2000 亩。同时，该场又联合华安林场等共造林 10850 亩，村屯植树 17.54 万株，总长 15.5 千米。到 1976 年，全区共造农田防护林 2771 亩、用材林 13999 亩、经济林 2702 亩、累计造林 21816 亩[1]。1978 年，青年农场以落叶松、樟子松、小黑杨、小青杨等树种为重点，共造林 27533 亩。在各族群众的齐心协力下，有力推动了全区植树造林活动的深入开展。1979 年以来，随着《森林法（试行）》的逐步实施，梅里斯区开始在更高的层面、更广的范围，全面组织各族群众大力开展义务植树造林活动。到 1990 年，全区有林面积达到 17 万多亩，梅里斯区也被确定为"三北"防护林建设重点县区之一。

在植树造林问题上，莫力达瓦旗本着对子孙后代负责的务实态度，高起点、高标准地开展植树造林活动，重点栽植各种人工林。据史料记载，1949 年新中国成立之初，全旗造林面积只有 45 亩，到 1960 年，造林面积创纪录地达到 3.2 万亩。受"大跃进"及人民公社化运动影响，全旗植树造林活动受到严重影响，1965 年，全旗造林面积下降到 4555 亩。党的十一届三中全会以来，随着莫力达瓦旗全面落实国家颁布实施的各项林业政策，加之实行林业生产责任制，达斡尔族群众的造林积极性空前高涨，由此出现一批林业专业户、重点户以及重点村。到 1992 年，全旗造林面积达

---

① 梅里斯达斡尔族区志编纂委员会：《齐齐哈尔市梅里斯达斡尔族区志》，黄山书社 1999 年版，第 256 页。

到 18800 亩。到 1996 年，全旗造林面积稍有下降，但仍达到 18510 亩。

从植树造林类别看，莫力达瓦旗分国营造林、群众造林和义务植树三种形式。其中，国营造林始于 20 世纪 50 年代，查哈阳等 5 个国营林场率先开始人工造林，到 20 世纪 70 年代，所有 9 个国营林场均营造人工林。到 1992 年，全旗国营林场造林面积达到 135540 亩，到 1996 年达到 4000 亩。相较于国营林场而言，群众造林起初由村屯、机关、企事业单位自筹资金购买苗木，再组织群众植树造林。党的十一届三中全会以后，尤其是进一步加快林业体制改革，实行林业生产责任制，加之落实林权，该旗开始出现林业专业户和重点户，他们承包荒山大面积植树造林，由此掀起植树造林新高潮。到 1990 年，他们共累计造林 2 万多亩。相形之下，义务植树是随着 1982 年全国人大五届四次会议《关于开展全民义务植树的决议》发布之后所开展的植树活动，由党政机关、企事业单位、学校等牵头组织，主要栽种风景林、农田防护林等。到 1996 年，全旗共义务植树 45 万多株。

三、渔业

达斡尔族地区河流、湖泊众多，莫力达瓦旗境内就有各种河流 56 条，比较著名的像嫩江、甘河以及诺敏河等。全旗水域面积 34.64 万亩，有水库 4 座、泡泽 112 处、人工鱼塘 20 余处；水中有鱼类 47 种，例如鲤鱼、鲫鱼、草鱼、哲罗、细鳞、狗鱼、鲶鱼等。新中国成立之初，由于片面强调"以农为主"的生产方针，达斡尔族渔业生产处于无足轻重的附属地位。1958 年以前，部分达斡尔族农民或集体多利用农闲时节进行捕捞，以供自身食用，鱼产量也不是很多。1958 年以后，部分有条件的生产队开始在冬季，组织副业队有计划地开展捕鱼活动。1958—1967 年间，全旗年均捕捞量在 280 吨左右。在此期间，部分达斡尔人利用新发水库等水面开展人工养鱼，年均养殖鱼捕获量在 50 吨左右。1968—1977 年间，由于当地渔业管理相对松弛，加之江河污染等多种因素，年均捕捞量下降到 163 吨。

党的十一届三中全会以来，随着达斡尔族地区产业结构的适度调整，尤其是随着商品意识的逐步强化，渔业生产逐渐步入快速发展轨道，许多达斡尔族农民开始关注养鱼业，一些养鱼专业户脱颖而出。1983—1984年间，莫力达瓦旗达斡尔族养鱼户达到99户，投放鱼苗349万尾。由于缺乏科学的养鱼知识和养鱼技术，部分养鱼户甚至亏损。自1988年起，达斡尔族群众注意吸纳其他先进地区的养鱼经验，同时采用科学养鱼的方法，加之相关技术部门提供必要的技术指导，使得达斡尔族地区年捕捞量较前有显著回升。1988—1990年间，莫力达瓦旗年均捕捞量达到377吨，其中养殖鱼产量达到307吨。到1992年，全旗养殖水面达到9790亩，其中稻田养殖水面6510亩，年捕捞鲜鱼696吨，天然水面捕鱼150吨，渔业产值达到273万元。到1996年，全旗渔业产值达到651万元。1993年以来，莫力达瓦旗水产站连续三年获得内蒙古自治区渔业厅授予的"金鱼杯"奖。

黑龙江省达斡尔族同样发挥水面大的资源优势，大力发展人工养鱼业。有数据统计，齐齐哈尔梅里斯区水域辽阔，有嫩江、音河、阿伦河、二沟河等多条河流，有大小泡泽40多处，有坑塘30多处，自然水面达10万亩。从鱼类来看，仅嫩江流域就有12科46种。解放初期，由于当地人口较少，所需鱼量不是很多，因而捕捞量较少。随着梅里斯区城乡人口的急剧增加，捕鱼量逐渐增加。随着江河污染以及过度捕捞鱼产品，该区渔业资源日渐减少。自1977年起，该区全面实施"捕养结合、以养为主"的渔业生产方针，而后形成国营、集体、个体并举的发展局面。到1988年，全省达斡尔族地区可养鱼水面达到24986亩，全年产鱼量达到1198吨。到1990年，全省达斡尔族乡及梅里斯区可养鱼水面达到34728亩，已开发养鱼水面11357亩，全年产鱼量达到1470吨。到2000年，可养鱼水面达到31125亩，已开发养鱼水面20985亩，全年产鱼量达到3403吨。

在鼓励达斡尔族农民大力发展养鱼业的同时，各级渔政管理部门充分履行监管职责，强化渔政的日常管理和监督。早在1958年，莫力达瓦旗农牧林水利局就设立水产股，具体负责包括捕捞许可证在内的渔政管理。1960年，该旗建立国营捕捞队。1968年，他们建立水产事业管理站，1977

年，他们成立水产资源繁殖保护委员会。1980 年，因机构调整，水产站划归农业局管理。在捕鱼旺季尤其是禁渔期，渔政管理人员广泛宣传《渔业法》和其他法律法规，依法处罚各种滥捕行为，同时没收渔具或捕获的鱼，对涉及犯罪的乱捕行为，依法追究刑事责任。

第三节　工业、商业

工业、商业作为新中国成立后尤其是党的十一届三中全会以来渐次兴起和快速发展的产业，在推动达斡尔族调整经济结构和产业结构、满足达斡尔族人日益增加的消费需求、切实增加经济收入等多个方面无疑起到了重要推动作用。

一、工业

工业是社会分工发展的产物。新中国成立前，达斡尔族几乎没有像样的工业，主要以民族手工业为主，并作为农业的副业长期存在着，重点生产木制农具、皮衣以及桦皮制品等产品，属于家庭手工业范畴。随着达斡尔族地区全面开展农业合作化尤其是人民公社化运动，以生产大队或生产队为基础成立的社队企业，为日后达斡尔族工业的起步发展奠定了坚实基础。

新中国成立之初，莫力达瓦旗只有 4 家国营工厂和 20 余家手工作坊，之后陆续新建一批包括机修、榨油、农机等在内的小型企业，从而为该旗工业企业的初始发展奠定了坚实基础，初步实现了从无到有、从小到大的发展目标。

齐齐哈尔梅里斯区创办工业企业始于 1958 年。这一年，党中央提出"全党全民大办工业"的口号。该区以社队为核心、以传统"四坊"和"四铺"等为基础，同时结合周边资源和农副产品加工等生活需要新建 50

多个社办企业，涉及米面油加工、农机具修造、柳条编织以及制砖等多个领域。为推动社办企业加快发展，他们使用铁锤、方框窑、烘炉等比较原始简单的生产设备，生产镰刀、锄板、车马具、草帘、红砖、柳条筐等生产工具和生活物品，以便为达斡尔族农民的农业生产和日常生活提供基本服务。由于起点低，规模小，设备简陋及管理落后，加之市场需求以满足当地各族群众为主，使得经济效益相对较差，部分企业甚至陷入亏损状态。

1962 年，适应国家"调整、巩固、充实、提高"的经济发展需要，达斡尔族地区有重点地对亏损企业进行关停并转，部分社队企业陆续下马。1964 年，随着国民经济的逐步恢复发展，尤其是适应农业机械化的发展需要，达斡尔族地区率先掀起大办社队企业的浪潮。到 1965 年末至 1966 年初，梅里斯区社队企业数量达到 55 个，涉及服装加工、建材运输、食品加工以及农机修造等多个领域。随着"文化大革命"运动的深入开展，社队企业发展受到严重冲击，到 1974 年，梅里斯达斡尔族区社队企业数量所剩无几。

党的十一届三中全会以来，随着我国全面实行经济体制改革，达斡尔族工业经济开始迎来快速发展的春天。1978 年，莫力达瓦旗对传统的工业企业进行了结构调整，不但新上制酒、乳品、制油等大型企业，而且开发生产包括巴特罕啤酒、尼尔基牌奶粉等在内的一批具有地方特色的拳头产品。尤其是巴特罕啤酒，曾获得新加坡国际食品博览会金奖，同步获得国家绿色食品称号，大豆、蜂蜜、柳编等特色产品也颇受外地客户青睐，工业企业效益较以前显著提升。到 1988 年，全旗工业总产值达到 1702 万元。截至 1990 年，莫力达瓦旗工业企业不但实现了跨越式发展，而且涵盖领域越来越宽、涵盖范围越来越广，涉及酿造供水、食品加工、化工建材、冶金电力等多个行业，企业数量达到 1289 家，是改革开放之初的十几倍，工业资产总额也达到 4 亿元。

在工业企业超常规加速发展过程中，一些以农牧业为主线的产业化龙头企业诸如巴特尔、豆都、蒙兴等新兴企业也开始涌现出来。到 1996 年，全旗工业总产值达到 3.14 亿元。到 1999 年末，莫力达瓦旗已经形成包括建材、制酒、乳品、饲料以及油脂在内的五大支柱企业，涉及 3 个大类、17 个中类和 25 个小类，工业增加值达到 7131 万元①。

面对莫力达瓦旗工业企业的异军突起，梅里斯区同样乘着改革开放的东风，大力发展具有地域特色的工业经济，一些社队企业犹如雨后春笋般地建立起来。当然，相较于莫力达瓦旗而言，梅里斯区的工业经济起步不如莫力达瓦旗高，规模不如莫力达瓦旗大，涵盖范围不如莫力达瓦旗广，但毕竟勇敢地向前迈出一大步。到 1981 年，该区社队企业数量达到 91 个，工业总产值达 418 万元。机械设备 584 台，从业人员 3197 人，总收入 521.2 万元，利税 110 万元②。到 1990 年，该区工业企业数量达到 416 个，涉及全民所有制、集体所有制、区街企业和乡镇企业等多种类型，乡镇企业还包括乡办、村办和民办等几种形式。其中，全民所有制 1 个，集体所有制 76 个，区街工业 11 个，乡镇企业 399 个。从业人员 2518 人，工业总产值 16291.7 万元，收入 11927.2 万元。实现利税 1481.26 万元，向国家纳税 280 万元③。乡镇企业产值以年均 22.7% 的速度递增。

（一）企业类型

从企业类型看，达斡尔族企业类型多元，所有制形式不一，既有国营企业和乡镇企业，又有区属企业和个体企业。从改革开放到 1995 年间，莫力达瓦旗工业企业多以国有和集体所有为主，梅里斯区工业企业的所有制结构与之大同小异。随着达斡尔族地区所有制结构逐步向市场化方向调整，传统的国营及集体所有制结构逐步向多种所有制结构并存的方向发展。

1. 国营企业

国营企业是指国家或政府共同拥有或控股的企业。从齐齐哈尔梅里区

---

① 《达斡尔族简史》编写组、《达斡尔族简史》修订本编写组：《达斡尔族简史》，民族出版社 2008 年版，第 142 页。

② 梅里斯达斡尔族区志编纂委员会：《齐齐哈尔市梅里斯达斡尔族区志》，黄山书社 1999 年版，第 270 页。

③ 梅里斯达斡尔族区志编纂委员会：《齐齐哈尔市梅里斯达斡尔族区志》，黄山书社 1999 年版，第 270 页。

来看，他们共有国营企业 6 个。其中，归区直属的国营企业只有 1 家，其余 5 家均是外驻国营企业。经查证，梅里斯石油经销公司是梅里斯区唯一的国营企业，它始建于 1989 年，属全民所有制企业，拥有固定资产 80 万元，正式职工 17 人。经营业务以汽油为主，兼营柴油或机油等。1990 年，该公司年销售收入达到 161 万元，产值 20 万元，上缴税金 4.8 万元。齐齐哈尔市农机修造厂、华齐乳品厂、雅尔塞修配厂、哈拉海军马场以及齐齐哈尔建华机械厂 16 车间等 5 家国营企业均为外驻企业。其中，成立最早的是哈拉海军马场，它成立于 1956 年，属于总后马政局扎兰屯军马总场哈拉海军马分场，占地面积 40 万亩。1958 年曾划归地方管理，后改为嫩江专属种马场，隶属于黑龙江省农业厅。1961 年，该场又转归军队所有，先后归总后军马部、总后白城办事处（201）部队以及沈后工厂局管理。在此期间，该场根据不同时期的经济发展需要，于 20 世纪七八十年代分别成立造纸厂、修配厂、砖厂、面粉加工厂、酒厂、服装厂以及乳品厂等，或生产白纸、红砖、面粉、白酒、服装和乳粉等，或负责全场拖拉机及其他机械的修理。齐齐哈尔市农机修造厂组建于 1958 年，它是在大民农业机器修理车间基础上设立的，占地面积 1 万平方米，厂房 4000 平方米，或承担拖拉机修理业务，或生产各种农机具及拖拉机配件。到 1964 年，该厂共修理拖拉机 185 台，同步生产饲料粉碎机、除草机等农机产品 2328 台，产值 106 万元。到 1985 年，该厂共修理拖拉机 144 台，同步生产 1.5—8 吨拖车 232 台，膨化机 153 台及其他机械。到 1990 年，该厂处于半停产状态。雅尔塞修配厂同样始建于 1958 年，占地面积 8600 平方米，1971 改为雅尔塞拖拉机修配厂，重点负责国营农场系统拖拉机的修理，有职工 49 人。1983 年后，该厂先后成立炼油厂、木材加工厂、冰棍厂等。因修理行业不景气，该厂于 1986 年停产。华齐乳品厂创建于 1981 年，由中国牧工商联合总公司、黑龙江省畜牧局以及齐齐哈尔市政府联合投资兴建，1984 年正式投产，占地面积 5 万平方米，日处理鲜奶 30 吨，重点生产婴儿粉、牛奶豆乳粉、豆奶粉、果味奶片、巧克力奶片等，产品远销辽宁、山东、甘肃等 15 个省 60 多个地区，到 1990 年，该厂年收购鲜奶 13365 吨，产量 1775

吨，产值 1420 万元，销售收入 1605 万元，利税 3281 万元。

莫力达瓦旗国营企业起步于 1949 年，当时有国营企业 4 家，重点生产面粉、豆油、白酒以及发电等。1958 年，随着该旗全面实行人民公社化，尤其是随着大办工业热潮的兴起，印刷厂、机械厂等一批地方国营企业相继建立起来。当年末，全旗有国营工业企业 10 家，年产值 119 万元。到 1960 年，全旗国营企业数量达到 25 家，总产值 471 万元。"文化大革命"前后，受当时的政治气候影响，加之管理不善，部分国营企业相继倒闭下马。到 1978 年，全旗国营企业只剩下 14 家，总产值 296 万元。到 1990 年，全旗国营企业有 13 家，总产值 5475 万元。到 2000 年，全旗国营企业只剩下 5 家，国营企业产值则达到 5107 万元。

2. 区属企业

区属企业是指隶属于区乡企局、计委、街道办的企业，包括制砖厂、建筑公司、乳品厂、制酒厂、木器加工厂、预制构件厂等，这些企业绝大多数属于集体所有制企业。从创建时间来看，除制砖厂和预制构件厂始建于 20 世纪 70 年代外，其余企业均创建于 20 世纪 80 年代或 90 年代初。其中，预制构件厂始建于 1971 年，属全民所有制性质，占地面积 16200 平方米，1990 年因市场不景气而停产。制砖厂则建立于 1975 年，年产红砖 1200 万块，到 1990 年，该厂年产红砖高达 2500 万块，产值 135 万元，收入 106 万元，利税 17 万元，上缴税金 33 万元。截至 1990 年末，全区共有区属企业 17 个，工业总产值 345 万元，销售收入 133 万元，上缴税金 142 万元，利润 12 万元。

3. 乡镇企业

作为达斡尔族乡村最活跃、最具生命力的一种经济业态，乡镇企业已经成为助推民族地区经济发展的重要生力军。从齐齐哈尔梅里斯区来看，乡镇企业最初是在 1958 年全党全民大办工业背景下兴办的，村办企业则比乡办企业要早。其中，村办企业包括豆腐坊、粉坊、油坊、木匠铺、铁匠炉、酒坊以及米面加工、农具制造修理、家具生产等，基本属于作坊性质，具有起点低、规模小、人数少、成本低、效益差等特点，主要满足当地达斡尔族农民的生产之需和生活需要，生产品或加工品很少用于交换。

随着大跃进时代的到来，在大炼钢铁、大办工业的狂热时代，各达斡尔族村屯同样兴建各种高炉，因缺乏必要的原料、资金、设备及技术，结果快速下马。自 1978 年以来，达斡尔族乡村在大力搞好农业生产的同时，积极创办各种村办企业或经济实体。到 1985 年，全区有村办企业 26 家，包括玛瑙玉器厂、造纸厂、稻草加工厂、糖化饲料厂、农机修理部等，从业人员 145 人，总收入 66 万元，总产值 182 万元。

与村办企业相比，乡办企业成立时间相对要晚。1969 年，梅里斯区共和乡率先创办农机修配厂，先生产农机配件，而后转产生产暖气片，1986 年因经营不善而停产。到 20 世纪 80 年代，全区有卧牛吐公社农机厂、哈拉公社农具厂等 14 家乡镇企业。到 1990 年，全区乡镇企业数量呈几何式增加，共有各类"乡镇企业 399 个，从业人员 2111 人，工业总产值 3081 万元，销售收入 1496 万元，产品销售税金 167 万元，产品销售利润 57 万元"①。另据粗略统计，到 1990 年，黑龙江省达斡尔族乡及梅里斯区创办的乡镇企业共有 1521 家。其中，乡办村办企业数量降至 107 家，总产值 1496 万元，从业人员 5152 人（包括户办、联户办企业）。到 2000 年，黑龙江省达斡尔族乡及梅里斯区乡镇企业数量创纪录地达到 7129 个，乡镇企业增加值达到 6732 万元，从业人员 9130 人。

莫力达瓦旗乡镇企业起步于 20 世纪 50 年代。1953 年，伴随着该旗对个体工商业实行社会主义改造，许多手工业者走上合作化、集体化发展道路，这为日后乡镇企业的创建发展奠定了坚实基础。人民公社化后，村级手工业逐渐划归生产队所有，在坚持以农为主的前提下，许多生产队兼营手工业。基于管理集体经济的现实需要，莫力达瓦旗于 1958 年成立二轻工业局和农业局，分别管理城镇企业和农村企业，诸如粮米加工厂、烘炉等。到 1965 年，部分公社纷纷兴办饭店、旅店、油坊等小型企业，乡镇企业实力逐步壮大。自 1978 年以来，围绕落实中央提出的对乡镇企业"积

---

① 梅里斯达斡尔族区志编纂委员会：《齐齐哈尔市梅里斯达斡尔族区志》，黄山书社 1999 年版，第 271 页。

极扶持，合理规划，正确引导，加强管理"的发展方针，莫力达瓦旗通过完善企业承包责任制、改善企业管理等行之有效的措施，推动全旗乡镇企业实现快速发展，乡镇企业涵盖范围涉及工业、商业、饮食服务业、建筑业等。20世纪80年代，莫力达瓦旗乡镇企业进入深度调整阶段，一些盲目上马的亏损企业纷纷关停并转，对新建企业、重点企业等予以政策扶持。即便如此，乡镇企业数量较前有所减少。1984年，随着全旗进一步落实生产责任制，出现乡办企业、村办企业、组办企业、联办企业多元发展的良好局面。1992年，全旗有乡镇企业42家，企业总产值为609万元。其中，乡镇办企业总产值为476万元，村办企业总产值133万元。1996年，全旗乡镇企业数增加到93户，村组办企业664户，企业产值分别达到1550万元和5468万元。2000年，受企业改制影响，全旗乡镇企业数量及产值等均明显下降。

4. 个体企业

个体经济作为多元经济的重要组成部分，在推动达斡尔族地区经济发展方面起到拾遗补阙作用。从梅里斯区来看，到1954年，该区共有个体企业20多家，涉及成衣铺、豆腐坊、粉坊、油坊、铁匠铺等。1956年，随着国内政治形势的变化，个体经济化私为公，渐次转入手工业生产合作社。自1978年以来，伴随达斡尔族地区深化经济体制改革，个体私营经济渐次红火起来。到1978年，梅里斯区共有各类个体手工业52家，涉及食品加工、缝纫、化工、金属制品、木材加工等。到1990年，全区共有个体手工业、小企业1124家，从业人员1238人，总资产达到134万元，个体经济逐渐成为社会主义市场经济发展的重要生力军。从黑龙江省达斡尔族来看，到1988年统计，全省共有户办、联户办企业905家。到1990年，户办、联户办企业增加到3271家。到2000年，全省达斡尔族乡及梅里斯区共有私营企业6066家，总产值达到3.14亿元。

从莫力达瓦旗来看，个体私营经济发展的运行轨迹与梅里斯区大同小异，同样经历了创建、合并与恢复发展几个阶段。自1978年以来，随着我党陆续出台一系列鼓励个体私营经济发展的政策措施，个体经济在原有基础上实现了突飞猛进的发展。到 1984 年，全旗个体企业数量发展到 1332 家。次年，个体企业数量增加到 1498 个，占该旗企业总数的 97.6%；从业人员 2890 人，占全旗企业从业人员总数的 81.3%，个体企业收入达到 953 万元。到 1996 年，全旗个体私营企业数量达到 7028 个，从业人员 15524 人，总产值达到 19664 万元。到 2000 年，全旗私营企业产值高达 3894 万元，个体私营经济逐渐成为拉动莫力达瓦旗经济快速发展的新的增长点。

（二）行业结构

从行业结构来看，达斡尔族工业企业涉及多个行业，包括建筑、养殖、建材、食品、服装、木器加工、轻化工、冶金、机械、铸造、农副产品加工等。据 1990 年统计，在梅里斯区 58 个工业企业中，涉及食品、建材、建筑等 7 个行业。具体行业分布是，食品业有 21 个企业，建材业有 9 个企业，木器加工业有 5 个企业，冶金、机械、铸造业以及轻化工业和服装业分别有 4 个企业，建筑业有 3 个企业，其他行业有 9 个企业。从黑龙江省达斡尔族来看，到 1988 年，在全省达斡尔族乡镇企业中，有 387 户从事商饮服务业，有 236 户从事工业，有 309 户从事建筑运输业，有 112 户从事其他行业，年产值分别达到 230 万元、754 万元、895 万元和 135 万元。到 1990 年，在全省达斡尔族乡及梅里斯区乡镇企业中，有 237 户从事工业，有 563 户从事商饮服务业，有 391 户从事建筑运输业，有 204 户从事其他行业，所创产值分别达到 870 万元、566 万元、1748 万元和 1583 万元。

从莫力达瓦旗来看，自 1990 年到 2000 年间，该旗工业企业发展迅速，具有产业规模大、涵盖部门广、产业关联度强等特点，重点涉及 16 个行业，包括煤炭、建筑、食品、制酒、印刷、服装以及金属加工业，等等。到 1992 年统计，在全旗 57 家全民、集体工业企业中，有 9 家从事煤炭业，5 家从事建材业，13 家从事制造业，3 家从事饮料业，5 家从事饲料业，3 家从事金属制品业，其他企业则从事电力、印刷等行业。

（三）产品结构

达斡尔族各类企业生产的工业品，主要面向本地各族群众，以耐用消费品和日常生活必需品为主。从梅里斯区来看，该区企业生产的工业品数量不是很多，包括乳粉、豆油、皮鞋、红砖、家具、白面、酱油、糕点以及童装等。其中，乳粉具有一定知名度，生产品销往全国 15 个省市，1990年曾获得黑龙江省首届生活用品、消费品展销会特别推荐奖和信誉奖。地产豆油，也因绿色、特色销往北京、上海、广东等多个省市。实用家具和办公用品因式样多、品种全而远近闻名，到 1990 年，所生产的木制品有10 余个品种、近百个式样、4250 件，曾销往哈尔滨、北京、内蒙古等地。因齐齐哈尔市加大城乡开发和建设力度，对红砖需求量较大，该区生产企业红砖年生产量最高时达到 2600 万块，从而为当地建筑企业提供充足的建筑材料。

从莫力达瓦旗来看，他们生产的工业品同样以生产生活必需品为主，涉及豆油、豆粕、奶粉、啤酒、白酒、红砖、原煤等多个品种。其中，莫力达瓦旗啤酒厂生产的"巴特罕"酒包括啤酒、白酒两大系列 12 个品种，除满足本地消费者需求外，还远销内蒙古自治区以及其他省份，并获得新加坡国际饮料博览会金奖，巴特罕白酒则在 1994 年荣获"中国优质精品金奖"称号。莫力达瓦旗植物油厂生产的豆油、豆粕等产品，因质量上乘而成为各地消费者的抢手货，生产的豆油陆续打开北京、山东、河北等区外市场，生产的豆粕甚至远销韩国、日本等国家，该厂也先后成为自治区工业企业 300 强之一以及我国 500 家最大食品制造企业之一。

（四）工业管理

基于管理工业企业的现实需要，达斡尔族地区同样建立了相应的管理机构，并根据不同时期的不同发展需要对现有管理机构进行适度调整。在这方面，齐齐哈尔梅里斯区于 1959 年成立社队工业科，重点强化对区属工业企业的管理。"文化大革命"期间，由齐齐哈尔革委会公交组全面负责对乡镇企业的日常管理。自 1978 年以来，适应国家经济发展、管理转型的客观需要，梅里斯区于 1978 年设立社队企业局，民族乡镇设立企业办，以此履行对各类工业企业的监管职责。1984 年，该区把社队企业局更名为乡镇企业局。管理范围也发生相应变化，即乡企局重点管理区直 8 个企业，其余 55 个乡镇企业则由乡镇企业办直接管理。1988 年，该区成立计划经济委员会，重点强化对区直企业、三资企业以及乡镇企业的管理工作，梅里斯酒厂、预制构件厂等 8 家企业则划归计划经济委员会直属管理。

从管理形式上，由于 20 世纪 50 年代以来成立的工业企业以全民所有制和集体所有制为主，企业领导人多由政府主管部门任命，许多生产经营活动带有行政命令色彩，包括限制商品生产和市场交易、搞无偿支援以及平均分配，加之外行领导内行的运行机制，使得工业企业难有大的发展。自 1978 年以来，工业企业逐渐由生产型管理向经营型转轨，企业领导开始由任命制改为选举产生，工业企业的生产经营开始进入良性发展轨道。1983 年，区乡企局一改以往的行政命令的管理模式，只对各企业下达指导性计划，其余则由企业说了算，并实行自产自销或以产定销。1983 年，区属企业均实行经济承包制，企业经营成效与职工利益挂钩，从而调动了职工的生产积极性。1984 年以来，随着企业改企改制的不断深化，加之多种所有制形式、多种经济成分以及民营经济的异军突起，传统的生产经营和管理模式逐渐让位于市场化管理形式。

二、商业

达斡尔族商业始于清康熙年间，达斡尔人通过楚勒罕集市、齐齐哈尔市场贸易、甘珠尔庙会以及"安达"贸易等载体平台进行毛皮、牲畜、木材、木炭等交易，并出现了"坐商"和"行商"。新中国成立后，为满足达斡尔族人日常生产生活需要，党和政府多在达斡尔族村屯建立供销合作社，重点经营米面油盐、布匹、烟酒糕点、日用小百货及其他日杂用品，少则七八十种，多则二三百种。同时收购粮食、生猪、鲜蛋等农副产品以及废钢铁、破布等废旧物资收购。

从梅里斯区来看，自 1950 年到 1952 年间，该区先后在后平房、三间房等村社设立 10 个供销社。为更好地服务在地达斡尔族群众，他们除依托供销社外，还大力转变营销方式，或送货下乡，或就地收购，有时还帮助互助组选购各种农用肥料以及帮助达斡尔族农民改良畜种。考虑到货物运输的实际需要，各村供销社还购置了以二马或三马为牵引动力的胶轮车。随着梅里斯区陆续设立乡政府，该区相继在乡政府所在地设立乡供销社，各村供销社则归乡供销社领导，实行统一领导、统一核算，统一运营。从1956年到1958年间，随着党对农业、手工业、资本主义工商业实行社会主义改造以及之后的人民公社化运动，乡村供销社数量较前有所减少。比如，华丰人民公社（1958年梅里斯达斡尔族区被撤销，后改为华丰人民公社）当时仅有6个供销社，到1961年华丰人民公社被撤销，基层供销社数量增加到12个。"文化大革命"期间，许多供销社受当时的政治气候影响，不但经营管理混乱，而且各种规章制度被废除，部分供销社处于连年亏损状态。

1978年以来，随着达斡尔族地区不断深化经济体制改革，农村商业经济开始步入恢复发展阶段。到1984年，梅里斯区共有9个乡镇级供销社，同时增设农副产品采购供应站和废旧物资采购供应站，面向全区开展采购和供应等业务。近些年来，随着达斡尔族地区经济的快速发展，个体商业、个体摊床等大量涌现，各种集贸市场尤其是工业品交易市场、农副产品交易市场、牲畜交易市场及粮油交易市场等不同层次的交易市场遍布城乡各地，每次交易额度在5万到10万元不等，达斡尔族商业经济呈现购销两旺局面。到1990年，梅里斯区经营的商品品种有10大类千余品种。其中，五金交电近千种，建筑材料超百种，此外还有化工产品、纺织品、粮油食品等，呈现出国营、集体、个体齐头并进、互促共赢的发展局面。

从莫力达瓦旗来看，适应新中国成立后稳定市场、平抑物价的管理需要，自1946年起，该旗先后成立工农合作社、国营综合性实业公司及莫力达瓦旗供销合作社联合总社。到1949年底，全旗共有8个供销合作社、4个分社，有各类商业网点15个。1956年，随着合作化运动的深入开展，全旗商业网点数量达到28个，社会商品零售总额达到446万元。人民公社化运动以来，随着私人商铺逐步被取缔，加之对集体商业管得过严过死，该旗商业一度出现商品短缺、市场供应不足等现象，多数生活必需品只好凭证供应。进入 20 世纪六七十年代，受当时的政治气候、运营体制、三年自然灾害以及"文化大革命"等多重因素的叠加影响，该旗流通领域的经营渠道显得单一狭窄，流通市场也相对疲软。1978 年以来，随着我党不断深化商业流通领域体制改革，该旗商业经济呈现前所未有的提升态势。到 1980 年，全旗共有商业机构 313 个，其中零售机构 84 个，饮食服务机构 100 个。到 1985 年，全旗商业机构数量增加到 1300 个，其中零售机构 1191 个，饮食服务机构 464 个，社会商品零售总额达到 3082 万元。到 1992 年，全旗商业机构扩大到 1704 个，社会商品零售总额达到 1.24 亿元。到 1996 年，全旗社会消费品零售总额达到 2.29 亿元，城乡市场交易更加活跃，交易数额大幅度提升。

（一）商业类型

受不同时期政治形式的影响，达斡尔族商业呈现出两种不同的发展走势。以 1978 年为分水岭，在此之前，商业类型以国营商业和集体商业为主，在此之后，商业类型以合作制和个体商业为主，体现出商业经济有退有进、国退民进的发展主题。莫力达瓦旗供销系统于 1982 年进行商业体制改革，总的方向是变官办为民办，变全民为集体，通过体制改革和机制创新，以实现商业经营的灵活性。

1. 国营商业

所谓国营商业，是指新中国成立后在城市设立的具有全民所有制性质的商业企业。以梅里斯区为例，国营商业企业主要指在梅里斯主城区内设立的商服企业，像城镇供销社、华丰百货商店以及梅里斯饭店等。"大跃进"及三年自然灾害时期，齐齐哈尔政府适应当地行政体制的管理需要，同步变革商业领导体制，由市二商局百货公司和市饮食服务局对国营商业企业进行行业管理，并由全民所有制改为集体所有制。1969 年，按照黑龙江省管委会的指示精神，基层供销社的社员股金全部退还给社员，梅里斯区国营商业供销社又由集体所有制改为全民所有制。1978 年之后，该区国营商业再次由全民所有制改为集体所有制。近些年来，随着达斡尔族不断深化商业管理体制改革，到 1990 年，该区国营商业逐步退出历史舞台，开始由个人承包或集体经营所取代，并出现大小不一、数量不等的批发零售商店。

从莫力达瓦旗来看，1946 年成立的利民实业公司，是该旗设立的最早的全民所有制国营商业公司。到 1956 年，该旗适应当地商业发展需要，又成立了百货公司和食品公司。自此之后的几十年间，该旗国营商业企业多次经历大的变革，呈现有分有合、有进有出的发展趋势。1981 年，该旗根据国家经济体制改革的现实需要，全面推行以利润包干为主的责任制，进一步明确利益各方的责、权、利。到 1984 年，从公司、厂到基层商店和生产车间逐级落实经理、厂长及车间主任的责任制。次年，又以改、转、租、包等形式对国营商品零售、购销以及饮食服务等行业门店进行体制改革。到 1986 年，该旗商业系统实行独立核算的企业有 12 家，实行改、转、租的企业 26 家。到 1988 年，按照"包死基数、利润递增包干、确保上缴、超收全留、歉收自补"的承包形式，全面引进竞争机制。总之，经过商业体制的市场化改革，到 1990 年，全旗有全民所有制商业 91 家，从业人员 2433 人。到 1996 年，全旗国有商贸企业社会消费品零售总额达到 8432 万元，并以城镇为中心，形成包括工业品、蔬菜、副食品、饮食品在内的门类比较齐全的国营商业流通网络。

2. 集体商业

供销合作社作为新中国成立后达斡尔族地区主要的商业形式，具有集体商业的属性，它们重点为生活在乡村的达斡尔族群众提供周到便捷的商业服务，使他们足不出村（乡）就能买到日常生活用品或农用生产资料。据史料记载，新中国成立前的 1948 年冬，梅里斯区的巨宝山、黑岗子、达呼店等达斡尔族村或联村共设立 12 个村级供销社，同时还在卧牛吐等地设立大车店。自 1950 年到 1952 年间，该区又在雅尔塞等 13 个村社设立供销合作社，从业人数增加到百余人。1956 年，随着党对农业、手工业、资本主义工商业实行社会主义改造，达斡尔族乡村供销社均为集体性质，包括饭店、供销社以及大车店等。自 1978 年以来，各乡镇供销社重新恢复了集体所有制性质，全区集体商业企业数量达到 80 多户，从业人员达到 300 多人。到 1990 年，全区供销社完成和实现各项经济指标 1974.21 万元，上缴税金 38.71 万元，平均每人额 4.619 万元。固定资产为 136.29 万元（折旧后价值），家具用具（折旧后价值）1.73 万元，库存商品资金 479 万元[①]。

从莫力达瓦旗来看，集体商业是与国营商业相伴而生的，相互之间曾多次进行角色转换，到 1990 年，该旗集体所有制商业达到 145 个，从业人员 1143 人。到 1992 年，全旗集体所有制商业 147 个，人员数量变化不大。到 1996 年，全旗集体经济企业社会消费品零售总额达到 3508 万元。

3. 合作商业

合作商业是伴随着达斡尔族乡村全面实行家庭联产承包责任制而渐次兴起的一种商业形式，它主要是达斡尔族农民在自有资金严重不足的情况下，尤其是出于想加快脱贫致富的现实考虑，或者出资金，或者出场所，或者出人力，以合作形式在乡镇所在地创业立业，经营项目较为单一，诸如烟酒糖茶、五金百货、饭店、小吃部以及农业生产资料等。到 1990 年统计，梅里斯区共有合作制商业网点近百家。

4. 个体商业

个体商业是与合作商业相伴相随的，它同样产生于 20 世纪 80 年代。随着我国商业体制改革的不断深化，越来越多的达斡尔族人开始以个体经营的形式从事商业服务业，主要有食杂店、饭店、旅店、各种批发店等，可谓五花八门。经营品种包括烟酒、副食、调料、农资产品、土特产、文具、纸张、服装、小百货、医药等。到 1990 年，在梅里斯区政府所在地开设的个体店就有 50 多家，个体饭店 32 家，个体商贩数百户。从梅里斯区乡村来看，在 90 个村、132 个自然屯中，共开设食杂店 400 个，个体商业总数达到 800 户左右。

从莫力达瓦旗来看，个体商业经济始自 1978 年，随着国家陆续出台鼓励发展个体商业的政策措施，个体商业经济同步得到快速发展。到 1982 年，全旗共有个体商业 171 家，零售额 396 万元。到 1985 年，个体商户猛

---

① 梅里斯达斡尔族区志编纂委员会：《齐齐哈尔市梅里斯达斡尔族区志》，黄山书社 1999 年版，第 282 页。

增至 2242 家，次年则高达 2578 家，从业人员增加到 3403 人。到 1990 年，全旗个体有证商业 1354 个，零售商业机构 1465 个，从业人员分别为 1523 人和 2557 人。到 1992 年，全旗个体有证户达到 1462 个，从业人员 1621 人。到 1996 年，全旗个体工商户 2314 家，社会商品零售总额达到 10949 万元。

（二）流通方式

达斡尔族商业的流通方式，主要从进货渠道、销售渠道和销售形式等方面来阐释说明，以便对该民族商品流通的总体脉络进行全面把握。

1. 进货渠道

建立稳定顺畅的进货渠道是实现商品流通的前提，从齐齐哈尔梅里斯区来看，它的进货渠道包括国营批发商业、供销社系统二三级批发站、厂家进货以及个体批发市场等。其中，自新中国成立后到"文化大革命"以前，主要借助国营批发商业渠道和供销社系统二三级批发站来进货。20 世纪 80 年代以来，多从生产厂家或个体批发市场进货。

所谓国营批发商业渠道，主要指新中国成立之初建立的供销合作社，他们若外进大小百货、针纺织品、针头线脑、火柴肥皂、糖酒油盐、文化用品乃至农用物资等，必通过国营商业三级批发站等渠道进货，所经营的品种具有花样新、品种全、质量好、数量足等特点，以满足达斡尔族群众多方位的消费需求。到 1956 年，随着私营批发商业过渡到国营商业后，进货渠道只剩下国营商业三级批发站。各基层供销社若私自到外地或外省采购物品，在当时是绝对禁止的，这种情况直到"文化大革命"结束之后方彻底改变。

与国营批发商业渠道相比，相伴而生的供销社系统二三级批发站主要经营日用杂品、生产资料、土特产品等，包括锄板、麻袋、土篮子、镰刀及其他铁木工具等。各基层供销社若经营上述商品，必须到指定的批发渠道进货，相反既不许到外省进货，也不许到省内其他市县进货，这种情况直到"文化大革命"结束以后才逐步改变。

从厂家直接进货，始于 20 世纪 80 年代。各基层供销社开始打破传统的进货渠道，主动与厂家联系建立直供渠道，既减少了流通环节又实现了生产者与经营者的直接见面，从而为达斡尔族地区商业经济的繁荣发展起到重要推动作用。与之同步，随着大批达斡尔族人从事个体批发或零售业，进一步拓宽了达斡尔族个体零售业者的进货渠道，由于他们批发起点低、价格灵活，加之还可以代销代售，从而弥补了国营、集体批发渠道货源不足、机制不灵活的矛盾。

从莫力达瓦旗来看，他们从 20 世纪 80 年代起，逐步改变单纯依靠二级站的进货方式，增加自行采购和直接从厂家进货的比重，有序构建多条流通渠道、多种经营方式的流通新体制。

2. 销售途径

达斡尔族群众主要生活在莫力达瓦旗、齐齐哈尔梅里斯区的各乡镇和村屯，少部分生活在内蒙古自治区和黑龙江省的其他地区。销售渠道以遍布城乡的基层供销社为主，由他们设立零售网点，并为包括达斡尔族在内的各族群众提供必要的生活用品和生产资料。

当然，在新中国成立之初的一段时间内，所经营的工业品档次不是很高，品种数量不是很多，以满足人们最低的或最基本的生产生活需求为主。进入 20 世纪 70 年代以来，各供销社经营的工业品逐步实现由单一向多元、由低档向中低档的过渡，以满足达斡尔族人日益增长的消费需求。1978 年以来，随着达斡尔族地区不断深化商业体制改革，加之国营、集体、个体商业销售渠道日渐拓宽，各基层供销社及个体商贩逐渐经营高档商品，包括洗衣机、电视机、自行车、收录机等开始走进达斡尔族家庭，成为他们日常生产、社会生活中不可或缺的重要组成部分。

从莫力达瓦旗来看，为解决达斡尔族群众购物难问题，他们于 1949 年开始建立供销合作社，同时在尼尔基、阿尔拉等公社设立 15 个零售网点。到 1957 年，该旗在农村设立的供销网点增加到 50 家，此外还增加了 16 台流动车，基本做到"公社、镇有商店，大村屯有分销店"。1965 年，该旗进一步创新商业服务方式，组织"乌兰牧骑"式的商业轻骑队，到全旗

153 个生产队进行流动售货，年流动 1126 人次。

针对一年四季不同的消费需求，该旗有针对性地组织各种适销对路的商品下乡销售。其中，农忙时节以销售各种农资产品为主，平时则以销售日常生活用品为主。到 1974 年，全旗各乡镇均设有供销社，各村屯则有分销店。到 1992 年，全旗乡村共有 22 个中心门市部、49 家分销店、19 个农副土特产品收购站。他们经销的商品各种各样，包括五金交电、生产资料、日用杂品、百货、文化用品、副食品、干鲜果品、陶瓷制品等。同时，还收购农村土特产品、中草药等。

3. 营销方式

自新中国成立起到 2000 年止，达斡尔族地区买卖商品主要有如下四种形式，即柜台销售、流动销售、物资交流大会以及农村集市贸易等。从产生时间来看，柜台销售、流动销售以及物资交流大会均产生于 20 世纪 50 年代，农村集市贸易则产生于 20 世纪 80 年代。从销售形式来看，柜台销售是最基本的、最常见的、最主要的销售方式。其中，柜台销售主要依托于基层供销合作社，他们从服务达斡尔族群众的便民利民角度出发，农忙时节机动安排营业时间，基本做到日出营业、日落关门，常年不闭店，没有休息日。达斡尔族群众什么时候需要买货，他们就随时卖。对于生活困难的达斡尔族人，他们还采取以废旧物资或农副产品兑换工业品的方式，有时采取筷子论双、火柴论盒等方式，最大限度地满足他们的基本生活需求和特定购物需求。

20 世纪六七十年代，受极"左"思想影响，基层供销社在经营作风上逐渐官商化，他们一改传统的营业时间，开始实行八小时工作制，节假日或周日也要关门歇业，许多达斡尔族群众感觉非常不方便。到 20 世纪 80 年代，基层供销社在经营理念、工作作风、服务质量等方面有较大转变。与柜台销售的坐等服务相比，达斡尔族地区基层供销社自 20 世纪 50 年代起，还采取下乡流动售货的方式，对那些居地僻远、没有营业网点的达斡尔族群众提供上门服务。由于当时缺乏必要的运载工具，人们多采取人背肩扛、扁担挑、自行车驮以及马车拉等形式，把达斡尔人需要的日常生活必需品送到千家万户。流动送货具有如下特点：一是时间不固定，有时定期，有时不定期；二是边售边收，他们除销售各种生产生活用品外，还回收各种废旧物资及农副产品；三是考虑到路途较远，万一回不来就吃住在农民家。

物资交流大会始于 20 世纪 50 年代，止于 20 世纪 70 年代，前后存在 20 多年时间。举办时间多在秋季，举办地点选在基层供销社所在地，每年举办一二次，参加者主要是国营商业批发部门和各村屯各族群众。具体做法是，先把举办物资交流大会的消息告诉附近村屯群众，然后组织货源并在规定时间内运到指定地点。活动当日，多邀请相关部门领导和乡镇领导参加，在指定柜台或在大街摆摊销售各种生产品，同时回收各种废旧物资和农副产品。每次交流大会多举办两三天时间，销售金额在两三万或三五万之间。到 20 世纪 70 年代，它逐渐被农村集贸市场所取代。

农村集市贸易设立时间较晚，它是 1978 年之后逐步设立的，一般由工商行政管理部门牵头组织，以乡镇所在地为交易地，定点定时地进行产品交易。起初，他们每月交易一两次，后来则扩大到三次，参加交易的既有达斡尔族群众，还有个体私营业者。以齐齐哈尔梅里斯区牲畜交易市场和粮油交易市场为例，参加交易的少则两三千人，多则上万人。可以说，农村集贸市场的设立，逐步改变了传统的以国营商业为主、集体商业为辅的局面，个体私营经济开始崭露头角，成为推动达斡尔族地区商业发展的重要力量。从莫力达瓦旗来看，自 20 世纪 80 年代以来，他们采取举办食品展销供货会、增加批发网点、开展送货下乡、拓宽服务范围等多种形式搞活流通。1986 年，该旗五金、烟酒、百货公司三级批发企业批发销售商品总额达到 1572 万元，先后举办五次展销会，成交额占全年批发销售总额的三分之一。1992 年，该旗与近百家工厂或公司建立业务联系，经营商品种类由建旗之初的四大类 800 多种发展到八大类近万种。

第四节　交通与通讯

交通通讯是达斡尔族人对外交流和信息沟通的重要途径，也是推动达斡尔族地区经济发展和社会进步的重要手段。新中国成立前，达斡尔族地区交通落后、

通信工具原始简单，几乎没有什么配套设施可言，日常生活多以马、大轮车和雪橇等作为代步工具。新中国成立后，随着民族地区经济的不断发展，通过采取各种行之有效的步骤措施，逐步改善当地的交通运输条件，同步提升当地的通讯水平，使达斡尔族的交通、通讯事业得到飞速发展，各种新式交通、通信工具层出不穷，为人们的出行和联络带来快捷和便利。

一、交通

交通是达斡尔族经济发展的命脉，也是实现人员往来、互通有无的要件之一。达斡尔族结合当地的交通实际，重点强化以公路为主体的道路建设，同步做好公路的养护、绿化及日常管理等工作。

（一）公路建设

清代，达斡尔族主要以驿站作为基本的交通形式。到清末民初，开始修筑公路。从齐齐哈尔梅里斯区来看，到新中国成立之初，该区共有国县公路（后来通称"国道"）3 条，即 1935 年修建的绥满公路、1935 年修建的齐查公路以及同年修建的齐富公路，新中国成立后的 1958 年，该区又修建了跃进公路。迄今为止，齐齐哈尔梅里斯区共有 4 条国道。

为适应达斡尔族经济社会发展的需要，该区以国县主干线公路为骨干，到 1964 年累计修建地方道路 22 条，总里程 248.6 千米。自此之后，地方道路逐渐由土路变成砂石路或柏油路。到 1986 年，全区地方道路全部

实现砂石路，砂石路总里程331千米，另有柏油路17千米。在这22条地方道路中，涉及区乡道路8条，总里程150千米；乡村道路14条，总里程197千米。到1990年，该区共有国防公路1条；县级公路3条，总里程158千米；地方公路22条，总里程348千米。黑龙江省其他达斡尔族地区在资金紧张情况下，也多方筹集发展资金用于修建道路，所有国道全部变成黑色路面，县际公路分沥青路面和砂石路面两种，乡村公路质量等级较之前有明显提高。

从莫力达瓦旗公路建设来看，1956年，国家投资30万元修筑尼尔基到宝山西小泉子公路，之后几十年内，逐步形成以尼尔基为中心的公路交通网络。从公路等级来看，到1996年，全旗有北京到加格达奇的国家干线道路4段160千米，有县级公路4条163千米，有乡道7条212千米，全旗公路总里程达到536千米，比较有名的如扎—尼公路、尼—腾公路、尼—汉公路，等等。220个行政村中，目前有108个村通公路。

据不完全统计，"九五"期间，该旗共完成公路建设投资1.99亿元，为"八五"时期的4倍，公路里程比"八五"末期增长126千米，综合好路率比"八五"时期提高21.7%。"十五"期间，莫力达瓦旗新修国道205千米，县际公路41千米，通村路263千米。其中，修建等级公路累计182千米，使该旗境内国道111线全面实现黑色路面，增加沥青路面136千米；县际公路增加46千米，包括沥青路面18千米，砂石路面36千米，使县际公路有了质的变化；修建乡级公路5条168千米，新建村路69条537千米，有效地改善了莫力达瓦旗公路的通行能力和循环状况，促进了达斡尔族地区经济发展和人民生活水平的提高。

（二）交通管理

交通管理涉及公路养护、水毁公路治理、公路绿化、路政管理以及交通监理等多个层面。为使达斡尔族地区交通命脉顺畅通行，齐齐哈尔梅里斯区结合当地交通管理实际，逐步推动交通管理步入正规化、规范化发展轨道。新中国成立后，基于公路维护的现实需要，该区重点采取两种养护形式。一方面，他们本着"远修近养""有路必养"的原则，对公路养护明确分工，落实责任。对干线公路，由公路两侧 1.5 千米以内的沿线村屯负责养护，为此各村屯成立养路委员会，指定专门人员常年养护公路和桥梁，交通部门则派人督促检查，从而保证公路的运行质量；另一方面，他们成立梅里斯养路段，对境内齐富、齐甘、齐查公路进行维修和养护。为提升公路的养护质量，实现公路养护无死角、全覆盖，他们按照"全党全民办交通"的指示精神，以乡为单位成立养路队，目前有 8 个乡成立了养路队，分段进行道路维护。

为提升公路养护的科学化水平，他们于每年的春秋两季，把砂、石、土等按比例均匀搅拌，然后铺装在路面，这样的养护效果相当明显。当压路机、平地机等先进机械应用后，他们采用上述机械设备进行公路养护，初步实现由依靠人力向使用机械养路的历史性跨越。

为使公路管理步入科学化发展轨道，梅里斯区于 1956 年设立公交部，1958 年设立交通科，1961 年改为公交科，1964 年恢复交通科。"文化大革命"期间，该区成立工业交通革命委员会，1969 年改为交通管理委员会。1970 年成立公路交通科，1986 年称为交通局，1990 年设立公路运输管理站、交通征费稽查所和交通监理站，具体负责路政管理。

从莫力达瓦旗来看，1957 年设立公路站，1972 年设立公路管理站，1980 年改为公路段，重点负责公路管理与养护工作。基于日常养护的管理需要，该旗又陆续设立养路道班，并配备养路工和养路员负责养护工作。据讲，1962 年设立的乌尔科养路道班，是该旗最早设立的养路道班。到 1980 年，全旗共设立 23 个道班，养护公路 5 条。到 1990 年，全旗养路道班数量增加到 24 个，养护公路 249 千米，有养路工 175 人。除养路道班外，他们还于 1996 年在尼格线设立 8 个群众养路班。

从养路设备来看，莫力达瓦旗公路养护初为马车，后为手扶拖拉机，再后为翻斗汽车、推土机、装载机、四轮拖拉机等，公路养护逐渐以人力为主向机械化、现代化过渡。

从养护费用来看，干线公路由国家出资，县级公路通过收取小额养路费支付。为充分调动公路养护者的积极性，自 1983 年起，该旗公路养护逐步建立两种承包责任制，即先承包到集体或个人，再分车或分组承包，从而使得公路养护质量较前有显著提升。到 1992 年，干线公路完好率达到 89.76%，县级公路完好率上升到 85.05%。

基于植树造林及美化绿化道路两侧的现实需要，梅里斯区于 20 世纪 50 年代便开始在境内公路开展植树活动，重点在齐富路、齐查路和齐甘路沿线，总里程 127 千米，总共植树 6 万多株。为使公路绿化有充足的苗木，该区还在梅里斯、雅尔塞两个养路段设立苗圃，可以为境内公路绿化提供 10 万株苗木。与梅里斯区相比，莫力达瓦旗同样加快公路绿化进度。1978 年，全旗公路植树 5 万株，绿化 14 千米。自 1983 年到 1992 年间，共植树 111 万株，绿化 181 千米，公路绿化总里程达到 200 千米。

（三）陆路、水路运输

新中国成立前，达斡尔族货物运输以牛车、马车为主，主要运送庄稼、薪柴、粮食等。新中国成立以来，随着达斡尔族地区经济社会的快速发展，客货运输量有显著增加。从货物运输的方式来看，部分达斡尔族农民以自家农用车拉运货物或应季农产品，部分农民则购买汽车搞长、短途运输，还有一些人采用公共汽车拉运货物。

从齐齐哈尔梅里斯区来看，客货运输涉及公路和水路两条线。其中，公路运输是最基本、最主要的运输形式。有资料统计，1954 年，该区公路过往旅客近 9 万人次，货物运输 60 多万吨。到 1958 年，货物运输增加到 80 万吨。三年自然灾害时期，运送旅客数量累计达到 20 万人次，年货运量达到 490 万吨。"文化大革命"期间，年客运量达到 20 多万人次，年货运量达到 42 万吨。20 世纪 80 年代以来，随着机动车数量的持续增加，加之国营、集体、个体一起上，年货运量降至 29500 吨。到 1990 年，全区年客运量猛增到 50 万人次，货运量则减至 6476 吨。

从莫力达瓦旗来看，新中国建立之初，同样以马车、牛车为主要运输工具，到 1949 年，全旗货运量 9540 吨。20 世纪 50 年代以来，适应农业合作化的发展需要，该旗不但出现了个体运输户，而且成立了运输合作社。到 1958 年，全旗共有 12 个运输合作社，有畜力车 63170 台，货运量

53170 吨，是 1949 年的 5.5 倍。为解决运力不足的问题，部分机关、企事业单位开始购置货运汽车，以从事经营性的货物运输。到 1965 年，旗直系统共有货运汽车 10 辆，年汽车货运量 4183 吨。进入 20 世纪 70 年代，莫力达瓦旗公路运输出现机动车、畜力车并存的局面，并逐步向运输机械化过渡。

党的十一届三中全会以来，随着莫力达瓦旗全面深化公路运输体制改革，个体运输户异军突起，并通过承包、购买国营、集体车辆的形式从事公路运输业务，全旗货运量和货运周转量猛增。到 1988 年，全旗有货运汽车 267 辆，全年公路货运量达到 12.27 万吨。其中，全民运输业 3.18 万吨，集体运输业 2720 吨，个体 8.81 万吨，个体货运量已成为公路运输的主体和核心。到 1992 年，全旗公路货运量达到 12.3 万吨，1996 年增加到 15 万吨。① 自"八五"以来，全旗货运周转量达到 871 万吨/千米。与货运运输相仿，莫力达瓦旗的旅客运输同样可圈可点。到 1990 年，全旗共有客运线路 17 条，营运里程 2588 千米……营运站点 232 个，日营运班次 20 余次，日客流量最大 2000 人次，全年公路客运量 62 万人次。② 到 1996 年，全旗公路客运量达 78 万人次。

与公路运输相比，梅里斯区水路运输十分发达。新中国成立后，该区陆续在两江渡口开通 5 条航线，日常工作由渡口管理所负责，日吞吐量在万吨以上。1956 年，他们成立木帆船合作社，负责当地的客货运输。1957 年，他们采用钢丝绳渡运。1958 年，渡口管理所和木帆船合作社合并，成立齐齐哈尔运输公司。1959 年，往来两江渡口的船只改装对子舵架，运输率提高 35%。1964 年，他们开始以动力船做水运工具，年客运量 97443 人次，货运量 39196 吨。③ 到 1966 年，两江渡口实现渡船机械化，从而结束长尾舵和人力撑杆的历史。1969 年，因遭遇特大洪灾，年客运量 17 万多

---

① 莫力达瓦达斡尔族自治旗史志编纂委员会：《莫力达瓦达斡尔族自治旗志》，内蒙古人民出版社 1998 年版，第 490 页。

② 莫力达瓦达斡尔族自治旗史志编纂委员会：《莫力达瓦达斡尔族自治旗志》，内蒙古人民出版社 1998 年版，第 490 页。

③ 梅里斯达斡尔族区志编纂委员会：《齐齐哈尔市梅里斯达斡尔族区志》，黄山书社 1999 年版，第 302 页。

人次，货运量 44043 吨。1970 年，国家投资 5000 元修建被洪水冲毁的南江码头。1976 年，渡江全部免费。1980 年，随着嫩江公路大桥的建成通车，结束了齐齐哈尔西部地区撑船渡江的历史。自 1985 年至 1990 年间，嫩江水域共有"航线 6 条，全长 4445 千米，有推拖轮 13 艘，3379 马力，驳船 45 艘，19400 吨位，年完成货运量 234325 吨，周转量 93684471 吨千米，创利润 12.8 万元"[①]。

从莫力达瓦旗来看，新中国成立之初，曾在尼尔基、额尔和、宝山、查哈阳等地设立多个渡口。到 1956 年，旗交通部门陆续接管尼尔基、额尔和等 4 个渡口，共有大小船只 9 艘，有工作人员 27 人。1970 年以来，渡口数量增加到 5 个，人员增加到 32 人，有各种船只十余艘，包括一艘动力船，以便为外来客运提供帮助。

（四）运输工具

新中国成立以来，新式交通运输工具如自行车、各式农用车、摩托车以及汽车等，逐步取代了勒勒车、爬犁等传统运输工具，成为城乡居民的主要交通运输工具。随着人们生活水平的逐步提高，一些人甚至拥有了私家轿车。从客运来看，汽车是普通百姓主要的交通工具，许多人外出办事以乘公共汽车为主。为创造舒适方便的乘车环境，各达斡尔族地区加快汽车线路建设步伐。莫力达瓦旗共有 11 个镇、6 个乡、220 个行政村，目前已开通 107 条客运线路，每天开通 552 个班次，每个行政村都通了汽车。自"八五"以来，客运周转量达到 6002 万人/千米。除长途公共汽车外，县城或乡镇之间还有出租车、港田、人力三轮车等交通工具，上述交通工具的广泛应用，极大地方便了群众的出行。

二、邮电

达斡尔族邮电历史相对久远，到清顺治初年，以古驿道作为邮路。到

---

① 梅里斯达斡尔族区志编纂委员会：《齐齐哈尔市梅里斯达斡尔族区志》，黄山书社 1999 年版，第 302 页。

民国、日伪时期，先以步班邮路，后以马车传递。1947 年，莫力达瓦旗成立邮电局，具体负责当地的邮电业务。1951 年，该旗邮电局因业务需要归扎兰屯邮电局领导，同步在努图克设立邮电代办所，共有邮电职工 28 人。1958 年，莫力达瓦旗邮电局改为莫力达瓦达斡尔族自治旗邮电局，有农村邮电支局 1 个，邮电所 7 个，有邮电职工 68 人，邮电业务初步实现由小到大、由少到多、由点到面的快速发展。1965 年，全旗共有邮电局、邮电支局以及邮电所 9 个，邮票代售处 85 个，报刊发行站 19 个。"文化大革命"期间，莫力达瓦旗邮电局几经组合曲折发展。到 1988 年，全旗共有邮电局 1 个，邮电支局 4 个，邮电所 16 个，邮政和电信代办所各 1 个，此外还有各种邮政服务点等等。到 1996 年，全旗邮政局所增加到 25 处，邮政支局由 4 个增加到 5 个，其他服务机构有增有减。

从梅里斯区来看，新中国成立后，随着自行车作为重要的交通代步工具，该区邮政业务逐渐以自行车作为运载工具。进入 20 世纪 70 年代，该区或用摩托车传递邮件，或用汽车拉运。自 20 世纪 80 年代以来，随着微机、电脑的普及推广，邮政业务开始步入现代化管理阶段。到 1990 年，全区邮电业务总量达到 32.8 万元，比 1985 年增加 55%；业务收入 33.6 万元，比 1985 年增长 192%；邮电固定资产达到 280 万元，比 1985 年增长 516%。

从莫力达瓦旗来看，新中国成立之初，邮件、信函投递多以马车、牛车为主。到 1952 年，始以自行车作为代邮工具，自行车数量逐年增加。到 1957 年，该旗彻底结束步班投递历史。到"文化大革命"前，全旗有 11 台邮运自行车，邮运畜力车 9 辆。到 1975 年，始有邮运摩托车加入。到 1979 年，有邮运汽车 3 辆，摩托车 5 台，自行车 32 辆。

从邮政线路来看，早在 1956 年，齐齐哈尔梅里斯区就设立大八旗、达呼店及共和 3 个邮电所，之后邮电所数量有增有减。1958 年，各邮电所全部改为邮电支局。1978 年以来，达斡尔族地区邮政事业得到快速发展，各乡镇、村屯均开通邮路。梅里斯、雅尔塞、共和、卧牛吐、哈拉海、达呼店以及莽格吐等 6 个支局与 21 个村屯实现邮路通畅，一般 2 日送一次，各乡镇一日一次。

相较之下，莫力达瓦旗于 1949 年首先开通尼尔基到前兴隆屯邮路，到 1957 年，面向乡村的邮政投递点发展到 10 个，共有 12 名乡邮员负责投递工作，邮路总长度 648 千米，村屯邮件多由各村派人取回或捎送。到 1965 年，全旗邮政干线邮路达到 238 千米，其中汽车委办邮路 70 千米，自行车邮路 34 千米，畜力车邮路 134 千米；农村支线邮路 582 千米，其中自行车邮路 440 千米，畜力车邮路 142 千米。到 1975 年，全旗邮电网点扩大到 20 处，邮路总长度达到 1556 千米。1992 年，莫力达瓦旗初步形成以尼尔基为核心，辐射 22 个乡镇、291 个村、606 个自然屯、901 个村民小组①的邮政通讯网络。到 1996 年，全旗邮路线路达到 15 个，累计总长度 1978 千米。到 2000 年，全旗邮路和乡村投递线路降至 13 条，总计 673.5 千米。其中，邮路 617.5 千米，农村投递线路 356 千米。以委办汽车邮路为主，辅以自行车邮路，并实现村村通。从邮路投递时间来看，汽车委办邮运以公共汽车班次而定，一般每日一次。自办邮路每日一次，乡村投递依距离远近和路况好坏，或一日一次，或 3 日一次。

从邮件类别来看，主要有公文、函件、包裹、汇兑、报刊发行、投递机要、通讯以及集邮等，后又增加特快专递和商业信函等业务。总体来看，齐齐哈尔梅里斯区邮政业务数量呈逐年增加态势。其中，函件数量 20 世纪六七十年代平均出口函件 50 万件，到 20 世纪八九十年代年均增加到 100 万件。从包裹业务来看，1956 年，该区年进出口包裹 620 件，1960 年达到 3000 件，到 1990 年激增到近万件。从汇兑业务来看，1980 年，梅里斯区年出口汇票超万张，1990 年增加到 5 万多张。从报刊业务来看，1956 年，该区年报纸刊物发行量 2000 份以上。到大跃进时期，年发行量达万份。随着报刊走进千家万户，报刊发行量较前有显著增加。

从莫力达瓦旗来看，办理业务与梅里斯区大同小异。到 1958 年，全旗邮政业务 61000 元（现价），经办函件 22.1 万件，机要件 1200 件，包裹

---

① 莫力达瓦达斡尔族自治旗史志编纂委员会：《莫力达瓦达斡尔族自治旗志》，内蒙古人民出版社 1998 年版，第 508 页。

6000 件，汇票 6695 张，报刊发行 42 万多份。到 1987 年，该旗增设邮政储蓄业务，次年增加集邮业务和快件业务。到 1992 年，该旗邮政业务总量 62 万多元，出口函件 50 多万件，包裹 1 万余件，汇票 3.7 万多张杂志近 17 万份，全年邮政业务 68 万多元。

三、电信

电信业务在达斡尔族地区创办较晚，它基本是在新中国成立后设立起来的。从业务范围来看，重点涉及电报、电话两部分。从梅里斯区来看，电信业务创办于 1956 年，大八旗、达呼店等 6 个邮电所均受理电报业务，大体经历由话传电报到打字电报几个发展阶段。到 1965 年，年收发电报 2400 件。到 1990 年，年收发电报 21000 次。与电报业务相比，电话业务同样始自于 1956 年，当年做到与达呼店、卧牛吐等乡开通电话业务。到 1958 年，经多方筹集通讯材料，并由社队出劳力，各社队、村屯均开通电话业务，线路总长 250 千米，装机容量 1000 门，共有电话 120 台。进入 20 世纪六七十年代，受经济等多重因素影响，传统的通讯设施遭到不同程度的破坏，电话业务同步受到严重影响。1980 年，梅里斯邮局建立电信通信网络，并与各乡镇开通实线电路。之后因受特大暴风雪影响，全区电路全部中断。到 1990 年，全区电话装机总容量达到 700 门，长话线路 22 条。

从莫力达瓦旗来看，电话业务分市话和农村电话两部分。其中，市话业务开办较早，早在新中国成立之初，就陆续开办这项业务，当时服务对象主要是政府机关或团体等。到 1965 年，全旗市话总数发展到 153 部。到 1977 年，全旗市话机总数达到 230 部。到 1980 年，全旗市话机总数达到 329 部。到 1992 年，仅尼尔基镇电话机总数就达到 1680 部。到 1996 年末，莫力达瓦旗市内电话交换容量达到 6000 门，用户 4898 户，市话业务总收入 284.7 万元[①]。

---

① 莫力达瓦达斡尔族自治旗史志编纂委员会：《莫力达瓦达斡尔族自治旗志》，内蒙古人民出版社 1998 年版，第 511 页。

从农村电话来看，早在 1947 年，莫力达瓦旗就开通宝山、汉古尔河等 6 处农村电话线路。到 1965 年，农村电话线路增加到 9 处，电话机总数达到 158 部；有 17 个公社、88 个大队通电话。到 1980 年，农村电话机总数达到 202 部，全旗 20 个公社、21 个生产队均通电话，生产队通电话数量约占全旗生产队总数的 23%。1993 年至 1996 年间，农村各乡镇均开通程控电话，其中兴隆、兴仁等乡镇实现村村通，农村电话用户达到 2924 户。

从电报业务来看，莫力达瓦旗电报业务不是很多，每日不过三四份。到 1958 年，全旗有 9 个局所开办电报业务，年电报业务总量 1 万份。到 1975 年，全旗年电报交换量出口 19866 份，进口 20017 份，转口 21871 份①。到 1984 年全旗年电报业务量达到 30226 份，到 1988 年年业务总量增加到 43188 份。

① 莫力达瓦达斡尔族自治旗史志编纂委员会：《莫力达瓦达斡尔族自治旗志》，内蒙古人民出版社 1998 年版，第 514 页。

第二十四章　社会事业

社会事业是指"国家为了社会公益目的，由国家机关或其他组织举办的从事教育、科技、文化、卫生等活动的社会服务"①，涉及教育、文化、体育、医疗卫生、城乡建设等多个方面。为满足达斡尔族群众日益增长的物质文明、精神文明、政治文明和生态文明等发展需要，达斡尔族地区党委政府高度重视社会事业建设，无论是教育文化还是体育卫生乃至城乡建设等方面均取得了可喜成就。

第一节　教　育

达斡尔族学校教育起步于清康熙年间，新中国成立后得到快速发展。结合该民族地区教育发展实际，从教育类型、教育教学、师资队伍、教育管理以及发展特点等几个方面进行梳理分析。

一、教育类型

新中国成立前，由于达斡尔族人政治上备受统治者的欺压，加之没有受教育的权利，他们的文化教育程度相对较低。新中国成立后，出于全面

---

① 社会事业，好搜百科。

提升达斡尔族群众教育水平的长远考虑，党和政府把发展达斡尔族教育摆在突出位置，初步实现了包括幼儿教育、小学教育、中学教育、职业教育和成人教育在内的多元化发展。

（一）幼儿教育

幼儿教育是指 3 到 6 岁年龄段的幼儿所进行的教育，在一个人的未来教育发展中具有特殊作用，属于启蒙教育、学前教育及早期教育范畴。从齐齐哈尔梅里斯区来看，幼儿教育始自于"大跃进"时期，一些达斡尔族乡村纷纷设立幼儿园或托儿所，以解决学龄前儿童的学前教育问题。后因缺乏足够的经济支持，许多幼儿园或托儿所陆续停办。到 1962 年统计，全区当时只剩下一所幼儿园。"文化大革命"期间，受国内大的政治气候影响，所有幼儿园均被作为"修正主义"和"精神贵族"的摇篮而被迫停办。直到 1979 年，随着中共中央、国务院转发《全国托儿工作纪要》，强调要恢复发展幼儿教育，梅里斯区开始在第一中学设立幼儿园。之后不久，各小学陆续开设学前班，以便对达斡尔族学龄前儿童进行启蒙教育。到 1983 年统计，全区 11 所小学共设立 45 个学前班，招收学龄前儿童 1560 名。

除依托中小学创办幼儿园或学前班外，由区妇联和教育部门牵头，于 1981 年联合创办区幼儿园，初期仅设 2 个班，共有 75 名幼儿。到 1985 年，全区共有幼儿园 4 所，幼儿 274 人。到 1990 年，全区幼儿园实有数量没有变化，共有 13 个幼儿班、216 名幼儿。在小学设立的学前班则有 83 个，学龄前儿童 2174 人。从幼儿园开设的课程来看，主要包括语文、语言、计算、音乐、体育、图画、手工、常识等。考虑到学龄前儿童的年龄特征和心智因素，他们多采取讲故事、读诗、游戏等方式进行启发式教学。

从莫力达瓦旗来看，幼儿教育起步于 20 世纪 50 年代。1956 年，旗政府在尼尔基镇首办幼儿园，即旗直机关幼儿园。自 1978 年以来，随着全旗各项事业的快速发展，旗幼儿园规模不断扩大，数量不断增多，个体幼儿园也随之应运而生。到 20 世纪 80 年代末，旗政府所在地尼尔基镇各小学纷纷设立学前班，到 1996 年末，全旗 22 个乡镇小学均设立了学前班。

自 1989 年国家有关部门颁布《幼儿园工作规程（试行）》以来，莫力达瓦旗幼儿教育严格按照《规程》行事，幼教教育逐步进入规范化发展轨道。1995 年，依照呼盟教育局《学前班管理细则》的有关规定，莫力达瓦旗教育部门遵循幼儿身心发展规律，注重个体差异，强调因材施教，以促进幼儿德智体美四方面全面发展。到 1996 年，全旗共有 11 所幼儿园、24 个班。其中，国办幼儿园 2 所，个体办幼儿园 9 所。多数幼儿园开设语言、计算、音乐、故事、游戏等课程，并通过各种游戏活动吸引幼儿动口、动手、动脑的能力，从而达到激发兴趣、开发智力和培养能力的目的。由于在教育教学、教育管理等方面成绩突出，旗幼儿园于 1989 年被评为呼盟一类甲级幼儿园，1995 年被评为全盟唯一"盟级示范园"。1996 年，民族幼儿园进入盟一类甲级幼儿园行列。除在幼儿园接受启蒙教育外，部分幼儿则在小学设立的学前班接受相应的知识教育。到 1996 年，全旗乡镇共设立 186 个学前班，有学前儿童 4505 人。

（二）小学教育

小学教育作为打基础的初始阶段，在育人成才的教育环链中具有重要作用。从齐齐哈尔梅里斯区来看，小学教育最早可追溯到宣统二年（1910），到 1949 年统计，该区共有小学 56 所、146 个教学班。其中，齐齐哈尔小学创建于 1946 年，是梅里斯区成立最早的小学，1951 年改为龙江县第九区齐齐哈尔中心小学，次年划归卧牛吐达斡尔自治区管辖。1953 年，按照《政务院关于整顿和改进小学教育的指示》精神，该区对当时的小学教育进行了清理整顿，以便有计划地重点发展。到 1955 年，根据全区小学教育的发展需要，该区又增加了雅尔塞保安小学等 2 所小学校。1956 年，基于"加速发展"教育的政治需要，该区小学数量猛增到 69 所、267 个教学班。从 1959 年到 1964 年间，该区又新建四间房、红星等 7 所小学。到 1965 年，全区共有小学 88 所、524 个教学班。"文化大革命"期间，梅里斯区小学教育受到严重冲击。1978 年以来，全区小学数量达到 91 所、718 个教学班。到 1990 年，全区小学数为 111 所、742 个教学班。其中，位于城区的小学有 1 所，地处乡镇的有 2 所，另外 108 所均处在民族乡村。

从莫力达瓦旗来看，早在 1946 年，当地政府就开始在乡村设立小学校。到 1949 年统计，该旗共有小学校 110 所、179 个班、5980 名在校生。1951 年，该旗在原有小学数量基础上，又在农区、山区村屯增加 6 所小学校，全旗小学数量达到 119 所、243 个班、7152 名学生。1953 年，根据中央"整顿巩固、重点发展、提高质量、稳步发展"的指示精神，该旗通过整顿合并，小学校数量缩减至 93 所。1958 年，适应"大跃进"的形势发展需要，该旗采取两条腿走路方针，通过公办、民办相结合，全日制、半日制并举的方式，全旗小学校数量猛增到 126 所，在校生人数增加到 7444人。到 1962 年，全旗小学校数量增加到 171 所，是 1957 年的 162.8%。"文化大革命"期间，该旗学校教育同样受到严重冲击，在"停课闹革命""读书无用论"等错误思想引导下，正常的教育教学活动被停止。1972 年，根据中央"小学普及是一项大政"的指示精神，该旗小学教育得到恢复发展。到 1973 年，全旗小学数达到 205 所、712 个班、21979 人。1978 年以后，学校教育开始步入正轨发展轨道。1978 年，全旗小学校数量增加到 351 所、49794 人。10 年后的 1988 年，全旗小学校数量降至 319 所、1766个班、39453 人。到 1992 年，全旗小学校数量达到 324 所、1900 个班、41878 人。其中，适龄儿童入学率 96.2%，小学巩固率 97.8%，普及率97.5%，毕业率 90.5%。到 1996 年，全旗小学校数量达到 306 所、38387人，适龄儿童入学率达到 100%。

（三）中学教育

中学教育涉及初中、高中两个阶段。从齐齐哈尔梅里斯区来看，该区自 1957 年起，先后在雅尔塞、卧牛吐等中心校设立戴帽初中班，标志着该区中学教育正式起步。1958 年，梅里斯、雅尔塞等公社陆续建立初级中学。次年，该区又在青年集体农庄（现国营青年农场）创办齐齐哈尔大学附属中学，随即撤销哈什哈小学的戴帽初中班，至此，全区戴帽初中班多过渡到初级中学，初级中学数量达到 7 所。1962 年，梅里斯中学变为完全中学，并招收高中生。全区中学数量虽然仍为 7 所，但初级中学 6 所，完全高中 1 所；共有 41 个教学班，包括 40 个初中班和 1 个高中班。"文化大革命"时期，全区中学校数增加到 8 所，涉及 7 所初级中学和 1 所完全高中，有 50 个初中班和 4 个高中班。1969 年，按照"小学不出屯、初中不出大队、高中不出公社"的办学方针，各达斡尔小学校陆续设立戴帽初中班，各公社先后设立高中班，最终变为完全中学。

为深入贯彻"调整、巩固、改革、提高"的方针，梅里斯区开始对中学教育进行重新布局。一方面，把小学初中戴帽班进行合并，到 1984 年只剩下 17 个初中戴帽班、476 名学生。另一方面，对各公社中学设立的高中班采取自然过渡方式解决，只保留雅尔塞中学为完全中学。在此期间，该区把梅里斯"五七"中学改为梅里斯第一中学，同步新建梅里斯第二中学，而后改为高级中学。到 1984 年，该区共有 12 所中学，其中高级中学 1 所，完全中学 1 所，初级中学 10 所，包括 157 个初中班和 20 个高中班。1987 年，达斡尔族中学正式宣告成立，成为黑龙江省第一所达斡尔族中学。到 1990 年，全区有中学 21 所，其中少数民族学校 3 所。在这 21 所中学校中，城区有 3 所，乡镇有 3 所，另外 15 所分布在乡村。

从莫力达瓦旗来看，莫力达瓦旗中学起步较早，1946 年，该旗成立莫力达瓦旗第一所中学，即布西中学，当时共招 3 个班，85 名学生。1949 年，该中学并入扎兰屯中学，后于 1952 年迁回莫力达瓦旗。1956 年，该中学改名为尼尔基中学。次年，该中学增设高中班，成为完全中学。到 1958 年，该中学共有在校生 790 人。1963 年，该旗在阿尔拉、兴隆等公社新建 2 所中学，而后又建纳文、宝山等中学。进入 20 世纪 70 年代，该旗继续扩大中学教育，农村小学纷纷设立初中班。粉碎"四人帮"后，该旗学校教育步入正规化发展轨道，到 1980 年，全旗所有高中班集中到 5 所中学，共有 29 个班 1338 名学生。1984 年，该旗除部分中学保留一个职业高中班外，普通高中全部集中到尼尔基一中。到 1992 年，全旗共有普通高中 28 所，其中初级中学 26 所，高级中学 1 所，完全中学 1 所，共有 243 个班 11699 人。到 1996 年，全旗共有普通高中 28 所、13825 人。

二、教育方针

达斡尔族地区最早实现政治解放，因而在教育方针的制定上起步较早。1946 年，莫力达瓦旗政府坚决落实东北行政委员会颁布的"关于改造学校教育，使教育服务于战争，服务于生产，服务于彻底实现'耕者有其田'"① 的教育方针，他们面向工农子女招收劳动人民子女入学。1948 年，该旗贯彻落实"文化教育为新民主主义的教育，即民族的、科学的、大众的文化教育，以提高人民的文化水平，培养国家建设人才，肃清封建的、买办的、法西斯主义的思想，发展为人民服务的思想为主要任务"② 的教育方针，培养学生"爱祖国、爱人民、爱劳动、爱科学、爱护公共财物"的国民公德。1950 年，国家教育部提出"教育为工农服务，为生产建设服务"的教育方针，既强调课堂教学，又注重引导学生参加政治学习、政治运动和生产实践。1952 年，随着中央提出"德智体美全面发展"的教育方针，各民族学校开始注意学生的全面发展。1956 年，毛泽东同志提出"应该使受教育者在德育、智育、体育几方面都得到发展，成为有社会主义觉悟有文化的劳动者"的教育方针。1958 年，适应国内政治运动的新变化，国务院正式颁布"教育必须为无产阶级政治服务，教育必须与生产劳动相结合"的教育方针，以培养"又红又专"的革命事业接班人。1978 年以后，党中央重新明确提出全面贯彻"教育为无产阶级政治服务，教育必须与生产劳动相结合，使受教育者在德育、智育、体育几方面都得到发展，成为有社会主义觉悟有文化的劳动者"的教育方针。1984 年，各民族学校认真学习邓小平同志"教育要面向四个现代化，面向世界，面向未来"的重要指示，大力培养"有理想、有道德、有文化、有纪律"的"四有"人才。1990 年，随着《中华人民共和国义务教育法》的实施，达斡

---

① 莫力达瓦达斡尔族自治旗史志编纂委员会：《莫力达瓦达斡尔族自治旗志》，内蒙古人民出版社 1998 年版，第 890 页。

② 莫力达瓦达斡尔族自治旗史志编纂委员会：《莫力达瓦达斡尔族自治旗志》，内蒙古人民出版社 1998 年版，第 890 页。

尔族地区学校逐渐从应试教育向素质教育过渡。

三、学制建设

达斡尔族教育教学涉及学制、课程、教材、教法几个方面，涵盖从小学、初中到高中的整个教育体系。从学制来看，齐齐哈尔梅里斯区在新中国成立之初，各小学均实行"四二制"。1951 年，根据《政务院关于改革学制的决定》精神，小学全面实行五年一贯制。到 1953 年，各小学又尝试实行初小 4 年、高小 2 年的初、高两级分段制。1969 年，全区小学改为五年一贯制。自 1983 年起，全区小学实行 6 年一贯制。

与小学相比，中学学制也曾进行多次变革。1958 年到 1968 年间，该区中学始终实行"三三制"，即初中 3 年、高中 3 年的学制。1969 年到 1977 年间，开始实行"二二制"，即初中 2 年、高中 2 年的学制。自 1978 年起，按照国家教育部的统一规定，该区初中高中继续实行"三三制"，即初中 3 年、高中 3 年。

从莫力达瓦旗来看，该旗解放初期小学实行四·二分段学制。1953 年，旗完全小学则改为五年一贯制。同年 11 月，因师资和教材等多种因素限制，各校仍实行四·二分段学制。1957 年后，受当时国内的政治气候影响，学校学制建设几经变革。到 1970 年，旗小学改为五年制，中学则改为四年制。1978 年，旗中学又改为五年制。1984 年，旗中学高中改为三年制，中小学总计 11 年制。

四、课程设置

达斡尔族中小学课程设置与全国同步。从小学来看，小学课程包括语文、算术、体育、图画、音乐、自然、地理等。从 1978 年开始，在小学四五年级设立政治课。到 1981 年，各校把政治课改成思想品德课。从中学来看，各校均开设政治、语文、数学、外语、物理、化学、生物、历史、地理、体育等课程，到 20 世纪 80 年代，又增设国情教育等课程。1985 年，国家正式确定中学政治课为"思想政治课"。生活在莫力达瓦旗的达斡尔族在校生还开设蒙文课，以及《民族理论常识》《内蒙古地理》和《内蒙古历史》等地方性教材。此外，莫力达瓦旗还组织编写《发展中的莫力达瓦》等乡土教材。

五、教学方法

新中国成立前，达斡尔族的学校教育以灌输式、填鸭式教学方法为主，强调机械记忆和死记硬背。新中国成立之初，教育教学同样以课堂教学为主，强调理论与实际相统一，注重培养学生的学习兴趣及独立思考能力，逐步增强学习的自觉性和主动性。1953 年到 1957 年间，各校全面引进苏联凯洛夫教学方法，围绕备课、上课、批改作业、课外辅导、成绩考核五个环节，采取"组织教学、复习提问、讲授新课、巩固复习"等。1962 年，各学校则倡导"少而精"的教学方法，强调精讲多练。"文化大革命"期间，以"教育要革命"为思想引领，搞"开门办学"或以劳代学，注重社会课堂的能动作用。1978 年后，课堂教学以发展智能为主，强调"面向世界、面向未来、面向现代化"的"三个面向"，倡导多种形式的教育教学，全面提升在校学生的各种能力，包括阅读能力、写作能力、自学能力、观察能力和实验能力。自 1989 年以来，各校突出程序化教学，并推广双岗子中学、马场中学、达呼店中学等学校的教改经验。

六、师资队伍建设

师资队伍建设是达斡尔族地区教育事业兴旺发达的重要保证，也是教育事业面向现代化、学生素质不断提高的力量源泉。从梅里斯区来看，新中国成立以来的最初几年，学校教师数量没有太大变化。到 1956 年，围绕落实"加速发展、提高质量、全面规划、加强领导"[①] 的教育方针，

---

① 梅里斯达斡尔族区志编纂委员会：《齐齐哈尔市梅里斯达斡尔族区志》，黄山书社 1999 年版，第 527 页。

各校教职工数量增加到 335 人。到 1965 年，全区教职工数量高达 944 人。其中，小学教职工 725 人，中学教职工 153 人，农业中学教职工 66 人。"文化大革命"期间，达斡尔族师资队伍建设遭到严重破坏，部分教师受到严重迫害。1978 年以来，达斡尔族地区教育事业逐步得到恢复发展，教师数量较前明显增加。到 1979 年，全区教师数量猛增到 1672 人。其中，小学教师 925 人，中学教师 747 人。到 1990 年，全区教师数量降至 1596 人，其中，小学教师 938 人，初中教师 474 人，高中教师 184 人，另有代课教师 435 人（小学代课教师 330 人，高中 105 人）。

从师资素质来看，新中国成立之初，多数教师是从旧社会过渡来的，师资水平参差不齐。20 世纪 50 年代，师资来源渠道逐步拓宽，部分教师或是师范院校毕业生，或是经过初级师范培训学习而后分配来的，还有高小毕业生担任小学低年级任课教师，等等。到 20 世纪 60 年代，至少有 157 名初师或简师班毕业生担任教师，师资素质较前有显著提高。20 世纪 70 年代，受"文化大革命"时期掀起的政治风暴影响，师资数量明显不足。为补充师资缺口，该区或挑选优秀高中生到师范学校学习深造再转任教师，或在初高中毕业生中选民办教师。考虑到他们的能力素质不是很高，一时难以胜任现有的教育教学岗位需要，该区依托齐齐哈尔进修学校以面授辅导方式培训在职教师。1978 年，部分教师则通过黑龙江省函授广播学院等进行系统学习。同年，区教师进修学校正式成立，有重点地对在职教师进行岗位培训。到 1984 年，在该区 1055 名专任小学教师中，具有中师或高中学历的教师有 514 人，具有中师、高中肄业以及初师、初中毕业学历的教师 504 人，学历合格率为 48.7%；在 451 名专任中学教师中，具有本科学历的教师 8 人，具有专科或本科肄业学历的教师 81 人，具有专科肄业学历的教师 22 人，具有中专、高中及以下学历的教师 295 人，学历合格率为 26.1%。总体来看，该区当时能胜任教学工作的教师只有三分之一，且民办教师所占比重过大，1984 年甚至达到 51% 左右。到 1990 年，全区中小学教师具有高级职称的 12 人，中级职称的 317 人，助级职称的

606 人，员级职称的 351 人[1]。

从莫力达瓦旗来看，新中国成立伊始，全旗有在职教师 206 人。到 1958 年，全旗中小学教职工数量增加到 355 人，其中普通中学 60 人，小学 295 人。到"文化大革命"前的 1965 年，全旗普通中学教职工 106 人，其中专任教师 59 人。普通小学教职工 635 人，其中专任教师 555 人。到 1978 年，该旗共有教职工 2749 人，其中普通中学 909 人，小学教职工 1840 人。到 1996 年，全旗普通中学教职工 1389 人，其中专任教师 1136 人；小学教师 3518 人，其中专任教师 3325 人[2]。

从师资素质来看，解放初在校任教的教师或是从旧学校保留下来的，或是投身革命的青年知识分子。20 世纪 60 年代，部分来自北京、南京、吉林、四川等地的大学毕业生以支边形式来到莫力达瓦旗担任教师，部分内蒙古师院等高校毕业生以分配形式到莫力达瓦旗任教，师资素质较前有大幅提升。到 1965 年统计，在莫力达瓦旗普通中学中，只有 12 名初中教师学历没有达到大专毕业水平，5 名高中教师学历没有达到本科毕业水平；在普通小学中，有 412 名专职教师学历没有达到中师毕业水平。1978 年以来，莫力达瓦旗师资队伍经过曲折发展后重新步入正规化发展轨道。到 1992 年，在全旗中小学中，具有大学本科学历的教师有 17 人，专科学历的教师 150 人，中专（高中）学历的教师 2284 人，初中学历的教师 1031 人。从职称来看，具有中教高级职称的教师 18 人，中教一级 521 人，中教二级 224 人，中教三级 91 人；小教高级 75 人，小教一级 641 人，小教二级 283 人，小教三级 155 人[3]。到 1996 年，全旗具有高级职称的教师 19 人，中级职称的教师 237 人，初级职称的教师 2041 人。

————————

[1]　梅里斯达斡尔族区志编纂委员会：《齐齐哈尔市梅里斯达斡尔族区志》，黄山书社 1999 年版，第 527 页。

[2]　莫力达瓦达斡尔族自治旗史志编纂委员会：《莫力达瓦达斡尔族自治旗志》，内蒙古人民出版社 1998 年版，第 912—913 页。

[3]　莫力达瓦达斡尔族自治旗史志编纂委员会：《莫力达瓦达斡尔族自治旗志》，内蒙古人民出版社 1998 年版，第 912 页。

七、发展特点

新中国成立后，达斡尔族地区中小学教育经历了由小到大、由少到多的渐进式发展过程。自1978年以来，该民族学校教育呈现前所未有的发展生机，幼儿教育渐入正轨，基础教育扎实推进，高中教育蓬勃发展，在普及九年制义务教育、提升达斡尔人综合素质等方面成效显著，具有如下发展特点：

（一）学校数量和学生人数有明显增加

新中国成立前，达斡尔族地区因解放较早，学校教育得到一定程度的初始发展，这为新中国成立后学校教育的跨越发展奠定了基础。1953年，莫力达瓦旗共有民族学校及混合学校59所，少数民族学生2639人，其中达斡尔族在校生2360人。除小学外，新中国成立前设立的诺敏中学于1952年变成了正规中学，当年设有4个班级，共有在校生200多人。为适应达斡尔地区教育发展需要，该校于1957年设立了高中班。到"文化大革命"前的1965年，全旗民族小学有51所，其中以达斡尔族学生为主的学校有43所，有普通中学2所；在达斡尔族在校生中，小学生有3356人，中学生有475人。"文化大革命"期间，由于受到"左"的思想影响，达斡尔族的教育事业也受到冲击，学校教育进入曲折发展阶段。1978年以后，学校教育才逐步得到恢复，并步入快速发展阶段。到1996年，全旗民族小学已经增加到66所，有在校生6240人；民族中学7所，有在校生1878人。另在民族小学内开办了33个学前班，使学前教育和小学教育很好地衔接起来。

2000年，全旗共有各级各类学校337所，在校生5万人，由民族幼儿园、民族试验小学、达斡尔族中学以及乡镇学校所构成的配套齐全、上下衔接、比较均衡和一条龙式的义务教育体系初步形成，实现了"乡乡有初中、村村有小学"的教育发展目标，义务教育网点覆盖率达到100%。到1997年，该旗不但普及初级初等义务教育，而且顺利通过国家有关部门验收。2000 年，该旗又如期普及了初级中等义务教育。目前，学前教育、基础教育、职业教育等能够做到相互协调、共同发展，从而为达斡尔族教育水平的提高奠定了坚实基础。

（二）"四率"有显著提高

所谓"四率"，即入学率、巩固率、升学率和普及率，是衡量或评定学校教育的一个综合性考核指标。随着学校数量的增加，达斡尔族地区学生的入学率、巩固率、升学率和普及率均有明显提高。据考证，1947 年，莫力达瓦旗适龄儿童入学率达到 75%。经过新中国成立后几十年的发展，到 1990 年，莫力达瓦旗阿尔拉中心校学生入学率为 95%，巩固率为 96%，升学率为 90%，普及率为 98%。到 2000 年，黑龙江省富裕县塔哈满族达斡尔族乡小学、友谊达斡尔族满族柯尔克孜族乡小学、齐齐哈尔市梅里斯区卧牛吐达斡尔族镇小学、莽格吐达斡尔族乡小学等 7 所小学适龄儿童入学率均达到 100%，升学率达到 100%。

（三）硬件设施得到明显改善

达斡尔族地区党委、政府在资金紧张情况下，舍得投入办教育。1978 年以来，莫力达瓦旗财政每年至少拨出 25 万元专项经费用于发展民族教育事业，以强化硬件基础设施建设。1986 年，扎兰屯市达斡尔族乡在满都小学建起全市第一所乡小学教学楼，到 1990 年，在莫力达瓦旗 66 所民族小学中，有 59 所实现了校舍砖瓦化。其中，阿尔拉中心校为内蒙古自治区首批重点小学，下辖的 11 所小学中，有 10 所校舍为砖瓦结构。尼尔基达斡尔族中学现有 4000 平方米教学楼，设有生物、物理、化学实验室，还有微机、放像机、彩电、投影仪等电化教学设备。

与之同步，黑龙江省由省、市、区三级财政共同筹集 2000 多万元资金，用于包括梅里斯达斡尔族中学在内的民族中小学改建校舍，或购置必要的教学设备。经过各级党委、政府的共同努力，达斡尔族中小学硬件设施建设取得显著成就。其中，齐齐哈尔市达斡尔族中学有 2347 平方米教学楼，有标准的理化生物实验室和配套的仪器设备，有音体美电教器材，有 5000 余册图书。新建综合楼还设有微机室、语音室和多媒体电教室。梅里斯一中有五层教学楼，有省级标准化理化生物实验室 3 个，还有图书室、多媒体电教室以及其他体育设施。

（四）教育质量显著提高

新中国成立后，特别是改革开放以来，达斡尔族地区学生的教育质量明显提高。据 1982 年第三次全国人口普查统计，全国 6 岁及 6 岁以上达斡尔族人口有 8 万多人，大学文化程度有 1491 人，占全部达斡尔族人口的 1.85%，高中文化程度有 9916 人，占 12% 左右，其文化程度超过全国平均水平。据 1990 年第四次全国人口普查统计，达斡尔族大学本科、专科、中专和高中在校生人数达到 26469 人，在校大学本科生 337 人，高出汉族和全国平均水平 0.8 个百分点，说明达斡尔族各种文化程度的绝对人数和比例较以前有明显提高，大学、高中和初中文化程度的比例分别名列 56 个民族中的第 9、第 7 和第 6 位。2000 年，达斡尔族 6 岁及以上人口有 12.22 万人。其中，受过小学以上（含小学）教育的占 96.33%，受过初中以上（含初中）教育的占 65.36%，受过高中及中专以上教育的占 25.57%，受过大专、大学教育的占 7.61%。平均受教育年数为 8.81 年，比 1990 年增加 1.22 年。

（五）民族教师数量明显增加

1984 年，莫力达瓦旗有达斡尔族中小学教师 525 人，3 年后达到 640 人。1990 年，在阿尔拉中心校 120 名教师中，达斡尔族教师就占了 106 名，民族教师人数约占该校教师总数的 88% 左右。为提高在职师资的能力素质，他们通过创办教师进修学校，去外地进修以及函授学习等多种形式，以提高民族教师的教学水平，一些教师像孟根泰、乌如喜等达斡尔族教师，曾获国家级优秀教师和先进工作者称号。在海拉尔一中教师中，也涌现一批像恩克巴图、孟和以及巴德玛苏荣等有影响的民族骨干教师。经过学校和广大民族教师的齐心协力，民族学校教师的学历达标率有明显提高。

到 2000 年，黑龙江省富裕县塔哈满族达斡尔族乡小学、友谊达斡尔族满族柯尔克孜族乡小学等 7 所小学中，有中专学历教师 355 人、大专 224 人、本科 10 人，高中以下 20 人。除 2 所学校教师学历达标率为 98% 和

71%外，其余学校均达到 100%。在富裕县塔哈满族达斡尔族乡中学、友谊达斡尔族满族柯尔克孜族乡等 7 所中学中，共有教师 328 人，其中本科学历有 34 人，专科 191 人，中专 72 人，高中以下 21 人，教师平均达标率为71%，最高为 85%，最低为 50%。梅里斯区达斡尔族中学目前有省级骨干教师 2 人，市级 8 人，区级 8 人。

第二节　文化馆、图书馆

文化馆、图书馆既是社会主义精神文明建设的重要阵地，也为丰富达斡尔族人的业余文化生活、提升他们的综合文化素质提供了修身养性的好去处。为繁荣发展达斡尔族的文化事业，宣传党在不同时期的路线方针政策，培养达斡尔人建立符合时代特征的社会主义文化，各级党委和政府首先建立了组织机构，以强化对达斡尔族地区文化事业的领导。

一、文化馆

据史料记载，莫力达瓦旗于 1952 年设立文化馆，当时只设立 3 个组室，即文艺组、美术室和展览室。所配人员也不是很多，只有 7 人。当时的文化馆职能较多，包括举办文艺晚会、传授交际舞或集体舞，开展图书借阅、播放有线广播、放映电影或幻灯、主办各种画廊以及其他文艺活动，正因为如此，文化馆对上接受宣传部和文教科双重管理。到 1955 年，由文化馆牵头，设立五星农业合作社俱乐部，开始为达斡尔农民提供图书借阅、幻灯放映以及开展其他文娱活动，从而使达斡尔人有了真正属于自己的文化场所。到 1957 年，文化馆共举办各种展览 22 次，放映幻灯 65次，举办各种文艺晚会 19 次。[1]

---

[1]　莫力达瓦达斡尔族自治旗史志编纂委员会：《莫力达瓦达斡尔族自治旗志》，内蒙古人民出版社 1998 年版，第 941 页。

文化馆成立之初，馆舍面积十分狭小，据讲是由日伪时期的一个旧粮仓经简单维修而成的。1958 年，该旗多方筹集资金在原址建设一个砖瓦结构的办公室，新馆舍面积达到 500 平方米。随着办公条件的改善和场所面积的扩大，该馆开始设立图书借阅处，同步设立文艺活动大厅。在此期间，他们坚持走出去的工作方针，不但组织业余剧团排练节目到乡镇巡回演出，而且组织流动图书箱送书下乡，从而为达斡尔族群众送去了一个个"文化大餐"。"文化大革命"期间，莫力达瓦旗的文化事业同样受到干扰破坏。1973 年，由旗政府、大兴安岭地区及黑龙江省共同投资 13 万元，新建一栋二层 1030 平方米的办公楼，设立办公室、排练室、图书借阅室、演出大厅等，办公条件和借阅环境较前有显著改善。到 1977 年，文化馆发生火灾，办公楼及相关服务设施全部被毁。次年，该旗对办公楼进行了修复。1979 年，文化馆设立创作室，由此开展了文艺创作活动。1987 年，由呼伦贝尔盟和莫力达瓦旗共同筹资 40 万元，在原址基础上翻建一栋三层 1100 平方米的办公楼，除设立创作组、文艺组及摄影组外，还设立供举办展览和演出的大厅。

随着文化馆设施建设日益完善，管理职能不断增加，他们开展了一系列喜闻乐见、参与性强的文娱活动，进一步丰富了达斡尔族群众的业余文化生活。一是面向群众举办各种培训班。1989 年，他们举办健美操、团体操和国际交谊舞以及美术培训班，培训人次达 300 人左右。1990 年，多次举办美术、书法、中老年迪斯科培训班。二是支持职工或馆员参加各种培训活动。为提升在职职工或文化站员的文化素质，共举办 8 期文化站员业务培训班，同步支持他们参加国家、自治区以及盟举办的各级各类学习班或培训班。三是开展形式多样的文娱活动。自 1990 年以来，6 次举办书法、美术、摄影的专题展览，7 次举办体育、文艺、集体舞等比赛，每到五一或十一等重大节日还举办大型业余文化汇演。到 2000 年统计，该旗文化馆共筹办各类大型群众文化活动 280 多次，举办各种展览 200 多次，并在文学、音乐、美术、舞蹈等方面在全国、自治区和呼伦贝尔市比赛中获奖。

　　文化站作为文化馆的基层单位，在传承发展社会主义先进文化、丰富达斡尔族群众业余文化生活以及提升各族群众文化素质方面发挥着极其重要的作用。有史料记载，莫力达瓦旗第一个文化站始建于 1957 年，即阿拉尔文化站。到 1979 年，该旗陆续在腾克、巴彦等公社成立 7 处文化站，重点开展节假日娱乐活动，包括排练文艺节目，参加全旗文艺汇演等。进入20 世纪 80 年代以来，除官办文化馆外，纳文、库如奇、乌尔科等乡镇陆续兴办 11 处民办文化站，与官办文化馆一道形成结构完整、官民结合、群众参与的文化工作网络。1985 年，为全面提升文化站的总体实力，防止出现单兵作战或各吹各的调等现象，该旗把所有民办文化站与官办文化站进行整合，到 1987 年，各民办文化站陆续合并到官办文化站中来。在旗文化馆的统一组织下，各文化站先后组织或参加如下活动。一是参加业务培训。该旗每年都举办有文化站员参加的培训班，重点传授乐理、写作、摄影和手风琴等专门知识。二是参加文艺演出。由文化站牵头组织文艺代表队，参加盟、旗各种文艺汇演。到 1992 年，全旗 22 个乡镇均设有文化站，其中"一类站 12 个，二类站 8 个，三类站 2 个"①，共有活动场所 4400 多平方米。

　　从梅里斯区来看，该区于 1957 年成立文化馆。到 1968 年，因特定的政治气候影响，该文化馆被解散，所有人员一律下放到五七干校接受劳动改造。直到 1971 年，区文化馆才正式恢复。1974 年，该馆进行改扩建，馆舍面积扩大到 116 平方米，下设文艺、美术、图书报刊阅览 3 个组。1980 年，考虑到现有馆舍面积十分狭小，该区对文化馆再次进行扩建，建筑面积达到 450 平方米，并添置了部分音乐器材。到 1990 年，该馆设立文艺组、美术组、图书组及创作组等，共有职工 10 人。

　　为推动乡村文化事业发展，该区在各乡镇陆续设立了文化站。其中，原卧牛吐达斡尔族自治区文化站是该区设立最早的国办文化站，始建于1953 年。1979—1980 年间，该区又在达呼店、雅尔塞等 8 个乡镇成立了文

---

　　① 莫力达瓦达斡尔族自治旗史志编纂委员会：《莫力达瓦达斡尔族自治旗志》，内蒙古人民出版社 1998 年版，第 943 页。

化站，具体负责各村屯文化宣传等工作，诸如宣传党的方针政策、宣传农业科技知识、放映幻灯、科普宣传、组织业余文艺队以及开展群众性文艺活动等。1983—1990 年间，达呼店文化站和雅尔塞文化站先后被评为黑龙江省和齐齐哈尔市先进文化站。

二、图书馆

莫力达瓦旗图书馆成立较晚，它是 1977 年从旗文化馆分出去的。次年，由黑龙江省、大兴安岭地区以及该旗共同出资 28 万元，新建一处两层 472 平方米的办公楼，作为旗图书馆的新址，1982 年投入使用。1983 年，旗政府陆续投资 11 万元，续建图书馆三楼，并于 1985 年投入使用。

旗图书馆内设办公室、外借室、综合阅览室、少儿阅览室等，面向全旗党政机关、企事业单位及各界各族群众，开展图书借阅、阅览等业务。有藏书 1.1 万册，年接待读者 1.3 万人次。在注意藏书的综合性、知识性和大众性的同时，还注意藏书的史料性和地域性，尤其注重搜集整理和保存地方文献，目前已搜集 "民族文献和地方文献 1021 册，其中民族文献 273 册，地方文献 250 册，地方科技文献 34 册，满文古籍 168 册"[①]。到 1990 年，图书馆藏图书达 23573 册，接待阅览 9253 次。到 1992 年，该馆被呼伦贝尔盟评为二类馆。

从梅里斯区来看，为满足当地达斡尔族群众读书看报的文化需求，该区文化馆于 1961 年设立图书室，开展图书报刊借阅等具体工作。其中，图书借阅面向全区群众，报刊阅览则面向区内市民，每周对外开放三次，一般周一、三、五下午开放。从 1961 年到 1985 年间，图书室共有藏书 6000 多册，刊物 120 多种。1988 年，为满足乡村各族群众的读书需求，该图书室办起流动图书箱，具体流动程序是，先由各乡镇文化站定期借走一定数量图书，然后由在地读者借阅。到 1990 年，因主客观原因限制，全区流动

---

① 莫力达瓦达斡尔族自治旗史志编纂委员会：《莫力达瓦达斡尔族自治旗志》，内蒙古人民出版社 1998 年版，第 945 页。

图书箱只剩下 3 个。与此同时，齐齐哈尔图书馆在文化馆内设立一个流动图书站，有流动图书900 册，年借阅量在500 人次左右。其中，"成人读者年借阅量达到350 人次，青少年读者年借阅量达到150 人次"①。

第三节　体　育

达斡尔族在长期的生产生活实践中，曾创造了一系列别具地域民族文化特色的传统体育项目，像曲棍球、射箭、赛马、摔跤等。新中国成立后，该民族体育事业步入一个新的发展时期，主要体现在学校体育、竞技体育、职工体育以及老年体育等几个方面。

一、学校体育

新中国成立后，莫力达瓦旗政府在达斡尔族地区设立学校的同时，同步设立体育课程，一般每周两节，以培养德智体美全面发展的优秀人才。由于主客观因素的限制，当时的体育课以队列训练、跑步、跳跃、踢球等为主，具有简单易行、方便适用、强身健体等特点。1952 年，随着毛泽东同志发出"发展体育运动，增强人民体质"的号召，各学校不但配齐配强体育教师，而且购置了必要的体育器材，部分学校师生甚至自制一些简单的体育器材。除开设田径、球类等项目外，还开展踢毽子、跳绳、拔河等别开生面的健体项目，学校体育活动较前更加丰富多彩。1958 年，随着我国自上而下实行"劳动卫国体育制度"，对学校体育提出新的更高要求，并在达斡尔族城镇及乡村学校开展达标锻炼及测验。尼尔基中学"90%的师生达到标准，百余人达到三级运动员标准。2 名学生达到二级标准"②。

---

① 梅里斯达斡尔族区志编纂委员会：《齐齐哈尔市梅里斯达斡尔族区志》，黄山书社1999 年版，第 540 页。

② 莫力达瓦达斡尔族自治旗史志编纂委员会：《莫力达瓦达斡尔族自治旗志》，内蒙古人民出版社1998 年版，第 991 页。

为配合全国第一套广播体操的普及推广，各民族学校专门开设了课间操，尼尔基中学还开设了眼保健操，使学校体育的活动内容更加丰富多彩。除此之外，各校每年都举办田径运动会以及篮球、足球和乒乓球等比赛，冬季则开设滑冰课。"文化大革命"期间，随着各校停课闹革命，体育课及相应的体育活动也随之被取消。20世纪70年代，国家体委相继制定《国家体育锻炼标准条例（试行草案）》及《国家体育锻炼标准条例》，各民族学校在体育课中均按上述标准对在校中小学生进行测试。1979年，国家体委和教育部联合颁布了《中小学体育工作暂行规定》，各校按照"两课、两操、两活动"要求，即每周两节体育课，每天一次课间操和眼保健操，每周两次课外体育活动，认真开展体育活动，到1992年，全旗中小学体育达标率达到87.5%。

从梅里斯区来看，该区于1952年在中小学设立体育课。1963年，该区按照教育部重新拟定的全日制中小学教学计划，对体育课进行重新规定，要求中小学各年级不但开设体育课外，还规定"每周2课时，小学上课总时数为422学时……中学为412学时"①。体育教学以实践课为主，包括田径、体操、球类、队列以及课间活动、课间操、早操等。其中，课间活动包括备受在校生喜爱的"丢手帕"、摔跤、踢毽子、跳绳等；课间操多在上午第二节课后进行，每次一般20—30分钟，以做广播体操为主。考虑到部分中学有住宿生，相关学校还专门设立早操，一般10—20分钟不等。自1981年起，该区各学校在冬季还广泛开展冰上体育活动，诸如召开冰上运动会等。到1984年，全区26所小学及多数中学均浇冰场，以便于在校生开展冰上活动。1986—1987年，达呼店新发小学和中心校被评为齐齐哈尔市"百万青少年上冰雪"活动先进集体。

二、传统体育

新中国成立后，达斡尔族把传统体育和现代体育有机地结合起来，体

---

① 梅里斯达斡尔族区志编纂委员会：《齐齐哈尔市梅里斯达斡尔族区志》，黄山书社1999年版，第558页。

育事业从此进入了一个新的历史发展时期。由于传统体育具有健身、强体、娱乐、陶冶身心及传承文化等功能，因而深受达斡尔人的喜爱。摔跤、扳棍、竞力以及曲棍球等传统体育项目，逐渐成为他们节庆之日的保留节目。比如，莫力达瓦旗每当举行敖包会或重大节庆活动时，都举办曲棍球、摔跤等传统项目的比赛或表演。生活在鄂温克旗的达斡尔人，在参加那达慕大会时，还经常参加赛马、摔跤等比赛，这些具有浓郁民族特色的比赛项目，不但增加了活动本身的喜庆气氛，而且使传统文化得以发扬光大。

黑龙江省达斡尔族同样重视传统体育项目的普及与提高工作。梅里斯区及其他达斡尔族乡镇每当举办重大喜庆活动时，都把传统体育比赛列为活动的压轴戏。为普及推广上述传统体育项目，早在 1988 年，齐齐哈尔市民族中学就被黑龙江省民委、省体委命名为全省少数民族传统体育项目基点校，重点开展民族传统体育的普及和提高工作。而后，齐齐哈尔民族中学及梅里斯区达斡尔族中学还被省民委、省体委命名为全省首批少数民族传统体育培训基地，以培训曲棍球、木球和摔跤为主。另外，在齐齐哈尔市举办的 7 届少数民族传统体育运动会中，每次都有达斡尔族摔跤、曲棍球等项目的精彩表演。

在达斡尔族传统体育项目中，最有影响的是曲棍球。1957 年，在内蒙古自治区成立 10 周年庆祝大会上，莫力达瓦旗曾派出曲棍球队进行表演。1974 年，该旗正式成立莫力达瓦旗业余曲棍球队，队员以达斡尔族为主。次年，随着国家体委发出《关于在我国开展曲棍球运动做一切准备工作的通知》后，莫力达瓦旗便把发展曲棍球运动作为重点。1976 年，以莫力达瓦旗曲棍球队为主体核心，成立我国第一支曲棍球专业队。1978 年，在全国第一届曲棍球比赛中，莫力达瓦旗代表队荣获第一名。1980 年，以莫力达瓦旗队员为主的中国队在新加坡参加第一届亚洲杯曲棍球预选赛，荣获第三名，为祖国赢得了荣誉。到 1990 年，莫力达瓦旗代表队共参加"国内各种比赛 29 次，获 19 次冠军"，其中全国性"冠军 10 次"[1]。在此之前

---

① 莫力达瓦达斡尔族自治旗史志编纂委员会：《莫力达瓦达斡尔族自治旗志》，内蒙古人民出版社 1998 年版，第 999 页。

的 1980 年，莫力达瓦旗以达斡尔族姑娘为主成立了我国第一支女子曲棍球队，在国内比赛中多次获得冠、亚军。由于达斡尔族在曲棍球方面的突出贡献，国家体委于 1989 年正式把莫力达瓦旗命名为"曲棍球之乡"。据1990 年统计，达斡尔族有 120 人次成为国家曲棍球队员，参赛运动员多次被国家体委授予三级运动奖章，涌现了孟慧臻、苏英、敖拉柱、郭旭东等达斡尔族优秀运动员。一些运动员退役后被四川、火车头以及呼和浩特等球队聘为教练，哈森还成为我国第一个国家级曲棍球女裁判员、中国第一支女子曲棍球队教练以及亚洲曲棍球裁判联合会理事。

三、职工（农民）体育

学校体育面向的是中小学生，职工体育则面向机关、学校、企事业单位职工。1952 年，随着毛泽东发出"发展体育运动，增强人民体质"的号召后，莫力达瓦旗在全旗职工中广泛开展了职工体育活动，包括做广播体操、工间操和课间操、实行"劳卫制"等。活动时间不固定，或在早晨，或在晚上，或在课间，以职工为主体的体育活动开展得红红火火，并成为每位职工的自觉行动。有数据统计，参加"劳卫制"锻炼的职工人数约占该旗职工总数的 80% 以上，许多职工达到"劳卫制"一二级标准。到"文化大革命"前，该旗除举办上述固定的体育活动外，还举办田径、篮球、乒乓球、象棋等体育比赛。"文化大革命"期间，受当时特定的政治气候影响，职工体育又增加了投弹、射击等军体项目及游泳项目。

"文化大革命"结束以来，职工体育活动除田径、篮球、民族体育等项目外，还增加足球、排球、门球、围棋等新项目，职工体育的活动内容更加宽泛多元，体育运动水平较前有显著提高。到 1990 年，全旗共举办各种体育比赛 15 次，包括旗直机关职工乒乓球赛、旗直机关职工篮球赛、旗田径运动会等，参加人数达 4000 人次。到 1992 年，该旗全年共举办 10 余次体育比赛。

从梅里斯区来看，自 20 世纪 50 年代开始，各机关、企事业单位便大张旗鼓地开展了各种职工体育活动，包括篮球、排球、羽毛球等。仅1986—1989年间，全区就组织开展篮球、乒乓球、排球等比赛15次。1989年，该区还举办庆祝国庆40周年环城长跑赛。考虑到梅里斯区农民这个特殊群体，该区还经常开展农民体育活动。1949年，龙江县第七区就在保安屯举办一次大型农民运动会。自20世纪50年代起，诸多达斡尔族农民自发地开展篮球比赛。除篮球外，他们还举办掰腕子、角力等体育活动，从而丰富了达斡尔族群众的业余文化生活。

四、老年体育

从莫力达瓦旗来看，老年体育是由旗老年体育协会主办的，该协会创办于1985年。为丰富老年人的业余文化生活，他们围绕老年体育重点开展以下工作：一是组织相关体育知识培训。1985年，该协会派人参加在呼盟体育活动中心举办的门球培训班，之后又在该旗举办首届门球学习班，这对普及推广老年人门球活动起到很大推动作用。二是举办各种体育比赛，诸如全旗首届门球赛、旗老年体育运动会、旗老年游艺活动等，包括立定跳远、铁饼、借物、持拍托球等。到1986年，全旗共举办各类比赛16次，老年体育协会会员发展到216人。三是走出去参加老年体育活动，诸如参加在牙克石市、鄂温克自治旗、鄂伦春自治旗、扎兰屯市、讷河市等地举办的门球比赛。到1992年，全旗共有门球场15个，"全年举办老年人门球赛15次，其他体育比赛76次"[①]。

第四节　医疗卫生

新中国成立前，由于达斡尔族居地偏远，经济落后，加之生活贫困，

---

① 莫力达瓦达斡尔族自治旗史志编纂委员会：《莫力达瓦达斡尔族自治旗志》，内蒙古人民出版社1998年版，第993页。

缺医少药，致使各种传染病、地方病等肆虐猖狂，从而对达斡尔族人的生命健康构成严重威胁。新中国成立后，党和政府十分重视发展达斡尔族地区的医疗卫生事业，从医疗机构建设、防病治病、妇幼保健以及公共卫生等多个方面入手，逐步提升达斡尔族人的健康水平和生活质量。

一、加快以医院（卫生所）为核心的医疗机构建设

从莫力达瓦旗来看，早在 1952 年，该旗先以旗诊疗所为基础成立莫力达瓦旗人民医院，之后以葛根卫生所为基础成立旗妇幼保健院。到 1953 年底，该旗共设立医疗机构 3 处，共有医生、护理人员、助产士、药剂师等从业人员 31 人。基于达斡尔族人生命健康考虑，该旗自 1953 年起便着手建立乡卫生院或相应的诊所，到 1958 年，全旗共有全民所有制医院 8 家。其中旗医院 1 家，乡村医院 5 家，妇幼保健站和卫生防疫站各 1 家，有医疗事业人员 101 人。到 1965 年，全旗有医疗卫生机构 29 家，其中旗医院 1 家，农村中心医院 2 家，公社医院 15 家，医疗保健所、站 19 家，卫生事业机构从业人员 296 人。"文化大革命"期间，围绕落实毛泽东同志关于"六·二六"指示精神，该旗以大队为核心，依次设立合作医疗卫生所，同步培养一大批赤脚医生。到 1992 年，全旗共有医疗卫生机构 29 家，从业人员达到 716 人；有个体诊所 21 家，其中中医 14 家、西医 2 家、牙医 5 家。到 1996 年，全旗医疗卫生机构达到 31 家，有从业人员 721 人、444 张床位；有 267 个村级卫生室，有 324 名村医，村级卫生室覆盖率达到 100%[①]。到 2001 年，全旗共有旗人民医院、中蒙医院等 23 家国有医疗卫生单位，有 17 家乡镇卫生院，有床位 5503 张，有卫生技术人员 660 人，其中副高级职称 6 人，中级职称 46 人，初级职称 440 人[②]，以旗、乡镇、村为主体的三级医疗保健网初步形成，能够满足广大人民群众的基本医疗服务需求。

---

① 莫力达瓦达斡尔族自治旗史志编纂委员会：《莫力达瓦达斡尔族自治旗志》，内蒙古人民出版社 1998 年版，第 970 页。

② 《莫力达瓦达斡尔族自治旗概况》编写组、《莫力达瓦达斡尔族自治旗概况》修订本编写组：《莫力达瓦达斡尔族自治旗概况》，民族出版社 2008 年版，第 222 页。

从医疗设备来看，各医院成立之初，只有听诊器、血压计等简单医疗器械。到 1986 年，旗医疗卫生机构陆续配备 X 光机、显微镜、心电机等设备。自 1988 年以来，采取区、盟、旗匹配资金形式，为全旗 16 个单位购置包括 B 超机在内的医疗设备 250 台件，各级医疗机构的器械装备得到不同程度的改善。到 20 世纪末，莫力达瓦旗人民医院作为科室齐全的综合性医院，设有内科、外科、儿科、妇产科、口腔科、眼科、中医科、理疗科、检验科、放射科、病理科、药剂科、心电超声科、制剂科以及手术室等多种科室，有日本东芝牌胸、腹两用 B 超诊断仪等先进诊疗设备，有病床 100 张，能够做脑外、腹外等较大型手术，医疗水平有相当提高。即便远离旗所在地的外乡镇，各医院的硬件设施也程度不同地得到改善。比如，阿尔拉镇医院现有建筑面积 1056 平方米，设有内科、外科、妇科、儿科等，有 X 光室、心电室以及检验室等，有病床 12 张。扎兰屯市达斡尔族乡卫生院是 1985 年由国家投资兴建的，设有内科、外科、妇科、牙科等科室，同步配有 X 光机、心电机等诊疗设备，有病床 8 间。由于各级党委、政府舍得资金投入，使得达斡尔族地区医院的硬件设施较前明显改善。

从医疗水平来看，随着各医疗卫生机构不断新增或更新医疗设备，加之从业人员通过进修培训，自身的诊疗能力得到显著提升，基本做到小病不出村，常见病不出乡镇，大多数疾病或手术不用转院治疗。到 1990 年，全旗共有各级各类卫生技术人员 445 人，有副主任医师 6 人，主治医师 34 人。其中，人民医院作为全旗的一流医院，有主治医师 7 人，医师 13 人，中医师 3 人，护师 1 人。在巴彦塔拉达斡尔族乡卫生院 12 名医务人员中，有主治医师 2 人，医师 2 人，医士 3 人。额尔登保勒格曾被列为全国首批 300 名医师之一，金虎获全军科技进步一等奖和两项二等奖，乌云达来被群众称为"白求恩式的好大夫"等。

从护理水平来看，莫力达瓦旗卫生院成立之初，仅有 5 张病床、2 名护理人员。到 1965 年，全旗医院共有病床 90 张，护理人员 19 人。到 1988 年，全旗医疗卫生机构病床数增加到 401 张，有护师 38 人，护士 57 人、护理员 26 人。到 1990 年为止，该旗已经建立了覆盖旗、乡和村屯的三级医疗卫生网络，覆盖率达到100%，旗所在地设有人民医院、卫生防疫站、妇幼保健站、中蒙医院、结核病防治所以及药检所等。到1998年，全旗有各级各类医疗卫生机构28个，村级卫生室267个，个体诊所21家，病床550张，职工721人，医院、病床和医护人员数分别是1958年的3.5倍、36.7倍和7.14倍。1997年—1999年，该旗卫生系统先后获得国家卫生部"全国妇幼卫生先进集体"和自治区人事厅、卫生厅"全区卫生工作先进集体"荣誉称号。

从梅里斯区来看，早在1956年，该区就组建了中心卫生所，初为400平方米土房，而后建成2900平方米的砖瓦结构院舍。1959年，根据撤区改社的机构改革需要，开始组建华丰人民公社医院，共有床位20张，设有内科、儿科、外科、妇科等科室。1961年，华丰人民公社医院改为齐齐哈尔市郊区医院，次年更名为齐齐哈尔市第七医院，1980年改为梅里斯区人民医院。到1982年，该院有11个科室、100张病床、70名医护人员。1987年，该院进行改扩建，新建2200多平方米的门诊大楼，同步购置B超诊断仪等医疗设备。到1990年末，该院分门诊部、住院部两部分，共有内科、外科等13个科室，有外科、妇产科3个病房，有床位100张，职工119人。因医疗技术水平较前有显著提高，床位利用率也达到60%左右，可做外科、妇科及五官科等手术。除区人民医院外，该区还先后在卧牛吐、雅尔塞等乡建立8个卫生所，后于1969年统一改为人民医院。到1990年，该区总共有卧牛吐、雅尔塞等3个中心卫生院，有达呼店等5个卫生院。与区人民医院相比，各中心卫生院设有内科、外科等科室，有X光机等诊疗设备。相形之下，其他乡镇卫生院无论规模、设备乃至诊疗水平相较差距较大。到1990年，全区"8个乡镇卫生院共有编制186人，实有医护人员170人，有床位126张"；有"集体办、村办卫生所62个，个体办卫生所37个，有乡村医生134人"[①]。从医护人员素质来看，到1990年，全区有副主任医师1人，主治医师21人、护师9人等。

---

① 梅里斯达斡尔族区志编纂委员会：《齐齐哈尔市梅里斯达斡尔族区志》，黄山书社1999年版，第580—581页。

二、防疫防病

在达斡尔族人生活的区域，克山病、天花等疫病曾肆虐横行，但在新中国成立前，尚未有专门的卫生防疫机构用于防疫防病。新中国成立后，党和政府一方面强化防疫机构建设，另一方面强化克山病、传染病等的防治，还强化计划免疫工作。

首先，加快防疫机构建设。早在 1957 年，莫力达瓦旗就设立卫生防疫队，负责卫生防疫等具体工作。次年成立旗卫生防疫站，重点强化卫生防疫工作，有工作人员 12 人，到 1965 年增加到 19 人。1992 年，该旗新建卫生综合楼，卫生防疫站入驻于内，下设防疫科、地方病科、食品科等 10 个科室，有职工 46 人，其中专业技术人员 35 人。针对生活在乡村的达斡尔族人结核病疫情较重的实际，该旗于 1986 年及时建立旗结核病防治所，在照顾全旗患者的同时，重点对少数民族患者进行救治，并按比例减免医疗费用。到 1992 年，该所共有职工 12 人，有 X 光机、显微镜、救护车等机械设备。

其次，强化地方病防治。莫力达瓦旗是克山病、大骨节病以及碘缺乏病三大病的重灾区，许多达斡尔族人因病致贫，因病家破人亡。新中国成立后，莫力达瓦旗政府十分重视地方病防治工作，及时成立以旗长为组长的“防克领导小组”。每到发病季节，便组织医疗队或工作组，并投入大量人力物力财力做好宣传、预治和治疗工作。20 世纪五六十年代，克山病坚持以“预防为主”的防治方针，采取防寒、防烟、防潮、改良水质、改变饮食习惯、改善环境卫生、改善居住条件①的“三防四改”措施，针对贫困户、寒冷户、多子女户等特定群体强化预防措施。到 1964 年，发病率和死亡率均明显下降，莫力达瓦旗基本控制克山病大面积爆发和流行的局面。自 20 世纪 70 年代以来，通过大剂量维生素 C 静脉注射疗法以及口服

---

① 莫力达瓦达斡尔族自治旗史志编纂委员会：《莫力达瓦达斡尔族自治旗志》，内蒙古人民出版社 1998 年版，第 979 页。

亚硒酸钠预防克山病，治疗和预防效果十分明显。自1980年以来，莫力达瓦旗无一例急性克山病患者死亡，慢性克山病患者治愈率90%以上。

从碘缺乏病来看，通过采取改水、改变饮食习惯尤其是通过食盐加碘等预防措施，加之辅以药物治疗，效果非常显著。到1986年，全旗以7—14岁在校生为重点，共投放238900片碘化钾片，同步对601名患者进行积极治疗，不但发病率大幅降低，而且治愈率在50%以上，莫力达瓦旗也因此达到国家地甲病区控制标准。

从大骨节病来看，主要采取补充微量元素、投服亚硒酸钠、改善饮水等多种措施进行预防或治疗，病情同样得到有效控制。近年来，随着外来人口逐渐诸多，加之饮食品单一，病患者数量较前有所增加，目前该旗正采取超常规措施进行治疗，发病率已显著下降。

从传染病来看，重点抓好天花、麻疹、伤寒等传染病的防治工作。通过提前打天花、麻疹等疫苗以及喂小儿口服麻痹糖丸等，天花、霍乱等传染病在该旗无一例发生，自1984年以来，也未出现脊髓灰质炎病例。到1992年，该旗法定传染病发病率在315/10万。

第三，强化计划免疫工作。自20世纪50年代以来，莫力达瓦旗在达斡尔族群众中普遍开展预防接种工作，每年春秋两季都为初生儿或漏种儿童种牛痘。自20世纪60年代起，重点开展伤寒、鼠疫、森林脑炎、麻疹、脊髓灰质炎等预防接种工作。自1981年起，突出抓好麻疹、小儿麻痹症等基础免疫工作。1985年，该旗共为3.6万多名0—7岁儿童建立"计划免疫"卡片，"四苗"接种率达81%。到1992年，"四苗"接种率达到90%以上。1996年，计划免疫工作顺利通过国家卫生部"第三个85%"审评验收，"四苗"全程接种率连续三年达到90%以上，传染病发病率明显下降，小儿脊髓灰质炎自1983年以来连续18年无发病，麻疹由1995年的205例下降到2000年的8例，婴儿死亡率下降至11.32%，新法接生率增加到98%，急性克山病自1985年以来连续16年无发病，8—10岁小学生甲状腺肿大率下降至6.5%，合格碘盐普及率连续三年在98%以上。

从齐齐哈尔梅里斯区来看，危及达斡尔族生命健康的疾病主要有地方病、传染病和结核病。该区各医院及卫生防疫等部门不断攻坚克难，抓紧做好上述疾病的预防和治疗工作。

一是防治地方病。自 1968 年起，梅里斯区坚持早发现、早报告、早抢救的工作方针，强化专人、专马以及专爬犁（车）的急救原则，做好克山病患者的抢救工作。由于措施得力，方法得当，救治及时，到 1990 年，不但原有 16 个病区得到解除，而且未见急性或慢性克山病患者。

除克山病外，大骨节病同样是流行于达斡尔族地区的地方病。经过多年的积极预防和有效治疗，到 1966 年，全区 8 个公社、61 个大队等均发现大骨节病。另外，通过打深眼井、服硫酸钙片以及亚硒酸钠片等具体措施，使 138 名小学生病患者得到好转。

地甲病同样是危害达斡尔族人健康的地方病，俗称"粗脖根"。1962年，该区有患者 4468 人。到 1978 年，齐齐哈尔地甲病有 17 个重病区，梅里斯区就占 11 个。通过投放碘化片、碘酊注射液等药物治疗方式，治愈率达到 91%。到 1981 年，梅里斯区被评为省级"基本控制地甲病先进区"。到 1990 年，该区基本控制地甲病的发生。

二是防治传染病。20 世纪 50 年代，该区麻疹流行，仅卧牛吐达斡尔族自治区就有 554 名婴儿患病。通过接种麻疹疫苗，到 1985 年无一人死亡。自 20 世纪 60 年代以来，该区还陆续出现伤寒病、流脑、流行性出血热、病毒性肝炎、小儿麻痹症、百日咳以及痢疾等传染病，通过注射各种疫苗、服奶油糖丸以及采取其他药物治疗方式，基本防范了各种传染病的发生。

三是防治结核病。自 20 世纪 80 年代以来，该区在普查过程中多次发现结核病患者。比如，1982 年，在卧牛吐、莽格吐等公社共发现"21 名患者"；1986 年，在这两个公社又发现"121 名患者"；1987 年，在对梅里斯区中小学普查时，发现"114 名患者"，1988 年至 1990 年间，再次查出"17 名患者"①。通过卡介苗接种及药物治疗，该区结核病患者死亡率明显降低。

---

① 梅里斯达斡尔族区志编纂委员会：《齐齐哈尔市梅里斯达斡尔族区志》，黄山书社 1999 年版，第 592 页。

三、公共卫生

公共卫生是关系到一个国家或一个地区人民大众健康的公共事业，就达斡尔族地区而言，公共卫生涉及爱国卫生运动、食品卫生和公共场所卫生几个层面。

从爱国卫生运动来看，自 20 世纪 50 年代起，莫力达瓦旗以粉碎美帝国主义细菌战为主题，广泛深入地开展爱国卫生运动。为此，该旗专门成立领导小组，号召达斡尔族人大搞环境卫生、家庭卫生和个人卫生，逐步养成符合时代特征的良好卫生习惯。1958 年，该旗又组织开展群众性的"除四害、讲卫生"活动，尤其是强化对粪便、厕所及畜圈等的监督管理。到 20 世纪 50 年代末，全旗新建合格厕所 870 个，清理粪便及垃圾 30 多万吨，达斡尔族地区基本改变了"人无厕所畜无圈，垃圾粪便遍地"① 的局面。

自 20 世纪 60 年代以来，该旗强化城乡环境卫生建设，做到绿化环境、硬化路面及美化家园。每到"五一"或"十一"等重大节日或春暖花开时节，莫力达瓦旗都开展大规模的爱国卫生运动。1980—1988 年间，该旗共清理垃圾 3.5 万吨，改造公厕 150 多个，新建 75 个，清理街道 2.5 万延长米，挖排水沟 4850 延长米。结合"文明礼貌月"和"五讲四美三热爱"活动，在全体达斡尔人中间深入开展爱国卫生运动。1988—1992 年间，结合"爱国卫生月"和"四改一灭"等活动，莫力达瓦旗进一步强化卫生治本工程建设。因在公共卫生建设方面业绩突出，1988 年，尼尔基镇被评为自治区级文明镇。1992 年，莫力达瓦旗爱国卫生办公室被自治区政府授予"先进爱国卫生办公室"荣誉称号。

从食品卫生来看，早在 1958 年，莫力达瓦旗就成立卫生防疫站，以强化对食品卫生的宣传教育和监督管理。自 20 世纪 80 年代以来，该旗以贯

---

① 莫力达瓦达斡尔族自治旗史志编纂委员会：《莫力达瓦达斡尔族自治旗志》，内蒙古人民出版社 1998 年版，第 983 页。

彻《食品卫生法》为重点，结合旗情实际突出抓好食品卫生各项措施的落实情况，并于1985年设立食品卫生监督员，同时为22个乡镇卫生院配齐食品卫生检查员。自1986年起，莫力达瓦旗重点开展冷饮抽样检验、水质分析以及细菌培养等具体工作，并对尼尔基镇68家个体饭店进行专项检查。对不合格饭店或食品生产企业，或责令停业整顿，或限期整改，或给予罚款及吊销营业执照等处罚。到1996年，全旗食品生产企业及从事食品经营单位的从业人员均进行岗前体检，体检合格率达98%以上，从业人员培训率90%以上。

从公共场所卫生来看，莫力达瓦旗始终强化对公共场所卫生的监督管理。1981年，该旗对100多处生活用水水样进行了检测。1991年，结合"2000年人人享有卫生保健"的发展目标，加强对公共场所卫生的监管。1992年，该旗为466家公共场所建档或建卡，公共场所从业人员体检率100%，五病调离率100%。

从梅里斯区来看，该区在公共卫生建设方面重点抓好如下工作：一是做好除四害工作。自1956起，梅里斯区就把每年四五月定为爱国卫生月，重点抓好垃圾清除、杂草铲除、水坑填埋、捕杀老鼠等具体工作，尤其是减少苍蝇和蚊子的滋生蔓延。1984年到1986年间，全区共召开灭鼠会244次，发放灭鼠传单852份，讲灭鼠知识17场次，培训灭鼠员333人。同时开展2次大规模的灭鼠集中活动，共投放灭鼠药8吨，鼠的密度由原来的17%降至现在的1.2%。二是开展讲卫生活动。1958年到1974年间，梅里斯区开展"鸡鸭有架、猪羊有圈、牛马有棚、家家有厕所、户户有灰仓"以及"勤起、勤垫、勤打扫"的"五有三勤"活动，而后开展两管即"管水、管粪"五改即"改炉灶、改畜圈"等活动。[①] 1980年至1982年间，该区又开展清垃圾、清污物、清粪便和整顿镇容村貌大会战，共修厕所21000多个，猪圈21500多个，植树9万多株，绿化道路72条，修乡路16条整。1983年到1985年间，梅里斯区结合"五讲四美三热爱"活动，

----

① 梅里斯达斡尔族区志编纂委员会：《齐齐哈尔市梅里斯达斡尔族区志》，黄山书社1999年版，第595页。

深入开展"三清"和"两管五改"爱国卫生活动。1986年到1990年间，该区结合城镇和农村的不同特点，深入开展以"三清"和"三化"（绿化、美化、净化）为主要内容的爱国卫生运动，同步开展以"两管五改"为核心的文明村建设活动。经过多年始终一贯地治理，全区城乡的公共卫生面貌较前有大的改观。

第五节　城乡建设

城镇和乡村是两种不同特质的经济社会单元，具有不同的地域功能和特有的演进规律，因而城镇和乡村具有不同的发展形态。新中国成立前，达斡尔族群众多依山傍水居住，房屋建筑以土木结构为主，城乡建设原始落后。新中国成立后，为改善达斡尔族群众的居住环境，提高他们的生活质量，达斡尔族地区结合城镇和乡村的不同特性强化城乡建设，不但城镇建设突飞猛进，而且乡村建设也呈现一派欣欣向荣的景象，城乡面貌发生了显著变化。

一、城镇建设

从莫力达瓦旗来看，旗政府所在地为尼尔基镇，该镇始建于1921年，当时只有两条中心大街，街路为土路。新中国成立后特别是改革开放以来，莫力达瓦旗以旗所在地为龙头、以乡镇为核心，大力加快小城镇建设，尤其是强化街道、房屋、供水、照明等设施建设。从梅里斯区来看，自1980年设区以来，城市建设同样有很大改观，大体经历了由平房到楼房的演变过程。据资料记载，1980年前，该区街面没有一栋办公楼，到1990年底，已建成18栋办公楼，建筑面积24万多平方米，城区的承载力、支撑力、辐射力和吸引力逐步提升，市政建设更加完善、服务水平明显上升，管理手段日益先进，环境质量日趋优化，城市品位不断提升。

（一）街道建设

尼尔基镇以前只有一些茅草房和有限的砖瓦房，市政建设十分落后。1980 年到 1982 年间，莫力达瓦旗自筹 20 万元建设资金，把两条中心大街铺成 2 千米长、2.6 万平方米的油渣路面，之后重新修建边沟，并砌以石头，从而完成对中央大街的改造。1983 年，该旗又自筹资金把四门以内的 15.5 千米长、1.28 万平方米的二三道街不但拓宽路面，而且铺砂石路，并挖边沟，基本达到硬化标准。1985 年，为强化对主要街道的日常管理，通过划分责任区块，以承包形式把任务落实到各单位，重点抓好清理维修和铺垫砂石等工作。每到炎热干燥之时或重大节日，都出动洒水车进行喷洒。

自 1985 年到 1990 年间，由居委会牵头，由居民集资，重点维修四门以外的街道，总计铺设"砂石 1.1 万米长、约 6.6 万平方米，基本达到硬化标准"[1]。1993 年，该旗筹资 500 万元，把从消防队到中心街直至燃料公司的 111 国道尼尔基镇过境段全部铺设混凝土路面，之后又对纳文东大街和诺敏路进行升级改造，铺设了污水管、雨水管和人行路步道板，同步修建了广场、绿地、步行街和环城路。到目前为止，尼尔基镇主要街道基本实现硬化。

在街道建设方面，梅里斯区主街 1961 年只有一条 3175 米长的砂砾路。1970 年，该区自筹资金把东西一条路铺成沥青路。自 1983 年起，梅里斯区重点强化街道建设，先后命名华丰路、梅里斯路及公园街、跃华街等 2 路 7 街。1986 年，该区开始把跃华街等铺成沥青路面，总长度 1350 延长米、8100 平方米。1989 年，该区进一步拓宽、打通育德街北段，总长度 338 米、宽 40 米，并对卡脖路段进行清理。之后不久，全面整修梅里斯路，再铺装沙砾路面，总长度 1800 米、18000 平方米。经过多次整治，使梅里斯区的街路建设更加科学规范。

（二）房屋建设

新中国成立前，达斡尔族人的房屋多为土木结构，许多人甚至住在茅

---

[1] 莫力达瓦达斡尔族自治旗史志编纂委员会：《莫力达瓦达斡尔族自治旗志》，内蒙古人民出版社 1998 年版，第 519 页。

檐低舍或马架子中。解放之初，部分达斡尔人分得了住屋。为改善自身的居住条件，部分条件较好的达斡尔族群众或新建住房，或维修旧屋，一些在全民或集体所有制单位上班的职工，也都住上低租金的福利性公房。在民房逐步改善的同时，部分机关、企事业单位、商店等也陆续新建砖瓦结构的房屋，办公条件较前有明显改善。

从莫力达瓦旗来看，1958 年新建的莫力达瓦旗电影院是该旗第一所楼房。自此之后，旗政府招待所等一批砖瓦结构的办公用房陆续兴建。20 世纪 70 年代以来，随着达斡尔族群众生活水平的不断提高，居民住房砖瓦化已成必然趋势，部分单位也积极兴建集中供热式住宅楼。短短 10 余年时间，3—7 层不等的公用楼房如雨后春笋般地建立起来，许多建筑样式新颖，建筑档次较高，供水供热设施齐全。

据不完全统计，尼尔基镇目前有各类楼房百余栋，尤其是巴特罕大街、一兰大街、同福音乐广场等成为城镇建设的新亮点，如大城市一般气派。医院、学校、邮电、广播电视、电力等各项设施日益完备，农牧工商各业竞相发展，园区建设初具规模，商贸、餐饮、娱乐以及旅游等服务业种类齐全，居民休闲度假场所增多，人流、物流以及信息流更加顺畅，呈现出楼房林立、街道平整、市容整洁、交通便利、通讯快捷、商品流通顺畅、人民安居乐业的喜人场面。到 1996 年，尼尔基镇房屋建筑面积 59 万多平方米，住宅建筑面积 50 万平方米，人均居住面积 9.85 平方米，供热面积扩大到 60 万平方米[①]。

从梅里斯区来看，该城区房屋建设分公用建筑和民用建筑两部分。其中，公共建筑涉及工业、商业、教育、文化、体育、卫生等部分，民用建筑主要指城区住房建设。从工业建筑来看，齐齐哈尔农业机械修造厂始建于 1958 年，占地面积 4 万多平方米，建筑面积 5300 多平方米，为梅里斯区最早的工业建筑。自此之后，梅里斯水泥构件厂、鞋厂、教育木器厂、木材加工厂、乳品厂以及达港浸油厂等企业陆续兴建，上述建筑多是 20 世

---

① 莫力达瓦达斡尔族自治旗史志编纂委员会：《莫力达瓦达斡尔族自治旗志》，内蒙古人民出版社 1998 年版，第 520 页。

纪七八十年代建立起来的，建筑面积在几百平方米到几千平方米之间。从商业建筑来看，以梅里斯区供销社门市部为典型，该门市部始建于 1950年，占地面积 7600 多平方米，建筑面积 1700 平方米。从教育建筑来看，自新中国成立以来到 1990 年末，该区新建梅里斯教师进修学校、区教委办公楼、实验小学、幼儿园、梅里斯一中、梅里斯二中、梅里斯达斡尔族中学、农职高中等公用建筑，累计建筑面积 16662 平方米。从文化建筑来看，以文化馆和电影院为代表，这两处建筑始建于 20 世纪五六十年代，而后进行扩建或重修，建筑面积总计达 2300 多平方米。从体育设施来看，梅里斯体育场建于 1970 年，占地面积 2.7 万平方米，建筑面积 240 平方米。从卫生建筑来看，有梅里斯医院、防疫站以及妇幼保健站等，多建于 20 世纪五六十年代，妇幼保健站则建于 1985 年。从民用建筑来看，1981 年，该区有个人房屋 2500 多平方米，有公房 14393 平方米。到 1990 年末，个人建房面积累计达 38600 平方米，人均住房面积由 1981 年的 7.3 平方米增加到9.6 平方米[①]。

（三）供水设施建设

供水设施建设是城镇建设的重要选项之一，莫力达瓦旗在这方面起步较晚，于 20 世纪 80 年代开始自来水工程建设，以改变传统的供水方式，全面改善居民生活饮用水条件。1983 年，经内蒙古自治区建设厅批准，该旗规划尼尔基镇自来水工程。为此，该旗于 1984 年成立自来水公司，具体负责自来水工程建设和管理等具体工作，先后投资 267 万元完成水源地建设、打机井、修半地下泵站、立 24 米高水塔等配套工作，同时铺设供水管线 2.6 万多米，并于 1985 年正式供水。到 1990 年，全旗共有 360 户机关、3908 户居民安装自来水，居民安装自来水率达到 46%，从而解决了广大居民吃水难、水质差等难题。1993 年，该旗投资 300 万元在尼尔镇设立第二水源地，经过建水厂、打电机井以及铺设管道等多个环节，于当年 7 月竣工。到 1996 年，尼尔基镇"日供水能力 7440 吨，供水管道 33.8 千米，供水

---

① 梅里斯达斡尔族区志编纂委员会：《齐齐哈尔市梅里斯达斡尔族区志》，黄山书社 1999 年版，第 321 页。

总量48.8吨,有350户机关和企事业单位、7635户居民、2.1万人吃上自来水"①。到2000年,该镇铺设自来水管线达42.1千米,用水总户数9546户。

从梅里斯区来看,自设区以来,先是投资98万元建设梅里斯城区给水工程,打2眼深水井,同步埋设给水主管线,次年埋设分管线,受益单位达到43个,受益人口占总人口的90%。1989年,该区新建一座高30米水塔,从此城区居民结束吃地表水历史。

(四)照明设施建设

新中国成立前,尼尔基镇居民主要以"洋油灯"为主要照明工具,富裕人家方以蜡烛照明。为提升尼尔基镇的亮化水平,莫力达瓦旗自1950年起就协调公安局、邮电局等单位,以集资方式办电。为节省建设资金、降低建设成本,他们以粮米加工厂45万马力汽油机为动力,同步购置1台发电机,年发电量1万度。起初,供电范围只限于提供资金的几家单位,而后扩大到周边20多个单位。1954年,莫力达瓦旗政府新购多台发电机发电,供电范围扩大到镇内机关、企事业单位及部分居民,年发电量增加到4.2万度。1958年,该旗新建发电厂,基本保证全镇机关、单位和居民用电。1983年,随着莫力达瓦旗供电条件的全面改善,尼尔基镇在两条大街开始安装照明灯。1988年,随着城建规模的不断扩大,路灯线路也大幅延长,照明面积随之扩大。到1996年,尼尔基镇共有路灯102盏②,到2000年,该镇有路灯1063盏,包括路灯、射灯、霓虹灯、树灯、礼花灯等。入夜,尼尔基镇主街灯火通明,宛如大城市一般美丽漂亮。

(五)公共卫生

从莫力达瓦旗来看,为使尼尔基镇有一个良好的公共卫生环境,该旗结合爱国卫生运动和城镇建设,每年都组织机关干部、工人学生及居民大搞环境卫生,逐步改善公共卫生条件,使得尼尔基镇的公共卫生环境得到明显改善。

---

① 莫力达瓦达斡尔族自治旗史志编纂委员会:《莫力达瓦达斡尔族自治旗志》,内蒙古人民出版社1998年版,第521页。

② 莫力达瓦达斡尔族自治旗史志编纂委员会:《莫力达瓦达斡尔族自治旗志》,内蒙古人民出版社1998年版,第521页。

一是清运垃圾。为发挥专业队伍的管护作用，尼尔基镇政府于1972年成立卫生队，以牛拉车方式负责主要街道的垃圾清理。1983年，该镇正式成立环卫清洁队，有36名清洁工人，负责主街和二三类街道的垃圾清扫和拉运，每日清扫面积15万多平方米。1985—1988年间，该镇陆续配备解放牌垃圾车3台、真空吸污车1台、洒水车1台，年清运垃圾8000—10000吨。到2000年，尼尔基镇实行"入户保洁"和街道全天保洁制度，实现垃圾运输车封闭，日清洁率达到100%。

二是建设公厕。20世纪70年代，尼尔基镇共有木制公厕5所。为解决居民如厕难问题，自1984年起，该镇自筹资金新建或翻建公厕10所，各机关、企事业单位等同步建设一批水准较高的厕所。从粪便清理来看，先前公厕粪便主要靠农民进城清掏，或雇人清掏，自1984年使用吸污车后，可随时抽取运走。到1996年，该镇年清运粪便13600吨。

三是加快城镇绿化。基于城镇环境美化的现实考虑，尼尔基镇结合"植树造林、绿化祖国"运动，十分重视城镇绿化工作，每年都组织机关干部、工人学生等植树种花，逐步美化绿化环境，包括新建花坛、草坪及小区等。到1992年，尼尔基镇"绿化面积83公顷，园林绿地面积65公顷，公共绿化面积18公顷，人均公共绿化面积5.9公顷"[1]。因在城镇绿化方面成绩突出，尼尔基镇于1988年被评为内蒙古自治区文明镇。到2000年，全镇共栽种行道树1万多株，街头绿化面积3.36万平方米，初步实现绿化、亮化、美化、净化的工作目标。

从梅里斯区来看，1982年，该区投资1500万元建有一处公园，占地面积2.46公顷左右，之后陆续修建园墙、道路、喷泉、凉亭等，并设有秋千、压板等游乐玩具，每年种花300平方米。除公园外，该区还强化庭院绿化工作。在这方面，城区企事业单位积极参加义务植树活动，先后种花5115平方米，绿篱655平方米，草坪950平方米，区政府、区建设委员会等单位先后获得齐齐哈尔市绿化先进单位荣誉称号。到1990年末，梅里斯

---

[1]　莫力达瓦达斡尔族自治旗史志编纂委员会：《莫力达瓦达斡尔族自治旗志》，内蒙古人民出版社1998年版，第522页。

区城区绿化覆盖率达到 20.5%，人均占有公共绿地面积 7.3 平方米。[①] 除美化绿化外，梅里斯区还加快城区环境建设。自 1981 年到 1990 年末，该区共新建公厕 19 座，同步购置垃圾车和吸污车等，用于城区垃圾清运和环境卫生治理。

二、乡村建设

从梅里斯区乡村来看，该区有 8 个乡镇、132 个村、3 万多户。到 1990 年末，经过多年的建设发展，该区乡村共有房屋 8.1 万多间、195 万多平方米。其中，砖混结构面积 3.8 万平方米，楼房面积 2900 多平方米；公共建筑面积 21.7 万平方米，其中，砖混结构 3.8 万多平方米；生产建筑面积 4.5 万平方米，其中，砖混结构 6000 平方米。乡村供销社门市部作为乡村公共建设的重要组成部分，大多始建于 20 世纪 50 年代，到 1990 年末，各乡镇供销社门市部占地面积总计 8500 平方米，建筑面积 2500 多平方米。除供销社外，各乡镇还有卫生院、畜牧兽医站等公用建筑，总建筑面积 1360 平方米。总体来看，各乡村建设砖混结构面积不断扩大，楼房数量不断增多，表明乡村建设环境较前有显著改善。

自 1986 年到 1990 年末，梅里斯区围绕村镇建设总投资 31 万元，用于雅尔塞、哈力集镇及其他乡镇的铺路、安装路灯、安自来水等设施建设。其中，雅尔塞镇共铺设道路 1.6 万平方米，安路灯 30 盏，水厂一座，安装自来水主线、支线、进户线总计 14.8 千米，受益人口 2010 人，前平、黑岗子等 5 个村屯还安上自来水。目前，雅尔塞、卧牛吐、共和三个镇已纳入小城镇建设轨道，镇内有路灯 51 盏，排水沟 2.5 千米，园林绿化面积 9.55 公顷，其中公共绿地面积 4.86 公顷[②]。

---

① 梅里斯达斡尔族区志编纂委员会：《齐齐哈尔市梅里斯达斡尔族区志》，黄山书社 1999 年版，第 325 页。
② 梅里斯达斡尔族区志编纂委员会：《齐齐哈尔市梅里斯达斡尔族区志》，黄山书社 1999 年版，第 318 页。

　　从乡村住房来看，大体分建制镇、集镇和乡村三部分。从雅尔塞、卧牛吐、达呼店以及共和等建制镇来看，共有住房面积 20 多万平方米，其中砖混结构 9.3 万多平方米，楼房 8250 平方米，砖瓦化率为 61.2%，人均使用面积 12.2 平方米。其中，雅尔塞镇住宅面积 5 万多平方米，楼房 8200多平方米，砖瓦化率达到 92.8%。从莽格吐等四个集镇来看，总计住宅面积 115000 平方米，砖瓦化率为 37.2% 平方米，人均使用面积 13.6 平方米。从乡村来看，总计住宅面积 173 万多平方米，其中楼房 1400 平方米，土草房 13 万多平方米，砖瓦化率为 23.7%。由此看来，在梅里斯区的达斡尔族乡村，砖瓦化率不是很高，与其他城镇相比差距明显。从绿化来看，该区 4 个建制镇和 3 个集镇绿化覆盖面积 29.59 公顷，园林绿地面积 15.99公顷，公共绿地面积 13.6 公顷，绿化覆盖率为 3.3%，人均占有公共绿地面积 7.3 平方米。其中，人均占有公共绿地面积最多的是达呼店镇，为 17.6%。

　　从莫力达瓦旗来看，经过多年的扶贫攻坚和小城镇建设，该旗乡村建设水平不断迈上新台阶。到 1996 年，各乡村不但实现村村通电、通路，而且所有乡镇都安装了程控电话，全旗农村砖混结构住房达到 40% 左右。在环境整治方面，全旗村屯街道植树 2.5 万株，其中柳树（垂柳）2 万株，修整村屯街道 12.6 万延长米，清理边沟 22.5 万延长米，使用水泥涵管1800 个，新建围墙 115342 延长米，全旗大部分村屯新建了标准厕所，基本做到村、路、沟、墙等条条有序，村容村貌焕然一新，目前已有 42 个村成为"小康"村，还有部分村接近"小康村"标准。到 2000 年，该旗乡镇村屯基础设施建设不断完善，共完成小城镇道路 98.9 千米，镇区道路13.1 千米，安装路灯 142 基，7 个乡镇通上自来水，日供水能力 200 吨，绿化面积 36 公顷，涌现一批设施完善、功能齐全、风格迥异、清洁卫生的小城镇，宝山镇和红彦镇还被列为自治区百镇试点。

第六编

达斡尔族的社会生活

第二十五章　服装与饰品

　　达斡尔族服饰，在我国北方各民族中独树一帜，与达斡尔人生存的自然环境、生产生活方式及历史传承是密不可分的。早年，达斡尔人居住在黑龙江北岸，由于长期生活在多山的寒冷地区，狩猎成为重要的经济活动，服饰材料一直以毛皮为主，男女都穿毛皮服装。其中，以貂皮最为珍贵。17世纪中叶，达斡尔人南迁至嫩江流域后，逐渐与满、汉及其他民族接触，得到了棉布和绸缎等纺织品。不过当时纺织品不多，比较珍贵。由于女子在从事田园劳动和操持家务时，穿着毛皮装多有不便，就转穿棉布常服和绸缎礼服了。从事狩猎、伐木、农耕等野外重体力劳动的男子，认为棉、绸装不如毛皮装保暖、结实，所以继续穿着毛皮服装，只有极个别不参加体力劳动的上层男子，改以棉、绸为衣。随着纺织材料的增多，穿着纺织服饰的男子与日俱增。如今，为了保护野生动物资源，政府严禁狩猎活动，用于服装与饰品的材料，逐渐形成了由人造皮草代替动物毛皮的趋势，促进了人与动物的和谐发展。达斡尔族服饰深受满族的影响，形成了严寒地区风格，服饰成为显著的民族符号及"以衣识人"的标记。

第一节 男 装

一、皮长袍（德力）

皮长袍即皮大衣，达斡尔语称为"德力"，是男子冬季在野外劳动、狩猎或捕鱼时所穿着的服装。皮长袍由绒毛厚密的狍皮制成，绒毛朝里皮板朝外，结实耐用、保暖性强。其款式特征为：大襟右衽、窄袖口、窝领或立领、摆长过膝、四面开衩，骨扣、盘扣或铜扣，扎腰带。为增加长袍的牢度，在领口、袖口、大襟、下摆的边缘及前腰部都装饰有密缝线，形成条纹图案。为骑马方便，前后开衩稍长，且开衩顶端分别补饰有"十"形、"X"形或如意形等左右对称的图案。腰带上挂猎刀、火镰及烟荷包等饰品。

图6-1 皮长袍（王瑞华摄于莫力达瓦旗达斡尔民族博物馆）

二、轻便皮袍（哈日密）

轻便皮袍，达斡尔语称为"哈日密"，是男子春秋在狩猎、伐木或放排时所穿着的服装。轻便皮袍由绒毛短稀或刮去毛的光板狍皮制成，用农历八月的狍皮缝制的皮袍称为"克日·哈日密"，用伏天狍皮缝制的皮袍称为"挂兰其·哈日密"。其款式特征与德力大致相同，只是长短不同，短摆长不过膝。另外，如将狍子皮外翻做成大衣，达斡尔语称为"果罗木"，狩猎时穿，并戴上狍头帽，起到伪装和隐蔽作用。

图6-2 哈日密（王瑞华摄于莫力达瓦旗达斡尔民族博物馆）

三、外套（达奥）

外套，达斡尔语称为"达奥"，是男子在寒冬进山行猎时所穿着的服装，用来御寒、护身的肥大外套。由犴皮或帆布制成，犴皮柔软且厚实，连箭矛都难以刺穿，因此，在清代，达斡尔族士兵征战时，曾以其为战甲。

四、长身礼服（库如木）

长身礼服，达斡尔语称为"库如木"，是男子穿在长衫外面的服装。比长衫稍短，穿着时，与里面的长衫形成长短层次对比。其款式特征为：长身、对襟、袖口及衣摆均有不同图案装饰的镶边。男子长身礼服以素色为主，颜色普遍较深，多用绸缎面料制作。

五、马褂（奥勒布）

马褂，达斡尔语称为"奥勒布"，是男子在重要礼仪场合所穿着的服装。其款式特征为：对襟、宽袖、衣边和袖口有不同图案装饰的镶边。马褂的面料以绸缎为主，暖季穿夹马褂，冬季穿絮有棉花的厚马褂。

六、男布长衫（嘎格日）

男布长衫，达斡尔语称为"嘎格日"，是成年男子在暖季常穿的布制单长袍。由棉布或绸缎制作，有领，右开襟，大襟前胸处镶有两条或一条错位的连续纹样，下摆齐脚背，以浅灰色为多。一般在长衫外要穿长身礼服"库如木"或马褂"奥勒布"。另外，中、老年男子在礼仪场合所穿用的棉袍，达斡尔语称为"库普图"，其款式、色彩与单长袍相近。

七、收割作业服（卡尔塔米）

收割作业服，达斡尔语称为"卡尔塔米"，是达斡尔人收割农作物时所穿着的半截服，最初是由狍皮改制的，左襟能盖住膝盖的短衣。收割作业服是由光面狍皮或帆布材料制成的，其款式特征为：圆领对襟，上衣的右大襟齐腰长，而左大襟比右边长出二尺左右，已长过膝盖了，其衣摆端有四条带子，绑系在左膝盖下，起到防止裤子被庄稼磨破保护皮肤的作用。收割作业服是根据夹割庄稼的特点而设计的，达斡尔人将所割庄稼夹在左侧腋下与大腿处，边割边夹，实在夹不住了，便打成捆放好，继续收割。

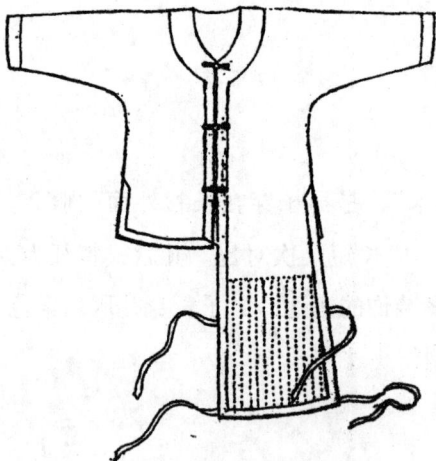

图 6-3 卡尔塔米，索布德绘制

（选自满都尔图主编：《达斡尔族百科词典》）

八、皮裤（阿热斯·哈裤如）

皮裤，达斡尔语称为"阿热

斯·哈裤如"，是达斡尔族男子所穿的皮裤子，前后样式差不多，裤腰稍高。皮裤主要用狍皮制作，毛朝里皮板朝外。冬季穿秋末冬初皮毛做的毛绒较厚的皮裤，保暖性好。春秋则穿夏季皮毛做的毛绒较薄的皮裤，既轻便又暖和。

九、套裤（绥毕）

套裤即套腿，达斡尔语称为"绥毕"，是男子从事狩猎、伐木等野外劳动时所穿着的，套在裤腿外的裤装，干完活可取下来。套裤的前面长至腰下，其上端钉有细皮带，一条腿套一只，能套到大腿根部，然后用细皮带系在裤腰带上。冬季劳动时，穿用狍皮制的套裤，有光皮和毛朝里两种，还有用犴皮、羊皮做的。起到耐

图 6-4　套裤（绥毕）（王瑞华摄于莫力达瓦旗达斡尔民族博物馆）

磨、保暖、护膝、防水及保护裤子的作用。在夏季劳动时，穿布制的套裤，比较讲究的套裤，在上下边缘镶有蓝、黑色布边，上口和膝盖处有补绣的图案，美观实用。

十、套袖（巴扬）

套袖，达斡尔语称为"坎其尔特"，能使双手抄在里面，用于冬季保暖。由羊皮、兔皮或狍皮制作，毛朝里缝合成筒状，外吊布面或缎面，在袖外套用。男人使用的袖套，达斡尔语称为"巴扬"，能使双手抄在里面，用于冬季保暖。比较宽大，毛绒较长，抄手后两边袖套口能够翻起。

十一、围裙（阔谢）

围裙，达斡尔语称为"阔谢"，是男子在劳动时所围带的劳动服。围裙长过膝盖，能围至后腰，并在腰后系带。用去毛、柔软的犴皮或鹿皮制作的，皮材内还要衬以布里子，用来保持外衣裤的干净和不受磨损。

第二节　女　装

一、女布长衫（奥尔图·钦奇）

女布长衫，达斡尔语称为"奥尔图·钦奇"，是女子在暖季常穿的布制单长袍。与男布长衫"嘎格日"的款式略同，有领，右开襟，齐脚背，比较宽松，不系腰带。过去的达斡尔族年轻女子，喜用鸭蛋青、浅蓝、天蓝及浅紫等色彩，老年妇女则喜用蓝或深灰色，年龄越大服色越深。年轻女子长袍的领口、开襟、袖口及下摆处，都镶有彩色花边，上绣花草、蝶虫等连理枝图案，袖口的花边可达三层至四层，做工精美。一般在长袍外要套坎肩。

二、长身礼服（库如木）

长身礼服，达斡尔语称为"库如木"，是女子穿在长衫外面的服装。比长衫稍短，穿着时，与里面的长衫形成长短层次对比。其款式特征为：长身、大襟、宽袖，袖口及衣摆均装饰有不同图案的镶边。女子长身礼服以花色为主，多用绸缎面料制作。

三、新娘礼服

新娘礼服的制作工艺精致，多为高领、宽滚边的绣花长衫，领部饰有三个金属扣。袖口装饰宽边，绣花的衣身外，套有坎肩似的无袖罩衣，稍短于长衫。礼服分长、短两种，短礼服的下襟两侧有蝴蝶装饰。

四、女式棉袍（库滚提·钦奇）

棉袍，达斡尔语称为"库日特"，是男女冬季常穿的布制棉袍。女式棉袍，达斡尔语称为"库滚提·钦奇"，其款式、色彩与布长衫相近，在棉袍外一般要套坎肩。

五、马褂（奥勒布）

马褂，达斡尔语称为"奥勒布"，是女子在礼仪场合所穿的服装。其款式特征为：对襟、宽袖、衣边和袖口处装饰有不同图案的镶边。马褂的面料以绸缎为主，女子暖季穿夹马褂，冬季则穿絮有棉花的厚马褂。

六、坎肩（和日格尔奇）

坎肩，达斡尔语称为"和日格尔奇"，为成年女子在日常和礼仪场合所穿的服装，老年妇女喜欢将坎肩穿在长袍外。其款式特征为：领型有立领、圆领及窝领，衣襟有对襟和右衽襟，紧腰，衣边镶有绣花边。礼仪场合所穿的

图 6-5 达斡尔老年妇女装（图片选自郭旭光主编、鄂晓楠副主编：《达斡尔族文物图录》）

坎肩用料很讲究,夏季夹的坎肩以绸缎为面,冬季则在坎肩内缝上狐、猞猁、水獭等名贵动物的细毛皮为里。

七、旗袍

旗袍,最早是满族人所穿的长袍,因满族人被称为"旗人",所以满族妇女之袍被称为"旗袍"。旗袍,非常具有东方色彩,显示女性雍容与文雅的仪态。旗袍讲究色彩与线条,其腰身宽松,袖口宽大,长度适中,便于行走。传统的旗袍有琵琶襟、如意襟及斜襟等,外镶滚边。三十年代初期,受西方短裙影响,长度缩短至膝,袖口缩小,后又加长。至四十年代又缩短,出现短袖或无袖旗袍,呈流线型。后来,衣片前后分离,出现肩缝和装袖旗袍。海拉尔地区的达斡尔族女子,曾流行穿着绣花旗袍。旗袍的前胸及下摆处通体绣梅花或其他小朵连枝花,表现出达斡尔族女子特有的贤淑、典雅与清丽。制作旗袍的材料,可用棉、毛、麻、丝及化纤衣料等。如今,旗袍已成为中国妇女所喜爱的服装。

八、细套袖(乌色勒特)

套袖,达斡尔语称为"坎其尔特",能使双手抄在里面,用于冬季保暖。由羊皮、兔皮或狍皮制作,毛朝里缝合成筒状,外吊布面或缎面,上绣花边。妇女所戴的细袖套,达斡尔语称为"乌色勒特",多用羊羔皮制作,毛绒短,放在宽袖口的棉衣袖里抄手。

九、围裙(阔谢)

围裙,达斡尔语称为"阔谢",是人们在劳动时所围带的劳动服。围裙长过膝盖,能围至后腰,并在腰后系带。女子围裙用布料制作,有的上面刺绣花草等图案。

第三节　童　装

清代后期，达斡尔族儿童服饰也开始出现了布衣布裤。其中比较有特色的童装即套在上衣外面的坎肩，也叫马甲。与满族马甲相同，为左右对称的款式，圆领口，饰花边，胸前有横式布结扣，两面的侧摆有竖式布结扣。前片补绣有如意纹适合图案或几何纹样、动物纹样等。女孩儿一般穿长袍，有绣花绲边，有时在外面套坎肩。男孩儿一般穿扎花绲边的长布袍，扎腰带。儿童裤子的膝上多补绣有云卷纹及"卍"字纹等图案。女童服装用色比男童鲜艳，以粉红、玫瑰红、浅紫、浅天蓝、浅灰等色为主，漂亮可爱。

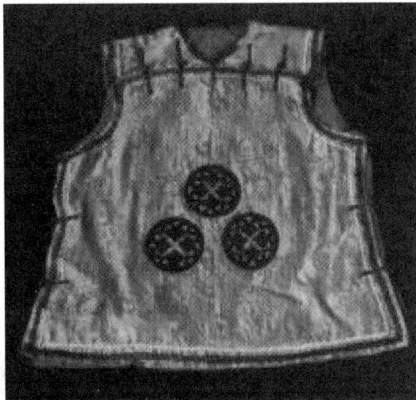

图 6-6　满式马甲（图片选自郭旭光主编、鄂晓楠副主编：《达斡尔族文物图录》）

第四节　鞋　帽

一、软底短靴（其卡米）

软底短靴，达斡尔语称为"其卡米"，是达斡尔族男子冬季所穿的靴子。用鞣好的狍腿皮，毛朝外缝合成靴腰，在靴腰上口缝蓝布边或彩绸边，将皮绳穿过靴后跟的皮环，系于靴面。靴底用狍、鹿、犴或牛的脖颈皮制作，既柔软舒适、轻便防滑又结实耐磨。

二、短腰软靴（奥洛奇）

短腰布筒饰纹软靴，达斡尔语称为"奥洛奇"也译为"斡罗其"，是达斡尔族男子春、夏、秋三季所穿的靴子。靴腰用布制作，在腰口镶嵌着黑色宽边，靴腰两边有古钱纹等补花图案装饰，靴脚面正中，有如意图案的补花装饰。前面开口，系两个蒜头布扣，靴底用布或皮（牛、狍等动物后脖皮）制成，其造型与契丹短腰靴类似。

图6-7　其卡米狍皮鞋（王瑞华摄于莫力达瓦旗达斡尔民族博物馆）

图6-8　布腰绣花软底靴（图片选自郭旭光主编、鄂晓楠副主编：《达斡尔族文物图录》）

三、高筒靴（得热特莫勒）

高筒靴，达斡尔语称为"得热特莫勒"，是达斡尔族男子冬季所穿的靴子。靴筒由鞣好的犴腿皮缝合而成，与软底短靴"其卡米"一样结实，穿上暖和又跟脚，而且靴筒高不易进雪。

四、绣花鞋

达斡尔族女子平时多穿绣花布鞋，礼仪场合则穿绣花平绒或绸缎鞋。绣花鞋为矮腰，有平口与圆口之分，多在蓝、黑与白色的鞋腰及鞋尖上有刺绣装饰。小姑娘的绣花鞋最美，鞋面颜色鲜艳，鞋尖上装饰着用绸料折叠出的立体花卉，栩栩如生。年轻女子的绣花鞋，以绣花草连枝纹为

图 6-9　绣花鞋（图片选自郭旭光主编、鄂晓楠副主编：《达斡尔族文物图录》）

主，也有绣瓜果花连茎图案的，并以鞋面通体周饰为特色。老年妇女喜穿暗花绣花鞋，绣有如意纹、方胜纹、"卍"字纹等图案，有的鞋尖上附饰翘起的几何造型，做工精美。

五、棉鞋（毛勒格）

棉鞋，达斡尔语称为"毛勒格"，其鞋面一般采用深色布料，里面絮棉花，鞋底由麻线纳袼褙而成。棉鞋非常适合老年人日常穿用，轻便又舒适。

六、布腰软底靴

儿童多穿布腰软底靴，靴子的左右腰面上，装饰有云卷纹、蝴蝶纹或古钱纹等补花图案，靴腰顶边沿及后跟都有黑边花形图案装饰。

七、仿生皮帽（米亚特·玛格勒）

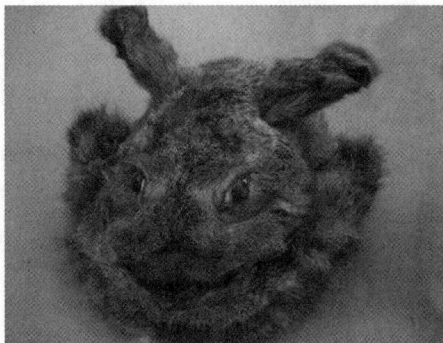

图 6-10　狍头皮帽（王瑞华摄于莫力达瓦旗达斡尔民族博物馆）

仿生皮帽，达斡尔语称为"米亚特·玛格勒"，是用狍子、狐狸或狼的头皮制作的帽子。其中以狍头皮帽最为普遍，这种帽子毛朝外，保留挺立的双耳与双犄角，眼睛用黑布、红布、白布缝成或用黑色玻璃球替代，装饰在眼窝处。过去曾把狍子颈后的皮毛垂披于肩，后来，这种帽后的披肩逐渐消失了，帽子长度只留到双耳以下部位。仿生皮帽是狩猎时代的产物，不仅抗寒、耐用，还有助于猎人伪装以靠近猎物。后来，这种仿生皮帽逐渐演变成了儿童的装饰帽，寄托着达斡尔人对后代茁壮成长的期盼。

八、大耳帽（巴里·玛格勒）

大耳帽，达斡尔语称为"巴里·玛格勒"，两个帽耳里层吊细毛皮，长至下颌，是男子冬季所戴的帽子。大耳帽的帽身用布料做面，里面絮着棉花，额头外面吊细毛皮，美观且保暖。

九、毡帽（坎特·玛格勒）

毡帽，达斡尔语称为"坎特·玛格

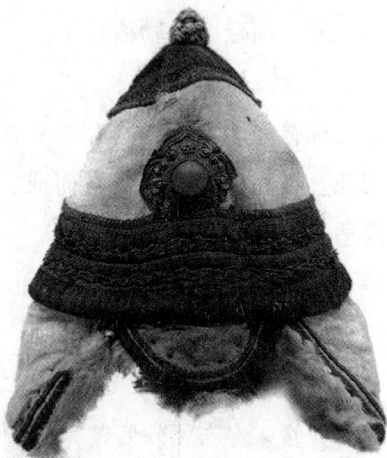

图 6-11　达斡尔人民国时期毡帽

（图片选自郭旭光主编、鄂晓楠副主编：《达斡尔族文物图录》）

勒",又叫四耳帽,是男子冬季所戴的帽子。四耳包括左右两个帽耳和前后两个帽舌,以兔皮、狐狸皮或松鼠皮为材料制成。

十、男帽（冬杨迪·玛格勒）

男帽,达斡尔语称为"冬杨迪·玛格勒",其帽头较高,护耳短小,顶部用一根紫貂尾装饰,帽头不分瓣,帽顶抽褶,护耳镶水獭皮或猞猁皮。

十一、夏季男帽（元宝·玛格勒）

夏季男帽,达斡尔语称为"元宝·玛格勒",形似元宝,又被称为"元宝帽"。其帽檐上翻,前后比左右高,前又高于后面,黑色,帽头周围饰花。200年前流行,今已鲜用。

十二、礼仪帽

夏季和冬季的礼仪帽,有所不同。一般青年女子夏季所戴的礼仪帽,为平顶圆帽,上面绣有各种鲜艳的花草图案。而中年女子夏季头戴黑大绒暗花礼仪帽。冬季的礼仪帽为内外皆皮毛的平顶圆帽。

第五节 饰 品

一、手套（博力）

手套,达斡尔语称为"博力",达斡尔人常用的手套有带腰手闷、五指手套和儿童手闷子三种。

图6-12　带腰手闷（图片选自郭旭光主编、鄂晓楠副主编：《达斡尔族文物图录》）

带腰手闷，达斡尔语称为"额莫替·博力"，由腰和掌两部分组成的套袖长手闷，多用狍皮制作。手闷腰部由狍腿缝成筒状，长约20厘米，金黄色的皮毛朝外，用皮条镶边。掌部皮料取自冬季厚密的狍皮，在手掌处开有横口，可随时伸出手来，便于男子手握工具进行劳动。手闷拇指的正面绣有对称的鹿头黑皮补花，并用红布补绣鹿眼。这种带腰手闷在鄂伦春族和索伦鄂温克人中也普遍使用。

五指手套，达斡尔语称为"霍若·博力"，是女子在礼仪场合所戴并分五指的手套。五指手套由短毛狍皮毛朝里缝制而成，其腕口处接缝毛朝外的细毛皮帮，腰处多镶黑边。在手套的手背、指头及关节处都贴缝有补绣图案，其中，手背中心，以蓝色或红色布衬底，上绣黑皮的圆形"卍"字纹或方形云卷纹等，五指指头绣有指甲状装饰、关节处绣有椭圆或叶状的图案。关节与指头的绣花图案之间，以波浪线连接，象征着手指上的血脉。

儿童所用的手闷子，其拇指单独与其他四指分开，另四指部分呈椭圆形的掌套形式，两只手闷由皮条连接，可挂在颈部。不用时，为方便孩子玩耍，可系好并交叉在后腰处。儿童手闷子多用狍皮制作，一般没有图案装饰。

二、袜子（袜斯）

袜子，达斡尔语称为"袜斯"，有布袜与皮袜两种。达斡尔族女子多穿白布袜，由双层白布做腰，袜腰在裤腿内，上缠布条绑腿。袜底由多层白布制作，上面绣有荷、莲、菊等花卉图案。待嫁的达斡尔姑娘要准备多双袜子，要在袜底上纳绣图案，使袜子美观又耐穿。毛袜，达斡尔语称为"卓贡吉"，是用狍皮、狗皮或羊皮制作的，上口系带，保暖性好。新疆塔城地区的达斡尔族女子，因受周围民族女子的影响，所穿袜子的袜腰很长，其上面为浅红或绿色，中间为黑色，下面为白色，脚穿木底鞋。

三、腰带（博斯）

腰带，达斡尔语称为"博斯"，是达斡尔族男子扎系在长袍外面的布或绸料腰带。一条腰带，需用整幅或半幅面料，裁出约三米至四米长即成，常见的颜色有蓝色、黄色和黑色，过去普通人家扎黑布腰带的较多。扎腰带时，讲究先将长袍后腰处打出对称的褶，然后围扎腰带，把两头分别掖在后腰，露出半尺多长，自然垂于后面。可将烟荷包、烟具、火镰与刀佩挂在腰带上。扎腰带可起到保暖和束腰的作用，同时，参加礼仪活动时，达斡尔族成年男子必须系腰带，据说这种装饰，承袭了契丹旧俗，是达斡尔族独有的带饰形式，扎系腰带已成为一种礼貌的标志。

四、烟荷包（卡尔特尔格）

烟荷包，意为"香囊"或"烟口袋"。达斡尔语称为"卡尔特尔格"，其制作材料有皮毛、棉布和绸缎等。男用烟荷包造型多呈葫芦形，款式有上下一体和上下分体两种。其中，上下一体的烟荷包，有用毛朝外的狍腿皮加皮镶边制作的，也有用绣有花草纹的布料镶布边制作的。而上下分体的烟荷包，有的上部用毛朝外的狍腿毛皮缝成半圆，以毛色为底，上面以色布块镶嵌，装饰对称的如意纹和云卷纹，下接皮或布质袋囊，外镶皮边。达斡尔族男用烟荷包的常用装饰技法为平绣加补花，其中，补花有皮毛补花与布补花两种。烟荷包的上口沿钉有皮套扣，其外挂玛瑙、木雕或骨饰品等饰件，并常与火镰同系于腰带上。

图6-13　妇女胸饰葫芦形荷包（图片选自郭旭光主编、鄂晓楠副主编：《达斡尔族文物图录》）

女用烟荷包比男用的小一些，造型有葫芦形、宝瓶形、花篮形、倒扇面形、长方形与圆形等；多用白、蓝或黑缎为底，绲边饰。色彩以白色或浅色居多，并用花布镶边。荷包口有紧口、抽线口及平口等形式，有的荷包前后有飘带。荷包的两面都有刺绣图案，技法多样，题材丰富，如花草、山水、飞禽走兽、亭台楼榭、人物故事及如意图案等，颜色鲜艳，两边吊长穗。已婚妇女常在年节时，将荷包佩戴在右衽胸襟处，同时挂有手帕、银耳勺及眉毛镊子等小饰件，颇具民族特色。

五、皮质香包（扎里·哈日特尔格）

皮质香包，达斡尔语称为"扎里·哈日特尔格"，是皮制装香草的小装饰口袋，可随身携带。香包大小约两寸至三寸，由狍皮、羊皮、狐腿皮等边角料制作。其造型有葫芦形、三角形、长方形及圆形等，皮面上绣有动物、植物等图案，颜色鲜艳。包口配有金色、红色与绿色的带子，上面镶嵌着金、银或玉石装饰。香包里所装田园种植的香草，达斡尔语称为"扎里殿斯"，香气四溢，制作精美。

六、首饰

达斡尔族女子首饰，包括钗、发簪、步摇、耳环、耳坠、项链、手镯及戒指等。其纹样题材丰富，以植物纹、动物纹、象征纹和文字纹为主，以吉祥祈福内涵居多。材料包括金、银、珠宝、玉石及合成材料等。工艺包括花丝、烧蓝、镶嵌等。在莫力达瓦达斡尔民族博物馆、海拉尔巴彦塔拉达斡尔民俗博物馆等处，藏有一些保存完好的首饰，精美珍贵。

七、头饰

传统达斡尔族妇女头饰，又称"莲木儿托"。类似满族妇女的"两把头"，是 1949 年前，达斡尔族姑娘结婚时开始戴的一种头饰。所谓"两把头"，就是把头发分成两绺，束于头顶，梳成横长式的发髻，用扁方贯于其中，再将后面的余发绾成燕尾式扁髻，压在后脖领上。"两把头"莲木儿托似扇形冠，以青素缎为面料，上面插许多簪子和花，冠的两侧下沿附三串珠饰。

八、头带

达斡尔族女子素有在前额系头带的习俗。头带需从前额围向脑后，并系好带子。一般头带的面为彩绸，用刺绣及小花边等装饰并镶边制成，也有用金属装饰与绳带结合的。头带的样式因年龄不同而有所差别，如少女的头带，多用鲜丽的对比色彩，并垂饰珠串流苏，左右各带一条红或绿色穗。大姑娘戴的长条形头带其中间较高，上面对称装饰着立体花鸟，下垂珠帘。婚后两三年的妇女，摘去莲木儿托，盘高发髻，戴色

图 6-14　云卷钱花纹头饰件（图片选自郭旭光主编、鄂晓楠副主编：《达斡尔族文物图录》）

彩素雅且没有珠帘的头带。老年妇女的头带，即护额带，达斡尔语称为"满格勒奇"，头带正中都装饰有一个金属或珠宝饰物。

九、裹头巾（库巾）

图 6-15　清代库巾（王瑞华摄于莫力达瓦旗达斡尔民族博物馆）

达斡尔族女子的裹头巾，也称"库巾"。颜色鲜艳，有玫瑰红色、土黄色等色，周围镶宽黑边或窄花边，在头顶与下颌两处分别结系盘扣，能露出头上的盘发，并可遮住部分前额及下颌，露出部分脸面，使脸显得很小。有的裹头巾的下巾角正中绣有团花牡丹等装饰图案，尖状曲线巾角垂于脑后，颇具民族特色。

十、耳包

绣花耳包，是冬季用于保护耳朵不受寒风侵袭的一种饰物。用布或绸缎制成，其样子如桃形、心形或耳朵形，四周镶花边，有的夹毛边，面上绣有各色花卉等图案，有系带。

十一、银坠饰

银坠饰，为达斡尔族妇女胸前饰品，一般为自己设计，银匠制作的金属工艺品。其形似小花篮、花盆等，下挂银链。老人佩戴三条银链，少妇佩戴五条银链。每条银链下端都带小镊子、钩子、耳勺、剑等，有链子和钩套住衣扣。

十二、长命锁

　　长命锁，是儿童胸前的挂锁，一种避邪饰物。其造型多呈古锁状、如意头状等，多为银制的。上面錾刻着仙人麒麟纹、双鹊梅花纹等吉祥图案及"福""卍""长命富贵"等吉祥文字。意为锁住小孩的命，避免病魔疫鬼侵入，希望孩子无灾无祸、平安长大。长命锁寄托着长辈对晚辈的祝福。

第二十六章　达斡尔族的饮食

古语有云："民以食为天"。受生活环境、生产方式的影响，不同民族之间形成了自己独特的饮食文化，达斡尔族也不例外。达斡尔族的饮食不仅与其地理环境、经济状况有着密切的联系，也在一定程度上反映了该民族的经济和生产力的发展状况。

生活在黑龙江地区的达斡尔人，还处于原始家庭公社制度阶段。因生产力极其低下，渔猎是这一时期达斡尔族的重要生活方式。因此种生活方式获取食物不稳定，所以达斡尔族先民除猎取动物外，还采集野菜、野果充饥。17世纪后半叶，达斡尔人迁居嫩江流域后，其农业有所发展。除一般的农作物外，白菜、胡萝卜、土豆等蔬菜种植面积也逐渐扩大。此时期，粮食成为达斡尔人的主食，蔬菜成为主要的副食，肉食逐渐减少。随着农业的发展，达斡尔族的生活方式逐渐由渔猎向农耕转变，随之达斡尔族人的饮食结构也逐渐由以肉食为主向以粮食为主过渡。当时的人民已经能够使用手磨（达斡尔语：约热古勒）加工精米。

随着剩余粮食的出现，达斡尔族人学会了酿酒。达斡尔人之所以喜欢饮酒，与其生活环境密不可分。达斡尔族人居住的大、小兴安岭地区，冬季漫长寒冷，最低气温达到摄氏零下40度。饮酒便成为除吃肉、饮奶、擦涂动物脂肪油之外最好的御寒方式。

第一节　达斡尔族的主食

达斡尔族在不断发展过程中，在周边民族饮食风俗的影响下，逐渐形成了以米食、面食为主的饮食格局。

一、米食

米食是达斡尔族的主食之一，始于黑龙江北时期，达斡尔族人起初不吃小米和苞米饭，小米食和苞米的广泛流行是清末以后的事情。如民国初年的布特哈达斡尔人很少种谷子，园子中种的苞米只是用以啃青；齐齐哈尔和瑷珲地区达斡尔人自清末才以小米为主食。但时至今日，海拉尔和新疆塔城地区达斡尔人仍以面食为主，很少吃米食。达斡尔族米食种类有稷子米、燕麦米、荞麦米等，日常以小米饭为主。

（一）稷子米（忙格勒莫）

稷子米，达斡尔语称为"忙格勒莫"。在达斡尔族中，因其制作方法不同，稷子米分为两种。

一是用大锅装满稷子，然后添上水，将稷子煮到外壳开口。然后将稷子放到外边晾干收回，再铺到炕上烙干碾成米。经过这种煮熟后炕干做成的稷子米称为"敖苏木"，因其没有黏性，且有糊香味，适合做干饭或煮鲜牛奶粥。

二是不经过蒸煮，直接将稷子碾出，经过此法做成的稷子米称为"希吉木"，因其稍有黏性，适合做干饭和鲜牛奶粥。此外，把"希吉木"磨成面，还可以做发糕、糕点和苏子馅饼。

稷子米是达斡尔族米食的主要原料，用稷子米可以做出以下食品：

1. 稷子米干饭（敖斯莫巴达）

稷子米干饭，达斡尔语称为"敖斯莫巴达"。达斡尔族做稷子米干饭，一定要开水下米，煮到八成熟时捞进盆，然后隔水蒸一会儿，此法做出来的干饭粒粒松散、入口清香。达斡尔族的稷子米干饭还可以加入红芸豆，做成豆干饭。稷子米干饭常配以鲫鱼汤、酸牛奶。

2. 稷子米肉粥或鱼汤粥（希日莫勒巴达）

达斡尔族人还用稷子米做肉粥。稷子米肉粥或鱼汤粥，达斡尔语称为"希日莫勒巴达"。一般是先把猪、羊、牛、鸡等肉切成块或条，用油炒去生，放上葱、盐、花椒等佐料，加入汤，煮开后，下稷子米煮成粥。达斡尔族一般会在晚上或年节晚上各种娱乐活动后食用稷子米肉粥。

达斡尔族用鱼汤做粥时，一般用大鱼或鲇鱼。其做法是：将鱼煮成汤，再下米。出锅时再放上各种佐料。因为粥营养最好，老人最喜欢食用。

3. 稷子米奶粥（苏提茶）

稷子米奶粥，达斡尔语称为"苏提茶"，把炒成焦黄色的米，用鲜牛奶煮烂。吃稷子米奶粥时，还可放一些奶油或奶皮子。

4. 炒米（布古勒哈格）

炒米，达斡尔语称为"布古勒哈格"。达斡尔族的炒米和蒙古族的炒米做法基本一样，就是把带壳的稷子用文火炒，然后用碾子加工成米。炒米既可以干嚼着吃，也可以泡在热牛奶或酸牛奶里吃。

5. 稷子面的蒸糕（希基莫吾图莫）

稷子面的蒸米，达斡尔语称为"希基莫吾图莫"。就是将稷子碾成面，用开水和好，发酵后用碱，蒸成发糕或豆包。

6. 西吉木·拉里

达斡尔族的西吉木·拉里是用未经蒸熟炕干的稷子米做的，即"把洗干净的米放入兑有适量水的酸牛奶中，在锅里用慢火熬煮而成"。[①]

（二）燕麦米

燕麦米饭，达斡尔语称为"夸林颇·布达"，是用经蒸沸炕干后磨出的燕麦米做的饭。达斡尔族的燕麦米饭因做法不同分为三种：一是掺豆子米饭，吃时拌酸牛奶；二是在鲜牛奶中煮粥；三是与狍子肉块一起做肉粥。

---

① 满都尔图主编：《达斡尔族百科词典》，内蒙古文化出版社 2007 年版，第 347—348 页。

（三）荞麦米

荞麦，是一年生草本植物，达斡尔语称"哈吾勒"。荞麦的生长期较短，一般只有 60 多天，加之耕作较为简单，深受达斡尔族人民的喜爱。达斡尔人将荞麦粒放入锅中蒸至八成熟时烘干，碾去外壳磨制成米，称为"阿勒莫"，这种米即可与稷子米做成二米干饭，也可捞成干饭泡着酸奶吃，称"阿勒莫巴达"。

荞麦米磨成粉过筛后剩下粒状的渣子，达斡尔族称为"尼基"，可以做酸奶黏粥，拌奶汁和糖，不仅是达斡尔人的上等素食，也是达斡尔族人腊八节的主食。

1. 尼吉拉勒

尼吉拉勒是加工荞面筛下的荞麦糁子煮的干黏粥，在出锅前用勺背面来回反复碾压，最终碾得银白透明。食用时，在粥中用勺子挖个坑，放入奶油或猪油。

尼吉拉勒可以长期存放，是达斡尔族人专门给女孩们吃的点心，有时远方客人来，也当作临时垫补。

2. 阿鲁木巴达

阿鲁木巴达就是将荞麦蒸熟晒干碾成精白透明米做成干饭。在食用时可以泡鲜奶或酸奶，因其非常滑爽，且好消化，多适合老人和小孩食用。

（四）大麦（木如古勒）

大麦饭，达斡尔语称为"木如古勒"。在达斡尔族，把大麦蒸熟后碾成米，也可做成干饭或粥。食用时可以加上鲜牛奶或酸奶。

（五）干黏饭（拉勒）

干黏饭，达斡尔语称为"拉勒"。达斡尔族干饭多种多样，有时用小麦加上芸豆、土豆块做，有时也用荞麦糁子或苞米小渣子做。最好吃的是"瓦日勒"拉勒，即"把母牛下犊后七天的奶子都放到一个罐里，发酵后，成了又香又酸甜的疙瘩奶，用小米做拉勒，泡上疙瘩奶吃。吃这个拉勒，常常都把一些亲朋长辈和孩子们请来一同品尝"①。

---

① 高瓦：《达斡尔族人的食俗》，《达斡尔资料集》第 8 集，民族出版社 2008 年版，第 219 页。

（六）黏糜子（皮苏格）

黏糜子达斡尔语称为"皮苏格"。"皮苏格拉拉"即黏干粥，是达斡尔族的"腊八粥"，用奶油或猪油加上白糖、红糖蘸着吃。

据学者调查统计，"自民国以来，齐齐哈尔和瑗珲地区达斡尔人种植黏谷。黏米成为他们的主食之一，做黏米粥或在农忙时做豆沙馅豆包吃。自日伪统治时期开始，达斡尔人在大田里种植苞米，吃苞米碴子粥或玉米面蒸糕"。[①]

二、面食

面食是达斡尔族的主食之一。民国以前达斡尔人是很少种小麦的，所以他们的面食素以荞面为主。荞麦生长周期短，且耕作容易，所以荞麦是达斡尔人的主要作物之一。荞麦不仅用来做米饭，而且也被达斡尔族人加工成面粉食用。在达斡尔族生活中，荞面主要做成面条、饼和包饺子。自民国以后，布特哈、齐齐哈尔、瑗珲等地达斡尔人普遍种小麦，白面随之成为达斡尔人主食之一。面食是达斡尔族的主食，但是因其生活环境各异，所以各地区人喜好的面食也各不相同。如海拉尔地区的达斡尔人喜欢用白面做面条或面片，以牛羊肉为汤（连汤或浇汤），而塔城地区的达斡尔人却仿维吾尔人吃烤馕。烤馕耐放，做一次可以存放数天，临时吃时切成薄片。

（一）面条

1. 炒面（哈格）

炒面，达斡尔语称为"哈格"，是把炒熟的荞麦米碾磨罗筛后的细面便是炒面。食用时伴酸奶、奶油或白糖，也可以冲开水食用。因其耐饿且便于携带，所以是野外劳动者的首选。

2. 细粒炒面（新特勒）

细粒炒面，达斡尔语称为"新特勒"，就是把炒熟的荞麦米碾磨罗筛

---

① 内蒙古自治区编辑组：《达斡尔族社会历史调查》（修订本），民族出版社 2009 年版，第162 页。

后残留的碎米，食用时先用水泡胀再伴酸奶，即可食用。

3. 荞面条（哈吾勒郭勒巴达）

荞面条是达斡尔生活中的面食之一。据学者调查①，荞面条因做法不同也有不同的称谓：

（1）短面条（拉尔斯·布达）

在达斡尔族日常生活中，将短面条在清水中煮熟，吃时一般拌上酸奶。

（2）刀削面（贺日克勒森·布达）

刀削面的食用方法与汉族基本相同，可以清煮，也可以混汤；可以热吃，也可以冷食。

（3）班拉申·布达

"班拉申·布达"即用手指压成条，呈柳叶状，一般要在鲜奶中煮熟。

（4）拇指面（贺日格·布达）

拇指面，达斡尔语称为"贺日格·布达"，是用一只手的拇指在另一只手掌上搓成的薄卷片，在狍子肉或禽肉汤中煮熟。达斡尔族在做卤时大多用野味，如野鸡汤或飞龙、野鸭汤，也用猪肉做五花肉汤或肥牛肉汤，调汤一般不用酱油，只用盐。达斡尔族人在吃面的时候，一般还要配上辣椒、辣椒末、韭菜花、小花菜四个压桌小菜。

4. 荞面饸饹（达勒·布达）

荞面饸饹，达斡尔语称为"达勒·布达"，是达斡尔人在过节和招待贵宾时的传统食物之一。做饸饹除用白面外，有时也会用玉米面。其做法是，将和好的荞面团放在木质的饸饹床里，用一块大犍牛的肩胛骨（达斡尔语称为"达勒"）钻眼压成条，现在则多用厚木板，面直接落入沸水中煮熟，捞出面过水后浇上野禽或狍子等做的肉汤，伴酸奶食用。

5. 托古列

将荞麦面（或白面）擀成薄薄的面片儿，切成菱形，在开水中煮熟，

---

① 毅松：《达斡尔族传统饮食习俗的文化特色》，《内蒙古社会科学》1996年第6期。

再捞到熬好的鲜奶中，加入糖、奶油或猪油。

（二）饼（乌图莫）

达斡尔人称饼为"吾图莫"，多用"死面"（即未经发酵的面）做成。

1. 筷子饼（撒日坡·乌图莫）

筷子饼，达斡尔语称为"撒日坡·乌图莫"，是把葱花、调料夹在三四层薄面片中做成饼，然后用筷子压上"X"形使多层粘牢，在笼屉中蒸熟。

此外，用荞面烙苏子馅饼、肉菜馅饼和蒸饺。在大年初一的早晨，用荞面包肥牛肉、红糖馅的饺子，称为"珠伯伯"，供奉"腾格日"（天），是逢年过节特有的食品。

2. 荞面饼（哈吾勒郭勒吾特莫）

荞面饼，达斡尔语称为"哈吾勒郭勒吾特莫"，其是将荞面烫熟，用两手拍薄，放入锅里用文火烙熟的饼。荞面饼出锅后一般是蘸奶油吃的。此外，达斡尔族也有用苏子（巴勒）为馅做荞面饼的，即把苏子炒熟加盐，擀成面状。

3. 蒸饼（额日克莫勒吾图莫）

蒸饼，达斡尔语称为"额日克莫勒吾图莫"，是用荞面糊糊蒸成的大饼。达斡尔族的蒸饼，类似汉族的春饼，吃时可以卷上炒好的酸菜粉、绿豆芽。

4. 毛格勒吾特莫（努克提吾图莫）

毛格勒吾特莫也称作"努克提吾图莫"，即中间有眼的饼。其做法是"把筛荞面落下的糁麸，用开水烫一半，与另一半干面一同揉成面团，做成发面，用菜做馅，烙饽饽吃"①。

5. 馅饼（切日其库·乌图莫）

馅饼，达斡尔语称为"切日其库·乌图莫"，是擀出皮，放入馅后合为半圆形，压实边后，用碗压切去边，然后烙熟而做成的饼，类似今天汉族人所吃的盒子。

---

① 高瓦：《达斡尔族人的食俗》，《达斡尔资料集》第8集，民族出版社2008年版，第219页。

6. 苏子馅饼（巴勒提·乌图莫）

苏子也称子苏，在达斡尔语中称为"巴勒"。苏子馅饼，达斡尔语称为"巴勒提·乌图莫"，是将苏子洗净炒熟捣碎，伴入白糖或红糖或盐而做成的饼。在达斡尔族，早期苏子馅饼多以荞面为皮，自普遍种植小麦以来，多用白面为皮。

此外，苏子油是达斡尔族传统的食用油。"自20世纪初市场上出现以大豆榨制的食用油后，榨苏子油逐渐停止食用"[1]。

7. 无馅的饼（绰莫吾图莫）

无馅的饼，达斡尔语称为"绰莫吾图莫"，是先将荞麦面和好，擀成饼后，下到肉汤里煮熟的饼。一般用狍子肉或野鸡肉，饼汤一起食用。

8. 煎饼（托挖吾图莫）

煎饼，达斡尔语称为"托挖吾图莫"，是用荞面渣摊成的煎饼。但是因地域不同，食用方法也各异。生活在齐齐哈尔一带的达斡尔人喜欢用荞麦渣摊成煎饼，但是要"卷上菜馅或粉条食用"，而生活在内蒙古莫力达瓦达斡尔族自治旗的达族人，则不喜欢卷馅，而喜欢"就着汤或菜食用"[2]。

9. 火烧（巴尔楞）

火烧，达斡尔语称为"巴尔楞"，即用死面做成的中间有眼，且放在火炭或火盆中烧烤熟的饼。火烧是达斡尔人的一种辅助零食，一般吃火烧时，要抹上一些奶油。

（三）饺子

达斡尔族人也喜食饺子，饺子主要以荞面蒸饺（奇克乌图莫）为主。将荞面用开水烫过，揪成剂子，因荞面筋性小，不能用擀面杖，所以用手压成皮子，放上大馅包成。

达斡尔族的饺子馅一般用酸菜和白肥肉，加上各种佐料拌成。一般蘸

---

① 满都尔图主编：《达斡尔族百科词典》，内蒙古文化出版社2007年版，第349页。
② 王咏曦、崔嚕：《浅谈达斡尔族饮食文化中的荞麦食俗》，《黑龙江民族丛刊》1994年第2期。

野韭菜花与秋天制成的"达家菜末"。这种蒸饺皮薄，表皮有光且透明。荞面蒸饺是达斡尔族在正月十六抹灰节吃的上等饭。

（四）粥又面（刹波日当）

粥又面，达斡尔语称为"刹波日当"，是把和好的荞面，削条或切成细条放入牛羊肉烩锅的稀粥中做成的，这个饭是粥也是面条。

第二节　达斡尔族的副食

达斡尔人副食品呈多样性，不仅品种多，而且吃法也多样。

一、肉食

（一）兽肉

达斡尔族历来善于渔猎，所以其饮食中不乏兽肉、鱼肉。

达斡尔族过去有养猎鹰（喜瓦）的风俗，每到深秋和初冬，达斡尔族人就把猎鹰放出去抓野鸡、野兔等猎物，一只猎鹰一天能抓到三四十只。达斡尔族家里一般都养猎狗、猎马，冬季一下雪就骑马出去追猎野物。达斡尔族常捕获的猎物有野鸡（火日果勒）、兔子（陶勒）、鹌鹑（博登）、沙半鸡（依套）、飞龙（库得）、乌鸡（特格嫩）等小动物，还有狍子（主日）、黄羊（者仁）、野猪（河里勒格）、鹿（包古）等大动物。

达斡尔族在冬春之季吃肉食较多，其中主要是狍子、野猪、沙鸡、野鸡等野生兽禽，此外还有鱼、猪、羊、牛、鸡等家畜家禽。因生活的区域不同，所以喜食的肉类也各不相同，生活在牧区的达斡尔人喜食羊、牛肉，而生活在嫩江流域的达斡尔人则喜食猪、牛肉。

此外，达斡尔族猎民嗜吃刚打到的猎物内脏，特别是野兽的肝脏。因为野兽的肝脏营养丰富，可以补养身体。对此行为，还有学者认为"吃生狍肝有助于增强和保护视力，所以猎人生吃狍肝尤为普遍"[1]。

（二）鱼肉

达斡尔人世代居住在嫩江边上，善于捕鱼，也素爱吃鱼，且不同的鱼有不同的做法。嫩江出产的敖花（敖古）、鲫鱼（克勒特格）、鲤鱼（木日格）、草根鱼（阿木日）、哲里鱼（好勒布日）、怀头（拉格）、胖头（他库）等皆是达斡尔族餐桌上的美味，达斡尔族做鱼除了白水炖之外，还喜煎吃。

在达斡尔族，鲶鱼（蝶古）、黑鱼（华日）、狗鱼（齐日齐木）、嘎牙子（爱快），除炖着吃外，还经常将其用盐卤后做成干鱼来食用。船丁子（布格勒扎日莫）、白漂子（其嘎扎日莫）、黄姑子（苏嘎斯）、葫芦籽（嘎苏克勒博）等小杂鱼常用来煎咸鱼吃，也有晒干后随时蒸着吃的。

此外，居住在齐齐哈尔地区的达斡尔人还常常把鱼与柳篙芽（昆比勒）一起炖菜，别有风味。瑷珲地区的达斡尔族还常常把鱼焙干、做鱼酱或做肉馅。

达斡尔族有禁食黑鱼、鲶鱼、老头鱼的禁忌，认为老人、妇人、病人吃了容易生病，小孩子吃了会更不好。

（三）牲畜肉

达斡尔族人民在生活中不仅食用兽肉、鱼肉，随着社会经济的发展，达斡尔族人主要食用养殖的猪、牛、羊等牲畜肉。达斡尔族因居住地区不同，所食牲畜肉也呈现出明显的地域特征。

生活在布特哈、齐齐哈尔、瑷珲等地区的达斡尔人普遍善养猪，猪肉便成为年节和冬春季食用的主要肉食。居住在海拉尔、塔城地区的达斡尔人，则喜食牛羊肉，每到秋末，各家杀牛宰羊，准备一冬的肉食和年节之用。

另外，达斡尔人素有吃手把肉和片白肉的习惯，每当杀猪宰羊时，必做手把肉请亲友大吃一顿。片白肉是将肉煮熟后切成薄片，以酱油和韭菜

---

① 内蒙古自治区编辑组：《达斡尔族社会历史调查》（修订本），民族出版社 2009 年版，第 163 页。

花等佐食。

手把肉和片白肉，不仅在杀猪羊或年节时食用，在婚丧宴席上更不可少。在手把肉中，最讲究的是带骨手把肉。

在宴请宾客时，"头桌、二桌和三桌，必须分别上尻背骨和肩胛骨"①。在婚宴上吃手把肉时，要区别尻背肉、肩脚骨肉、胯骨肉、挠骨肉和肋骨肉，按宾客尊贵享用。

达斡尔族在杀猪宰羊后，都要灌血肠。达斡尔族血肠分为素血肠和馅血肠两种。素血肠就是在血中只掺少量水、盐的血肠；馅血肠就是在血中掺葱花、蒜泥、野韭菜花末、盐等馅的血肠。无论是素血肠还是馅血肠，皆是煮熟后切成片食用。

二、奶食

在农牧并重的海拉尔和塔城地区，奶食成为达斡尔族的主要副食。他们不仅把牛奶加工成奶茶随时饮用，而且还用牛奶来做饭。

（一）鲜牛奶（苏）

鲜牛奶，达斡尔语称为"苏"。达斡尔族人将牛奶挤下后，趁热喝或泡饭、泡饽饽、泡拉勒吃，他们认为"大人、小孩喝生奶不上火，容易吸收"②；也有煮熟后喝的，泡饭吃的。

（二）酸奶（朱松·苏）

酸奶，达斡尔语称为"朱松·苏"。达斡尔族做酸奶是把鲜奶存入坛子里，加盖后放在热炕上，两三天后使其自然发酵变酸。在达斡尔族中，酸奶是日常生活中不可缺少的饮食，其主要有两种饮用方法："一是盛入桦树皮筒当作消暑和解渴的饮料；二是当作调料，拌米饭、面条或炒面食用。"

（三）酸奶子（起嘎）

酸奶子，达斡尔语称为"起嘎"，其是将鲜奶装入罐中，放在温热的地

① 内蒙古自治区编辑组：《达斡尔族社会历史调查》（修订本），民族出版社 2009 年版，第164 页。

② 高瓦：《达斡尔族人的食俗》，《达斡尔资料集》第 8 集，民族出版社 2008 年版，第 219 页。

方发酵后，用带眼的耙子上下搅动，使奶油和奶水分解。最上面一层是奶油，把奶油捞出来，在锅内靠干水分就是黄油，罐里剩下的就是酸奶子。

（四）奶脂（苏·德日格）

奶脂，达斡尔语称为"苏·德日格"，是鲜牛奶在罐中存放数小时后，用勺子撇除上面浮出的一层油脂，即奶脂。海拉尔地区的达斡尔人称奶脂为"欣格"，其意为浮在牛奶上的油脂，达斡尔族人常将奶脂涂在馒头、面饼上，或者拌粥吃。

（五）黄油（沙日·托苏）

黄油，达斡尔语称为"沙日·托苏"，就是撇取牛奶上的浮脂放在盆里，然后用木棍搅拌，使水分和油脂分离，然后再把油脂放在锅里加热提纯。黄油是奶中极品，达斡尔族人常将其放入奶茶中饮用，或者放入"拉里"和牛奶面片中食用。

（六）酸奶渣（阿日其）

酸奶渣，达斡尔语称为"阿日其"，是酸牛奶加热烧开装入布口袋挂起，滤出水后剩下奶渣，再把奶渣挤出水分，放在扁形柳筐晾干。在达斡尔族生活中，酸奶渣不仅可以用来拌饭，还可以做成薄片的渣糕点（霍若勒格）放入奶茶中食用。

（七）熟奶皮（乌如木）

熟奶皮，达斡尔语称为"乌如木"，是把鲜奶放入锅里用慢火加热，不断用勺扬。酸奶皮分生熟两种，多在秋季制作，因为秋季牛奶油脂较多。生奶皮子（推棍吾如莫）就是将鲜奶子放在凉地方，时隔一宿，第二天，上边凝出一层油皮子，就是生奶皮子。奶皮常被达斡尔族人泡入奶茶中饮用，或夹在面饼中食用。熟皮子是达斡尔族人民馈赠亲友的礼物。

（八）奶疙瘩饭（瓦尔勒拉勒）

奶疙瘩饭，达斡尔语称为"瓦尔勒拉勒"，其是用粉碎后的荞麦渣加上少许芸豆、豌豆，煮成粘干饭（拉勒），再泡上经过发酵而结成小块的奶疙瘩。奶疙瘩饭食起来酸甜喷香。但这种饭食在一般情况下是不自家独吃，因为制作奶疙瘩的牛奶必须是从生第一胎牛犊后三至五天的母牛身上挤下来的，所以平时不易吃到。每当哪一家的母牛生下头一胎牛犊之后，都要烹饪出一大锅上好的奶疙瘩饭，所以其是宴请亲朋好友的上等佳肴。

（九）酸奶稠粥（拉里）

酸奶稠粥，达斡尔语称为"拉里"。酸奶稠粥有两种：一种是"尼吉·拉里"，即用荞麦剂子做的；另一种西吉木·拉里，即用蒸熟炕干的稷子米做的，是把洗干净的米放入兑有适量水的酸牛奶中，在锅里用慢火熬煮而成。酸奶稠粥黏性较强，食用时一般需要拌入黄油和白糖。在达斡尔族也有用牛犊出生后头几天挤的牛奶做酸奶稠粥的，也就是初牛乳稠粥。

（十）奶酪（阿日其额吉格）

奶酪，达斡尔语称为"阿日其额吉格"，就是将发好的奶子，用锅熬开，将奶和水分解后，将奶疙瘩打出来烤干凉开，待凉透后，把用手挤出来的奶片晒干就成了阿日其。若用木刻的模子扣出各种花样的饼，晾干后就是额吉格。

三、菜食

达斡尔族主要分布在大兴安岭东麓的嫩江流域和呼伦贝尔草原上，其村落环抱于山林水草之中。在山野河边有着丰富的野生植物资源，是达斡尔族的天然基地。达斡尔人素重菜食，达斡尔族的菜食主要分为采集野菜和种植蔬菜两部分。

（一）野菜

达斡尔族聚居的地方多靠近山林河塘，所以野菜成了早期达斡尔族的主要菜食。达斡尔族的采集以妇女为主，主要集中在春夏和秋冬两季。一般几人相约，徒步或乘坐大轮车采集。野菜每个季节各不相同，其主要有山葱、柳蒿芽、山芹菜等，兹分别叙述。

1. 山葱

山葱，达斡尔语称为"满给斯"，山葱是最早能吃到的山野菜，采取茎叶。一般农历四月刚出青草时便可以采集，采集期一个月左右。

2. 柳蒿芽

柳蒿芽，达斡尔语称为"昆米勒"。在各类菜种中，柳蒿芽含人体所需的植物钙和其他微量元素，可以助消化、去火，是达斡尔族人最喜欢的野菜。柳蒿芽形状似艾蒿，茎叶光滑，主要生长在河边或潮湿的地方，属于水艾类的草本植物，呈绿色或微红色，脆嫩易折，靠近时有苦涩清香味。柳蒿芽炖土豆、柳蒿芽炖鱼、凉拌柳蒿芽是达斡尔族人的主要吃法。

柳蒿芽炖土豆，是把柳蒿芽用开水焯后挤干，炝锅后和土豆块及事先煮好的芸豆一起炖。柳蒿芽炖鱼，是先炖鱼去刺后放柳蒿芽，炖鱼一般用鲶鱼或"嘎牙子"鱼。凉拌柳蒿芽，就是把剁好的菜放上盐，加上葱花、辣椒油、小米饭汤，拌成粥样。

3. 山芹菜

山芹菜，达斡尔语称为"昂果勒"，其主要生长在小柞木丛中，一般在农历四月进行采摘。山芹菜的茎叶有一尺多高，根有两寸长，开花后不再采集。

4. 山韭菜

山韭菜，达斡尔语称为"开列日"，一般生长在河畔和地势较低的地方。主要在入伏时采集，一般采集的不多。

5. 野小葱

野小葱，达斡尔语称为"莽格则"。一般长在沙包地里，像小葱，但是叶扁，也没有辣味，采回炒炖皆宜。过去在旧社会，苦难深重的达斡尔族人，野菜也是半年粮。

6. 小根蒜

小根蒜，达斡尔语称为"曼齐"。阳春三月，春暖花开，是达斡尔族挖曼齐的季节。在达斡尔族，小根蒜一般用来炒鸡蛋、做馅烙合子、炒土豆丝、卷荞麦饼。秋天挖来的小根蒜多腌成咸菜吃。此外，小根蒜也是做汤少不了的菜。

7. 蘑菇

蘑菇，达斡尔语称为"莫格"。也是达斡尔族常年吃的干菜。蘑菇主

要有白蘑（齐嘎莫格）、花脸蘑（库克莫格）、树蘑（哈勒斯莫格）、草蘑
（额吾斯莫格）。

8. 木耳

木耳，达斡尔语称为"巴科日特"。达斡尔族人家里围院的障子多用
柞木和桦木，多年后到处长满新鲜的木耳。

9. 黄花

黄花，达斡尔语称为"给罗其"，多生长于大草原上。采回来的黄花，
以花苞为最好。把黄花用开水焯一下再晾干，无论是做菜、炖汤都可以。

除了以上几种，达斡尔族还常食灰菜（可日勒）、线菜（巴勒额吾则）
等野菜。

（二）家种蔬菜

随着社会的发展，达斡尔族人逐渐开始种植蔬菜。每家的房前屋后都
有大片的田园，且多种植白菜、土豆、豆角、胡萝卜、大萝卜、黄瓜、倭
瓜、西葫芦、茄子、青椒、韭菜、葱、蒜等蔬菜。

蔬菜之中，豆角是达斡尔人爱吃的蔬菜之一。达斡尔族种植的豆角主
要有长蔓豆角（沙得勒堤·包日绰）、虹豆（滚苏古·包日绰）、喜鹊豆角
（沙吉格·包日绰）、扁豆角（毕堤格·包日绰）、绳豆角（得斯·包日
绰）、短蔓豆角（沙得勒乌威·包日绰）、豌豆（包克若）等。

为了在冬春也能吃到蔬菜，达斡尔人也加工贮存蔬菜，其方法主要有
四种。"一是做干菜。把扁豆角、角瓜、茄子，用刀削成细长条晒干，然
后编成辫存放。把整个的'滚苏古·包日绰'用细绳晒干。把小碗口粗的
白菜用细木杆穿起，挂在仓房里晾干。食用之前用温水把干菜泡开，可
炖、炒。二是腌酸白菜，用于做炖菜。三是腌咸菜"①。

达斡尔族菜食丰富，不仅有采集的野菜、种植的蔬菜，咸菜种类也是
多种多样。

达家菜末，是达斡尔人在秋后将白菜、辣椒用碾子压成末，再兑上蒜

---

① 瑜琼、丰收：《达斡尔族的饮食习惯及其在当代的发展变化》，《黑龙江民族丛刊》1998
年第4期。

汁、姜末，腌制而成的咸菜。一般在吃的时候，还要加上些肉汤，拌上柳蒿芽。

到了秋天，达斡尔族人喜欢用黄瓜、茄子、胡萝卜、大萝卜、白菜等腌成各种咸菜。"采集野韭菜同白菜帮碾磨成小菜，将青椒碾磨成辣椒糊，配以盐和姜等佐料，是为小菜之佳品。早在清末，齐齐哈尔达斡尔人用黑豆做豆酱，自民国以后开始种黄豆，黑豆逐渐被淘汰，酱料也改用黄豆"①。

（三）野果

达斡尔族长期居住在沿江的起伏岗地上，因植被茂盛，许多植物的根茎、果实以及各种野果，便成了早期达斡尔族的主要零食。"俄勒日"上起嫩江发源地，下至嫩江、松花江汇合处。江北是农田和草原，江中的鱼虾成群，江南却是各种果树成荫。每到夏季，大人小孩成群结队地去采集果实，或去打鱼摸虾。从 20 世纪 40 年代开始至 60 年代，由于人为的原因，生态自然被破坏，茂密的树林全被毁掉，水面被污染，草原被开垦所剩无几②。

红根是达斡尔族孩子们喜欢吃的零食，一到春天就到地里挖着吃。此外，孩子们还常在村头墙根下挖拉拉罐（郭库莫勒）吃。

据学者高瓦统计，达斡尔族的野果主要有以下种类：

山杏，达斡尔语称为"桂勒斯"。山杏长在小灌木上，漫山遍野都是，端午节前后铲头遍地时，就可以采集了。除了吃鲜儿，也可以剥掉核后拌白糖放上一天，既柔软又甜酸，供老人、小孩吃。

桑粒，达斡尔语称为"尼牙莫勒"。在初夏季节，在桑粒树下铺上一块布，只要用棍子敲到树枝，熟的桑粒就会掉到布上。它是又甜又香的野果，收获时间短，几天不采，就会落地腐烂。

灯笼果，达斡尔语称为"欧勒克"。灯笼果一般长在连成片的小灌木

① 内蒙古自治区编辑组：《达斡尔族社会历史调查》（修订本），民族出版社 2009 年版，第 166 页。

② 高瓦：《达斡尔族人的食俗》，《达斡尔资料集》第 8 集，民族出版社 2008 年版，第 219 页。

上，夏季采集，果子又酸又甜，但不能储存。

刺木果，达斡尔语称为"扎木"，一般生长在小灌木上，果浆是酸的，带小绒毛。

草莓，达斡尔语称为"胡拉讷"，一般长在草丛中，初夏采集，是最嫩且清香可口的小红果，但不能储存。

山丁子，达斡尔语称为"胡日勒"。山丁子树长得又高又大，每到春季开满了白花。到秋季果子由绿转为鲜红，是又甜又酸的果肉。采集回来，将小果捣碎做成小饼晾干，储存好。也可以压成粉，夹在熟奶皮中吃，营养价值很高。

山里红，达斡尔语称为"昏普热"，类似小山楂。深秋时节，采集回来保存好，每当茶余饭后，老人和孩子团团围坐，吃昏普热也是一种家庭乐趣。采集后放入坛子里使其果实生厚熟透。

稠李子，达斡尔语称为"灭勒"，树大，果子清香可口。

小灌木果，达斡尔语称为"讷日"，果子甜而涩。达斡尔族人常带桦皮做的小桶去采集。

菱角，达斡尔语称为"牙布"，生长在池塘里，小圆叶浮在水面上，开小黄花，到秋季即采果实，用大锅煮熟并收藏起来，到冬季切开硬壳，扣下雪白的果肉当零食吃。

有些野果子还可以晒干后压成粉，留着做冲水喝的最好饮料。当然也可以做成果酱吃。

榛子，达斡尔语称为"楚出"。深秋从山上采回来时的榛子是青的，要用草盖好，把外边的绿皮捂烂掉，然后把榛子晒干、炒熟。靠山住的达斡尔族人家，一般家家都储存很多榛子。

瓜，达斡尔语称为"达斡尔·吭克"。很早以前，达斡尔人就自家种西瓜、香瓜用于零食。在农历八月十五时，达斡尔人也有用西瓜供月的习俗。达斡尔瓜，不同于其他民族所种的香瓜。园田里结黄瓜时，人们随时摘来做零食。把倭瓜籽晒干，不炒，作为孩子们的零食，多的人家能晒一面袋子。冬季里，在灶里余下的炭火中埋几个土豆，垠熟食用，也是零食的一种。①

在达斡尔族的生活中，作为零食的野果还有野栗子（霍兰尼）、野玫瑰果（扎莫）、草葛（楚朱乌呐）、都柿（内日）等。②

四、饮料

（一）茶

在牧区生活的达斡尔人每天离不开奶茶。达斡尔族的早餐即称为是"喝茶"。达斡尔族人做奶茶的方法是，"先把砖茶煮开后滤出，在茶水中加入炒熟的稷子米、盐和牛奶，熬开即成。饮用时泡入些奶皮、奶干和奶油，浓香四溢。达斡尔人用奶油炒稷子米（其他米也可以），稍有糊锅味时，放入煮牛奶的锅里，熬开后即为米奶茶，是很有特色的饮料"③。

（二）酒

在黑龙江北达斡尔族就会酿酒，俄国人记载名叫"阿拉克酒"。南迁以后，称作"阿日给酒"。酿酒原料为粮食和马奶、牛奶。达斡尔语称为"阿日给"，达斡尔人很早就已经会酿酒。据《达斡尔族社会历史调查》，海拉尔地区达斡尔族"养三头以上乳牛的人家几乎都做奶酒"。《中华全国风俗志》（1921年）载："达呼尔以牛马乳造酒，谓之阿尔古，汉名奶子酒。"另一种是樱子米酒。达斡尔人称之为"达斡尔·阿日给"（达斡尔酒）。达斡尔人采用蒸馏法酿酒，有两种："一种是奶酒，用牛奶酿的称为'沙日·阿日给'，用马奶酿的称为'车坡日特'。这与达斡尔人的酿酒习俗一致，说的可能就是达斡尔人的酿酒。"④

1. 达斡尔酒（达斡尔·阿日给）

达斡尔酒，达斡尔语称为"达斡尔·阿日给"，是"以发酵的樱子米

---

① 毅松：《达斡尔族传统饮食习俗的文化特色》，《内蒙古社会科学》1996年第6期。
② 毅松：《达斡尔族传统饮食习俗的文化特色》，《内蒙古社会科学》1996年第6期。
③ 毅松：《达斡尔族传统饮食习俗的文化特色》，《内蒙古社会科学》1996年第6期。
④ 毅松：《达斡尔族传统饮食习俗的文化特色》，《内蒙古社会科学》1996年第6期。

为原料，采用蒸馏法酿制而成。一次可酿十斤，用于祭神"①。

2. 奶酒（沙日·阿日给）

奶酒，达斡尔语称为"沙日·阿日给"，是"把牛奶放入缸里使其变酸，数日后放入锅中，上面放约60厘米高的木桶，木桶放盛凉水的锅。锅下是一根细木槽，从木桶的一侧伸出桶外。酸奶加热时顺细木槽流出便是奶酒"②。

3. 马奶酒（车坡日特）

马奶酒，达斡尔语称为"沙日·阿日给"，多是中老年妇女用马奶制作的，制作方法与奶酒一样。

（三）植物汁

达斡尔人擅于采集野生植物做饮料。主要有做茶的草（切·额乌斯）、桦树汁等。

切·额乌斯是一种可作为茶的野生植物，有半尺高，开蓝花，达斡尔人称之为"能当茶喝的草"。在秋季采集晒干后在锅中蒸，除去草味，水呈茶色，有甜味，有助消化的作用。

桦树汁是放排和打猎的达斡尔人在野外饮用解渴的天然饮料。在夏季，把桦树砍出一道口，引起流出得汁，略成黄色，有甜味。

此外，有采集山丁子的叶子、赤芍（掌笼库）烧开水当茶喝的，也有秋天采集山丁子晒干碾成粉，拌入白糖冲水当饮料喝的。

采集是人类获得食物的原始方法。在达斡尔人的饮食文化中，采集饮食占了很大的比重，它不仅"表达了达斡尔族依恋自然的文化传统，而且也丰富了达斡尔族的饮食文化，表现了一定的礼仪感情。采集饮食也能传递和寄托深层思想情感，是达斡尔族注重礼节情感的一个象征"③。

饮食不仅是维持人们生存的前提，也是构成民族文明的一个标志，从一个侧面体现了民族文化。达斡尔族的传统饮食习俗，与该民族的经济发

---

① 满都尔图主编：《达斡尔族百科词典》，内蒙古文化出版社2007年版，第354页。
② 满都尔图主编：《达斡尔族百科词典》，内蒙古文化出版社2007年版，第354页。
③ 毅松：《达斡尔族的采集饮食文化》，《内蒙古社会科学》1992年第5期。

展以及社会文化变迁有着密切联系。"达斡尔族传统饮食是在多种经营经济的基础上建立的，是经济生活的反映。达斡尔族的传统饮食具有品味多样、注重原味和搭配得当的特点。达斡尔族传统饮食中表现的礼仪，是饮食文化的重要内容"①。

新中国成立后，随着我国社会主义建设的不断发展，达斡尔人的生产水平不断提高，传统的饮食习惯也发生了一系列变化。东南部嫩江流域达斡尔族聚居区由于与满、汉等民族居住区相邻，兄弟民族的饮食习惯对其影响很大，再加上交通便利等条件，民族经济发展较快。在经济上逐渐与西北部地区的达斡尔族聚居区拉开了距离，从而使南部达斡尔族聚居区与北部达斡尔族聚居区的饮食习惯出现了明显的差异。50年代至70年代，差异比较明显。80年代以后，南、北达斡尔聚居区之间的差异又慢慢缩小了，这与市场经济的冲击是有密切关系的。这一时期，南、北达斡尔族聚居区的饮食结构均已发生变化。主食已由荞麦、燕麦为主变为以稻米、小麦为主；嗜酒习惯逐渐淡化；野菜、野果逐渐被黄瓜、豆角、白菜、大蒜以及梨、苹果、胡桃等蔬菜、水果所取代。

新中国成立初期，达斡尔族日常饮食内容的安排基本上是两餐副食一餐主食，主食是米食或面食，副食是肉类、奶制品等。50年代以后，农作物种植面积迅速扩大。由于粮食的丰产，达斡尔族饮食开始由"两副一主"向"两主一副"转变。稻米、面粉已经成为主食，肉食、奶制品、蔬菜成为副食。主食品种有馒头、大饼、饺子、面条、米饭等，蔬菜主要是我国北方所产的各种菜类。过去专门供早、晚餐用的"肉粥"，逐渐从日常生活中退出，被局限在民族节日、迎宾送客或婚姻喜庆等狭小的范围里面。

自70年代中期以来，面食在达斡尔族日常生活中的地位显得异常突出。尤其是达斡尔族旗镇居民，早餐的饮食构成几乎都是面食以及奶制品，如油条、馒头、花卷、面包等。在广大乡村，面食也基本上把传统的"肉粥"取而代之了。进入80年代以后，达斡尔族的日常饮食基本稳定为

① 毅松：《达斡尔族传统饮食习俗的文化特色》，《内蒙古社会科学》1996年第6期。

早餐面食、奶制品、小菜，午餐或晚餐为米饭或面食、炒菜。为了尊重少数民族的风俗习惯国家，调拨给达斡尔族聚居区的肉、奶类食品还是相当充足的。

达斡尔族传统的饮食构成和习惯发生了变化，连饮食礼俗也发生了巨大变革。过去，达斡尔乡村来了宾客，大家都要把自己家里最好吃的东西贡献出来，在一起食用。为了能使大家都吃好，过去达斡尔族使用"转酒菜"的方式，将酒菜逐一转过去。如今这种习惯消失了。以前达斡尔族有"唱酒""跳酒"的礼俗，现在也十分少见。达斡尔族人平时饮酒，除了少数老年人仍用"唱酒""跳酒"的传统礼俗来劝酒外，达斡尔族旗镇居民和年轻人已经将碰杯之俗引入该族的酒俗文化之中。酒这种饮料也由自制的奶酒、米酒过渡到市场上购买的烧酒。烟俗也发生了变化，达斡尔族老一辈吸烟叶，中年人和青年人普遍吸纸烟。

第二十七章 达斡尔族的居住

人类的生活离不开空间，居所不仅是"具有原发性本元文化特质的居住环境"①，而且是人的安身之地、立命之所，所以居所的选址和构筑对于任何民族来讲都是一件十分重要的事情。由于各民族生存的自然环境、历史传统、文化习俗、生活方式、审美观念及经济水平不同，造成了风格迥异的民族民居。达斡尔族是我国东北少数民族之一，明末清初，黑龙江流域的达斡尔族已经能建造既舒适又讲究的房舍。1650年入侵黑龙江的沙俄头目哈巴罗夫在其日记中记载："阿穆尔河上游有自称达斡尔的人居住，他们从事农、牧业生产，那里是三四十里就有防备很好的城寨，城寨里有石造的建筑，窗户上糊的纸是他们自己造的。有的房屋住六十人以上。"有学者认为"这是对达斡尔人房屋进行比较真实描述的最早记录"②，也有学者认为"达斡尔族由黑龙江左岸迁徙嫩江两岸后形成许多村落"③。

在漫长的历史岁月中，随着生活环境的不断变迁，达斡尔族的居住条件也逐渐改善，并形成了自己独特的居住风格。正如某些学者所言，"充满纯正乡土气息的达斡尔族传统民居就以其鲜明的民族特色和浓郁的地方

---

① 阎瑛：《传统民居艺术》，山东科学技术出版社2000年版，第45—46页。

② 乌力斯·卫戎：《达斡尔族的房屋和庭院》，《达斡尔资料集》第8集，民族出版社2008年版，第236页。

③ 鄂庆祥：《达斡尔族的居所》，《达斡尔资料集》第8集，民族出版社2008年版，第234页。

风格成为中国建筑文化之林的一朵奇葩"①。下面从达斡尔族村屯居址的选择、房屋结构及室内结构对达斡尔族的民居做简单介绍。

第一节 村屯居址的选择

达斡尔族将屯落称为"爱里"，依山傍水、平坦宽阔是达斡尔族村屯选址的一个重要原则，这是由该民族多种经营的经济生活方式所决定的。从达斡尔族的居址来看，古老的屯落大都坐落在后有山林、前有河流的山坡或山脚。选择"山北水南"这样的地理位置不仅可以遮风挡雨、接受阳光以便于狩猎、捕鱼和伐木取火，而且利用河谷两岸的峡谷平地还可以耕种庄稼。既利于狩猎，又利于农业生产。不仅如此，河川还是达斡尔人夏季游泳、冬季滑冰的娱乐场所。

达斡尔族的屯基宽阔，不仅便于各家各户选定房基，而且还可以圈占一定面积的园田地种植蔬菜。达斡尔族的村落十分讲究，一般以东西为一条线，排列十分整齐，屯落中东西向、南北向均有道路，且"每家房屋后面和左右两侧都是成片的园田地，周围用土垡子或泥土砌成围墙，山区则用柞木、桦木或柳条篱笆为障，以防畜害"②，围墙的种类也因当地具体情况而各不相同，如布特哈和瑷珲地区，因获取树木或柳条比较方便，因而多把树木或柳条成排埋置作为城墙或围墙，而在缺乏树木的齐齐哈尔地区，殷实户筑土墙，一般户则挖壕沟，以护其田园。

一、院落配置

院落是中国传统建筑的灵魂，是整组建筑的精华所在。达斡尔族的院套四周多用泥土和土垡子砌成高墙，山区用木材或柳条编笆。达斡尔族的

---

① 倪超：《达斡尔族传统民居初探》，《黑龙江民族丛刊》2005年第2期。
② 鄂庆祥：《达斡尔族的居所》，《达斡尔资料集》第8集，民族出版社2008年版，第234页。

宅院内有住房、仓房、碾房、畜圈、猪圈等，具体配置因贫富而略有不同。达斡尔族讲究住宅院落配置，正房两侧是厢房、仓房、碾房（音格日），西南、东北、西北是畜圈或猪圈。有的人家还在大门两侧建有耳房，中间为院门，院内有单层或二层大门或二门。

（一）厢房

厢房，达斡尔人称为"哈什格日"，一般建在正方南面的东西两侧，称为东厢房和西厢房，也叫陪房。富有的大户人家人口众多，且雇有打杂的长工，才盖住人的厢房。"为了抵御漫长冬季的严寒，争取更多的太阳辐射，避免遮挡正房的采光，东西两侧厢房都左右退后一定距离，并与正房之间留出 1 米左右的过道，便于居民通往后院劳作"①。

在达斡尔族的生活中，一般西厢房由晚辈居住，西面设炕及灶台，并供有祖神和娘娘神，在东面及南面开窗。东厢房一般设置较简陋，供远亲、雇工居住，有时也用于贮藏衣物、粮食等。"在北墙和东墙盘炕，炕沿用一尺高的木板围着，上面铺满能够随意取拿的板子，板下的空间用于烘干谷物而设置"②。

（二）仓房

仓房，达斡尔语称为"桑格勒"，是用来储存粮食等闲杂物品的房屋。仓房一般盖在厢房的南面。在达斡尔族，仓房分两种：用木板垒成的称"扎德莫勒桑格勒"，用柞木篱笆编成的叫"库希莫勒桑格勒"。为了防潮，仓房的底部一般离地面约二尺。

达斡尔族的仓房多为木构建筑，建造时先将 4—6 根直径 25 厘米左右的木桩埋于地下，露出地面约 70 厘米，横撑上镶木条。墙壁用圆木剁成或是镶木条拼联而成，房顶为人字坡，早年铺木板或桦树皮，后改为苫房草覆盖。仓内为通间，无间壁，其底部悬空通风干燥，易于贮藏毛皮、谷物、肉食等。仓内一侧用木板隔出厢式间隔，达斡尔族称"齐根"，用于贮存粮食，其内再用木板隔出数间，存放不同品种的粮食。仓库正面再建

① 倪超：《达斡尔族传统民居初探》，《黑龙江民族丛刊》2005 年第 2 期。
② 倪超：《达斡尔族传统民居初探》，《黑龙江民族丛刊》2005 年第 2 期。

造是留有 80 厘米至 1 米的通栏凉台，可晾晒物品。达斡尔仓房是其狩猎时代建筑形式的延续和发展。多数仓房的一侧连接碾房或车库，形成一个整体。

达斡尔人的仓库别开生面，很有讲究。盖仓库的方法，是先将四根圆木柱子埋在地下（仓库大的有 8 根柱子的），仓库的地板距地悬空有 2 尺多高，墙壁为用圆木咬合起来的木头房，房顶有用木板遮盖的，也有像正房那样用草苫起来的。这种仓库不怕风雨，不怕潮湿，不怕鼠害，是保管谷物和长期存放物品的理想场所。

《黑龙江志稿》卷 6 记载："柱子埋于地，露二尺许，造屋其上，贮不耐潮湿之物，望之如水榭者，曰楼房。"[1] 这形象地说明了达斡尔人板仓房的建造及其优点。

第二节　圈舍与围墙

一、圈舍

达斡尔族院落一般为南北狭长的长方形，中间以柳笆墙相隔为主、副院，有三四米宽的门。主院在北，中轴正中为正房，为二间或三四五间，面南。一般说来，达斡尔族正房的西侧是羊圈，东侧是猪圈和厕所，厕所不许设在房子西侧。正房西屋南窗西侧有狗窝，东屋南窗东侧是鸡架。副院沿中轴线有一条直路通向外门，左右有柳笆墙间隔成左右小院，左小院分为马厩和牛圈，各自有通勤的门。右小院为柴院或牛圈。海拉尔地区达斡尔人因饲养牲畜数量多，马厩和牛圈均分为两间，并有牛犊圈，羊圈设在院落外，院落分内外院，人畜分开且距离较远，房屋建造有一定的科学性，显示出达斡尔院落配置所特有的民族个性。

---

① 乌力斯·卫戎：《达斡尔族的古老房屋建筑》，《北方文物》1989 年第 2 期。

二、围墙

达斡尔族房屋的左右和后面一般均辟有田园，为了保护田园作物不受牲畜的侵害，达斡尔族院套四周筑有围墙，"从正房北墙开始，东西延伸三丈左右，将羊圈、猪圈划到里边，再向南围绕东西厢房直到畜圈南端修筑长方形院墙"[①]，达斡尔族的围墙主要以板墙（达斡尔语称为哈叠，hadie）和围障（库协 kuxie）为主。据《达斡尔族百科词典》载，哈叠（hadie）是达斡尔族传统的院落板墙。以二米多的间隔埋好两侧挖有豁沟的柱子，再横镶进木板即成为木板墙院。库协（kuxie）是达斡尔族传统的院落和田园的围障。分为两种：其一，用柞木和桦木杆埋于地，筑成一米半高的围障，称为"巴勒木乐·库协"（balmul kuxie）多用作墙院；其二，是用柳条或细柞木条编笆，称作"郭尔吉木勒"。除此之外，达斡尔族也有以土坯夯筑的院墙。在上述的三种围墙中，木板围墙（哈叠）造价较高，一般为富有者为之，次者埋木为墙，即"巴勒木乐·库协"[②] 也有的称为"库西布勒"，再次者以柞木或柳条编笆"郭尔吉木勒"。围墙的种类根据当地具体情况而有所不同，如布特哈和瑷珲地区，砍伐树木或柳条比较方便，因而多把柞桦杆成排埋置成墙，或者用细柞木条或柳条编制篱笆，以围墙。而在缺乏树木的齐齐哈尔地区，殷实户筑土墙，一般户则挖壕沟，以护其田园。

---

① 乌力斯·卫戎：《达斡尔族的房屋和庭院》，《达斡尔资料集》第 8 集，民族出版社 2008 年版，第 236 页。

② 内蒙古自治区编辑组：《达斡尔族社会历史调查》（修订本），民族出版社 2009 年版，第 166—167 页。

第三节 房 屋

一、房屋类型

达斡尔族的房屋是起脊式、有骨架的草房，达斡尔人称之为"雅曾格日"。达斡尔族的住房以两间为主，也有三间的，五间的则不多。房屋不仅南面有窗户，而且西面也开窗户，这样室内光线充足。现将达斡尔族房屋建筑、室内设置、仓库院落等做一简要叙述。

在达斡尔族漫长的历史发展过程中，随着时代的发展、经济生活方式等社会环境的变迁，达斡尔族形成了典型的"住克查""乌如格""人"字坡草盖土房及平顶土房四类民居。①

（一）柱克查

柱克查是达斡尔族早期原始住房。该类型房屋的构造与鄂伦春人所住的"斜仁柱"类似，即用数十根木杆搭成圆锥形屋架，上面覆狍皮或桦树皮，这种类型的房屋可随时搭盖或拆卸，适于达斡尔族的游猎生活。达斡尔族早期这种帐篷式的住房仅有简易的门，没有窗户。

（二）乌如格·格日

"乌如格·格日"也是达斡尔族早期民间建筑形式，它是对原始简陋的"柱克查"帐篷式建筑的一种改进形式。达斡尔族迁居嫩江流域后亦有遗存。这种房屋房墙的正南设门，东西两侧各开一扇窗户，后来这种形式演变成为人字行房脊朝向南北的简陋草土房。

（三）"人"字坡草盖土房

南面墙设门，门的东西两侧各开一扇窗户，类似当地汉族的"马架子"房。

---

① 满都尔图主编：《达斡尔族百科词典》，内蒙古文化出版社 2007 年版，第 342 页。

（四）平顶土房

达斡尔族平顶式土房由起脊式"人"字形房屋演变而来。民国以来，随着生活环境的变化，在木材缺乏的达斡尔族地区，为了节省木材，人民逐渐将"人"字形房顶改为平顶，"唯有布特哈地区还保持着突脊顶的建筑"①，但是室内结构和装饰与传统的居室基本相同。

改革开放后，随着社会经济的发展及生活环境的变迁，砖瓦结构的住宅也逐渐在达斡尔族农村普及。

二、建造过程

据乌力斯·卫戎研究，达斡尔族民居的筑建主要有选址、打基础、搭房架、蓬房顶、砌房墙、安门窗、垒烟突七个过程。②

（一）选址

一般要选阳光充足，能挡住北风的山丘南坡，如果面对平原，则选距江河较近，或不用挖多深就能出水的山脚。

（二）打基础

选好地址后在其上面堆一尺或二尺厚的土，然后打夯加固，这是为了防潮。根据需要挖几处深坑，两间挖六个，三间挖八个。坑底要垫好柱脚石，房柱入土的部分要涂上松子油，防腐蚀。房柱周围要填草木灰，再加以夯实。

（三）搭房架

达斡尔族盖房，先搭房架后砌房墙。

（四）蓬房顶

在檩子上每隔一尺多远横钉杨木或松木椽子，椽子上铺芦苇，抹羊泥，再上苫房草。有的房屋用马架子形的木框的木架子压在房脊上，以防

---

① 内蒙古自治区编辑组：《达斡尔族社会历史调查》（修订本），民族出版社2009年版，第166页。

② 乌力斯·卫戎：《达斡尔族的房屋和庭院》，《达斡尔资料集》第8集，民族出版社2008年版，第236页。

苫草被风刮散。富有人家在房顶两侧，钉有人字形木板，上有花纹图案，有的还有精美的雕刻。

（五）砌房墙

房屋的墙壁，用土坯砌成，然后里外抹平，这种墙壁干透后很坚固，能起防寒保温作用。墙房砌好后，房的里墙再用细沙泥找平磨光，最后用白土浆粉刷光亮。

（六）安门窗

砌房墙的时候，就把门和窗砌在里面，南面、西面各开大窗，窗户多，采光好。窗户用高丽纸从外面糊，然后喷豆油，使其透明耐雨，室内又显得明亮，又增加防御雨雪的能力。

（七）垒烟突

达斡尔族人在房子的南山墙东西两端约五尺远的地方，各垒一个烟突。烟突脖从屋里炕洞接上去再接到烟突底部。烟突砌成底大上小的圆锥形，要高过房顶，这样抽力大，好烧，还可以防止屋顶苫房草着火。

盖新房除木工活请木匠外，用土垒砌房墙等土活有亲友帮忙。立柱上梁时选定"吉日"，主人要杀猪或杀羊款待前来帮忙者。

三、室内结构

（一）房屋间数

达斡尔族的正房多为两间，三间也占有一定比重，在古老的达斡尔屯落里可占 1/5 以上[①]。也有五间的，因达斡尔族有老人健在不能分家的习俗，所以三间房屋比重较多。无论几间，其室内设施大体相同，但五间房并非一般人家所能建筑和维持，非官僚家庭或少数富户不可。

一般而言，正房的中间屋为厨房，两侧为居室。如果是两间房屋，则东屋为厨房。厨房内设有南北双灶，灶台上置有木碗架。

---

① 内蒙古自治区编辑组：《达斡尔族社会历史调查》（修订本），民族出版社 2009 年版，第 167 页。

（二）炕

达斡尔族居室的南、北、西三面或南、东、北三面均建有三面相连的大炕，俗称"蔓子炕"，因其具有较好的保温性，达斡尔族生活的东北地区冬天天气比较寒冷，所以炕是达斡尔族人不可缺少的取暖设施。一般而言，达斡尔族的厨房北灶连西屋的凹形烘炕。烘炕，达斡尔语称为"额勒乌"，主要用来烘干粮食。据《达斡尔族百科词典》所述，烘炕是烘干粮食的池式火炕，高约80厘米，上面是凹进半尺深的地，里面是黄土抹成光面，平时用木板覆盖，使用前用水擦净炕面，用于烘干麦子、荞麦、燕麦、谷子等粮食。碾麦之前，先在锅里蒸沸后再在烘炕中烘干，这样做的目的是为了碾出精米。西屋室内有南西北三面相连的"匡"炕，炕上有炕柜，炕柜上放置被褥。海拉尔达斡尔族人三间房的东西屋的三面炕中间用木板隔成南北间，开隔扇门相通。

炕上铺有兽皮、桦树皮，后来改为用芦苇或者高粱秆编的炕席。达斡尔族人以西为贵，老人一般住西炕。如果是三间房则儿媳住东屋。"海拉尔达斡尔人的住房结构比布特哈和齐齐哈尔地区复杂，东西屋各间隔为两个住屋，西南屋为上屋，是长辈的住室，称'博德·格日'；东南屋称为'乌其肯·格日'，是叔父之住室；西北屋称'纳林·格日'，是子女们的住室；东北屋称为'夏陆库·格日'，是佣人或家奴的住室；中屋是厨房"①。

（三）锅台、烟囱及燃料

达斡尔族炕多，灶台自然也就多，因此锅台数量之多也是达斡尔族传统民居的一大特色。达斡尔族的锅台"多为正方形，长宽通常约为1.2米，高度0.5米，比火炕略矮，利用烧火做饭时炉灶余热将炕烧热，因此也是烧炕的火灶"②。

达斡尔族人立烟囱与汉族人不同，达斡尔族的烟囱不安在房顶，一般

---

① 内蒙古自治区编辑组：《达斡尔族社会历史调查》（修订本），民族出版社2009年版，第166页。

② 倪超：《达斡尔族传统民居初探》，《黑龙江民族丛刊》2005年第2期。

设在"南山墙东西两侧，距离房子约 5 尺远的地方，按设两个烟筒。烟筒脖从屋里炕洞接上去再连结到烟筒底部。烟筒砌成底大上小的圆锥形，要高过房顶，抽力大好烧，还可以防止屋顶苫房草被烧着"①。达斡尔族传统的日常生活的燃料主要是木柴和干牛粪。

达斡尔人日常取暖烧饭主要以木材为燃料。木柴，达斡尔语称为"图列"。在春秋时节，到山中砍来碗口粗细的木头，劈成半米左右烧柴堆放整齐，以供取暖做饭使用。达斡尔族人把这种木柴堆称之为"图列吉奇"。

干牛粪，达斡尔语称为哈日格勒（hargal）。因为干牛粪易燃、火旺，没有异味，所以达斡尔人闲暇时间把自家牛粪或者拾来的牛粪晒干，存储起来，作为燃料。

随着时代的发展，达斡尔族日常生活的主要燃料也逐渐在发生变化，在布特哈地区，以柞木为燃料，齐齐哈尔地区则烧柴草和苞米、小麦等各种作物的秆棵。海拉尔达斡尔人以干牛粪为燃料，所以每家都有高高的牛粪堆。

（四）窗

窗户是民居艺术装饰中最常见的部分，具有通风、采光、丰富立面等功能。达斡尔族居室内有西窗和南窗，一般西窗两扇，南窗三扇。地面一般用泥土夯实。内外与厨房间由带窗格的四扇屏门分开，在这四扇屏门中，中间两扇开启，而两侧的门是固定的。进出的门多为南向单开的木板门，门的两侧有窗，便于采光。达斡尔族人的房子以多窗著称，家家开有西窗。"窗户多用高丽纸从外面糊，然后喷豆油，使其透明耐雨，室内又显得明亮，现在，窗纸已经过时了，基本上被玻璃取代"②。开西窗是达斡尔族民居的一大特色，关于开西窗的风俗古已有之。据《契丹国志》载，契丹族在"临潢府一带和上京及其附近的房舍都是向东的"，即房屋"坐西朝东"，多开西窗和南窗，甚至开西窗的习惯也被学术界作为达斡尔族"契丹说"的一个证据。

---

① 乌力斯·卫戎：《达斡尔族的古老房屋建筑》，《北方文物》1989 年第 2 期。
② 鄂庆祥：《达斡尔族的居所》，《达斡尔资料集》第 8 集，民族出版社 2008 年版，第 234 页。

达斡尔人的居室以多窗而著称，"如是 2 间房，一般西屋南墙 3 扇窗，西墙 2 扇窗，外屋房门两侧各 1 扇窗，共 7 扇窗。3 间房则加上东屋阳面 2 扇窗，共 9 扇窗。每扇窗以横竖交错的细撑为架，裱糊窗纸喷油，以增强其亮度"①。

支摘窗是达斡尔族传统民居中常用的窗户形式之一。支摘窗"分上下两段，上段可支起以利通风，下段可摘掉以利采光。窗户的格木在里面，纸糊在外面。用榥条组成的窗格图案式样繁多、千姿百态，如方格、条框、菱形花等。但民间多采用构造简单的平行垂直线条所组成的直榥窗和水平线条组成的平榥窗"②。

（五）门

门是建筑的外表，其不仅具有防卫功能，而且还是民居艺术的重要组成要素。门上的位置、形状及其装饰反映着不同民族的人们在审美上的不同理念与追求。据学者研究，院门根据"八山定位图"规定的"南为离山，龙左足，为吉祥之门"，达斡尔族的门多开向正南方。为了抵御寒冬时北风的侵袭，达斡尔族传统民居中门的数量很少。但门上的装饰则比较讲究，"正房大门的门头雕刻是以蝙蝠为题材的图案，有镇宅、驱邪避祸的作用，蝙蝠取其谐音，象征着富、福之意；隔扇门的用材多为黑桦或果松，其上的木雕或花纹，图案对称分布，平衡感极强。门头以满、汉文的福、禄、寿、喜、吉等字装饰，门身中部由榥条组成，充满玲珑剔透之感，下部则装饰着达斡尔族的吉祥物——猎鹰，它是达斡尔族人坚贞、顽强的化身，象征着幸福、如意、吉祥、拼搏"③。

（六）灯

在达斡尔族人的日常生活中，糠麻灯和苏子油灯是其传统的照明设备。

糠麻灯，达斡尔语称为"抓勒"，是把苏子油渣和小米拌均匀后，粘

---

① 　内蒙古自治区编辑组：《达斡尔族社会历史调查》（修订本），民族出版社 2009 年版，第 166—167 页。

② 　倪超：《达斡尔族传统民居初探》，《黑龙江民族丛刊》2005 年第 2 期。

③ 　倪超：《达斡尔族传统民居初探》，《黑龙江民族丛刊》2005 年第 2 期。

在细麻上，然后烘干，约有小拇指粗，两三尺长，使用时插在小木板的孔里点燃。直至20世纪20年代仍有达斡尔族人使用这种照明设备。

除糠麻灯之外，达斡尔族人还有一种传统的照明设备，即苏子油灯，其是把用棉线碾成的灯芯放入苏子油瓷碗里，点燃照明。这种传统的照明工具虽然光亮较小，但直至20世纪30年代仍由达斡尔族人在使用。

随着时代的进步，经济的发展，电灯逐渐成为达斡尔族人主要的照明方式。

达斡尔族在不断变化的自然生态环境和社会经济环境中形成了自己独特的居住风格。"民居是中国传统建筑中历史最悠久、分布最广泛、数量最繁多的建筑样式，以其淳朴自然的造型特色、简洁明快的构筑手法，散发出较高的艺术魅力，折射出各族人民的卓越智慧"[1]。

达斡尔族民居不仅是达斡尔族人民生活环境、生活方式不断变迁的产物，更是达斡尔族人民精神文化的象征，它不仅对了解达斡尔族的建筑文化提供了有力的佐证，而且也对研究达斡尔族的价值取向、思维模式具有较高的价值。正如某学者所言："达斡尔族这种对内开敞、对外隔绝的'院落'格局形式，一方面反映了达斡尔人崇尚自然的农业生产方式，另一方面则体现了达斡尔族人寻求安宁生活空间的思维模式。"[2]

在达斡尔族，一般家庭的住房以两间为普遍。过去人口多的家庭也盖厢房做住室。三间房，东西两间为住室，中间是开有房门的厨间，沿北墙盘有池式火炕，用以干燥谷物。达斡尔族人以西屋（博得格日）为贵，盘有南西北三连炕，上面铺有炕席，边远地区或贫者则铺桦树皮。南炕东侧炕头为长者起居位置，贴墙放置着两头开门。中间是空格可以摆放酒具杂物，柜顶上摆设座钟、掸瓶等。西侧炕柜旁为女儿的位置。东屋由儿媳居住。西炕为客座。兄弟多者，分别居住厢房。

各家南炕西侧和西炕北侧都放有炕柜，炕柜顶上配有对箱和四个小箱。

---

① 倪超：《达斡尔族传统民居初探》，《黑龙江民族丛刊》2005年第2期。
② 倪超：《达斡尔族传统民居初探》，《黑龙江民族丛刊》2005年第2期。

达斡尔族的住房都是草房。"建造房屋，先堆起一尺或一尺半的厚土，夯实地基，然后埋柱角，后上房架子。先上大坨、二坨，后上檩子，在檩子上每隔一尺多远横钉杨木或松木椽子，椽子上铺芦苇，抹羊泥，再上苦房草，房屋的墙壁，用土坯砌成，然后里外抹平。有的房屋用马架子形的木框的木架子压在房脊上，以防苦草被风刮散"[①]。

"屯中轴线北端的里院是住宅，人字形的高大土木结构房，分两间或三间，南，西墙均有木格结构的窗户，采光充足，冬暖夏凉。"[②]

近半个世纪来，在缺乏木料的地区出现了平顶土房。改革开放后随着经济的发展，砖瓦结构的住宅在达斡尔族农村正在普及。

[①]　鄂庆祥：《达斡尔族的居所》，《达斡尔资料集》第 8 集，民族出版社 2008 年版，第 234 页。

[②]　满都尔图主编：《达斡尔族百科词典》，内蒙古文化出版社 2007 年版，第 341 页。

第二十八章　达斡尔族的交通

一个民族使用什么交通工具，与这个民族所生活的自然环境、经济生活方式息息相关。达斡尔族是我国北方少数民族之一，从游牧到定居，在漫长的历史发展过程中，随着生活方式的改变其交通工具也不断在更新，其交通工具可以分为陆路交通工具和水路交通工具两类。

第一节　陆路交通

马与车是达斡尔族的主要陆路交通工具。此外，还有滑雪板、爬犁等季节性交通工具。

一、骑马

骑马出行是达斡尔族人最常见的出行方式之一。达斡尔人不仅出行要骑马，而且狩猎也离不开马，马是达斡尔人重要的交通工具。在达斡尔族生活中，有经过专门训练的用于出行的"走马"，更是受主人喜爱，生活殷实人家的坐骑，专供主人使用，不用于拉车、犁地等杂活。

二、车

（一）大轮车

达斡尔语称车为"特日格"（tereg）①，常用的车汉语称"达斡尔车、大轱辘车、勒勒车"，达斡尔语称"达斡尔·特日格"，因其车轮高大能够在草地上行走，故而被汉族人称为"草上飞"，被蒙古族称为"达斡尔车"，蒙古语为"dagurterg"。大轮车在历史上出现较早，在魏晋南北朝时期，北方草原上的"铁勒"就制造过车轮高大，辐数至多的车，因而被称为"高车部"。隋唐时期，契丹人制造大轱辘车用于运载物资。据学者考证，达斡尔人普遍使用大轮车并使之逐步完善到现在的程度，"是达斡尔定居生活开始以后的事情"②。

大轮车不仅是达斡尔族由狩猎经济向农业经济过渡的产物，也是达斡尔人智慧的结晶。达斡尔族的大轮车主要用柞木和桦木做成，柞木、桦木属于硬木，比较结实耐用。

1. 制作过程：大轮车的车毂是用烘干的黑桦木做的，长达四十五厘米，外端直径为 29 厘米，内端直径约 32 厘米，车毂通凿直径十厘米的穿轴孔眼。车毂中部转圈凿出 18 个或 30 个轴条眼。

大轮车的轴条采用柞木制作，每根长达 65 厘米。轴用黑桦木，长 1.6 米。为了减轻磨损，在车毂轴孔两端嵌有车钏，轴与钏相触部位嵌上车键。传说达斡尔人生活在黑龙江北岸时期，尚未配有钏和键，车毂很快就被车轴磨得很大，为了减少车毂穿轴孔眼的磨损，夏天人们往穿轴车毂孔里塞些青草和湿牛粪，而且要随时随地的添加。可见，大轮车部件的配备，经过了逐步完善的过程，车辋子是用弯成半圆形的黑桦制作的，两个辋子衔接为一个轮子。车轮高度一般为 5 尺。

大轮车的车辕，一般"是用黑桦木做的，长四米左右，其后半部配以

---

① 那顺达来：《汉达词典》，《达斡尔资料集》第 6 集，民族出版社 2005 年版，第 647 页。
② 吴伊桑：《达斡尔族的大木轮车》，《内蒙古社会科学》1987 年第 1 期。

八根横撑，横撑上密密地用柳条上下编穿形成为车板。辕穿左右配制长约四尺半的车槽。刨光的车头要上两道桐油，既能使车头纹理油光相衬，又可保护车头不易裂缝"[1]。

达斡尔族的大轮车没有车套车鞍等。在两辕尖端凿出一个洞，并把几根柳条搓成像麻绳一样，把它直接套在牛脖子上的弯曲的横木上和辕头连接起来。大木轮车的自重一般为百余斤，载重量一千斤，除了钏键是生铁以外，其余全部采用木料。

明清时期随着铁器的大量引进，达斡尔族地区的大木轮车也逐渐得到了改进。车毂轴孔镶嵌车键后，行车也渐趋平稳，自重量小且车轮高大，所以大轮车非常适用于沼泽、荒原、山林等不同类型的地带，也可渡过河去，它还具有修理简便等优点。过去，达斡尔人多居住在山区，便于就地取材，因而能制造车辆且技术高超的木匠很多。

2. 达斡尔族的大轮车，根据用途可分为普通车、苇厢车、篷车、长辕车四种。

（1）普通车：达斡尔语称为"杭盖·特日格"。在达斡尔族，普通车主要用于运输木柴、庄稼、饲草等物品。

（2）苇厢车：达斡尔语称为"卡日奇日奇木勒·特日格"，即"在普通车厢的基础上，后面加配横撑而后三面配夹苇子"[2]，此车主要用于承载人，最大的好处是可以遮挡风雪。

（3）篷车：达斡尔语称为"木拉日·特日格"，是用薄木板拼装车厢和篷制作而成的。有的人家还在箱板上绘制各色图案。篷车主要用于人乘，车厢内可以铺毛毡，人还可在车内躺卧休息。

由此可见，苇厢车和篷车都是在普通车的基础上改进而成的，过去达斡尔族乡村姑娘出嫁时大都乘坐篷车，而送亲的男女宾客则坐苇厢车。

（4）长辕车：达斡尔族进山放排木的人们，为了把采伐的又长又粗的原木运集到江河边，还创造了一种特殊的没有车厢的长辕车。

---

① 吴伊桑：《达斡尔族的大木轮车》，《内蒙古社会科学》1987 年第 1 期。
② 吴伊桑：《达斡尔族的大木轮车》，《内蒙古社会科学》1987 年第 1 期。

3. 用途：达斡尔族的大轮车兼具自给性和商品性，其不仅是交通运输的主要工具，而且还是重要的手工业商品。

首先，大轮车是达斡尔族代步和运输的主要工具。

在交通不便的偏僻达斡尔族山村，所有的物资都要用大轮车载运。拉脚曾是达斡尔族地区的一项副业，多人组成一个车队，队长由富有经验的人担任，全面负责车队的一切事务。在拉脚过程中，由于队员们同吃一锅饭，且平摊伙食费用，所以达斡尔族的车队也叫"图瓦"（图瓦即锅的意思）。车队队员所赶的串车，称作"额勒崩"，从串车数量的多少，可以看出队员赶车技术的熟练程度。赶车技术热练，旅途道路好，车数就多；反之，则少。如果赶车技术好，车队队员一个人能赶十辆左右，如果技术稍差，一般只能赶六七辆车。赶车的数量也决定了车队队员的收入。民国时期，有车有牛而无劳力的家户，还以雇工方式从事运输业。

达斡尔族木轮车的车轴和车轮一般能使用一年，车板相对耐用，因而旧车板可以架在新轴上使用。这样，拉脚的人在运输间隙进行造车和修理工作，就不从事其他生产了。

其次，大轮车是达斡尔族的一种重要的手工艺商品。

达斡尔族的大轮车本为自用，随着经济的发展，达斡尔族人民常常以此来换取蒙古牧民的马匹和汉族农民的粮食。大轮车的制造业逐渐变为一种商业化行为。"从清朝光绪年间直到上个世纪五十年代初，在呼伦贝尔新巴尔虎左旗，每年举行的甘珠尔庙集市上对大轮车的需求量均在一千辆以上，这些车几乎都是由兴安岭东麓的达斡尔人运去的。这些车辆通过甘珠尔庙集市转入各地蒙族牧民手里。"① 在一般情况下，两辆或三辆车就可以换到一匹马，价格也随着市场的供需关系的变化而时起时落。随着时间的推移，达斡尔族大轮车交易范围也逐渐扩大，不仅运到呼伦贝尔的集市换取牛马，而且还远销锡林郭勒盟等地。

达斡尔族的大木轮车既可套牛又可套马，不仅用于运输，而且随着经济的发展，达斡尔族的大轮车还作为手工艺品与其周边民族进行商品交

---

① 吴伊桑：《达斡尔族的大木轮车》，《内蒙古社会科学》1987 年第 1 期。

换，故而达斡尔族的大轮车兼有自给性和商品性两层意义，其不仅对达斡尔族的经济生活起到了重要的作用，而且还促进了民族间的交流，增强了民族团结。

随着达斡尔族社会经济的发展、生活方式的改变，胶轮车的逐渐普及，大轮车的使用和需求量逐渐下降，大轮车制造业最终"完结于改革开放初期"[①]。

（二）铁车

自民国年间起齐齐哈尔达斡尔人使用的车辆，车轮一转动，车轴和车碾一起转俗称为"连轴转"，车轮围有一层铁瓦，故有"铁车"之称。在达斡尔族，铁车一直用到 20 世纪 50 年代初，自 20 世纪 30 年代起，虽有先进的钢轴车传入齐齐哈尔达斡尔人中，但价格昂贵，只有少数富人购买使用。自 20 世纪 50 年代开始，铁车被钢轴车、胶轮车逐步所取代。

（三）独轮手推车（图鲁肯·特日格）

独轮手推车，达斡尔语称"图鲁肯·特日格"。独轮手推车只有一个用榆树弯制成的前轮加辐条做成，轮子约有 50 厘米高。车辕呈 2 米左右，两个圆形支柱，用以支地放平车，便于装卸物品，车前头宽约 50 厘米，后面宽 80 厘米。两辕之间由四根横木相连，作为车架，上面可以放篓筐、装粮食口袋等。在达斡尔族，这种独轮车主要在短途运送少量物品时使用。

三、冬季交通工具

（一）爬犁

达斡尔族的爬犁长约 3 米、宽 1.5 米，两根地钢的前端向上弯曲，在冬季用于运输饲草、木头、烧柴，人乘时在车架上面铺木板和皮毛坐垫。此外，达斡尔人还用扎树枝或白布把爬犁伪装起来，催马慢慢接近猎物，来进行猎捕。

---

① 陈烨：《达斡尔族经济变迁略论》，《内蒙古社会科学》1999 年第 2 期。

（二）滑雪板（肯古楞）

滑雪板，达斡尔语称为"肯古楞"，是达斡尔人早期交通工具。滑雪板的制作材料主要是松树板与桦树板。达斡尔族的滑雪板一般长约 1.2 米，宽 15 厘米，前端翘起，在底面贴带毛的野公猪脊皮，鬃毛向后，或贴夏季的狍子皮，以减少摩擦，提高滑速。滑雪时双手撑杆，在雪后使用，在山野代步或追踪野兽。达斡尔族在"迁居嫩江流域后该交通工具已失传"[1]。

第二节　水路交通

达斡尔族生活的地区多河流，所以舟船就成了达斡尔族的主要水路交通工具。行舟渡河少不了渡口与航线，故而渡口与航线也在此论述。

一、交通工具

在漫长的历史发展过程中，独木舟、木筏、桦树皮船、木板船等成了达斡尔族的主要水路交通工具。

（一）独木舟（莫恩果·洁毕）

独木舟，是达斡尔族古老的水上交通工具，达斡尔语称"莫恩果·洁毕"。独木舟一般选用粗大的松木凿成，可乘坐二人或运载百斤左右的货物。

（二）木筏（特米）

木筏，也是达斡尔族古老的水上交通工具之一，达斡尔语称为"特米"。木筏主要用"麻绳或皮条把碗口粗的木杆并排编成"，渡水时用长木杆撑筏，多为临时编制，多为涨水无法徒步过河时使用。

（三）桦树皮船

桦树皮船也是达斡尔人早期水上交通工具之一。桦树皮船一般可载二

---

① 满都尔图主编：《达斡尔族百科词典》，内蒙古文化出版社 2007 年版，第 363 页。

人或百余斤货物。后来逐渐被木板船代替。

（四）木板船（斯瓦斯·洁毕）

木板船，达斡尔语称为"斯瓦斯·洁毕"。木板船船身长四五米、宽一米，前头略窄，中间宽于前后两头。木板船多用松木做成，船内一般有三四个仓，用桨划船，主用于渡河、捕鱼和运送物资。

二、渡口

（一）摆渡口

达斡尔族居住地区多为江河，往来交通需要渡江河的设施，自清康熙中期以后，齐齐哈尔城和布特哈总管衙门处所在地宜卧奇屯为中心，便出现了几处渡口，摆渡过往行人及货物。

（二）齐齐哈尔地区渡口

17世纪中叶，达斡尔族迁徙至嫩江两岸定居后，以木筏、舢板或小船为渡河工具。待齐齐哈尔建城后，就有人从城北的哈拉屯开始为过往行人提供舟楫之便。咸丰五年（1855年），便正式设哈拉摆渡口，即朱尔金北江民间渡口。光绪十一年（1885年），清政府建官摆渡口，官摆渡口由水师衙门进行管理。光绪三十三年（1907年），设三处商船渡口，隶属省公署渡支司旗务处，由私人经营。哈拉摆渡口、官摆渡口均由军政管理。

1915年朱尔金（又称哈拉摆渡）、敖宝、官摆、化木等渡口同时开始运渡，主要营运木材和山货，皆由警察厅警察大队统管。1918年大水，敖宝、齐齐哈尔两渡口恢复摆渡。齐齐哈尔渡口有船2只，税收13元，运载商客、牲畜和货物，靠人力撑杆拉纤渡运。

1933年朱尔金南江渡口建成，距新江村东江渡口3千米。1935年与北江渡口合并，改称朱尔金渡口。南北两江之间有3千米土路，经朱尔金村达雅尔塞通齐查公路。同年，嫩江大桥建成通车，渡口只剩下朱尔金、官摆两处，由私人合股经营。每月运送马车近30辆，500多人次。

1940年，官摆渡口私人船主发展到7人，28个船夫，对子船3只，30

吨位船 2 只，22 吨位船 1 只。1946 年 4 月 24 日，齐齐哈尔市人民政府从龙江县接管了官摆渡口和朱尔金渡口，1947 年官摆渡口恢复营运。中华人民共和国成立后，两渡口变为国有，国家加大了投资改建码头，改造渡船。客运量、货运量、营业收入大增。

20 世纪 90 年代，嫩江公路大桥建成通车后，两渡口停用。

（三）布特哈地区官渡口

清同治初年布特哈总管管辖境内渡口有 4 处，总管衙门南 5 千米许（今尼尔基镇），在嫩江岸设官渡一处；总管衙门西南 43 千米许（原宁年驿站、今富裕县城附近），在嫩江岸设官渡一处，总管衙门西南 23 千米许（今甘南县平阳镇附近），在诺敏河岸设官渡一处，总管衙门西南 18 千米许（今甘南县查哈阳镇附近），在诺敏河岸设官渡一处。

三、运输线

达斡尔族从事运输业始于清康熙中期，以省城齐齐哈尔为起点，将各种物资运送至黑龙江副都统驻地瑷珲城。有渡口就要有航线，从雍正十年（1732 年）设立呼伦贝尔八旗起，开通了齐齐哈尔至呼伦贝尔总管驻地海拉尔之间运输线。以上两条运输线均顺省城齐齐哈尔至瑷珲城，齐齐哈尔至海拉尔城的驿站线路运行，均由齐齐哈尔达斡尔人担任运输任务。自 18 世纪末起，以海拉尔城为起点，新开辟海拉尔至新巴尔虎左右两旗、甘珠尔庙、贝尔湖、吉拉林等地的运输线，主要由达斡尔族人承担运输任务，达斡尔族人的运输业进入鼎盛时期。

咸丰八年（1858 年）中俄签订《瑷珲条约》后，黑龙江北兴起布拉戈维申斯克（海兰泡）等城镇，黑龙江两岸民间交易发展起来后，齐齐哈尔至瑷珲间的商品运输便停止。

1903 年中东铁路修通后，齐齐哈尔至海拉尔之间的畜力车运输被铁路运输所代替。

（一）齐齐哈尔至瑷珲的运输线

齐齐哈尔至瑷珲的运输线，始建于康熙中期黑龙江将军自瑷珲移驻齐齐哈尔后。最初用来运送瑷珲副都统及驻军所需物资，后逐渐以运送齐齐哈尔城各商号的米面、布匹等商品为主。由齐齐哈尔区额尔门沁、莽格吐、卧牛吐等屯达斡尔人担任运输。一年一次，沿齐齐哈尔至瑷珲城的驿站线路，经过墨尔根城，越过小兴安岭抵达瑷珲城。每车载货600市斤，运费三两银。19世纪末，黑龙江两岸中俄民间贸易发展起来后，该运输线停运。

（二）齐齐哈尔至海拉尔的运输线

齐齐哈尔至海拉尔的运输线，始于清雍正十年（1732年）组建呼伦贝尔八旗后，起初主要由齐齐哈尔地区卧牛吐、额尔门沁、莽格吐等屯的达斡尔族人担任这条路线的运输，以运送给呼伦贝尔总管衙门及八旗官兵所需物资为主，后以运送齐齐哈尔城各大商号的粮食、糖、烧酒、豆油、布匹等物资为主，每车载600市斤货物交给各商号在海拉尔的分号，领得三两的运费。返程时运回当地畜产品，运抵齐齐哈尔城后另得运费。这条运输线每年农历正月、五月、七月、十一月往返运货四趟。1903年中东铁路通车后即告结束。

（三）海拉尔至甘珠尔庙运输

18世纪末，海拉尔成为呼伦贝尔牧区的经济中心。齐齐哈尔的各大商号通过设在海拉尔的分号，向牧区供给产品，海拉尔逐渐演变为呼伦贝尔牧区物资集散中心。18世纪末甘珠尔庙会集市形成后，每年农历七月下旬，海拉尔的各商号雇用达斡尔人用牛车将大批商品运抵甘珠尔庙，在集市上出售并收购畜产品，运回海拉尔。这一条由达斡尔人经营的畜力运输线"一直持延续到20世纪50年代"①。

（四）海拉尔至新巴尔虎左旗运输线

海拉尔至新巴尔虎左旗运输线开始于清乾隆年间，这一线路的货物运输主要在春夏之季进行。清雍正十二年（1734年）组建呼伦贝尔八旗时，建新巴尔虎左翼四旗，自此以后其所需物资全部由达斡尔人担负运输。一开始主要运送八旗官兵所需粮食，清中叶后除粮食外，还运送豆饼、豆

---

① 满都尔图主编：《达斡尔族百科词典》，内蒙古文化出版社2007年版，第313页。

油、布匹等物资。"春季将海拉尔的粮食等运到新巴尔虎左旗，返程运当地畜产品回海拉尔。夏季空车前去，将畜产品及当地的盐、碱运回海拉尔。达斡尔人在这一线路的畜力运输业，延续到20世纪50年代"[1]。

（五）海拉尔至新巴尔虎右旗运输线

海拉尔至新巴尔虎右旗运输线，始于清乾隆年间。雍正十二年（1734年）组建了呼伦贝尔八旗，建立了新巴尔虎右翼四旗，此后海拉尔与该旗间的货物运输就由达斡尔人承担。

最初达斡尔人主要运送八旗官兵所需的粮食，后来还运送豆饼、豆油、食盐、布匹等其他物资。达斡尔人经营的这条畜力运输线，一直延续到20世纪50年代。

（六）海拉尔至吉拉林运输线

海拉尔至吉拉林运输线起始时间较晚，受道路条件限制，只有在冬季运行。冬季运去海拉尔的粮食、豆油和盐等，返程运回三河地区所产的小麦。直到20世纪40年代后这条民间运输线停止运行。

（七）海拉尔至贝尔湖运输线

海拉尔至贝尔湖运输线，始于民国年间。主要是把蒙古国供销部门在海拉尔采购的物资运到贝尔湖，交蒙古国商务代办部门，返程运回新巴尔虎左右旗的畜产品。这一运输线在1931年九一八事变后便中断了。

---

① 满都尔图主编：《达斡尔族百科词典》，内蒙古文化出版社2007年版，第314页。

第二十九章　达斡尔族的社会
组织及亲属称谓

第一节　哈　拉（hal）

一、哈拉的性质

哈拉（hal）是达斡尔族父系氏族组织的统称，是"具有共同父系祖先、共同的分布地域、共同的经济生活和社会文化活动的，实行民主管理的血缘集团"[1]。在"哈拉"之上冠以不同哈拉的名称，就成为各哈拉的全称。哈拉这一组织形式延续到 20 世纪初，"自公元 15 世纪至 17 世纪，达斡尔族分布在黑龙江北岸西起石勒喀河，东至牛满河（今俄境布利亚河），北自外兴安岭，南达黑龙江的广大地域里。各哈拉以某一条河为中心形成了各自的聚居区域。清康熙以后，达斡尔族各哈拉的始祖均记载于他们的族谱中"[2]。

各哈拉间以山脉、河流为界，但无严格的界限，远离其聚居地的广阔地域，可供各哈拉出猎。氏族制度盛行时，全氏族共同围猎、共同分享其

---

[1]　满都尔图主编：《达斡尔族百科词典》，内蒙古文化出版社 2007 年版，第 184 页。
[2]　满都尔图主编：《达斡尔族百科词典》，内蒙古文化出版社 2007 年版，第 184 页。

围猎产品，是传统的生产消费形式。

据《达斡尔族百科词典》统计，黑龙江流域达斡尔族主要有：①鄂嫩哈拉（Onen hal，自民国初年后阿协金莫昆简称"鄂"姓。昆吉莫昆简称"敖"或"吴"姓）、②莫日登哈拉（Merden hal）、③敖拉哈拉（Aul hal）、④郭布勒哈拉（Gobul hal）、⑤苏都尔哈拉（Sudur hal，民国后该哈拉人以单字"苏"为姓氏）、⑥金奇里哈拉（Jinkir hal，民国年间开始以单字"金"为姓）、⑦讷迪哈拉（Needi hal，民国年间以单字"讷"为姓）、⑧吴然哈拉（Uran hal，民国年间开始以单字"吴"为姓）、⑨沃热哈拉（Wer hal，民国年间以单字"沃"为姓）、⑩德都勒哈拉（Deedul hal，民国年间简称"德"姓）、⑪索都尔哈拉（Sodur hal）、⑫吴力斯哈拉（Ulis hal，民国年间简称"吴"姓）、⑬阿尔丹哈拉（Aldan hal，民国年间简称"安"姓）、⑭胡尔拉斯哈拉（Hurlas hal，民国年间简称"胡"姓或"康"姓）、⑮鄂尔特哈拉（Ert hal，民国年间简称"鄂"姓或"于"姓）、⑯卜古勒哈拉（Bogul hal，民国年间简称"卜"姓）、⑰何音哈拉（Hein hal，民国年间开始简称"何"姓）、⑱毕日杨哈拉（Biryan hal，民国年间冠以汉字单姓为"杨"或"杨"姓）、⑲陶木哈拉（Toom hal，民国年间简称"陶"姓或"乔"姓）、⑳鄂斯尔哈拉（Eser hal）等。

随着生产力的进步，人们改造自然能力的增强。每个哈拉的人口也逐渐增加，于是各哈拉均分为若干血缘关系更为亲近的分支——莫昆，取代哈拉的若干职能而成为达斡尔族社会的基层组织。

自民国初年起，各哈拉或莫昆以其哈拉、莫昆名称的谐音或意译，简化为单字姓氏。如敖拉哈拉冠以汉字单姓为敖、郭布勒哈拉为郭、毕日杨哈拉为杨、鄂嫩哈拉为鄂、莫日登哈拉为孟或莫等。简化的汉字姓氏有郭、鄂、敖、莫、孟、杨、沃、吴、何、金、卜、杜、乔、德、陶、安、胡、单、苏、讷、素、祁、关、赵、语、李、徐、王、陈、康、白、纪、宋、刘、田、山、宁等，这些姓氏有的来自哈拉，有的来自莫昆。

二、哈拉的职能

每个哈拉都有民主选举产生或在实践中自然形成的首领——哈里达或作哈拉达（da，头、长之意），负责组织本哈拉的生产生活，贯彻氏族习惯法和维持社会秩序，对外代表本哈拉进行交涉，或为哈拉间联谊活动的使者。

中国社会科学院民族研究所藏满文手抄本《壬辰年屯中长者共议办理事项录》[①]载：清道光十二年（1832）海拉尔南屯郭布勒哈拉满那莫昆、敖拉哈拉登特科莫昆族众聚会，推举产生嘎辛达和莫昆达，议定嘎辛达和莫昆达的职责，并由两莫昆长者将其写成《壬辰年屯中长者共议办理事项录》。其主要内容一为"防止屯内不肖子弟及奴仆伤风败俗，荡产破落"，"严查屯内殴讼、盗窃、酗酒滋事、赌博等异端行为"；二为"管理好莫昆公共财产"，如"有夜聚昼散，倏来忽去等不逞之徒，必须盘查追踪"，以免莫昆财产（牲畜）被盗，要求嘎辛达和莫昆达尽职尽责。

（一）禁止哈拉内部通婚

氏族族外婚是达斡尔族制度中最根本的制度之一，达斡尔族认为同一哈拉的所有男女，均属于同一个始祖，同一血脉。如有婚配，则是近亲结婚、血脉回流。莫昆达的首要职能是禁止哈拉内部通婚，实行氏族外婚制，这是达斡尔族维系氏族制度最根本的制度。直到20世纪初，仍在维持氏族族外婚的传统，即使为官者也不例外。

据《达斡尔族百科词典》载，清末民国初年，郭布勒哈拉有一朝廷册封的佐领嘎□□，无视同哈拉不婚的制度，不听族人劝阻，娶同哈拉一位女子为妻，结果所生孩子不准入莫昆族谱。后经一再赔礼认罪，才将其儿子的名字计入莫昆族谱中。

直到20世纪50年代初《婚姻法》公布后，即使是同哈拉非近亲者间

---

① 满都尔图主编：《达斡尔族百科词典》，内蒙古文化出版社2007年版，第198页。

通婚者，也会受社会的非难。

（二）缮修族谱

族谱是达斡尔族记载哈拉和莫昆世系的谱牒。达斡尔族有着较为浓厚的家族观念，所以缮修哈拉族谱，是达斡尔族各哈拉的重大社会活动，是明确其世系和辈分的重要措施。"达斡尔族缮修族谱，始于清王朝康熙年间。达斡尔族中的名门望族学会满文之后，在清廷高官贵族的影响下，开始编修族谱"[1]。族谱，达斡尔族民间称为"格亚布"（Gaiib），由汉语"家谱"音转而来。一般而言，每个哈拉每隔十余年或二十余年就要举行一次，各莫昆大概要五六年续记一次，届时本哈拉的各莫昆均要派德高望重的长者来参加，而且要带来本莫昆缮修族谱的义款。

谱中要追述自己的祖先的事迹，按辈分记载名字。可能是重男轻女的原因，谱中只记男不记女，"出生男子用红笔在父名下记注，死亡者在原用红笔书写的名上用黑墨摹盖"[2]。

本哈拉的人齐聚一堂举行族谱缮修会、续谱会是十分庄严隆重的事情，因此还要杀猪宰牛，设香坛，供奉祖先和族谱神位，悬谱祭祖。续谱活动结束后，族人还要聚集一堂，摆设筵席，畅饮而归。随着经济的发展，有些哈拉在盛宴后还要进行歌舞等文体娱乐活动。

国史、方志、族谱共同传承着中华民族丰富而宝贵的历史文化财富，所以达斡尔族族谱属珍贵的民族、民俗文化遗产。据载"现存各哈拉族谱中的第一代先祖约活在明代嘉靖至万历年间，即公元16世纪50年代至70年代出生的人，至20世纪中叶中止续谱止，记录了家族400多年的发展"[3]。

《达斡尔族百科词典》对达斡尔族各哈拉现存族谱进行了搜集与整理，主要对莫日哈拉登族谱、鄂嫩哈拉族谱、金奇里哈拉族谱、敖拉哈拉奎力浅支系族谱、楚尔哈都日哈拉族谱、海拉尔登特科莫昆族谱等族谱进行了

---

[1] 满都尔图主编：《达斡尔族百科词典》，内蒙古文化出版社 2007 年版，第 184 页。
[2] 满都尔图主编：《达斡尔族百科词典》，内蒙古文化出版社 2007 年版，第 184 页。
[3] 满都尔图主编：《达斡尔族百科词典》，内蒙古文化出版社 2007 年版，第 184 页。

详细的介绍，在此不再赘述。

（三）举行祭祀婚丧活动

除了禁止同一哈拉内部通婚、修缮族谱外，组织实施哈拉内部的祭祀、婚丧等事宜，是达斡尔族各哈拉的又一重要的社会活动。

达斡尔族的祭祀活动一般都在每年的春秋举办，主要是祭祖、祭敖包等宗教仪式。此外，同哈拉某一莫昆的年高辈长者举行丧礼时，其他莫昆的人也要前去参加。

（四）处理哈拉内重大事情

按照达斡尔族的习惯法，处理哈拉内部重大事件，是达斡尔族哈拉组织的又一社会职能。一个莫昆在遇到重大事件凭自己的力量难以解决时，要由哈拉中的长者出面召集各莫昆的"莫昆达"一起商议解决。据《达斡尔族百科词典》载，清道光年间，莫日登哈拉有一在京城任侍卫者因行为不端被解职回乡，仍横行乡里，地方官员亦无可奈何。为惩治该不法之徒，各莫昆负责人聚会议处，决定处以死刑，并趁其酒醉，将其勒死，为民除了一害。

（五）组织围猎

"在达斡尔族父系氏族社会之初，哈拉曾是组织人们生产生活的组织，随着哈拉的分化，大家庭的形成与巩固，成为新的生产和消费单位之后，哈拉只保留着组织集体围猎和重大聚会时组织骑射比赛的传统职能"①。

为了继承其祖先的骑射习俗，每年春秋还要举行一次或两次的狩猎活动。直到 19 世纪末，达斡尔族全哈拉的各莫昆还在举行集体围猎，此时的围猎已经不再为了经济上的收益。在围猎时，推举的总围猎长称"阿维达"。此外，各莫昆还要自己推选"阿维达"，以协助总"阿维达"进行围猎。

---

① 满都尔图主编：《达斡尔族百科词典》，内蒙古文化出版社 2007 年版，第 185 页。

第二节 莫 昆

一、莫昆（Mokun）

莫昆（Mokun）是达斡尔族父系氏族哈拉下一层父系血缘组织的统称。据《达斡尔族百科词典》载，莫昆以时间为界具有双层形态，"其一为早期的莫昆组织，其二为晚期的莫昆组织"①。

（一）早期的莫昆组织

早期形态的莫昆，在齐齐哈尔地区较为普遍，每个哈拉均分为若干莫昆，不相识者相遇时不问其哈拉，而问其莫昆，以弄清相互是否有血缘关系。

齐齐哈尔地区 17 个哈拉分为 40 个莫昆。其中一个哈拉只有一个莫昆者有金奇里、阿尔丹、胡尔拉斯、鄂尔特、卜古勒、苏都尔、何音、毕日杨八个哈拉，均为人口繁衍较少者；分为两个莫昆的有吴力斯、鄂嫩两个哈拉；分为三个莫昆的有郭布勒、陶木、德都勒等五个哈拉；分为四个莫昆的有沃热哈拉；分为五个莫昆的有莫日登、敖拉、鄂斯尔三个哈拉。

（二）晚期的莫昆组织

布特哈等其他地区达斡尔人不注重早期形态的莫昆，而注重哈拉及后来形成于本地的莫昆。从黑龙江北岸南迁嫩江流域后，布特哈达斡尔族各哈拉均建立彼此连成一片的若干个屯落定居，各自形成次生形态的莫昆。如布特哈地区人口众多的鄂嫩哈拉形成七个莫昆，敖拉哈拉形成九个莫昆，莫日登哈拉七个莫昆，郭布勒哈拉六个莫昆。每个莫昆有其首领"莫昆达"，具有维持祖规、维护族众权益的职能。各地区达斡尔族的莫昆组织，均不得冲破哈拉内禁婚的族规，哈拉内各莫昆间不可通婚，故同一哈拉各莫昆间未能形成父系氏族组织。唯有齐齐哈尔地区自清末开始，在同哈拉的莫昆间有通婚者。

---

① 满都尔图主编：《达斡尔族百科词典》，内蒙古文化出版社 2007 年版，第 193 页。

二、莫昆职能

达斡尔族莫昆组织的首领称莫昆达。莫昆达由莫昆中的长者商议提名为人正派、办事能力强的人，经过莫昆会议民主选定。莫昆达的主要职能是召集莫昆会议，执行莫昆会议的决定，维持莫昆祖规、祖制，调解莫昆族众间的纠纷，维护莫昆族众的权益，组织莫昆公共祭祀和重大葬仪。莫昆达不称职或因年迈体弱提出辞职时，也要由莫昆会议予以接受辞职并另选新的莫昆达。

随着社会的发展，政府为了加强管理，清代中叶在达斡尔族的农村设置了屯长、村长（满语称"嘎辛达"）这一地域性的职官，因此莫昆达的地位权力便逐渐被屯长、村长所取代，不仅莫昆达的特权消失了，而且莫昆达的报酬也被取消了。据《达斡尔族百科词典》所载，这一时期莫昆达只有"在莫昆成员违规不听劝阻时，可用柳条鞭打十下"。清代以后，莫昆达完全被"爱里达"（达斡尔语，指"屯长"）所替代。

（一）莫昆会议

由本莫昆成年男子组成的莫昆会议是达斡尔族氏族社会遗留下来的具有权威性的机构。莫昆会议没有具体的时间，每年根据具体的情况而定。莫昆会议主要是商议本莫昆共同事宜、维护莫昆习惯法、处理莫昆中的重大事件。如莫昆中出现违反莫昆习惯法的盗窃他人财物、无嗣者接纳养子、无嗣者的遗产可否由其女儿继承等重大事件的，都要由莫昆会议裁定。据《达斡尔族百科词典》载，"莫昆会议制在聚族而居的达斡尔族地区延续到 20 世纪三四十年代"[①]。

（二）莫昆内部禁婚

随着社会的发展，哈拉逐渐分化出不同的莫昆，但是由于莫昆内部的血缘关系比哈拉更近，所以达斡尔族莫昆内部禁止通婚的族规更为严格，这一任务就成了斡尔族莫昆的重要职能。

---

① 满都尔图主编：《达斡尔族百科词典》，内蒙古文化出版社 2007 年版，第 194 页。

据《达斡尔族百科词典》所载，20 世纪 30 年代，讷河县郭布勒哈拉满那莫昆人荣某某要娶本莫昆的女子为妻，该莫昆便召开莫昆会议，摆出莫昆族谱供祭后，莫昆长者们训斥有悖族规者并施以体罚，而且所生之子未能记入莫昆族谱。

即使是《中华人民共和国婚姻法》颁布实施后，达斡尔族的同莫昆禁婚的习俗在新疆、瑷珲等地仍很严格。据《达斡尔族百科词典》所载，"新疆塔城达斡尔族鄂嫩哈拉都尔本浅莫昆的某男子与同莫昆的女子结婚，不仅老年人反对，不少青年也不赞成，理由是他们不仅同哈拉，而且是同莫昆同血统的人，婚礼无法进行。后经法院判定，他们虽属同一莫昆，但已过五代，准许登记结婚。事后因该夫妇的结婚有悖于族规，在人们面前抬不起头，很少与他人来往。在瑷珲地区，由于人口少、通婚范围窄，在同哈拉的不同莫昆间，尤其是同莫昆内娶妻者，必先杀一头黑牛祭祀祖先，意为祈求祖先的宽恕和允许，方可成婚"①。

（三）缮修莫昆族谱

缮修族谱是达斡尔族莫昆职能的重要内容之一。缮修本莫昆族谱主要有两个目的：一是为了维续其世系，使莫昆成员不忘其本，弄清各代同胞间的辈分，维护长幼间的礼节；二是在清代还与世袭佐领的承袭相关。莫昆族谱的修撰仪式与过程基本和哈拉缮修族谱的过程相似，故不赘述。

"缮修族谱不仅在达斡尔族聚居的布特哈、齐齐哈尔地区一直延续到20 世纪中叶，而且亦为瑷珲和新疆塔城达斡尔人所重视。瑷珲达斡尔人原有的族谱在 1900 年'庚子事变'逃难时散失。清朝末年瑷珲地区何音哈拉巴尔齐格莫昆举办续族谱的莫昆会议，以与会者的记忆填补上三代长辈之名，形成起自 18 世纪末或 19 世纪初以来的莫昆族谱。其后于民国年间举行过第二次续谱会议。新疆达斡尔人在其从布特哈地区奉调去新疆伊犁戍边时，各哈拉长者均摘抄其族谱的有关部分带去并按时续填，然均在清同治年间北疆地区发生动乱、达斡尔人逃难时散失。清光绪十七年（1891）重编'新满营'时，达斡尔族每个官兵均登记包括上二代在内的

---

① 满都尔图主编：《达斡尔族百科词典》，内蒙古文化出版社 2007 年版，第 195 页。

人员情况，形成'三代花名册'。1954 年以此为基础形成了塔城地区达斡尔族的族谱"①。

（四）管理莫昆财产

在达斡尔族，莫昆（屯落）附近的柳条林、草场、牧场、渔场及育林山等是莫昆的天然财产。这些天然公共财产，按片分别占有，各自管理利用。柳条林主要供族人编制田园篱笆或筐篮；草场、牧场供全莫昆人放牧和割取饲草；渔场自由利用供莫昆成员分享。达斡尔族人具有可持续发展的生态观，育林山按年分段砍取成材树木，来盖房子做家具。如海拉尔的南屯由敖拉哈拉登特科莫昆、莫日登哈拉阿尔哈昌莫昆、郭布勒哈拉满那莫昆组成，屯落周围的柳条林和草场均分为三片，由各莫昆分别占有、管理和利用。

（五）莫昆祭祀与丧仪

1. 墓地、丧仪与祭祀

（1）墓地

达斡尔族每一莫昆都有其自己的墓地，达斡尔语称为"莫昆夸然"（Mokunkuaran），死者按支系、辈分埋葬，这是达斡尔族莫昆组织的重要标志之一。随着人口的增加莫昆墓地又分出支系——"莫音"墓地。除了萨满、未出嫁而亡的女子、幼童、单身男子、孕妇、传染病患者、违犯族规被开除莫昆籍者、违法被处死者以外，正常死亡的均可葬于莫昆墓地。

"自清末随着社会的变迁，莫昆聚居的局面被打破，形成多莫昆甚至多民族杂居的局面，莫昆墓地被家族墓地所替代"。②

（2）莫昆葬仪

达斡尔族莫昆长者葬礼的停灵、入殓、祭灵、出殡、安葬、葬宴等仪式，均同于一般葬礼，只有规模和隆重程度不同于一般葬礼。莫昆中长辈亡故后，要给本莫昆各家族、娘亲和近血缘的其他莫昆的同辈或晚辈报丧。各家族和邻近莫昆的代表者携祭奠物前来参加葬礼。自 20 世纪初以

---

① 满都尔图主编：《达斡尔族百科词典》，内蒙古文化出版社 2007 年版，第 195 页。

② 满都尔图主编：《达斡尔族百科词典》．内蒙古文化出版社 2007 年版，第 196 页。

后，随着莫昆职能的松弛，莫昆葬仪亦逐渐被"莫音"（莫昆的分支）或家族葬仪替代。

（3）莫昆祭祀

①莫昆祖神

莫昆的祖神就是全莫昆各家族共同供祭的神灵——"霍卓尔巴尔肯"。这一神灵，多为被雷击身亡或其他冤情而死的女性的亡魂。

如《达斡尔族百科词典》载："齐齐哈尔地区敖拉哈拉敖拉莫昆的'霍卓尔巴尔肯'，系一因其父亲不准她当雅德根而屈死的少女的冤魂，不久亦被其尚未成亲的婆家的莫昆供为祖神。布特哈地区郭布勒哈拉莫热莫昆供祭的祖神是被雷击而死的一对母女亡灵"①。

祭祀莫昆祖神最初为全莫昆共同的活动，但是随着莫昆职能的逐渐松弛，祭祀莫昆祖神逐渐改为由家族供祭，莫昆祖神的代理者也逐渐转为莫昆"雅德根"。

②莫昆雅德根

莫昆雅德根又称霍卓尔雅德根，是达斡尔族莫昆祖神与人间的中介者，类似于满族的萨满，其主要职责是主持霍卓尔巴尔肯的祭祀和敖包祭。在达斡尔族，每个莫昆都有自己的莫昆雅德根。雅德根是承袭的，前一任雅德根死后若干年，将出现下一代莫昆雅德根。由谁来承袭当下一代雅德根，主要以久病不愈或神经错乱为征兆。霍卓尔雅德根通过其"奥米南"和"伊尔登"仪式，为本莫昆人消灾祈福，祈求生产丰收。

《达斡尔族百科词典》载，"自18世纪晚期到20世纪中叶的近二百年间，海拉尔达斡尔族满那莫昆共出现了五代莫昆雅德根，第五代莫昆雅德根于1930年病故后，再无承袭者；登特科莫昆出现过四代莫昆雅德根，其中第四代莫昆雅德根平果，1957年已53岁"②。

达斡尔族莫昆雅德根的祭祀活动，不仅表现了达斡尔族人们宗教信仰，而且也增强了哈拉莫昆内部的凝聚力。清末以后随着各民族人民的不

---

① 满都尔图主编：《达斡尔族百科词典》，内蒙古文化出版社2007年版，第197页。
② 满都尔图主编：《达斡尔族百科词典》，内蒙古文化出版社2007年版，第197页。

断交往、民族间的杂居，莫昆雅德根也趋于失传。

③祭天地山河

同蒙古、满族等其他少数民族一样，祭天是达斡尔族莫昆祭祀活动的主要内容之一。各莫昆均有祭天地山河诸神的敖包，除遇到天灾人祸时，达斡尔族的祭天一般春秋各祭一次。春天万物复苏，所以春祭主要是祈求人畜兴旺无灾、生产顺利；秋天是收获的季节，秋祭主要是祈求风调雨顺、五谷丰登，答谢天地山河诸神赐予的好的收成。

此外，遇到旱年，还要祭祀河神，祈求降雨。一般而言，祭祀河神时莫昆内妇女由长者带领，祭毕众人还要在河边相互泼水，以示甘霖之降临。

无论是祭天神还是祭河神，祭祀典礼都较为隆重，祭品一般用二岁牛或猪。

（六）处理莫昆杂事

达斡尔族莫昆除了上述的主要职能外，还有处理本莫昆突发事件及本莫昆成员继承财产、收纳子嗣等特殊事件的职能。

1. 干预女子继承遗产

无嗣的夫妻双亡后，其遗产由父系的近支侄儿继承，并承担办理亡者丧事之义务。如无近亲侄儿，可由其女儿继承遗产并办理父母之丧事。在有继承遗产的近支男侄的情况下，女儿欲继承其父母的遗产，莫昆则会干预制止。

2. 批准收纳养子

"无子嗣者收抚养子，如系收纳本莫昆或本哈拉人，经本家族同意报佐领注册即可。被收抚者如系外莫昆或外哈拉人，需经莫昆会议裁定，如准许收纳，需改从养父之哈拉和莫昆的姓，缮修莫昆族谱时方可记入其名"[1]。

---

① 满都尔图主编：《达斡尔族百科词典》，内蒙古文化出版社 2007 年版，第 197—198 页。

第三节　亲属称谓

　　称谓语是说话人在称呼或指代某人时根据双方之间的关系以及对方的身份、职业等因素而对他使用的指称用语，其主要包含亲属称谓、人名称谓和职务称谓。语言是文化的载体，文化是语言的内蕴。一个地域或民族的称谓语系统不仅能反映出本地域、民族的社会文化，而且还能及时地体现出社会的变革与习俗的演变。达斡尔族有其自己的父系、母系、姻系称谓系统，这一称谓系统不仅深刻地反映了达斡尔族亲属间主次关系及其相互应承担的义务，而且也充分体现了达斡尔人尊长爱幼的道德风尚。

一、父系称谓系统

　　在达斡尔族中，父系堂亲间称"乌耶勒"，或称为"乌耶力"。即由一个父系祖先繁衍发展形成的同姓人群，通常也叫一家子。因远近不同，称谓也各异。"堂兄弟之间称'图日松乌耶力'；差一辈，称'乌耶力'，再差一辈，称'呀哈力'；再差一辈，称'哈音钦'。到'哈音钦'，父系堂亲就到了第五代，即五服"。五服是个界限，出了五服就不再是近亲了。

　　在达斡尔族，姑表亲间称"塔热"，或称为"塔热力"。达斡尔族特别重视姑表亲。姑表亲之间，除关系密切外，还有传代性。即上辈是表亲，下辈也称表亲，用"骨头断了，筋还连着"这句话比喻姑表亲之间的亲密性和连续性。对母亲的亲兄弟的子女或父亲的亲姐妹的子女称"图日松·塔热"，即亲表亲。

　　对母亲、祖母的娘家一方的表亲称为"霍卓日·塔热"，"霍卓日"是"根"的意思。霍卓日·塔热也称"诺因·塔热"，"诺因"是"官"或"主"的意思。女子出嫁后所生的子女被娘家一方称为"胡朱日·塔热"，"胡朱日"是末尾的意思。胡朱日·塔热也称为"华提阁·塔热"，"华提阁"为奴隶的意思。用"根""官""末尾""奴隶"等词来区别表亲双方的主次关系，是达斡尔人独特的表达方式，表示娘亲一方在姑表亲双方关系中所处的重要地位。

二、母系称谓系统

母亲的姐姐——"那依讷额沃"

母亲的妹妹——"姑姑"

母亲的哥哥——"欧克"

母亲的弟弟——"那克绰"

不能称外甥为"奥穆勒（孙子）"，而"那克绰"不能称外甥为"奥穆勒"。

在达斡尔族中，姨表亲称"布勒"，或称为"布勒力"。母亲的亲姐妹的子女称"图日松·布勒"。其他姨表亲不分远近都叫"布勒"，如特别需要，注名第几代便可，如："奶奶·布勒"是指奶奶姐妹的后代，在日常社会生活中，"布勒力"之间关系不如"乌耶力""塔热力"之间的关系紧密。

达斡尔人特别尊重和爱戴母亲，对母亲兄弟，即"欧克"和"那克绰"也特别敬重。达斡尔人教育子女时常说："娘家的狗都是舅亲。"在表亲中，将母方表亲称为"霍卓日·塔热"。在实际生活中，舅舅对外甥的婚丧嫁娶、安家立业等大事，都有决定性的发言权。外甥若是对舅舅不敬或对舅舅的话不听从，可谓犯了大忌。传说过去有一个人当了章头（地方小官），骑马回家，在屯口遇到了舅舅，他说："舅舅，我现在是章头了，我就不下马施礼了。"舅舅听了很生气，就找外甥的上司告了一状。第二天，外甥就被革职了。说明舅舅的权力之大，是受到社会公认和官方认可的。

三、姻亲系统称谓

（一）亲家

在达斡尔族中，儿媳之父或女儿的公公称"华达"，也就是汉族称谓中的亲家，或称为"华大力"。

儿媳妇之母或女儿的婆婆称"霍都格"，即汉族称谓中的亲家母，与自己其子的关系称"霍都格里"。在亲戚间日常往来中，儿媳的叔叔、大伯，侄媳的婶婶、伯母等称"霍都格"。女儿的婆婆等也称"霍都格"。在有些特殊的场合，为了区别这些亲家，一般按顺序加以区分。如，儿媳的大伯称"希格华达"（大亲家），儿媳的叔叔称"乌奇肯·华达"（小亲家）。亲家母的区别也是如此。

（二）连襟

妻子的姐或妹的丈夫之间互称"八吉"，或称"巴扎力"。即连襟间的称谓。其子的亲姐妹的丈夫之间互称"图日松·八吉"，叔伯姐妹的丈夫之间互称"乌耶勒·八吉"。表姐妹的丈夫之间互称"塔热·八吉"。姨表姐妹丈夫之间互称"布勒·八吉"。这个称谓也可以扩大到妻子的同家族姐妹的丈夫的称呼上。

（三）妯娌

兄弟的妻子即妯娌相互称为"华彦"，或称"华雅力"。亲兄弟的其子之间称"图日松·华雅力"。堂兄弟之妻间称"乌耶勒·华雅力"，姑表兄弟之妻间称"塔热·华雅力"，姨表兄弟之间称"布勒·华雅力"。妯娌之间称大妯娌为"西格·华彦"，小妯娌为"乌奇肯·华彦"。

附：达斡尔族的亲属称谓

达斡尔族十分注重亲情关系，兹将《达斡尔族百科词典》中所列举的亲属称谓罗列于下，以供读者参考。

父亲：啊查（aqaa）、额奇格（eqig）

母亲：额沃（ewee）、额格（eg）、莫莫（Mmee）

儿子：库克（kuk）　　　　　儿媳：波日（beri）

女儿：乌根（ugien）　　　　女婿：呼日根（hurgen）

孙子：奥穆勒（omul）　　　　孙媳妇：奥穆勒波日（omulberi）

重孙子：多穆勒（domel）　　重孙媳：多穆勒波日（dmulberi）

孙女：奥穆勒乌根（omul ugin）

孙女婿：奥穆勒胡日根（omul hurgen）

重孙女：多穆勒乌根（domul ugin）

重孙女婿：多穆勒乌根（domul hurgen）

伯父：希格啊查（xigeqig）　　伯母：乌古莫（xigewee）

叔叔：额稀客（exike）　　　　婶母：乌古莫（ugme）

哥哥：阿卡（akaa）　　　　　嫂子：波日根（bergen）

弟弟：德乌（deu）　　　　　弟媳：都波日（deuberi）

姐姐：额克（ekee）　　　　　姐夫：敖谢（auxie）

妹妹：乌根斗（ugin deu）　　妹夫：都胡日根（deu hurgen）

侄子：据库克（jui kuk）　　侄媳：巨波日（jui beri）

侄女：据无根（jui ugin）　　侄女婿：据胡日根（jui hurgen）

大姑姑：那伊讷额沃（nainewee）

大姑父：那伊讷啊查（nainaqaa）

姑姑：姑姑（guugu）　　　　姑父：姑耶（guie）

外祖父：纳吉勒爷爷（najil yeeye）

外祖母：纳吉勒太提（eukeenajil taitii）

大舅：欧克（eukee）　　　　大舅母：额木根阿什卡（emgen axika）

舅舅：额木根啊什卡（nakqo）

舅母：额木根那克绰（emgen nakqo）

表哥：塔日阿卡（taar akaa）　表嫂：塔日波日根（taar bergen）

大嫂：阿什卡（najil yeeye）　大姨夫：欧克（eukee）

姨母：乌根那克绰（ugen nakqo）

姨夫：那克绰（nakqo）

外甥：哲库克（je kuk）　　　外甥媳：哲波日（je beri）

外甥女：哲乌根（je ugen）　　外甥女婿：哲胡日根（je hurgen）

岳父：哈的木额奇格（hadem eqig）

岳母：哈的木额沃（hadem ewe）

妻兄：哈的木阿卡（hadem eaka）

妻兄妻：哈的莫波日根（hadem bergen）

妻弟妻：哈的莫斗波日（hadem deuberi）

妻姐：哈的莫额克（hadem ekee）

妻妹：哈的莫乌根（hadem ugen deu）

妻侄：哈的莫库克（hadem kuk）

妻侄女：哈的莫乌根（kukhadem ugen）

婆婆：哈的莫额沃（hadem ugenhaden）

公公：哈的莫额奇格（hadem eqig）

第三十章　婚　嫁

　　达斡尔族实行一夫一妻的氏族外婚制。同一氏族（哈拉）的人严禁通婚，配偶必须是不同姓氏的人。新中国成立后，按照《婚姻法》"实行婚姻自由"的规定，这一传统习俗才被改变，氏族内部通婚已成为普遍现象，但在有些上了年纪的老年人中，对允许同一哈拉通婚，仍然抱有一定的抵触情绪。达斡尔族很少有人纳妾，只是到了清朝末年才出现纳妾（扎格努呼热）现象，多是因为原来妻子不能生育，怕断了后代才有娶二房的。达斡尔人男女婚配全由父母包办，自己只能听从家长安排，不能自作主张，青年男女没有选择配偶的自由和权利。达斡尔人也从来不拿儿女的婚事作为金钱或物资交易，男方送的彩礼，女方除了将乳牛作为报答母亲的养育之恩留下之外，其余全部要由女儿带去夫家，而且还要送给女儿许多"陪送"。虽然婚姻包办，但是绝对不允许"骨血倒流"，禁止近亲结婚，只是到了后来，由于实行"氏族外婚制"，缩小了通婚范围，造成择亲困难，才有在同一氏族内部的远亲中通婚的。为此，一些氏族不得不采取一分为二的办法，将同一个氏族划分为两个新的氏族。为保证婚嫁需要实行"他拉里"婚姻，即"姑舅表婚"和"转房婚—夫兄弟婚"或"妻姐妹婚"，但是，哥哥死了之后，弟弟不可以娶其嫂，因为他们有待嫂如母的礼数。弟弟死了之后，哥哥也不可以纳弟媳；妻子死了之后，丈夫可以续娶其妹，但不能娶其姐。在婚姻关系上，一般都是同辈人婚配，但也有错辈人结婚的情况，只要亲戚较远，年龄相仿，舅舅可以娶甥女为妻，这在社会舆论上并不受任何指责。

达斡尔族允许和其他民族如汉、鄂温克、蒙古、满族通婚，但与鄂伦春族通婚者甚少。婚姻程序大体分为订婚、过彩礼、结婚三个阶段：

第一节　订　婚

达斡尔族青年到了谈婚论嫁年龄以后，一般都在同屯或邻屯中选择门当户对，两家贫富相当的人家适龄人中择婚。一旦看中了对方，便托媒人（黑龙江、内蒙古地方称"招其"，新疆塔城地方称"交奇"）从中撮合，在通常情况下，都是男方主动求婚。媒人都是既善辞令又有耐心，德高望重的长辈或由女方亲朋好友担当。届时，媒人携带红布包裹或红色瓶塞的酒瓶前往女方家里游说，因为两家相距很近，女方家里大多都知道来者目的，只是心照不宣，用烟茶招待。待对方致意以后，媒人向女方父母说明来意，并把男方的年龄、长相、人品、健康以及家境等详细情况一一介绍，然后拿出自带的酒和酒杯，斟满之后站起来举杯敬酒。如果对方接过酒杯喝了，说明这门亲事就算说妥了。反之，便说明对方还没有同意，如果对方坚决不同意就会把媒人带来的酒瓶放到门外，表示以后再也不用登门了。但是，这种情况很少，一般来说，到了这个时候，由于女方对男方早也有所了解，没有不同意的，只是耐着面子，有些不好意思，在开始时不得不装装样子说："孩子还小，还不到喝酒的时候"等客套话。待媒人费过一些口舌之后，当女方父母认为可以了时，便会高兴地接过酒瓶大口大口地喝上几口。此时，媒人见状便会马上向女方父母行跪拜礼，表示感谢，求婚告成，到此结束。但是，若因两家相距较远或没有来往，为了谨慎，女方父母在听过媒人介绍之后，一般先是不表态，这就需要媒人多上门几次，进行反复劝说和详细介绍，待女方经过充分了解之后，若认为这桩亲事可行时，才接受敬酒允婚。否则，在订婚之前，女方不能喝媒人敬的酒，更不能留下媒人吃饭。订婚，以媒人叩头为据，双方都不能反悔和赖婚。过了几天之后，媒人还要领着未婚夫带着酒肉，再到女方家里正式认亲，向女方父母及长辈敬酒叩头，行订婚大礼，达斡尔语称"贺客目如格贝"。

除了成年婚由媒妁提亲之外，达斡尔人订婚形式还有指腹婚、娃娃婚、童养媳、入赘婚等。

指腹婚是指双方母亲在怀胎时就订下的婚约。这种婚约多为父母是知心朋友，为了持续两家之间的亲密友谊的情况下商定的。孩子出生以后，若是一男一女，待他（她）们成年时就结为夫妻；若同性就结为干兄弟或干姐妹。订婚形式由男方父亲亲自携酒到女方家里给孩子的爷爷、奶奶行叩头礼并说明来意，待对方接过酒表示应允，就算婚约成立。等孩子长大成年时，就可依照程序成亲。

娃娃婚是在儿女幼小时订的亲，多由父母包办，也有的是经过亲朋好友从中撮合而成。多是在亲上加亲中进行。届时，男方父亲把孩子领来，让其给岳父母叩头，岳父给小女婿扎上一条上面挂有毛巾和烟荷包（内装金钱）的腰带，就算认亲了。待孩子长大后就过礼、结婚。

童养媳，是因为女孩子在很小时就失去了父母，无人照料，女孩亲属或邻里给找一家有年龄差不多男孩的人家作为未来儿媳，待他们长大以后结为夫妻。

以上几种婚姻习俗往往会给以后的婚姻家庭带来不幸和痛苦。

入赘婚，即娶女婿，分终身养老女婿和限期养老女婿两种。终身入赘的是无儿子的家庭，入赘后所生子女要跟岳父姓，女婿可以继承岳父家产。限期入赘的人家有儿子，但因为年幼无力支撑家庭生产生活，经人介绍，入赘女方家里以增加劳动力，待女方家的儿子长大以后，入赘的男方可以携妻及其子女分出另过，入赘后所生子女随父姓。入赘婚不收彩礼。

第二节　过彩礼

达斡尔族和满、汉族同样都有过彩礼的习俗，达斡尔族称"查恩特"。

彩礼分大小两次进行。彩礼的多少看双方家庭经济情况而定，富者多拿，贫者少送。较富有人家在送大礼时要有缰马（硕日博热）一匹、乳牛（绰斯）一头，猪或羊五口（只），在所送的猪中，要有一口杀后不煺毛的，只要去掉内脏就行，这是因为达斡尔人认为如送白条猪，结婚后生的孩子会是秃头的缘故。除上述礼品之外还要送些白酒、茶砖和点心等。每种彩礼都要拴上一条象征喜气吉庆的红布条。在彩礼中送缰绳的马，是意味着牵连两家亲情；送奶牛是意味报答母亲以奶汁养大女儿之恩；送猪羊、酒、点心是为了宴请宾客时用。

送彩礼的日子多由女方选定，男方父母一般不参加过礼仪式，而是另请一位见多识广、能说会道、又懂礼貌的亲戚做代表，由媒人带领，亲属赶车，未婚夫骑马随行。礼车和马匹要披挂红色布条，酒坛上要贴红纸，以营造喜庆气氛。礼车到达女家后，未婚妻要先躲起来，不能露面，不能和未婚夫和前来送礼的人相见。

男方来到女方家门口时，全要下车下马，在门外等候，由车夫上前请求女方开门进去，而女方家人则故意刁难不给开门，经过再三恳求和答辩之后，才被允许开门进去。进屋后，先向长辈行礼请安，装烟、敬酒，说明来意，并向女方介绍彩礼品种和数量。

达斡尔人很重视过彩礼仪式，一般都办得很隆重、热闹。届时女方要请本氏族所有长辈和亲属参加，宴席上，未婚夫要在双方家人的带领下，按照辈分大小向女方家人请安、敬酒和叩头，行认亲大礼。待莫昆达到来开过酒坛之后，宴席就开始了。男方代表首先举杯致词：

> 你家少女我家郎
>
> 千里姻缘结成双
>
> 选择良辰吉时日
>
> 我把微薄的彩礼来献上
>
> 山间的幼松稚嫩柏
>
> 如今已经挺拔且健壮
>
> 英俊美丽的少男少女

都已长大而且相当

为庆贺两家的亲事

我把喜酒斟满举起

光临的众族胞和亲戚

请将敝人的美酒尽量品尝

接着在女方家长回以相应的答词之后进行开宴进餐。在新疆塔城地方，在吃过大礼的喜宴后，还要举行文艺体育活动，如唱歌、跳舞、摔跤、射箭、赛马等。

过大礼的第二天，未婚夫还要到女方各长辈家里再次拜谢，各家也都会拿些礼物回赠给未婚夫。

大礼过后，在未婚夫返回自家时，岳父母作为回敬，要给亲家带上些酒肉以及中途吃喝，和送给准女婿钱褡子、烟荷包和一些金钱等礼物。

小礼，即结婚彩礼，达斡尔族称"托列"，通常在结婚前两个月进行，以便留出时间给新娘做衣服。小礼所送的东西多是些结婚时用品，有绸缎、首饰、服装、被褥、挂联等。如果男方家里贫寒无力购置时，也可以暂时借用，这也无可非议。在送小礼时，双方商定结婚时间，一般都定在双日子。这天，岳母让女儿出来与女婿相见，让他俩同桌吃"拉里"（奶子粥）或面条，其含意是夫妻和睦长寿。吃"拉里"时要请一位儿女双全的女陪客。

第三节　结　婚

到了结婚年龄（男女都选在奇数年龄段，如17、19、21、23岁，因为二人年龄相加即配或偶数），按照双方议定的日子（一般都选春暖花开季节，忌讳姑娘在母亲生育自己的年龄和母亲结婚的年龄结婚），男方家里杀猪宰羊，张罗新娘到来时的宴席。女方家里在亲戚中间选定有儿有女、夫妻都健在的男女各四位傧相（男的称"华达"，女的称"霍都古"），这八个人多是新娘的长辈。四位华达分达华达（大华达）、接其华达（第二华达）、古它同华达（第三华达）、胡米同华达（末位华达）；四位霍都古依次分为达霍都古、接其霍都古、古它同霍都古和胡米同霍都古。霍都古都坐车，最小的胡米同霍都古兼做伴娘，坐第一辆轿车。男华达中胡米同华达骑马，其余人也坐车。女方父母一般不参加送亲队伍，只是派新娘的兄或弟参加婚礼。

送亲队伍按照新娘家距离新郎家的远近决定出发时间，但是，不管远近都要在中途打尖生篝火，吃点酒肉。吃喝前要敬山神"白那查"，这一习俗是达斡尔族从事狩猎经济生产生活，把山神视作具有伟大能力的自然崇拜的反映。用食指或中指蘸酒向空中连弹三次，把食物举过头顶，口说："白那查请您喝酒吃肉"，然后大家才能进食。如果此时遇到路人，不论是否相识，都要请他入席参加吃喝。

当男方家中估计喜车快要到达时，新郎便和二位（一老一少）迎亲人骑马出屯，前往迎接。双方相见后（也有的新郎在结婚前一天先到新娘家），新郎下马，向女方长者行礼请安，另外二位迎亲人也上前从怀中取出酒瓶，同新郎一起依次向"华达""霍都古"和其他送亲人敬酒。这时，送亲人队伍为了表示娘家威风和新娘的高贵身价，会故意装作不予理睬的样子继续赶路，经过男方一再谦让和劝说之后，才接受敬酒并互相问候。这时，年青的迎亲人策马回去报信，年老的迎亲人便在前引路，新郎则在喜车后边殿后启行。

达斡尔族崇尚东方，喜车进屯时要选在迎着太阳的方向走。如果因故在太阳落山后才到达，就必须在大门西边挂一面镜子象征太阳，以图吉利。到了男方家门口时，除了新娘、伴娘以外，其他人全要在大门外下车，接受身着盛装的男方家人和亲属敬酒（迎宾盅）和欢迎。这时，新娘和喜车也在鞭炮和一片欢呼声中（没有鼓乐）进入院子，并在伴娘、傧相和姑嫂们的搀扶下，由男方姑嫂或妯娌上前揭去盖头，走下车来，参加稍后的拜天地仪式（有的地方也有不举行这一仪式的习惯）。然后举行招待女方贵宾们的盛宴（也有不单独设宴，而是双方客人一起入席，同时招待）。婚宴，达斡尔语称"希热勒贝"，为全猪或全羊席，南、西、北三面炕上，各并两张炕桌，南炕为霍都古女宾席，西炕为华达男宾席，北炕为车夫席，各席均按辈分和年龄就座，男方陪席人员分别坐在炕沿上。各席吃的菜品也有所不同，女宾席（头桌）上"瓦其"（猪的尻背骨肉），男宾席上"达拉"（猪肩胛骨肉），车夫席上"宝日托斯"（猪的肘子肉）。

开席时，先由男方年长的陪席主持人致词：光临婚礼的霍都古、华达，我把祝词念给大家：

> 我们有个拿弓的男孩
>
> 你们有个拿箭的姑娘
>
> 在成亲的宴会上
>
> 讲起我们的祝词
>
> 选择吉祥的日子
>
> 摆开我们的酒席
>
> 所用的羊肉是
>
> 自家饲养的肥羊
>
> 满罐子里的美酒
>
> 也是自家酿制的
>
> 恕我们准备的微薄
>
> 请品尝席上的美酒佳肴
>
> ……

致完词后，到各桌鞠躬敬酒。这时，女方年长的主持人手捧一支翎箭，开始致下面的祝词：

> 国事要派使节交涉
>
> 姻亲要由媒妁撮合
>
> 传自祖先的习俗
>
> 让我们彼此敞开大门
>
> ……
>
> 祝愿女婿和姑娘感情恩爱牢固

　　像箭杆一样笔直

　　像铁石一样坚强

　　对长辈尊敬孝道

　　对晚辈倍加慈爱

　　走过的道路光明

　　做过的事情清白

　　……

　　女婿带着这箭

　　每次行猎期间

　　射死山阳的公野猪

　　射死山阴的公鹿

　　……

　　满载回到屯落来

　　誉扬四方增光彩

　　念完祷词后，把翎箭赠给新婚夫妇。席间，新婚夫妇一同来到席前按辈分向各位敬酒行礼，长辈们也会向一对新人说些吉利的祝福词语。婚宴结束后，女方送亲人张罗回家，走不了的被安排住宿。第二天早上给亲家客人吃带汤饺子，启程回去时，男方父母要给亲家送些酒肉（新疆塔城的习俗是在回返的送亲车上放一只活羊带回娘家）并再次到大门口为送亲人敬酒（送别盅）话别，新郎则要送客人出屯，行请安礼后返回。送亲人返回之前，胡米同（末位华达）在进餐时要偷拿一个碗或碟子、酒杯带走，其用意是娘家的福根不能留在女婿家里。

　　送走娘家亲人后，妯娌们领着新娘拜见祖父母、父母及所有本家长辈、亲戚，行叩头礼或请安礼，待客人都走了之后才能坐下休息。

　　达斡尔人没有闹洞房的习俗，新婚夫妇在入寝前，只是由母亲或嫂子做一碗"拉里粥"或面条，吃过之后休息一会儿便就寝了。第三天，新娘由姑嫂领着到各亲戚家去认亲。拜见各位长辈时先行请安礼、装烟礼，然后叩头，长辈们也会给些钱或小礼物。在第七天（也有满月的）新婚夫妇回娘家探亲。返回后，全部婚礼过程方算结束，新娘成为夫家的正式成员。

第四节　离婚与再婚

达斡尔人蔑视离婚，男女一经结婚就不能轻易离婚。认为离婚是败坏门风，很不体面，很不道德的行为，所以很少有离婚现象。就是在双方极不相称的情况下，也不能怨恨父母，甘愿忍受终身痛苦，做一辈子夫妻的人不在少数。人们痛恨离婚，到了非离不可时，要请无儿无女的人到野外无人的地方去写离婚书，在人们的观念中，离婚是很不吉利的事情，所以流传说："写离婚书的地方三年不长草。"

假若夫妻间有一方与另外人发生不正当性关系，就有被开除族籍的危险，受人白眼，成为不受欢迎的人。若是女方，就会被赶回娘家，成为伤风败俗、丢人现眼的、令人不齿的人，同时会遭到痛打，甚至软禁。若是已经怀上私生子，也要强行堕胎，若是已经出生，也不会被承认户籍，上不了家谱。人们既不愿意娶私生女为妻，也不愿招私生子为婿。若是女方遭受虐待，男方轻者会受到双方家长和社会的谴责，严加管教，勒令改正，若仍然一意孤行不改，女方就会被领回娘家，直到男方改正后才会被婆家接回。重者，如虐待致死，将会受到氏族习惯法惩处。如果男方提出离婚，又无正当理由，双方家长都不会答应。

女方丈夫死亡，提倡妇女守节，鼓励终生守寡，寡妇再嫁会受到人们耻笑，认为这是不守妇道的失节行为。即或寡妇改嫁，也必须守满三年孝期，否则男方族人有权进行干涉。

旧的不平等的婚姻制度和烦琐的婚姻程序，极为铺张，给许多婚姻家庭造成了痛苦，影响了家庭幸福，禁锢了人们的思想自由，阻碍了人们与大自然进行斗争的信心和经济上的挥霍浪费。新中国成立后，特别是在1950 年颁布实施《婚姻法》以后，废除了包办强迫和男尊女卑制度，实行男女婚姻自由、平等，保护妇女和子女合法地位、权益，禁止重婚、禁止童养媳、禁止干涉寡妇婚姻自由。经过广泛宣传教育，提高了广大人民的思想觉悟和道德观念，达斡尔妇女在社会生活中得到了彻底翻身解放，改变了社会地位，真正成了国家主人。

20世纪六七十年代，由于提倡破旧俗，立新风，在婚礼仪式上，大多数地方以糖果、香烟、茶水和瓜子招待来宾，有的还采取"旅行结婚""集体结婚"，实行喜事新办，摒弃了陈规陋习。但在此后，随着人们的经济生活水平不断提高，有一些人家（特别是在农村），在举行婚礼时，置办酒席，大操大办，接送礼金的现象时有发生，甚者少数人要彩礼的现象尚有存在。这些都说明了继承良俗，改革旧的陋俗，发展新俗，在时下仍很重要。

第三十一章　丧　葬

达斡尔族每个莫昆都有自己的墓地，达斡尔语称"花然"，人死之后多数实行土葬。因为死因不同，对个别死者也有采取火葬或风葬的。如孕妇难产死亡、雷击、凶杀、尸体腐烂、四肢不全者用火葬；萨满和肺痨、生天花、麻疹的孩子死亡用风葬。所谓风葬，即天葬或树葬，用木杆做成三脚架，把尸体挂起来，或在两棵树叉上担上木板，将尸体陈放上面，任凭风吹、日晒、鸟食，待百天或一年后，将尸骨就地埋葬。另外，孕妇、萨满、生天花患者或未婚姑娘死了之后，不能埋入公墓。萨满要按照他生前自选的地方，埋葬在野外野兽到达不了的高处。凡独身汉死了，要在他的坟旁挖一个深坑，里面埋葬一块象征女人的木材；人死在外边不办丧事，要在棺木上放一只公鸡，然后运去公墓埋葬；如果是移坟，要在原墓中埋一只活公鸡和撒些粮食，表示对土地爷容纳的感谢；幼儿死了之后，家里人要把孩子尸体装进一个口袋，然后放进些糖果和饼干，扔到岔路口或河流中，以企盼早日转生。

达斡尔人忌讳"死了"这个词汇，如萨满死了要说"上神坛"了（恩都热宝勒吉，道热达斯其斯恩），长辈人死了叫"成佛了"（巴热肯宝勒斯恩），青壮年死了叫"逝世了"（扎兰讷热阿尔扎斯恩），少年死了叫"少活了"（阿集密尼华卡热），幼儿死了叫"没站住"（巴已吉沙得松乌畏）等。中青年人死了都要举行丧葬仪式（牙斯依西切贝）。

达斡尔人死后的墓地和举行丧葬的时间，都由死者自己生前选定。墓地多选在向阳背坡，前有水后靠山，所谓风水好的地方。高处埋先辈，从高到低依辈分相接，平辈兄左弟右，夫左妻右。丧葬仪式主要有停灵、入殓、开吊、出殡、安葬五个程序，整个丧葬过程不奏鼓乐。

第一节　停　灵

停灵，达斡尔语称"珠尔勒贝"，分室内室外两次。死者咽气时，全家人都不能睡觉，怕睡着了灵魂会被死者带走，并要在死者手中放点黄钱纸和瓜子，用来给阎王爷吃用，减轻罪过，还要放一条小鞭子和一小口袋大酱，以备在去往阴间的路上，驱赶饿死鬼和狼狗食用。咽气后，为了避免尸体僵硬换穿衣服困难，首先要更换寿衣，更衣前忌讳家人号啕大哭，否则灵魂不能安稳到达阴间。然后用两条长板凳在西炕沿边搭架一个板铺，将尸体按照头北足南（也有的莫昆与此相反，是头南足北）方向，抬至铺上，或将尸体停放在地上的木板上，进行开光整容、洗脸理发、修剪指甲，用白布或白纸罩住面部，用白线或麻绳（绊脚绳）捆住双脚，并在尸体胸部放一个镜面朝向面部的镜子，即"牙色珠尔勒贝"（停灵）。待一切安排妥当之后，要请一位莫昆长者在死者身旁进行祷告，其祷词大致如下：

> 聪明的灵魂听着
>
> 你不幸遇上××原因故去
>
> 虽然与世长辞了
>
> 但也度过了六十花甲
>
> 享受到了高龄长寿
>
> 作为人生的必然归宿
>
> 还是一件喜事
>
> 望你把福气留给家里
>
> 把你高尚的品德留给子孙

他们将继承发扬你的高贵品德

你不必留恋家

安心的去吧

室内停灵期间，要把死讯通知本莫昆成员和娘亲前来吊孝。死者的长子夫妇，要昼夜戴孝守灵，每天晚到次日晨，要哭灵三次，其他子女也要身扎、头系白孝带。灵前设供桌，上摆一只煮熟的全鸡和酒、肉、饭菜、点心、水果，如果死者生前吸烟，还要摆上烟具、火柴和一盏长明灯。

在室内停灵期间，要选好出殡的黄道吉日，发讣告通知所有亲朋好友前来参加吊唁（达斡尔语称"汉吉贝"）。凡有人前来吊唁哭灵，守灵人均要附以哭应，晚辈吊唁者都要给死者叩头，守灵人也要叩头还礼，并为吊唁中的长者行装烟礼。

第二节 入 殓

入殓，达斡尔语称"牙沙，阿巴斯得尼宝勒嘎贝"。室内停第三天，在做好棺木和孝服之后举行，待主要亲戚聚齐后，将死者殓入棺木。入殓时，死者长子抬头部，其他亲属抬四周，在室内由东向西按照太阳出没方向绕三圈，使死者迷失方向，不让其灵魂留在屋内或再回到此屋。然后，抬出屋门。出屋门时，长子跪在地上把一个饭碗摔破放在尸体身边，入殓后禁止用钉子钉棺材。入殓时的祷词：

今天，你的全家老少

为你准备了上等良好的棺材

由你的长子和所有的近亲将你入殓

希望你暂时在这里安息吧

……

刷成红色或紫红色的棺材，内铺着黄布里子红布面的褥子，枕头形似一只公鸡。棺内左侧贴着一个圆形金箔太阳，右边贴着一个弯形月亮，棺底上用铜钱摆成一个北斗星形，用意是为死者在去往阴间的路上仍有太阳、月亮和北斗星相伴。棺内还要放一个装有各种餐具的小网袋和粮食、烟和烟具、毛巾等死者生前常用的东西。如果死者是猎人，还要把他用过的弓箭、猎枪、刀、马鞍放进去。

入殓完毕后，要将灵柩存放在门前西侧搭架的临时棚子里，存放时间为三天，此即为室外停灵。这期间照旧摆放供桌，用一只完整的熟公鸡和酒菜、点心祭灵。传说公鸡能引领死者的灵魂到阴间并吃掉死者生前撒落的粮食，以减轻罪过。室外停灵期间，晚上守灵人要睡在地上，每夜要祭祀三次。

第三节　开　吊

开吊又称祭灵，达斡尔语称"怀勒格扎贝"，在出殡的前一天晚上进行。届时，按照亲朋关系的亲疏远近，晚辈的跪着，平辈的半跪着，年老的站着，各就各位，第一排是女儿，第二排是儿子，第三排是侄儿侄女，第四排是近亲属，第五排是一般亲友。达斡尔人很重视祭灵，一般都办得很隆重，要举行盛大仪式。届时，同一个莫昆的亲友和娘亲都要带着祭品，如活猪前来参加。开吊时，灵前停着一辆马车，车上放着死者用过的褥子、枕头，并用一条长绳和灵柩连接起来，即"引魂线"，仪式中一人跪在灵前宣读祭文，祭文内容包括死者姓名、简历以及治丧杀牲情况、亲朋送礼品种、数量。还要宣读：

今天在这里有你的儿子、儿媳、孙子、姑娘和女婿，以及娘亲家、姑表亲家、两姨亲家、莫昆亲族和亲朋好友

为你举行隆重的开吊仪式

望你的灵魂听清

要知道我们对你的诚挚哀思

……

开吊后，卸下拉车的马，牵出院外杀掉，举行"怀勒格扎贝"仪式，即杀马殉葬礼俗。杀马前，死者长子要向马蹄上洒些酒并行叩头礼，感谢它生前曾为主人乘骑服务。开吊后的当天下午，丧主摆宴招待所有参加葬礼的亲朋好友，吃"告灵饭"（也叫"殉马饭"）。晚间，守灵到半夜时，要以殉马的心、肺祭灵，并以肠、肚、肝和头、大腿肉做成稷子米粥的夜宵招待守灵者。

第四节　出　殡

出殡，达斡尔语称"牙沙塔里其贝"。出殡前，待众人到齐后，按照辈分男左女右排列在灵前，举行最后告别仪式，由一位长者主持致词：

　　今天，所有的亲人在这里为你出殡

　　要将你的灵柩发送到祖先的坟地上去

　　你的灵魂最后离开家门时

　　要把一生的福气与恩德留给家里

　　把自己死前的一切毒气带走

　　使得家人过上幸福太平的生活

　　使得你的子孙享受快乐

　　希望你安心地走吧

　　不要留恋家

　　一路顺风上天堂入地府吧

　　……

在灵前洒酒三杯，烧掉金银箔，然后，由长子在前面抬棺起灵，其他子侄或近亲属在左右抬棺出院。此时，遗属们号啕大哭跟随在后，灵车出大门时，把死者生前用过的瓦盆摔碎。为了防止死者的阴魂再返家门，给家里带来麻烦，要在门前横着浇上一道水，表示已将阴魂隔在了外面。灵车经过各家门口时，都要在灵前洒些酒和纸钱，表示送行。去墓地途中，如遇河流也要撒些纸，祈祷灵魂安全过河。

灵柩去墓地时可以抬着，也可以用车拉着，若拉着，则要长子在前方牵马，其他人可以步行也可以坐车。

第五节　安　葬

安葬，达斡尔语称"牙沙巴勒贝"。到了坟地，先将棺材放入事先挖好了的墓穴中，在灵前摆好供桌，放上供品、金银箔和纸钱，送灵人在坟前跪好，由一位长者主持祭祀和致最后一次祷词：

现在这里有你全家老小

亲朋好友为你举行安葬仪式

已将你的灵柩安放在祖先的坟地上

用金砂银土培起来

你的后代永远悼念你的美德

望你的神灵上天堂入地府修德成佛

为子孙后代谋来光明与幸福

代代享受快乐

望你老人家安息吧

然后从每种祭品中取出三或五块（必须是单数）投入火堆烧烤，待发出焦味之后，取出分给大家，每人咬一口，并把剩余的金银箔、纸钱和死者生前穿的衣服等物全部烧掉。与此同时，由长子上前伴着哀哭声在棺材四角各填一锹土送死者上西天，众亲属也上前填土，将墓穴培成坟丘。这时，死者子女、众亲属从年长者开始跪着向前来送殡的人敬烟、敬酒、行叩头礼。

从死者咽气开始，到入土安葬，人们为其举行的一系列烦琐的祭祀活动，其目的不外是希望死者到了阴间以后，能够过着不愁吃穿，生活富足的日子，也希望死者不要降灾祸于家人，要保佑子孙后代平安幸福，这些举动充分体现了祖先崇拜的思想观念。

从墓地回来时，不能重走送殡上坟时走的路，要改道返回。返回后，拉过死人的车三天之内不能使用，并要把车翻过来停放在院内。

从墓地返回后，送葬人在进入大门前，先要跨过在门外烧的纸火堆，死者子女要在门口迎接送殡人并向送殡人叩头致谢。在返回后的宴席上，母亲娘家的贵宾坐首席，姑表、姨表亲为第二席，其他亲属坐第三席，余者均为末席。席间，死者子女上前敬酒叩头。达斡尔人重视与娘亲的关系，以娘亲为贵，在办理丧事中，处处都要小心谨慎，生怕娘亲挑剔不周而产生不愉快。

达斡尔人有为死者逢七过祭的习俗，尤其重视头七、三七和七七祭日。安葬的第三天、第七天，要上坟烧纸礼拜；满月祭墓时要杀猪，五服内的亲属要上坟祭祀并除孝；满两个月，三服内的亲属上坟除孝；百日时，莫昆内的亲属祭墓，并在墓地除孝。所谓除孝，即脱下孝服并在墓地烧掉（也有的脱下孝服后捆成一捆，在烧纸的火堆上烤一烤，然后收起来）。不论满月孝、双月孝、百日孝和一周年、二周年、三周年，都要杀猪宰羊祭祀死者并举办酒席招待亲属。每年清明节，要到墓地扫墓，烧纸、填土。

达斡尔人重视丧葬礼仪，一般都办得很隆重。如果长辈人死时家境困难，可以先行安葬，待以后经济情况好转时补办酒席。给老人戴孝的时间按亲疏关系决定，亲者时间长，疏者时间短。如儿孙及媳妇要给祖父母、父母穿孝百日，穿重孝，戴孝帽，扎孝带；对叔伯及三服内的长辈穿孝两个月，穿孝服，扎孝带；对五服内的长辈只扎孝带一个月。妻子要为丈夫守孝三年。丈夫为妻子穿孝百日。一般穿孝服的都是成年人，小孩子不穿，据说小孩子穿孝服影响生长发育。舅父死了，如果没有儿子，要由外甥服孝，要与父母一样穿孝百日。男子在穿孝期内，不能剃头刮胡子，不能参加庆典和文化娱乐活动，不能出远门，不能娶妻，不能接受叩头礼，女子不能出嫁、改嫁，不能佩戴首饰。三年内不能贴年画、贴对联要改用蓝纸。

　　达斡尔族旧时的丧葬习俗，含有很多陋俗成分，在其约束下，许多人家里虽然经济条件拮据，也要举办繁琐铺张的仪式，致使倾家荡产，给后来的生活造成很大困难。新中国成立后，党和国家大力宣传无神论，人民群众逐渐破除迷信，相信科学，逐渐简化了丧葬仪式。1968 年，从城镇开始推广殡葬改革，提倡尸体火化。送葬之日，亲朋好友馈送花圈，胸前佩戴白花，臂缠黑纱致哀。工作人员死之后开追悼会，农村实行深葬。到了 20 世纪末，已经基本取消了非火化区，死者一律实行火化。但在农村，在一些个别地方举行丧葬时，尚遗存着旧俗现象。对于这些尚存不多的陈规陋俗，相信随着社会的飞速发展，人们思想觉悟的提高，会很快得到净化和消除。

第三十二章　礼仪与节庆

第一节　礼　仪

达斡尔人重视礼仪，无论在社会的上层、下层都颇以为重，世代相传，已经成为一种普遍的社会风气。尊敬老人是他们礼仪活动的核心，认为老人已经辛苦了大半生，到了晚年，理应受到尊敬和爱护。因此，老年人在人们的心目中，享有崇高的威望。另外，礼貌待人，慷慨好客，彼此和睦相处，互助互济等优良传统也是行为礼仪中的重要组成部分。从他们的社会礼仪活动中，不难看出达斡尔人民的经济生活特点、社会道德观念、民族性格和文明程度。

在达斡尔人的日常生活中，给长辈或兄长行礼请安，是极为常见的事情。所谓请安，达斡尔语称"赛恩哈索贝"，满语称"打千"，就是在见到长辈或长者之后，向对方行礼问候安好的意思。请安的姿势动作，因对象的辈分年龄不同而不同。男人行请安礼，要先把左腿向前迈半步，然后右手在上，左手在下，双手交叉，放在左腿膝盖上，面朝对方，右腿弯曲，屈膝弯腰，低头行礼，对辈分大的大弯腰，然后收回左腿，肃立片刻。对平辈稍稍弯腰即可，并不用肃立。女子请安时，双足并立，上身挺直，双手垂下平放在微弯的双膝上，低头俯视。每逢祭祖或婚丧大事，要给长辈

662

行叩头礼。每日早晚，子媳要向父母行请安、装烟礼并把父母的被褥叠好或铺好。

男人上山打猎、伐木或出远门办事，临行时四邻和本莫昆的人，都会集聚门前举行送行仪式，给带队的组织者敬上一碗酒，预祝他们一路平安，获得好收成。待他们完成任务回来时，也会到村口或大门外迎接。外出者回来后，都会先到父母的西屋请安敬烟。

老年人出门，儿女们会提前把他所携带的东西准备好，把车马牵到大门外，搀扶上车或骑马，待其坐稳、骑好后，才能将缰绳交到老人手中。同时，家人会送到大门以外。如果年轻人与老人同时乘车，由年轻人赶车。当老人回来时，全家人会到大门口迎接。老人进屋，晚辈起立让座并行装烟礼，达斡尔人称"当格、特贝"，给长辈装烟是单向的，同辈人之间互相敬烟是双向的。届时，先从对方那里要过烟袋，装满烟点上火之后，自己先吸一口，待通气后，用手巾擦净烟嘴，再用双手捧着递给对方。进出房门，老人先行，年轻人跟随在后。年轻人出门，如果路上遇见老人，即使并不相识，也要下车下马让路一旁，说几句问候话，待老人过去之后，才能继续赶路。如果家里有儿女、儿媳出门，凡三天以上回来时，都会向老人请安问候。若出门超过一个月时间，行前都会先到老人房间行装烟礼说明原因，然后请安告别。

达斡尔人尊敬年龄小但辈分高的人。每逢春节，在除夕晚上和初一早晨，全家晚辈都要向长辈人叩头拜年。未出嫁的姑娘，除了年节外，平时不能随便给人行礼。

每当客人进门以后，主人首先会起立让座，而客人则会坐在北炕的炕沿上，不能不经允许就坐在老人坐的南炕上，并且要行装烟礼。客人走时，若是男客，要由男主人送至大门外，而女主人只能送到院中。若是女客，则由女主人送到大门外，男主人送到院中。

办理家中大事，首先要征求长辈意见，只有长辈同意之后，方可行事。如有争吵斗殴，只要经长辈出面调解，双方都要服从，息事宁人。长辈人谈话，晚辈不能插话，要站在一边，待允许后才能坐下听讲并接受询问。

达斡尔人向来好客，每当有亲友光临，都会受到热情招待，被请进西屋坐于西炕，接受主人的装烟礼，然后酒饭招待。客人走时，主人还会送些自家产的黄烟、奶皮子和说邀请再次光临。客人也会说些吉祥话表示感谢。每逢年节，各家杀猪宰羊，都会邀请亲朋好友和左邻右舍，来家中进行共餐，还会送一些肉给没有子女的鳏寡老人食用。即或在平时，如果其家有乳牛初次下犊，主人也要用牛奶熬一大锅拉里稠粥，通知众亲友派一名代表前来品尝初乳粥。

达斡尔人对过往路人前来求食宿者，不论是否认识，只要家里没有什么特殊情况，都会像客人一样受到欢迎，来人也不必客气，尽管食用，否则主人还会以为招待不周受到嫌弃。因为惯于狩猎的达斡尔人，深知野外露宿的苦楚，对他们从生产生活中总结出的谚语"世上谁也没见过背着房子出门的人"，有着深刻的理解体谅。十分重视对客人的招待礼仪，这种良好的待客之风，一直得以传承。

达斡尔人参加集会或红白喜事，都会衣冠整齐的按时出席。如果是婚庆，要送些礼物，若是丧葬，要前往吊唁，否则会被人耻笑不懂礼貌。举行酒宴时，出席者要按辈分大小和年龄长幼按次序排坐和斟酒，只有长者饮食后，别人才能依次动筷。

达斡尔人父子、婆媳不能同席，而女儿、孙子、孙女则不受此限。如果家里经济条件允许，老人还会被另开小灶。老人吃饭时，儿媳要站在桌旁随吃随盛，不能把饭盆端上桌子。待老人吃完之后，儿媳会端水漱口，装点烟袋。晚辈喝酒，需经老人允许，并要在北炕或灶间另设桌子。儿媳在家里人都吃过之后，才能在灶间小炕上用餐。

"纯朴诚实的达斡尔人，除尊老爱幼、礼貌待人、慷慨好客等传统风尚以外，还养成了彼此和睦相处、互助互济等优良品德。邻居之间和兄弟妯娌之间，喜欢保持谦恭互让、热忱相待的关系。谁家遇到意外灾祸和困难，乐于给予多方帮助。对于没有近亲的鳏寡病残者，愿意给予关照……达斡尔人特别注重道德上的尊严和良心上的无愧，厌恶虚伪和狂妄的举止，喜欢宽容和憨厚的品格"①。这对教育引导子女后代成为有道德、有礼貌的社会主义新人，有着重要和积极作用。

第二节 节 庆

阿聂。即汉族过年，是达斡尔族节庆中最主要的节日，从初一早上一直过到十五。他们延续古契丹人的节令习俗，认为初一是鸡日，初二是狗日，初三是猪日，初四是羊日，初五是马日，初六是牛日，初七是人日②。在这些日子里，要给畜禽添些好的饲料，以示关照。初七这天，如果是阴天，人们要吃粘豆包或面条，用意是把人的腿脚粘住、拴住，防止被鬼魂把魂灵拘走。初一清晨天刚放亮，人们便早早地起床了，传说这天早上，如果被人叫醒，将会懒惰一年。家里的主人，首先在院子的西侧摆放好一张桌子，摆上供品，给天、娘娘神、灶神等神灵烧香叩头，祈求诸神保佑全家在新的一年里人畜两旺，丰产丰收。随后，家里的晚辈给长辈敬酒，行礼叩头并接受老人们的美好祝福。

各家早上吃完带汤饺子之后，人们穿上节日盛装，由长辈或长者带领，再次到本屯的近亲老人家里，按照辈分依次给老人行礼拜年。然后在平辈之间相互拜年。各家走街串巷非常热闹。初二、初三是妇女拜年和回娘家拜年的日子。直到初五，这一活动才算基本结束。

老人死后的前三年阿聂，从除夕到初三，各家要在南炕上的炕头设置灵位，铺上拆洗干净了的褥子，在褥子中间顺着放好一个枕头并盖上被子，并把一支点燃好了的长杆烟袋，将烟嘴一端插放在枕头下面，旁边放置一个摆有酒肉的小饭桌。用来接受亲朋好友们前来给长辈亡灵拜年。

阿聂期间，是达斡尔族各村屯在一年中最热闹的时候。白天，青年男子会自发地集中在一起，去野外进行骑马、射箭、摔跤或打曲棍球比赛。

---

① 《莫力达瓦达斡尔族自治旗概况》，第135页。
② 《辽史》五十三卷，第877页。

吃过晚饭以后，又会反穿着皮袄，模仿各种动物，连耍代唱的做"敖古勒迪"游戏。女子们则在晚间找一个房子宽绰的人家欢跳"路日给勒"（民间舞蹈）至深夜，或邀几个伙伴在家里玩嘎拉哈（萨克）、阿尼卡（纸人）、过家家等游戏。

卡亲。相传每年正月十五是天老爷归界的日子，在这前一天晚上，全家人要上供、烧纸、叩头。正日子这天要像过阿聂一样穿上新衣服庆贺一番，吃年猪的瓦奇（尻背）手把肉，或吃饺子。晚上，孩子们会提着灯笼串街玩耍一番。

霍乌都日。即正月十六抹黑节。这天，老太太们很早就起了床，用勺子从大锅底下抠出一些黑灰，用手指蘸着在儿孙们的脑门中间点个大黑点，图个吉庆，为的是避邪免灾，平安一年。小伙子们也在这天把黑灰拌上油，藏在手心里，趁嫂子或姑娘们不注意，冷不防地给抹一脸黑。也有的趁人还没起床，就把他或她堵在被窝里抹成黑脸。被抹的人不但不生气，反而会大笑不止。因为传说在这一天被抹黑的人家里，能够五谷丰登，人畜兴旺，万事如意。同时，抹黑也告诉人们年已经过完，该下地干活了，不能再睡懒觉了，起着提醒作用。霍乌都日这天家家都吃好菜好饭。

二月初二。传说是龙抬头的日子，达斡尔人在这一天里同汉族人一样吃猪头肉，妇女不做针线活，据说做针线活会得大骨节病。

寒食。即清明节。各家人要前往自家的坟茔地上坟添土扫墓，祭祀祖宗，并且要在坟前上供烧纸，敬酒叩头。

端午节。每年农历五月初五被认为是水日。各家要杀猪宰羊，也有的几家人合伙宰一头牛，准备端午节所需要的肉食。这天人们起床的时间都会比往常早，按照传统习惯，在这天早上要给小孩子身上挂一条红布，手腕缠上五彩线。大人还要带着孩子在清早到野外踏青，采集艾蒿，也有人到大河里野浴，没有河流的地方，会用草上的露水擦脸，并把艾蒿插挂在耳朵、衣帽和家里的门窗上，祈求消除虫害和瘟疫，保佑全年健康无恙。各家在早上吃过饸饹或馅饼之后，妇女们开始提着筐篮三五成群地去到河套采集柳蒿芽（坤比勒），回来给家人炖柳蒿芽小鲫鱼芸豆汤或柳蒿芽肥肠汤。这是达斡尔人的传统美食，是人们最喜欢吃的菜肴。青少年男子则邀集一起去打曲棍球。

斡包节。由祭祀敖包改革而来，每年6月28日举行。届时，人们放假一天，云集斡包周围，唱歌跳舞，进行摔跤、射箭、赛马等项文体活动，沉浸在一片快乐、祥和和幸福之中（详见本书"信仰"祭祀敖包）。

中秋节。和过端午节一样，各家要杀猪宰羊，好吃好喝地庆贺一番，居住新疆塔城地方的达斡尔人会把宰杀的羊血洒在麦场上，庆贺一年丰收。这天，男女青少年分成几队，或摔跤、赛马、打曲棍球、或玩嘎拉哈、玩纸人，快快乐乐地耍玩，以庆贺丰收季节即将到来。这天晚上各家以月饼、西瓜、水果敬供月亮。

腊八节。各家用黄米做拉里粘粥，蘸白糖或奶油吃，味道极好，香甜可口。

祭灶节。每年农历腊月二十三日，达斡尔人和满、汉人一样，都要在这天晚上祭灶，送灶王和灶王奶奶升天，举行敬酒，供奉点心，进行叩头和火化他们的神偶仪式。为了贿赂灶神能在玉皇大帝那里为本家说些好话，达斡尔妇女常常把灶神的嘴上抹些大块糖（麻糖）或奶酪。但也有人说，之所以这样做，是因为怕灶王爷说坏话，先用豆包和大块糖把嘴封住。因为这天各家都会打扫卫生，准备过年，所以也把这天称作小年。

布通。即汉族人说的大年三十，是一年里的最后一个节日，也是一年中最忙碌的一天。因为这天夜里子时"一夜联双岁"，是个吉祥的日子，所以达斡尔人都很重视这个节日。上午，各家就把院子里外清扫干净，贴好年画、对联、福字和挂钱，给亲近的亲属老人送去过年的酒肉等食品，并在大门外的路中间，用晒干的牛马粪堆放好两个大烟火堆。到了下午太阳落山时，由家中男主人亲自点燃烟火（胡它腾贝克），点燃的干粪堆先是着明火，由于各家都点，一时间屯子里的夜空一片光明，非常好看。据说谁家火堆的明火亮、高，就意味着谁家在新的一年里兴旺发达，所以各家都想方设法把干粪堆弄高弄大，使点燃后的火苗高大光亮。认为烟火愈旺，点燃的时间愈长愈好。明火过后，用雪压住粪堆，这时白烟缕缕升起，全屯又被笼罩在一片雾霭之中，呈现出一片祥和的节日气氛。火堆会一直燃烧到正月初五。晚饭时，全家人一起拿着酒肉等食品到火堆旁烧香洒酒，祈求火神保佑全家平安健康，六畜兴旺。

吃过手把肉晚餐后，各家人先到西房山祭祀祖宗，供奉酒肉、水饺、点心，烧纸钱、金银箔，叩三遍头，然后回到屋内给各位神灵偶像或牌位烧香叩头。家家门前挂起点燃的各式灯笼，屋里屋外，灯火通明。

晚上，各家都包"一夜联双岁"吃的饺子和初一早上吃的冻饺子。包除夕夜间和初一早上吃的饺子，有很多讲究，即要在几个饺子里分别放上铜钱、铜扣和长线。据说吃到铜钱的人能在这一年里财运亨通，不愁钱花；吃到有铜纽扣的人能当官，有金顶子的官帽戴；吃到有长线的人能长寿，有长命百岁的福气。

趁着妇女们剁馅包饺子的时间，同一莫昆凡能参加活动的男子，集中起来，由一位年长者带领到本屯近亲属家进行团拜，如果这家屋子小，容纳不下这么多人，参加团拜的人就在门外跪下叩头。

子时一到，团拜活动也已经结束，各家开始煮饺子。晚辈们给自家老人斟酒、叩头，同时也会从老人那里听到些祝福自己的吉祥话，也有的老人会送给拜年的晚辈一些钱。伴着饭时，全屯子里鞭炮齐鸣，响声一片，灯火通明，有人还会通宵达旦，彻夜不眠，一直守岁到天明。

在每年的节日中，有些节日，如霍乌都日，是达斡尔族原有的；有的节日，如端午节、中秋节是从满汉族那里吸收来的。除霍乌都日照常参加生产外，其他节日全都停止生产劳动。另外，海拉尔地方的达斡尔人受蒙古人影响还过十月二十五日千灯节，做千盏灯去佛寺点燃；新疆塔城地方的达斡尔人在每年公历6月8日还过"沃其贝"节。新中国成立以后，达斡尔族除了保留着过传统节日之外，也和其他民族一样，增加了三八国际妇女节、五一国际劳动节、六一国际儿童节、八一建军节、十一国庆节和元旦等节日，使人们的生活更加丰富多彩。

第三十三章　宗　教

第一节　萨满教

　　萨满教以万物有灵和灵魂不灭为思想基础，是以自然崇拜、图腾崇拜、祖先崇拜为内容的多神教。达斡尔族和满、蒙古、鄂温克、鄂伦春等民族都信仰这一原始宗教。他们"认为宇宙万物、人世祸福皆由神灵主宰，神灵赐福，鬼魔布祸"①。这一观点在达斡尔族人的思想中流传很久，影响很深。由于原始时期的达斡尔人处于愚昧无知的状态，生产力十分落后，对一些自然现象不能理解和没有办法控制，于是便认为人的寿命、天地、星辰、雷电、水火、山川、森林、野兽等都受神灵（巴日肯）管辖。认为神既可以给人们带来许多好处，也可以给人们造成许多灾难，因此对神产生了无限崇敬和十分惧怕的心理。由于希望神能赐福，保佑人们的生产生活平安祥顺，于是在出现人畜疾病或各业不旺时，便请神的代言人萨满举行祭祀活动，求得消除灾难。据专家的考证，达斡尔人信奉萨满教，始自契丹。达斡尔人不但相信人有灵魂，而且相信灵魂不灭，当这一思想观念形成之后，随着便产生了鬼的存在，即人死后的灵魂便是鬼。认为虽然有的人死了，但是他的灵魂没有死，还仍然活在阴间或已经转世，会按

---

　　① 《辞海》宗教分册第 150 页。

照他生前的表现，善者将成为神，高居天上，次者继续做人或转生牛马等牲畜仍然留在人间，恶者将会变成鬼怪被打入地狱。以此警示人们多做好事善事，以备自己将来也能升入天堂。

由于信奉萨满教，相信神灵的存在，于是与神进行联络沟通的萨满也就应运而生了。达斡尔族萨满是氏族萨满，布特哈地区称"萨玛什格"，海拉尔和齐齐哈尔地区称"雅达干"或"耶德根"，不论男女都可以充当。为了沟通人与神之间的联络，求得神灵对后代保护，萨满经常奔走在天上、人间和地狱三界之间，为患者驱鬼治病、为无子女的人祈求儿女、主持祭祀敖包宗教仪式、消除自然灾害、保佑人畜兴旺等活动，所以受到人们的普遍尊敬。萨满不脱离生产，除了从事宗教活动外，平时照样参加劳动，只有在宗教活动中，才成为神的代言人，平时没有任何特权，没有统一组织，没有固定活动场所。由于达斡尔族只有语言，没有文字，萨满教没有成文的经书典籍和教法、教义，全凭"额格雅达干"（师傅萨满）口传身授。同时，萨满也不是世袭制，新萨满（额库雅达干）的产生，由老萨满用占卜的办法选择，多是长期患精神分裂症的精神病患者，经过领神仪式拜老萨满为师，学习掌握萨满的基本知识，直到三个月或一年之后，才能被氏族确认并正式出师，穿上法衣（"扎瓦"）单独从事宗教活动（也有的额格雅达干可以直接把神灵传给新萨满），这种萨满的地位等级最高，被称为"嘎日桑雅达干"，其他没有被确认，但有一技之长，如有专治天花麻疹的萨满称"斡托西"，有专治骨病的萨满称"巴尔西"，有专门接产的萨满称"巴列沁"等，其地位等级次之。

萨满最初为人跳神治疗，并不收取任何报酬，就连用于敬神的供品，也要在撤供之后由在场的所有人共同享用。只是到了后来，随着私有观念的不断深化，才作为礼物送给萨满一些诸如毛巾之类的小物件。到了民国之后，才出现一些萨满索要报酬的现象。有的萨满在跳神时，假借鬼怪附体，向病人家属勒索金钱或牲畜，成为一种剥削形式。

萨满跳神用的主要神具有神衣、神鼓、鼓槌等。神衣即法衣（萨玛什克）布里红绸面，无领、瘦腰、紧袖、对襟。正宗神衣都是用熟过的鹿皮或犴皮（也有用狍子皮或用牛犊皮）做成的长袍，从上口到下摆钉着象征八座城门的八个大铜镜，左右襟的中部各钉着象征城墙的三十个小铜镜（聂克热）背部悬着四大一小五面铜镜，大的叫"护背镜"（阿日肯托里），代表父亲，也代表月亮，用来防备妖魔从背后下毒手。衬衣前的铜镜称"护心镜"（朱日格托里），代表母亲，也代表太阳，用来防备妖魔鬼怪掏走心肺。袖筒及袍子左右下摆各配有花纹状的三条黑色大绒，共十二条，并在每条条绒上钉着十个铜铃（匡嘎而特），象征城墙上的卫士。肩上有一公一母两只用布或木板做的小鸟（博如绰库日），传说小鸟是萨满联络神灵的使者。左右两腋下各有皮带一条，只要拉动皮条，长袍上的铜镜、铜铃就会哗哗作响。长袍的背面下部是条状神裙（哈勒邦库），上面绣着日月、松鹿和花草图案，上下两层象征一年二十四个节气的二十四条飘带，外面套着坎肩（扎哈日特），上嵌着象征一年三百六十天的三百六十个贝壳（伊霍苏），用来防止妖魔的刀剑砍杀。长袍两侧下垂着九条细皮条（阿萨朗），是萨满请神送神的专用品。由于长袍上面饰有这么多的饰物，大约重有一百五十斤，萨满穿着这么重的神衣还能手舞足蹈，而且活动自如，跳出优美的动态，引起观者敬佩，认为只有神的力量才能达到如此神化境界。

萨满帽（扎日玛格勒），用铜条做骨架里面衬着一层厚布或帽头，帽檐上钉着许多布条穗子，可以系于颔下。帽顶上钉着一个圆形小铜片，上有两只六叉铜鹿角，角上悬着象征彩虹的各色绫带，萨满每举一次跳神活动，都会增加一条绫带，因此绫带的多少，说明他的活动资格大小。鹿角叉数的多少是萨满从事宗教活动的年限资历的标志。在两角之间立着一只铜鸟，帽前装饰着一面用来驱鬼的小照妖镜，帽檐下面垂着绫带，用来遮挡眼睛。据说萨满每当请来神之后，就落在铜鸟体内，因为居高临下，能够洞察一切妖魔鬼怪的活动。

萨满鞋，皮制，鞋的两侧和鞋头上绣着条式图案。

萨满服饰是萨满文化的一部分，它的独特造型和表现形象，是萨满文化的重要标志。

萨满用的神鼓称宏图如，神槌称卓苏如。神鼓为单面，据说镇妖的威力很大，妖怪只要听见鼓声，就会躲向远处。神鼓框子是用榆、柳木板条经过火烤后弯成的，圆形，直径二尺左右，鼓面用狼皮或山羊或牛犊皮蒙制。鼓的背面框上钉着呈三角形的三个小铁环，分别以皮条紧联在中心的一个较大的铁环上，以便用时作为把柄。鼓框上还吊挂着十几枚铜钱，只要击鼓，铜钱就会发出哗啦哗啦的声音。鼓槌的柄是用藤条做成的，上面紧套着毛朝外的兽爪皮，末端系着各色布条。为了防潮，用时需要在火上烤一烤。也有的萨满备有驱鬼时用的神矛，这是一种木杆铁尖的武器，以及在掐算何方妖怪作祟时用的念珠。

"达斡尔病，必曰祖宗见怪，召萨玛跳神禳之。萨玛，巫觋也"[1]。"在萨满祭礼中，萨满的神鼓代表宇宙，神裙代表云涛，腰铃代表风雷，神帽和铜铃代表日月星光，帽檐的飞鸟象征能在宇宙间自由飞翔，鼓鞭则为宇宙的坐骥，鼓声的缓急代表飞天的步履"[2]。

萨满活动包括为病人驱鬼治病、祈祷、祭祀三种内容，其中最多的是驱鬼治病。整个跳神过程多在夜晚进行，其程序是请神、探病、招魂、送神四个步骤，由萨满和其助手巴格其（由能言善辩并精通跳神活动各个环节的人担当，俗称二神，有神鼓，但无资格穿神衣）相互配合共同完成。首先由助手将室内（也有在院子里另搭棚子）外清扫干净，摆好香案，在室内四周拴挂好几条绳子，上面挂上三角形彩色小旗（吉拉），在院子里立一根三米多高的桦木杆（翁格日海里斯），杆子上拴绑一些绿树枝条，并且一条红绳子接引到室内主檩上，据说神灵来去都是从绳子上完成的。

开跳之前，本屯和外村前来看热闹的人已经络绎不绝地来到场地，萨满站在地中央的神垫上，由巴格其帮助穿戴好神衣、神帽，待一切准备就绪之后，在选好的时辰到来之时，就开跳了。萨满用左手抓住神鼓背面中间的铁环，用右手执槌，闭目在神垫上稍稍打坐一会儿。然后站起来同巴格其随着鼓声由慢到快的舞动起来。萨满首先向在场人们介绍自己并念叨

---

① 西清：《黑龙江外记》卷六。
② 富育光：《萨满教天穹观初考》，见《黑龙江民族丛刊》1987 年第 3 期。

一些有关神灵的名字，其用意是说明已经与神接通了联系。接着便唱起了请神歌。歌词的前边是传统有实际意义的固定词，后边则是没有内容的衬词：

> 天门地门全打开列格莫列格
>
> 萨满信徒请神来列格莫列格
>
> 部落有难让人急列格莫列格
>
> 何鬼作祟请指点列格莫列格
>
> ……

唱完开头之后，即由萨满根据现场情况和病人情况即兴填词继续说唱，待唱完之后，在萨满与神的继续交往中，他每唱一句，巴格其同其他事前选定的助唱者（由萨满亲自挑选，一般在三至五人之间，被选者都是平时就会唱神调的人）就会复唱一遍。有时，萨满也会跳到患者面前吹几口"仙气"，或用铜镜擦拭患者的患处，意在为驱鬼做着敲鼓动作。然后继续跳神，直至全身抖动起来，而且越跳越快，越唱越高，嘴唇直打哆嗦，身上的铜镜、铜钮、腰铃相互撞击，发出叮叮当当的响声，象征着神灵已经请来并附在了身上。在激烈的跳跃旋转中，萨满口吐白沫，进入无我状态，把人们带入一个神秘莫测的境界，这时他突然倒在地上，浑身抖动。这时，事前选好的人，便会急忙上前将他扶起坐下。此时的巴格其已经无计可施，只能说些安抚的话请他醒醒。经过一阵折腾，缓解之后的萨满才以神的口气说出患者触犯了妖灵，使鬼魂怪罪下来，遭此劫难。于是便唱起了显神歌：

> 万能神仙已显灵归勒耶归勒
>
> 作孽妖怪已遁去归勒耶归勒
>
> 霞光祥气照人间归勒耶归勒
>
> 消灾灭病幸福长归勒耶归勒
>
> ……

唱完显神歌后，萨满便与巴格其以一问一答的对唱方式，叙说患者病情，并说这些话都是患者祖神告诉他的。在后来萨满继续请的诸神中，一旦有指出是妖灵降灾于患者时，巴格其就会立即附上前去，祈求神灵将妖灵驱走，并请妖灵收回法术，使病人恢复健康，还问妖灵有什么要求，喜欢什么供品和需要多少等等。如果"萨玛曰祖宗要马，则杀马以祭，要牛则椎牛以祭，至于骊黄牝牡，一如其命"①。当巴格其听完妖灵的要求之后，立即表示一定照办，这时，萨满环视四周，做着在室内寻找鬼怪的样子，然后指着某一物件，猛然击鼓撞铃，说此物就是妖灵，便急速地做着驱逐手势。如果发现病人稍有动作，他便说这是因为神的法力作用，致使妖怪难以承受的结果，于是便在病人前面以鼓槌代刀，反复向病做着砍杀的手势，直到病人不再活动，便说病人的灵魂已经归还本位。萨满最后还会问："还有何事相求？"巴格其回答："再没有什么事了，请您走马吧！"送走诸神后，萨满饮过牲血掺兑的酒后，继续唱道：

> 诚心供神寿命长德扬奎德奎
>
> 实心敬佛有好境德扬奎德奎
>
> 烧香供佛能吉祥德扬奎德奎
>
> 跳神拜佛消灾殃德扬奎德奎
>
> ……

象征妖魔已经被处死了。至此，整个跳神活动方算结束。萨满跳神纯属封建迷信活动，但在当时，对病人来说，也是一种精神安慰，起着一定的精神治疗作用。

萨满祭祀的盛典"斡米南"②，每三年举行一次，多在元宵节后（也有的在农历五六月份）举行。在萨满从事的宗教活动中，以"斡米南"最为隆重，所谓"斡米南"，达斡尔人称"托若托力背"，意为上天立宇宙树，在家中或野外，都可以举行仪式。届时杀猪宰羊，用酒肉敬献诸神，以求得保佑，全氏族人和凡是请求萨满治病的异姓人，都会携带礼物前来参加。另外，也有些人因为萨满跳神和身上穿的神衣，头上戴的神帽，古怪神奇，觉得像看戏一样，别有风趣，是被吸引前来看热闹的。凡举行这种

---

① 西清：《黑龙江外记》卷6。
② 斡米南，是萨满提高资历的重要祭奠仪式，每个萨满一生中只能举行几次。

仪式，都要请老雅达干（达雅达干，也称额格雅达干）担任指导者，请新雅达干（也称库喀雅达干）担任主祭。届时二人紧密配合，主导全部仪式过程，非常隆重热闹。如果斡米南祭祀地点选在野外，则用几个车辕支起一个车轮，顶上盖着席子，呈为席棚。棚内立两棵家柱（活着的小桦树），在上面横着拴挂一些稠李子树枝，树枝上挂着娘娘神和黑熊精灵（阿巴格日岱，是萨满的诸神总管），在距离家柱二十米远的正南方，还要立一棵桦树外柱，以上三棵桦树在立起时，都不能埋根，要拴绑在另外钉入地下的木桩上，树上悬挂诸神偶像，两种家柱之间拉扯着一根红色绳子（据说是神灵的往返必经之处）。如祭祀地点选在家中，也同样需要立柱、拉绳。

每次"斡米南"活动，要连续三天三夜进行跳神，每天又分上午、下午和夜间三场。每场跳神下来，雅达干都会脱下神衣下去休息，剩下来的活动由"额格雅达干"和"额库雅达干"共同完成。每当请来的神灵附体后，首先都是通过主祭"额库雅达干"说唱自己是哪方神灵，并说病人之所以得病，是因为什么得罪了 XX 妖灵，为了避免祸端，以后应该注意什么等等。说唱之后，师徒二人互相配合跳送神舞。送完神，所有参加仪式的人，共同享用上供食品。

祭祀期间，还要举行围圈（库热）仪式。用整张牛皮割成一条没有接头的皮条，把众人圈起来，两个雅达干各扯皮条一端，猛拉三次，如果皮条比原来长了，就表示人畜兴旺。然后把皮条拧成一条三股的皮绳，让人从绳下钻过去，据说这么做可以免灾。

经过三昼夜的跳神活动，当满足了氏族内外所有前来求医人的要求之后，在第三天夜里，要举行歃血仪式，达斡尔语称"楚斯奥背"，其具体做法是事前在白天杀好一头三四岁的小牛犊或三只白色的羊，将它们的血盛在桦木碗中，再掺兑上一些牛奶和酒、九小段香和九小块心肝肺，用来供给请来的诸神饮用。饮用前，先把所有灯火关闭，两位雅达干在黑夜里击鼓跳跃，其他人在旁边助兴。当诸神降临饮血酒时，二位雅达干学着布谷鸟发出叫声，口含血酒向四方喷洒，并把血酒涂抹在神偶的嘴上。到此，"托若"仪式全部结束。

在"托若"仪式中，主人会收到很多诸如牛、羊、绸缎、金钱、白酒等礼物，其中要将一些酬劳给雅达干。

在漫长的历史长河中，达斡尔人相信萨满能为人治病，能与神灵沟通消除人间灾害，造成很多愚昧和欺骗，使人们不惜浪费重金和宰杀牲畜，祭祀各种神灵。然而，自然灾害并没有因此停止，很多病人也在跳神的鼓乐声中停止了呼吸。新中国成立后，达斡尔人获得了新生，尤其在1949年新中国成立以后，随着文化教育，医药卫生事业发展和科学知识的普及，萨满教作为麻醉人们的精神鸦片，已经被人们唾弃，摆脱了它的精神束缚。但是，作为民间文化的一种表现形式，萨满在跳神活动中，也具有一些独具特色、朴素有益的文化内涵。我们采取批判继承的态度，对萨满教中的历史、文学、医药、民俗、艺术等进行研究探讨，全面了解这一原始宗教，提高达斡尔族人民科学文化素质，发展精神文明建设，振兴民族经济，具有一定作用。如今，在一些萨满活动中的神曲、舞蹈、祭祀祷词、故事传说等已被重新整理改编成为新的文化作品，破除迷信，崇尚科学，已经蔚然成风，正在广泛地为社会主义建设做着积极贡献，并被广大人民所接受，这是可喜的变化。我们相信达斡尔人民作为文化进步、科学发展的先进民族，将会永远立于中华民族之林。

第二节　佛　教

达斡尔族信仰萨满教，也信仰佛教，这是不争的事实，只不过信仰萨满教的人数多于信仰佛教的人数而已。不知为什么，近世以来在关于达斡尔族著述的主要史乘中，却只字不提这一客观事实，这是很不公正的。

尽管记载达斡尔人信仰佛教的历史资料不多，但是，只要留心访查，还是很容易找到的。虽然资料零散、不完整和不系统，但却具体可靠、真实可信和出处有据。

达斡尔族信仰佛教是"雍正年间"① 从蒙古人那里传入的。

清宣统二年（1910 年），知府黄维翰在"黑龙江郡邑志之权舆"《呼兰府志·礼俗略》中记载："达斡尔种族，家供铜佛一尊，高约八寸。"

1931 年，西布特哈（今内蒙古自治区莫力达瓦达斡尔族自治旗）达斡尔学者孟定恭（字镜双）在他的《布特哈志略·村屯姓氏》中记载："所住者，草房三间、两间或五间不等。屋内三面火炕，以防严寒。信佛教，家供佛像于西屋西上墙……擅制大轮车辆之艺术，每年八月间，从山路运往海拉尔属甘珠尔庙（即寿宁寺）集会，交换牛、羊、马匹。"

1933 年，东布特哈（今黑龙江省讷河市）达斡尔族学者阿勒坦噶塔在《达斡尔蒙古考》中记载："达斡尔蒙古，虽信喇嘛教，然又奉亦都罕。"喇嘛教为佛教的一支，因主要传播在西藏和蒙古地区，故又称"藏传佛教"，又因格鲁派是其主要派系并头戴黄帽，所以也称黄教；"亦都罕"为"雅达干"的异称，即萨满教中的萨满。

1946 年，齐齐哈尔达斡尔族学者何维中，在《达古尔嫩流志》中记载："达古尔蒙古……亦信仰佛教之喇嘛"，"至于喇嘛教，清廷虽未明令达古尔蒙古信奉，但以与蒙古民族风俗习惯大致相同，故于清初喇嘛教盛行以后，亦渐次转入达古尔蒙古民间。如请喇嘛僧念太平经及医疗疾病，或为小儿种痘等事，时所恒有。因其医术文化长于萨满教者是也。且于齐齐哈尔附近五家子之吴氏门小儿，至七岁被接至为活佛之转生等事实，以及达古尔人往泰来等有喇嘛之地，愿为出家充当喇嘛者，亦不乏其人。足证喇嘛教渐次流布于达古尔社会之过去事实也。"达古尔为达斡尔的他称。文中记载详尽，事实清楚，有理有据。

1983 年，国家民委组织编写的《达斡尔族社会历史调查报告·宗教信仰》中记载："达斡尔人信仰萨满教……还不同程度地受到了佛教的影响。海拉尔地区达斡尔人，由于和蒙古族的巴尔虎、额鲁特人长期生活在一个地区，喇嘛教对当地达斡尔人也有一定影响。过去，索伦左右两翼（等于两个旗）都有喇嘛庙。"报告不但证实达斡尔人信仰佛教，还指证了信仰

---

① 大型电视文献纪录片《中国达斡尔》解说词。

原因和立庙情况。更为详细的记载，是内蒙古东北少数民族社会、语言、文学学会编写的《有关达呼尔、鄂伦春与索伦历史资料》第二辑《关于呼伦贝尔地区寺、庙、祠的情况》：

> 广慧寺是在城的南方十七里的地点。于嘉庆七年（1802年）间赐号后，就在索伦左翼的胡济尔托辉地方修建起来的。

> 光远寺是在城的南方九十五里的地点。于嘉庆七年，赐号后，就在索伦右翼的巴彦和硕地方，修建起来的。

> 延福寺是在城的南方一百五十里的地点。于乾隆五十年（1785年）间赐号后，就在鄂鲁特两佐的哈拉胡济尔地方，修建起来的。

> 寿宁寺是在城的西方二百三十余里的地点。于乾隆四十九年（1784年）间赐号后，就在新巴尔虎八旗的布彦图、布尔都地方，修建起来的。

> 德固寺是在城的西南方三百里的地点。于光绪十三年（1887年）间赐号后，就在乌勒巨图布拉克地点，修建起来的。

> 对于以上五个寺，以每寺每年发给香烛银十五两，共计料银七十五两，是由当地税捐款项下开支报销。

国家民委还在《达斡尔族社会历史调查报告·宗教信仰》中记载：

> 清朝政府为保持兵丁来源，一直禁止达斡尔、鄂温克子弟充当喇嘛。因此，这些庙由新巴尔虎左右两翼聘请一定数量的喇嘛，来维持庙事。每年秋季，有度牒的喇嘛们来到这些庙中，念经祭佛约一星期，事毕返回原籍。

> 在庚子事变之际，索伦右翼的喇嘛庙被毁，再没有重修，剩下的索伦左翼的喇嘛庙，就是现在南屯的广慧寺，它建于嘉庆七年（1802年）。

> 解放以前，当举行庙会喇嘛们念经的时候，当地达斡尔男男女女

也前往上香拜佛。一部分达斡尔人家也供佛，有时也请喇嘛念经和祭火神，丧葬时也请喇嘛念经，但多数人并不信奉喇嘛教。

海拉尔地区达斡尔人把所供的神佛总称为"沙热·巴日肯"（就是黄教的神）。总认为这些神佛都是保佑人的，而不像"哈热·巴日肯"（黑教的神，萨满教的神）作祟惹灾。黑教是萨满教的别称。

除上面不全面的但是可信记载外，在达斡尔萨满活动和传说中，也能找到有关达斡尔族信奉佛教的证明，如萨满在跳神时唱的《吉祥神歌》中就有：

诚心供神寿命长　德扬奎·德奎

实心敬佛有好境　德扬奎·德奎

烧香供佛能吉祥　德杨奎·德奎

跳神拜佛消灾殃　德杨奎·德奎

在祭祀"霍列力·巴日肯"神时，萨满念的祷词中有：

在黑龙江有籍贯

顺着黄江①下来时

把所有的毕尔吉集合起来

把各种的生物毕尔吉会合了

而往南海做了目标

在海岛子里预备了住处

入了达赖喇嘛的僧籍

……

在达斡尔族的传说中有：

在很早以前，在蒙古地方有一座喇嘛庙，庙里有一个伙夫，曾遇见一个达斡尔人，在他俩的交往中，伙夫知道了达斡尔人住的地方生活很富足，就很羡慕那里。于是从庙里逃了出来，但不幸的是在半道上被雷击死。当地的达斡尔人念他一片好心，就立他为神。这个传说从一个侧面反

---

① 指现在俄罗斯境内的精奇里江，今称结雅河。

映了达斡尔人与蒙古人的交往并从中受到影响。

清顺治、康熙年间，住在黑龙江以北的达斡尔人南迁齐齐哈尔和布特哈（今莫力达瓦旗和讷河市等地）以后，与科尔沁蒙古、扎赉特蒙古、杜尔伯特蒙、郭尔罗斯蒙古为邻，有些地方的居住情况甚至是你中有我，我中有你，也有些地方如依安、拜泉、安达、泰来、肇源等地的地名还是来自蒙古语，杜尔伯特的巴彦查干乡至今还留存着喇嘛寺。他们在民族间互相往来，在不断接触中，达斡尔人自然会受到比萨满教更有吸引力的佛教影响，或者说相比之下，佛教使原始的萨满教相形见绌，在征服人心方面远比萨满教为胜。为此，佛满教传入达斡尔族，影响力不断扩大，实为必然。

"佛教与萨满教相比具有许多优势，这是佛教在北方有萨满教的地区广为流传的重要原因"，"萨满教没有什么教义和经典，萨满做法时，根据信徒的需要，随意编造神的旨意"进行欺骗。"佛教（喇嘛教）属于世界宗教，具有教义、教规和各种经典。教义中包含有许多哲理和逻辑性，易于教徒接受、信仰"。这是中国文化遗产研究院资深研究员景爱先生经过深入研究，在《达斡尔族的佛教信仰》一文中得出的结论。另外，萨满每逢祭祀活动都要宰杀牲畜供奉鬼神，仅在一次祭天活动中，就要宰杀九头耕牛，这不仅造成了人们的沉重经济负担，也破坏了生产力的发展。而喇嘛教则不然，喇嘛教反对在祭祀时杀牲，提倡供奉乳制品，仅此一点就赢得了许多民众的好感，成为达斡尔人接受和信仰佛教的因素之一。景文还补充说："何维中指出，'喇嘛其医术文化长于萨满教'，'念太平经及医疗疾病'，'或为小儿种痘'，这比萨满教做法驱邪治病要高明得多，萨满做法纯属迷信手段，偶尔言中只是一种巧合而已。达斡尔族聚居地区缺医少药，喇嘛治病、投药或种痘，很大程度上能够解除人们的疾病之苦，容易引起人们的重视，达斡尔人趋而信之，实属必然"，"达斡尔人从最初信仰萨满教到信仰佛教，还有一种更深层次的原因，喇嘛教和萨满教还有相似的一面，喇嘛教即藏传佛教，属于密宗，为'真实'言教，以咒语、礼仪为特征，其咒语又称'陀罗尼'，常刻在石头上，供人诵读，用以驱邪治病，这与萨满做法念咒颇为相似。"另外，佛教认为众生各依在世所作善恶业因不同，在转世来生时成为天、人、地狱……也不同。这和萨满教的"三界说"也是相似的。景文还说："陈述先生对于佛教密宗与萨满教之关系有一段论证非常深刻。他指出：佛教的传播……是因为它比较接近萨满的部分。两者易于结合，经过结合的新教，可以说是萨满化的佛教，也可以说是浮屠化的萨满教。"①

以上论述毋庸置疑，充分证明达斡尔族信奉佛教。

---

① 景爱：《达斡尔族的佛教信仰》，《黑龙江民族丛刊》2013 年第 1 期。

第三十四章　信仰与禁忌

第一节　信　仰

达斡尔人信仰"灵魂不灭",认为物皆有灵,因此信仰很广,信仰的对象是多种神,在日常生活中,供奉和祭祀的也自然是多种神灵。"除了崇拜天神之外,具体的则多表现为自然崇拜、图腾崇拜、动物崇拜、祖先崇拜等等。所崇拜的对象,有的是想象物,有的是实有的自然物、动植物,有的是人类的先祖和神话传说中的祖先。在这些崇拜中,出于敬仰,希求庇佑的占多数,人们信仰它们,除了恐惧它们发怒会带来灾厄之外,更多的是希望通过崇拜,获得庇佑和帮助,得到美好的结果"①。

一、信仰天（腾格尔）

达斡尔人信奉天是万事与万物的主宰者,是神的住处。只有不断的祭天,才能感动它赐福于人。祭天不跳神,认为天是由"父天"（阿查腾格尔）、"母天"（额沃腾格尔）、"公主天"（达列卡托）、"官人天"（诺特日诺音）诸神组成的共同体。他们之间没有大小高低之分,彼此关系都是平等的。祭天没有偶像,也不称其为天神。以宰杀二岁小牛或猪羊为祭

---

① 张紫晨:《中国民俗与民俗学》,浙江人民出版社 1985 年版,第 124 页。

品，如果遇有大的灾难，则需要全氏族人参加宰杀九头牛来供祭。在举行祭祀天之前，先要在大门外放一双靴子（住在讷莫尔河地区的郭博勒氏不放），将大门关上，没有门扇的要在大门上挂一张渔网或网状绳子。若是有人出入，可以跳墙，不允许通过大门。在院子的西南方，支架一口大锅，摆放一个香案，将小牛牵到案前，由巴格其（萨满助手）一面念祭词，一面扬撒手中碗里的小米，随后宰杀小牛。为了防备吉雅其财畜神发现前来制止，要在香案上方横着架起一根木杆，杆上搭挂一床被子，用来遮挡吉雅其。宰杀后，要在室外将牛的内脏煮熟，在室内煮熟牛肉，供大家共同餐食。最后进到室内焚香叩头，送天归位和把啃完的骨头扔到院外，把牛的脖骨插挂在大门旁边。因为祭天不跳神，举行仪式时用不着请雅达干，有巴格奇一人担任主祭并致词就可以。祭天祷词如下：

> 父天听听祷词
>
> 母天了解缘由
>
> 坐在根源的大公主
>
> 用簸箕般的耳朵静听
>
> 坐在角落里的大官人
>
> 用明亮的眼睛瞧着吧
>
> 不是没有缘由的祷告
>
> 不是没有灾害的答对
>
> 为了遵守许过的愿
>
> 在今天的日子里
>
> 把你所需要的牺牲
>
> ……
>
> 供奉在你的面前
>
> ……

二、信仰博果勒巴日肯

博果勒，由二十四个神灵组成，其中有人物、动植物、山神、娘娘神等。如果将这些神的偶像摆起来，能有十二米长，他是达斡尔人最早以氏族为单位供奉的集体神群。传说早在从黑龙江以北搬迁过来的时候，只供奉这一种神，被供奉在院子里搭架的小庙内。19世纪末，随着氏族制度的解体，这种集体神群已经不存在了，被分化成为若干个个体神了。供奉博果勒的主神是画像，副神是木偶或纸人，祭品是猪。祭词是：

原籍是在黑龙江

根子是在黄江①

在济河上高鸣

在江水中游泳

在山沟中跳跃

在沙漠中徘徊

在江河中有联系

通过了三道江河

怒气填满地下来

……

三、信仰"霍列力·巴日肯"

达斡尔族除布特哈地区的孟尔丁、郭博勒、鄂嫩氏外，其他氏族均供奉信仰此神。"霍列力"是由十七种神灵组成的综合神，其中十五种神以木雕为偶像，另外两种神灵以彩画为偶像。这一种神和博果勒同样，在后来已经解体。对"霍列力"的祭祀分大小两种形式，祭祀时有九个男子敬烟敬酒，由巴格奇配合，小祭可由巴格奇主祭，大祭祭品是牛或马，小祭可以羊代替。祭词是：

后地的极处所立神座

土地娘娘刚发现时候

创立起来的神座

① 精奇里江的他称。

> 在济西勒克尔河①的方面
>
> 在纳尔古纳河②的根源
>
> 在森奇勒山崖的山嘴
>
> 在森格泉子的渊源
>
> 由叟西山洞起家
>
> ……

四、信仰祖先神（霍卓日·巴日肯）

达斡尔族以莫昆单位进行集体供奉此神，有的莫昆供奉两个"霍卓日"，也有两个莫昆供奉一个"霍卓日"。被立为祖神者，多是因为非正常死亡或含冤而死的女性，这是祖先崇拜起源于母系氏族社会的反映。祭祀时，摆放九个酒杯（也有的地方摆放以布或兽皮剪成人形的偶像），供奉狍子或小猪肉和荞麦粥。祖神是保护氏族子孙的至尊神，因此一年里祭祀的次数最多，各地区由于祭祀形式和偶像不同，祭词也有所区别。莫尔丁家族的萨满跳神时，在祭词有：

> 由梳妆匣子里成精
>
> 由小拇指变成鸟
>
> 由金色鸟儿飞跃
>
> 与沙滩深水有缘
>
> 神鲫鱼嗞吃过的
>
> 被鲤鱼舔啃过的……

反映了舍倭尔苏莫昆传说中的俾女出嫁后，因为神经错乱被砍掉了小拇指，在逃跑中淹死在嫩江，其灵魂变成神，在莫昆内作祟的情景。

---

① 黑龙江与精奇里江的古称。

② 我国内蒙古地区与俄罗斯的界河。

五、信仰财畜神（吉雅其·巴日肯）

"吉雅其"，意为运气之境，是财神，是掌管命运的神，是赐福的使者，很善良，专门负责管理各家的财产和牲畜。因此受到普遍尊敬，达斡尔族家家都供奉此神。传说他是由一位因向往达斡尔居住地的喇嘛，被雷击死后的亡灵变成的。神灵偶像被供奉在室外，是用白布剪成的人形，一男一女，贴在蓝或黄色布上。祭品是羊。如果家中养有白马，就将该马作为此神的专用坐骑。祭词是：

> 在内地有籍贯
>
> 走遍了万众蒙古
>
> 当了千万喇嘛的伙夫
>
> 跟随达斡尔索伦
>
> 在投奔的半道上
>
> 遇到了小块的云
>
> 冒出了团黑的云
>
> 被五个雷打着了
>
> 被九个雷劈轰了
>
> ……
>
> 走到屯子和"斡尔阔"里
>
> 变成了吉雅其带拉勒
>
> 占据了西面
>
> 有双龙的祭祀
>
> 有双龙的宝座
>
> 有九个童子跳舞
>
> 有九个童女舞蹈
>
> 祀立了祖神吉雅其
>
> 坐了西边墙角

有黄色骏马乘骑

……

六、信仰娘娘·巴日肯

娘娘·巴日肯，又称"伊格沃洽—乌其肯沃洽"。传说此神原形源自《封神演义》小说中的三霄娘娘（云霄、琼霄、碧霄）和打神鞭的姜子牙作战战死，后被封为神。因为此神主宰婴儿疾病（主要为天花、麻疹），广为尊敬，求其赐福免灾。以剪成的纸人为偶像放在袋中，供奉在西屋门的上方。

七、信仰火神（嘎力·巴日肯）

供奉在灶台上方，达斡尔人认为人离不开火，它既能给人熟食，带来温暖和光明，也能给人造成火灾，既非常尊敬火神又非常惧怕火神，每年农历腊月二十三傍晚，各家各户都要举行仪式，送火神升天和祈求赐福，免除灾难。

八、信仰山神（白那查）

达斡尔人进山狩猎或伐木，都要恭敬山神。传说凡是山林和野兽，都由山神管辖，猎人能否打到野兽，伐木是否安全，全由山神说了算。因此，达斡尔人称其为恩神。进山到了深山老林遇到断壁悬崖，奇异山洞，或参天大树，便认为是山神居所，都要下马向白那查敬烟敬酒，祈求山神爷多赏赐猎物和保护安全。祭拜山神是达斡尔人自然崇拜万物有灵的具体反映。

九、信仰河神（毕里格·巴日肯）

平时多为捕鱼人和放排人供奉。每逢大旱之年，由莫昆或各屯中的年长妇女发起（男人只派几个人前往帮忙），各家妇女携带一只鸡和少量稷子米来到河边大树下，由巴格奇主持仪式，进行祭河求雨。当巴格奇念完祭河词之后，男人杀鸡，女人在吊锅里煮鸡米粥，熟后，巴格奇再次祭祷词，祈求河神降雨，解除干旱。妇女们面对河水为河神焚香叩头，然后，大家在树下席地而坐，共食鸡米粥。吃罢，妇女们用自带的盆、桶，到河边取水，互相追逐泼洒，直到把衣服浇透为止，象征着雨已下够，丰年即将到来。

除了以上诸神之外，达斡尔人还信仰供奉狐仙太爷（敖雷·巴日肯）、城神（阔通·巴日肯）、地神（嘎吉热·巴日肯）、土神（巴拉格·巴日肯）等等。在这些众多的神当中，有的是达斡尔族原有的，有的是其他民族中传入的，如吉雅其神是从蒙古那里接受来的。火神、城神、狐仙神是从汉、满族中传入的。他们对各种神灵都深信不疑，每逢年节都要上供烧纸烧香、叩头敬酒，甚至请雅达干、巴格奇前来念咒驱鬼。

从这些祭祀活动中所反映的自然崇拜，是由于人们相信各种动植物都是有灵魂而产生的，图腾崇拜晚于自然崇拜，是由动物崇拜发展起来的。达斡尔族每个萨满都有自己的神灵，如鹰、虎、狼、鹿等，从萨满在跳神中能请到祖神保护来说，这些神灵便是这些氏族的图腾。每个氏族都希望自己的祖神能够赐福和保佑子孙后代，于是就产生了祖先崇拜。

十、祭祀敖包

这一祭祀活动，由来已久，而且十分普遍。所谓敖包，达斡尔人认为是宗族的保护神。即在屯子附近的高处或岔道路口，用石块或土堆积成一个圆形塔式祭坛，顶端中间栽种一棵树。凡是行人至此，都要下车下马顶礼膜拜，并往堆上添加石块。每年五六月间，以莫昆或各屯为单位，请萨满主持祭祀活动，届时杀牛宰羊，以酒肉为祭品，祈求神灵保佑人畜兴旺，五谷丰登。祭祀结束后，人们围坐一起饮酒吃肉并举行赛马、摔跤、唱歌、跳舞等文体娱乐活动，其形式与蒙古族的"那达慕"相似，只是规模略小一些。如今，祭祀活动已经改革为"斡包节"，祭祀被纳入节庆的一项主要内容，每年 6 月 28 日为固定庆典活动日，届时职工放假一天。

十一、祭北斗星（多罗霍得）

每当有人（多为小孩）生病时，病人家长就在傍晚北斗星升起的时候，在院中摆放香案，点燃七盏油灯，口中念念有词，祈求星神保佑孩子平安，早日康复。此祭不杀牲，在新疆地方较为流行。

十二、相信占卜（寒格勒）

凡是进山狩猎、伐木或出远门之前，为了预测是否顺利，达斡尔人继承契丹古俗，找些家畜肩胛骨来用火燃烧，根据燃烧后骨头上的裂纹顺逆方向判断吉凶，若是裂纹整齐直挺则启程，若是裂纹叉多杂乱则改日缓行。

也有达斡尔人用在水中立筷子的办法占卜吉凶。小孩得病之后，在桌子上放一碗清水，在碗上横放一根筷子，并以另一根筷子呈十字形竖着依靠在横放的筷子中间。主持人一边摆弄筷子，一边口念咒语和依次呼喊所怀疑作祟鬼怪的名字。如竖着的筷子没立住，就继续呼喊另一个鬼怪，如果筷子站立起来了，就说明作祟者就是它。于是赶紧答应奉献祭祀条件，并把碗中的水泼出门外，象征作祟的鬼怪已经驱走。新疆塔城地区，作此驱鬼活动时，在碗中不横放筷子，而是将三根筷子紧贴在一起立于碗中。

十三、崇尚太阳

太阳给人布施温暖和光明，人的生活生产都和太阳密切相关，因此形成达斡尔人以东为贵，崇尚太阳的习俗。在人结婚时，要求女方送亲的喜车必须在日落以前赶到夫家。如果有两家喜车在路上相遇时，都有"争日头"抢行的习俗。而且，当喜车快到夫家时，送亲人必须要向着太阳升起来的方向前进。

十四、崇尚黑色

达斡尔人认为黑色是吉祥颜色。在服饰的领口、袖口、下摆等处，都用黑色皮条或布条镶边。在皮袍的衩口和套裤膝盖处，多用黑色皮块配饰图案。除此之外，还把每年的正月十六这天，作为黑灰节进行庆贺。

十五、叫魂

如果有人受到惊吓神志不清时，请人在晚间或清晨，在院子里一边烧纸，一边呼唤病人的名字，要他或她"快点回家，大家都在等着你"以及请求鬼怪离开，不要折磨人等话，边呼唤边从院子回到屋内，问"XX 回来没有？"别人立即回答"回来了，回来了"，若此时病有好转，说明叫魂灵验，否则还要继续呼唤。因为受惊吓的病情一般都不太重，经过一番折腾，病人受到震动之后，往往会自己清醒过来，叫魂自然也就成功了。

第二节　禁　忌

从前，由于达斡尔人长期处于低级社会阶段，科学文化十分落后，对一些自然现象无法解释与抗拒，从而产生恐惧心理。禁忌是为防范灾难降临而采取的一些消极戒备措施，它的目的在维护心理上所得到的美好结果不被破坏。后来，这些禁忌有的已经变为崇拜或信仰。

一、生产禁忌

达斡尔族猎人在出猎期间不能说熊（"博博克"）和虎（"塔哈斯"），要把公熊叫"额特尔肯"（老头之意），把母熊叫"阿提日堪"（老太婆）；

把老虎叫"诺颜故热斯"（兽王）。反映了他们在历史上曾把熊和虎当作图腾。因此对熊和虎极为崇拜。

在日常生活中，不许妇女去鱼亮子，认为妇女是脏的，她们去了会把鱼冲走，影响渔业收入。传说在70多年前的一个冬天，打鱼人在登特科附近下了大网。快要起网的时候，有一个妇女沿着经过鱼亮子的道上走来了，打鱼的人看到这种情况很着急，"网达"上前求她，让她在那里等了一天。因此没有影响捕鱼，把捕到的鱼送给了她一些。

不论什么人，在渔场都不准拿着鞭子走路，否则会把鱼赶走。更不准戴孝人去渔场。认为打鱼是喜事，戴孝人去了不吉利。

萨满不能去渔场。

在渔场不准背着手走路，认为那样会把渔网拖在河里。

忌在鼠日和火日开犁播种。

不许砍倒祭祀过的树木，不许烧"珠尔登神树"。

不用白桦和榆木盖房子，不用白桦做木排之舵，在房木上不许用刀划出痕迹，不许钉铁钉子。不许敲打房梁。

三岁的骒马下驹后就把它卖掉（认为饲养这样的马不吉利）。但要把它的尾和鬃剪一小部分留下，以免将福气带走。献给"巴日肯"的"温古"马（神马），不能出卖，也不能杀掉。

二、婚丧禁忌

女子在偶数年龄（如16、18、20）不能结婚。不能在母亲降生自己的年龄结婚。

送亲喜年要在日落前赶到夫家，万一在日落后到达时，要在大门西侧挂一面镜子，以代替太阳，否则婚后不顺利。

套送亲车的牛马，必须是去势的。（去势指割掉公牛公马的生殖器官）

新娘坐的喜车所套的马一旦出汗，在进婆家大门前必须擦干，马蹄要跨过一盆（或一堆）火后方可进门，反映了对火的崇拜。

外人不许在别人家里结婚和生小孩。

人将咽气时要把外屋的房门打开，全家人都不能睡觉，如已经睡着要叫醒，怕死人把睡着人的灵魂带走。达斡尔人相信人死后灵魂还活着，仍然还会赐福或降灾于后人，这是他们祖先崇拜的具体体现。

人死后，寿衣及鞋袜不能用毛皮或毛织品缝制，否则转生时会成为牲畜。寿服必须是男左女右开襟。穿寿衣以前不能号啕大哭，否则灵魂不能安然到达阴间。

人死后，要在原铺位上压块石头，其用意是死者从咽气到出殡前这段时间，不能让其灵魂在去往阴间的途中，再回到原来的铺位上。

停灵以后，禁止猫接近灵边，以免猫从灵上跳过，使尸体坐起来。

入殓后，忌用铁钉子钉棺材。

办丧事时，大门上要挂丧幡，以防止他人闯入。报丧人忌说"死"字，要改说"成神了""百岁了""去世了"。

开吊祷词，在用过之后不能烧掉，要留给后人，往下传递。如要烧，需另抄一份。

坟茔地要选在屯子正西、西南、正北或西北方向，因为崇尚东方，出殡时不能向东走。

停灵、入殓、下葬时，死者必须头北足南方向。

外姓人死后，不能从门抬出，要改用从窗户抬出。

莫昆的坟茔地不能埋葬因传染病死的人、没儿没女的人、尚没结婚的姑娘和小孩。

出殡的人、马、车在返回时，都不能走去时的路，要改路回来。

在服孝期间，不能参加婚庆和娱乐活动、不拜年、不剃头、不出远门、不和别人吵嘴、不接受别人叩头、不贴红对联（可贴蓝色对联）、妇女不能戴首饰。

三、日常禁忌

由于男尊女卑，达斡尔族妇女在日常生活中，备受限制、备受歧视，存在着很多不合理的生活禁忌，充分暴露了她们社会地位的低下和不平等，如：

不许妇女从车后上车，不许妇女坐"温古马"（神马）拉的车。

不许妇女上房顶。不许妇女在西炕上睡觉。不许妇女坐门槛。

不许孕妇铺熊皮，怕流产。不许吃驴肉，怕生出的孩像驴。不许坐驴车，怕误了产期。

产妇产后一个月内不能出大门，怕触怒门神。不许到屋里的西北角去，怕污了"巴日肯"，不许去井边，怕污了井水。

产后三天，夫妻都不准到烟筒脖子上去，不准有驴进入院子，不准推碾子，不准移动屋里的水缸、坛子。

产妇产后忌门，要在门前横放一个车轴（也有的地方，如生女孩放一把一尺来长木棍，上系红布；如生男孩，就在棍上绑一个小草疙瘩）作为标志，外人不能擅入屋内，如果非进不可时，要在门外放一铲子火，让进来的人从上面跨过。忌门期间，外来的车马都不准赶进院子。

不准妇女坐在神偶前。不准妇女跨越男人的衣帽，更不准跨越男人身体。如有人跨越衣帽，要拿起来在男人头上绕三圈。

除上述之外，在一些达斡尔人中还存在一些不合情理的禁忌，如：

父子、婆媳不能同席。除自家人外，异姓人不能同席。囤顶和囤底的粮食，不能借或送给人家，不准把粮食运出大门。

不准小孩在炕上顺着睡觉，不准坐门槛、窗台或在上面站着，不准站着或走着吃饭，怕长粗脖子，怕乳牛立着下犊。

不准骑马或坐车直接进入院子，要在院外下车下马。不准把马鞭子拿进屋子。

客人进屋不能脱帽或解腰带，不准坐南炕。

不准用刀、剪、筷子等带尖的东西指着人。

不准把锅放在地上拉着走，怕马拉不动载。

患伤寒病或生天花、麻疹时，不能把这一灶门的火引到另一灶门里去，不准炒菜或炒黄豆，不准做针线活，不能抓虱子，不能打猫狗。出天花时，夫妇不能合房。要在大门上挂白色三角小旗，阻止他人闯入。

在供"巴日肯"的神板上，不准放其他东西。

不准在房西修厕所和大小便。

不准在火盆上烤脚，怕受穷。

裤子、鞋袜放在高处。

不准把东西放在别人家里过年。

夜晚不准吹口哨，怕招来鬼怪。

除夕天黑前，要把门窗的缝隙堵严，传说这天夜里，是死人魂灵回家探望的日子，也有些野鬼的魂灵在这天四处游荡，给人制造灾害。不准在屋外边呼唤人的名字，也不准屋里的人答应，怕魔鬼附体于被招呼人的身上，或把被招呼人的魂灵带走。

春节初一不挑水、不动剪子。初一到初五不能把垃圾扔出去，怕把福气扔掉。

注：本文根据全国人大民族委员会 1957 年 4 月编辑的《达呼尔族情况》及其他资料整理而成。

第三十五章　体育与游艺

第一节　体　育

从事农牧、渔猎经济的达斡尔族人民，在长期的生产生活中，逐渐培养了骁勇、果敢、克服困难、勇于胜利的民族性格，他们在历次反侵略、反殖民的战争中，为保卫祖国立下了不朽的赫赫战功，保卫了祖国边疆安宁，这种民族性格，在独特的民间体育活动中，反映的尤为突出。

曲棍球。达斡尔语称"贝阔"，是达斡尔族人民独有的，而且是极为普遍的一种民间传统体育运动。据考证，它源于西方国家，后来经过西藏传入我国内地。到了汉代，才有正式记载。最初，曲棍球分马球、步球两种，汉代称"击鞠"，唐代称步球为"步打球"。到了辽代，已经成为契丹人不可缺少的体育活动。除了平民百姓，就连皇帝也对其十分钟爱。

用于击球的球棍，是用整棵矮小的柞木或水曲柳木做成的，达斡尔语称"波衣阔"，其形状极似冰球球棍，长约一米，木柄下端是原树自然形成的弯月形。球称"跑列"，大小形同小皮球，多由牛毛团压而成，除毛球之外，还有用山杏木根子或桦树上长的菌瘤加工成的木球和火球两种。所谓火球，即把木球掏成空心，再在球上剜出几个窟窿，内燃松明或桦树皮，可以长时不灭，如若夜间对垒，球来球往，飞来飞去，夜空和地上，不时地被火球划出一条条火线，这与其他体育项目相比，别具一番风趣，往往招引来许多人观看助威。

曲棍球运动，多在春秋两季闲时进行，尤以农历一、二月份最为盛行。届时，参加者分为两队，总人数不限，但各方人数相等，每队少则六、七人，多则十几人均可。年龄小的打毛球，年龄大的击木球。球场需要约200米长、50米宽的平坦空地，中间划分界限，两端各设一个球门，参加队员分为守门、前锋、后卫。球门，达斡尔语称"阿纳格"，意为"洞口"。比赛从中间开球以后，双方就进入了激烈的争夺与进攻之中，场地上的战术也在不断地变化，队员为了战胜对方，利用娴熟的技巧、灵活的动作，密切配合，勇猛、准确地向对方发起进攻。因为比赛的胜负取决于射进对方球门的球的多少，所以双方队员都在争取射门机会。比赛当中，由于竞争激烈，经常会出现球棍相撞和飞球伤人的情况，危险性很大。但是，正因为如此，打曲棍球才是一种能够很好锻炼人们机智勇敢，顽强拼搏，培养集体主义精神的体育活动。

内蒙古自治区莫力达瓦达斡尔族自治旗的曲棍球队，于1978年在全国首届曲棍球比赛大会上一举夺得第一名，之后又连续多次荣获全国冠军，成为我国曲棍球坛上的一支劲旅。

赛马。达斡尔族和蒙古族、鄂伦春族等民族都是马背民族，对马的感情可谓情有独钟，无论生产、生活，处处离不开马，在体育活动中，尤其喜欢赛马，达斡尔语称为"莫日敖勒都贝"，一匹好的赛马往往要在三岁口时就要开始精心培养训练。挑选可培养幼马的标准很严，要体高、腿细、腿长、蹄小、胸宽、鼻孔大。在培训期间，采取白天吊、夜间喂，饲养定时定量的严格方法。坚持每天按时遛马训练，从不间断快速奔跑，一匹好的赛马，大约需要训练一年时间，直到能超过普通马的奔跑速度为止。

赛马是炫耀骑术和马匹的最好机会，如果能有一匹赛场上的快马，那将是一个达斡尔人的骄傲。在一些重大的节日和集会上，如楚勒罕、敖包会、春节期间，达斡尔人都要举办赛马比赛，就是平时晚饭后，也常常进

行。主要是看看谁的马好。比赛时，分竞速和竞力两种，竞速赛程一般为
3至5千米，竞力赛程较远，多是10至20千米，赛程中间会遇到一些小
山坡和小河流，以便从中观察马匹的耐力。

射箭。达斡尔语称"索木哈日布贝"。由于弓箭曾是达斡尔人最早的
狩猎工具和御敌武器，因此在世间传统体育项目中，占有重要地位。一般
弓长约五尺，多以稠李子、桦木、榆木经过加工、上弦而成，达斡尔语称
"讷莫"，用于射猎大兽和作战的大弓称"瓦德尔讷莫"，是由两层弓片黏
合加固后，再在外面包裹上一层蛇皮。弓弦多用鹿或犴筋。箭，达斡尔语
称"索木"，箭杆用硬木或藤条制成，箭镞用锋利的兽骨或铁制作，达斡
尔语称"奇日达勒"（儿童用来射嘎拉哈玩的是木箭镞），箭尾饰有为保持
飞行平衡的两排鹰的羽毛。人在拉弓时，右手大拇指上套有骨质扳指，达
斡尔语称"和日格特"。

箭靶，直径近二尺，圆形，射时分骑射和立射两种，每次射箭以五支
为限。箭靶是用二寸多厚的毛毡制成的，用木架固定在靶场。靶环五道，
红白相间，中心处为洞眼。比赛射程由主持人决定，或30米，或50米不
等。比赛多以莫昆为单位，也有个人间随时随地进行的。

比赛射法一是靶环，二是随便指定某一物件，以射中环数多或射的准
为胜。比赛时，各方都有族人前往参观和助威。正式比赛都很隆重，要杀
猪专供参赛人员在赛场上食用，费用由失利一方承担。

射箭，除作为体育项目参加比赛外，在清代军制中，也是达斡尔族青
年参加春秋会操挑选披甲（士兵）时的重要比赛科目。

摔跤。达斡尔语称"拜列达贝"，是民间很普及的传统体育比赛项目
之一，多在青少年男子中间进行。此项活动，运动量很大，参加者需要具
备力量大、身体灵活、头脑反应迅速等条件。摔跤形式和要领，类似蒙古
摔跤，但不需要另置服装，只要在腰间扎上一条宽布带就可以开赛。摔跤
时双方都要用自己的双手抓住对方的两个肩膀或腰带，通过手、腰、腿的
协调配合动作，即要依靠自己的力量，又要凭借巧劲进行角力，寻找机
会，乘对方防守不严，运用推、拉、勾、绊、背、压、抢、晃、抬、踢等

动作，将其摔倒或使对方的手、膝盖着地就算胜利。达斡尔人摔跤可以采取一对一，也可以多人分成小组进行比赛，实行淘汰制。一般非正式比赛不受时间、场地限制，人们可以随时随地进行，有的一跤定输赢，有的三战两胜为赢方，败绩者下场后，围观者任何人都可以上场参赛，经过多次比拼，不败者为胜。人们把优胜者称为"布库"（大力士）。通过这项体育活动，能够培养机智、果敢和顽强的意志。

颈力。也叫"拔颈"，达斡尔语称"库珠莫者贝"。双方将自己的双脚并拢，伸直大腿，脚心对脚心地坐在炕上或地上，脖子上套同一条结扣的宽布带（除白色之外，其他颜色不限），然后双方各自用双手按住自己的大腿。就续后，裁判口喊开始时，双方都用力后仰，努力把对方拉起，如果对方的屁股离开地面或手触地面、大腿弯曲则为输方。赛颈力时，双方必须挺直上身，不准侧翻，也不准分开双脚。

颈力活动灵活随便，不受场地和道具限制，无论田间地头，随时都可以进行。经常是人们在茶余饭后或节假日娱乐的项目。

拉杆。又叫扳棍，达斡尔语称"莫德塔特贝"，活动形式与颈力相似。参赛者对坐地上，双脚相对，伸直大腿顶住对方脚心，双手交叉共同握住一根长约二尺、直径二寸多的木棍，待裁判下令后，双方便开始对拉，直至把对方拉起为胜。

掏力棒。达斡尔语称"陶奥力塔日克贝"。这是模仿冬天在场院打兔子的一种体育游戏活动。在约二十米远的地方，立一根高约一尺的木桩，象征兔子，参赛人数不限，每人按顺序用一根短木棒抛打"兔子"，打倒为胜。

滑雪。冬季，在雪下厚了以后进行。滑时手持雪杖，脚蹬滑雪板，运用手撑、脚蹬相互配合、交替用力的巧劲，推动前进。滑雪板，达斡尔语称"肯古楞"，用松木板自制而成，宽约四寸，厚约一寸，长约四尺半，前端呈尖形，略有上翘。坚固耐用，轻便自如。为了防止在滑上坡时自行倒退，要用公野猪毛尖朝后的鬃皮包裹在滑雪板的底部。

达斡尔族的体育活动有多种形式，除上述以外，还有拔河、游泳、滑冰、跳绳、排球、篮球、踢毽子等项目。

第二节　游　艺

一、戴假面目（阿布嘎日岱）

是达斡尔人广泛流行的一种游戏。每逢春节，几个年轻人在一起组织起一个"阿布嘎日岱"队，其中一人装哑巴，戴上用纸做的鬼脸的面具，一个人反穿羊皮袍扮作羊，戴上羊头假面具，一个人戴上白鹤假面目，扮作白鹤。哑巴牵着羊和鹤，后边跟着两个人，他们到人多的地方或到各家开始表演。哑巴边做滑稽动作、边骑上羊，羊因不堪重负趴在地上，哑巴也顺势倒成四仰八叉，逗得人们大笑不止。这时跟在后边的两个人配合着为大家唱起民歌小曲，以此增添节日气氛。

二、玩纸人（阿尼卡纳得贝）

玩纸人，是姑娘们普遍喜爱的一种游戏，所谓"阿尼卡"，即是用彩纸叠成或用彩布剪制成人形的玩具，她们十分珍爱"阿尼卡"，拥有数量往往在几十个以上，因为是用彩纸、彩布制成的（也有用桦树皮剪制），五颜六色，非常好看，平时都很仔细的收藏在自己的匣子里。

纸人的制法是先用彩纸卷成一个上尖下粗的长筒状等腰三角形作为长袍，纸人的头部用硬纸壳剪成圆形并画上脸谱，然后缝制或粘贴在火柴棒或小木棍上，再将木棍插进剪掉长袍上端的尖口（衣领处），最后把剪好的上下肢贴上，这样一个完整的纸人就制成了。纸人的男女性别、高矮大小、年龄脸型、服饰式样、颜色、完全根据需要由设计者决定。如叠的纸人是位长者，就需要再用深色纸叠卷一个短三角形当作马褂套在长袍外面。

玩时，先用纸壳或木棍摆成一个院子形，并借用其他小物件摆成房子和室内装饰物，再将各种"人物"各就各位，或在家种菜、或出门行猎、或举办婚礼、或做针线……这时整个家庭就组合完毕。几个家庭就可以相互往来，串门做客了，活动丰富多彩。

三、嘎拉哈（萨克纳得贝）

所谓"嘎拉哈"，即山羊或狍子踝关节骨头，姑娘们将它作为玩具，玩法主要有以下几种：

（一）弹嘎拉哈（萨克太喜克勒贝）

参玩人数一般都是二至三人，围坐炕上，把每人各出等数的嘎拉哈集中一起，按顺序第一人用双手捧起往炕上一扔，然后用中指弹形状相同的嘎拉哈，弹中者归己。如弹不中或误碰其他均为失利，改由下一人把剩下的拾起来重新抛扔再弹，最后弹中多者为胜。

（二）扔接嘎拉哈（萨克笊勒贝）

把每人平均摊分的嘎拉哈放在手中，扔向空中，待落下时，用手背去接，接的多者为胜，然后把各人所接到的嘎拉哈集中一起，由胜者扔向上空，先用手背接，再用手心接，接到的归己。随后，再把没接着落在炕上的集在一起，由胜者再扔向空中，再用手背去接，并把接到的其中一个再扔空中，扔出后，迅速用同一只手拾取炕上的三个嘎拉哈于手中，同时还要把扔向空中的那个接住。如此反复扔接，如有失利改由下一人进行。直到拾完为止，拾到多者为胜。

（三）藏嘎拉哈（萨克卓贝）

参玩者盘腿坐在炕上，按规定数，每人把嘎拉哈藏在自己的大腿下，然后各自取出几个（数量不限）攥在手中（也可以攥空拳）伸向前方，口说："你的、我的，一共×个。"谁猜得对，所有手中的嘎拉哈就归谁，否则重来。最后，得到的多者为胜。

四、捉迷藏（柏勒克摆热贝）

参加人数不限，玩法与汉族相同。先把一人的双眼蒙住，其他人变换位置，离开原地，被蒙住眼的人就地转三圈，使其迷失方向，然后开始抓人，被抓住的人解下原来被蒙人的布带（或手巾），蒙在自己的眼上，重新开始捕抓游戏。

五、打枕头（得日布塔日克贝）

参玩人一般为 3 至 5 人，依次轮流进行。玩时，先把枕头立于西炕上，用毛巾（或布带）蒙住站在地中间参玩者的双眼，就地转几圈，每转一圈，打一下枕头，由于转晕辨不清正确方向，往往打不着枕头，还会误打坐在南、北炕沿上看热闹的人，引起哄堂大笑，以此游戏取乐。

六、打马仗（莫日得热阿罗勒奇贝）

共八个人分成两组，在每组四个人中选出一人当士兵，其余三人组成一匹战马，一人在前面当马头，二人并排在后边当马身，当马身的二人各将内侧的手搭在马头的双肩上，象征马鞍；将外侧的手紧紧拉住马头的双手，象征马镫，士兵骑在马上。一切就绪之后，裁判吹口哨或口喊比赛开始，双方就进入交战状态，此时当马头的人对整个战局胜负起着关键作用。忽前忽后，忽左忽右，时而冲锋，时而躲闪，时而撕扯在一起，进行着激烈地争斗。如果一方的士兵招架不住，被对方士兵推拉到马下，就是输方。

七、扔坑（奴格额日克贝）

在院子或街道两旁，在相距 10 米远的两端各挖一个深和直径都约 5 公分的土坑，参加人数不限，每人各持一个铁砣，依次从一坑旁扔向另一端坑里。如此往返投掷，扔进坑中者为优，其他人按铁砣距离坑的远近排列顺序。这一游戏多为青少年男子在冬春季节玩耍。

八、笊篱姑姑

传说很早很早以前，有一位能歌善舞的美丽姑娘，为在春节晚上吃饺子，去西邻家里借笊篱，不幸在经过一个牛圈时，被冻牛粪绊倒摔死。人们惋惜她的美丽与才华，便敬她为舞神并尊称她为笊篱姑姑，每逢年节都要请她下凡与大家一起同歌共舞。届时，人们在柳编笊篱上面贴上一张画着女人脸形的纸，在把柄的上端横向插两根筷子当胳膊，在把柄的下端两侧斜着插两根筷子当两条大腿，再给笊篱姑姑穿上衣服、戴上头巾。由两位姑娘先带去西牛圈为她招魂，然后带回舞场，屋内歌声顿起，舞蹈翩翩，立刻热烈起来。在两位姑娘的搀扶下，笊篱姑姑开始在炕桌上有节奏地跳跃，一点点由慢转快，当舞场上的气氛达到高潮时，笊篱姑姑也情不自禁地狂跳起来，直跳到人们尽兴为止。

九、老鹰抓小鸡

五六个人至十几个人不限，玩时一人扮老鹰，其余人全是小鸡，选其中一个大点的人扮老母鸡。小鸡们按照顺序牵着前面小鸡的衣襟，在老母鸡的庇护下躲闪着不被老鹰抓着，而老鹰也趁其不备一只一只地把小鸡抓走，被抓的小鸡便退出游戏，直到老鹰把小鸡全部抓完，游戏方告结束。

十、围棋（哲日格台勒贝）

甲乙双方各持 18 个棋子（纽扣、石子、木片均可），开棋后，甲方在棋盘上先摆一子儿，乙方接着摆。待双方摆完棋子儿后，再走棋盘上的子儿。如果谁能将自己的四个棋子儿走成一个方格，就有权吃掉对方一个子儿，如果能将自己的六个子儿走成一条直线，就有权吃掉对方三个子儿。有一方因为所剩棋子少，不能再吃对方棋子时就是输方。

十一、猎棋（包格塔勒贝）

由 26 个棋子（其中两个大棋子为鹿，24 个小棋子为猎手）和棋盘组成。棋盘右边为大山，左边为小山，两头鹿摆在两座山的山口处，8 个猎手摆在棋盘里层的 8 个点上。开棋后，鹿吃猎人，猎人扑鹿，鹿先走，或直或斜都可以，鹿越过一猎手跳进空点，这个猎手就算被吃掉。猎手方再选择一个对自己有利的空点补上一子，尽力围堵鹿并防止被吃掉，然后再跳，猎手再补，这样反复多次，直到鹿被堵的无处可走或猎手被吃的无力围堵，就判为输方。这种游戏反映了达斡尔族早期围猎的生产方式，在群众中流传很广，深受人们喜爱。

十二、班喜纳德贝

汉族称这种游戏为"下联"，玩法相同。二人对弈，各执 12 个不同的棋子，可以石子、纽扣等代替，按"剪子石头布"先后摆棋，每次摆一子，摆完后轮流走棋，每次走一步（格）。无论摆、走，同方有三个子相连在一条直线上时，可以吃掉对方一子，直到一方之子全部被吃掉，不能再走时为输方。

十三、井棋（霍多日纳德贝）

汉族称"走憋死牛"，玩法相同。棋盘呈方或长方形，两个角相交，双方各执棋子两个，摆在己方的两个角上，在棋子上方的两个三角形中，随便选一个在中间设"井"，除井左或右的长边不能通行外，其他各边均可通行，双方轮流走棋，每次只走一步，如果一方被堵的无路可走时，即为输方。但不准开棋第一步就把对方堵死。

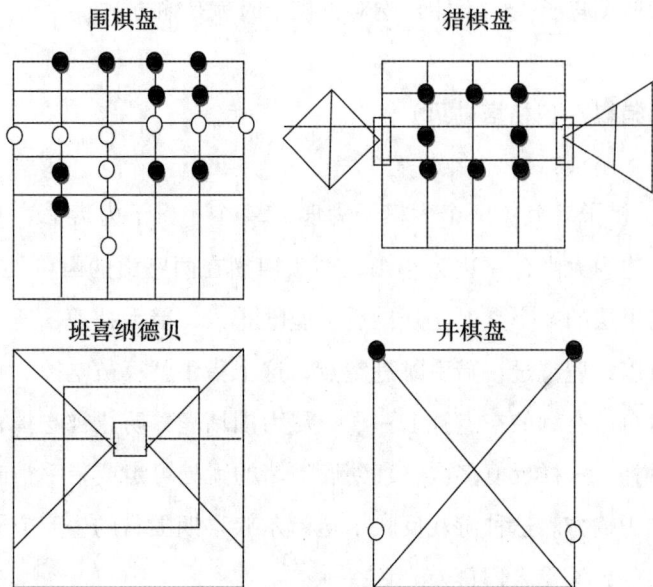

围棋盘   猎棋盘

班喜纳德贝   井棋盘

图 6-1 达斡尔族旗类图

达斡尔族的民间传统游戏活动很多，除上述之外，还有藏猫猫、滚瓦饼、打陀螺……新中国成立以后，又陆续增添了跳棋、打扑克、打麻将等。这些游戏在民间世代相传，而且都有一套稳定的玩法和规则，胜负分明，活泼有趣。

第七编

达斡尔族的文化

第三十六章　达斡尔族的语言

人类在生活中，需要有言语的表白，与别人进行思想的沟通。思想的沟通交流，必须用语言来实现，马克思曾经说过："语言是思想的现实"，斯大林也说："思想的真实性是表现在语言之中。"所以，语言是人类社会交往的工具。人类思想的交往还有别的方式，如眼神（目以传情）、四肢的动作（手舞足蹈）等，这些都有很大的局限性，只能起到辅助作用，远不如语言明确。因此，列宁说："语言是最重要的人类交际工具。[①]"对于一个民族来说，可以没有本民族的文字，这种现象在历史上屡见不鲜；然而都要有自己的语言，没有语言的民族不可能是独立的民族。语言是民族的标志，没有本民族的语言，这样的民族就会混同于其他民族之中，丧失了自己的独立性。因此，语言成为民族识别的主要依据。

语言是在氏族社会产生的，随着社会的发展，语言不断地发展。它从原始社会一直沿用到奴隶社会、封建社会、资本主义社会和社会主义社会，不会有太大的改变，这是语言的稳定性。然而语言并不是一成不变的，在与邻族交往过程中，常常会受到邻族的影响，外语借词就是最常见的现象。随着语言的发展扩大，又会出现方言土语，即具有地方特色的语言，在语法、词汇和语音方面略有差异。古人云：千里不同风，百里不同俗，其中就包括有语言上的差别。所谓方言是指地方性的语言，可以看作是统一语言的分支。

---

① ［苏］列宁：《论民族自决权》，《列宁文选》1949 年莫斯科中文版第 1 卷，第 822 页。

语言的稳定性和变异性，是各种语言的普遍规律，达斡尔族语言也不例外。达斡尔族是契丹族的后裔，是后来出现的民族，其语言是在契丹语的基础上发展而来。后来达斡尔族与邻族蒙古族、鄂温克族、女真族、满族、汉族长期交往，吸收了这些邻族的语言，使达斡尔族语言更加丰富起来，形成了今日达斡尔语言；与此同时，随着频繁迁移，出现了不同的方言。

第一节　达斡尔语的系属

语言的最高单位是语系。语系以下分为语族、语支、语言，语言以下又分为若干方言、次方言、土语。中国现有 56 个民族，其中 31 个民族属于汉藏语系，18 个属于阿尔泰语系，2 个属于印欧语系，3 个属于南亚语系，1 个属于南岛语系，1 个语系尚未最后确定。

关于达斡尔语的系属，有两种不同的意见，一种意见认为，应属于阿尔泰语系通古斯满语族中的一种方言，日本学者多持此看法。另一种意见认为，达斡尔语属于阿尔泰语系蒙古语族，是蒙古语东支中的一种方言。俄国学者多持此看法。

上述两种不同意见的产生是有原因的，达斡尔语中确实有通古斯满语和蒙古语的成分。故而有的学者提出，达斡尔语是通古斯满语与蒙古语的混合体。

达斡尔语中有通古斯满语的成分，是有历史原因的。达斡尔族在历史上与鄂温克族、鄂伦春族是邻族，彼此关系密切，在语言上存在相互作用和影响。鄂温克族、鄂伦春族的语言，属于通古斯满语族的北支，对达斡尔语言有影响。还有一点也很重要，达斡尔族在黑龙江北生活时期，与女真人（久切尔人）也是邻族，南迁嫩江流域以后编入满洲八旗组织，与满族接触很多，有些词汇来自女真语满语，例如哈拉、莫昆就属于女真满语借词。基于这种情况，有的学者认为达斡尔语属于通古斯满语族就并非偶然了。

达斡尔语与蒙古语也有许多相同相似的成分。关于这个问题，清代学者已有所认识。方式济称："达呼里……语音与蒙古稍异，间杂汉语，当是元代军民府之遗。"① 西清说："索伦语多类满洲，达呼尔语多类蒙古。"② 所谓"语音与蒙古稍异""达斡尔语多类蒙古"，说的是达斡尔语中有许多蒙古语的成分，然而达斡尔语又不等同于蒙古语，二者是不同的语言。

达斡尔语中蒙古语的成分，要比通古斯满语成分多一些，这是许多学者提出达斡尔语为蒙古语的主要原因，达斡尔语中的蒙古语成分，是历史上达斡尔族多次与蒙古族接触的必然结果。

蒙古人的原住地，在额尔古纳河流域，从事狩猎生活。在 8 世纪时，蒙古人开始西迁，进入今蒙古国所在的大草原，从事游牧生活。西迁以后的蒙古人，在语言上受到突厥语的影响而逐渐突厥化。没有参加西迁的蒙古人，被称作"林木中百姓"，包括有不里牙惕、巴尔浑等许多部落，仍然从事森林狩猎生活，他们是现代布里亚特蒙古的先人。他们使用的语言属于"原蒙古语"（即古蒙古语），与西迁以后突厥化的蒙古语是不同的。西迁以后的蒙古语被称作蒙古语的西支，而森林蒙古语言被称作蒙古语的东支，以布里亚特语为代表。

14 世纪达斡尔先人北迁以后，在外贝加尔长期停留，与这里的布里亚特蒙古相遇，他们成为邻族，都从事狩猎活动，在生活上有很多接触，在长期的交往过程中，必然要接受"原蒙古语"的影响，借用"原蒙古语"的词汇。"布里亚特人祖先的语言，具有了 13 至 14 世纪蒙古北部诸部落的语言所固有的特征……在布里亚特语的各种方言的基本词汇中，却仍然保有了 13 至 14 世纪蒙古语文献所特有的，而现在在其他蒙古语中已看不到的许多词"③。达斡尔语借用了布里亚特蒙古语词，达斡尔语中保留有 13

① （清）方式济：《龙沙纪略》经制，《小方壶斋舆地丛钞》第 1 帙第 384 页上。
② 西清：《黑龙江外记》卷 6，黑龙江人民出版社 1984 年版，第 60 页。
③ ［苏］符·阿·库德里亚夫采夫等：《布里亚特蒙古史》，高文德译，中国社会科学院民族研究所 1978 年印本，第 50 页。

至 14 世纪蒙古语词汇，即《蒙古秘史》所见到的一些词语，都出于此种缘故，是可以理解的，是合乎逻辑的，别无其他原因。

达斡尔族迁移到黑龙江北以后，与蒙古族的接触更多了。《蒙古黄金史》《蒙古源流》记载，在 16 世纪后期，蒙古土蛮（图们）汗在位时，不断派人到黑龙江北向达吉忽尔征实物税，达吉忽尔就是达斡尔的早期的蒙古语译名。此事证明，达斡尔族在蒙古土蛮汗的统治下。据《清实录》记载，17 世纪中叶，达斡尔族由科尔沁蒙古管辖，科尔沁蒙古札萨克仍然不断向达斡尔征收实物税，在俄国档案中也有许多相同的记载。1692 年，科尔沁蒙古曾将被俘的达斡尔人进献给康熙皇帝，表明当时的达斡尔人仍在科尔沁蒙古的管辖之下。此后，达斡尔与蒙古人的接触日益增多，在达斡尔"楚勒罕"集会上，蒙古人是重要的客商，达斡尔人制作的大轮车多送到呼伦贝尔甘珠尔庙（寿宁寺）集市上，换取蒙古人的马牛羊。在这种社会交往中，达斡尔人的语言必然要受到蒙古语的影响，采纳蒙古语的某些词汇和语法，形成彼此兼容的局面。由于蒙古族曾是达斡尔族的统治者管理者，蒙古族的人口数量比达斡尔族大许多，达斡尔族处于从属地位，因此，蒙古语对达斡尔语的影响是非常大的。

特别是 1933 年阿勒坦噶塔所撰的《达斡尔蒙古考》一书，明确提出达斡尔是蒙古的一部分，他从语言学的角度寻找证据，提出："《秘史》等书之达靼语构造及音声，与达斡尔语酷似者实多，故可证达斡尔蒙古为达塔尔之遗部也。"[1] 钦同普附和阿勒坦噶塔之说，提出"达斡尔语言与蒙古语言无甚差异"。此后还有不少达斡尔族学者，千方百计寻找达斡尔语与蒙古语相同相似的地方，论证达斡尔族即蒙古族，将达斡尔改称"达古尔"。这种说法几乎变成了定论，不断有人鼓吹宣传。

从语言系属来看，达斡尔语属于蒙古语族是正确无误的。不过语族与民族是两个不同的概念，不能等同起来。在蒙古语族下面，还有许多平行的语支。在 20 世纪 50 年代初期，中国科学院语言研究所，曾组织专家学者对达斡尔语与蒙古语进行了比较研究，发现蒙古语族包含有蒙古语支、

---

① 乐志德主编：《达斡尔资料集》第 2 集，民族出版社 1998 年版，第 15 页。

达斡尔语支、土族东乡语支等等，这个研究结论已在《中国语文》1954 年 3 月公开发表了。

实际上蒙古语族包含的范围很广，除上述语支以外，还有东胡语、乌桓语、鲜卑语、契丹语等等。[①] 如果从语言源流角度来说，达斡尔语言可以追溯到契丹语、鲜卑语。陈述先生撰文论证：达斡尔族来源于契丹族，是契丹族的后裔。因此，达斡尔语来源于契丹语。这个结论已被越来越多的专家学者采纳接受，成为学术界的主流。

陈述先生指出："达斡尔语与蒙古语同系，不过达斡尔语和蒙古语相同的往往和契丹语也同，即三者相同；另有一部分是达斡尔语和契丹语同，却和蒙古语不同的。现存的契丹语资料不够丰富，但这些资料以及相关的事实，都直接否定了达斡尔不源于契丹的说法。"[②]

陈述先生此文，撰写于 20 世纪 50 年代初年，是为了满足少数民族甄别而作。当时所见到的契丹文字资料十分罕见，然而他的结论意见却具有科学性和远见性。此后，随着契丹文字资料的不断出土发现，云南契丹后裔"本人"调查的深入，证明了达斡尔语确实来源于契丹语，不过也受到了蒙古语的影响。

官修《辽史》记载了若干契丹语词，用这些语词与达斡尔语、蒙古语相比较的结果，发现契丹语与达斡尔语相同相似者，要比契丹语与蒙古语相同相似者多一些。已经解读的契丹小字中，百、母亲、五、兔、露、夜、书、大力士、春、秋、命令、人、冬、季节等 22 个词语，与相应的达斡尔语词、蒙古语词相比较的结果，发现"有的词是契丹语、达斡尔语、蒙古语三者相同或相近。而与蒙古语不相同的契丹语，则与达斡尔语相同"[③]。这一事实表明，契丹语与达斡尔语相近，与蒙古语相远。

在云南省保山地区，居住有契丹遗民，他们是元代征讨大理国时留驻的契丹士兵的后人。在明清时代的墓碑上，保留有契丹文字，证明他们确

---

① 高路加：《中国北方民族史》，内蒙古文化出版社 1994 年版。
② 陈述：《试论达斡尔的族源问题》，《民族研究》1959 年第 8 期。
③ 孟志东：《契丹语与达斡尔语的关系》，《达斡尔源于契丹论》，中国社会科学出版社 2011 年版，第 160—169 页。

实是契丹的后裔。据调查记录，云南契丹后裔语词多与达斡尔语相同相似，虽然存在与蒙古语相同相似的例证，然而契丹语比蒙古语的数量要多些。

上述事实表明，达斡尔语与契丹语、蒙古语都有相同之处。不过相比较而言，达斡尔语更接近契丹语，而与蒙古语稍远一些。

基于上述情况，关于达斡尔语言的系属，有人提出了新的划分方法。"现在我们根据契丹后裔语言资料，以及与达斡尔相同相近的成分多于蒙古语的事实，可以确定契丹语属于蒙古语族中的契丹语支。包括这个语支的除有契丹语以外，从目前的情况来看，还有达斡尔语和元代云南契丹后裔语"①。还有人提出："把阿尔泰语系蒙古语族改为阿尔泰东胡蒙古语族。因为蒙古语也只是东胡共同母语的一支，并且是室韦之后晚起的一支，尽管它比较纷繁，人口又众多，但在语言方面包括不了东胡系统其他语言，为使其统括契丹语支，冠以东胡。"按照这种划法，阿尔泰语东胡蒙古语族，有契丹语支、蒙古语支。契丹语支有两个独立语言：1. 达斡尔语，2. 云南契丹后裔语。蒙古语支除东、西两个分支外，还包括土族东乡语等。②

第二节　达斡尔语的方言

中国古代有"百里不同风，千里不同俗"之说法，因此要入境问俗。风俗习惯包括许多方面，语言也是一种社会风俗习惯。风俗习惯都带有地方色彩，所以带有地方色彩的语言称作方言，即地方性的语言。在同一个方言区内又可以分出次方言、土语，土语之下又可以分为次土语。③

方言是从全民语言中分化出来的，故而它的基本词汇的核心（词根）和语法构造的基础与它所从出的全民语言是一致的，只是在语音和个别词

---

① 孟志东：《云南契丹后裔研究》，中国社会科学出版社 1995 年版，第 138 页。
② 欧南·乌珠尔：《有关达斡尔语的系属》，《达斡尔源于契丹论》，中国社会科学出版社 2011 年版，第 111—114 页。又见该氏《达斡尔语概论》，哈尔滨出版社 2003 年版，第 15 页。
③ 高名凯：《普通语言学》上册，东方出版社 1954 年版，第 65—67 页。

汇、语法方面有些不同而已。各个不同的民族都有自己的方言土语，例如使用人数最多的汉语，现在是以北京话为统一的标准，称作普通话；然而在南方有粤语（广东话）、闽语（福建话）等方言。河北省滦平县是普通话最标准的地区，天津话、唐山话则略显不同，具有明显的地方特点。在社会交往中，北方人听不懂广东话、福建话，证明了汉语中的方言差异很大。

方言产生的原因，以前有人提出是地理环境造成的。这样说法是不准确的。其实，方言产生的原因与社会环境有关。民族的迁徙是方言产生的基本原因，南方广为流行的"客家话"是东晋、南宋北方汉族人迁徙到新地域以后，同当地人进行社会交往，日久天长，他们原来固有的语言，必然要出现或大或小的变化，于是便产生了客家话。因此，方言土语的产生要从历史上寻找原因，才能得到正确的答案。

达斡尔族从黑龙江以北迁徙到嫩江流域，又从嫩江流域迁徙到呼伦贝尔、新疆伊犁。在嫩江流域的达斡尔人，又分居于莫力达瓦和齐齐哈尔二地。由于达斡尔人的分布是大分散、小聚居，彼此相距遥远，交通不便，互相来往困难，各自处于封闭状态，再加上受到当地邻族的影响，地方性的语言和土语必然要随之而产生。

达斡尔语的方言，最初人们只认为有布特哈方言、齐齐哈尔方言二种，后来提出有呼伦贝尔方言，最后认为还有新疆方言。于是，达斡尔语有四个方言区，其中以布特哈方言、齐齐哈尔方言操用的人数比较多，最有代表性。其次为呼伦贝尔方言，再次为新疆方言。

一、布特哈方言

布特哈方言又称"巴特罕方言""巴塔罕方言"，布特哈出自满语，为狩猎的意思，"巴特罕""巴塔罕"都是满语"布特哈"的音译。布特哈方言的分布地区，主要是内蒙古呼伦贝尔市的莫力达瓦旗、鄂伦春族自治旗和黑龙江省嫩江县（旧称莫尔根）、讷河县。这里属于大兴安岭山区，多森林，适于狩猎。因此，达斡尔族、索伦族（鄂温克）、鄂伦春族南迁以后，大部分居住于此地。由于交通不便，环境闭塞，与外界联系少，故而这里的达斡尔语比较多地保留了黑龙江北时期的原态，变化比较小，最有代表性典型性。对达斡尔语的调查研究，都是以莫力达瓦旗为重点。《达斡尔语简志》的作者仲素纯称："本书是根据作者1963年在内蒙古自治区莫力达瓦达斡尔族自治旗腾克人民公社调查的口语资料编写的"；恩和巴图编撰的《达汉小词典》在前言中也称："本词典是以布特哈方言的纳文音为标准拼写的。"《达汉小词典》，在凡例中称："该词典主要用达斡尔语布特哈方言注释词义，有时也用其他方言注释。"《达斡尔语词汇》一书称："达斡尔语调查组以内蒙古自治区呼伦贝尔盟莫力达瓦达斡尔自治旗腾克公社为调查点，记录了五千多条词语。"由此不难看出布特哈方言在达斡尔语研究中，有很高的地位和影响。

腾克公社现在称腾克镇，据1985年出版的《莫力达瓦达斡尔自治旗概况》一书记载，该镇总面积为1560平方千米，其中林地、草场面积为159万亩，耕地为35万亩，耕地只占林地草场耕地总面积的32%。腾克镇的居民以达斡尔人为主，外来人口很少。2004年，全镇共有3934户、15521人，外来人口1012人，[①] 大多数是达斡尔人。由于这种原因，这里的达斡尔语言比较纯正，受外族影响比较少，故而受到语言学家的高度重视。达斡尔语方言四种，以布特哈方言最为重要，它保留了早期达斡尔语言的某些原始面貌。

布特哈方言的显著特点有：在语言方面，尚未形成前元音体系，复合元音比较多，辅音的腭化（软化）现象仍然很突出，如hek（头）、kul（脚）；原先不腭化的词语，例如（火）也腭化了。除了汉语借词以外，没有独立音位。在词汇方面，通古斯—满洲语的影响比较多，保留的借词数量比较多。在语法方面，体词多两个格，动词缺少完成体。[②] 这些都表明，布特哈方言保留有一定的原始性。

---

① 《莫力达瓦达斡尔族自治旗概况》修订本，民族出版社2008年版，第36页。
② 欧南·乌珠尔：《达斡尔语概论》，哈尔滨出版社2003年版，第25、24页。

布特哈方言又可以分为四种土语。一是纳文土语，包括西布特哈（今莫力达瓦）所有达斡尔族居民区。二是纳莫尔土语，即东布特哈（今讷河）达斡尔居民区，其特点是词首 h（x）音脱落。民国以来，东布特哈达斡尔族人几乎全部迁入西布特哈纳文地区，使纳莫尔土语与纳文土语相混合，趋于一致。三是莫尔根土语，分布在嫩江县及其附近。四是达尔滨土语，分布在瑷珲县，人口比较少，只有一两个屯子。

二、齐齐哈尔方言

齐齐哈尔的达斡尔居民比较多，最初南迁的达斡尔族人有很大一部分落足于此，其分布地区为：齐齐哈尔市区、梅里斯达斡尔区、富拉尔基区、龙江县、富裕县和内蒙古呼伦贝尔市扎兰屯、阿荣旗、牙克石以及鄂温克族自治旗。操用齐齐哈尔方言的人数比较多，与操用布特哈方言的人数不差上下。

齐齐哈尔原是黑龙江将军驻地，后来成为黑龙江省城，水陆交通方便，大部分居民从事农业耕种，少部分以放牧为生。满族、汉族迁入者与日俱增，与达斡尔接触比较广泛。由于此种原因，达斡尔语齐齐哈尔方言不如布特哈方言纯正。在词语方面，多四个前元音音位，受此影响复合元音比较少，辅音多出一个独立音位［h］。在语法方面，与布特哈方言相比，体词少两个格，缺目标实格、方面从格。动词有完成体，数词有约数词，却没有配分数词。齐齐哈尔方言可以分为四种土语。一为杜尔门浅土语，即富拉尔基以西以南的村屯，有洪河屯、罕伯岱屯、色力克屯、虎尔虎拉屯等。二为齐齐哈尔土语，即梅里斯及其以北各村屯，有金和泰屯、八旗哈屯、齐齐哈屯、雅尔塞村等等。三为莽格尔吐土语，主要分布在卧牛吐屯及其附近村屯。四为哈木吉格土语，分布于嫩江东岸达斡尔各村屯。①

齐齐哈尔方言下有四种土语，说明齐齐哈尔方言受到外族影响的程度

①　以上方言土语资料，俱见欧南·乌珠尔：《达斡尔语概论》，哈尔滨出版社 2003 年版，第24 页。

有所不同，其生活方式也有所不同。特别是民国年间有不少达斡尔进入齐齐哈尔城谋生，接触到许多不同的语言，如俄、日语，也会对达斡尔产生一定影响。

三、海拉尔方言

海拉尔方言主要分布于呼伦贝尔市鄂温克族自治旗白音托海镇、巴彦塔拉达斡尔民族乡、伊敏河镇，2005 年总数为 14079 人。[①] 海拉尔区也有少量达斡尔族人。其先人是雍正十年由布特哈和齐齐哈尔迁来，后来又有少量由外地迁入。其邻族有蒙古、鄂温克（旧称索伦）、布里亚特等。其语言受到上述诸民族的影响，蒙古语的影响最大。有的学者认为，海拉尔方言除南屯（白音托海）、莫克尔吐合为一个土语以外，外来的可谓是一个混合土语。在语言方面，辅音 h（x）在有些词中规律性脱落，与纳莫尔土语有渊源关系。复数第二人称代词（你），可以兼作尊称"您"。

四、伊犁方言

伊犁方言分布于新疆维吾尔自治区哈萨克自治州塔城县瓜尔本设尔达斡尔族乡和霍城县，使用人口约 5000 人。伊犁方言受哈萨克语影响比较大，不仅哈萨克语借词多，在语言方面，名词复数语尾—shl 浊化为—dhl。动词陈述式现在将来时词尾—n，使用很普遍，肯定式词尾—bei 使用不多，有被—n 取代的趋势。[②] 新疆方言分为塔城、霍城两个土语。

达斡尔语方言在语言、语汇、语法方面虽有一定的差别，然而差别不算大，不同方言区讲的话，彼此都能够听懂，没有什么困难。方言出现的时间越早，各个方言间的差别就越大；如果方言出现的比较晚，彼此差别就不明显了。达斡尔族方言如果从清初南迁算起，到现在只有 300 余年，比汉语方言出现数千年相比，要晚得许多。因此，汉语方言之间的沟通比

---

① 《鄂温克族自治旗概况》，民族出版社 2008 年版，第 7 页。
② 欧南·乌珠尔：《达斡尔语概论》，哈尔滨出版社 2003 年版，第 26 页。

较困难，而达斡尔语方言之间的沟通几乎不存在什么困难。

第三节 达斡尔语的语音

语音指说话时口中发出的声音，又称作发音。语言之所以能传递不同人的思想，达到沟通信息的目的，主要依靠的便是语音，即说话人的声音。人们传递信息的方式很多，除语音外还有肢体动作，不过相比较而言，语音是人际交往最主要的方式。聋哑人使用手语，属于特殊的例外。其实，聋哑人的手语，也常常有口形的动作相配合，只是不发声而已。

发音是与心理、生理、物理相关的复杂过程，首先要有说话的心理意向，然后才能驱动发音器官的生理作用，由肺吐气出来，经过喉咙的声带、口腔的振动，发生不同的声音，这声音就是语言。[①] 人类的语言有千差万别，而发音的过程又是一致的，因为每个人发音的器官是相同的，发音的原理是一致的，都是空气振动的结果。由于振动的频率有所不同，发出的声音有了抑、扬、顿、挫的区别。悦耳的乐音，烦人的噪音，都是由此而产生。

由于发音器官的部位不同，因此，发音有元音和辅音的差别。当肺中发出元气引起声带颤动，所产生的声音在口腔中顺利通过，这种声音称作元音；如果元气所产生的声音，在口腔或鼻腔中受到阻碍，所形成的声音称作辅音。话语是由元音、辅音相结合的音节组成，这是语言的基本规律，无一例外。各种不同的语言，都是在语音的基础上形成的。语音不同，是造成语言不同的基本原因。

一、元音与辅音

元音在中国旧称母音，辅音旧称子音；在《汉语拼音方案》中元音称

---

① 高名凯：《普通语言学》上册，东方出版社1954年版，第184页。

作韵母，辅音称作声母。这种不同的称谓，反映出元音、辅音的地位不同，元音是语词的主体，辅音是语词的次要因素。分辨元音与辅音，在语言研究中具有重要地位。

钟素纯称："达斡尔语共有七个舌面元音，其中 a、o、ə、u、e、i 六个又各分长短，y 在单元音时是长的，在组成复元音时是短的，此外还有一个包括舌尖前和舌尖后两个部位变体的，按长短性质说应属于长元音的舌尖元音音位，写作 ii。所以共有十四个单元音音位。"[1] 欧南·乌珠尔则认为："y 是舌面浊擦音［j］，但摩擦程度小，是半元音性质的辅音，故也叫作半元音……相当于汉语拼音字母的 y，出现在词的任何部分。"[2]《达汉拼音方案》将 y 列入元音中。半元音也属于元音，将它列入辅音之中，恐尚需仔细斟酌。欧南氏又提出，在齐齐哈尔方言中，除上述元音音位以外，还有四个前元音：a、ai、o、oi，其中 a、ai 是与 a、ai 相对应的前元音，o、oi 是与 o、oi 相对应的前元音。所以齐齐哈尔共有 16 个元音音位。[3] 这种说法，亦应仔细深思。

达斡尔语有七个短元音、七个长元音，长元音用 aa、ee、ii、uu 来表示。在达斡语中用双字母表示的长元音，不只是发音长。有人提出："长元音与短语音是区别词的意义的"，例如 nar 是指太阳，naar 是指弯的、斜的，又如 emel 是指前边、南面，emeel 是指马鞍子。所以长元音与短元音必须分别记音，不能混同。[4]

除短元音，长元音以外，还有复合元音。复合元音是用 2 个或 3 个元音字母相拼而成，计有 ai、ei、oi、ui、ia、ie、io、iu、iaa、iee、ioo、uaa、uai、iao 等。

达斡尔语有二十三个单辅音，四十七个复辅音。二十三个单辅音中，有十一个腭化辅音，十二个唇化辅音。

① 仲素纯：《达斡尔语简志》，民族出版社 1982 年版，第 9—11 页。
② 欧南·乌珠尔：《达斡尔语概论》，哈尔滨出版社 2003 年版，第 45 页。
③ 欧南·乌珠尔：《达斡尔语概论》，哈尔滨出版社 2003 年版，第 28 页。
④ 敖拉·额尔很巴雅尔、莫尔丁·恩和巴图编：《达斡尔语读本》，《达斡尔资料集》第 10 集（下），第 1724 页。

元音与辅音相拼，组成音节，其组成的形式有六种，即：

1. 元音独立成为音节，如 ei（这样）、ao（宽的）。

2. 元音+辅音，如 am（嘴）、em（药）。

3. 辅音+元音，如 haa（我们）、taa（你们）。

4. 辅音+元音+辅音，如 nem（弓）、nid（眼睛）。

5. 元音+辅音+辅音，如 ars（皮）、ant（味道）

6. 辅音+元音+辅音+辅音，如 dard（摇车）、ant（味道）

7. 达斡尔语词的重音，在词的第一个音节。第一音节的元音发音清晰比其他音节的元音强度大。

达斡尔语的元音和楷律，元音分为阴性、阳性、中性。"总体来看，达斡尔语的元音和谐已经受到某种程度的破坏，识别元音的阴、阳、中性已有一定的困难，词的第一音节的元音对后续的元音的制约规律，比较复杂。但是总的来说，达斡尔语仍然是有元音和谐律的语言"①。

第四节　达斡尔语的词汇

达斡尔语源于契丹语，又受到蒙古语、满语和汉语的影响，因此，达斡尔语的外语借词比较多。

达斡尔语中的蒙古语借词数量最多，早期的蒙古语来自东支蒙语，即布里亚特语，后来的蒙语借词主要来自科尔沁蒙古。由于达斡尔长期与蒙古为邻，学习掌握蒙语显得特别重要。在莫尔丁·恩和巴图编辑的《达斡尔语词汇》一书，② 对于源于蒙古语的词汇都加注明，从中可以发现蒙语借词数量最多。其中既有《蒙古秘史》中的词汇，又有现代蒙语词汇。例如，达斡尔语称萨满为"雅德很"，此词的使用率非常高。萨满教是从蒙

---

① 仲素纯：《达斡尔语简志》，民族出版社 1982 年版，第 13 页。

② 《达斡尔语词汇》，内蒙古人民出版社 1984 年版，后收入《达斡尔资料集》第 4 集，第53—276 页。

古传入的，故而原封不动地借用了"雅德很"一词。

在清代，达斡尔族与满族的来往特别频繁，故而借用了许多满族语词。这在《达斡尔语词汇》一书中，详加注明。达斡尔族人士卜林认为，达斡尔语中的"哈勒"又记做"哈拉"，"莫昆"又记做"谋克"，来源于女真语，[①] 女真语就是后来的满语，许多词语是相同的。

达斡尔与鄂温克（旧称索伦）是邻族，彼此相互通婚，不分彼此。因此，达斡尔语中有鄂温克借词。据说两族在南迁之际，鄂温克将"玛罗经"赠送给达斡尔人。所谓"玛罗经"乃是萨满在祭祀祖神时唱的娱神歌曲，达斡尔人在接受以后仍称之为玛罗（Maloo）神。[②]

清末以来，随着内地汉族人的涌入黑龙江、内蒙古，汉族成为达斡尔最大的邻族，汉语被广泛地接纳接受，汉语成为达斡尔语中数量最多的借词。

达斡尔西迁新疆伊犁以后，哈萨克成为达斡尔的主要邻族，哈萨克语借词大量进入达斡尔语中，例如参赞大臣、沙狐、念佛、念珠、礼拜、水渠、苜蓿之类词语被借用。开英编的《达斡尔哈萨克汉语对照词典》，[③] 对此类词记载甚多。

此外，还有少量的俄语借词，如面包、火墙等等。

外语借词记录了达斡尔与邻族交往的历史，也证明了达斡尔语随时代的发展，产生了一定的变化。其他语言也是如此，随着改革开放的深入，在汉语中出现了许多欧美国家的借词，这是社会进步的必然结果。

外语借词服从于达斡尔的语言规律，只有这样外语借词才能被采纳接受。语词可以接受附加成分，组成新词。有些借词成为达斡尔语的同义词，丰富了达斡尔语的内涵。

达斡尔语词汇中，与狩猎、渔业、畜牧的词汇特别丰富，如牛有乳

---

① 卜林：《达斡尔族的"哈勒"和"莫昆"》，《达斡尔资料集》第 2 集，民族出版社 1998 年版，第 671 页。

② 赛音塔娜：《达斡尔传萨满教"玛罗经"的译注》，《达斡尔研究》第 9 辑，内蒙古教育出版社 2008 年版，第 405—421 页。

③ 开英编，新疆人民出版社 1985 年初版，后收入《达斡尔资料集》第 6 集，民族出版社 2005 年版，第 105—360 页。

牛、种牛、两岁牛、三岁公牛、三岁母牛、四岁公牛、四岁母牛不同的词汇；马有淡黄马、花马、枣红马、海溜牛不同的词汇；狍皮有春狍皮、夏狍皮、秋狍皮、冬狍皮不同的词语，反映出达斡尔族与家畜和野生动物关系密切，对它们有仔细的观察记录。

达斡尔语词的构成，有本生词、派生词、合成词三种情况。本生词即本民族最初的原生词，由单一词素构成的词，如 aul（山）、os（水）、sar（月亮）等等。由于属于原生词，有很多变成了词根，名词根、动词根、形容词根都可以缀加附属成分的组成新词。

合成词是由两个或两个以上本生词组成的新词，如黑白、水火、白菜（白色的菜）、马兵（骑马之兵、骑兵）、火车（用火力驱动的车），等等。合成词在汉语中经常见到，达斡尔语合成词可能是仿效汉语而来的。

构成新词是与时俱进的，随着社会的发展，人们接触的社会范围不断扩大，原有的语词已无法满足人们的需要。创造新词是无法避免的，各种不同的语言都是如此。

词汇的数量是随着社会的发展而不断增多，现代达斡尔语词汇的数量，各种辞书的记载不尽相同，1983 年 7 月内蒙古人民出版社出版的《达汉小词典》未注明词汇数量，1984 年出版的《达斡尔词语汇》"收词近7000 条，其中包括复合词和词组。收词以常用词为主，同时收录了新中国成立以来出现的一些新词和少量比较生僻的旧词"。1985 年出版的《达斡尔哈萨克汉语对照词典》，收入达斡尔语词汇 13000 条，其中主词八千余，副词（包括词组和熟语 5000 条左右。）主要收基本词汇和一般生活用语，专门术语收入很少。1988 年 3 月编印的《达斡尔词汉语对照词汇》，收入自然词汇 2300 条，社会词汇 10500 条，其他词汇 4500 条，合计为 17300条。2005 年民族出版社出版的《汉达词典》，收入汉语主词条 10770 个，例词例句 802 个，共计 11572 个，达斡尔语常用的语词几乎全部收入在其中。[1]

词组、熟词不能计为词汇当中，《汉达词典》中的汉语词汇与达斡尔

---

① 景爱：《达斡尔族论著提要》，人民出版社 2015 年版，第 191—205 页。

语词汇并非是一一对应，是先列常用的汉语单词，然后用达斡尔语进行释义（见《凡例》《前言》），因此词条的数量和词汇的数量是不一致的。从以上词典所列可知，达斡尔语的词汇大约在一万个左右。与汉语相比要少得多，不过要比鄂温克语、鄂伦春语相比，要多一些。这种情况是由于达斡尔族的生活范围比较宽，农、牧、猎兼营的缘故。词汇是社会生活的真实记录、生活范围的大小，直接关系到词汇的多少，任何民族都是如此。

第五节　达斡尔语的语法

词汇有实词和虚词之别。"实词是代表语义成分的词，虚词就是代表语法成分的词"①。只有实词和虚词相组合起来，才能完美、准确表达人们的思想、意愿，实现社会沟通的目的。实词与虚词相组合，是按照人们约定俗成的规则进行，这规则就是语法。斯大林说："语法是词的变化规则及用词造句的规则的综合"，② 说的就是这个道理。

任何一种语言按其功能都可以分类。达斡尔语词汇有人分为十二类，即名词、形容词、数词、代词、动词、副词、后置词、主词、连词、语气词、叹词、模拟词；③ 有人分为十一类：名词、形容词、数词、代词、动词、副词、感叹词、模拟词、后置词、连接词、语气词。④ 后一种分类法，比以前一种分类法少了助词。究其原因，是把助词合并到语气词之中的结果。

名词数量最多，属于实词，具有数、格、指领的特点。名词的原形为单数，词尾粘接了—sul、—nur、—r 以后，即变成了复数。其中—sul 的使用范围广，可以来表示人以及动物、植物；—nur 用于表示人，亲属称谓词上；—r 只用于表示人的某些词尾。

---

① 高名凯：《普通语言学》下册，东方出版社 1954 年版，第 176 页。
② ［苏］斯大林：《马克思主义语语言学问题》，中译本，第 21—22 页。
③ 仲素纯：《达斡尔语简志》，民族出版社 1982 年版，第 30—31 页。
④ 欧南·乌珠尔：《达斡尔语概论》，哈尔滨出版社 2003 年版，第 29 页。

　　复数粘附成分—sul、—nur、—r 可以重叠使用，在这种情况下，—nur、—r 列前，—sul 居后，例如 akaadau—nur—sul（兄弟们）、kaku—r—sul（男孩子们）。这种有粘附成分的词语，既属于构词、又属于语法的需要。

　　格粘附成分出现于名词、动名词、形容词、数词之后、以名词之后最常见。格有十种、即主格、宾格、位格、离格、造格、共同格、程度格、目标格、方向格、方面从格。

　　指领粘附成分即领属粘附成分，共有七种，即 mjnj、maanj、naanj、sinj、taanj、inj/iinj、aa/iaa/oo/ee，用以表示：我的、我们的、咱们的、你的、你们的、他的、自己的。

　　形容词有比较级、最高级两种。比较级用粘附成分 kan、tsiraa、lben 表示，最高级用前面角副词构成词组表示，或重叠节—音节、后面加 b，置于原形容词之前，如 xilaan（红）—xubxulaal（最红）。数词有基数词、序数词之别，还有集合数词（在基数词以后加上—ool 或 .al），限容数词、概数词、分数词、都是在基数词基础上增加附加成分。

　　代词有人称代词（我、我们、咱们、你们、他、他们。他、他们有两种不同写法）；指示代词；疑问代词；反身代词之别。和其他民族语言相同，只是写法不同。

　　动词有被动态、使动态、互动态，都是用粘附成分表示。被动粘附—rd；使动词粘附—lgaa/—lgaal、gaal/—gaal/kaa/kaa；互动态粘附—lts。

　　动词用作谓语时，有过去时、现在时、将来时的不同。过去时词尾粘附—laa、—daa，现在时，将来时将来时粘附—bai。

　　动副词属于动词的连用形式，是在动词词根（词干）加上粘附成分。动副词有九种，每种粘附成分都不相通。

　　动名词用于修饰谓语，有完成体，未完成体、经常体之别，都以词根粘附成分的不同加以区别之。

　　主动词的词义空虚、不明显，其功用主要是在语法上；有时可以单用，成为独立的动词。

副词是实词、虚词之间的一种词类，用于修饰用词、形容词。

后置词置于实词之后，表示句子中前后两个不同的关系。连词用于连接两个不同的词、词组。助词表示对他前面实词的加强，有帮助的作用，故称助词。语气词即吗、啊、呀、吧之类，用于肯定、疑问。叹词又称感叹词，表达情感。模拟词用于模仿声音、动态。

名词、形容词、数词、代词、动词、副词、感叹词、摹拟（模拟）词属于实词，后置词、连接词、语气词属于虚词。只有实、虚搭配才能圆满地表达人们的真实思想，二者不能偏废，哪个都不能少。

词汇只有组成句子，才能顺利表达人们的思想。达斡尔语的句子成分，有主语、谓语、表语、宾语、补语、修饰语、限定语。常见的句型有：单纯谓语句或单纯表语句；无主语，谓语加宾语、补语句；有主语、谓语或有主语、表语的句子；有四个句子成分，起首为主语，结尾为谓语或表语的句子；有三个句子成分，主语不足起首、谓语在结尾的句子；带有限定语的句子。

此外，还有并列复合句、主从复合句，即把两个句子衔接在一起。这种句型在汉语中比较常见。

令人感兴趣的是，达斡尔语有的句型与契丹语句型相似。契丹小儿读书，将"鸟宿池中树"读作"水底里树上老鸭坐"；将"僧敲月下门"读作"月明里和尚门子打"。达斡尔语将"我给你东西"读作"我你东西给"，都是将谓语放在句子的最后。这应当是契丹语的遗风。这类句型在达斡尔语中多见，[1] 令人深思。

---

① 仲素纯：《达斡尔语简志》，民族出版社 1982 年版，第 80—82 页。

第三十七章 达斡尔族文学

达斡尔族是我国北方人口较少的少数民族之一，主要分布在内蒙古自治区、黑龙江省和新疆维吾尔自治区等地。族源主要有"契丹说""蒙古说"几种观点，其文明史源远流长。"达斡尔族的语言是一个独立的语言，属阿尔泰语系蒙古语族"。达斡尔族文学史从原始氏族社会的神话算起，至今已有几千年历史。在漫长的历史进程中，达斡尔族诞生了多种富有民族民间色彩的口头文学，如神话、传说、民间故事、英雄史诗、民歌等；后来，达斡尔族又诞生了书面文学，并取得了显著成绩，成为中国文学史少数民族文学不可或缺的组成部分。

达斡尔族文学呈多元形态，影响其形成的自然人文条件如下：

第一，达斡尔族繁衍生息的自然环境深刻影响了他们的思想观、价值观与审美观。达斡尔族人分布在北纬45—50度之间的高寒地带，即从黑龙江畔到阿尔泰山脉南麓塔城地区。这里山林密布、河湖交错，野生动植物资源十分丰富。达斡尔人在这里长期从事狩猎、渔猎、放牧、农耕等多种生产活动，这是达斡尔人和达斡尔文学生长的广阔土壤，是其文学呈现多元形态的条件。

第二，独特的历史文化变迁，形成了达斡尔社会与文学的兼容性特征。学术界一般认为达斡尔族是契丹后裔，属于阿尔泰语系蒙古语族，其文化形态以契丹文化为底蕴，又与北方自然环境与社会环境相融合，形成了现代独具特色的文化形态，被誉为黑龙江流域"文明程度比较高的民族"。

第三，多民族文化互相渗透影响，形成了达斡尔族文学的多样性特征。达斡尔族居住在各种文化交汇和过渡地带，与鄂温克人、鄂伦春人、赫哲人、蒙古人、汉族人、维吾尔人、哈萨克人等多民族长期杂居。在漫长的历史进程中，各种文化互相渗透，相互影响，形成了同中有异、异中有同的特征。然而，达斡尔族内部的血缘氏族组织性质的社会结构和独特的生产生活方式，又决定了其民族的生活习俗，即在饮食、服饰、居住、交通、节庆、礼仪、宗教信仰和婚丧俗规等方面均有不同于其他民族的特色。

第四，达斡尔族无文字，曾多方借用，其文学必然打上其他民族文化的烙印。在清代，少数人使用蒙古族、满族、维吾尔族、哈萨克族文字，多数人用汉文；辛亥革命后至今，普遍使用汉文。达斡尔语内部也有分化，学术界多认为达斡尔语可划分为布特哈方言、齐齐哈尔方言、海拉尔方言及新疆方言四种。因为他们长期与周边多个民族往来，有部分达斡尔族人就兼通上述民族的语言，甚至被称为"翻译民族"。所以，用文字记录书写其历史文化就具有多民族文化融合的痕迹。

第五，达斡尔多数人信仰多神教、萨满教，少数人信仰喇嘛教，使其文学具有宗教文化的一些色彩。达斡尔族过去以自然界为崇拜对象，大多信仰多神教，供奉天神、山神、火神、财神、祖神等。这是达斡尔族人最初的思想本源，带给当地人的不仅是宗教信仰和一套道德标准，而且还有文学体系、建筑式样及其他文明特征。宗教作为文化的聚结点和辐射点，对区域文化的影响是全方位的，这种全方位的影响力造成了宗教对文学的深刻影响。

第六，达斡尔族重视教育和借鉴。达斡尔族是一个重视教育的民族，有尊师重教的传统。达斡尔族先人口头传承的教育和后来的学校教育都为保存和发扬达斡尔族历史文化起到了积极作用。无论知识分子还是民间文艺家，都为民族繁荣、国家昌盛做出了贡献。他们世代传承宝贵的民族文化，并在传承的同时借鉴其他民族的优秀文化，融合时代性与民族性，形成了自己民族的兼容性文化特征；并且努力把民族精神和民族文化的精髓留存给子孙后代，使其得以发扬光大。

第七，新中国成立后，达斡尔族聚居区的经济社会面貌发生了巨大变化，崇尚科学文化的传统得到了充分发扬，民族习俗也发生了重大变化，其文学就呈现出崭新的、繁复多彩的时代特征。

总而言之，达斡尔族的经济文化形态相对复杂些，达斡尔族的物质生活、民族文化和传统习俗所表现的这种猎、牧、渔、农等多种文化兼容的特点，决定了达斡尔族文学艺术具有多元特征，民间文学与作家文学都呈现出五彩斑斓的景观。

达斡尔族文学包括从原始氏族社会开始的民间文学和作家文学两个部分。

第一节　达斡尔族民间文学

达斡尔族民间文学比较发达，大多是靠口头和行为传承的。中华人民共和国成立以后开始对其文化遗产进行搜集、整理、翻译和出版。已经出版的作品集有赛音塔娜、托娅的《达斡尔族文学史略》，孟志东的《中国达斡尔族民间故事选集》，呼思乐、雪鹰的《达斡尔族民间故事》，赛音塔娜的《达斡尔民间故事选》，娜日斯的《达斡尔族民间故事百篇》，苏都日·图木热的《达斡尔民间故事》，何文钧、吴钢锁的《达斡尔族民间故事》，苏勇的《达斡尔族神话故事》，伊和白乙拉主编、苏勇搜集整理的《内蒙古三少民族民间故事·达斡尔卷》，杨士清的《达斡尔族民歌选》，何今声的《达斡尔传统民歌选》，巴达荣嘎、门德苏荣的《达斡尔族民歌选》，白杉的《达斡尔鄂温克鄂伦春民歌》，塔娜、陈羽云合译的《敖拉·昌兴诗选》，奥登挂、呼思乐合译的《达斡尔传统诗歌选译》，毕利德等人编著的《达斡尔传统文学》，苏都日·图木热译作的《达斡尔乌春》，等等。近年来，对达斡尔族民间文学的评论、研究文章也逐年增多，研究成果越来越丰富。然而，对达斡尔族民间文学遗产的挖掘、抢救、研究工作仍迫在眉睫、任务艰巨。

达斡尔族民间文学包括散文体和韵文体两大类。散文体包括神话、传说、故事；韵文体包括民歌、乌钦、英雄史诗、扎恩达勒、歌舞词、祝赞词、萨满神曲词等。

一、达斡尔族民间神话

达斡尔族远古神话世代流传，是达斡尔口头文学的最早形式，对达斡尔族后世文学影响较大。它包括开天辟地神话、萨满神话、风物神话、动植物神话等，多反映远古时期的达斡尔先民对某种事物或自然现象的幻想性认识，表现了达斡尔人最早的思想，也是达斡尔人对人与大自然关系的认识。如《人类起源的传说》《人类早期生活的传说》《天为什么下雨降雪》《白那查》《关于诸神的神话》《大洪水的故事》等。

《人类起源的传说》：类似汉族的《女娲造人》、蒙古族的《天神造人》和鄂温克族的《用泥土造人和万物》。它讲述在开天辟地的时候，天神用泥土捏成了人，所以人出汗时，可以用手搓出泥垢；泥人刚做完，天空就阴云密布，即将下雨，天神慌忙中把泥人拉在了一起，有的泥人眼睛被弄坏了，有的泥人腿被弄断了，所以人间就有了瞎子和瘸子。

《天为什么下雨降雪》：解释了下雨降雪的自然现象。世界刚形成时，天空很低，腾格日每天给人们下白面和油，人们的生活富足而舒适，女人就变懒了，竟然把白面擀成薄片给孩子擦屁股。这下激怒了腾格日，他往高处飞走了，天和地之间就离得远了。他也不再给人们下白面和油，只给人们下雨降雪。

这些神话最突出的特征是幻想性。首先，先民们对人的来源和大自然现象不能做出科学解释，便展开想象的翅膀，把自然界各种事物形象化、拟人化，反映了达斡尔先民对自然、人与自然关系的思考。其次，神话具有浓厚的宗教色彩，这和达斡尔族先民萨满教与万物有灵信仰密切相关。

神话中不仅有对天神、祖神的描绘，还有对火神、山神、日月星辰诸神的叙述，构建起达斡尔自然观的"万物有灵"思想体系。在他们想象的世界中，居主体地位的是神灵，而不是人，由神灵主宰自然万物和人的命运。第三，神话具有达斡尔族民族特色。神话与达斡尔人狩猎、渔猎、畜牧业生产有直接关系，反映出特定自然环境和社会环境中达斡尔先民的生存状况。第四，神话故事虽然情节简单、形象单一，但都蕴含一定的生活道理或者具有劝诫作用。因而，达斡尔族神话不仅具有认识价值、文学价值，而且还具有历史学、宗教学、民俗学等学术研究价值。

二、达斡尔族民间传说

民间传说是达斡尔族民间文学的重要体裁之一，是达斡尔族人民在长期的生产生活实践中创造出来的，深受人民的喜爱，在民间世代流传。达斡尔族民间传说数量多、内容广，其中有关于部落和氏族名称来源的，有关于山川、地名、文物古迹的，有关于古人生活、婚嫁的，有关于英雄豪杰、大力士的，有关于神的来历、萨满事迹、宗教矛盾的，有关于戍边军民思乡的，等等。大体上可以划分为族源族史传说，如《达斡尔的祖先》《萨吉哈尔迪汗的传说》；地方风物传说，如《凯阔石碑的传说》《大马哈鱼游到库玛尔河》《达斡尔苏的来历》《木库连的来历》；历史人物事件传说，如《奇三和孟库胡图林嘎为民申冤》《奇帕告状》；清代将军传说，如《多将军的传说》《都将军巧斩黄带子》《将军坟的传说》《无名将军》；风俗民情传说，如《女子为什么不回娘家了》；萨满、天神传说，如《尼桑萨满》《托庆嘎萨满的传说》《嘎西讷洞》；大力士"布库"传说，如《德布库的传说》《塔文浅布库的传说》《吉彦布库的传说》，等等。

《萨吉哈尔迪汗的传说》：传说达斡尔人大都是萨吉哈尔迪汗的后代，因而他在达斡尔人心中享有崇高的地位。萨吉哈尔迪汗曾带领他的部队转战南北，几经迁徙。有一年，他被沙俄打败后，率部南下，走到哈查密（汉语月亮泡子，在嫩江七家子附近、莫力达瓦旗尼尔基镇北卧其屯的东边），他想过江，可是盛夏天热，没有渡船，便驻扎下来。第二天他问手下人，江封住了没有，回答说没有。他命令杀掉了这个人。第三天、第四天他还这样问，并连续杀掉了几个人。轮到一个心眼儿灵活的士兵，回答说封住了。大汗听后领着大队人马到了江边，一看，江面果然封住了。再仔细一看，原来是密密匝匝的龟甲一直通向了江对岸。于是，萨吉哈尔迪汗率领部下踏着龟甲桥过了江。他以为都过来了，就说过完了，龟甲桥马上就不见了。太子和他的士兵正走到江心，桥没了，都被淹死了。

除了这则传说，还有一系列关于萨吉哈尔迪汗的口碑性传说。说嫩江和大兴安岭的一些地方的马蹄印、大锅等遗迹都是当年萨吉哈尔迪汗征战南北时留下的。可见，以萨吉哈尔迪汗为中心、以达斡尔族的历史为线索形成了一个有关达斡尔族的传说圈，表现了达斡尔人民追念始祖、探求族源、赞美英雄的民族自豪感、荣誉感。

《奇三和孟库胡图林嘎为民申冤》：传说中的主人公奇三和孟库胡图林嘎都实有其人。奇三系达斡尔族郭贝勒氏人，曾任布特哈八旗副总管；孟库胡图林嘎也是达斡尔族郭贝勒氏人。清朝乾隆末年，布特哈达斡尔人奇三仗义执言、为民请命，揭发黑龙江将军和齐齐哈尔副都统的贪污勒索案，触动了当时黑龙江统治当局的要害，震动了清政府朝野。乾隆皇帝严惩罪犯，安定了布特哈地区民心。奇三和孟库胡图林嘎虽然胜诉，可是却以冲撞皇帝仪仗、越级拦驾之罪，被发配新疆伊犁服苦役。嫩江两岸的达斡尔人、鄂温克人挥泪送别。达斡尔人民把这个历史事件编成了故事和叙事诗，在民间世代流传。他们赞颂这种不顾个人安危、铤而走险、奋勇救民的英雄精神。

达斡尔族传说最显著的特征是真实性。第一，传说和神话不同，它是对真实的历史人物和历史事件的传说，或者是对本民族真实的信仰风俗的传承；就是山川风物、名胜古迹传说，也大都是根据自己的生活环境的自然人文景观为素材进行创作的。第二，传说多颂扬英雄人物，反映了人们征服自然、惩恶扬善、摆脱苦难的愿望。在有灵的万物中，人变成世界的核心，处于创造性的主体地位。第三，传说具有艺术性。传说对真实事物进行加工改造，以寄托达斡尔人民的理想和愿望。在创作中，有的添加了内容情节，有的刻画了形象性格，有的使用了想象、夸张等手法，使传说更加形象生动，具有一定的欣赏价值。第四，传奇具有理想主义与传奇性。达斡尔传说以真实为素材，进行了虚构、渲染和剪裁，目的是突出事物的特征，或者是塑造鲜明的性格，以此来表达达斡尔族人民讴歌英雄、怀念祖先、渴望自由、追求幸福的愿望。所以，有些故事情节任意驰骋想象，主观想象和主观情绪成分比较多，反映了他们强烈的民族心理和精神诉求，充满了理想主义色彩，具有浓郁的传奇性。第五，传说具有地域性与民族性。传说的内容范围是达斡尔族人生活的自然环境，所描述的山川风物都具有嫩江流域、大兴安岭地缘特点，尤其是人物和风俗传说，集中表达了达斡尔人的民族心理、生活习俗和审美取向，具有和其他民族不同的特征。例如，在习俗传说中，详细地讲述了各种民族习俗的来源，饱含着他们对自己民族传统文化的深厚感情。不但具有历史地理、自然环境研究价值，而且具有民俗研究意义。

三、达斡尔族民间故事

达斡尔族自古就有讲故事的传统，民间故事是达斡尔族民间文学的重要门类之一，即使到了 20 世纪四五十年代在民间仍很盛行，直到进入现代传媒时代，讲故事、听故事的人才逐渐减少。所以，达斡尔民间故事题材广泛、种类繁多、数量很大、流传甚广。达斡尔民间故事的搜集整理译介工作是中华人民共和国成立以后开始的，至今已经出版 6 本故事集，其他民间文学也集中收入了一些故事。

达斡尔族民间故事主要流传在四个区域，即内蒙古自治区呼伦贝尔市莫力达瓦达斡尔族自治旗（达斡尔语布特哈方言区）、黑龙江省齐齐哈尔市梅里斯达斡尔族区（达斡尔语齐齐哈尔方言区）、内蒙古自治区呼伦贝尔市鄂温克族自治旗（达斡尔语海拉尔方言区）以及新疆维吾尔自治区塔城达斡尔族聚居区。民间故事内容比较丰富，形式上有韵文体、散文体两种体式，在民间广泛流传，对达斡尔后世生活以及文学发展影响很大。

（一）幻想故事

幻想故事包含丰富的幻想成分，情节离奇，形象生动，充满理想与浪漫色彩，是达斡尔人善良美好愿望的寄托。它起源于原始社会，到阶级社会继续发展，反映了古代社会达斡尔人的生活、习俗、愿望以及人与人之间的关系和社会矛盾。包括民间童话、魔法故事、动物报恩故事、神奇宝物故事、得宝获福故事等，如《鲤鱼姑娘》《江蚌姑娘》《罕力毛和鹿姑娘》《拇指孩儿》《孤儿与黑鹿》《宝石》《小燕衔来南瓜子》《从空中飘下来的仙女》《铁嫩花》《群蜂斗野猪》《向莽盖夺回金银萨克》《孤儿的一碗芝麻》《大萝卜》《哈尼卡》《去杀莽盖》等。在《拇指孩儿》中，老两口日夜盼望有个孩子。一天，老婆子不小心切断了大拇指。大拇指变成了拇指大的小孩子，他一出现就能帮父母干活儿，什么都会。一个有钱人瞧不起拇指孩子，跟他比试，结果输掉了肥猪、骏马和珍珠。如得宝获福故事，善良的穷人无意中或因救人助人而得到宝物，过上了富裕幸福的生活。可是贪婪、凶残的富人却用敲诈、威胁和欺骗的手段，夺去宝物，并加害穷人。但富人获宝后，不是宝物不显灵，就是惨遭横祸，令人啼笑皆非。这类故事往往以儿童日常接触到的事物为线索，非常形象、细腻、生动，富有教益，并立足劳动人民，善恶观念鲜明，相信因果报应；大都讴歌美好的理想、忠贞的爱情、幸福的生活，夸赞自我牺牲、勤劳能干、扶助弱小、互帮互助等美德。

（二）动植物故事

动植物故事以动植物为主体，赋予人的情感和行为，借用虚构方法，反映了达斡尔先人对自然界动植物的认识，折射了社会生活中复杂的人际关系。达斡尔族重要的生产方式是采集、狩猎和渔猎，他们非常熟悉各种花草树木和飞禽走兽，所以在故事中塑造的人参、老虎、狗熊、野猪、刺猬、喜鹊等形象都栩栩如生、生动可感。如植物故事《人参姑娘报恩》，描述了人参成精后报答心地善良的主人公的故事；解释性动物故事《喜鹊为什么喳喳叫》，叙述了由搬弄是非转变为报喜的喜鹊的过程；性格故事

《狗熊与狐狸》塑造了老实的山羊、愚笨的狗熊和狡猾的狐狸三个形象；寓言故事《抢占熊窝的刺猬》叙述了勤劳的狗熊、骄傲自满的刺猬和狡猾的狐狸三者为抢占熊窝斗智斗勇的故事；在《老虎、牛、狐狸》中，老虎和牛本是友好兄弟，可经过狐狸的挑拨，两者互相争斗，酿成两败俱伤的结局，使狐狸从中渔利。其他还有《狼婿》《貉子精》《狐大哥》《老虎为啥不下山了》等。这类故事具有教育启迪作用，告诫人们尤其是儿童要分辨真善美、假恶丑，培养人们良好的思想道德情操。

（三）英雄故事

英雄故事，即莫日根故事。其内容丰富、形式多样、能够吟唱、流传长久；可以翻译成散文，也可以翻译成韵文，在国际国内研究领域受到广泛关注。如英雄史诗类的莫日根故事《库楚尼莫日根》《绰凯莫日根》《阿波卡特莫日根》《绰库尔迪莫日根》《阿勒腾嘎乐布日特》《洪都勒莫日根》《昂格尔莫日根》《德洪莫日根》《德莫日根和齐尼花哈托》《智勇双全的七公子》《熊儿子》以及关于萨吉哈尔迪汗的故事、大力士布库的故事、清代将军故事等。这类故事和其他阿尔泰语系英雄史诗有许多共性，题材多为部落战争，主人公多是半人半神的形象，是出身神奇、英勇威武、能征善战、能骑善射、不屈不挠的英雄人物。莫日根故事的主人公正反面形象都比较突出，包括拟人化的骏马、满盖等。内容情节多为抵御自然灾害、反抗压迫、除暴安良、血亲复仇、婚事斗争、家庭矛盾等，展现了广阔的社会生活画面；英雄偶尔要借助神力，需要神马、神灵相助，可见原始信仰萨满教"腾格日""灵魂不灭"在故事中起重要作用。这类故事顺应自然、听天由命思想逐渐减弱，人的主体地位大大提高。在艺术性上，英雄故事幻想与现实交织，形象突出、壮丽雄浑、气势豪迈，是达斡尔人精神的象征。这类故事还常常使用铺陈、对比、夸张、比喻等修辞手法，语言形象华美、富有韵律，富有较大的艺术感染力和影响力。

（四）生活故事

生活故事指依据现实生活虚构加工而成的故事，大多反映达斡尔人的各种生产活动、邻里关系、家庭矛盾、贫富斗争等内容。尊老敬上故事，如《孝敬老人》《妈妈的眼睛重见光明》《狠心的儿媳妇》《驴为啥"额沃"叫》《忘恩负义的孩子》等；兄弟姐妹关系故事，如《白面饼与银元宝》《兄弟仨》《姐弟俩》《鄂尔克和博尔克弟兄俩》等；爱情婚配故事，如《松树姑娘》《狼婿》《狠心的婆婆》等；机智人物故事，如《在饭馆里》《聪明的媳妇》《小女婿答岳父》《傻三媳妇巧斗达尔僧嘎》《忠奎和邦奎的故事》《阿尔格托和库其托》《黑棒子和红棒子》《孤儿阿列布》《和富人斗智》《喇嘛和木匠》《智斗哈番》等；赞美勤劳品德故事，如《布尔吐迪的奇遇》《阿日嘎钦和瓜姑娘》等。这些故事以现实主义的艺术手法，从不同侧面描述和表现了达斡尔族的社会生活、风俗人情、伦理观念和道德理想，反映了达斡尔人崇尚智慧、辩证思考、爱憎分明、尊老爱幼、团结互助的精神特征和行为规范，具有珍贵的史料和民俗研究价值。

（五）幽默故事

达斡尔幽默故事，俗称笑话。笑话是达斡尔人喜闻乐见的一种故事形式。这类故事具有风趣、幽默的特点，在令人开心发笑的戏剧性情节中，道出了生活的哲理。内容或为揭露、打击、讽刺残暴、贪婪、无耻的敌人、地主、富人等权贵，或为暴露、嘲讽、劝诫愚蠢、无能、虚伪、可笑的平民。如《爱吹牛的皇帝》《马拴在鹤脖子上》《串糖葫芦》《伊玛迪》《比力气》《黑棒子和红棒子》《没有脖子的富哥哥》《吃偏希》等。在思想上具有认识价值、教育意义；在艺术上既尖锐辛辣，也含蓄委婉，呈现出诙谐风趣的风格，是达斡尔人娱乐的一种方式，表现了他们健康、乐观、幽默的心理趣味。

总之，达斡尔族民间故事的特点是：第一，源远流长，口头传播，生动感人，影响广泛，伴随着人类的成长历程而经久不衰。第二，题材广泛、内容丰富，情节曲折生动，常常使用想象、比喻、夸张、比拟、对比等艺术手法，使故事充满理想主义和浪漫主义色彩，表现了达斡尔人对理想生活、美好愿望、高尚情操的向往与追求。第三，民间故事多采用象征形式，往往包含着超自然的、异想天开的成分，从生活本身出发，但又并不局限于生活实际，既真实合理，也虚幻梦想化，体现出达斡尔人对自然和人的最初思考。第四，故事传承了中国少数民族灿烂的文化、记载了民族的发展轨迹，对探究世居我国北疆的达斡尔族早期社会形态、物质文化和民情风俗的特点和全貌具有重要参考价值。

四、达斡尔族民歌

达斡尔族民歌是达斡尔族先民们的口头创作，思想与情感丰富，反映了达斡尔人社会生活的多个侧面，在其民间文学里占重要地位。如咒语、萨满经、祝赞辞、劳动歌、生活歌、情歌、教诲歌和新民歌等，结构多为四句或两句一段。如《打猎人的歌》《打雁歌》《捕貂歌》《富饶的河流》《放鹰歌》《采果歌》《采柳艾》《好歌善舞的达斡尔人》等，还有史诗《阿拉坦噶乐布尔特》，长诗《薄坤绰》，等等。"罕伯岱达斡尔族"民歌被列为首批省级非物质文化遗产名录。

舞春（乌钦）：舞春是达斡尔族的长篇叙事诗，内容十分丰富，是达斡尔族人民口头或书面创作的韵文作品，其题材广泛，形式多样。从内容看，有反映民族、阶级矛盾的，如《少郎和岱夫》，是达斡尔族民间长篇乌钦中的经典之作；有反映婚姻爱情悲剧的情歌，如《哎呀，我的妈呀》《雅里西翁》；有反映达斡尔社会生活的，如《在兵营》《送夫从军》；还有反映教诲劝诫的，等等。在形式上，其篇幅较长、结构完整，注意使用类比、铺陈等多种手法塑造人物形象，在叙述中夹杂抒情，常常使用比兴、夸张、排比、拟人等艺术手法，使听者产生强烈的思想感情共鸣，具有较强的传播力与影响力，在民间广泛流传。尤其到了清代和近代，舞春从内容到形式日臻成熟，涌现出大量作品。达斡尔人开始学习满文后，产生了文人舞春，把达斡尔族口头文学引向了书面文学的创作道路。达斡尔族文学与汉族文学的关系极为密切，汉族的《三国演义》《水浒传》《隋唐演义》等古典小说，通过满文介绍，被编成舞春，在达斡尔民间传诵；民间文学中长工嘲弄地主之类的故事，也明显地受到了汉族故事的影响。舞春，于2006年被列入国家级非物质文化遗产名录。

《少郎和岱夫》：《少郎和岱夫》是达斡尔族著名的叙述长诗，热情歌颂了清末达斡尔人民反抗民族压迫、阶级压迫的不屈不挠的斗争精神，共计 2000 多行，可以联唱 17 个小时，是长篇舞春的经典之作，曾获得我国民间文学优秀作品奖，成为达斡尔族文学中的瑰宝，具有较高的史学和文学价值。

1903 年中东铁路通车后，齐齐哈尔铁路沿线地区地主经济快速发展，民族内部贫富分化，剥削关系加剧，达斡尔地区出现了高利贷、官商勾结现象，黑龙江督军的军队掠夺民脂民膏、为非作歹，使得广大达斡尔民众贫困潦倒、流离失所。以少郎和岱夫兄弟为首的穷苦百姓掀起一场反抗封建压迫的武装斗争。起义之后，他们连续攻破了几处地主大院，用缴获的枪支马匹武装、壮大了队伍，他们袭击兵营、打击敌人，在齐齐哈尔周边地区造成了很大影响；他们"杀官济贫"，沉重打击了帝国主义支持下的东北军阀和封建地主，表现出了武装起义军的阶级本色，成为中国近代民族民主革命的组成部分；但是他们没有做到组织群众、壮大队伍，最终因寡不敌众遭到失败。斗争虽以悲剧结局，但是在达斡尔地区家喻户晓、世代传唱、经久不衰。

20 世纪 60 年代开始搜集整理，迄今为止，搜集到的《少郎和岱夫》有五六个变体，故事情节略有出入、演唱技巧和艺术手法也不尽相同。总体看《少郎和岱夫》的艺术特色是少郎和岱夫两个英雄形象塑造得比较成功。少郎沉着老练、足智多谋、精于骑射、文武双全；岱夫敦实憨厚、鲁莽倔强、快人直肠、透明暴烈、不计后果。长诗还勾勒了一些次要人物和反面角色，比较全面深刻地反映了当时的社会矛盾和阶级斗争。在演唱上，有的变体全部演唱，有的加入了对白；无论叙事、对话、赞美，都一气呵成；情节紧凑曲折、引人入胜；常常使用赋比兴、夸张、铺陈、渲染、重复、排比等手法；在语言运用上，吸收、提炼了大量达斡尔民间词汇，清新刚健、生动传神、绚丽多彩、幽默又富有逻辑力量。总之，《少郎和岱夫》是一出壮烈的悲剧，是一曲英雄的颂歌，是一首弘扬民族精神的激情歌唱。

扎恩达勒：是达斡尔族长调体民歌，较为奔放，常在森林、野外演唱，富有山野歌风格。"讷耶、尼耶"四字组成的第一句歌词，产生时代比较早，是先民刚从牧猎学会农耕和定居时唱出的。时至今日，达斡尔人仍然时时清唱这一句歌词；在有其他内容的扎恩达勒歌词里，达斡尔人仍将"讷耶、尼耶"按衬词形式保留下来。

达斡尔族民歌的特点是：第一，起源比较早，流传广泛。同一首民歌在流传过程中常常出现异地变体，如《少郎和岱夫》《齐尼花茹》，说明民歌具有历史的悠久性和民间文学的特点。第二，达斡尔族民歌反映了达斡尔人的世界观、宗教观和价值观。第三，达斡尔族民歌反映了达斡尔人社会生活和经济生活特点，反映了他们的风俗习惯、心理特征、生活情趣和审美意趣。

勤劳智慧的达斡尔族人民在漫长的历史进程里，以口头文学形式，创造了丰富多彩的神话、传说、故事、舞春、民歌等，反映了达斡尔人的农业、牧猎、渔业生活，也保留了萨满教的祷词、歌词，其哲学思想是尊重自然、崇尚勤劳智慧、齐心协力，赞赏不平则鸣，敢于与恶势力作斗争；价值观为崇拜、讴歌保家卫国的英雄人物，推崇劳动品质，赞美以维持生计为家庭生活目标的勤劳、聪明、能干的人，体现了达斡尔族人民适应自然、追求幸福的愿望，为人类文明留下了一份宝贵的非物质文化遗产。

第二节　达斡尔族作家文学

达斡尔族作家文学是中国少数民族中起步较早的民族作家文学之一。根据历史脉络，可以把达斡尔族作家文学划分为三个阶段，即19世纪末至20世纪初、20世纪50—70年代、20世纪80年代至21世纪。历史是一个过程，作家文学发展成熟也是一个渐进的过程。在这三个阶段中，都有代表性的作家作品，他们是这个阶段文学的高峰，也标志着这个阶段文学的主要特征和成果。其间留白并不是间断，而是铺垫或是酝酿，即使是在历史的长河里一闪即逝、没有留名的作者，也是文学发展繁荣不可或缺的组成部分，即使不能名垂青史，也是功不可没。

一、19 世纪末至 20 世纪初的达斡尔族作家文学

早在清代，随着经济的繁荣、教育的兴起、各民族交流的频繁，达斡尔族在满族文化的影响下逐渐形成了较为广泛的满达双语文化现象。清中叶以后，清朝的统治由盛而衰，而作家文学的发展却达到了鼎盛时期。达斡尔族作家用达呼尔语及满文进行文学创作，作品以手抄本形式在民间流传，并逐渐形成了达呼尔文学语言，出现了一定数量的书面文学作品，由此开创了达斡尔族书面文学之先河。如舞春，就是用满文写作的文人作品。敖拉·昌兴、钦同普、玛玛格奇、孟希舜等杰出作家的作品，以深厚的历史生活内容、淳朴的情感、瑰丽的艺术风格，在达斡尔文学史上闪耀着绚烂的光彩，使达斡尔族文学走向了一个新的发展阶段，为后来达斡尔族文学的发展奠定了基础。但是，清代达斡尔族的书面文学作品保留至今的不多，主要有部分散文和部分诗歌，如以手抄本形式在民间流传的叙事诗《赴甘珠尔庙会》《在齐齐哈尔看戏》，都长达 300 余行，是宝贵的文学遗产。

1. 敖拉·昌兴（1809—1885）：敖拉·昌兴是清代达斡尔族杰出的爱国诗人，多金莫昆氏，祖籍莫力达瓦旗登特科村。姓敖拉，名阿拉布坦，学名昌兴（又译作常兴），字治田（又译作芝田）。公元 1809 年（嘉庆十四年）出生于现在的内蒙古自治区鄂温克自治旗（索伦左翼旗）南屯一个达斡尔贵族家庭，1885 年（光绪十一年）敖拉·昌兴病故，享年 76 岁。

敖拉·昌兴从小就受到了良好的教育和文化熏陶，精通满、蒙、汉、藏等多种文字；在音乐、书法、绘画方面也有造诣，是清代中叶鼎盛时期作家文学孕育出的一位优秀诗人、杰出文人。敖拉·昌兴在达斡尔族中妇孺皆知，被称为达斡尔族的"文学宗师"。他在达斡尔族文学史上起了承上启下的作用，并且促进了汉、蒙、满、达等民族之间的文化交流，加强

了各民族之间的友谊。

1824 年，15 岁的敖拉·昌兴跟随父亲进京觐见道光皇帝，他把沿途经过的村庄、城镇、山河绘制成简略的地图，并用叙事诗的形式记录下所见所闻，形成了处女作《京路记》。1851 年奉朝廷之命，他跟随黑龙江将军英隆以索伦左旗佐领的身份巡查额尔古纳河和黑龙江边境，他把一路上的所见所闻以诗的形式记录下来，并用满文书写成长篇叙事诗《巡察额尔古纳河、格尔必齐河》和《巡边即兴》。1878 年左右他遭受黜免，身陷囹圄，出狱后告别家乡，隐居密林，不问政事，游山玩水，赋诗吟歌，著有田舍诗《田舍记》《依仁堂记》等。《黑龙江志稿》称其"用达呼尔俗语编著诗歌，一时人争传诵之"。

敖拉·昌兴一生诗、词、歌、赋作品很多，并有游记数种，但不少已经遗失。据记载，他有《京路记》《田舍记》《依仁堂记》《官便漫游记》等诗集；有《胡吉尔诺尔敖包记》《阿尔山碑文记》《海兰察将军碑文记》和《壬辰年间乡村长老共议村事纪要》等散文；有舞春六七十篇。最有影响的代表作是记游诗《巡察额尔古纳河、格尔必齐河》和《巡边即兴》。此外还有《蝴蝶花的烟荷包》《四季赞》《戒酒歌》《思乡诗》《驻守边卡》等，描写了边防将士的戍守生活和思乡之情。

《巡查额尔古纳河、格尔毕齐河》：这首长篇叙事诗是敖拉·昌兴的代表作，创作于 19 世纪 50 年代。该诗采用达斡尔族民间叙事体歌曲"舞春"的形式描绘、歌颂了大自然的秀美风光，表达了诗人热爱祖国北部壮丽多姿山河的思想感情；也赞颂了中国人民抵抗沙俄侵略的斗争精神，勾勒出官兵团结一致、同仇敌忾、誓守疆土的豪情壮志。

2. 钦同普（1880—1938）：又名乌尔龚博，莫尔丁姓氏人，汉姓孟，名庆元，字同甫。出生于现在的内蒙古自治区莫力达瓦达斡尔族自治旗。钦同普是达斡尔族近现代著名学者和作家，是清末民初达斡尔族又一位杰出文人。钦同普曾任骁骑校、佐领总管署笔帖式。他自学成才，通晓满文和汉文，既用汉文撰有《达斡尔族民族志稿》，还用满文译音转写达斡尔语诗歌，可谓早期双语创作先驱之一。

钦同普出身贫寒，青壮年时期求官不成，一生穷困潦倒，所以他的思想感情倾向于劳动人民。他创作过不少满文字母拼写的达斡尔语舞春作品，如《捕鱼歌》《伐木歌》《耕田赋》《读书篇》《酒戒》等。诗作思想内容丰富，大都反映了劳动人民的生产生活情景以及他们生活的不幸和劳动的艰辛，颂扬了他们的勤劳与智慧，表达了诗人对劳苦大众的深刻理解与同情。形式风格富有民族特色。

二、20 世纪 50—70 年代的达斡尔族作家文学

中华人民共和国成立后，经济飞速发展，文化也健康发展。中国作家协会高度重视少数民族文学事业的发展，对每一位少数民族作家关怀备至，大大激励了少数民族作家的创作热情。中国作协积极组织少数民族作家深入生活，重点扶持作品、培养青年作家、加强对外文学交流，加大了对少数民族作家的支持力度；中国作协还支持办好少数民族文学园地，加强理论评论，搞好少数民族文学创作"骏马奖"评奖工作，加强与西部少数民族地区作协合作，实施少数民族文学翻译工程，这一切都促进了少数民族文学创作。达斡尔族作家文学在这个时代的新气象里，进一步繁荣发展，涌现出新中国成立后第一代作家，创作出富有时代特色的崭新的作品。

1. 孟和博彦（1928—2007）：原名赵结实。原籍黑龙江省齐齐哈尔市。是达斡尔族文学界著名的作家、文学评论家。

孟和博彦童年在北平（现北京）读书，后到河北张家口上中学。1945 年参加革命，次年加入中国共产党。1964 年毕业于内蒙古大学中文系文艺研究班。历任中国作协第四届理事，第五届、六届名誉委员，内蒙古文联党组书记、代理副书记，内蒙古作家协会副主席，《内蒙古文艺》《草原》《民族文艺论丛》主编，少数民族文学委员会主任，内蒙古文艺评论家协会顾问等。

孟和博彦出版、发表过评论、杂文集《欣欣向荣的内蒙古文学》《孟

和博彦评论文集》，电影文学剧本《嘎达梅林》，小说《失误的伯乐》《通红的晚霞》《兽医宝迪》《北国枫》等；报告文学《足迹》，诗歌《啊！我亲爱的祖国》等。

孟和博彦的作品曾多次获国家、自治区文学创作奖。报告文学《足迹》获 1981 年第一届全国少数民族文学创作奖，评论《时代精神与民族特色》获 1985 年第二届全国少数民族文学创作优秀评论奖，报告文学《足迹》、电影文学剧本《嘎达梅林》获 1981 年内蒙古自治区文学戏剧电影创作奖，评论《充满山林气息的狩猎者之歌》获 1985 年内蒙古自治区首届文学创作"索龙嘎"奖，评论《人民性与民族性》获 1987 年内蒙古自治区第二届文学创作"索龙嘎"奖。这些作品不仅在我国少数民族当代文学史上占有重要地位，而且也是中国当代文学史的重要内容。

2. 额尔敦扎布（1938—　）：内蒙古海拉尔人，中共党员。额尔敦扎布出生在一个达斡尔族牧民家里，但是从小就和蒙古族的玩伴儿一起放牧、在伊敏河里游泳，并学会了蒙语；上学期间学的也是蒙古文，因而，他与蒙古族文化结下了不解之缘。1963 年，额尔敦扎布毕业于内蒙古大学蒙古语言文学系，1954 年参加工作，1963 年后历任《内蒙古日报》编辑、记者，《呼伦贝尔日报》编辑、记者，《黑龙江日报》记者，内蒙古大学蒙语系教师、中外文学史教研室主任、研究员，内蒙古自治区人大常委会委员、民族委员会主任。

额尔敦扎布 1979 年开始发表作品，1991 年加入中国作家协会。著有长篇小说《伊敏河在潺潺地流》《深秋》（上、下集），专集《额尔敦扎布中短篇小说集》，纪实小说《凌升》《千年风云第一人——成吉思汗》（合作）等。《漫漫的草原》《伊敏河在潺潺地流》分别获得内蒙古自治区第一、第三届文学创作"索龙嘎"奖，《牛老汉》获 1987 年内蒙古自治区第二届文学创作"索龙嘎"奖。

《伊敏河在潺潺地流》：创作于 1988 年，是用蒙古文创作的、以生活在伊敏河畔达斡尔族牧民生活为题材的长篇小说，是达斡尔族文学史上第一部长篇小说，获得内蒙古自治区第三届文学创作"索龙嘎"奖。这部小说既有达斡尔族特点，又有浓郁的伊敏河流域地区特色，以在思想、艺术方面的显著成就，在文坛产生广泛影响，也奠定了额尔敦扎布在文坛"达斡尔作家"的地位。

3. 巴图宝音（1933—2011）：中共党员。原名乔栋梁，笔名托木·瓦韧·泰波。出生于黑龙江省齐齐哈尔市郊区。1941年入学读书，1950年毕业于扎兰屯纳文中学。同年参加工作，在内蒙古鄂伦春自治旗小学、旗委、旗委组织部工作多年，历任教师、副校长、干事、副部长等职。其间阅读大量"俄苏文学"作品和鲁迅作品。

1952年，巴图宝音在《内蒙古日报》发表诗歌《谢谢您，毛主席》，是其处女作。后相继在《人民日报》《草原》等报刊发表多篇（首）小说、散文、诗歌。诗歌《勇敢的交通员》获得内蒙古自治区文艺创作三等奖。1962年他进内蒙古大学文艺研究班学习，1965年毕业后调至内蒙古文联《草原》编辑部工作。其间创作出一些报告文学、小说和童话；出版了儿童文学集《漫话山上人》。1984年调至中国作家协会《民族文学》杂志社任编辑，同年加入中国作家协会。翌年，调至中央民族学院（现中央民族大学）文艺研究所工作，任研究室主任、副研究员。其间，主要从事民族文学和文化研究，翻译出版了《鄂伦春民间故事集》，获得内蒙古自治区首届民族民间文学评奖二等奖；散文《猎村歌声》获得内蒙古自治区文学创作二等奖；撰写出版了《达斡尔风俗志》，并在《中国少数民族当代文学史》一书担任副主编；《中国北方少数民族文化》一书担任主编；合著出版《中华民族》《教育大辞典》；合著5集电视连续剧本《相思草》、13集电视连续剧本《巴拉根仓》、15集电视连续剧本《骁郎、岱夫传奇》。此外，他还发表了多篇文学评论文章，论文《论鄂温克族民间文学》（合作）1985年获内蒙古自治区首届文学创作"索龙嘎"奖；为少数民族文学事业繁荣发展做出了贡献。内蒙古作家协会于1986年为其颁发"三十年来为繁荣发展内蒙文学事业做出显著贡献"荣誉证书；国家民委于1989年授予其"长期从事民族工作"荣誉证书。

4. 乌云巴图（1937—　）：笔名克印，黑龙江省齐齐哈尔市富拉尔基区人。1952 年参加工作。1955 年考入内蒙古蒙文专科学校，并开始文学创作。1956 年在《内蒙古青年》发表抒情诗《鲜花献给谁》，是其处女作。1956 年 7 月毕业后分配到内蒙古日报社从事编辑工作，其间发表《莫合尔吐河畔的达斡尔勇士》等多篇中短篇小说。1962 年，调至呼伦贝尔盟鄂温克旗文化馆任创作员，又创作出了一些作品。"文化大革命"中，他被打成文艺黑线人物、"反党叛国分子"，受尽磨难。1978 年以后重新笔耕。1981 年进内蒙古大学文艺研究班学习，1983 年毕业后调至鄂温克旗文联从事专业创作。任内蒙古作协第三、四届理事。1990 年加入中国作家协会，成为文学创作二级作家。

乌云巴图用蒙、汉两种文字写作。著有长篇小说《草原人的爱》，中短篇小说集《乌云巴图作品集》，长篇传记《改变命运》，电影文学剧本《库米勒与白蘑菇》，草原风情电视短剧《心曲》等。

短篇小说《爱情》获得 1957—1980 年内蒙古自治区文学创作三等奖，《超级女牧民》获得内蒙古自治区庆祝建国 40 周年征文一等奖，中篇小说《目光》获得呼伦贝尔盟首届文艺创作"骏马奖"一等奖，散文《展望巴彦塔拉》获中国作家世纪论坛一等奖。

5. 哈斯巴图尔（1930—2002）：笔名卡索迪，黑龙江省讷河县人。系中国作家协会内蒙古分会会员，呼伦贝尔市作协副主席、副编审，《骏马》杂志副总编。1948 年毕业于内蒙古军大二院。曾任连、营文化教员和团政治处文化干事，其间开始文艺创作。1953 年为骑兵第五师的文艺检阅创作的《保卫祖国建设》获得一等奖。1954 年转业，先后任呼伦贝尔日报社记者、编辑、盟委新闻报道干事。

哈斯巴图尔发表近二十万字散文、报告文学、特写、通讯和小说。20世纪 80 年代以来，他连续在《呼伦贝尔文学》《草原》《民族文学》等刊物上发表中短篇小说，如《谢伦山上》《山林骄子》《枣红马和勒勒车》《爱的绿洲》《孟果山情思》《欢笑吧，瓦依拉尔河》《假鹿》《七月的洪峰》等。哈斯巴图尔的小说精心选材，构思巧妙，新奇生动，朴实无华，善于捕捉提炼感受深切的生活细节，具有浓郁的时代气息和呼伦贝尔民族地区特色。

三、20世纪80年代至21世纪的达斡尔族作家文学

进入了20世纪80年代以后，中国出现了社会转型和文化转型。世界文化对中国的现实生活产生了巨大而深远的影响。文化人参与了整个文化领域的文化认同行动，他们以各种形式对文化的根基与身份进行追究，文化封闭状态不复存在，多元文化相互依存与发展，少数民族文化的特殊性与世界文化的普遍性并存共进。在宽松的多元文化背景下，在丰厚肥沃的民族历史文化土壤的滋养下，达斡尔族作家既有选择地接受了异质文化的影响，又自觉地保持着本民族文学的特殊精神，表现出旺盛的创作势头，为读者奉献了一批富有地域特色和民族气息的作品，展现了达斡尔族的历史传统、自然和人文景观，体现出达斡尔族作家的创作才能和艺术素养。

由内蒙古文联、呼伦贝尔盟文联主办的"内蒙古达斡尔、鄂伦春、鄂温克民族文学创作会"于80年代初开始举办，至2015年已经举办了十八届，对"三少"文学包括达斡尔族作家文学的繁荣和作家的成长起了重要作用。

这个阶段成绩显著的作家一部分是跨时代的作家，如孟和博彦、额尔敦扎布、巴图宝音和哈斯巴图尔。他们复出文坛，热情高涨，用多年的思想沉淀与艺术积累，创作出一批比较厚重的作品；另一部分是达斡尔族青年作家，如阿凤、苏华、萨娜、苏莉、张华、苏勇、鄂玉生、阿军、诺敏、那顺宝等。达斡尔族作家群，在内蒙古文坛形成一道靓丽的风景。

20世纪80年代以来，达斡尔族女性作家创作活跃，在文坛形成一个独特的现象。2005年呼伦贝尔学院王云介教授在《呼伦贝尔作家研究》一书中，首次提出"达斡尔族作家群"概念："……他们正是以这种整体性的实力吸引住了人们的目光……"2008年，中国作家协会民族文学杂志社和内蒙古莫力达瓦达斡尔族自治旗旗委、旗政府在北京联合举办了达斡尔族女作家作品研讨会。阿凤、萨娜、张华、苏晓英、敖文华、雷志芬、敖

蓉以及苏华、苏莉、苏雅三姐妹与会，交流了创作经验，得到了专家的肯定。达斡尔族女性作家不约而同地把探询的目光投向民族的沧桑历史和复杂的社会现实，传达出关于人与自然、人与社会、民族历史与未来等多方面问题的思考，体现出浓厚的民族关怀与创作热情。

由于莫力达瓦达斡尔族自治旗文学创作队伍不断壮大，2009 年 8 月 12 日，"中国作家协会民族文学创作基地"在呼伦贝尔市莫力达瓦达斡尔族自治旗挂牌建立，这既给全国少数民族作家提供了一块创作实践基地，也推动了莫力达瓦达斡尔族自治旗文学创作事业的进一步发展。

世纪之交，达斡尔族作家文学包括诗歌、小说、散文、剧本、文学评论、翻译文学、报告文学、儿童文学等体裁。

小说群体有代表性的作家作品有：额尔敦扎布长篇小说《伊敏河在潺潺地流》《深秋》（上、下集）、《额尔敦扎布中短篇小说集》，乌云巴图小说集《乌云巴图作品集》，哈斯巴图尔小说集《山神脚下》，阿凤小说集《木轮悠悠》，苏华小说集《牧歌》，萨娜小说集《你脸上有把刀》，长篇小说《多布库尔河》，昳岚小说集《初春的夜晚寒凉》，苏莉短篇小说《红鸟》，娜恩达拉长篇小说《白手帕红了》，晶达长篇小说《青刺》，等等。

散文群体有代表性的作家作品有：苏华散文集《母鹿—苏娃》，苏莉散文集《旧屋》《天使降临的夏天》，昳岚散文集《追寻你的踪迹》《哀鸿阿穆尔》，敖继红散文集《心之虹》《界河军魂》，娜日斯小说散文集《文学奇葩》，敖文华散文集《嫩江我蓝色的摇篮》，孟根散文集《尼尔基湖边的遐思》，等等。

诗歌群体有代表性的作家作品有：诺敏歌词《草原炊烟》《迁徙》，苏勇散文诗集《木库莲声》，慕仁诗歌《渴望抑或拒绝》，晶达组诗《润土》，等等。

戏剧有代表性的作家作品有：孟和博彦电影文学剧本《嘎达梅林》，巴图宝音电视连续剧本《骁郎、岱夫传奇》，乌云巴图电影文学剧本《库米勒与白蘑菇》，等等。

报告文学以孟和博彦《足迹》为代表。

儿童文学以巴图宝音《漫话山上人》、苏华《母牛莫库沁的故事》、苏莉《邻人》等为代表。

文学评论以孟和博彦《孟和博彦评论文集》为代表。

达斡尔族世纪之交文学创作取得了令人瞩目的成绩，荣获了各种文学创作奖励。阿凤的短篇小说《嘻，女人》1990年获得第三届全国少数民族文学奖特别奖，短篇小说集《木轮悠悠》1999年获得第六届全国少数民族文学创作"骏马奖"；苏华的小说《母牛莫库沁的故事》获得内蒙古自治区第四届文学创作"索龙嘎"奖；萨娜小说集《你脸上有把刀》获得第八届全国少数民族文学创作"骏马奖"，散文《喀秋莎姨妈》获得全国第三届"红豆"精短文大赛一等奖，中篇小说《达勒玛的神树》获内蒙古自治区第九届文学创作"索龙嘎"奖，《多布库尔河》获得内蒙古自治区第十一届文学创作"索龙嘎"奖；苏莉的短篇小说《红鸟》获得内蒙古自治区第三届文学创作"索龙嘎"奖；散文集《旧屋》获得第七届全国少数民族文学创作"骏马奖"、内蒙古自治区第七届文学创作"索龙嘎"特别荣誉奖及通辽市第六届"科尔沁"文艺特别大奖；赛音塔娜的民间文学作品集《达斡尔民间故事》、苏勇的民间文学作品集《达斡尔民间故事专集》获得内蒙古自治区第三届文学创作"索龙嘎"奖；娜日斯的民间文学作品集《达斡尔民间故事百篇》获得内蒙古自治区第五届文学创作"索龙嘎"奖；晶达的小说《青刺》获得内蒙古自治区第十一届文学创作"索龙嘎"奖；等等。

1. 阿凤（1960—　）：女，1960年出生于内蒙古莫力达瓦达斡尔族自治旗。1988年毕业于齐齐哈尔师范学院中文系。1979年在莫旗农机修造厂工作，1982年调至莫旗文化馆，1992年调甘肃省体育工作第一大队。于1981年开始发表文学作品，2003年加入中国作家协会。著有中短篇小说集《木轮悠悠》，散文集《木刻本色》《书写本色》等。短篇小说《嘻，女人》1990年获得第三届全国少数民族文学奖特别奖；短篇小说集《木轮悠悠》1999年获得第六届全国少数民族文学创作"骏马奖"；1999年《木轮悠悠》获得甘肃少数民族文学"铜奔马"奖荣誉奖，2004 年获得甘肃省黄河文学奖荣誉奖；2008 年《我与奥运为邻》获得由民族文学杂志社等单位举办的全国"我与奥运"征文散文二等奖，2009 年获得甘肃省第三届黄河杯文学评奖优秀奖；2009 年《书写本色》获得甘肃省第五届少数民族文学奖三等奖。

阿凤是达斡尔族女作家中最早步入文坛的，其创作具有开创性意义。她在对本民族文化认同和皈依的同时，积极探索，努力开拓，真实地表述自己的文化体验和审美感受，探索出自己的文学之路。阿凤还是最早关注达斡尔族女性命运与心理的作家，她的小说《遥远的月亮》《嘻，女人》真实地描绘了达斡尔女性的命运，在达斡尔的自然人文环境里展示了达斡尔族女性独立自尊意识的形成过程。她在达斡尔民族文化建构与对女性意识的张扬中，获得了存在价值与书写意义。

《遥远的月亮》：阿凤的小说《遥远的月亮》以鲜明的女性意识塑造出一系列传统与现代女性形象，表现了女人独立不倚的精神，礼赞了男女平等的人格与爱情，表达了女性的生活理想与愿望，也是对达斡尔族女性的关爱与期待。作品在较长的历史跨度下，以第一人称"我"为叙述者，描述"我"家的小保姆色得热的身世、性格和命运，以色得热姥姥、妈妈和色得热三代女人的不同性格与命运，探索了达斡尔女人的婚恋问题，展现了不同时代达斡尔女人的生存状况和个性心理，表达了达斡尔女人对美好爱情的向往和幸福生活的渴望，为读者留下想象空间，引人深思。小说结构严谨，脉络清晰，语言淳朴流畅，细节真实生动，如表姐坐锅台抽烟、葛根莎日乐在办公室接吻、色得热私奔等，既塑造了女性的典型性格，也展现了时代的进程，具有时代气息、民族色彩和较强可读性。阿凤说："虽然在作品里倾诉的是我的情感，但所有的人物都是达斡尔人。我竭力用我的艺术形象展示达斡尔人的风土人情，展示达斡尔人祖祖辈辈赖以生存的没有污染的自然环境，展示连绵起伏的莫力达瓦山和源源流淌的纳文慕仁……"（《木轮悠悠》后记）。

2. 苏华（1957—　）：女，出生于内蒙古呼伦贝尔市莫力达瓦达斡尔族自治旗尼尔基镇。1973 年参加工作，做过达斡尔语播音员，1986 年于内蒙古师范大学中文系文学艺术理论研究班毕业之后，回到莫旗文化局工作，1993—1994 年在莫旗税务局、地税局工作。于 1982 年开始文学创作，1991 年加入内蒙古作家协会，1998 年当选为内蒙古作家协会第五届全委会委员，2001 年当选为呼伦贝尔作家协会副主席，2002 年成为中国作家协会会员。

苏华热爱生活、执着书写。她既写小说，也写散文，并都有脍炙人口的佳作。她发表小说、散文、随笔、报告文学、民间故事、民间传说、通讯等近百万字。著有短篇小说集《牧歌》，散文随笔集《母鹿·苏娃》。短篇小说《母牛莫库沁的故事》荣获内蒙古自治区第四届文学创作"索龙嘎"奖，短篇小说《缀满秋香的山坡》获得第二届全国少数民族文学创作"骏马奖"，散文随笔集《母鹿·苏娃》获得第三届全国少数民族文学创作"骏马奖"；2004 年，她荣获国家图书馆颁发的《国家图书馆图书收藏证书》。苏华在文学家园辛勤劳作，取得了突出的文学成绩，为弘扬达斡尔民族文化做出了贡献。

《母牛莫库沁的故事》：是苏华一篇优秀的小说作品，获得内蒙古自治区第四届文学创作"索龙嘎"奖。小说以一个小姑娘为视角，写"我"眼里、心里的母牛莫库沁从出生到死亡的生命历程。小说把苦命的莫库沁的命运和时代纷纭变化紧密联系起来，把母牛人格化，成功塑造出一个鲜明而独特的艺术形象。小说主题思想深刻，情节曲折动人，具有独特的艺术魅力。苏华有敏锐的观察力和文字表达功力，她拥有新鲜而丰富的达斡尔族生活素材，并用蘸满情感的笔墨进行书写；她善于描写生活细节，使用简短的语言突出人或动物的特征，神态描写逼真生动，受到读者喜爱。苏华作品思想感情的核心是她不变的民族情愫和缱绻的故乡情结，即"我是达斡尔族人"和弘扬达斡尔民族文化的责任感；体现着她强烈的民族自尊心、自信心和自豪感。苏华作品还流露出鲜明的生态意识和对自然万物的博大爱心，对大自然与人类面临的生态灾难充满忧虑。

3. 昳岚（1957—　）：本名张华。中国作家协会会员、中国作家协会鲁迅文学院第四届少数民族高级研讨班学员。毕业于黑龙江中医药大学，曾就职莫旗人民医院。1991 年开始文学创作，迄今在《草原》《民族文学》《散文选刊》等发表作品近二百万字。著有散文集《走出方格》《追寻你的踪迹》《哀鸿阿穆尔》等；小说集《初春的夜晚寒凉》、长篇小说《无始之忧》等。曾获得内蒙古自治区文学创作"索龙嘎"奖，《中国作家》第二届青年全国大奖赛散文二等奖，中国散文学会 2012 年年会评奖二等奖，连续六次获得全国少数民族文学创作"骏马奖"。散文入选各种版本。

《追寻你的踪迹》：映岚于 2003 年沿着一条民族血脉足迹，义无反顾地只身自费前往新疆塔城、伊犁霍尔果斯等达斡尔地区考察，采访了 250 多年前为保卫祖国边疆而迁徙新疆的达斡尔人后裔，亲身体验追寻同胞西迁过程中的历史文化、各种经历、民俗风情。她用日记体，以饱含民族情愫、沉郁幽婉的笔触，写成《追寻你的踪迹》，记述了告别东北老家、徒步西迁的达斡尔五百官兵及其家属的种种艰难困苦以及戍边屯垦大西北的不凡事迹。随之，她又访问了俄罗斯阿穆尔州阿尔巴津诺、精奇里江（结雅河）等达斡尔人祖居地，写成散文集《哀鸿阿穆尔》，再现了达斡尔人抵抗沙俄侵略、保卫边疆、保卫家乡的悲壮惨烈的历史。映岚系列散文基调激昂沉郁，坚韧柔美，厚载历史文化，为读者细致梳理了整个达斡尔族的来龙去脉，以文学的方式构建了一部达斡尔族悲壮的迁徙史和戍边史，热情讴歌了达斡尔人保家卫国的骁勇强悍、坚忍不拔、勇于牺牲的精神气节，赞美了达斡尔人顽强的生存智慧和坦然相容的人生态度。

4. 萨娜（1960—　）：女，敖拉姓氏，1960 年出生于大兴安岭牙克石，现在内蒙古莫力达瓦达斡尔族自治旗生活。自 1977 年参加工作，历任大兴安岭牙克石林业设计院绘图员，大兴安岭吉文林业一中、莫力达瓦达斡尔族自治旗民族中学教师，莫力达瓦旗文化馆编创，馆员。1993 年开始文学创作，至今发表小说 200 多万字。2002 年加入中国作家协会。2005 年当选为内蒙古自治区作家协会副主席。著有长篇小说《多布库尔河》，中篇小说《有关萨满的传说与纪实》《阿西卡》《一种走向》《你脸上有把刀》等，短篇小说《结局》《幻想的河流》等。《有关萨满的传说与纪实》《幻想的河流》受到好评并有专家的评论在《作家报》《当代》刊登。短篇小说《结局》获 1999 年《中国作家》优秀小说奖。作品被多家选本选载。2002 年参加"鲁迅文学院全国首届中青年作家高级研讨班"。2003 年参加第四届全国少数民族创作会议。

《多布库尔河》：《多布库尔河》是萨娜的长篇小说，获得内蒙古自治区第十一届文学创作"索龙嘎"奖。小说通过塑造古迪娅、卡思拉、乌恰奶奶等鲜活的艺术形象，再现了鄂伦春人在传统文化与现代文明冲突中的心灵感受与矛盾，对逝去岁月与传统生产生活方式的无比留恋与感伤、面对现代新生活的不适与不安，暗示出鄂伦春年轻人应该承担起传承自己民族文化的责任与使命。《多布库尔河》的意义和价值主要体现在把鄂伦春族的过去、现在和未来连接一处，构成一部完整的民族心灵史。萨娜的文学创作不仅书写本民族，在书写其他少数民族生活中也取得了令人瞩目的文学成就。

5. 苏莉（1968— ）：女，内蒙古莫力达瓦达斡尔族自治旗人。1991 年毕业于南京大学中文系。1987 年参加工作，当过工人、工会干事、文秘档案员等。1998 年调至通辽市文艺创编室从事专业创作。系中国作家协会会员、中国散文学会会员、中国少数民族作家学会会员、国家一级创作员。曾任第九届全国青联委员、内蒙古自治区第九届青联常委、通辽市第一届青联常委、通辽市第二届政协委员。她 1987 年开始发表作品，2006 年加入中国作家协会。作品发表于《上海文学》《民族文学》《草原》《文艺报》等刊物，有多篇作品入选《1991 散文年鉴》《生命的眼光》等散文选本。散文集《旧屋》获得 2002 年第七届全国少数民族文学创作"骏马奖"，同年获得内蒙古自治区第七届文学创作"索龙嘎"奖，2003 年获得通辽市第六届科尔沁文艺特别大奖。2009 年散文《老蟑和干菜》入选内蒙古大学出版社新编《大学语文》教材。出版散文集《旧屋》《天使降临的夏天》等。

《旧屋》：《旧屋》是苏莉的散文集，2002 年获得第七届全国少数民族文学创作"骏马奖"。她的作品带有自传性色彩，主要描述故乡的山川河流、山村小镇和亲友往事。在艺术形式上，叙述者常以自我为中心，以回顾为视角，从记忆中撷取素材，选取人生的某一时间结点，驻足凝思，表意抒情。苏莉小说和散文风格质朴稚拙、清纯隽永，情感率真，任意挥洒，抒写真性情。因为性格敏感、内向，又抒写情感记忆，所以，她的作品具有自画像的特点。她张扬人性美善，追求人际关系和谐，在人性抒写上超越了时空限制，达到了永恒的魅力。

6. 苏勇（1960— ）：是世纪之交达斡尔族作家和民间文学家。系中国民间文艺家协会会员、中外散文诗研究会会员、中国少数民族作家协会会员、内蒙古作家协会会员、内蒙古民间文艺家协会常务理事、内蒙古民俗学会会员。曾任职于内蒙古呼伦贝尔市莫力达瓦达斡尔族自治旗政协民族宗教委。苏勇1977年毕业于尼尔基一中，同年下乡插队，1979年返城就业。他1982年开始文学创作，先后在《民族文学》等60多家报纸杂志上发表作品400余篇（首）并获得各种奖励。1990年，《达斡尔族民间故事》（1988年8月出版）获得内蒙古自治区第三届文学创作"索龙嘎"奖二等奖，1992年获首届北方民间文学评奖二等奖。1995年，远方出版社出版了散文诗集《木库莲声》；2013年远方出版社出版了苏勇搜集整理的《内蒙古三少民族民间故事·达斡尔卷》。苏勇除了坚持文学创作，还把许多时间和精力都投入到采集、整理、翻译民间文学工作中，他以惊人的毅力，跋山涉水，走村串户，努力挖掘达斡尔族民间文艺宝藏，为抢救达斡尔族非物质文化遗产做出了杰出贡献。

《木库莲声》：《木库莲声》是达斡尔族的第一部散文诗集。他的散文诗，用新颖的题材、主题和表现形式，描绘了达斡尔族神奇多彩的生活图景，成为文坛奇葩，引起了广泛关注。他把中国改革开放带动的达斡尔族人民创造的奇迹、达斡尔人世代居住的山水家园和民俗风情，用满含诗情之笔展现在读者面前。苏勇是一位关注环境、感情充沛、富有幻想的诗人，他始终以特有的想象力和创造力编织着达斡尔族的过去、现在和未来。

达斡尔族作家普遍具有强烈的民族意识，注重以本民族历史文化与民间文艺为题材和素材，生动描绘达斡尔人的生产生活情况、精神追求和审美向往，努力塑造民族性格与民族心理，广泛传承传播民族文化。因为女性作者居多，又常常以女性角色为叙述与形象主体，文本具有达斡尔女性意识，女性文学特点比较突出，笔调细腻抒情，委婉动人，柔美多姿，具有浓厚的生活情趣。

由传统文学和作家文学共同构建的达斡尔族文学，承载了达斡尔族千年的幻想、理想与追求，展现了他们的核心价值与理念。"达斡尔族文学相对其他人口众多、文化积淀丰饶的少数民族文学来讲，因其'大分散、小集中'的独特生活形态，作家文学的创作时常受到来自文学内外各种因素的影响。但达斡尔族以其顽强的生命力和对文学探寻的坚韧性，仍为我国多民族文学的发展留下了一道别具特色的风景线"。然而，达斡尔族文学研究者不多，成果也不显著，尚需引起学者们的广泛关注。

第三十八章　达斡尔族的音乐、舞蹈和说唱艺术

达斡尔也同其他少数民族一样，是一个能歌善舞的民族，其音乐、舞蹈和说唱艺术，具有鲜明的民族特点，在社会上享有盛名。其中"哈库麦勒（鲁日格勒）"和"乌钦（乌春）"被列入国家非物质文化遗产名录，成为国家保护对象。

第一节　扎恩达勒

"扎恩达勒"（Jandaal）出自达斡尔语，直译为歌曲的意思。《达汉小词典》对 Jandaal 的解释是：占达力，山歌，民歌；歌曲。[1] 有人认为，Jan（扎）为告知，daa1（达勒）是把心中的喜、怒、哀、乐、思告诉别人。[2] 唱歌是倾诉自己的思想感情，后者的解释是有一定道理的。古人云："言之不足，故蹉叹之，蹉叹之不足，故咏歌之"[3]，说的就是这个道理。

歌曲的产生对任何民族来说，都有必然性，这是因为它的产生与劳动有关。俄国著名马克思主义者普列汉诺夫指出，歌曲来源于劳动。"在原

---

[1] 《达汉小词典》，内蒙古人民出版社 1983 年版，第 101 页。

[2] 这是达斡尔学者奥登挂的看法，见张天彤：《变迁与坚守》（达斡尔族传统音乐文化研究），人民音乐出版社 2014 年版，第 44 页。

[3] 《诗经》毛诗注疏序，见《十三经注疏》，世界书局 1935 年版，第 1536 页下栏。

始部落那里，每种劳动有自己的歌，歌的拍子总是十分精确地适应于这种劳动所特有的产生劳动的节奏……不仅如此，生产过程的技术操作性质，对于伴随工作的歌的内容，也有决定性的影响"①。劳动的方式在不同的民族那里是不同的，有采集、狩猎、游牧和农耕的不同，因此各个民族的歌曲从内容到曲调都会有不同的特点。

达斡尔族的生活方式，早期以狩猎为主；后来以农耕为主，兼家畜饲养和狩猎，因此其歌曲有多种类型。有人认为，"扎恩达勒"是类似山歌和小曲体裁的民间歌曲，通常是在田间劳作、草原放牧、伐木放排、驱马赶车时唱的歌曲。② 这种概括是不全面不完整的，因为它忽略了妇女唱的歌曲，其中包括妇女采集野菜时唱的小曲，还有类似闺怨的歌曲。

妇女采集野菜出现的很早，在原始社会采集是狩猎的补充，成为生活资料来源的重要途径；在农耕时代，采集野菜仍是每年春季妇女最常见的劳动。最初的民歌同妇女的劳动有密切的关系，不过由于达斡尔族没有文字，早期妇女吟唱的歌曲几乎没有保留下来。

在旧社会，妇女是被剥削被压迫的最底层，她们倾诉悲惨的命运，对娘家的怀念，对无情丈夫的痛恨，往往用吟小曲的方式进行表达。这种闺怨的歌曲，以简短为特征，有的只有曲而无词，用"衲呀—呢呀"之类的感叹词，贯穿始终反复吟唱。"衲呀—呢呀"相当于汉语歌曲中的"咿呦咳""哎呀呀"之类。这类虚词在学术上称作"衬词"。

有人提出，歌曲中的衬词是由有实际意义的实词转变而来的。这种解释缺乏足够证据，实际上衬词中的实词是当虚词来使用的。有人认为，衬词是唱歌的人在"词不供嘴"（即找不到合适的词语）的情况下，便以"衲耶呦耶"等虚词填充曲调，③ 是有些道理的。妇女文化水平不高，唱小曲是即景生情，即兴编创，事前没有什么构思，在现编现唱的过程中，很

---

① ［俄］普列汉诺夫著：《论艺术》（没有地址的信），曹葆华译，生活·读书·新知三联书店 1973 年版，第 36 页。

② 何今声：《黑龙江省达斡尔族传统民歌概述》，《达斡尔资料集》第 4 集，民族出版社 2003 年版，第 419—420 页。

③ 杨士清：《达斡尔族传统民歌》，《达斡尔资料集》第 4 集，民族出版社 2003 年版，第 293 页。

难找到合适的词语，有如写文章提笔忘字一样，只能用衬词来演唱；有的人缺乏音乐修养，不会创作曲谱，常常借用现成的曲调，随意填词，即俗语所说的"旧瓶子添新醋"。

早期的"扎恩达勒"保留极少，有一曲民歌题作《达斡尔民族歌声》，属于比较早的民歌，其歌词为："达斡尔民族歌声多么嘹亮，英雄民族发祥在黑龙江，过着游牧生活，放着牛羊，被迫迁徙，来到嫩江两岸上，野蛮残暴的'罗刹'，霸占了我们家，血海深仇牢记心上，永远不忘。"① 还有一首《摇篮曲》，大意是：吧达达，吧达达，乖孩子睡觉吧。睡好觉快长大。长大以后做什么？拿起刀枪杀罗刹！② 由于歌词中都有"罗刹"，清初达斡尔人称俄国人为杀人成性的"罗刹"，可知这两首歌曲均为清初的"扎恩达勒"，不能说是最早的民间歌曲。

"扎恩达勒"朴实、直白、单纯，是劳动人民的歌曲，是信口就来的民歌，是思想感情的真实流露，不加掩饰。它属于达斡尔最原始的歌曲，后来的歌曲是在它的基础上发展演变而来。古老的"扎恩达勒"保留很少，有些当代人创作的民歌，已非原汁原味了，很容易识别。"扎恩达勒"以音韵优美而广为流传，有的后来变成了伴舞曲。

"扎恩达勒"是即兴歌唱，是自己唱、自己听，不愿让外人听见。有一题作《为思念情人而唱歌》的"扎恩达勒"，歌词是："靠在松树上，我把扎恩达勒唱，为思念漂亮的情人放声歌唱。"③ 靠在野外的松树上唱"扎恩达勒"，就是不让外人听见自己的歌声。

由于是即兴而唱，"扎恩达勒"都比较短小，便于歌唱。《春天来了》三句："美丽的春天来了，来了，白色的薄雾呀"；《情妹的怀念》四句："在这柳树林梢上，百灵鸟在声声唱，鲜艳美丽的牡丹花儿呀，你的芬芳千里香"；《想娘家》四句："想起娘家呀，思念我父母二老双亲，他们可都健康吗？我想娘家呀！"由于短小，可以反复歌唱，到兴尽为止，尽情

---

① 《达斡尔资料集》第 4 集，民族出版社 2003 年版，第 335—336 页。
② 景爱：《达斡尔族歌舞的产生和演变》，《东北史地》2014 年第 5 期。
③ 《达斡尔资料集》第 4 集，民族出版社 2003 年版，第 471 页。

地抒发抑郁的思想感情，用来减少精神负担，获得心理上的安慰和平衡，有益于身体健康。"扎恩达勒"的歌唱者多为女人，在旧社会她们深受封建制度和家庭两重压迫，生活备感艰辛，无处申诉，只能采用民歌来减压缓解，歌唱是自言自语，是唯一可行的方法，曲调悠长，反复吟唱，是其特点。"就民歌而言，妇女是主要创造者"①，这种说法是属实的。从"扎恩达勒"的内容看，以倾诉新妇之苦，对娘家的怀念，对公婆的不满，对丈夫的痛恨等最为常见，清楚证明了这一点。

达斡尔邻族很多，邻族的音乐对达斡尔有一定的影响，达斡尔音乐吸收了邻族的积极因素。有的蒙古民歌被填上了达斡尔语歌词，《四季歌》是吸收了汉族《小放牛》的音调而形成的。说明达斡尔是虚心好学的民族，在学习过程中又加以改造，适应本民族的需要。

达斡尔语有四个不同的方言区，其方言稍有不同，不过就民歌"扎恩达勒"来看，其风格特点是基本一致的，没有太大的差别。

第二节　雅德根·伊若

"雅德根·伊若"（yaagan·iro）又作"雅德根·依若"，"雅德根"指萨满，即巫师。"伊若"，不见于达斡尔语词典，其义不详，在达斡尔语中，歌曲称作"扎恩达勒"（Jandaal），② "扎恩达勒"直译为"歌"，③ "伊若"没有歌曲的意思，它只有接缀在"扎恩达勒"之后，才具有意义。"雅德根·伊若"指萨满唱歌的动作而言，可以直译萨满唱歌，意译可作萨满之歌。萨满作法请神、送神时，必须唱歌娱神，因此，就其性质而言，不妨译作娱神之歌或神曲。萨满之歌深受达斡尔人的重视，被视作达

---

① 何今声：《达斡尔族传统民族选》，见《达斡尔资料集》第4集，民族出版社2003年版，第421页。

② 恩和巴图等编：《达斡尔语词汇》，《达斡尔资料集》第4集，民族出版社2003年版，第257页。

③ 杨士清：《达斡尔族民歌初探》，《达斡尔资料集》第4集，民族出版社2003年版，第293页。

斡尔族传统民族音乐的一个组成部分。萨满教以前一度被认为具有迷信色彩被禁止活动，萨满之歌被当作糟粕而被排斥。近年，人们的认识有些改变，萨满给人治病免灾，固然很不科学，然而萨满之歌从文化角度来看，在历史上有一定的意义，值得深入研究。

达斡尔族崇信萨满教，有历史原因。中国古代北方阿尔泰语系、通古斯满语系各族，在历史上都崇信萨满教。萨满教认为万物有灵，崇敬万物的思想自然随之而产生，它是生产力低下，科学落后的产物。其他各种宗教的产生，均源于此。达斡尔的祖先契丹人，就相信萨满教。达斡尔的邻族蒙古、女真、满族、鄂温克、鄂伦春也都相信萨满教。其中满族、蒙古族的萨满教，对达斡尔影响最大。满族建立的清朝，长期统治达斡尔人。自明朝以来，达斡尔便由蒙古管辖。在这种情况下，接受满族、蒙古族传来的萨满教，是不可避免的。达斡尔人称萨满为"雅德根"，其实来源于蒙古语；达斡尔族萨满作法时所用的道具，与满族萨满无异，应是从满族传入的。

萨满作法时，在特制的服装（神衣）上，必须嵌缀若干小的铜镜，手持皮鼓，是出于驱邪的需要。在科学不发达的古代，人们误认为铜镜所反射出的金光闪闪，可以驱逐魔鬼，被称作"照妖镜"。从前结婚时，新娘胸前背后都要悬挂铜镜，房门上也要悬挂铜镜，都是用于驱妖。这种风俗晚近犹存，不过由铜镜改为玻璃镜了。妖魔惧怕声响，结婚时放鞭炮，春节时放鞭炮，都是为了驱邪。萨满舞动身躯时，铜铃叮当作响，皮鼓咚咚，都是出于驱鬼的需要。这种道具（或称法器）辽金时代就出现了，辽金墓室的顶部多镶嵌铜镜，金代黑龙江北的萨满墓中多见铜镜、铜铃，就是实物证明。

萨满作法时，一要用法器驱邪，只有将妖魔驱赶走，才能治愈疾病、避灾，因为人们相信各种灾祸都是由妖魔作怪的结果。二要唱歌跳舞，摆上各种贡品，用以迎接神灵的到来，只有借助于神灵的威力，才能避祸、祛病、获福。这种理念出现很早，最初的巫师必须能歌善舞。从前皇帝出行的仪仗，必须奏乐作歌，其目的也在于此。萨满作法时，身体前俯后仰、跳跃，就是舞蹈动作，其演唱歌曲，要配合舞蹈动作，歌舞结合，密不可分。

只有唱歌、舞蹈，才能感动神灵，吸引神灵，借助神灵。唱歌尤为重要，除了萨满本人主唱以外，还要邀请一些人来助唱帮腔，萨满被称作"大神"，萨满唱歌舞蹈被称作"跳大神"。"大神"唱完一句或一段以后，由"二神"再重唱一遍。"二神"不限于一人，可以有若干人。"大神"唱，"二神"随，歌声能够传播很远，上至苍穹，吸引五湖四海的诸神，也吸引周围的观众。

在不同地区，萨满之歌有不同特点。在山区（如莫力达瓦旗），居民擅长狩猎、伐木、放排，这种生活方式培养了粗犷豪放的气质，各种歌曲都以高亢、激昂著称，萨满之歌也是如此。在平原农业地区（如齐齐哈尔）则不同，农耕的生活方式比较稳定，受汉族影响比较深，歌声平缓而悠长，萨满之歌也不例外。

萨满教与佛教、道教相比，有一个不同的特点，它没有统一的教义、统一的组织机构，各地区的萨满活动都是自发进行的，彼此无关。由于这种原因，也就没有统一的萨满之歌。各地的萨满根据自己的需要创造不同的萨满歌曲。萨满作法，有时是为人治病，有时是为人祈福免灾，其服务的对象，有男有女、有老有少；疾病也有轻有重，病的种类和表现也不相同。因此，萨满之歌缺乏统一的体例，是作法时随机吟出的，有很大的随意性，当然也有一些是在以前萨满之歌的基础上，加以改进的，旧瓶装新醋的现象难以避免。

萨满之歌的随意性，往往与其所见到的景物有关。著名的现代萨满斯琴挂，在她办公室治病的仪式上，一口大铁锅正在烧水，她请她的助手在水中投入九块鹅卵石，于是她唱道："有云彩的腾格尔有一扇门……邀请雅德根鄂嫩部落的祖先，邀请十代前的拉萨满，从九个泉水处带来九个石头，我和这些石头一起沐浴……"[1] 歌词中的九个泉水、九个石头，系指锅水和鹅卵石而言，与实际的九个泉一点关系也没有。歌词中邀请雅德根

---

[1] 丁石庆、赛音塔娜：《达斡尔族萨满文化遗址调查》，民族出版社 2011 年版，第 314 页。

鄂嫩氏部落的祖先，"从九个泉水处带来九个石头"，也是虚构的，不是事实。由此可知，萨满唱词中的什么山、什么水，都是不真实的，信口说来，不能作为研究历史的依据。历史上的萨满之歌，多已散失，保留下来的很少。据《达斡尔族传统民歌选》《黑龙江省达斡尔族传统民歌选》记载，有词有曲的萨满歌曲只有 32 首，只有曲调和没有曲调的共有 13 首。①其中有词的萨满歌曲，歌词大多比较简略，充满了各种各样的衬词。因此，萨满之歌的标题多以衬词为名，如"沃顿蝉""杭咳啰""可耶库""哲哲""陶勒尼约""者格米""德杨奎""嘎拉卓"。这些衬词均为虚词，没有什么实际内容。还有一些萨满歌，连衬词也没有，只有曲调。由此可知，萨满歌曲是以曲调为主，歌词可有可无，与民歌"扎恩达勒"有所不同。"扎恩达勒"是对人歌唱，有了歌词才能传情达意。萨满之歌是唱给神灵听的，神灵不晓人间的语言，只要曲调优美，就能够感动神灵。

萨满多为女性，出身低微，她们当中有的非常贫苦，有的患有疾病，有的受欺压，在无奈之下去当萨满，家庭稍好的人是不愿当萨满的。由于这种原因，她们的文化水平很低，不识字，自己无法创作萨满之歌。有的萨满歌曲是从其老师那里学来的，有的是从民歌那里采来的，略加改动而已。"从其曲调来看，相当一部分是民歌的变体或直接取材于民歌的音乐原型"②。这种看法是符合实际的。

清代和民国年间，达斡尔族群众贫困，缺乏精神食粮，很难进戏院、电影院娱乐。于是，萨满之歌成为其重要的娱乐方式，趋之若鹜，看萨满作法可以使人开心，认识萨满会有利于以后的医治疾病。因此，萨满教、萨满歌曲在一定程度上可以满足其精神需求，变成一种文化。在历史上有一定的地位和影响，不可以小觑。然而随着时代的进步，萨满教和萨满歌曲难以适应社会的需要，必然要退出历史舞台，逐渐变成人们的记忆。"信仰萨满教，信鬼信神，阻碍了民族的兴旺发达。套在人们身上的精神

---

① 《达斡尔资料集》第 4 集，民族出版社 2003 年版，第 396—402、538—541 页。
② 安英：《试述达斡尔族民歌的起源与发展》，《达斡尔族研究》，内蒙古大学出版社 2000 年版，第 246 页。

枷锁萨满教，已被达斡尔人民群众逐渐唾弃了"①。研究萨满教、萨满歌曲为的是鉴古明今，为社会主义经济文化建设服务，这是很明确的。

第三节　鲁日格勒舞

鲁日格勒舞 lurgiel，又作鲁日给勒、鲁日该勒，是达斡尔族民间的传统舞蹈。lurgiel 其意为何？众说纷纭。或称其意为点燃火焰，② 或称其词根"鲁日格"是"火焰升腾""火焰燃起"之意。③ 或称其词根为"燃烧""兴盛"之意。④ 或称是把火烧旺，⑤ 或称其词有狭义、广义之分，其狭义指"点燃"而言；其广义指欢腾、跳跃、喧哗、热闹而言。⑥

对于词义的解释，语言学家最权威，这是大家所公认的。因此，我们需要看一看达斡尔语词典的注释。

《达汉小词典》收录有 lurgiel，其注释有两条，一是音译为"鲁日给勒"，指民间舞蹈；二是泛指一切舞蹈。前者属于专有名词，后者属于一般名词。另有 lurgibei，属于动词，其字义为火烧旺起来，燃烧，又具有使其燃烧、跳舞之意。⑦ "燃烧""跳舞"均为动词，与名词 lurgiel 有所不同。《达斡尔语词汇》收录有 lurxe 条目，其注释为：名词，舞蹈、民间舞蹈。另有 lurr 条目，注释为：动词，义为燃烧、火旺起来。⑧

---

① 娜日斯主编：《达斡尔文集》，内蒙古文化出版社 2002 年版，第 201 页。
② 奥登挂：《关于达斡尔族民间舞蹈》，《达斡尔论坛》第二部（中），内蒙古文化出版社 2013 年版，第 218 页。
③ 栾延琴：《达斡尔族民间舞蹈"鲁日格勒"》，《达斡尔论坛》（下），内蒙古文化出版社 2009 年版，第 255 页。
④ 栾延琴：《达斡尔族民间舞蹈"鲁日格勒"》，《达斡尔论坛》（下），内蒙古文化出版社 2009 年版，第 255 页。
⑤ 孟志东：《达斡尔族把舞蹈称为"罕伯"吗》，《达斡尔族"哈库麦勒"（鲁日格勒）歌舞》，黑龙江人民出版社 2012 年版，第 73 页。
⑥ 恩和白依热：《关于达斡尔舞蹈名称的商榷》，《达斡尔族"哈库麦勒"（鲁日格勒）歌舞》，黑龙江人民出版社 2012 年版，第 77 页。
⑦ 《达汉小词典》，内蒙古人民出版社 1983 年版，第 142 页。
⑧ 《达斡尔语词汇》，《达斡尔资料集》第 4 集，民族出版社 2003 年版，第 181 页。

　　《达斡尔语哈萨克语汉语对照词典》收录有 lurgel，注释为：名词，其义为舞蹈；另有 lurgegu，注释为：动词，其义为跳舞。[①]

　　《达汉小词典》《达斡尔语词汇》，都是以布特哈方言为基础编辑的；《达斡尔萨卡哈语汉语对照词典》，是以新疆方言为基础编辑的，故而用于表示舞蹈的名词有 lurgiel 和 lurgel 之不同；用于表示跳舞的动词有 lurgibei 和 lurgegu 之不同，这是可以理解的。不过布特哈方言中动词 lurgibei，既表示燃烧，又表示跳舞，则令人深思。因为从字义来看，燃烧与跳舞似无什么关联。达斡尔语属于粘着性语言，在词根、词干后面缀附语音，其词义就会发生一定的变化。这是达斡尔语造词的重要方式。词性变了，词义也就随之改变。

　　所谓“燃烧”是指篝火而言。在世界许多民族的早期部落时代，都出现了篝火舞。例如澳大利亚南部的土著部落，常常在月光下于林间跳篝火舞。男子用白粉涂身，妇女围成马蹄形观看。她们膝间绷有负鼠皮鼓，唱歌敲鼓助兴。舞步随歌声鼓声加快，达到高潮。最后大家狂叫一声，隐没在林间暗处。如此反复四、五次以后，兴尽而结束。[②]

　　达斡尔族在黑龙江以北生活时期，经常到森林中猎貂。南迁以后，由于大小兴安岭貂皮质量不佳，为了贡貂的需要，达斡尔猎人要渡过黑龙江到外兴安岭猎貂。春末动身，冬初归来。他们自带粮食，在林中居无定处，常常围绕篝火取暖和烧烤食物，有如原始部落。他们的篝火生活虽无文字记载，然而从其狩猎行止而言，应该存在无疑。据毕力德口述，民国年间南屯的达斡尔族妇女，常常结队到索伦旗（鄂温克族自治旗）南部山区采集。彼称：

　　　　那时，每年夏末秋初，妇女们都要去西苏木东雅克萨山嘴处进行集体采集活动。她们邀请一两位老年男子做向导和车夫……并为大家准备野炊和堆积点燃篝火的枝条。傍晚妇女们采集归来，围在篝火傍

---

　　① 《达斡尔语哈萨克语汉语对照词典》，《达斡尔资料集》第 6 集，民族出版社 2005 年版，第 248 页。

　　② 杨堃：《民族学概论》，中国社会科学出版社 1982 年版，第 314 页。

进餐，有时吟起"舞春"（民间说唱），或唱"扎恩达拉"（民歌）。当篝火燃起，人们情不自禁地挥动双手，随着火苗的跳动、升腾，尽情边呼边舞，跳起"鲁日格勒"。[①]

毕力德的口述，为研究"鲁日格勒"舞提供了难得的真实资料。其中有几个问题值得注意。

其一，"鲁日格勒"跳舞者皆为女性，与澳大利亚土著男性篝火舞有所不同，这是因为达斡尔男人都去种地，他们没有时间到山里采集野菜。妇女一般不参加耕地等重体力劳动，而是忙于家务，采集属于家务劳动的一部分。初春、初秋是山野菜最丰盛的季节，故多于此时进山采集。出于安全的考虑，妇女们必须结队而行，要有熟悉道路的老年男子充当向导。

其二，采集结束以后，大家很疲劳、很饥饿，必须吃晚餐，补充能量，恢复体力，以便携带野菜返归。傍晚山区气候变凉变冷，需要用篝火取暖。故而事先已有向导、车夫准备好了树木枝条，以便于生火烧饭。

其三，吃完了晚饭，大家精力充足，故而围着篝火跳舞、唱歌，用以庆祝劳动的喜悦。古代猎人狩猎以后，往往是生篝火烧烤兽肉。毕力德所述生篝火吃晚餐，未说明是烤肉，还是烤面饼，其实只要能吃饱止饿，吃什么都无所谓，以简单快捷为好。

其四，妇女们围绕篝火跳舞，没有乐器伴奏。达斡尔人的"木库莲"体型小，音域小，音量也很小。用于个人唱歌伴奏尚可，用于大家集体跳舞，显然是无济于事的。因此，大家边呼边唱边舞，用呼号来调整节奏。达到大家步法一致，歌声一致。

毕力德生于 1922 年（1983 年 61 岁），他所讲述的篝火舞应是民国年间事。估计清代达斡尔人的篝火舞，亦当如此。民国年间，"鲁日格勒"舞，多在村外的空场上举行，不见篝火。长期在布西（莫力达瓦）产业技术传习所执教的日本学者池尻登记载说：

---

① 栾延琴：《达斡尔族民国舞蹈"鲁日格勒"》，《达斡尔论坛》（下），内蒙古文化出版社2009 年版，第 255 页。

正月十五元宵节，在春意朦胧的夜里，几十个姑娘聚集在村头广场上，两人或几十人为一伙，唱着歌、摆动着手臂，跳起旋转的圆舞……歌词即兴创作的较多，此调大部分是悠长而较悲切，不用乐器，仅用手脚打拍子。[①]

达斡尔族学者孟希舜撰文说：

及其妇女，亦于大块烟景之春，烛光明月之夜，邀会数十姐妹，和歌共舞，以娱天真，而歌之词，亦颇顺耳。遇有庆贺、节日，则亦有歌舞之举，以表祝贺之忱，及其跳舞（汉泊、鲁如格勒），以偶为准，式各有名。也有独唱的，都能表现达族之艺术方面之特色，但无鼓乐而和其形式。[②]

池尻登、孟希舜所记，都是民国年间之"鲁日格勒"舞，所述基本相同。其要点如下：

一、这时的"鲁日格勒"舞场不在山区，而在村外广场，因为狩猎在这时不太普遍了。不在村中而在村外，说明参加跳舞的人很多，在村中很难找到开阔的广场。

二、跳舞的时间是在月光明亮的夜间。妇女只有在一天忙碌结束以后，才有闲暇跳舞。参加舞会者几十人，说明规模很大，跳舞的人，两人为偶，围绕圆圈而跳，故称圆圈舞，显然它是从古代围绕篝火而跳演变而来。

三、没有乐器伴奏，是以歌声伴奏，边跳边唱，摆动手臂，用手脚打拍子，调整节奏、速度，使参加跳舞的人动作整齐划一，保留有原始舞蹈的基本形式。

四、唱的歌是跳舞的人即兴创作的，具有民歌"扎恩达勒"的特点，

---

① ［日］池尻登：《达斡尔族》，《达斡尔资料集》第 2 集，民族出版社 1998 年版，第 295 页。

② 孟希舜：《达斡尔族志略初稿》，《达斡尔资料集》第 2 集，民族出版社 1998 年版，第 227 页。

有的可能是"扎恩达勒"的曲调，自编新词。曲调悲切，反映出生活的艰辛，是现实生活折射出来的情绪。

五、文中提到了"汉泊""鲁日格勒"舞名，"汉泊"又作"罕泊"，是"鲁日格勒"歌曲中的呼号，故人们常将"鲁日格勒"舞简称为罕伯（汉泊）舞。

我们从篝火（毕力德所述）、圆圈跳、没有音乐伴奏、用手脚打拍子、夜间跳、曲调悲切等各个方面，不难看出"鲁日格勒"舞具有早期原始舞蹈的明显遗风，是达斡尔族早期狩猎生活的反映。这种舞蹈之所以盛行于内蒙古呼伦贝尔市莫力达瓦达斡尔族自治旗，其原因是这里为布特哈旧地，多山岭、多森林、多河水，交通不便、环境封塞，与外界联系少，经济文化比较落后，人们因陈守旧的思想影响难以消除，故而古代的风俗习惯保留的比较多，在经济文化各方面都有所表现。正因为如此，"鲁日格勒"舞得以保留了原生态的面貌。它引起了社会各界的广泛关注，被列入国家非物质文化遗产名录，莫力达瓦达斡尔族自治旗的奥登挂（女），被指定为"鲁日格勒"舞的传承人。

第四节　哈库麦勒舞

鲁日格勒（lurgel）舞是达斡尔族出现最早的歌舞，属于原生态的舞蹈，是达斡尔各种舞蹈的祖源。由于民族迁徙的原因，在不同地区出现了不同称谓的舞蹈。

有人称："'鲁日格勒'在不同地域称呼不一，有'哈加麦''阿罕伯''朗突达贝'等叫法。"① 有人称："各地达斡尔人，对民间舞蹈有不不同的叫法。老布特哈地区（现莫力达瓦旗一带）叫作'鲁日格勒'；老海拉尔人（1732 年驻防军的后裔们）叫'阿很贝'；齐齐哈尔一带叫作

---

① 郭春海：《"鲁日格勒"的特色探讨》，见《达斡尔族"哈库麦勒"（鲁日格勒）歌舞》，黑龙江人民出版社 2012 年版，第 172 页。

'哈库麦勒'；新疆地区达斡尔人叫'贝乐贝'。"又称："'阿很贝''哈库麦勒'和'贝勒贝'三者，应该是同源词"。又称："老海拉地区、齐齐哈尔、新疆地区达斡尔人，虽然说'阿很贝''哈库麦勒''贝乐贝'，但对老家的'鲁日格勒'倍感亲切，举办的舞会也常常叫作'鲁日格勒'。"① 说明各种不同的舞蹈都与"鲁日格勒"有着密切的内在联系，都认同"鲁日格勒"的祖源地位。

盛行于齐齐哈尔地区的"哈库麦勒"，有人说原作"哈库麦勒格"，用汉字记录时，省掉了"格"音，"勒"音也不记，变成了"哈肯麦"。用汉字记录达斡尔语，往往不够准确，于是出现了"哈库麦勒""哈库麦""哈肯麦""罕肯科""阿很白""阿罕伯勒""罕伯"等等，"其实都是一个意思"。②

那么，"哈库麦""哈库麦勒"究为何意？有人认为，它无任何含义，只是舞蹈呼号的一种，成为该舞的专有名词。③ 有人认为，"哈库麦"是衬词，来自野兽之声。有人认为是来自黑熊的吼叫声"哈莫"。有人认为，"哈库麦"一词是由"哈莫"一词演化而来，属于动词，其后面加上缀音"勒"，就变成了"哈库麦勒"这个名词。"哈莫"一词经过介词"罕麦"和"罕拜"，演变成了"阿罕麦勒"，经约定俗成，最后统一为"哈库麦勒"。至于"哈库麦勒"究竟为何意？却未做说明。④

"哈库麦""哈库麦勒"在达斡尔语各种词典中都检索不到，说明它不是实词，而是虚词。实词都有具体内容，词典是要收入的，而虚词未必收入。其实，"哈库麦"来源于虚词"哈莫"，"哈莫"有时写作"呵莫"，或写作"哈马"，属于歌唱中的呼号，自然不属于实词。为了便于记忆，

---

① 奥登挂：《关于达斡尔族民间舞蹈》，《达斡尔族研究》第9辑，内蒙古教育出版社2008年版，第422—424页。

② 何文钧：《关于达斡尔族民间传统歌舞的达斡尔语称谓之我见》，见《达斡尔族"哈库麦勒"（鲁日格勒）歌舞》，黑龙江人民出版社2012年版，第81页。

③ 栾延琴：《达斡尔族民间舞蹈"鲁日格勒"》，见《达斡尔族"哈库麦勒"（鲁日格勒）歌舞》，黑龙江人民出版社2012年版，第38页。

④ 毕力扬·士清：《"哈库麦勒"和"鲁日格勒"称谓不能强行统一》，见《达斡尔族"哈库麦勒"（鲁日格勒）歌舞》，黑龙江人民出版社2012年版，第90页。

有时人们将呼号作为舞蹈的简名和代称，"罕伯""阿很白""哈库麦""哈肯麦""阿肯白"等，都属于呼号（又称衬词），后来人们用它代指舞蹈。有人将这种现象说成是张冠李戴的反本离源的错误，是因为不了解简称、代称的由来。这种现象在其他地区的其他民族中也可以看到，例如辽东民间将说大鼓书简称"三弦书"或"三弦"；将说评书简称"白话"，"白话"是对文语而言，评书多用方言土语。"哈库麦""哈库麦勒""罕伯"是由"哈莫""呵莫""哈马"演变而来，而演变的过程对于许多人来说是不清楚的，提出种种疑问是可以理解的。有人说"哈莫"是黑熊的吼叫声，这是可能的，因为跳"鲁日格勒"时，人们要模仿动物捕食，自然也要模仿黑熊的吼叫声，这吼叫声后来变成了呼号，再后来又变成舞蹈的名称。模仿动物的行为和吼叫声，是艺术来源于现实生活的最好例证。

如果说"鲁日格勒"与山区的狩猎活动关系密切的话，"哈库麦勒"则与农村田园生活有关。二者的差别，在许多方面都可以看得出来，略举例若干加以说明。

其一，场地不同。"鲁日格勒"原是篝火舞，其跳舞的场地最初是在林间，后来改在村外的广场，场地比较开阔，以月光照明，具有原始性。"哈库麦勒"舞多在室内，挑选比较大的房子跳舞，由于场地空间有限，参加跳舞的人数不多。现在则改在宽大的礼堂、剧场跳舞，具有新时代的条件。

其二，"鲁日格勒"舞是女人舞，参加者均为女人。"哈库麦勒"舞仍以女人为主，不过已有少量男人参加，男人的数量有逐渐增加的趋势，这是适应时代需要的必然结果。

其三，"鲁日格勒"舞不用乐器伴奏，是以歌声、呼号伴奏。"哈库麦勒"舞出现了乐器伴奏，用以烘托气氛。增加音乐感，提高欢乐氛围，这是与时俱进的结果。

其四，"鲁日格勒"舞在结构上分为前后两段，前一段以唱歌为主，歌曲多为传统的"扎恩达勒"民歌，速度比较缓慢。后段转为以舞蹈为主，速度加快，边舞边喊呼号，呼号不太固定，据统计多达 40 余种，通常是以"罕伯、罕伯""阿罕伯、阿罕伯""格古、格古""格苏、格苏"最为常见，是模仿野生动物的吼叫声和飞禽动物的鸣叫声。"哈库麦勒"舞分为前、中、后三段，前段以唱歌为主、舞蹈为辅；中段以舞蹈为主、唱歌为辅；后段加强了舞蹈动作，示意性挥拳打斗。显而易见，这是在"鲁日格勒"舞的基础上增加了第三段，把舞蹈持续的时间延长了许多。

其五，舞蹈动作内容不同，"鲁日格勒"模仿大雁飞翔、虎和熊的跳跃捕食吼叫；"哈库麦勒"舞多为洗漱、照镜子、摘豆角、挑水、提水等等。不同的动作，反映了不同的生活方式：前者与山区狩猎有关，后者与园田生活有关。

其六，"鲁日格勒"舞歌唱时间短，舞蹈时间长。其舞蹈动作反映大自然的风光、劳动生活、爱情生活；"哈库麦勒"舞唱歌时间长，音乐气息浓重，曲调明快，热情，反映了对美好生活的热爱和向往。风格的不同反映了生活条件的不同，田园生活比较稳定，山区狩猎生活存在许多不确定性，不敢有什么奢望和理想。日本学者池尻登称布西的"鲁日格勒"舞曲调悠长而悲切，就是很好的证明。

"鲁日格勒"舞在黑龙江北就已出现，达斡尔族南迁时带到嫩江流域。布特哈属于山区猎区，保留了"鲁日格勒"舞的原生态。齐齐哈尔水陆交通方便，与外界接触多，受这种社会环境的影响，将"鲁日格勒"舞中的呼号"哈莫"（呵莫、哈马）充作简称代称，久而久之由"哈莫"演变为"哈库麦"，"哈库麦勒"变成了固定的专有的名称，这种演变应是在清代末年完成的。呼伦贝尔的"阿很贝"是呼号"罕伯"的音变，不过当地人有时仍称"鲁日格勒"，毕力德的讲述证明了这一点。新疆的"贝乐贝"也是源于"罕伯"，由于这里是多民族地区，受外界影响比较大，于是"阿很贝"变成了"贝乐贝"。由呼号"罕伯"转变为"阿很贝""贝乐贝"（应作贝勒贝）的具体过程，尚需深入研究。有人提出，"阿很贝"来源于妹妹找哥哥，哥哥找卡托，[①] 这种说法缺乏证据，只能当故事来听。讲述这个故事的人生于 1925 年，给她讲故事的老人生活在清代，当时礼教

---

① 原话是："阿很贝是什么好话？那是阿哈（卡）哈讷贝？是姑娘寻找哥哥。"见《达斡尔族研究》第 9 辑，第 424 页。

很严，家长对少女管教也很严，不能谈情说爱，岂能有男女幽会发生？即便偶有此事发生，也会遭到众人的反对，岂能变成舞蹈之名？这是天真的想法。

包括"哈库麦勒"在内的达斡尔民间舞蹈，都是来源于"鲁日格勒"母体，来源于"篝火舞"。由于民国年间"篝火舞"已经见不到了，故而有人提出："霍通（齐齐哈尔）地区认为'哈'（哈库麦）与火没有关系。"① 这种认识有失于片面，忽略了历史上确实是存在篝火舞，只是晚近见不到了。

"哈库麦勒"与"鲁日格勒"有相同的地方，也有不同的地方。相同处说明"哈库麦勒"源于"鲁日格勒"；不同处说明"鲁日格勒"在发展变化，孕育出了"哈库麦勒"。"哈库麦勒"将"鲁日格勒"推向新高度，这种推陈出现的现象层出不穷。《达斡尔族百科词典》分列"鲁日格勒舞"和"哈库麦勒舞"两个词条，这是当时学术界一致的看法，值得尊重。

第五节　说唱艺术

说唱艺术的特点是"说"与"唱"兼备，即"说"与"唱"结合的曲艺形式。明清时代北方广为流行的"鼓词""大鼓"就属于说唱艺术。达斡尔族的说唱艺术，在莫力达瓦达斡尔族自治旗一带称作 ugun，译成汉字作"乌春""午春""舞春"；在齐齐哈尔一带则称作 utsun，译成汉字作"乌钦"。其实是一回事，只是由于方言不同，稍有差异而已。

《达斡尔小词典》收录有 ugun 条，其注释为：名词，午春、诗词。又有 ugulbei，注释为：动词，诵午春，诵叙事体诗。②《达斡尔词汇》有 utsun，注释为：名词，满语，叙事体诗歌。又有 utsul，注释为：动词，来

① 《达斡尔族"哈库麦勒"（鲁日格勒）歌舞》，黑龙江人民出版社 2012 年版，第 88 页。
② 《达斡尔小词典》，内蒙古人民出版社 1983 年版，第 221 页。

自满语，义为诵午春，诵叙事体诗。[①] 由此可知，ugun、utsun 的本义为诗词。后来专指"乌春"说唱，这个词来自满语。满语中有"朱春"一词，或即"乌春"之所源。在满语中："朱春"义为"歌""诗歌"，诗词韵文，读起来抑、扬、顿、挫，具有音乐之美感，"诗歌"之名称即由此而产生。

"乌春"属于说唱曲艺，是既说又唱，这种形式与鼓词、大鼓是相似的。"乌春"是说说唱唱，说一段、唱一段，交互进行。用"说"叙事，用"唱"增加韵味、音乐感，吸引听众，调整听众的情绪，因为直白的陈述会使听众觉得乏味。"乌春"用四弦胡琴伴奏的目的，也是如此。"乌春"说唱是由诵诗发展而来，故其说词必然要保留诗的特点，分为若干节，每节均为四句，上下对仗，句法整齐，用韵。达斡尔语用头韵，与汉语用尾韵不同，这是因为达斡尔语的重音在句头的缘故。

汉族曲艺的曲调是固定的，不能改动。"乌春"则有所不同，其唱腔曲调不固定，因人而异，各不相同，没有固定统一的要求。因此有人将"乌春"说唱艺术称作不成熟的曲艺，是曲艺的初级阶段。[②] 造成曲调不固定的主要原因，是由于艺人自学成才，没有形成体系，没有专人指导，更没有统一的规范化要求。每个艺人扬长避短，最大限度发挥自己的特长，形成自己的风格和特点。说唱"乌春"的艺人多是业余爱好者，文化水平不高，不以说唱"乌春"为生计，各干各的，没有形成统一的群体，彼此缺乏交流和借鉴。这些都妨碍了说唱"乌春"的提高和专业化。实际上说唱"乌春"的艺人，都是自编、自唱、自演、自奏，唱词也不用外人提供，文人撰写的"乌春诗"，几乎无艺人采用。因为民间艺人大多缺乏文化，他们看不懂文人诗，写作"乌春诗"的文人与说唱"乌春"的艺人完全脱节。艺人说唱的"乌春"多属于耳闻目睹的身边事，非常熟悉，很容易将这些事和人讲出来，如同叙家常。说唱"乌春"是民间群众娱乐活

---

① 《达斡尔语词汇》，《达斡尔资料集》第 4 集，民族出版社 2003 年版，第 87 页。

② 赛音塔娜：《谈谈达斡尔组的 ugun "乌春"》，《达斡尔族"乌钦"说唱》，黑龙江人民出版社 2012 年版，第 19 页。

动，这是它的显著特点。研究"乌春"，不能忽视这个基本事实。

"乌春"说唱艺术，是由文人的"乌春诗"演变而来。最早的"乌春诗"，是敖拉·昌兴的"巡察诗"。清咸丰元年（1851 年），他奉黑龙江将军之命巡查黑龙江边防，他目睹大好的山河非常兴奋，途中撰写了许多即景诗。事后他将这些即景诗编纂为《巡察额尔古纳河、格尔必齐河》，共85 节 339 行，是用满文书写的。最末一节称："查看乌第河的，自古曾有谁人？唯我孤身亲临，为传后世写下乌钦。"[①] 这里所说的"乌钦"，指的是"乌春诗"。达斡尔人的"乌春诗"，以此为最早。他在诗中写到："九十六名勇士，在英肯河转弯处，吟诵'扎恩达勒''乌钦'的声浪，响彻河滩山谷。""吟诵"指的是朗读和唱歌，即唱民歌、诵乌春。"唱歌"的人，包括有"勇士"，也包括敖拉·昌兴在内。由于人多（加敖拉·昌兴在内共 97 人）声大，故声浪响彻河滩山谷。唱是唱民歌"扎恩达勒"，诵诗是诵"乌春"。"乌春诗"是敖拉·昌兴创作，用满文书写，自然由他自己朗读；唱民歌的人，应当是 96 名勇士。敖拉·昌兴的"乌春诗"当时没有被民间艺人采纳说唱，民间艺人说唱"乌春"那是后来之事。

民间说唱"乌春"的具体时间，在历史文献中缺乏明确记载，应当是民国初年出现的。1917 年发生了少郎岱夫起义，[②] 社会反响很大，影响深远，他们的事迹很快被编为说唱"乌春"。[③] 说唱"乌春"的民间艺人，多生活于此时，例如胡润宝生于 1900 年，胡海轩生于 1918 年，二布库（多文祥）和那音太都生于 1925 年。他们编著《少郎和岱夫》"乌春"，都是在少郎、岱夫起义失败以后不久。在此以前，尚未见到民间艺人说唱"乌春"的文献记载。

撰写"乌春诗"的文人很多，除敖拉·昌兴以外，还有玛玛格奇、钦同普、巴达荣嘎、金荣久、莫德勒图等等。他们各有本职工作，不是专业的"乌春"作家。他们的"乌春诗"，没有被民间艺人采用。真正有成就、

---

① 《东北历史与考古》第 1 期，文物出版社 1983 年版，第 64 页。
② 满都尔图主编：《达斡尔族百科词典》，内蒙古文化出版社 2007 年版，第 648 页。
③ 满都尔图主编：《达斡尔族百科词典》，内蒙古文化出版社 2007 年版，第 610、596、602 页。又见《黑龙江民间文学》第 10 辑。

有影响的"乌春"艺人，多是民间的业余爱好者。

例如，何鉴福（1925—1991），只读过三年私塾，在黑龙江富裕县任农业技术员。他自编自演了许多说唱"乌春"，《铁桶的来历》在北京人民大会堂演出以后，《人民音乐》对此有高度评价。色热（1931— ）中师毕业，小学教师，他创作了多篇"乌春"，自编自演，多次获奖，出版了《色热乌钦集》。那音太（1935—2011 年），中师毕业，长期在基层从事文化工作。自编自演了许多"乌春"，曾到北京演出，多次获得表演奖。

说唱"乌春"属于民间曲艺，自编自演自唱最为合适，最接近广大民众，因而成就最大，这是坐在书斋中的文人难以企及的，因为文人不接"地气"。文人写的"乌春"，如果不被民间艺人采用，只能是一纸空文而已。离开了民间的土壤，也就没有其生命力了。可以视作一首诗、一首长诗，然而却不能当成民间说唱艺术，犹如电影剧本不被采用拍片，永远也变不成电影。

说唱"乌春"于 2006 年被国务院列为国家非物质文化遗产，说明国家对它高度重视。只有维护其原生态，不改初衷，才能使说唱"乌春"按着正确的方向发展下去，达到弘扬民族文化的目的。

第三十九章　达斡尔族的美术

　　达斡尔族是黑龙江流域重要的土著民族。17世纪中叶，从黑龙江北岸南迁至嫩江流域后，达斡尔族与内地民族的交流得到拓展，到民国时期，内地各民族进入了达斡尔族地区，满、汉和蒙古族等对达斡尔族美术领域均产生了积极影响，使达斡尔族美术既接近东北民俗文化圈，又蕴涵了从北方森林狩猎文化向农耕文化过渡的特征，萨满文化、原始信仰及藏传佛教思想均丰富了达斡尔族美术的内涵，形成了独树一帜的民族美术风格。在工艺美术、建筑、雕塑、绘画及书法等方面都取得了一定的成就。

第一节　刺　绣

　　清代中叶后，达斡尔族的刺绣工艺发展较快，达斡尔族妇女素重刺绣艺术。过去，姑娘到了13岁左右，便开始学习刺绣，待到出嫁时，要将绣品带到婆家，由姒娌及女亲友们进行赏评。绣活的好劣成为民间衡量女子才艺、家教道德及择媳的重要标准。此外，达斡尔族妇女曾有到了60岁便开始准备寿衣的习俗，寿衣上需用刺绣装饰，因此妇女们在年轻时就已做好了部分刺绣的半成品，并私藏起来，待到年老时，再请人帮忙制作完成。这种习俗也推动了刺绣工艺的发展。

　　狩猎时代的达斡尔人，曾用动物的筋线在皮毛上进行刺绣。归附清朝以后，随着棉线、钢针及绣品等陆续由内地传入，以及受满、汉族文化的影响，使达斡尔族的刺绣技艺进一步提高，形成了与内地既有联系又有区别且风格独特的刺绣形式。达斡尔族的刺绣主要应用于服装与服饰品中，分别装饰在衣片、头带、手帕、手套、香囊、锦囊、荷包、烟口袋、钱搭袋、钱包、袜子及鞋面上。此外，还装饰在针囊、粉线布袋、枕头绣片、儿童摇车背枕等物品上。

刺绣技法分为平绣、锁绣、缬绣、堆绣、补花绣、剪贴绣、嵌绣、折叠绣、机绣等。其中，表现树干与树叶纹样时，一般采用平绣，而表现人物与动物纹样时，则多采用堆绣。表现山石纹样时，选用折叠绣，即将绸布折叠出立体后，先用补花的方法进行绣缝，再用多种几何形小色块加以点缀，突显山石浮雕般的凹凸层次与质感。另外，选用皮毛材料进行补花绣，也颇具特色，补花绣最早是为增加牢度，后来逐渐演变成了一种装饰。如达斡尔族妇女用的五指手套，其手背的合适纹样、指端的指甲状图形及关节处的图案都采用了皮毛补花绣装饰。其中黑皮补花绣较多，有时为了丰富色彩，便在黑皮图案下面衬以红、黄或蓝色布做底。皮袍上如有破洞，达斡尔妇女便采用补花绣的方法在上面进行巧妙遮挡，补绣出来的效果独一无二。还有采用嵌绣技法制作的皮镶嵌云纹图饰的男用荷包，其绣法也很独特。此外，达斡尔族女袍在开襟、袖口、领口及下摆边沿，多采用机绣的成品花带进行装饰，以花草蝶虫连理枝为基本形，绣成二方连续纹样等。绣品自然朴实、生动秀美。达斡尔族刺绣艺术针法工秀、色彩艳丽、图案繁密、形象真实、表现丰满、立体感强，造型风格别致。

达斡尔族刺绣图案的素材，包括动物、植物、人物、风景、几何、文字与传统图案等。其中的刺绣动物图案如鹿鹤同春、腊梅双喜、仙鹿衔灵芝、飞龙宝珠、凤蝶柳枝、双蝶团花、牡丹飞鸟、松鹊纹、鸳鸯纹、雉鸡纹等。刺绣植物图案如荷花、梅枝纹、兰花蔓、石榴、南瓜枝蔓、宝葫芦等。清末民初，刺绣人物图案日渐流行，其人物造型均能反映主题情节，以民族经典文学作品为主，如达斡尔族官兵痛击沙俄入侵图、主仆渡桥归、乘骑渡桥行、张良拾履和宣扬女性贞节的人物故事等。小说人物如

《三国故事》《西游记》及《水浒传》等，神话传说如嫦娥奔月、后羿射日等均成为刺绣内容。刺绣风景图案如小桥流水、桥渡客栈、亭台楼阁、山野楼阁、松柏亭阁、垂柳双亭阁、山石楼阁、山石树木纹等；刺绣几何图案如各种点、线、面的构成等；刺绣文字图案如寿字纹、卍字纹、禧字纹等；刺绣传统图案如文房四宝、如意纹、钱纹、八结纹、方胜纹等。

因为达斡尔族没有文字，因此，服饰与装饰品中绣出的图案，都有着丰富的内涵，成为"无字的史书"。刺绣图案中蕴藏着达斡尔人热爱自然、期盼美好及信仰崇拜的思想理念。通过象征、借喻、双关、谐音等表现手法，构成了"一句吉语一图案"的美术形式，其中，以祈福主题居多，包括寓意吉祥的"福""寿""多子""禄""财"及"平安"等与祈福相关的图案。

中国传统文化认为多子多孙与长寿便是福，表多"福"、多"寿"与多"子"的图案，在民间被称为"三多"。"三多"图案也出现在达斡尔族的绣品中，可见佛手、蝙蝠、喜鹊、寿桃、"寿"字、松树、石榴、葫芦、莲子等图案。如绣有"佛手飞蝶花枝"图案的达斡尔族香囊包，其中的佛手即用佛手瓜表现，其形如拳掌，又似五指，谐音也被称为福寿瓜，意为佛赐之福。在民间，"长寿"是人们对福气更深刻的理解，如绣有"两只蝙蝠与寿字"图案的达斡尔族双福寿纹钱包，因"蝙蝠"与"遍福"谐音，因此作为"福"的象征，与"寿"字组合，意为福寿吉祥。此外，可见达斡尔族女子所穿平口鞋的额面上绣有"寿"字纹、枕头绣片上有采用补花加平绣的松雀纹、荷包上有腊梅双喜图等，都是福寿的象征。已婚妇女的服装上绣有开嘴的石榴图案，因石榴多子，成为多子的象征。刺绣荷包的外观造型多呈葫芦形，葫芦也多子，借以表示多子多孙之意。另荷花的果实为莲子，谐音成意，寓意多子多福、连生贵子。

表"禄"的图案，有如意、猴等，其中如意图案最多。据说如意是随佛教从印度传入的，是和尚讲经时所用的佛具，被视为吉祥颂祝品。相传"福""禄""寿"三星中的"禄"星就是手执如意的，于是如意便成为象征高官厚禄的吉祥之物。在达斡尔族的帽子、头饰、荷包、烟口袋、手套、鞋靴等饰品及袍服、马甲、上装、裙装、裤子中，都可发现刺绣如意图案。如一款清代的獭皮帽，紫色帽顶上装饰着多边对称的金黄色如意图案；一款民国时期的毡帽，帽前装饰着镶嵌红宝石的如意补绣图案；一款白色地上补绣黑色云卷钱纹的妇女头饰，其中间图案为如意造型；一款浅黄色毛皮上的黑色如意补花图案，为男用毛皮烟口袋的局部，如意图案比例占烟口袋的一半，非常醒目；一款套袖长手闷，在椭圆形掌式套的褶皱拼接处，补绣黑红色相间的如意图案；一双如意纹黑白绣鞋，两侧各绣有十一个黑色如意纹；一款绿色镶边的满式马甲，胸前补绣着三个圆形如意适合纹样，每个圆形内由三个向心式黑色如意图案构成。如意图案在达斡尔族饰品及服装的领、袖、肩、腰、裤腿、下摆与开衩等部位应用很广，主要以独立纹样与二方连续形式构成。另在达斡尔族萨满服饰中也有刺绣如意图案。可见，如意图案在达斡尔族传统绣品中占有非常荣耀的地位。此外，猴子的形象也是高官厚禄的象征，由于"猴"与"侯"谐音，人们将猴子形象作为吉祥与权贵的象征，如达斡尔族的枕头绣片中，可见采用折叠绣的白猴喜石梅纹。

表"财"的图案，有古钱、鱼和牡丹花等，如女鞋的鞋帮处可见补花绣的古钱纹；因"鱼"与"余"同音，达斡尔人也常用鱼来比喻财富，意为"多余"，民间素有"财水"之说，因此，"水中有鱼"寓意吉祥。如达斡尔族荷包中，可见补花绣的荷塘鲤鱼嬉戏图等；牡丹是花中之王，色泽雍容华贵，寓意富贵吉祥、繁荣昌盛，牡丹花刺绣图案在达斡尔族绣品中应用很多，如牡丹花饰双额线女式绣鞋、牡丹花绣圆口鞋、牡丹花枝绣女式系带扣平口鞋、牡丹纹枕头绣片、牡丹连理枝叶纹补花荷包等。

表"平安"的图案，有葫芦、花瓶等，在达斡尔族民间，认为葫芦是颇具神奇力量的宝物，其瓶身大，瓶口小，易入难出，因此，能够收妖辟邪、纳福增财，葫芦一直被作为平安与避邪之用。花瓶，由于与"平"字谐音，因此一直作为平安吉祥的象征，众多吉祥图案都与花瓶有关，意在取其"平"字。如达斡尔族的刺绣品荷包，其主要呈现葫芦与花瓶两种造型，均被赋予了"平安"的寓意。

此外，在达斡尔族的绣品中，还可见与婚姻美满有关的图案，如荷花、鸳鸯等。

图7-1 鱼形绣花粉线布袋（清末杨爱月老人遗物，沃吟荷女士提供，王瑞华摄）

绣品色彩大多对比强烈，如枕头绣片、粉线布袋与女用荷包，其材料底色多以白色或浅色为主，上面绣花色彩多采用桃红、粉色、翠绿、草绿、湖蓝、柠檬黄、土黄等小块强烈对比配色，尽管绣图中色彩对比强，但均能统一调和于面积较大的浅底色之中，层次清晰。另外，枕头绣片四周镶黑色或深色的宽边、荷包周围镶浅花条边，荷包口多为黑色或深色，都进一步增加了明度对比，并起到了色彩间隔的作用。鞋面多以墨、深蓝、深绿、紫色为底，绣花色彩以粉、绿等色为主。

从具象与抽象的刺绣图案中，可以看出图案既与达斡尔族生活的自然环境有关，又与其思想理念紧密联系。反映出达斡尔人的民族审美习俗及对美好生活的向往。

第二节 柳 编

柳编作为实用性较强的工艺美术，其品种、编法、造型繁多，应用于达斡尔人生活的很多方面。达斡尔族的柳编，普遍应用在民居、交通工具、生产工具与民具方面。一是在民居中，有柳编的篱笆墙、大粮囤、屋内棚顶房笆、炕席等；二是在交通工具中，有柳编的大轱辘车牛粪篱笆围子、装运粮筐、大爬犁座铺等；三是在生产工具中，有柳编的鱼罩、鱼罐、装粮容器等；四是在民具中，有柳编的镂空底筐、敞口镂空礼品筐、圆筒箩筐、米篓、土篮、大晒粮盘、笊篱、水勺、簸箕、蝈蝈笼子等。

达斡尔族柳编的特色，从材料、技法与造型三方面都比较讲究。

柳编材料，很有讲究。主要以红柳为原料。嫩江沿岸，盛产柳条，达斡尔人称其为"柳条通"。人们利用柳条柔韧匀细的特点，编制各种用具。在清代，达斡尔人按计划分区育成的柳条林，要赶在正月后雪融化前集体割柳条，并按每车捆数计算，平分到户。刚割下的柳条要先放置几天，再用来柳编。各种柳编制品所选用的柳条材料不同，如编民具中的器皿，需选用当年或第二年生的粗细匀称、二三尺长的柳条，并要趁有水分时编制。有些比较精致的小器皿要选当年生的细柳条，还需先将其在沸水中蒸煮后，剥去外皮，使柳条更洁白、柔韧与细嫩，才能使用。而编大筐、大粮囤则需用五六尺长的粗条材。柳编篱笆墙使用柳条最多，要用二、三年生的柳条，柳编屋内棚顶房笆所用柳条较多，需选用节子少又粗细均匀的柳条材料。柳编技法，颇具特色。柳条的编制技法多种多样，如达斡尔族院落外特有的"人"字形结构的柳条篱笆墙，美观整齐、花纹有序。其制作技法分为两种，一种是将桦木或柞木杆埋在地下，建成一米多高的围障，被称为"巴勒木勒·库协"；另一种是用柳条或细柞木条编成"人"字形结构的围墙，称为"果尔吉木乐·库协"。柳编篱笆多做院墙，柞木条篱笆多作园田围障，起到防畜害的作用。屋内棚顶的房笆，是在房顶椽子上，覆盖一层由五六根柳条一排并交叉编成的、呈"人"字形结构的柳笆，被称为"海吉"，也有的房顶上面铺一层拇指粗的由柳杆编排的房笆，被称为"宾勒"。

图7-2　达斡尔族院落外的"人"字形结构柳条篱笆墙（图片选自郭旭光主编、鄂晓楠副主编：《达斡尔族文物图录》）

柳编圆柱形装粮容器，称为"切勒奇库"，是慢撒籽时用来装籽种的，可挎在肩上，其编纹为横竖交叉形。直径一米多的大晒粮盘，中心为"米"字形结构，呈辐射状骨架，编纹为交叉形，边饰为半圆形折叠花纹。其他柳编器皿技法相近，即首先要挑选出四五根既长又直的柳条，相互交叉编成"十"字或"米"字形结构打底，然后选用单根柳条一上一下的穿编，围成圆形的底，再从底起编，不同的编法花纹各异，根据使用需要，所编的底纹呈现出从密集的圆心向四周发射、六边形镂空、从"米"结构的圆心向外扩散及纵横紧密交错等花纹形式。当编至所需高度后，则要进行编边了，即将立着的柳条分成三到五束，拧编成既粗又紧的麻花边收尾，这样一款柳编容器就制作完成了。

柳编造型，丰富多彩。柳编造型以几何形体居多，有圆盘形、圆碗形、平底圆筐形、带提手的四分之三椭圆形、方形、方底过渡为圆口形等，其中，圆形柳编造型圆、稳、匀、正，协调和谐；方形柳编造型线条流畅，轮廓分明，平稳庄重。方中有圆，方中求变，刚柔相称。由于柳条比较细长，视觉效果相对较弱，因此在柳编制品造型中，多以线材组团的形式出现，从而增加了视觉冲击力。另外，由于柳条的通透性好，遮挡性差，所以，达斡尔人在编结时，能做到使柳条与柳条相互之间疏密有度、高低有律，柳条间的空隙处理得恰到好处，立体造型效果丰富，曲线部位固定点处理合理，整体形态的造型效果协调。可见作为实用工艺的柳编制品，充分显现出达斡尔人的智慧与审美。

第三节　桦皮工艺

从原始氏族部落开始，北方各民族已经制作出了一些柔软且坚韧的桦树皮生活器具，在鲜卑、契丹、女真等北方古代民族墓葬中，陆续发现多件桦皮器具遗物，迄今北方民族仍有以桦树皮制作器具的习惯。有这样一个传说，古时候有两个达斡尔人偶然相遇，其中一个人问，你是哪个部落的呀？另一个回答说，我是桦皮篓部落的人。这个传说证明了"桦树皮文化"与达斡尔人历史的密切联系。另在清嘉庆十五年（1810年），《黑龙江外记》中记述了达斡尔人在"楚勒罕"集上出售树皮器物的情景。这些都证明了"桦树皮文化"与达斡尔族的历史紧密相连。地处北疆，没有制陶史记载的达斡尔人，用勤劳的双手制成了桦树皮器物，使桦皮工艺延续至今。

达斡尔族桦皮工艺，普遍应用在民居、交通工具及生活用品方面。

一是在民居中，有上覆桦树皮的圆锥形屋架、桦树皮铺房脊的木房、炕上铺的桦树皮等；

二是在交通工具中，有桦树皮船、覆盖桦树皮的大轱辘车篷等；

三是在生活用品中，有桦皮箱、桦皮筒、桦皮篓（米篓、盐篓、饭篓、采野果篓、拴绳篓、柳木提梁篓）、桦皮盒（藏品盒、桦皮帽盒、针线盒、眼镜盒、烟盒、火药盒）、桦皮桶（水桶、挤奶桶）、桦皮盘、桦皮碗、桦皮撮子、桦皮簸箕、摇车内隔尿桦皮板、婴儿接尿撮子、桦皮哨等。

其中，达斡尔语称桦皮碗为"昂古拉"、扁圆形针线盒为"码塔"、长方形衣箱为"喀木奇"、小型桶为"绰恩古罗"、挑水桶为"图鲁玛"、桦皮尿撮子为"绰阔奇"等。

达斡尔族桦皮工艺的特色，表现在材料、技法与装饰各个方面。

桦树皮器物取材于白桦树。初夏时节，人们便进山剥取桦树皮，并将树皮表面的结子削平。六月正是白桦树的灌浆期，树皮与内木质间形成了水分缝隙，因此较易剥离，刚被剥下的树皮平整光滑有韧性，即成为原材料，以备剪裁、缝合成器。桦树皮制作的器物具有防水、防潮、抗腐、不怕磕碰、结实耐用、轻巧便携等优点，适于在日常生活与野外使用；生活在林区的达斡尔族人，掌握了利用桦树皮制作器物的技术，如早期的水上交通工具桦树皮船，其船体呈梭形，船身架用桦木或柳木条制作，两个木条自然收拢于船两端，需用皮条缠绕加以固定。在船身架外，包镶已缝合好的桦树皮船衣，上压木板条，并用木楔将其与船身架钉牢。桦树皮船轻便到一人可以背来背去，划船时多用单桨，其浮力大，行驶速度快。不用时，为防船体干裂，即将船沉入浅水岸边。

清朝中期后，桦皮工艺不断发展，但因受材料与技法局限，桦皮器物造型多呈筒状。器身多由双层或三层桦树皮卷成筒后再加底制成。筒的衔接处采用压叠缝合与锯齿相错压合两种方法。一般用马鬃、马尾、兽筋或麻线缝制桦树皮器物，有盖的桦树皮器物，盖采用双层桦树皮外层向内缝合的技法。

达斡尔人擅长在桦树皮器物上装饰各种图案纹样，使之更美观。通过观察器身饰八仙纹的桦皮篓、饰花草纹墨绘的桦皮篓、饰镂刻纹及镶嵌玻璃的桦皮篓、刻画花纹及文字装饰提梁的桦皮篓、镂空镶玻璃盖及器身彩绘几何回纹的桦皮篓、饰回转纹及打花纹的桦皮盒、打压点刺纹式的桦皮盒、刻画"凤纹"的桦皮盒、墨绘"满文团花形"的桦皮盒及墨绘楼阁花草纹的桦皮筒等桦树皮实物，得出以下装饰特点：

装饰手法包括压印点刺、镂刻镶嵌、墨绘勾勒、彩绘、补花及烫刻装饰法等。压印点刺法是以压、打手法在铺平的桦树皮上形成点刺装饰，是早期的装饰手法。镂刻镶嵌法是达斡尔族的创新，即先将纹样用尖形器刻画在桦树皮上，如剪纸般剔去部分负形至镂空，然后背面用彩色布贴衬，形成镂刻镶嵌彩布的艺术效果。另在桦树皮器物盖上，有一种玻璃镶嵌装饰法，有的玻璃上有油漆绘制的装饰纹样。墨绘勾勒法是用笔墨白描勾勒出各种纹样在桦皮的器盖及器身上，彩绘是在此基础上进行施彩的，然后在器物上施层桐油，使色彩更突出且起到保护作用。补花装饰法是用较薄的桦树皮剪出图案，缝合在器物上，呈现出浮雕效果。

多数桦皮器物不施彩，保持桦树皮固有的浅土黄色，运用压印点刺法装饰的器物中，其凹凸的纹样，自然产生了纹影色差。补花装饰通过使用不同的桦树皮材料，产生色差。运用镂刻镶嵌法的器物所衬布多为蓝、红与绿色，使画面与底色形成鲜明对比。部分墨绘勾勒的器物上施彩，以黑、白、红、绿为主色相，还有湖蓝、紫、粉、黄、褐色等。达斡尔族桦树皮器物工艺，基本同于鄂伦春族的桦皮制品，但装饰手法有所发展，明显区别是，墨绘勾勒出现了白描人物故事图及器身镂空装饰。

桦树皮器物盖的构图形式，周边多为圆形、椭圆形和长方形的边缘连续纹样，边饰简单，突出画面，中间多为适合纹样和散点透视、自由均衡构图纹样，颇具风俗画特点。器身上下多用简单的二方连续的构图形式，通常采取以云卷纹、回转纹为主的多层次装饰形式，或作边饰，或作中心花饰；一般不作主纹，常与其他纹样组合使用。中间的二方连续图案及自由图案较大且复杂，使其产生较强的艺术对比效果。如多在器皿盖上白描民间人物故事图等，随器盖的造型而进行布局构图，画面多以传统散点透视处理，有风俗画特色，人物刻画简单，往往就画说故事，又似民间文学插图。器身镂空装饰，似汉族衬色剪纸特色，先把所绘物像轮廓外部剪掉，背后衬上蓝、绿布或红布，使画面与底色形成鲜明对比。

装饰图案纹样题材多种多样，植物纹样有灵芝、牡丹、梅、兰、竹、杏、花草等；动物纹样有虎、鹿、马、松鼠、鸟、鱼、蝴蝶等；人物纹样有本民族传统民间故事及汉族、满族人物故事图等，描绘达斡尔人围猎、放排、采集野果等生活场景；建筑纹样有亭台楼阁、小桥流水、山野景象等；几何纹样有水波纹、云纹、圆圈形、半圆形、方格形、三角形、菱形等；宗教纹样有宝相花、佛手、"卍"字纹、盘常纹、回纹、八仙纹等；文字纹样有满文、汉文的吉祥文字，如"福、禄、寿""寿比南山""福如东海""美丽的鲜花开放""争取进步""团结"等。

装饰图案有深刻的寓意。桦树皮器物上的装饰图案纹样，如植物纹、动物纹、人物纹与建筑纹等，都是达斡尔人在长期的生活感受中，直接或间接积累起来的经验表现，使器物在实用价值中又获得了审美价值。尽管桦树皮器物是物质形态的一种存在，我们却不能仅仅把它看作物质文化的东西，因为这里包含着重要的精神文化内容。在桦树皮器物的装饰图纹中，也表现出佛教文化对达斡尔人产生的影响，如宝相花，盛行于隋唐时期，所谓宝相，是佛教中对佛像的尊称。为圣洁、端庄的理想花形，是将自然的花朵、花苞及叶片，经过艺术概括，加工而成的传统吉祥图纹。佛手，其形似手，是一种植物，又被称为"果中之仙品，世上之奇卉"，千姿百态，妙趣横生。"佛手"的谐音为"福寿"，寓意福寿绵长。盘常纹，盘曲连接、无头无尾、无休无止，是吉祥图纹的一种，本为佛家"八宝"之一，表达出世代绵延、福禄承袭、财富不断的吉祥含义。"卍"字纹样，源于佛教，本非汉字，而是梵文，后被唐代女皇帝武则天定为汉语读"万"，意为集天下一切吉祥功德。"卍"符号在佛经中有吉祥与万德圆满之意，是吉祥的标志。八仙纹，其中的八仙，有明八仙与暗八仙，寄寓长（仙）寿之意，包含对美好生活的祝愿与歌颂。

达斡尔人所创造的桦树皮器物是以实用为前提的，并不断注入达斡尔人对自然界中形式美的认识，如云纹，是由云的回环状构成的，意为祥瑞之云，即"无色云"；回纹，是以连续的回旋线条折绕组成的几何图纹，意义是福寿深远，吉祥绵长；等等。如今，达斡尔族的桦皮工艺仍在延续并不断发展着，已达到了类似绘画的艺术境界，这种独特的桦皮工艺，在民具学中占有很大比重。达斡尔人所用的桦树皮器物器型扁大，这与定居有关。其实用价值永远是第一位的，而审美价值位居第二。

图7-3　达斡尔族桦皮盒（王瑞华摄于呼伦贝尔民族博物院）

桦树皮器物造型艺术，尽显达斡尔人纯真的艺术造诣、粗犷的民族情趣及高超的物质创造力。在近千年的实践中，由于其保留了北方民族桦树皮文化的地域特征，又具有不怕磕碰等优点，而被长期从事游猎生活的达斡尔人所喜爱，为中华民族器具造型艺术谱写了光辉篇章。

第四节　木制工艺

达斡尔族的木制工艺也颇具民族特色，清末，就有专门使用锯、刨子、斧子、锤子、凿子等工具的木匠了。

首先，达斡尔族的木制工艺普遍应用于建筑、交通工具、家具和生活用具等方面。

在交通工具中，陆上交通工具有大轱辘车、独轮手推车、雕花彩绘儿童车、小儿学步车、爬犁、滑雪板等，水上交通工具有独木舟、木制小舢板船、桦皮船等。

在家具中，有摇篮、炕柜、木案、木制小炕桌、柜式桌、折叠小凳、木制衣箱、梳妆匣等。

在生活用具中，有木饸饹压床、木碗、木碟、木槽、木盆、木盘、木勺、木盆、木桶、砸苏子器、木砸棒及农具木叉、耙、犁、锹等。

其次，达斡尔族木制工艺的特色，选择在交通工具、家具和生活用具中最有代表性的大轱辘车、雕花彩绘儿童车、爬犁、滑雪板、摇篮、木制衣箱及木饸饹压床，分别进行介绍。

达斡尔族大轱辘车，保持着原木本色，以线材构成为主，线材的长短、曲直、疏密、方向等对比，均统一和谐在木质的材料中，构成车的点线面结构非常美观。车轱辘高大，能载重千斤，因此得到广泛应用。

雕花彩绘儿童车，为极具达斡尔族特色的儿童专用三轮车。其造型与普通大轱辘车相近，不同之处是在前车辕中间加了一个大车轮。车厢的前面是敞开的，其他三面由木板围成。车厢外壁的装饰很有特色，采用彩绘、浮雕及镂空雕刻等装饰技法，装饰图案题材有花草、鸟兽、"卍"字、"寿"字、抽象形、几何形等，图案多呈对称形式。浮雕纹饰以直平刀法为主，精细娴熟。造型优美的雕花彩绘儿童车深受达斡尔人喜爱。

爬犁,即雪橇,以马或牛套车,载物拉人,是冬季使用的交通工具。

爬犁的基本造型由底滑板、爬犁架和座铺三部分构成。按造型分类,达斡尔族爬犁有四种:第一种是普通日常用爬犁,在冬季使用最普遍,其造型由基本的三部分构成。第二种是礼仪爬犁,能坐4—6人,用于礼仪场合迎亲送友,豪华气派。其造型是在普通爬犁支架上装有带篷的木板车厢,车厢由三面围合,左右两面有镶玻璃的小窗户,出口朝车辕方向,上面挂着绣花门帘。车厢上装饰着雕花或彩绘图案,题材以花草鸟兽为主,外施桐油对图案装饰起保护作用。第三种是狩猎爬犁,用于冬季伪装狩猎,其造型是在普通爬犁支架的四周搭上框架,在框架外缠绑些树枝与野草,只留一个出口,猎人躲在里面,悄悄地靠近猎物。第四种是儿童游戏爬犁,其体积小,可坐2—3名儿童,两侧底板上钉有钢筋条,以便滑行更快。

大爬犁的底滑板由黑桦木制作,其材质细密坚硬,能承受强压与碰撞。座铺用柳条编结,上面铺草和兽皮。

滑雪板,达斡尔语称为"肯古楞",是达斡尔族古老的冬季陆上交通工具,现已失传。其造型长约1.2米、宽15厘米,后端平直,前端呈尖状翘起。制作材料为松木与桦木板,为减少摩擦,在底板上贴带毛的动物脊皮,以提高滑速。过去的达斡尔人在冬季雪厚时,双手撑杆,在山野中以滑雪板代步。

摇篮,即婴儿卧具,又称摇车,达斡尔语称为"达日德",其造型雅致且实用,是独特的民族木制工艺品。

摇篮的造型酷似一只小扁舟,其身平直,头部上翘,底镶托板,并有侧帮。长约1米,宽约1尺。摇篮的头部背面呈半圆形,下边装饰着达斡尔语称为"达日德·贺科"的摇篮头衬,是将多层半圆形布和半圆形中间镂空的黑色鹿皮或黑绒布,缝钉在摇篮头部背面,中间在红、黄、蓝、白等色的底衬布上,有补花装饰,大多补绣对称的团花与隅饰纹,如双碟团花与如意隅饰纹、"禧"字纹团花云纹隅饰、"卍""禧"组合团花双隅蝶纹、五福捧寿图案等。

通常在摇篮帮的四周绘有装饰图案，以花草纹或几何形纹样构成的二方连续图案为主。另在"U"字形顶部，婴儿头躺之处的两侧帮上，还绘有耳朵纹，即与耳朵形状相似的云卷图案，达斡尔语称为"齐克·依勒嘎"。在摇篮上翘部分与底边的接合处，两边分别缀饰着3—5串长约15厘米的皮条，上串玉珠、小贝壳、铜钱，有的还串挂着鹰爪指甲、萨满皮偶神像等。婴儿满月后，要将满月头发装在小红布袋里，也挂在珠串旁，起到

**图7-4　摇车头后背面补花饰
"卍""禧"组合团花双隅蝶纹**
（图片选自郭旭光主编、鄂晓楠副主编：《达斡尔族文物图录》）

为婴儿祝福之意。在摇篮头部底板外，还横挂着成串的野鸡腿骨或鹿腿小骨的响坠儿，当摇晃摇篮时，响坠儿有节奏地拍打着底板，有助于婴儿入睡。此外，摇篮内还有隔尿桦皮板，放在婴儿的肚子上面，防止尿湿被子。

母亲哄孩子睡觉时，一边轻悠着摇篮，一边轻唱着《摇篮曲》："轻轻摇晃你那榆木摇篮，安详地睡吧，太阳为你露出笑脸，轻轻摇晃你那柳木摇篮，安详地睡吧，妈妈守在你身边……"。伴着这首达斡尔人传唱已久的摇篮曲，婴儿很快便安然入睡了。

制作摇篮的材料，多选用北方的"毛恩斯"，即稠李子树杆制作。选材很有讲究，通常单独的、刮倒的与被雷击的稠李子树是不能被选用的。要从茂密的稠李子丛林中，选择树干向太阳方向弯的、枝杈少的稠李子树为材料，达斡尔人认为用从树丛中选出的树木做摇篮材料，睡在摇篮里面的孩子定会健康，且能兄弟姐妹多，相互照应。木匠把圆木破成板材，选出花色好、纹理细密、无疤节的湿板材进行刨光，板子宽约10厘米，厚度在0.6厘米左右。然后把刨光的薄板用微火熏，并烤摵成两个"U"字形，做摇篮的周帮，再加上底板即制成了摇篮的初型。制作摇篮的规格：用在

头部的"U"字形板周长1米，用在肢体部的"U"字形板周长1.3米。在摇篮的两个不等周长的"U"字形衔接处钻孔，翘起一定角度，用搓成绳的鹿筋或皮条固定，使婴儿躺着舒服。头部"U"字形板与摇篮身段部底板连接后，在"U"字形板内外两面刷上桐油，这样，一款通体光亮、光滑隔潮、样式美观的摇篮就制作完成了。

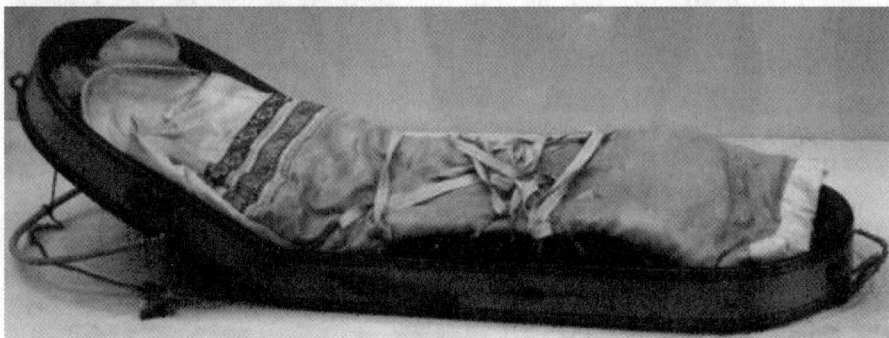

图7-5 摇篮（王瑞华摄于莫力达瓦旗达斡尔民族博物馆）

制作摇篮要请心地善良、老实忠厚、手艺精致，且子女较多的木匠来做，据说，人们用这样的木匠所做的摇篮，心里会很踏实的。达斡尔人对摇篮非常爱护，通常一只摇篮可用六十余年，甚至上百年。摇篮，一般在"莫昆"（氏族）和"宝依贡"（家庭）中，世代相传。

木制箱匣，达斡尔人使用的木制衣箱，一般为顶开式的长方体板箱，其箱盖与箱体的前中部安有铜柏子，有的锁鼻与合页为半圆形铜片，两片相对组成一个圆形，也有呈方形的，既坚固又有装饰性。木制衣箱有单色的，也有带图案装饰的。

木制衣箱的装饰形式，一般分为木雕与绘制两种，木雕装饰图案复杂，如一款黄色木雕衣箱，中心图案为桃瓜石榴盘、莲蓬图案，象征着多子、多寿。衣箱有方形柏子，左右是牡丹荷花瓶、如意与方胜图案，其中牡丹图案象征着富贵，花瓶与如意象征平安如意，方胜图案是以两个菱形压角相叠而构成的几何纹样，是祈求平安、幸福的物化表现。四周由二方连续的回纹构成，呈现出整齐的视觉效果。回纹是以横竖折绕组成如同

"回"字形的一种传统几何装饰纹样，因其构成形式回环反复，延绵不断，回纹在民间有"富贵不断头"的说法，表达了源远流长、生生不息、连绵不断的吉祥寓意。方胜与回纹都是中国古代重要的吉祥几何装饰纹样。彩绘装饰如一款黄色木制衣箱，其前面绘制有红绿色为主的独立式、均衡的花卉图案。一般在衣箱外要刷一层桐油，起到保持图案不褪色和防腐的作用。木制衣箱被制作得非常细致、美观，尽显达斡尔人对生活的热爱。

此外，达斡尔族妇女所使用的木制梳妆匣，一般为顶盖抽拉式的长方体木匣，有单色的和绘画的两种。如墨绘二龙戏珠、双蝶、双凤及枝叶纹的女用梳妆匣，美观精巧。

木饸饹压床，达斡尔族最传统的面食是荞面饸饹，早期压制饸饹面的工具是用打孔的动物肩胛骨制成的。后来，达斡尔人多用木饸饹压床，压制饸饹面条。木饸饹压床的造型非常独特，在其床架结构的中部，固定装有主体的中空木柱，木柱下面钉着带很多圆孔的铁片，孔眼大小与常见面条的粗细差不多。与木床头连接的杠杆上，安装有和中空木柱上下对应，而且内径吻合的圆木柱。压制饸饹面时，先将揉好的面放入中空木柱内，然后再利用杠杆原理，带动上面的圆木柱向下挤压，面条即从铁片的孔眼中流出来了。这种木饸饹压床一般都是架在锅上面，压出的面条能直接进入锅里，边压边煮。功能相同的饸饹床，外观造型有所差别。有以流线为主和以直线为主的两种造型结构，在实用的基础上，各具审美特色。达斡尔族的木饸饹压床，因其使用方便而得以普及。在齐齐哈尔市郊的达斡尔族村屯，仍有人家保留着这种传统的做饸饹面的木床。

达斡尔族的木制工艺，在制作过程中，运用到破木、刨、弯曲、磨光、旋钻、镶嵌、雕刻及刷桐油等工艺，尽显达斡尔族木匠的智慧才能与精湛技艺。

第五节　纸　艺

纸艺，广义是指所有与纸有关的工艺；狭义是指以各种纸材为主料，通过剪、刻、撕、拼、叠、揉、编、压、裱、印、装帧及装置等手段制作的平面或立体艺术品。早在纸材传入前，达斡尔族已有了剪皮花、剪桦树皮及皮偶等艺术形式，其中皮偶艺术被称为"皮偶神"，是伴随着萨满文化而产生的一种造型形式，制作皮偶神，为达斡尔族纸偶艺术的形成奠定了基础。清代以后，随着纸材与中原民间文化的传入，达斡尔族的纸偶艺术有了进一步发展。下面主要介绍达斡尔族最具特色的纸偶（哈尼卡）与剪纸艺术。

一、纸偶（哈尼卡）

纸偶"哈尼卡"，作为达斡尔族民间纸造型艺术，其历史久远，反映了达斡尔人生活的缩影，具有保护与传承价值。

在达斡尔语中，"纸偶"与"眼仁"是同音，都被称为"哈尼卡"。据达斡尔族传说，每个人的眼仁中都有一个小人形，因此，人们才能看见东西。非常巧合，达斡尔族的纸偶呈小人形，因此，便借用"眼仁"一词来称呼纸偶了，意为"像眼仁那样的小人形"。"哈尼卡"是达斡尔族女孩儿们亲自动手，用各种彩纸精心制作的过家家玩具。

哈尼卡的造型由头与身两部分组成，其头部可用剪成有头饰的人头形或选用蛋壳、乒乓球来做，上绘形象各异的五官，而身部都是用纸叠成的。哈尼卡的身高由数寸至尺余不等，并能够站立，身上都穿着达斡尔族传统服装。其具体制作方法是：先用纸叠出三角形，剪齐下端，做出哈尼卡的身形，然后将纸对折，分别剪出头颈、头饰、配饰与帽子，再绘制发式、五官与红脸蛋，也可用彩色纸作补花点缀。用糨糊将头部背面贴上小细棍，插在三角形纸筒的上部，撑出锥形纸偶，在身部贴各色剪纸图案。再剪出手、胳膊、腿与脚形，分别贴在袖口与下摆处，胳膊与腿能做简单的动作，这样哈尼卡的基本型便做成了。下一步便可以为哈尼卡制作服装了，可依据不同的性别与身份，剪出各种款式的长袍、马褂等民族服装，分别套在哈尼卡身上，便制成了着装的哈尼卡。达斡尔族女孩儿都非常珍惜自己的哈尼卡，有的女孩子的哈尼卡多达上百件。每人都有专门存放哈尼卡的盒子，互相之间常对哈尼卡的制作技艺方面进行交流，其乐融融。

玩儿哈尼卡，达斡尔语称为"哈尼卡·纳得贝"，必须两人以上一起玩儿。开始玩儿前，心灵手巧的女孩子需做些准备工作，要先用各种纸折出庭院、家具、炕及锅灶等简易的样子，然后，在炕上分别摆出自家的哈尼卡，此时，过家家游戏便可以开始了。女孩子们根据不同的哈尼卡角色，模仿着长辈们的言行，帮助纸偶活动并说话，几家的哈尼卡互相串门做客。玩的内容还涉及挤奶、做饭、采野菜、求亲、婚礼等众多生活场景。通过游戏，使哈尼

图 7-6　传统哈尼卡（图片选自《苏梅的纸艺——非物质文化遗产专集》）

卡在女孩儿们手中"活"了起来，反映出孩子们热爱生活和憧憬未来的纯真情感。

如今，作为非物质文化遗产的纸艺术品，哈尼卡艺术有了进一步的拓展。虽然作为游戏纸偶的"哈尼卡"，早已退出了达斡尔女孩儿们的日常生活。但"哈尼卡"曾使孩子们在德育、智育与美育方面得到了良好的熏陶，其中所蕴含的教化功能，成为达斡尔人对我国民间纸造型艺术的独特贡献。

二、剪纸

达斡尔族妇女是民间剪纸艺术的主创者，她们亲手剪出了丰富的剪纸艺术品，美观大方。达斡尔族剪纸以实用为主，用于服饰、室内装饰、器物装饰及儿童玩具等方面。根据其用途与形式，将达斡尔族剪纸分为图样剪纸、玩具车马剪纸和装饰剪纸三类。

图样剪纸，达斡尔语称为"都荣"。图样即底样，也称"花样儿"，包括墨绘图样和剪纸图样两种。达斡尔族妇女在缝绣衣袍、皮裤、烟荷包、手套、靰鞡、枕头顶、摇篮头衬及节日转灯等上面的装饰图案时，都要依靠图样剪纸才能完成，因此，图样剪纸成为妇女们普遍掌握的一种工艺。达斡尔族剪纸图样有云卷纹、花草纹、动物纹、吉祥纹、汉字纹及抽象纹等，其构图形式以适形式为主。适形式构图必须与一定的外形轮廓相吻合，以一个或几个纹饰，装饰在几何形或自然形的外形内，使纹样自然、巧妙的适合于形体。

图7-7 清末杨爱月老人所剪蝴蝶与古钱纹"都荣"（沃吟荷女士提供，王瑞华摄）

达斡尔族剪纸图样的外轮廓以圆形、方形及三角形为主，以对称的构图形式居多，如二面、四面、八面、多面对称等。对称剪纸的剪法是先把纸对折，再对折成四层、八层等，然后剪成多层的对称辐射图案。形成构图严谨、线条豪放的风格。完美的达斡尔族图样剪纸经常被模仿，在模仿的过程中又不断地被创新，从而推动了图样剪纸艺术的发展。

玩具车马剪纸，用纸剪出的

车、马等形象，也有曾用桦树皮剪的，成为儿童游戏的玩具。玩具车马剪纸，所表现的有站立及行走的各种马、牛、鹿等外形轮廓形象，也有骑马、赶车的人物形象等。姿态各异、布局匀称、造型粗犷质朴。

装饰剪纸，达斡尔族的装饰剪纸主要应用在室内纸糊的天棚上。除通风口的图案以外，棚的四角均装饰有对称的角花，角花以云卷纹、蝴蝶纹、如意纹、寿字纹、喜字纹及钱纹等吉祥花纹为主，用红纸剪的较多，也有用蓝、粉、黄色彩纸剪的，朴实典雅、造型和谐。

图7-8 达斡尔族沃莲英女士剪纸
（沃吟荷提供，王瑞华摄）

达斡尔族传统纸偶哈尼卡艺术及剪纸艺术，充分展示出达斡尔族纸艺术旺盛的生命力，是劳动妇女和民间艺人智慧的结晶。其代表性的书籍有 1996 年由黑龙江美术出版社出版的《杜玉臻剪纸艺术》和 1998 年由内蒙古文化出版社出版的《苏梅纸艺术》，都反映了达斡尔族民间纸艺方面的成就。

第六节 雕 刻

达斡尔族的雕刻艺术历史悠久，包括木雕、骨雕、骨木合雕、金属雕及玉雕等。这里主要介绍木雕、骨雕和骨木合雕三种。

木雕，达斡尔族木雕艺术以实用木雕品居多。常见的木雕用品有围鹿棋、神佛偶像、神龛盒、木碗、木盆、木盒、木箱、火盆架、木库连盒、镜框架、摇篮挂钩、刀鞘、鞍马具、炕柜、炕桌、柜橱底沿、隔扇门框等。

达斡尔人曾爱玩儿一种叫作"围鹿棋"的游戏，木雕围鹿棋棋子这种写实性的小型圆雕艺术，是狩猎时代的产物，雕刻精美的传统围鹿棋棋子，在达斡尔族木雕艺术中占有重要的地位。围鹿棋棋子由白桦木雕刻而成，包括两只鹿和二十四只猎狗。所雕刻的鹿棋体态丰满，鹿角挺立，昂首前视，雄姿优美；雕刻的二十四只猎狗体态各异，呈现出立、坐、卧、跪、走、跑、追、跳等不同的姿态，引人入胜。由于棋子太小，不便细致雕刻动物的表情，便用体态动势来刻画出不同动物的性格。木雕技法上圆口刀用得较多，雕刻细致得不见刀痕。雕刻完成后，涂以清漆，使围鹿棋色泽光亮。

此外，木雕运用较广的是达斡尔族的桦树皮器具，如在木盒、木盆等器具上雕刻人物、动物、植物、风景等图案，这种雕刻采用压印点刺、镂刻镶嵌及烫刻装饰法等工艺，使雕刻形象尽显纯真粗犷的民族情趣。在达斡尔民间民俗信仰所崇拜的木雕神偶中，有造型似龟的金龟神，被称为"阿勒坦书卡必勤"，其背部刻有排列整齐的"X"形纹。另有造型似龟的银龟神，被称为"蒙公书卡必勤"，其背部刻有排列整齐的"点"纹。还有造型写实的蛇、龟和蛙三种木雕神偶，形体较小，身上有墨绘纹饰，以墨勾画出背饰纹、双眼等花饰。在塑造神像时，也多运用木雕形式，萨满教的木雕艺术造型简单，大多只表现神像的大体轮廓与五官。日用衣箱的木雕装饰图案复杂，在衣箱上同时雕有桃瓜石榴盘、莲蓬、牡丹荷花瓶、如意、回纹与方胜图案。还有火盆架的雕刻也颇具特色，四腿火盆架的架面呈八角形，放火盆的面上有圆形镂空格。在四腿间的横板上，有以云卷纹为主的木雕镂刻花纹装饰。一般在镂刻纹饰上漆暗红色，堪称达斡尔族民间木雕的佳品。另外，有一种深受达斡尔人喜爱的民间弹拨乐器"木库连"，即口胡，又称"口弦琴"。其外形较小，呈锥形，能弹奏出鸟鸣及水流等清脆柔和的音调。"木库连"通常被收装在雕刻精美的木库连盒中，带盖的盒上所雕刻的纹饰有云卷纹、花草纹、钱纹等民族图案。达斡尔人爱将木库连盒挂在颈部，成为民族特色独具的精美饰品。

此外，隔扇门框的雕刻技艺也很高。过去，生活较富裕的人家在隔扇门和门框上，都要雕刻圆形对称的"福""寿"等汉字图案和各种山水、

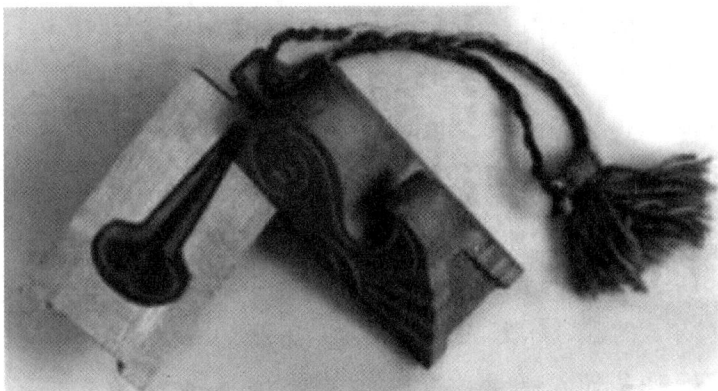

图 7-9　雕刻精美的木库连盒（图片选自郭旭光主编、鄂晓楠
副主编：《达斡尔族文物图录》）

花鸟图案等，以表达对美好生活的期望，成为古朴典雅的艺术品。

骨雕，达斡尔族的骨雕艺术发展于民国时期，成为狩猎民族所特有的
文化形式，一般采用鹿骨、狍骨、牛骨及羊骨等为材料。主要应用于制作
骨筷、骨扣、骨针、骨顶针、骨扳指、色子、摇篮挂钩、骨坠饰、骨手镯
及骨镶圈等生活用品。这些骨制用品上都雕刻有装饰纹样，最初在骨器上
雕刻装饰纹样，起到防滑的作用，具有实用功能，后来，才逐渐变成纯装
饰纹样。

骨雕的装饰纹样多样，如骨顶针上雕出的纹样为环状的二方连续图
案，而骨扳指上雕出的纹样为阴线云卷纹图案，骨镶圈上雕出的纹样为三
角、菱形的圆点图案，均起到装饰效果。骨筷是用动物腿骨制作的，上方
刻画图案，成为达斡尔族猎人的餐具和手工艺品。

骨木合雕，主要用于制作烟袋锅、刀柄、刀鞘等用品。其中，最具特
色的是达斡尔族烟袋锅的雕刻。

达斡尔人制作烟袋是从清朝开始发展起来的。烟袋锅，达斡尔语称为
"艾戈"，采用骨木镶嵌的方法制作。首先，选择坚硬无结的赭红色杏树根
块为原料，用斧子和刀将其砍、削成烟袋锅状，然后，用木旋床旋出烟锅
和气孔，再通过磨光处理，使杏树根露出清晰、自然的花纹。再在半球形
的烟锅上涂油，使烟锅细密发亮。并在烟锅口沿边镶嵌环形的银、铜或铁

片饰物。在烟锅周围镶嵌、镶刻简单的水纹、漩涡纹及由四颗圆钉组成的菱形花纹，该花纹图案是由野兔足印得来的，又叫"兔脚印"。烟袋锅把上套有白、黑相间的骨环，白骨环上整齐装饰有用黑角类嵌成的兔脚印纹、同心圆纹等。表现出原始艺术特有的美感。所镶嵌图案的直径为 0.5 厘米，有的还要小些。烟袋锅的制作工序复杂，精确度高，成为骨木合雕的代表，集达斡尔族手工艺之大成。

达斡尔族的雕刻一般以云卷、花草、鸟兽、山水、风景、文字、几何形为图案，图案简练、朴素大方。

当今，达斡尔族仍有一些雕刻人才。如原海拉尔市雕刻家吴守禄，在雕刻方面成就显著。他把达斡尔族传统雕刻艺术与现代艺术相结合，在桦木、榆木等材料上，雕刻创作了《达斡尔族猎人》《山神》《木碗》《摇篮》《曲棍球》《木库莲》等作品；莫力达瓦达斡尔族自治旗艺匠毛吉的木雕《猎鹰》，陈列于内蒙古博物馆。林和布的木雕门扇等在"中国达斡尔族文化展览"中展出。

达斡尔族的工艺美术，具有鲜明的民族特点，其民间工艺美术品，历史传承悠久、地域特征明显、造型趣味浓厚、用料就地取材，丰富了达斡尔人的物质与精神生活。

第七节　建筑艺术

西面开窗且窗户多，是达斡尔族住房的又一个特色。达斡尔族民居建筑注重采光与通风，通常开南窗与西窗，如三间房会开有 10 扇窗户。室内西屋隔扇门的制作比较精制，讲究的以红松为原料。门的上框镶有木板，较为讲究的人家，用木板铺地，炕的外壁也是用木板围起的。

达斡尔族的室内装饰特色，主要体现在雕刻精美的门、窗、棚及炕等装饰图案艺术中。

门的装饰：达斡尔族房屋的内外室之间，有相通的隔扇门，隔扇门由四扇屏雕花门和门楣组成，四扇门的左右两扇是通过榫卯方式固定的，只有中间两扇门能对开。门扇分为上下两部分，上部多为窗格式结构，每扇门的上部都有雕花的窗格。窗格间常用雕刻的文房四宝或八仙宝物，如宝葫芦、荷花、竹板、菱形花、盘长纹形棂子等作连接，美观又结实。门扇下面的屏板上，常见雕刻成浮雕状的宝瓶，瓶座上也有雕花，宝瓶中插有牡丹、杏花、梅花等造型优美的花簇，枝叶繁茂。此外，还可见龙凤呈祥、鸳鸯戏水、喜鹊登枝、骏马飞奔、猛虎下山、飞禽、鹰、鹿等吉祥图案。

室内门楣木板上雕刻的装饰图案，多以满文或汉文的"福、禄、寿、禧"或"福、禄、寿、喜、财"等圆形字样做团花饰，字的四角各装饰一个起衬托作用的云卷纹样，具有吉祥意味。此外，门楣上的木雕镂空饰件，以芭蕉扇云纹、如意飞云纹等合适纹样最为常见，最后门上施桐油衣作保护，很有特色。如果室内全做木隔扇门则上面高不封顶，房屋的空间在上部相连通，为了室内空气可以流通。

图 7-10 室内门楣上的木雕镂空饰件（图片选自郭旭光主编、鄂晓楠副主编：《达斡尔族文物图录》）

窗的装饰：传统的窗子分为上下两扇，上扇可以支起敞开，下扇可以向上抽出取下。窗扇由相距 10 厘米的细窗棂纵横交错组成许多小格子，木格窗外面糊窗纸，即浸油的高丽纸，这种纸结实耐用，纸上再喷洒盐水拌成的酥油，既能提高透光度，又起到防雨雪潮湿的作用。

棚的装饰：室内棚顶多为柳编的"人"字形顶盖。有的人家在天棚风口周围，喜欢贴剪纸图案。天棚上也有画面装饰，题材多为鸡、凤、鹌鹑及狩猎场面等。技法上将剪纸与绘画并用，其内容从写实逐渐向装饰化发展。棚上的装饰与墙面所挂的弓箭、雉羽、野兽皮毛装饰，组合成了狩猎民族特有的装饰风格。

炕的装饰：在炕墙和炕沿下均有木板，木板上有木雕或彩绘的图案。炕墙木板彩绘题材多为山水花鸟、仙鹿灵芝，很具民族特色。在炕沿的"T"形支撑间也镶木板，上常以与狩猎生活相关的彩绘或者是浅浮雕做装饰。还有的人家在炕墙上装木板，非常具有民族特色，大方雅观。

第八节　雕　塑

达斡尔族早期的雕塑作品，如今已很难见到了。在达斡尔族的聚居地，当代的雕塑作品较多，而且内容与题材非常广泛。通过各种雕塑艺术形式，直观地传达并再现了不同历史时期达斡尔族的民族文化与民族精神，揭示出达斡尔族平凡生活中泥塑的美，震撼并感动着观者。雕塑的制作材料有木、石、铜、砖、水泥、砂岩、玻璃钢、合金、化工材料、纺织品及植物等多种。以下从圆雕和浮雕两方面介绍达斡尔族的雕塑。

一、圆雕

圆雕，是能让人从多角度来欣赏的一种三维立体雕塑形式，具有很好的观赏性，因此，使用范围很广。如古代的佛像雕塑，多采用圆雕形式，使人能全方位、清楚地看到佛像的不同侧面。达斡尔族圆雕作品的创作内容，有表现人物、动物、花卉及器物等多样题材的。

表现人物题材的圆雕有：

辽太祖耶律阿保机雕像，现存于莫力达瓦旗达斡尔民族博物馆中，耶律阿保机（872—926），统一了契丹各部，建立了契丹王朝。

萨满铜像，矗立在莫力达瓦达斡尔族自治旗、中国达斡尔民族园内的萨满文化博物馆中，铜像高达 21 米，以从"远古走来"为主题，通过肢体语言，表现北方少数民族的文化信仰。

"莫日根"雕塑，矗立在齐齐哈尔市梅里斯达斡尔族区哈拉新村，"莫日根"一词在达斡尔语中有三重含义。其一，泛指猎人或猎手；其二，专指某某莫日根，多指知名猎手；其三，指贤者、智者。

此外，表现人物题材的圆雕还有《达斡尔军队出征》《达斡尔族将军》《烈马英雄》《民族女英雄傲蕾·一兰》《达斡尔猎人》《达斡尔猎鹰者》《达斡尔放排人》《达斡尔骑马人》《达斡尔族迎亲》《跳鲁日格勒舞的女性》《女人与水》《民族音乐家》《穿

图 7-11　萨满铜像（王瑞华摄于萨满文化博物馆）

民族服装的人物雕像》《拉棍和竟力运动员》《曲棍球运动员》等。曲棍球运动是达斡尔族传统的体育项目，达斡尔族是全国唯一保留和世代相传并普遍开展曲棍球运动的民族。达斡尔语称球棍为"贝阔"，称曲棍球为"颇列"。传统曲棍球的球棍是由根部自然弯曲的柞木削制而成的，球分木球、毛球和火球三种。莫力达瓦达斡尔族自治旗被誉为曲棍球之乡，为国家曲棍球事业的发展做出了巨大贡献。

表现动物题材的圆雕有：鹰图腾柱雕塑，矗立在莫力达瓦达斡尔族自治旗、中国达斡尔民族园内的图腾广场中央，柱顶是一只昂首搏击的雄鹰，象征着勤劳、勇敢与智慧的达斡尔人，向着美好的未来腾飞。此外，还有《放鹰》《战马》《拉大轱辘车的马》《四牛一杠犁》雕塑等。其中的《四牛一杠犁》雕塑，素有嫩江第一犁美誉。勤劳的达斡尔人离开祖居的

黑龙江两岸，迁徙内地之后，世代以渔猎为主的生产方式也随环境变化而改变，开始从事农耕。聪明的达斡尔人利用自身的畜牧优势，创造了独特的四牛轭杠铁犁，由此，这种特有的耕作方式，就成为豁开嫩江农业文化的代表，也逐渐演变成达斡尔族的象征。雕塑寓意直接、明了，显示出地域民族特征与先人的聪明才智。现在齐齐哈尔市梅里斯达斡尔族区内，成为进入该区所见的第一道亮丽风景，与区民族广场玉石柱雕塑遥相呼应，增强了民族自豪感及观者对达斡尔族在嫩江地区开发建设中，所做重要贡献的认同感，散发着民族文化的艺术魅力。

表现花卉题材的圆雕有：映山红、花草纹样等。映山红（旗花）雕塑，位于莫力达瓦城西三角地中心，高14.9米，基座是达斡尔族民族乐器木库连的形状，表现了达斡尔是能歌善舞的民族。

表现器物题材的圆雕有：大轱辘车、大轱辘车轮、曲棍球棍（贝阔）、曲棍球（颇列）、民族乐器木库连、弓箭、摇篮、神鼓等。

达斡尔族的圆雕有具象与抽象两种表现形式，抽象的圆雕如莫力达瓦旗伊兰广场的《光之歌雕像》，形如太阳冉冉升起。其光芒四射的壮美造型，寓意各族人民群众的生活蒸蒸日上、红红火火并与时俱进。

二、浮雕

浮雕，介于圆雕与绘画之间，是一种平面与立体兼具的艺术表现形式。既可依附于某种载体，也可独立存在。

达斡尔族浮雕作品的创作内容丰富，艺术地再现了达斡尔族的历史神话传说、英雄史诗、生活生产及文体活动等场面。如莫力达瓦旗西外岛的四个浮雕由工业、农业、科技和尼尔基水库等生活场景组成。此外，还有表现达斡尔族图腾、人物、服饰、放排、猎鹰、牛羊、缝绣、歌舞、打曲棍球等场面的浮雕。用绘画中的透视法，表达空间与形体关系，增加了叙事的表现性。

达斡尔族雕塑以空间构成手段，塑造出生动的艺术形象，极具美学欣赏价值和历史人文价值，整体思想注重缅怀历史、发扬传统，倡导文明、陶冶情操及审美享受。达斡尔族雕塑所承载的文化现象，反映了达斡尔族各个历史阶段的发展及对未来的向往。用雕塑艺术表现形式，直观地反映出达斡尔族风情及达斡尔人的民族魂。用雕塑语言留下了城市文明的形象，非常具有民族特色。

第九节　绘　画

达斡尔族先民的绘画，在辽代出了几位知名的契丹族大画家，此外，主要表现在民间绘画上，随着达斡尔族与内地政治、文化交流的加强，达斡尔族传统民间绘画艺术得到了进一步发展。新中国成立后，达斡尔族绘画人才不断地涌现出来，形成了地域广泛、种类繁多、内涵丰富及形式独特的绘画艺术形式。

一、民间绘画

传统的达斡尔族民间绘画，包括萨满教绘画、桦皮绘画及图样绘画等。

（一）萨满教绘画

达斡尔人普遍信仰萨满教，达斡尔族萨满教绘画兴起于清朝中叶左右，主要应用在绘画神像上。早期的神像采用木雕、剪纸与皮偶等形式塑造，后来，发展到在木板、布和纸上绘画神像，当初，所用纸张多为高丽纸。达斡尔族萨满信仰文化中的神像造型包括：自然崇拜神、图腾崇拜神、始祖神、萨满神、外来神、儿童保护神、氏族神等多种。1947 年前，在达斡尔村屯中还有一些民间神像画匠，达斡尔语称"巴日肯女热钦"，其意为"绘神像的人"。据说，民间画匠大都是半职业的，画匠首先要明白、了解不同人家应供何种神像，这是最主要的。所绘的神像多为平列描绘，略显主次关系，分素绘与彩绘两种绘画方法。其中，素绘采用单色墨绘而成，如萨满神之一的龙神（即雨神）画像等。彩绘与工笔重彩画风相近。在绘画技法上，首先用单线勾勒，然后施敷彩绘或晕染，再用墨线勾勒，线条自然流畅，用色对比强烈。如彩绘的"娘娘巴日肯"，即娘娘神画像，是保护儿童的神。其实，娘娘神的传说，是对中国历史上著名的契丹女政治家、军事家、辽国萧绰太后的歌颂。与"送子图"相似，画面为一女性，左右有侍女相伴。有的神像为增添富丽效果，还要用描金点银法装饰画面。

图 7-12　达斡尔族神像（娘娘神）（图片选自郭旭光主编、鄂晓楠副主编：《达斡尔族文物图录》）

达斡尔族萨满教绘画中的各种彩绘神像，都采取民间龛式绘画的构图方法，有造像法式规范和主、副神之分。不论什么神像，画面近前多为一桌，桌上都绘有碗、筷、酒盅等食具，典型的画面是一男一女人物主神像，稳坐于桌后，面含微笑，身着清代达斡尔族贵族装束，通常男戴立沿帽，穿长袍马褂，女梳满族的"两把头"发式，穿右开襟宽饰边的长袍。桌子左右分立男女侍者，侍者的发式与所穿服装稍有不同，整体画面犹如世俗中的贵族群体像。画幅最上部绘有蓝天、白云、山石、树木等自然景象，其下绘有瓦檐脊柱、雕梁画栋及幔帐装饰。在桌下绘有香草、盆花等物，在画的下面绘有开光，在开光内绘对卧的狐狸形象。较大神像画可达1米左右，一个画面设三个龛，画幅由四至六个横列的神像组成。最小的独幅神像画也有20厘米左右。过去，达斡尔族家家墙面都供奉简易的木框神龛，有的在菜园一角设小型木构神龛建筑。达斡尔族的神像复杂、形象细腻、技艺较高，与我国佛教艺术的墓室壁画相似。并且从绘像造型、线条、敷色及构图等方面都有很大的变化，在我国北方信仰萨满教的各民族中，属于比较精致考究的。

达斡尔人还特别崇拜以自然主宰神为对象、拟人化的"白那查"神，即山神。传说中的"白那查"，是蓄着白胡子的老人，野兽、飞禽都是他养育的，是山林的主宰。据说，过去从事野外狩猎、捕鱼、伐木放排、打柴烧炭等劳动的人们，收获多少、平安顺利与否，都是由"白那查"决定的。而且，达斡尔人种地时，在离村子较远的"地房子"附近也供"白那查"，祈求保佑粮食丰收，无有灾难。

图7-13　"白那查"神像

（王瑞华摄于萨满文化博物馆）

"白那查"神像的制作方法是：在深山中或进山路口，选择很粗的白桦树，在其阳面，大约1人高的地方，猎人用斧子劈开树皮，将树砍出凹形面后，再用笔墨在上面绘画出老人像或坐像，即成为"白那查"神像。

过去，在每座深山密林处都有山神，达斡尔人进山，见到山洞、巨石和古树都认为是"白那查"所栖息的地方，因此，不敢大声说话，要在像前停步，进行叩拜，然后绕道而过。在野外每顿饭前，都要由野外生产组长，达斡尔语称"塔坦达"，将第一盅酒与第一碗饭先敬"白那查"。猎人捕获到的第一只猎物也要先敬"白那查"，出山时将猎物奉献于像前，要将野兽的血抹在"白那查"嘴上，奉献兽肉，并再次叩拜，之后才可背着猎物返回，以求山神保佑。"白那查"神像绘画，是原始崇拜意识在造型艺术中的反映。这种原始早期所形成的崇拜自然、万物有灵的信仰在达斡尔族延续至今。

达斡尔族奶牛神木版画比较有名，达斡尔族有养奶牛供奶的习惯，奶牛生下牛犊三天内的奶，都要装进罐里，放在热炕头进行发酵，制成酸奶稠粥。第一碗粥要供奉奶牛神，以保佑奶牛及牛犊的安全。神像多墨绘在一块一尺见方的小木板上，钉在锅台上壁供奉。在奶牛神的木版画上，有牛和奶牛，一名妇女正在挤奶，旁边画一头小牛犊，上绘男女二神坐于桌后，桌上摆着碗筷餐具。这种反映民间宗教的画，再现了达斡尔族民间生活的场景。

在清代中后期，达斡尔人被征南下，死伤莫测，因此，家人都祈求关帝神保佑，如黑龙江省爱辉县（现为瑗珲县）一带的达斡尔人家，多供有龛形木板结构的关帝庙，其关帝神像，是由内地传入的临品，虽不属于萨满教绘画，但为达斡尔族民间绘画艺术的发展起到了推动作用。

达斡尔族萨满教绘画，是当时社会状况和民众思想的一种折射，为我们研究民族的发展提供了直观资料。总之，在达斡尔族萨满教文化艺术中，仍保留了原始狩猎民族固有的文化艺术特征。

（二）桦皮绘画

桦皮绘画是在桦树皮做的桶、盒、箱等器物上面绘制图案的一种装饰绘画形式。达斡尔族桦皮器物上的绘画内容广泛，有植物纹样、人物纹样、建筑纹样、几何纹样、宗教纹样、文字纹样等。组成风趣的平视体画面，这些装饰纹样，使达斡尔族装饰艺术达到了类似绘画的艺术境界。

桦皮绘画方法包括墨绘勾勒与彩绘法等。墨绘勾勒装饰法形成的时间较晚，是笔墨传入达斡尔族地区以后的事儿了。墨绘勾勒法是在桦皮的器盖及器身上，先用笔墨勾勒出各种纹样，技法近似白描，然后在器物上涂桐油，不但墨绘线描有了光泽，而且起到了保护墨绘图案的作用，也使桦皮制品更为美观。彩绘法是在墨绘勾勒的基础上进行填色施彩，一般以黑、白、红、绿为主色相，再施桐油薄衣，使色彩更突出，保持图案色调不褪，显出华丽的艺术效果。

桦皮器物的器身上下多用简单的二方连续构图形式，通常采取以云卷纹、回转纹为主的多层次装饰形式，或作边饰，或作中心花饰；一般不作主纹，常与其他纹样组合使用。中间的二方连续图案及自由图案较大且复杂，使其产生较强的艺术对比效果。桦皮器物盖的构图形式，周边多为圆形、椭圆形和长方形的边缘连续纹样，边饰简单，突出画面，中间多为适合纹样和散点透视、自由均衡构图纹样。多在器皿盖上白描民间人物故事图等，随器盖的造型而布局构图，有风俗画的特色，人物刻画简单，往往就画说故事，又似民间文学插图。

图7-14　彩绘花草及几何纹的桦皮篓（图片选自郭旭光主编、鄂晓楠副主编《达斡尔族文物图录》）

（三）图样绘画

图样，是对衣物进行图案装饰时所用的底样，达斡尔语称为"都荣"。图样分为剪纸和绘画两种。图样绘画，是达斡尔族妇女在缝绣鞋面、荷包、枕头顶、摇篮头衬等时，都要用的绘画图样。绘时先打墨稿，用墨笔在薄纸上绘出图案，图案包括各种花卉、动物、亭阁等内容。这些墨绘图案，勾线匀称流畅，造型美观，形态生动，是达斡尔族民间绘画艺术的珍品。图样绘画是达斡尔族妇女缝绣衣物时所必须掌握的工艺，在民间极为普及。

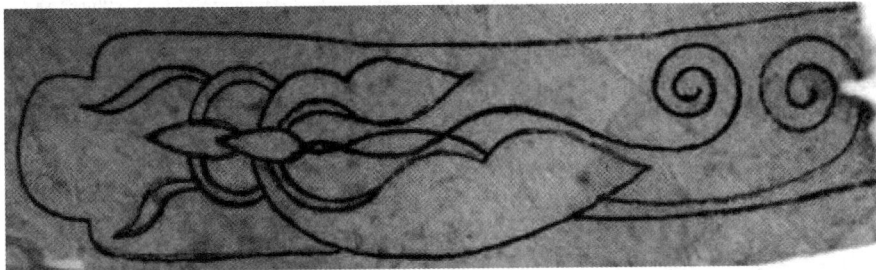

图7-15　清末杨爱月老人墨绘的"都荣"（沃吟荷女士提供，王瑞华摄）

此外，达斡尔族还有剪纸画，用纸剪成各种图案的剪纸画贴在窗子上和一些器物上。

二、达斡尔重要民族画家

1. 耶拉（1925— ）：著名美术家、书法家、国家一级美术师、国务院特殊贡献专家津贴获得者。达斡尔族，黑龙江齐齐哈尔人。作品涉及油画、国画、水彩、水粉、版画、舞台美术设计和书法等多个领域。1945年毕业于吉林师道大学，历任内蒙古民族剧团副团长兼舞台美术设计、内蒙古民族民间艺术研究室副主任、内蒙古群众艺术馆副馆长、中国美术家协会内蒙古分会副主席等职。作品有油画《开向新工地》《嫩江远眺》和水彩画《草原珍珠》等。著有《中国达斡尔族书画家耶拉作品集》。作品笔法遒劲，风格豪迈，具有鲜明的民族、地域和时代特点，他的作品在国内外多次获奖，并被收藏于中国美术馆等场馆。

2. 耐勒图（1905—1985）：美术家、建筑学家。达斡尔族，黑龙江讷河人。内蒙古新美术的创始人之一。1928年就学于上海美术专科学校，后又就学于北平京华美术专科学校。1931年和1935年曾两次赴日本深造，历任内蒙古工业学院、扎兰屯师范学校、内蒙古师范学院美术教师、内蒙古人民出版社美术编辑及中国美术家协会内蒙古分会副主席等职。作品有《放鹰》《呼市风光》等，曾设计并参与建筑内蒙古乌兰浩特市的成吉思汗庙。

当今，画家鄂·苏日台、吴团良、索布德、塔林托娅、芙丽娜、山丹、晓青、乌日娜、苏梅、吴晓光、郭晓东等一代美术人才也成长壮大起来了，这些达斡尔族画家的创作灵感，根植于深层民族审美情感及艺术灵气所给予他（她）们的智慧，推动着达斡尔族绘画艺术的发展。

三、达斡尔族重要书法家

达斡尔族有自己的民族语言而没有文字。达斡尔族的书法家，大多擅长满文与汉文书法。著名的达斡尔族书法家有敖拉·昌兴、孟希舜、耶拉、乐志德等。

1. 敖拉·昌兴（1809—1885）：清满文书法家，著名诗人。达斡尔族，鄂温克族自治旗巴音查干人，曾任呼伦贝尔佐领。满文楷书以工整遒劲著称，他用满文拼写达斡尔语，创作了《巡查额尔古纳河、格尔必齐河》《巡边即兴》等几十首叙事诗歌，抒发爱国情怀。并以田园抒情风格展现达斡尔人的生活，至今广为流传。

2. 孟希舜（1901—1968）：达斡尔族著名书法家，曾任内蒙古莫力达瓦旗旗长。擅长满文与汉文书法，自幼热爱书法艺术，以草书见长，功底深厚。他不仅能用双手挥毫书写，而且能用口含、足指夹毛笔，书写出大量运笔苍劲的书法作品。

3. 乐志德（1935—2016）：莫力达瓦人，擅长行书。曾任《达斡尔资料集》主编，莫力达瓦旗古籍办公室主任。

人名、地名名词索引

Z

本书执笔人介绍

谷文双

谷文双（1964—　）：黑龙江安达人。1987 年毕业于中央民族学院（现中央民族大学），获学士学位。现任黑龙江省民族研究所所长、《黑龙江民族丛刊》常务副主编、研究员，黑龙江省政府特殊津贴获得者，黑龙江省民族学学科学术后备带头人。参加或主持国家、省哲学社会课题、省委宣传部课题 10 余项，撰写论文 30 余篇，出版《达斡尔族简史》等专著、合著 20 余部。获黑龙江省第十次社会科学优秀科研成果二、三等奖各一次，获国家民委社会科学研究成果一等奖一次。2008 年 5 月，被黑龙江省地方志编纂委员会评为黑龙江省地方志先进工作者；2010 年 12 月，被国家民委评为全国少数民族古籍工作先进个人。

王云介

王云介：女，呼伦贝尔学院文学院教授，内蒙古文艺评论家协会会员，呼伦贝尔文艺评论家协会常务副主席兼秘书长，呼伦贝尔文学研究所所长，沈阳师范大学中国北方少数民族文化研究中心硕士研究生导师。

内蒙古呼伦贝尔人，大学毕业后从事高等教育工作至今，北京大学访问学者，研究方向为中国当代小说、呼伦贝尔地域文化及文学、女性文学。

已在中文核心期刊、各种学术刊物、高等院校学报发表学术论文、文学评论60余篇。2005年出版论著《呼伦贝尔作家研究》，2012年出版专著《呼伦贝尔少数民族文学研究》；2006年主持内蒙古自治区高等学校科学研究项目NJ06026，已结题；2011年主持内蒙古自治区高等学校科学研究项目NJSY11224，已结题；2013年主持国家社会科学研究项目13XZO29，已结题。2016年主持内蒙古自治区社科项目IPSPA2016160385，进行中。

2016年获得内蒙古自治区哲学社会科学成果二等奖，还获得过内蒙古自治区哲学社会科学成果优秀奖、内蒙古自治区青年科技创新奖、呼伦贝尔市政府"骏马奖"等。

王学勤

王学勤（1965— ）：女，博士、教授，呼伦贝尔学院历史与民族文化学院民族历史文化学系主任。主要从事布特哈八旗史、三少民族历史文化和呼伦贝尔历史文化研究。主持国家社科基金项目"布特哈八旗研究"，参与国家社科基金项目"内蒙古地区贫困人口现状及脱贫"研究，主持内蒙古社科基金规划项目"布特哈地区索伦、达斡尔、鄂伦春文化变迁研究"。撰写了钱币学、货币史方面的专著《中国古代货币史稿》。围绕布特哈八旗和呼伦贝尔八旗进行了较为深入研究，近年来，在各级期刊上发表了《布特哈八旗贡貂刍议》

《试述布特哈八旗贡貂制度及特征》《少数民族非物质文化遗产的教育传承体系在地方高校的建构和实践》等相关论文十几篇。

王瑞华

王瑞华（1969— ）：女，汉族，黑龙江省齐齐哈尔市，文学硕士，齐齐哈尔大学副教授，硕士研究生导师，中国舞台美术学会会员，黑龙江省艺术设计学会会员，黑龙江省非物质文化遗产研究基地成员，市级非物质文化遗产传统手工布艺传承人。多年来一直从事艺术设计教学，先后为研究生、本科生讲授《中国民族服饰研究》《服饰手工艺》《设计思维与表达》等专业课程。主要研究方向为北方"三少"民族非物质文化艺术领域。获国家外观专利十项，合作出版专著 5 部，在《电影文学》《电影评介》《大舞台》等核心期刊发表学术论文与艺术作品 30 余篇，主持、参与达斡尔族、鄂温克族和鄂伦春族研究方向的教研与科研多项。

王咏曦

王咏曦（1937— ）：原名永喜，汉族，山东省掖县人。大专文化，走出校门后，先后在哈尔滨、齐齐哈尔从事大地测量、水文地质和水利勘测设计。1961 年调到讷河市，任社会文化、地方志编辑和公务员，曾担任图书馆长、文化馆长、方志编辑、市法制办主任、文联秘书长等职。1997 年退休。兴趣与爱好广泛，尤以读书、旅游为最，全国 31 个省市自治区和港澳台地区都留有足迹。任内从事文艺、美术创作和外事侨务工作，热衷民族研究，发表有关民族学、民俗学、方志学、

地名学和民间文学等 40 多篇学术论文，曾获中国当代文化艺术研究院优秀论文二等奖、中国民间艺术家三等奖、黑龙江省民俗学优秀论文一等奖。撰有《北方渔猎民族研究》《鄂温克民族志略》《行旅笔记》（待出版）、《县志编纂初探》（合作），参与编辑地方史、志多部。为中国民族研究学会、中国辽金契丹女真史研究会、东北历史人物研究会会员及副理事长。个人业绩被载于国家人事部主编的《中国人才辞典》和《中国民间艺术家大辞典》。研究方向：民族学、民俗学。

綦中明

綦中明（1981— ）：汉族，内蒙古赤峰人。文学博士，牡丹江师范学院副教授，硕士生导师，中国民族语言学会会员。曾先后就读于内蒙古科技大学、陕西师范大学、黑龙江大学。在教学上，先后为研究生、本科生讲授《古籍版本目录学》《论文写作》《渤海国史》等专业课程。研究主要集中在满族语言与历史文化、渤海国史研究领域，近年来出版专著 1 部，参与出版著作 3 部，在《学术交流》《北方文物》《黑龙江民族丛刊》《山西档案》等核心期刊发表学术论文 20 余篇。参与国家社科基金项目 1 项，主持参与省哲学社会科学规划项目 3 项，厅级项目 5 项，校级项目 7 项，研究成果获得厅局级奖励 3 项，2016 年入选黑龙江省普通本科高等学校青年创新人才培养计划。

后　记

　　《达斡尔族通史》被列为黑龙江历史文化研究工程重点项目。2018 年初完稿，被专家组评为优秀著作稿。随即送人民出版社，签订出版协议。经黑龙江历史文化研究工程编委会组织专家对该书稿进行审读后，2018 年 3 月 30 日，编委会函告人民出版社专家审读意见并表示同意出版该著作。按照有关出版管理规定，重要的民族类学术著作，必须送国家有关部门审定。2018 年 5 月，由人民出版社履行重大选题备案程序，将该书稿呈原新闻出版广电总局送有关部门审读；2019 年 3 月，国家民委文化宣传司复函中宣部出版局："经有关专家审读，没有发现书稿有违反党的民族政策的观点和内容"；2019 年 4 月，国家新闻出版署函告人民出版社，同意按有关专家意见将书稿修改后，可安排该选题出版。

　　此后北京的新冠疫情肆虐，加之出版社人事变动及责任编辑退离等原因，使此书的出版事宜一再延迟，经人民出版社领导关心支持，编校人员共同努力，遂终于有望在 2022 年初出版。在此仅向关心此事的专家学者和读者表示歉意。本书翔实地记叙了达斡尔族的历史，具有较高的史料和参考价值。

　　感谢单霁翔、吕一燃、林荣贵三位先生为本书作序，感谢吴元丰先生的满汉文题词，感谢人民出版社孙兴民编审及孙逸、徐晖、张彦等相关工作人员。

景　爱

2021 年 11 月 13 日

于北京东大桥沁园